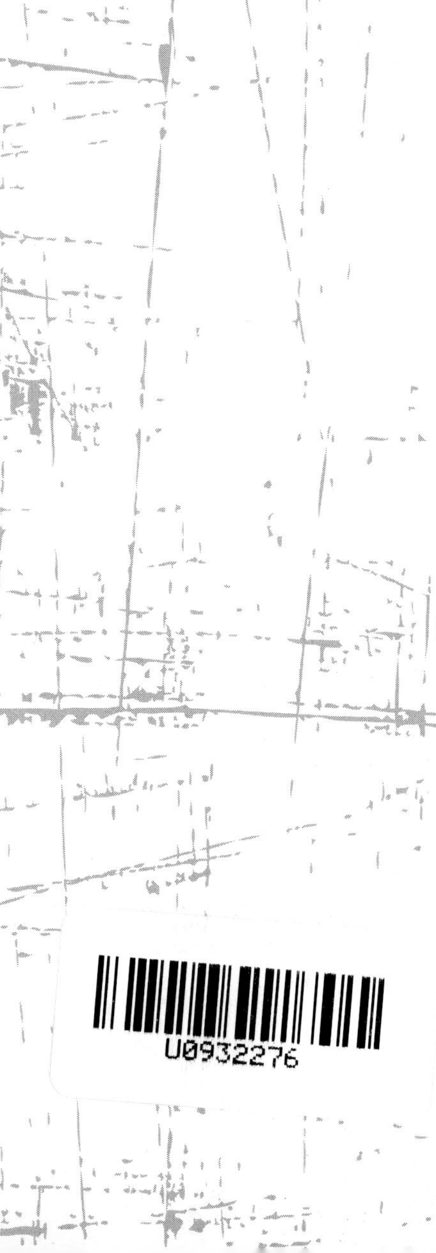

GLOBAL ANTI-TERRORISM LAW AND POLICY

全球反恐立法和政策

（原书第二版）

维克托·V.拉姆拉伊 Victor V. Ramraj　迈克尔·荷尔 Michael Hor
肯特·罗奇 Kent Roach　乔治·威廉姆斯 George Williams ◎主编

杜　邈　邱　陵　张伟珂
王　帅　万　方 ◎译

杜　邈◎审校

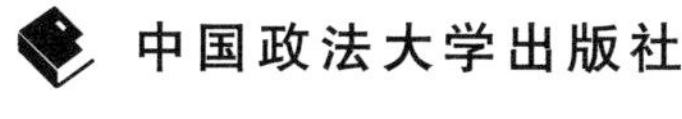

中国政法大学出版社

2016·北京

图书在版编目（CIP）数据

全球反恐立法和政策/（新加坡）维克托·V. 拉姆拉伊等主编；杜邈等译. —北京：中国政法大学出版社，2016.10

ISBN 978-7-5620-6978-2

Ⅰ. ①全… Ⅱ. ①维… ②杜… Ⅲ. ①反恐怖活动－立法－研究－世界②反恐怖活动－政策－研究－世界 Ⅳ. ①D815.5

中国版本图书馆CIP数据核字(2016)第227954号

This is a Simplified Chinese Translation of the following title published by Cambridge University Press:

Global Anti-Terrorism Law and Policy
ISBN-13:9781107014671

版权登记号：图字 01-2015-6141 号

出 版 者　中国政法大学出版社
地　　址　北京市海淀区西土城路 25 号
邮寄地址　北京 100088 信箱 8034 分箱　邮编 100088
网　　址　http://www.cuplpress.com（网络实名：中国政法大学出版社）
电　　话　010-58908289(编辑部)　58908334(邮购部)
承　　印　固安华明印业有限公司
开　　本　720mm×960mm　1/16
印　　张　38.25
字　　数　630 千字
版　　次　2016 年 12 月第 1 版
印　　次　2016 年 12 月第 1 次印刷
定　　价　98.00元

译者序

安全优先：全球化时代的反恐立法和政策

恐怖主义是全人类共同的敌人，预防和打击恐怖主义是国际社会长期面临的全球性问题。“9·11”恐怖袭击至今已十余年，但恐怖主义的阴霾仍未消除，所有关爱人民福祉、追求世界和平的国家，都应当在反恐问题上交出自己的答卷。近几年来，国际恐怖袭击从传统的北高加索、中东、南亚、东南亚这一“恐怖链条”地带，逐渐向欧洲、非洲等地扩展，相继出现了俄罗斯客机爆炸、法国巴黎系列恐怖袭击、“伊斯兰国”组织杀害中国和挪威人质、马里劫持人质等事件，造成了重大人员伤亡和经济损失。针对严峻的反恐形势，联合国安理会通过专门决议，呼吁国际社会加大对极端组织“伊斯兰国”和其他恐怖组织的打击力度，呼吁各国加强反恐合作，组成反恐统一战线。恐怖主义活动呈现的新情况、新手段、新趋势，对全球反恐立法和政策的科学性提出了更高的要求。

新的时代背景下，恐怖主义的蔓延促进了全球法律领域的重大变革，体现出安全优先于自由的价值取向。为了加大预防和打击恐怖主义的力度，一些国家较早地制定了专门反恐法，积累了较为丰富的反恐法治经验。在总结经验的基础上，各国纷纷将预防和打击恐怖主义上升为国家安全战略的重要内容，不仅将其作为维护社会秩序的内部政策，而且作为处理外交关系的重要依据，在社会各领域产生了深远的影响，这些政策的变化又反映到法律的修订上来，而法律与政策的相互作用、影响能够反映该国的反恐法治水平。

中国不是远离恐怖主义的“安全岛”。近年来，“三股势力”实施的恐怖主义活动在境内呈现愈演愈烈之势，恐怖分子不仅在边疆地区发动恐怖袭击，而且通过信息网络大肆传播暴恐音视频，逐渐将袭击目标扩展至内地大中城市（特别是人群聚集的公共场所和具有重要象征意义的建筑物），相继制造了昆明“3·01”案、北京“10·28”案等，严重威胁着中国的国家安全、社会稳定和人民群众的生命财产安全。在日趋严峻的恐怖主义挑战面前，中国传统法律体系同样发生着显著的变化，从2001年《刑法修正案（三）》中零散的反恐条款，到近年来通过的《全国人民代表大会常务委员会关于加强反恐怖工作有关问题的决定》、《全国人民代表大会关于修改〈中华人民共和国刑事诉讼法〉的决定》、《刑法修正案（九）》，和具有里程碑意义的《反恐怖主义法》，最终形成“以专门反恐法为主体、以刑事法为保障、以其他部门法为补充”的立法格局。在此过程中，立法水平的高低、立法质量的优劣、法律体系的完善与否，均与反恐法治理论和实践状况密切相关。可以预见的是，随着恐怖主义等非传统安全威胁因素日益突出，中国反恐工作涉及的社会关系日趋复杂，包括情报搜集与研判、专门力量建设、重点目标防护、可疑资金监测、网络安全防控、法律责任追究、国际反恐合作等诸多内容。因此，反恐立法和政策不能仅仅强调某个方面，而应统筹考虑政治安全、国土安全、社会安全、信息安全，将预防和打击恐怖主义提升到国家安全战略的高度，作为贯彻总体国家安全观的重大任务来完成。

毋庸讳言，中国反恐立法和政策具有“后发外向”的特征，尽管有关部门在反恐怖主义工作中积累了大量实战经验，但相关的理论研究成果不够丰富，诸多领域、环节还存在有待深入研究的空间，这就需要在借鉴国际经验、吸取教训的基础上，构建具有中国特色的反恐理论体系。所谓“橘生淮南则为橘，生于淮北则为枳”，只有了解全球反恐立法和政策的特点，才能更好地促进中国反恐法治的进步。本书从恐怖主义的现实根源、各国安全战略的演变等方面出发，描绘了全球化时代反恐立法和政策的宏大图景，对于中国反恐法治的完善具有较强的借鉴意义。主要包括以下特征：

一是放眼世界。恐怖主义具有明显的地缘性特征，国际恐怖主义活动往往有较强的环境选择倾向。本书以地理位置和法律文化传统为标准，将世界划分为“亚洲”、“西方”、“非洲和中东”三大板块，进而对典型国家或地区的反恐立法和政策进行研究。例如，本书研究了菲律宾反恐立法对公民权利的影响、加拿大“风险应对型”的国家安全政策和以色列军事反恐措施与国际法的关系，上述国家分别属于东南亚、西方和中东板块，反恐局势均具有一定的代表性。

二是角度多元。全球范围内，恐怖主义对传统法律体系的挑战是全方位的，包括宪法、刑事法、行政法、军事法乃至经济法等多个方面，这就需要将各国的反恐立法和政策进行比较，将国内法与国际反恐公约的要求进行比较，以发现问题或总结规律。例如，本书提出反恐法领域存在“法律移植（Transplantation）”现象：实体法律移植体现了专门反恐法和刑法、民法等部门法的互动关系，反映了国内法的最新发展趋势；地理法律移植体现了国际反恐公约与国内法之间的互动关系，反映了国际法的最新发展趋势。“法律移植”从国内和国际两个视角概括了反恐法的演变规律，具有较强的理论和实践意义。

三是系统分析。恐怖主义背后有着复杂的社会、政治、经济、文化因素，滋生土壤和表现形态各不相同。对于全球反恐立法和政策的变化，应当采取“跳出法律看法律”的研究方法，既注意法律规范层面的变化，也注意对之进行政治、经济、文化等深层次的剖析。例如，本书指出了日本反恐立法的历史背景和现实因素，由于受到“二战”后国际秩序的影响，日本在应对恐怖袭击事件时并未像其他国家那样采取更为积极的政策，而是通过《反恐特别措施法》授权自卫队进行海外支援活动，引发了对“和平宪法”第9条的新解读，甚至意味着“专守防卫”安保政策的重大改变。

四是资料翔实。任何一项法律和政策的创制都具有一定的现实背景，都要受到国内外环境的影响。本书引用了大量的典型案例或工作事例，对恐怖主义、极端主义“合流”的原因进行深入分析。例如，英国通过伦敦地铁爆炸案、“行动路径”案件、奥马尔案等系列案件，逐渐认识到宗教极端主义的危害性，进而确立专门力量与监狱矫治、教育引导、移民管理、社区防控相结合的综合治理策略，其根本目的是使社区参与并成为反恐战略的基石，最终实现“去极端化”之目标。

将本书介绍给国内读者是我长久以来的心愿。早在2007年左右，我在撰写博士学位论文过程中开始接触本书第1版（剑桥大学出版社2005年版），由于各种客观条件的限制，遂“忍痛”放弃了翻译的念头。随后，在对反恐法治问题进行研究的过程中，不得不再次求助于本书第2版（剑桥大学出版社2012年版），进一步坚定了我翻译该书的决心。在个人时间、精力均有限的情况下，邀请邱陵（北京市石景山区人民检察院，法学博士），张伟珂（中国人民公安大学警务实战部，法学博士），王帅（中国政法大学博士后研究人员），万方（北京师范大学刑事法律科学研究院博士研究生）翻译本书，以期为中国反恐法治研究提供有益的参考和借鉴。具体分工如下（按翻译章节先后为序）：

杜　邈：第1、5、15章，索引；
邱　陵：第2～4、6～10章；
张伟珂：第11～13、16、17章；
万　方：第14、23章；
王　帅：第18～22、24章。

全书初稿译出后，各位译者分别就各自译文中的疑难问题进行了研讨，部分内容还进行了彼此校对，最后由我统改定稿并逐章修改完善。需要指出的是，恐怖主义具有较强的政治和意识形态色彩，本书对全球反恐立法和政策的观点属于一家之言，并不代表译者的观点。各位译者在日常工作、学习之余，利用业余时间翻译本书，在文字方面难免存在疏漏之处，敬请读者批评指正。最后，要特别感谢中国政法大学出版社彭江主任的耐心等待与细致工作，感谢于函玉编辑对文稿的精雕细琢。

杜　邈

2016年6月于北京

致谢

编者对珍娜·吴·佩·苏（Jenna Ng Pei Suin）、R. 吕本·巴拉布兰曼尼姆（R. Rueban Balasubramaniam），尤其是对泰克拉·马普托（Tecla Mapota）、阿比那夫·巴特（Abhinav Bhatt）以及伊丽莎白·蔡（Elizabeth Chua）的努力和他们对本书第1版的贡献表示感谢。还要感谢基兰·哈迪（Keiran Hardy）对本书第2版提供的帮助以及文字编辑凯特·奥利伦肖（Kate Ollerenshaw）的仔细校对。我们感谢多伦多大学法学院、新加坡国立大学、新南威尔士大学以及各位院系主任的长期帮助，支持编者最终完成此书。我们非常感谢新加坡国立大学以及澳大利亚研究委员会举办的反恐立法研讨会，为本书的两个版本提供了巨大帮助。 x

目录

译者序 安全优先：全球化时代的反恐立法和政策 … 001

致　谢 … 005

第 1 章 导　论 … 001

肯特·罗奇（Kent Roach）　迈克尔·荷尔（Michael Hor）

维克托·V. 拉姆拉伊（Victor V. Ramraj）

乔治·威廉姆斯（George Williams）

第一部分　国际视角

第 2 章 联合国安理会、恐怖主义和法治 … 017

C. H. 鲍威尔（C. H. Powell）

第 3 章 全球反恐法：不可能实现的任务？… 040

维克托·V. 拉姆拉伊（Victor V. Ramraj）

第 4 章 法律移植 … 058

罗拉·K. 多诺修（Laura K. Donohue）

第二部分　交叉主题

第 5 章　刑法及其限制更少的替代措施 … 079
肯特·罗奇（Kent Roach）

第 6 章　反恐法：国家安全和公平聆讯之间的平衡 … 105
尼古拉·麦克加里蒂（Nicola Mcgarrity）　爱德华·桑托（Edward Santow）

第 7 章　反恐立法：形式和过程的观察 … 131
安德鲁·林奇（Andrew Lynch）

第 8 章　金融反恐斗争 … 158
凯文·E. 戴维斯（Kevin E. Davis）

第 9 章　尊重他人权利的责任：合法性与人性 … 178
科林·哈维（Colin Harvey）

第 10 章　极端圣战主义的“预防性”应对 … 207
克莱夫·沃克尔（Clive Walker）　贾维德·雷曼（Javaid Rehman）

第三部分　亚洲国家和地区的反恐立法和政策

第 11 章　新加坡的反恐立法：现实和虚华 … 235
迈克尔·荷尔（Michael Hor）

第 12 章　印度尼西亚的反恐努力 … 252
席克马汉托·尤瓦纳（Hikmahanto Juwana）

第 13 章 菲律宾的《人身安全法》和《国际人道主义法》：安全与不安全 ... 271
H. 哈里 · L. 洛克，Jr. （H. Harry L. Roque，Jr. ）

第 14 章 中国的反恐对策 ... 293
傅华伶（Fu HuaLing）

第 15 章 中国香港地区的安全立法 ... 308
西蒙 · N. M. 扬（Simon N. M. Young）

第 16 章 "9 · 11" 事件后日本的反恐对策 ... 338
马克 · 芬威克（Mark Fenwick）

第 17 章 印度的反恐法律体系 ... 363
乌吉瓦 · 库玛 · 辛格（Ujjwal Kumar Singh）

第四部分　西方国家的反恐立法和政策

第 18 章 "9 · 11" 事件后的美国十年 ... 391
威廉 · C. 班克斯（William C. Banks）

第 19 章 "9 · 11" 事件后的英国反恐立法：最初采取非常措施到部分回归人权框架 ... 421
海伦 · 芬威克（Helen Fenwick）　凯文 · 菲利普森（Gavin Phillipson）

第 20 章 加拿大的恐怖主义应对措施 ... 452
肯特 · 罗奇（Kent Roach）

第 21 章 澳大利亚和新西兰的反恐立法 ... 477
乔治 · 威廉姆斯（George Williams）

第五部分　中东和非洲国家的反恐立法和政策

第 22 章 南非、东非的恐怖主义和管控 … 505
克里斯·奥克斯托比（Chris Oxtoby）　C. H. 鲍威尔（C. H. Powell）

第 23 章 以色列的反恐法：过去、现在和未来 … 527
达芙妮·巴拉克-埃雷兹（Daphne Barak-Erez）

第 24 章 “乱世用重典”与人权保障：阿拉伯国家的反恐立法和政策 … 547
林恩·维奇曼（Lynn Welchman）

索　引 … 579

第1章

导　论

肯特·罗奇[*]　迈克尔·荷尔[**]

维克托·V. 拉姆拉伊[***]　乔治·威廉姆斯[****]

一、全球反恐立法和政策 1

2011年“9·11”事件及随后发生在世界各地的恐怖袭击使各个治理层面增强了反恐力度。虽然很多国家在“9·11”事件前也遭受过恐怖袭击，但至此预防恐怖主义才成为国际组织、区域组织和各国政府的主要任务之一。同时，也要防止在反恐过程中滥用国家权力。就反恐立法和政策而言，我们不仅要致力于强化政府权力预防和应对恐怖主义，相应地还要对其进行限制，防止在反恐过程中滥用国家权力。随着全球对恐怖主义的关注程度不断提高，采取合适措施应对恐怖主义的复杂性也随之增强。

反恐立法和政策的制定具有多层次的特点，使得理论界对全球反恐立法和政策的批评性、比较性研究变得尤其重要。不难看出，这是一个具有挑战性的任务，因为反恐立法不仅超越了国界，而且超越了国内法、区域法和国际法的传统分野；超越了行政法、宪法、刑事法、金融法、移民法、国际法、

---

* 肯特·罗奇（Kent Roach），多伦多大学法学院教授，“普理查德·威尔逊”（Prichard - Wilson）法律与公共政策学会主席。

** 迈克尔·荷尔（Michael Hor），新加坡国立大学法学院教授。

*** 维克托·V. 拉姆拉伊（Victor V. Ramraj），新加坡国立大学法学院副教授。

**** 乔治·威廉姆斯（George Williams），新南威尔士大学法学院“安东尼·梅森”（Anthony Mason）教授。

军事法以及战争法的传统学科边界。此外，研究还需要广泛吸收其他学科的观点，如历史学、国际关系学、军事学、哲学、心理学、宗教学、社会学和政治学等，这对于理解反恐立法和政策的发展至关重要。目前，从全球视角对反恐立法和政策进行研究是当务之急，因为国际社会或各国采取的措施很可能对世界造成重大影响，而决策者们可以从其他国家的范例中获得灵感。

2 本书第1版于2005年面世，大部分章节完成于2004年年底。恐怖主义和反恐工作具有复杂性、多变性，它们在此之后确实发生了许多变化。为此，本书的新版对原版进行了彻底的修订，增加了新的作者、编者、主题和章节。尽管反恐立法和政策是不断发展的，而我们的目的则是一如既往地为比较研究和国际研究做出贡献。在本书第1版出版前，新加坡国立大学于2004年6月举行了一场研讨会。非常幸运的是，在本书第2版面世之际，位于悉尼的新南威尔士大学于2010年8月举办了类似的学术活动，这次活动汇集了全球各地的知名法学专家，共同研究、比较世界主要国家的反恐立法和政策问题。该研讨会使得本书作者根据讨论对自己负责的章节进行了修正和提炼，同时为其他人撰写的章节提供参考或借鉴。

与本书第1版相同，该版的独特之处在于力求避免仅聚焦于英美国家和欧洲视角，因为现存较多的反恐论著都是以英文撰写，虽然这些国家很重要且在本书中得到了充分体现，但是我们仍然对非洲、亚洲和中东国家的反恐立法和政策予以了有针对性的关注。在本书中，部分章节以主权国家为划分标准，针对特定国家和地区的反恐实践进行研究；部分章节采用了较为明显的比较研究方法，对反恐立法和政策的特定方面进行理论解读，如刑法、移民法等视角。

本书的前两部分属于理论性较强的章节。第一部分主要是从跨国的视角对恐怖主义进行研究。其中，第1章对联合国及其安理会在“9·11”事件后所起的主导作用和相关措施进行研究；第2章在各国认识存在较大差异的情况下，探讨是否有可能建立真正意义上的全球反恐法；第3章对反恐立法的“移植”问题进行研究，既包括在法律制度内部的“实体性移植”，也包括在国家之间的“地理性移植”。第二部分主要是对反恐措施进行比较研究，包括刑法、反恐立法进程、反恐措施对于公正审判权的影响、反恐融资法、移民
3 和难民庇护法，以及预防宗教或意识形态极端主义的政策，因为极端主义容易导致恐怖主义。

本书的后三部分包括三类国家反恐立法和政策。第三部分针对战略意义重要、理论上复杂的亚洲国家和地区进行研究，包括新加坡、印度尼西亚、菲律宾、中国、中国香港地区、日本和印度等。第四部分对西方国家的反恐立法和政策进行研究，包括美国、英国、加拿大、澳大利亚、新西兰等国，尽管澳大利亚和新西兰可以归于亚洲部分，但从文化归属和发展阶段来看，将这两个国家归为“西方”国家更为合适。第五部分针对非洲、以色列和埃及、突尼斯等中东国家进行研究，试图完成一次世界之旅。很幸运的是，该部分甚至对2011年年初发生于这些地区的“民主化运动”对反恐立法和政策的影响进行了分析。

毫无疑问的是，本书应包含更多国家的反恐立法和政策，但囿于篇幅，未能一一收录。我们试图尽力将本书编写得丰富、全面且兼容并蓄，同时也意识到，本书只是对反恐立法和政策问题的初步探索，如果有可能，还需要从更多的理论、国家和学科视角进行研究。尽管本书已经是第2版，且我们将其视作对第1版的补充，但这两个版本只能作为对反恐立法和政策进行学术研究的出发点。

二、跨国反恐法：国际和国内的机制互动

对全球反恐立法和政策进行研究，所面临的一大挑战在于区域法、国内法和国际法之间的相互作用。尽管召开过多次针对特殊形式恐怖主义的国际会议和地区会议，但是截至目前，要想对恐怖主义给出一个全球认可的概念还为时过早。2001年9月28日，联合国安理会颁布了第1373号决议，号召所有的成员国将恐怖主义融资，策划、筹备和支持恐怖主义活动等行为明确定罪。然而，第1373号决议并未对恐怖主义进行明确界定，这意味着每个成员国需要尽快界定这一概念。事实上，对恐怖主义的界定过程异常艰难，甚 4
至有人认为不可能实现。于是，各国便根据各自的历史、反恐目标和切身利益来界定恐怖主义。如果不从国际和国内会议中吸收最新研究成果，不能调节融合地区法和国际法，便不能充分理解恐怖主义的内涵。

联合国安理会第1373号决议的内容旷古烁今，因为其为所有的成员国详细地设计了反恐工作框架。正如之前的第1267号决议一样，第1373号决议被写进了《联合国宪章》，置于第七章关于维护国际和平与安全的约束性条款

项之下。根据上述决议，联合国成立了一个新的反恐怖主义委员会，并号召所有国家在不迟于决议发布后的90日内向该委员会进行备案。这项举措让很多国家加紧制定新的反恐法，包括像英国那些原本就存在严格反恐法规定的国家在内。虽然反恐怖主义委员会最近因无法解释的原因作出了一个令人遗憾的决定，即不再公开发布新的国家报告〔1〕，但是该委员会依然为各国提供了独特的信息源，即其他国家采取何种措施应对恐怖主义。

第1373号决议也留有遗憾，它因对国际人权规范和标准〔2〕的相对疏忽而受到批评。反观联合国大会批准的《2006年反恐怖主义战略》(2006 Counter－Terrorism Strategy)，不仅制定了反恐措施，还强调了反恐过程中尊重人权和消除恐怖主义根源的必要性。〔3〕许多国家及其官员也经常批判性地评价美国和其他成员国的反恐行动，将此作为一种调和本国与联合国各机构应对恐怖主义的手段。

5 联合国在全球反恐斗争中起到了重要作用，这种作用并非纸上谈兵。“9·11”恐怖袭击发生前，安理会便已根据第1267号决议制定了一份制裁名单，列举了需要制裁的个人，用以打击那些与“塔利班”或“基地”组织有牵扯的恐怖分子。然而有趣的是，这些名单近几年来遭到了间接反对，因为很多法院认为，秘密制定制裁名单的做法违反了国际法、区域法和国内法的正当程序规范。对此，联合国安理会同意进行相应的改革。例如，安理会第1904号决议规定，将某人从制裁名单上除名时需指派监察专员。又如，第1989号决议规定了重新任命新的委员会来制定针对“基地”组织的制裁名单和程序。正因如此，本书第2章叙述了反恐法形成的历史过程。第3章则从更广泛的角度提出问题，即鉴于各国迥然不同的政治体制、社会法律制度和外部环境，安理会及其下的反恐怖主义委员会极力推崇的全球反恐法是否真正可行。第4章针对反恐法律移植的问题，警告人们切莫认为法律制度

---

〔1〕联合国网站简要声明：“新的国家报告不再纳入网站”。参见 www. un. org/en/sc/ctc/resources/index. html.

〔2〕关于人权标准的原始决议，仅可参照段落3（f）。文中，号召各国“采取符合国内法和国际法的相关规定的适当措施。其中包括在授予难民身份之前，人权的国际标准。从而保证寻求避难者并未计划、助长或参与恐怖主义”。

〔3〕*The United Nations Global Counter－Terrorism Strategy*, UN Doc. A/Res/60/288（20 September 2006）. 关于联合国不同机构反恐怖主义职能的讨论，参见 Kent Roach, *The 9/11 Effect: Comparative Counter－Terrorism*（Cambridge University Press, 2011）, Chapter 2.

可以由一个体系全盘移植至另一体系（比如，由国家安全领域的法律体系移植到刑法体系）；或在地理上由一个国家移植至另一国家。当代反恐法的一个重要特征在于——它是在国际组织、区域组织和国家之间对话交流后而形成的。

三、界定恐怖主义

恐怖主义是一个充满感情色彩、道德评价和政治争议的概念。然而，它无论在国际法还是国内法层面都是具有重要意义且无法回避的问题。联合国安理会第1373号决议要求所有的成员国明确将恐怖主义和涉恐融资视为严重罪行，但并未就如何界定恐怖主义给出任何指导性意见。直到3年之后，在很多国家已经颁布了新反恐法的情况下，安理会才在第1566号决议中作出了相应的指引。正如人们试图厘清富有争议的概念，提及“恐怖主义”通常会唤起人们的一系列想象。然而，作为一个重要的法律、政治概念，恐怖主义现象的出现迫使我们努力对该概念进行界定。这是因为，该概念在大多数情况下会对个人、企业、团体、国家乃至国际和区域组织的行为方式产生深远的影响。

界定恐怖主义的首要任务是区分哪些行为不是恐怖主义。无论恐怖主义 6
在当前立法中是如何界定的，在概念上应明确与以下三者的差别：①国家的合法反应或反恐工作；②民族解放运动；③普通的刑事犯罪。然而，在上述的每种情况下尝试界定恐怖主义都会困难重重，其中一个非常重要的问题就是很难区分恐怖主义和反恐工作，因为它们都涉及暴力和恐怖，都寻求更多的受众，都是蓄意和工具性的并且都对非战斗人员造成了影响。〔4〕因此，区分合法的国家反恐对策和恐怖袭击要比最初看起来更复杂，并且需要细致观察国家在可选择范围之内的作为和不作为，以及国家在政治暴力面前保持克制的方式。

在国际层面，恐怖主义和反恐工作之间模糊的界限会为界定恐怖主义产生严重的影响。尽管国际法对于界定特定目的之恐怖主义达成了一些共识

〔4〕 Laura K. Donohue, “Terrorism and the counter – terrorism discourse”, in Victor V. Ramraj, Michael Hor and Kent Roach (eds.), *Global Anti – Terrorism Law and Policy* (Cambridge University Press, 2005), pp. 13ff.

（比如第 8 章涉及截断向恐怖组织的资金流动），对恐怖主义进行全面界定的努力依然困难重重，特别是如何区分恐怖主义和民族解放运动中政治暴力的合法使用。鉴于国际社会对恐怖主义的全面界定存在长期的政治困难，[5]界定恐怖主义就成了主权国家的任务，各国都在以不同的方式应对这项挑战，并且获得了不同程度的成果。安理会第 1624 号决议号召所有国家颁布禁止煽动恐怖主义的法律并敦促各国对恐怖主义进行界定。因此，在煽动法律中，发表言论支持实施于外国领土上的行为，也有可能被认定为犯罪。

在国内层面，一旦传统刑法看起来在应对恐怖主义方面力不从心，立法者便会以反恐之名着手制定新的"超级"刑法。这意味着新的恐怖主义犯罪必须和普通的刑事犯罪加以区分，但区分的方式经常会引起争议。比如，很有影响力的英国《2000 年反恐怖主义法》规定，认定恐怖主义需要提供关于
7 宗教或政治动机的证据，这种通过宗教或政治动机的认定模式在澳大利亚（第 21 章）、加拿大（第 20 章）、香港（第 15 章）、以色列（第 23 章）、新西兰（第 21 章）和南非（第 22 章）等国家和地区同样得到了体现，尽管也存在一些修改和变动。但是，美国（第 18 章）、新加坡（第 11 章）、印度尼西亚（第 12 章）、菲律宾（第 13 章）和中东很多国家（第 24 章）等并未采取通过宗教或政治动机的认定模式，而是根据恐怖主义造成危害的本质来界定的。在中东，恐怖主义的宽泛概念能在《埃及刑法典》和《阿拉伯国家联盟制止恐怖主义公约》中找到，这引起了对反恐法可能被用于对付异议者的关注，以及对"自由战士"豁免范围及其公平适用的关注。正当本书即将出版时，关于界定恐怖主义的核心问题再次出现，因为突尼斯（2011 年 1 月）、埃及（2011 年 2 月）和利比亚（2011 年 8 月）的反政府运动蔓延至中东地区，并推翻了原有政权，但这些行为可能符合恐怖主义的某些特征。在中东的其他地区，尤其是叙利亚共和国，类似的反政府运动遭到了政府的强力压制，上述行为同样可能符合包括国家行为在内的恐怖主义概念。

四、公正性、突发事件和法律规则

国家对于国际恐怖主义的担忧引发了人们对反恐立法实践和原则等重要

[5] See C. L. Lim, "The question of a generic definition of terrorism under general international law", in Ramraj, Hor and Roach, *Global Anti - Terrorism Law and Policy*, pp. 37 - 64.

问题的关注，比如，许多国家构建了全新的反恐体制，在一些国家里相对传统的反恐措施复兴。在新加坡（第11章）、以色列（第23章）和许多中东国家（第24章），由于已经制定了诸如行政性羁押、特别法庭审判等相关法律，完善反恐法的紧迫性并不突出。然而，上述国家在新的全球性反恐需求面前并非毫无作为，他们同样颁布了新的法律，如埃及于2007年通过了宪法修正案，使得新的反恐法免受违宪审查，并授予总统可以将任何危害国家安全犯罪行为提交包括军事法庭在内的特别法庭的权力。2011年伊始，在埃及和其他地区爆发的事件表明，上述修正旧法或颁布新法的行为并不是改革的终点，更重要的是，政治体制与社会制度应随着时代的发展而变革。在下台之前，总统胡斯尼·穆巴拉克（Hosni Mubarak）称其准备废除2007年宪法修正案，在穆巴拉克请辞之后，一个委员会建议修订宪法，要求废除与国家安全法律 8
和案件相关的2007年宪法修正案。该委员会还建议，关于紧急状态的总统声明需于7日后经立法部门批准，并于6个月后受到司法审查，这些提案随后在一次全民公决中得到认可。[6]

联合国、美国和其他大国对预防恐怖主义的关注让新兴民主国家或地区压力倍增。2002年，中国香港地区曾颁布了一项新的安全法案（Security Bill），但由于民众的抗议而撤销（第15章）。而“9·11”事件对中国的影响比较复杂，在某些方面，在紧急情况下一些权力的合法化可能会提高该国的法治水平（第14章）。肯尼亚拒绝颁布新的反恐法，部分原因是拒绝向美国屈服，但同时也有该法律会被用于排斥穆斯林少数民族的担心（第22章）。有人也担心，美国的强权压力包括适用非常规引渡等措施，会阻碍中东一些国家的法治改革（第24章）。

印度尼西亚是世界上穆斯林人口最多的国家，也是一个新兴的民主国家。该国的新反恐法最初是由于2002年巴厘岛爆炸案而颁布实施的，该法律中的部分内容，尤其是那些涉及使用情报作为证据的内容饱受争议；而另外一部分内容，比如试图将法律溯及既往的条款，被法院认定为违宪行为。本书第12章分析了印度尼西亚根据形势发展而修订反恐法的发展历程，包括其实施

---

〔6〕 其他提议的宪法修正案包括总统和副总统的任期限制、选举司法监督的恢复：Reuters “Factbox：Egypt's Constitution”（10 February 2011）；Reuters “Factbox：proposed changes to Egypt's Constitution”（26 February 2011）；‘Constitutional changes pass in Egypt referendum’，*New York Times*，20 March 2011.

了更加严厉的反恐法，授权军队在反恐行动中起到更重要的作用。事实上，增加军队权力使其在反恐任务中担当更重要的角色，这种现象出现在美国（第 18 章）、日本（第 16 章）、印度的部分地区（第 17 章）、以色列（第 23 章）和中东（第 24 章）。这使得对军事法的研究成为反恐法治研究中愈加重要的一方面。

在面对新的跨国恐怖主义威胁时，很多国家尤其是西方发达国家会快速通过复杂的反恐立法，用以改进现行的法律框架，比如刑法和刑事诉讼程序、
9 移民法、行政法、航空法、海洋法和金融法等。埃及和叙利亚等欠发达国家也颁布了反洗钱法和反恐怖融资法（第 24 章）。本书试图增加刑法部分的内容，将预防和打击准备、支持恐怖主义活动的内容划归于刑法范畴，同时，本书也介绍了一些类似刑法但限制更少的法律措施（第 7 章）以及移民法（第 8 章），如移民法通常适用广义的责任规则（Liability Rules）、秘密证据和低于刑事案件的证明标准。但是，在英国（第 19 章）和加拿大（第 20 章），将移民法用作反恐法的现象都受到了质疑。在美国，关塔那摩（古巴）和其他地区的军事羁押甚至被用作刑事诉讼的替代方案。而军事羁押、军事审判和“定点清除”仍由总统（比如奥巴马）授权实施（第 18 章）。

奥巴马政府时期的“定点清除”案例增多，这种清除行为要么被政府当局辩解为合法的正当防卫行为（哪怕“定点清除”发生在也门和巴基斯坦等武装冲突区），要么辩解为打击策划“9·11”事件的恐怖分子，因此符合《国会授权使用武力决议案》。最著名的“定点清除”行动发生于 2011 年 5 月，一队美国海军“海豹”突击队员在巴基斯坦的阿伯塔巴德，实施的针对奥萨马·本·拉登（Osama bin Laden）的刺杀行动，奥巴马总统称这场行动是一场正义的行动。司法部长埃里克·霍尔德（Eric Holder）为其辩护称这是“国家自我防卫行为”，而美国政府法律顾问哈罗德·科赫（Harold Koh）认为这场清除行动是美国军事力量的适当展现。[7] 人们为刺杀本·拉登的成功举办了很多庆祝活动。然而，有一些评论员对这次刺杀的合法性提出了质疑，

---

〔7〕 Thomas Darnstadt, “Was bin Laden's killing legal”, *Der Spiegel*, 3 May 2011; “US responds to questions about killing's legality”, *The Guardian*, 3 May 2011; “bin Laden killing prompts US – Pakistan War of Words”, *The Guardian*, 4 May 2011; “bin Laden's killing in Pakistan lawful says US”, *BBC News*, 4 May 2011; Harold Koh, “The lawfulness of the U. S. operation against bin Laden”, available at opiniojuris. org/2011/05/19/the – lawfulness – of – the – us – operation – against – osama – bin – laden/.

尤其是当得知本·拉登并未携带武器，但其头部和胸部中弹而亡之后，这种质疑尤甚。而且，人们并不清楚秘密袭击背后的真相：本·拉登或者其他“基地”组织成员（如果有的话）是否真的投降？巴基斯坦也对美国的行动略显不满，但是不像美国之前在该国实施“定点清除”后表示强烈抗议，这一次的态度显得温和了许多。本·拉登之死避免了被审判的结局，但是对于哈 10
立德·谢赫·穆罕默德（Khalid Sheikh Mohammed）和其他被指控策划了“9·11”事件的人，人们仍然想要看到他们被定罪量刑。无论是依靠“定点清除”行动，还是利用特别军事法庭来代替普通法庭，这都表明哪怕“9·11”事件已过10余年，白宫也几易其主，但美国还是注重使用军事力量来打击恐怖主义。

英国政府近期公布了重新修订“9·11”事件后部分法案的计划，其中包括使用控制令和随机搜索，并将预防性羁押的最大期限由28天减少为14天。[8]这些改革的确切性质和效果还有待观察，但是他们证实了反恐立法和政策是动态发展的。印度《2002年预防恐怖主义法》就是一个很好的例子，该法于“9·11”事件之后颁布，随后被废止，但2008年孟买恐怖袭击事件后，印度又对很多旧法进行了各种修正。在印度或世界上任何地方，成文法的改变只能部分地说明一个国家是如何应对恐怖主义和相关威胁的（第17章）。

尽管英国早在2011年年初就已公布了遣返法案，但其还是在法律修订中继续将国际恐怖分子嫌疑人驱逐到其他国家，前提是保证相关人员回国后不会受到酷刑。正如本书第9章提到的那样，英国在保证国际恐怖分子嫌疑人回国后不会遭受酷刑的基础上，通过修改法律将嫌疑人驱逐到阿尔及利亚及其他中东国家。然而，移民特别是那些被怀疑是恐怖分子的避难者，不断提出各种形式的索赔诉讼，周而复始地将我们带回到如何界定恐怖主义的问题上来，在这样满是冲突和挫折的社会中，界定恐怖主义显然是一个艰难的过程。由此可见，反恐制裁具有复杂性和相互关联性，正是这些特征使得全球反恐立法和政策的研究具有挑战性和吸引性。

反恐措施的广泛性、强制性引发了基本的法律问题，即宪法秩序及其对

---

〔8〕 Her Majesty's Government, *Review of Counter – Terrorism and Security Powers: Review Findings and Recommendations* (Cm 8004, January 2011).

立法、行政和司法机关角色的影响。我们可能会提出疑问：起初对法律秩序的根本改变是否真的需要？或者是否是正当合理的？法律环境改变而引发的
11 重要的理论问题之一是，法治原则能在多大程度上或者说应该在多大程度上被保留？在本书第1版中，奥伦·格罗斯（Oren Gross）就这个问题做出如下解答：在紧急情况下，应当保留“法律之外”的途径以防止对宪法秩序进行曲解。同时，对于采取“法律之外”措施的公职人员，应使其受到政治或司法审查，同时建立严格的问责制度。[9]同时，大卫·戴岑豪斯（David Dyzenhaus）针对格罗斯的观点表达了自己不同的看法。[10]借助行政法中的基本原则，戴岑豪斯提出了“合法性模式”理论，即在紧急情况下，政府可以建立富有想象力的机构适应新环境，由必要的专家来审查国家安全决策。严格意义上来说，这些机构可能并不符合“三权分立”的标准概念，但合理的机构类型应该能够维护宪政体制，同时对国家安全的特殊环境保持敏感性。格罗斯与戴岑豪斯的论战在本书在第1版中有详尽介绍，[11]而本书第2版并未包括。应该说，他们的辩论对于反恐法的发展具有里程碑式的作用，这给我们展现了一种现实存在，那就是如何通过“法律之外”的手段遏制恐怖主义，以及在法治框架内如何应对恐怖主义和紧急状态，而不是使社会永久置于紧急、非常状态之下。格罗斯和戴岑豪斯的理论应该被我们研究探索。在一些中东、非洲和亚洲国家，“法律之外”的行为可能比格罗斯或戴岑豪斯所假设的情况更为普遍，同时反映了上述国家的法律文化和能力等潜在问题。[12]

在危机面前，司法机关是否应该以及在多大程度上将规范约束施加于行政机关和立法机关？无论是司法机关还是专门独立的行政法庭，他们也许都可以在约束行政机关方面发挥重要作用，迫使政府部门规范、公开地将那些他们意欲以风险防范的名义强制实行的限制性措施正当化。但是实际上，司法

---

〔9〕 Oren Gross, “Stability and flexibility: a Dicey business”, in Ramraj, Hor and Roach, *Global Anti-Terrorism Law and Policy*, pp. 90 – 106; see also “Chaos and rules: should responses to violent crises always be constitutional?” (2003) 112 *Yale Law Journal* 1011.

〔10〕 David Dyzenhaus, “The state of emergency in legal theory”, in Ramraj, Hor and Roach, *Global Anti-Terrorism Law and Policy*, pp. 65 – 89.

〔11〕 Victor V. Ramraj (ed.), *Emergencies and the Limits of Legality* (Cambridge University Press, 2008).

〔12〕 See generally, in the Asian context, Victor V. Ramraj and Arun K. Thiruvengadam (eds.), *Emergency Powers in Asia* (Cambridge University Press, 2010).

机关是否已经准备好利用自己的权力来约束行政权力，却是另外一回事了。 12
英国（第19章）、美国（第18章）、加拿大（第20章）和印度尼西亚（第12章）的最高法院都撤销了政府决定的很多反恐行动，撤销的内容包括未经审判的不定期羁押、未给予关塔那摩囚犯以人身保护、采用未经质证的秘密证据、反恐法可溯及既往等。同时，澳大利亚（第21章）、加拿大（第20章）和印度（第17章）的法院支持反恐立法，包括随后被立法机关废止或认定失效的法律。在埃及（第24章）、新加坡（第11章）和美国（第18章）等国家，部分反恐法和实践完全不接受司法审查。例如，在美国不受司法审查的“定点清除”，在以色列就要受到司法审查。

在其他紧急情况中，恐怖袭击的威胁迫使我们进一步思考在危机来临时，政府部门在危机中的基本价值、合法性及作用的预想表现。我们必须考虑，司法权对于反恐措施可以作出多大程度的让步，特别是对国家权力的约束可以作出多少让步，即便是采取上述措施会降低反恐行动的有效性。为了解答这个问题，我们首先要考虑反恐行动是否有效。

五、反恐行动的有效性如何?

研究全球反恐立法和政策的人不仅会关注法律规范的公正性，更会注重反恐政策的有效性。事实上，尽管公正和效率可以互相补充，但最为常见也最容易引起问题的反恐策略（如使用酷刑等法外手段或根据种族、宗教和信仰而进行差别对待）可能无法有效制止恐怖主义。对恐怖主义暴行的过度反应可能滋生更多恐怖主义，我们应该认真研究上述问题。

反恐行动的有效性问题通常会引起法律争议。英国上议院决定，非本国的恐怖分子嫌疑人如果担心遭受酷刑而无法受到遣返，则应适用不定期羁押，
这一决定是对恐怖主义的不当回应。[13]该决定的前提是，对于恐怖分子嫌疑 13
人或者是对公众存在威胁的人，应该有一种更为合理且不加歧视的，至少是公平、有效的待遇。随着人们对关塔那摩囚犯的关注增加，随之引发这样一个问题：该种措施是否缺少法定诉讼程序，容易导致误判使无辜者入狱，或者漏判使恐怖分子逍遥法外?

〔13〕 A v. Secretary of State［2004］UKHL 56.

联合国安理会第 1373 号决议强调了针对反恐融资的法律，国际组织、区域组织和各国花费大量精力收集有关无法获得资金支持的恐怖分子的情报，并拓宽针对恐怖主义融资的法律范围（第 8 章）。然而，上述干预的有效性仍有待考量。美国“9·11”事件委员会就曾发现，制造一场“9·11”事件的成本总额不超过 50 万美元，因此他们怀疑切断恐怖分子的资金供应是否能够有效阻止他们实施恐怖袭击。[14]事实上，当前在全球转移资金的非正式途径众多，但是对其进行监管却相当困难（第 8 章）。因此，在评估几乎无处不在的恐怖主义融资体系时，应该考虑监控恐怖融资的有效性（包括聘用外部金融机构的成本及要求报送可疑信息的成本），以及根据秘密证据制定恐怖分子名单的公正性。人们也提出了类似的问题，即是否可以将移民法作为反恐法使用，但此种策略也可能产生危害，它将会把恐怖主义由发达国家“推送”至欠发达国家（第 19 章）。

立法机关在面对恐怖袭击及威胁时通常诉诸刑法（第 5 章），这种做法引起了社会公众和众多学者的关注。但是，关注恐怖袭击可能侵害的目标以及使用的工具，通过不太明显的行政手段进行监管，这一点也是很重要的。例如，加强对机场或其他易受攻击地点的防护；加强对生物制品、化学物品或核物质等危险物品的监管，这些反恐措施通常归属于行政法，比使用刑事法、
14 移民法或军事力量更为“柔和”。科技在反恐立法和政策里扮演着重要的角色，如查找飞机和轮船上的危险物品的功能日益强大，但使用科技协助安检将对公民隐私权构成威胁。

加拿大一开始将刑法或移民法当作打击恐怖主义的首要工具，但随后在 2004 年发布“一切风险”的新型国家安全政策。这种政策不仅重点关注恐怖主义威胁（包括生物恐怖主义和破坏关键基础设施的恐怖主义），也关注诸如“非典”等在人类之间互相传播的疾病以及一些自然灾难（第 20 章）。美国“9·11”事件委员会推荐另外两种替代策略：一种是较为柔和的“心灵和思想”方法；另一种是预防恐怖袭击出现的长期努力。全面的针对人类安全“一切风险”方法能否使得资源得到更合理的分配，能否减少侦查与拘捕恐怖分子嫌疑人过程中的资源浪费和失败，这些问题都有待考量。

---

〔14〕 *The 9/11 Commission Report* (New York: Norton, 2004), [12.3].

六、反恐立法和政策中的衔接、分歧及内容

对本书献言献策的众多法律人士会关注对法律和法治机关的研究，这一点不难理解。但大家也不能低估常常具有决定性作用的政治和历史力量。专注于司法和常规的方式来打击恐怖主义，将无法解决印度（第 17 章）、菲律宾（第 13 章）等国的复杂反恐行动，在这些国家里值得总结的问题很多，包括如何建立一个秩序井然、廉洁清明的政府。在此讨论“依法治理”可能比“法治”会有更多收获，尽管“法治”可以限制政府在打击恐怖主义时滥用权力。同时，在印度尼西亚（第 12 章）和制度变革的中东国家（第 24 章），反恐法可能超越“法治”，与传统的法律框架并不合拍，甚至还会借此滥用国 15
家权力。

“9・11”事件之后，反恐行动中广为人知的“反伊斯兰恐怖主义”特色成为一个严肃的问题，至于对公众产生的影响，最厉害的莫过于对穆斯林或以穆斯林为主体的司法审判造成的影响。在印度尼西亚和中东有一种普遍的观点，即许多国家都正在受着美国的施压，其打着反恐行动的名号颁布“反伊斯兰恐怖主义”法。此外，“双重标准”的问题令人震惊而且使人警觉，个别国家有时候“允许”真正的恐怖分子免受法律的严格制裁，而有时候又利用反恐法打击政治对手，宣称他们为“极端主义者”。反恐立法和政策通常在国际和区域层面成形，但仅在一国之内发挥实际效果，只有熟悉本国环境和历史的人才能充分理解这些内容。

本书只能涉及全球反恐立法和政策的表面现象。例如，菲律宾政府缺乏处理恐怖主义活动的专门力量，这是当前最显著的问题，借助美国军队是个可以考虑的选择，但考虑到菲律宾曾是美国的殖民地以及随之而来的美军基地，这一选择引发了强烈的政治抗议。2007 年，在当时的特定环境下，菲律宾通过了一部新的反恐法。与此类似，印度对恐怖袭击的回应反映了多重地缘因素及成文法等热点问题（第 17 章）。在日本，尽管呼吁其积极参与“反恐战争”的声音日趋强烈，但是日本在第二次世界大战中的侵略史和随后的战败，令其公开宣称在国际关系中彻底并永远放弃以武力解决问题（第 16 章）。2003 年，出于人权问题等因素考虑，中国香港地区希望通过一部新的安全法（第 15 章）。在许多国家，只有结合以往历史问题和当今地缘现实，才

能完全理解反恐政策在“9·11”事件后的发展。

谈到国家和地区特色，我们不该无视全球反恐立法和政策中的共同挑战
16 和相似之处。事实上，英国、美国和加拿大等国利用移民法和军事命令对国
际恐怖分子嫌疑人实行无限期羁押，这是否意味着，相对于亚洲和非洲国家
而言，西方国家的反恐怖主义措施体现了一种更为个性和自由的文化？本书
将围绕上述目的，研究各国在应对恐怖主义和采取反恐措施时是否有相似之
处，从而可以有效地相互借鉴、相互沟通。

第一部分

国际视角

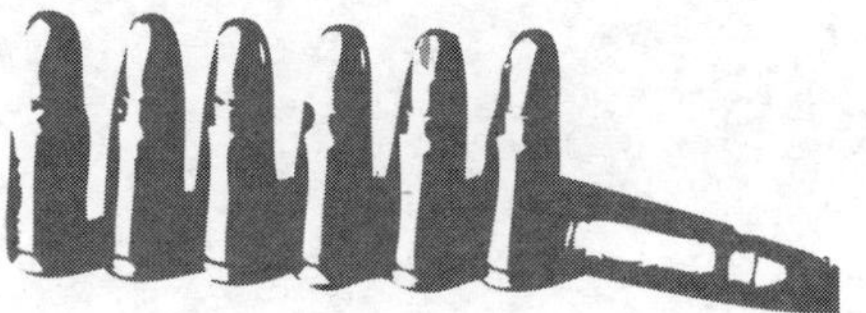

第2章

联合国安理会、恐怖主义和法治*

C. H. 鲍威尔**

一、引言 19

联合国安理会在国际组织中的地位是独一无二的。作为一个国际组织，全球几乎所有的国家都是它的会员——依据联合国的授权，安理会以维护国际和平与安全为己任。为彰显其强制力，安理会拥有异乎寻常的权力：一旦发现和平受到威胁、遭到破坏或者是出现了侵略行为，安理会有权根据《联合国宪章》第7章的授权作出强制性决议——依照第7章的规定，各国必须遵照执行。〔1〕例如，1977年11月，安理会为反对南非的种族隔离措施，作出对南非采取武器禁运措施的决议。〔2〕

本章主要探讨联合国安理会依据《联合国宪章》第7章授权开展的各种反恐活动，重点阐述两方面内容：所谓的黑名单制度和安理会发起的全球反恐立法活动。

---

* 非常感谢为本章较早的版本提出意见的同仁，特别是克里斯·迈克尔森（Chris Michaelsen）、汤姆·本内特（Tom Bennett）和克里斯·奥克斯托比（Chris Oxtoby），同时感谢你们参加8月的研讨会。本章的疏漏之处则由作者负责。

** C. H. 鲍威尔（C. H. Powell），开普敦大学（University of Cape Town）公共法学高级讲师。

〔1〕 Charter of the United Nations, San Francisco, 26 June 1945, in force 24 October 1945, 1 UNTS XVI (UN Charter), art. 39.

〔2〕 SC Res. 418 (1977), 4 November 1977, UN SCOR, UN Doc. S/RES/418, art. 2.

二、黑名单制度

（一）概述

该项制度源自1999年安理会第1267号决议，〔3〕其中列举了针对与“塔利班”有联系的实体和个人的制裁措施，以及随后颁布的针对与“基地”组
20 织有关联的实体和个人的制裁措施，〔4〕最终通过决议设立了一个名为“基地”组织及“塔利班”制裁委员会或“1267委员会”，〔5〕来决定哪些实体属于此类实体，〔6〕进而监督各国政府机构对其采取制裁措施。〔7〕

依照《联合国宪章》第7章的要求，一旦某人或实体被列入黑名单，各国必须对其采取3种制裁措施：冻结财产、旅行限制及武器禁运。冻结财产包括冻结该实体在成员国管辖内的全部财产，但用于人道主义用途的除外。各国除了要冻结被列入黑名单人员所控制的全部财产外，还要冻结代表该人或受其指令为其保管财产人员所控制的财产。〔8〕旅行限制主要是指禁止被列入黑名单的人员进入或经过任何成员国。〔9〕武器禁运则要求各成员国禁止向被列入黑名单人员销售武器或使其获得武器装备，即使交易在本国境外进行。〔10〕

---

〔3〕 关于阿富汗局势，SC Res. 1267（1999），15 October 1999，UN SCOR，UN Doc. S/RES/1267（1999），art. 4；. 关于阿富汗局势，SC Res. 1333（2000），19 December 2000，UN SCOR，UN Doc. S/RES/1333（2000），art 5.

〔4〕 SC Res. 1333，art. 8（c）.

〔5〕 该委员会网站：www. un. org/Docs/sc/committees/1267Template. htm.

〔6〕 SC Res. 1267，art. 6（e）.

〔7〕 Ibid.，arts. 6（a），6（b），6（d）and 6（g）and 9.

〔8〕 SC Res. 1452（2002），20 December 2002，UN SCOR，UN Doc. S/RES/1452（2002），art. 1；SC Res. 1267，art. 4（b）；SC Res. 1333，art. 8；SC res. 1390（2002），16 January 2002，UN SCOR，UN Doc. S/RES/1390（2002），art. 2（a）；SC Res. 1526（2004），30 January 2004，UN SCOR，UN Doc. S/RES/1526（2004），art. 1（b）；SC Res. 1617（2005），29 July 2005，UN SCOR，UN Doc. S/RES/1617（2005），art. 1（a）；SC Res. 1735（2006），22 December 2006，UN SCOR，UN Doc.. S/RES/1735（2006），art. 1（a）；SC Res. 1822（2008），30 June 2008，UN SCOR，UN Doc. S/RES/1822（2008），art. 1（a）；SC Res. 1904（2009），17 December 2009，UN SCOR，UN Doc. S/RES/1904（2009），art. 1.

〔9〕 SC Res. 1390，art. 2（b），SC Res. 1526，art. 1（b）；SC Res. 1617，art. 1（b）；SC Res. 1735，art. 1（b）；SC Res. 1822，art. 1（b）；and SC Res. 1904，art. 1（b）.

〔10〕 SC Res. 1390，art. 2（c）；SC Res. 1526，art. 1（c）；SC Res. 1617 of 2005，art. 1（c）；SC Res. 1735，art. 1（c）；SC Res. 1822，art. 1（c）；and SC Res. 1904，art. 1（c）.

起初，黑名单制度并没有为被列入黑名单的个人或实体提供改变相关决定的标准或程序，因此各国无法对相关人员适用司法程序，[11]尽管可以通过外交途径对被列入黑名单的本国人员采取司法协助措施，但除安理会理事国外，其他成员国无法知晓制定黑名单的背景信息。这是因为，各国无须提供将相关人员列入黑名单的理由，并且无论相对于当事国还是当事人而言，联合国总体上不承担与其他机构交换意见的义务。

近年来，联合国安理会对黑名单制度进行不断完善，并形成了一套程序，对此，本书后面将会进行详细阐述。但是，即使在程序已经得到完善的情况
下，黑名单制度仍然存在很多弊端。[12]例如，个人或实体被列入黑名单之前 21
没有获得任何警告，虽然目前已经设定了某些界定标准，但条件过于宽泛。[13]2002 年起，联合国安理会规定了黑名单的移除程序，并于 2009 年起设立监察员。监察员可以直接与被列入黑名单的人取得联系，代表当事人获取信息并向联合国安理会提出请求，将当事人从黑名单中移除。在此过程中，安理会常任理事国拥有一票否决权，他们有权决定可以披露哪些信息，甚至决定监察员的人选。因此很容易理解，当事人无法了解自己基于哪些证据被列入黑

---

〔11〕 无论是两个基础性决议（SC Res. 1267 和 SC Res 1333），还是后来对制裁措施进行细化的决议（第 1390 号决议）都没有规定任何标准。

〔12〕 Yassim Abdullah Kadi and Al Barakaat International Foundation v. Council of European Union and Commission of the European Communities（C－402/05P；C－415/05P），Judgment of 3 September 2008，available at curia. europa. eu（kadi）；HM Treasury v. Mohammed Jabar Ahmed and others，HM Treasury v. Mohammed al－Ghabra，R（on the application of Hani El Sayed Sabaei Youssef）v. HM Treasury，Judgment of 27 January 2010［2010］UKSC（Ahmed），2；P. Gutherie，"Security Council Sanctions and the protection of individual rights"（2004）60 *NYU Annual Survey of American Law* 491，503－6；E. de Wet and A. Nollkaemper，"Review of Security Council Decisions by National courts"（2002）45 *German Yearbook of International Law* 166，176－7；C. Harlow，"Global Administrative Law：the quest for principles and values"（2006）17 *European Journal of International Law* 187；Christopher Michaelson，"Kadi and al Barakaat v. Council of the European Union and Commission of European Communities：the incompatibility of the United Nations Security Council's 1267 sanctions regime with European due process at the guarantees"（2009）10 *Melbourne Journal of International Law* 329；Craig Forcese and Kent Roach，"Limping into the future：the 1267 terrorism listing process at the crossroads"（2010）42 *George Washington International Law Review* 217.

〔13〕 "与之相关"包括："①以联合、以其名义、代表其或为了支持该实体等方式参与资助、计划、协助、筹备，或实施由下列实体或个人实施的行为或行动；②向下列实体或个人提供、向其销售或运输武器及相关物资；③为其招募人员；④其他支持行动或行为。包括'基地'组织、本·拉登、'塔利班'或其他任何分支、附属或派别或由上述组织衍生出来的各种团体。"联合国安理会第 1822 号决议，第 2 条。

名单。〔14〕

监察员同样无权改变将某人列入黑名单的决定。1267 委员会（包括建议将某人列入黑名单的国家）保有一票否决权，以决定是否将某人从黑名单上移除。只有经过 1267 委员会全体成员国的一致同意才能将某人从黑名单上移除，〔15〕同样，如果这些国家拒绝将某人从黑名单上移除，也无须解释原因。

（二）反对意见

22 黑名单制度自创始以来就备受争议，近年来更是面临相当大的阻力。2005 年，1267 委员会的督查机构〔16〕开始受到质疑，〔17〕这些质疑既来自 1267 委员会成员国，也来自非成员国。〔18〕该制度同时还面临各种法律挑战〔19〕以及来自学术界和司法界的强烈批评。〔20〕欧洲法院（ECJ）最近宣布将一批人员从黑名单上移除，以贯彻欧盟的决议，〔21〕并支持英国上诉法院在艾哈迈德（Ahmed）案中作出的裁决。〔22〕

反对意见主要集中在三个法律问题：一是从人权的角度来看，黑名单制度损害或侵犯了司法复核、程序正义、公开聆讯、司法救济及财产所有权等

---

〔14〕 See Forcese and Roach, "Limping into the future", for the problem of secret evidence. See also Abdelrazik v. Canada (Foreign Affairs), 2009 FC 580 (Can LII), [53] 上诉人提出自己不再适用于黑名单标准的理由。

〔15〕 1267 Committee, *Fact Sheet on Listing* (2008), [11], Available at www. un. org/sc/committees/1267/fact_ sheet_ listing. shtml.

〔16〕 安理会成立专门督察机构来协助 1267 委员会的工作。根据安理会第 1363 号决议（2001）成立"督察小组"，2001 年 7 月 30 日，UN SCOR，UN Doc. S/RES/1363（2001），后来通过安理会第 1526 号决议，改为"督察团"。

〔17〕 人权豁免的建议始见于 2002 年 9 月的报告（S/2002/1050，[42]）。

〔18〕 S/2005/83，[54].

〔19〕 截至 2006 年，法律挑战已经成为"督察团"报告中的一个固定章节且内容十分详尽。Examples include the annex to S/2006/154 and annex Ⅲ to S/2006/750.

〔20〕 See above note 12; Erika De Wet, *Chapter Ⅶ Powers of the United Nations Security Council* (Oxford: Hart Publishing, 2004); and Mariam Aziz, "Implementation as the test case of European Union citizenship" (2009) 15 *Columbia Journal of European Law* 281, 290.

〔21〕 Kadi (above note 12). See also Omar Mohammed Othman v. Council and Commission, Judgment of the Court of First Instance, case number T-318/01, available at curia. europa. eu/.

〔22〕 Ahmed (above note 12). 该案与英国国内的恐怖分子黑名单及英国贯彻联合国黑名单制度相关。

各项民主权利。[23]二是包括经过完善的黑名单制度在内，不符合行政法及英美法系国家普通法的基本原则。[24]三是有人批评黑名单制度破坏法治，因为赋予国家的行政机关过多权力而缺乏监督制约。[25]

三、立法

（一）概述

众所周知，国际组织通常会影响国际法标准的确立，如联合国安理会在
某些特定的国际法领域具有绝对权威，[26]尤其是在武力使用问题上。[27]但本 23
章中，“立法”是指安理会单方面作出决议设立一定标准并要求全体会员国执行，不论成员国赞成与否。就上述含义而言，安理会“立法”必须符合四个标准：①安理会立法为单方面作出；[28]②所制定的标准具有强制性（通常依

〔23〕 See above note 12 and Abdelrazik (above note 14).

〔24〕 Aziz, “Implementation as the test case of European Union citizenship”, 290; Ahmed (above note 12).

〔25〕 See Ahmed (above note 12), [45]. See also David Dyzenhaus “The rule of (administrative) law in international law” (2005) 68 *Law and Contemporary Problems* 127; and C. H. Powell. “The legal authority of the UN Security Council”, in Benjamin Goold and Liora Lazarus (eds.), *Security and Human Rights* (Oxford: Hart Publishing, 2007); Kadi (above note 12).

〔26〕 J. Alvarez, *International Organisations as Law - Makers* (Oxford University Press, 2005); Powell, “The legal authority of the UN Security Council”; Rosalyn Higgins, *The Development of International Law through the Political Organs of the United Nations* (Oxford University Press, 1963).

〔27〕 有关安理会决议的法律效力问题，参见 J. Murphy, “Force and arms”, in C. Joyner (ed.), *The United Nations and International Law* (Cambridge: American Society of International Law and Cambridge University Press, 1999), p. 99; Thomas M. Frank, “Terrorism and the right of self - defense” (2001) 95 *American Journal of International Law*, 839 - 40, 842, 842; D. J. Harris, *Cases and Materials on International Law* (London: Sweet & Maxwell, 6th edn, 2004), pp. 889, 913, 925, 938, 930, 932, 940 footnotes 71 - 2, 940, note 1; D. Bowett, “Reprisals involving recourse to armed force” (1972) 66 *American Journal of International Law* 1.

〔28〕 F. Kirgis, “The Security Council's first fifty years” (1995) 89 *American Journal of International Law* 506, 520; P. Szasz “The Security Council starts legislating” (2002) 96 *American Journal of International Law* 901 - 2; A. Marschik, “The Security Council as world legislator? Theory, practice and consequences of an expanding world power”, IILJ Working Paper 2005/18; S. Talmon, “The Security Council as world legislature?” (2005) 99 *American Journal of Law* 175, 176 - 8; M. Happod, “Security Council Resolution 1373 and the Constitution of the United Nations” (2003) 16 *Leiden Journal of International Law* 539, 596 - 8; and Masahiko Asada, “WMD terrorism and Security Council Resolution 1540: conditions for legitimacy in international legislation”, IILJ Working Paper 2007/9 (Global Administrative Law Series), pp. 15 - 19.

据《联合国宪章》第7章来贯彻执行)；[29]③决议标准具有普遍性；[30]④决议内容前所未有。[31]

24 联合国安理会决议的普适性有待确认，因为决议的适用范围要随着目标人群和受影响的国家范围不断调整。为实现某一标准，安理会不能简单地就特定问题制定相应的操作规则，否则所有的制裁措施都将成为立法，因为“它们适用于所有成员国有时甚至适用于非成员国”[32]。然而，安理会关于制裁的决议包括针对具体问题的规定，是用以解决具体问题，在问题解决后将逐渐失去法律效力。因此，制裁措施通常在主体及适用期限方面都有严格限定。用沙茨(Szasz)的话来说，这些制裁并非立法，“只是针对特定条件发布的命令”。[33]

2001年9月28日之后，安理会决议的起草者都对决议的适用性采用了上述理解方式。因此，在马斯奇克(Maschik)看来，“立法”标准“不是要在特定政治危机中实现和平，而是要广泛、长期或全方位地对各国权利及义务进行约束”。[34]同样地，哈坡德(Happold)也认为，由于制裁措施只涉及具体事件或问题，它们并不适用于“满足特定标准的所有情景或情形(主要适用于具体情形或行为)下的所有人或某些阶层，而是适用于某些个体”[35]。因此，本章将重点阐述哈坡德关于立法必须由“抽象法律观点”组成的说法。

---

[29] Szasz, “The Security Council Starts legislating”, 901 – 2; Marschik, “The Security Council as world legislator?”, 5 – 6; A. Marschik “Legislative powers of the Security Council”, in Ronald MacDonald and Douglas Johnston (eds.), *Towards World Constitutionlism* (Leiden: Martinus Nijhoff, 2005), p. 461; Happold, “Security Council Resolution 1373” 596 – 8.

[30] Kirgis, “The Security Council's first fifty years”, 520; Szasz, “The Security Council Starts legislating”, 901 – 2; Marschik, “The Security Council as world legislator?”, 5 – 6; Talmon, “The Security Council as world legislature”, 176 – 8; Happold, “Security Council Resolution 1373”, 596 – 8; Asada, “WMD terrorism and Security Council Resolution 1540”, 15 – 19.

[31] 自此，安理会必须修改既有标准并制定新的法律原则。Kirgis, “The Security Council's first fifty years”, 520; Szasz, “The Security Council Starts legislating”, 901 – 2; Marschik, “The Security Council as world legislator?”, 5 – 6; Happold, “Security Council Resolution 1373”, 596 – 8; Asada, “WMD terrorism and Security Council Resolution 1540”, 15 – 16. See further C. H. Powell, “The role and limits of global administrative law in the Security Council's anti – terrorism programme” (2009) *Acta Juridica*.

[32] Kirgis, “The Security Council's first fifty years”, 520.

[33] Szasz, “The Security Council Starts legislating”, 902.

[34] Marschik, “The Security Council as world legislator?”, 5.

[35] Happold, “Security Council Resolution 1373”, 597.

（二）立法性决议

在反恐领域，人们普遍认为有两份安理会决议带有立法性质，[36]即 2001 年的第 1373 号决议[37]和 2004 年的第 1540 号决议[38]，这两份决议在序言 25
部分就明确指出决议是针对带有普遍性和正在发生的问题。第 1373 号决议是在 2001 年“9·11”事件的触动下通过的，决议在序言中也提到了这次恐怖袭击。然而，该决议指出“这类”袭击而非“这次”袭击，对世界和平及安全带来的威胁以及安理会对日益严重的全球恐怖主义感到担忧。由此可见，第 1373 号决议针对的是恐怖主义现象，而非针对个别事件。决议重申各国不得支持恐怖主义，呼吁各国遵守联合国大会[39]及安理会此前的各项决议。[40]第 1540 号决议则针对另外一个具有普遍性的问题：“禁止核武器、化学武器及生化武器”[41]，禁止能够对国际和平与安全带来威胁的核武器、化学及生化武器及其运载方式。第 1540 号决议在序言中指出主要针对恐怖主义及非国家实体获得核武器、生化武器的风险。上述决议都进一步申明了遵守《联合国宪章》第 7 章之规定。

安理会第 1373 号决议规定各成员国具有三类普遍义务，前两类为强制性义务（安理会决定）[42]，第三类则采用建议性口吻（安理会呼吁各国……）。[43]在强制性义务中，有一项是关于资助恐怖主义的，要求各国对筹集资金以任

---

〔36〕 Szasz, “The Security Council starts legislating”; Talmon, “The Security Council as world legislature”; R. Lavalle, “A novel, if awkward, exercise in international law - making: Security Council Resolution 1540 (2004)” (2004) *Netherlands International Law Review* 411; Marschik, “The Security Council as world legislator?”; E. Rosand, “The Security Council as ‘global legislator’: Ultra Vires or Ultra Innovative?”, (2005) 28 *Fordham International Law Journal* 542; Asada, “WMD terrorism and Security Council Resolution 1540”; M. Kosekenniemi, “International legislation today: limits and possibilities” (2005) 23 *Wisconsin International law Journal* 61, 74.

〔37〕 因恐怖主义活动危及的国际安全与和平产生的决议，SC Res. 1373 (2001), 2001 年 9 月 28 日，UN SCOR, UN Doc. S/RES/1373 (2001).

〔38〕 禁止大规模杀伤性武器，SC Res. 1540 (2004), 2004 年 4 月 28 日，UN SCOR, UN Doc. S/RES/1540 (2004).

〔39〕 依照《联合国宪章》关于各国坚持国际合作与友好的宣言。G. A. Res. 2625 (XXV), UN GAOR, Supp. No. 28, UN Doc. A/5217 (1970), 121.

〔40〕 SC Res. 1189 (1998), 13 August 1998, UN SCOR, UN Doc. S/RES/1189 (1998).

〔41〕 安理会第 1540 号决议序言，第 1 段。

〔42〕 SC Res. 1373, arts. 1 - 2.

〔43〕 Ibid., art. 3.

何形式支持恐怖主义的行为作“犯罪化”处理，毫不拖延地冻结实施或企图实施、帮助实施恐怖主义活动的个人所拥有或直接间接控制的实体，以及代表这种人和实体或按其指示行事的个人和实体的资金和其他金融资产或经济来源，包括由这种人及有关个人和实体拥有或直接间接控制的财产所衍生或产生的资金。〔44〕第2条关于强制性义务的规定，要求各国不得向恐怖分子提供任何形式的协助，并且规定了防止恐怖主义活动的一系列具体措施。这些措施包括阻止恐怖组织招募新成员，〔45〕不得为任何与恐怖主义有关的人员提
26 供庇护场所，〔46〕将恐怖分子绳之以法并确保其刑罚充分反映恐怖主义罪行的严重性，〔47〕加强边境管控防止恐怖分子在各国之间流窜。〔48〕该决议尤其强调国际反恐合作，要求各国相互交换情报以加强恐怖主义活动的预警，〔49〕相互协助开展刑事调查及搜集证据等。〔50〕

安理会第1540号决议同样规定了类似的强制性和建议性义务，主要目的是禁止非国家实体获取核武器及生物武器、化学武器。各国不得支持非国家实体发展、获得、运输或使用此类武器，〔51〕并且修改国内法以有效阻止非国家实体发展、获得、运输或使用此类武器的图谋，“尤其是用于恐怖主义目的”。〔52〕第2条专门针对各国的刑法，要求各国对预备、实施、资助以及协助等行为规定刑事责任。第3条要求各国严格管制各自的核武器和生化武器，〔53〕制定和保持适当、有效的措施，确保生产、使用、储存或运输中的此类物质的数量和安全，〔54〕制定边控措施，查明、阻止、防止和打击此类物质的非法贩运，〔55〕并且对合法出口及运输进行有效管控。〔56〕

---

〔44〕 Ibid., art. 1.
〔45〕 Ibid., art. 2 (a).
〔46〕 Ibid., art. 2 (c).
〔47〕 Ibid., art. 2 (e).
〔48〕 Ibid., art. 2 (g).
〔49〕 Ibid., art. 2 (b).
〔50〕 Ibid., art. 2 (b), (f).
〔51〕 SC Res. 1540, art. 1.
〔52〕 Ibid., art. 2.
〔53〕 Ibid., art. 3 (b).
〔54〕 Ibid., art. 3 (c).
〔55〕 Ibid., art. 3 (c).
〔56〕 Ibid., art. 3 (d).

沙茨认为，第 1373 号决议的强制性体现在通过一项机制创设了一个监督机构〔57〕——反恐怖主义委员会（CTC）。〔58〕其后，安理会一直通过该委员会贯彻各种有关恐怖主义的强制性和非强制性决议，并先后成立若干委员会，最终形成了安理会在反恐领域的总体权威。〔59〕

安理会第 1373 号决议和第 1540 号决议都对各国规定了新的义务。在某种程度上，第 1373 号决议传承了被国际社会普遍接受的反恐义务。该决议内
容大部分源自《1999 年禁止资助恐怖主义国际公约》，〔60〕在第 1373 号决议通 27
过的同时，该《公约》已经被列入联合国大会的决议名录，〔61〕但尚未获得足够数量国家的签署，因此没有正式生效。〔62〕第 1540 号决议则引入了还没有被国际社会广泛接受或者尚在争议中的国际义务，该决议之所以能够作出，部分原因在于国际法在关于禁止大规模杀伤性武器方面存在的分歧得到了弥合。〔63〕早在 1 年之前，相关国际条约已经包含有类似内容。〔64〕

此外，上述两项决议都具有普遍性，即决议内容与具有普遍性的问题相关：恐怖主义和非国家实体使用大规模杀伤性武器。这两项决议所规定的措施也具有普遍性，不针对个别情况、国家或实体，而是针对满足特定条件的所有情形下的任何人。〔65〕同时，上述决议没有规定期限，而是可以无限期执行。按沙茨的话说，这两个决议“与其说针对特定情形制定了各种指令，不如说建立了新的国际法规范”〔66〕。

---

〔57〕 Szasz “The Security Council starts legislating”, 902.

〔58〕 SC Res. 1373, art. 6.

〔59〕 See the website of the Committee, available at www. un. org/en/sc/ctc/.

〔60〕 International Convention for the Suppression of the Financing of Terrorism, New York, 9 December 1999, entered into force 10 April 2002, 2178 UNTS 229 (Financing Convention). See Szasz “The Security Council starts legislating”, 902 – 3; Happold, “Security Council Resolution 1373”, 594 – 5, 608; Asada, “WMD terrorism and Security Council Resolution 1540”, 17.

〔61〕 Financing Convention ; Asada, “WMD terrorism and Security Council Resolution 1540”, 18.

〔62〕 Rosand, “The Security Council as ‘global legislator’”, 549.

〔63〕 Ibid., 580; Asada, “WMD terrorism and Security Council Resolution 1540”, 19. See also Marschik, “The Security Council as world legislator?”, 18 – 19.

〔64〕 See the International Convention for the Suppression of Acts of Nuclear Terrorism, New York, 13 April 2005, in force 7 July 2007, 2445 UNTS 89.

〔65〕 See the description of legislation by Happold, “Security Council Resolution 1373”, 597.

〔66〕 Szasz “The Security Council starts legislating”, 902.

（三）反对意见

安理会“立法”有别于其他国际决议机制。在通常的机制下，各缔约国授权部分成员国向全体缔约国提出新的规则，该部分成员国作为议事机构代表全体缔约国。〔67〕即使在某些情况下可以假定各缔约国一致赞成，但各缔约
28 国仍有权选择退出条约或该议事机构，进而最终不受相应决议的约束。再者，该议事机构本身就是为了制定条约和提出法律修改建议而成立的，缔约国加入时即已明确表明，达成决议需要获得缔约国的一致同意。〔68〕

与之相反，联合国安理会仅有15名成员国，其中包括拥有否决权的5个常任理事国，这个结构本身就不平衡，从而决定了安理会的决议决不会违背5个常任理事国的利益，并且只会强化5个常任理事国的利益。〔69〕《联合国宪章》要求各成员国必须遵行《宪章》第7章。然而，在《联合国宪章》起草之时，各国并没有预见到安理会如今进行立法的做法，而且这种做法在联合国成立以后的54年里也前所未闻。可以说，多数成员国没有被告知安理会可以创设新的国际法原则，甚至根本没有预见到它会这样做。〔70〕这种做法尤其会在两方面带来意外或困扰：该做法是否具有法律依据，以及可能会对人权产生严重影响。尽管反恐决议有专门成立的监督机构来确保其得到执行，〔71〕但该机构因缺乏透明度而广受诟病。〔72〕同样，各国也没有预见到安理会可能危及甚至破坏国际人权法准则，进而引发世界各国及国际人权机构的严重关

---

〔67〕 Jutta Brunnée, “International Legislation”, in R. Wolfrum (ed.), *Max Planck Encyclopedia of International Law* (Oxford University Press, 2008).

〔68〕 欧洲联盟在某种程度上是个例外。欧洲联盟有立法职能，即允许其中央机构制定规则，直接规定各成员国公民的权利，而无须成员国的同意。对于这些特定的立法措施，各成员国无权“退出”。然而，这种立法职能是基于欧洲联盟条约规定，且立法行为是由一定数量的议事机构代表做出的，议事机构代表由直选产生。

〔69〕 M. Matheson, *Council Unbound: The Growth of UN Decision Making on Conflict and Postconflict Issues after the Cold War* (Washington, DC: United States Institute for Peace, 2006), pp. 239 –40.

〔70〕 这里只有一种例外的可能性，就是一国在联合国安理会开始立法以后才加入联合国。

〔71〕 See J. Alvarez, “Hegemonic international law revisited” (2003) 97 *American Journal of International law* 874, 875and Alvarez, *International Organisations as Law – makers*, pp. 199 –217. 为实施安理会通过的第1373号决议而设立的委员会组织结构，在运行初期是非常有效的。see Rosand, “The Security Council as ‘global legislator’”, 548 –9.

〔72〕 See www. un. org/News/Press/docs/2009/sc9788. doc. htm for an acknowledgement of this problem and some proposed solutions.

切。〔73〕

最后，安理会立法可能涉及所有法律领域并适用于任何国家。与仅仅针对贸易或环保等某些特定问题，或适用于特定区域的国际条约不同，安理会决议没有地域上的界限，并且依照《联合国宪章》第 39 条之规定，相关决议几乎可适用于任何国家。近来，安理会明显扩大了对《联合国宪章》第 39 条的解释，在国际和平没有受到明显威胁的情形下，〔74〕或者并非为了实现国际和平与安全的目的而行使《联合国宪章》第 7 章的权力，其中包括提供人道主义救济，〔75〕对处于危机现场的联合国人员提供援助以及促进民主等。〔76〕 29

各国已经见证了安理会将原属于整个国际社会的职能据为己有的做法。从各国对上述两个立法性决议的反应，以及针对安理会职权问题的讨论过程可以看出各国的看法。

尽管各国在一开始表示欢迎，但当他们认识到第 1373 号决议的立法性质以后纷纷对该决议采取抵制态度。联合国大会第一次选择讨论第 1373 号决议的时机恰到好处，〔77〕受"9·11"事件所引起的紧张情绪影响，各国没有认识到第 1373 号决议与之前安理会决议之间的本质区别。很多国家对这一具有

〔73〕 See the critics of listing cited above (above note 12); Andrew Hudson, "Not a great asset: the UN Security Council's counter – terrorism regime: violating human rights" (2007) 25 *Berkeley Journal of International Law* 101; and also the report of the United Nations High Commissioner for Human Rights of 2 September 2009 (A/HRC/12/22).

〔74〕 Kirgis, "The Security Council's first fifty years", 513; Marschik, "The Security Council as world legislator?", 10.

〔75〕 Humanitarian interventions have increased to such an extent that Österdahl, writing in 2005, described such interventions as "routine". See l. Österdahl, "The exception as the rule: lawmaking on force and human rights by the UN Security Council" (2005) *Journal of Conflict and Security Law* 1, 2.

〔76〕 Examples include: the later 1992 resolutions on Somalia [SC Res. 733, UN SCOR, 47th Sess. Res. & Dec. at 55, UN Doc. S/INF/48 (1992) and SC Res 794, UN SCOR, 47th Sess., Res. & Dec. at 63, UN Doc. S/INF/48 (1992)]; and the interventions in Haiti [see SC Res. 841, UN SCOR, 48th Sess., UN Doc. S/INF/49 (1993)], and SC Res. 940, UN SCOR, UN Doc. S/RES/940 (1994) and Angola [see SC Res. 864 (1993) UN SCOR, UN Doc. S/Res/864 (1993)]. Here the civil unrest and conflict had minimal regional impact and intervention was justified partly for the sake of democracy. See also Alvarez, "Hegemonic international law revisited", 171 – 3.

〔77〕 第一轮关于为消除国际恐怖主义而采取措施的辩论（第十二次全体会议，2001 年 10 月 1 日星期一）发生在第 1373 号决议通过后的第一个工作日的上午。通过第 1373 号决议的大会举行于 2001 年 9 月 28 日星期五晚上。See S/Agenda/4385.

30 执行力的决议表示赞同，[78]认为可以促进国际社会所设计和推动的各项反恐机制的贯彻落实。[79]此前的论调基于这样的假设，即联合国大会还会成立专门的反恐机构，[80]安理会只是为更大范围的反恐机制提供“框架”[81]或“一般性指导”[82]。

然而，仅过了不到1个月的时间，新决议的内容表明事实并非如此。[83] 2001年10月，联合国大会对安理会年度报告进行审议。审议过程中，有国家用“立法”一词来形容第1373号决议，决议内容因扩大了安理会的权力而受到抵制。[84]在此后的讨论中，各国提出安理会的立法行为应当符合法定条件，即安理会在制定新的标准之前应广泛征询各方意见；[85]保证立法的透明度；[86]维持国际社会对安理会的信任；[87]（尤其是向各国解释决议内容[88]）且不能为自身利益立法。[89]

2004年，当安理会在讨论第1540号决议时，绝大多数非安理会成员国要
31 求发言。该决议毫无疑问具有“立法”性质，[90]从而引起上述国家的广泛担心。决议的支持者为其之所以规避标准的国际立法程序给出了正当解释。他

---

〔78〕 A/56/PV. 12：Croatia，p. 25；Belgium，p. 10；Belarus，p. 21. The only reference made by the European Union to SC Res. 1373 is to ‘note with interest’ that it establishes a monitoring committee，p. 10.

〔79〕 阿尔及利亚代表提出：“在国际法领域，成立一个更高权威的法律机构来制定标准服务于各种立法或国际反恐战略”。（A/56/PV. 12，p. 13）.

〔80〕 A/56/PV. 12；Belarus，p. 21；the President of the General Assembly，p. 2；the Secretary - General，p. 3；Nicaragua，p. 6；Belgium，p. 10；Algeria，p. 13；United Kingdom，p. 18；and Equitorial Guinea，p. 4.

〔81〕 Nicaragua praised SC Res. 1373 as a framework while simultaneously calling for a multi - lateral Convention on Terrorism（A/56/PV. 12，p. 6）. See also Egypt（A/56/PV. 12，p. 23）.

〔82〕 A/56/PV. 22：Switzerland，p. 6.

〔83〕 A/56/PV. 25：Singapore，p. 10.

〔84〕 A/56/PV. 25：Algeria，p. 8；and Singapore，p. 10.

〔85〕 S/PV. 4950：Spain，p. 7.

〔86〕 S/PV. 4950：Philippines，p. 2；China，p. 6；Romania，p. 14；Russian Federation，p. 16；United States，p. 18；Canada，p. 20；and South Africa，p. 22.

〔87〕 A/56/PV. 25：Singapore，p. 13.

〔88〕 A/56/PV. 28：Ghana，p. 16.

〔89〕 A/56/PV. 25：Colombia，p. 5. 之后在关于限制国际刑事法院管辖权的讨论过程中，有国家强调联合国安理会应代表整个国际社会行事。See S/PV. 4568：Iran，p. 15；Jordan，p. 16；Mongolia，p. 19；S/PV. 4772：Iran，p. 10；Pakistan，p. 21.

〔90〕 S/PV. 4950. 各国代表的发言中反复提到“立法”，包括Angola，p. 10；Pakistan，p. 15；India，p. 23；Singapore，p. 25；Switzerland，p. 27；Japan，p. 28；Indonesia，p. 31；and Iran，p. 32.

们认为，决议要解决的问题——非国家实体可能获取大规模杀伤性武器的情况十分紧急，没有时间进行多边国际磋商，[91]他们还认为这样做并不违背现行的国际法准则。[92]

这些借口并没能说服反对者，反对者认为由安理会进行单边立法的思路不可接受。他们指出安理会不能将其决议强加给主权国家。[93]为此，印度拒绝“接受明文规定的标准或准则，无论其法律渊源为何，只要该规则涉及印度议会的国内立法权，包括任何违背印度宪法条文及程序、损害印度国家利益或破坏印度国家主权的法律、规章或法令”[94]。印度代表还表示，“安理会的立法，再加上《联合国宪章》第 7 章的强制力，会打破《联合国宪章》中规定的联合国大会与联合国安理会之间的权力平衡。”[95]

很多国家也提出，该决议草案割裂了原本此前在国际条约中相互关联的两项国际义务——核不扩散和裁军，在强化了不扩散义务的同时，决议忽略了对裁军的要求。[96]针对该决议的片面性，巴基斯坦代表提出：“安理会 5 个常任理事国都拥有核武器，还拥有否决权，并不是一个最适于被授权来审视上述问题的主体。”[97]

最后，瑞典代表提出受第 1540 号决议内容影响的个人并没有得到相应的 32
正当程序保障。瑞典代表认为，“如果一个人提出其个人权利因该决议的贯彻执行受到侵犯，应当有权向国内法院起诉，并且各国有义务确保其能够起诉。”[98]除了反对安理会单方面对国际法律规则进行修改，瑞典代表还强调各国在贯彻该决议过程中应当遵守国际法及《联合国宪章》。[99]

---

〔91〕 S/PV. 4950：Philippines，p. 2；Algeria，p. 5；Spain，p. 7；Angola，p. 9；United Kingdom，p. 11；New Zealand，p. 21；India，p. 24；Singapore，p. 25；Sweden，p. 27；Japan，p. 28；Switzerland，p. 28.

〔92〕 S/PV. 4950：Philippines，p. 3；United Kingdom，p. 11；Romania，p. 14；United States，p. 18；Germany，p. 18；and New Zealand，p. 21.

〔93〕 S/PV. 4950：Brazil，p. 4；Algeria，p. 5；Pakistan，p. 15；Peru，p. 20；Cuba，p. 30；Indonesia，p. 31；and Iran，p. 32.

〔94〕 S/PV. 4950，p. 24.

〔95〕 Ibid.

〔96〕 S/PV. 4950：Brazil，p. 4；Algeria，p. 5；Peru，p. 20；South Africa，p. 22；India，p. 24；and Cuba，p. 30.

〔97〕 S/PV. 4950：Pakistan，p. 15.

〔98〕 S/PV. 4950：Sweden，p. 27.

〔99〕 Ibid.

安理会在联合国的作用及其对各成员国施加的义务，直接关系着安理会的国际立法权限及实践。在上述讨论过程中，各国都知道单一主体会导致权力过于集中，也都尽力去约束安理会的权力。其中主要是通过坚持独立自主——国家主权——在理论上维持国际社会的原有框架。同时，各国也主张民主、透明度、磋商及合理理由等基本权利，这些基本权利只有在尊重历史框架，以及政府间国际组织代表更广大国家的利益的情况下才能发挥作用。[100]

四、展望：安理会与法治

黑名单制度近年来广受诟病，迫使安理会不得不作出调整。正如前面提到的，尽管已经作出了部分调整，现阶段仍然需要各国之间的合作。

相反，安理会的立法行为似乎并没有招致像各国口头表达那样强烈的反对，似乎并没有引起任何明显后果。当然，安理会在两次“立法”之后也适可而止，没有再进行第三次尝试。然而，之前的两个决议仍由安理会专门成立的监督委员会贯彻执行，遵守上述决议的国家仍然受到监督。尽管没有对
33 不遵守决议的国家施加制裁，委员会还是向一些成员国施压，迫使它们配合安理会的行动。[101]

在最后这一节，我们将探讨各方对安理会反恐活动的反应，尤其是对黑名单制度的反应，进而就黑名单制度以及安理会的立法实践提出建议。相较于安理会立法引起的轻微反感，黑名单制度所招致的质疑更为强烈，足以让我们期待对该制度进行改革调整，否则必将与未来的立法产生冲突。然而，通过对黑名单所作调整的分析，我们可以发现国际法已经在某种程度上发生了根本性改变。在对黑名单制度进行调整的过程中，国际社会采用的法律原则体现了富勒的法治理论。[102]可以看出，安理会逐渐开始遵循法治的基本原则，对权力运行加以限制。如果上述观点是正确的，那么可以说法治原则开始对安理会的立法实践发挥影响。在结论部分，将会阐明这种影响可能带来

---

[100] Karl Zemanek, “Was Kann die Vergleichung staatlichen öffentlichen Rechts für das Recht der internationalen Organisationen leisten?” (1964) 24 *Zeitschrift für ausländisches öffentliches Recht und Völkerrecht* 454.

[101] 参见本书第22章克里斯·奥克斯托比和C. H. 鲍威尔文，本章用以说明非洲国家受到“轻微”胁迫来配合反恐怖主义措施。

[102] Lon C. Fuller, *The Morality of Law* (New Haven, CT: Yale University Press, revised edn, 1969).

的结果。

（一）黑名单制度改革进程

正如前面所提到的，被列入黑名单的实体和个人没有任何参与或质疑 1267 委员会决议的途径。被列入黑名单的人既无从知晓黑名单的具体标准，也无法知道哪些事实适用于这些标准。试图对被列入黑名单的人进行援助的国家，同样无法获得任何信息，也没有任何渠道进行申诉，此外，拥有否决权的安理会常任理事国可以拒绝将某人从黑名单中移除而无须说明理由。

安理会第 1390 号决议采纳现有 3 步制裁模式对被列入黑名单人员进行制裁，[103]并对 1267 委员会提出了具体要求：制定指导原则明确哪些人可以被列入黑名单。[104]2002 年 11 月，安理会出台了相关指导原则，其中包含黑名单的制定和移除程序。黑名单制定程序的重点在于身份确认和信息搜集，[105]上述指导原则要求，将某人列入黑名单的申请国应当提供相应理由及身份信息， 34
以便各国能够采取必要的制裁措施。[106]

最初，黑名单的移除程序要求当事人向其居住国或国籍国提出援助请求，然后再由收到请求的国家和最先提出将当事人列入黑名单的国家（指定国）进行接触。借此，请求国将获得关于当事人的更多信息。在审核过这些信息之后，如果请求国仍然希望将当事人从黑名单中移除，那么就要说服指定国共同向 1267 委员会递交申请。委员会收到请求国和指定国的申请后，经委员会成员一致同意方能移除，如果不能达成一致意见，委员会主席有权继续组织磋商。如果请求国不能说服指定国共同提出申请，请求国也可以单独向 1267 委员会提交申请。然而，上述申请仍需全体委员会成员一致同意，有任何一国不同意，就不能从黑名单中移除，且无须说明理由。[107]

2002 年 12 月 20 日，安理会第 1452 号决议[108]引入人道主义例外条款，

---

[103] SC Res. 1390, art. 2.

[104] Ibid., art. 5 (d).

[105] See note 16 above and the first report of the Monitoring Team (S/2004/679), [37].

[106] Decisions of listing and delisting are guided by the 1267 Committee Guidelines: The Al – Qaida and Taliban Sanctions Committee, UN, *Guidelines of the Committee for the Conduct of Its Work* (2008), available at www. un. org/sc/committees/1267/pdf/1267_ guidelines. pdf (Guidelines).

[107] Gutherie, "Security Council sanctions and the protection of individual rights", 512 – 13.

[108] SC Res. 1452, art. 1.

允许各国确保被列入黑名单人员获得日常生活及法律援助的所需资金。[109]第1452号决议规定的这一新程序，要求各国在适用例外条款之前征得1267委员会的同意。同样，1267委员会在决定是否允许适用例外条款的过程中，无须说明理由。

黑名单制度的这些改革措施，早在瑞典政府尝试将其国民亚丁·阿德里萨克（Adirisak Aden）、阿布迪·阿卜杜勒阿兹齐·阿里（Abdi Abdulaziz Ali）和艾哈迈德·阿里·优素福（Ahmed Ali Yusuf）从黑名单中移除，以及确保冻结资产不致危及他们生存的过程中都有所体现。[110]在瑞典向1267委员会提
35 出将其3名国民移除黑名单申请之后仅4天，安理会便通过了第1390号决议，其中包括要求1267委员会明确纳入及移除黑名单的指导原则和标准。在指导原则中规定的移除程序，直接体现了瑞典之前提出的建议内容。[111]

在接下来的几年，安理会尝试确保被列入黑名单的人能够了解自己的处境以及可以通过哪些渠道来进行申诉。2004年1月30日通过的第1526号决议“积极鼓励”各国与被列入黑名单的人取得联络，而不再禁止各国这样做。[112]5年以后，这一要求逐渐演变为各成员国的义务，此时通过的安理会第1822号决议要求各成员国在可能的情况下，告知被列入黑名单人员自身处境，以及列入和移除黑名单的相关程序。[113]

由于安理会意识到当事人在未被告知的情况下难以应诉，第1735号决议中提出1267委员会必须公布针对每个当事人或实体的案件概要，但证明案件事实的证据只有在证据提供国同意的情况下才能公布。安理会还试图解决另外一个缺陷，即当事人缺乏救济措施。为此，安理会第1730号决议[114]建立

---

[109] Per Gramer, “Recent Swedish experiences with targeted UN sanctions: the erosion of trust in the Security Council”, in E. de Wet and A. Nollkaemper (eds.), *Review of the Security Council by Member States* (Antwerp: Intersentia, 2003), p. 85.

[110] *Adirisak Aden, Abdi Abdulaziz Ali, Ahmed Ali Yusuf and the Al – Barakaat Foundation v. Council of the European Union and Commission of the European Communities*, case no. T – 306/01, filed on 10 December 2001. See Gutherie, “Security Council sanctions and the protection of individual rights”, 511 and Gramer, “Recent Swedish experiences with targeted UN sanctions”, for discussion of these cases.

[111] Ibid. All the people represented by Sweden were eventually delisted: see www. un. org/News/Press/docs/2002/sc7490. doc. htm and www. un. org/News/Press/docs/2006/sc8815. doc. htm.

[112] SC Res. 1526, art 18.

[113] SC Res. 1822, art 17.

[114] SC Res. 1730, UN SCOR, 61st sess, 5599th mtg, UN Doc. S/Res/1730 (19 December 2006).

了协调员机制，归属于联合国秘书处理事会附属机构。协调员为安理会所有的制裁委员会服务，直接从受制裁影响的个人处收取移除黑名单申请。[115]这样一来，被列入黑名单的当事人即使无法得到本国政府的外交保护也可以提出申请。但是，该协调员只是负责向各国政府转交申请，而不负责对申请内容进行审核，因此哈沃（Hovell）将之形容为“就像是一个神圣的接线员”[116]。

安理会第 1822 号决议对各国提出了更高的要求，要求各国在提出将某人 36
列入黑名单时尽可能多地提供信息，并且要直接标明申请的哪些部分可以被公开。该决议要求 1267 委员会在其网站上公布每个被列入黑名单的人的案情，要求 1267 委员会确保程序公平、透明并定期对黑名单进行复核，即使在当事人没有提出移除申请的情况下。[117]

联合国安理会于 2009 年 12 月 17 日通过了第 1904 号决议，对黑名单制度进行了最新、最重要的改革。该决议再次要求对列入和移除程序进行复审和改革，以确保黑名单制度的透明度并提高效率，决议还要求 1267 委员会延长对纳入黑名单进行预先公示的期限。但到目前为止，该项制度最重要的调整是引入了监察员机制——独立于安理会之外，负责接收移除申请并促成包括当事人在内的各方进行会谈。

监察员与协调员的要求完全不同，协调员仍然代表各个制裁委员会，在收到当事人的移除黑名单申请时，协调员只需要“通知申请人申诉的一般程序”。然后，将申请人的申请连同所需的其他信息，一道交给有关国家政府（指定国、国籍国或居住国），之后的任何讨论内容仅限于在特定国家之间进行，指定国可以拒绝申请国的信息交换请求，并有权拒绝披露相关信息。在讨论过程中，任何当事国都可以向委员会提出移除黑名单的建议。如果没有国家提出移除建议，当事人的移除申请在经过一段时间以后被视为自动驳回，不再进一步讨论。协调员将最终结果告知当事人，没有在此情况下说明理由的义务。

---

〔115〕 1267 委员会创设了一个有针对性的制裁制度。see www. un. org/sc/committee/.

〔116〕 Devika Hovell，“Comment on Kadi”，available at www. ejiltalk. org/a－house－of－kadis－recent－challenges－to－the－un－sanctions－regime－and－the－continuing－response－to－the－ecj－decision－in－kadi/#more－1258.

〔117〕 作为一项主要措施，该决议还要求对过去 3 年没有复核的所有决议进行复核。

与之相反，监察员不仅“告知当事人提出申请的一般程序”，还要“具体
37 回答申请人提出的与委员会程序有关的问题”。然后，将当事人的申请同时送交指定国、当事人的居住国和国籍国、1267 委员会、督察小组以及“任何联合国相关机构和监察员认为与之相关的国家”。依据决议，监察员需要履行特定程序：第 1 步，监察员向收到申请的各个机构广泛收集意见和信息。在这一阶段，监察员将其向各当事国发出的进一步提供及澄清信息的要求，反馈给申请者本人。督察小组要求提供的信息列表中包括“法庭判决、诉讼或新闻报道，以及各国或国际组织之前与委员会和督察小组分享的信息”。第 2 步，促成各当事国之间的对话，可以延长为期 2 个月的期限，申请者本人可参与，之后监察员起草并分发各方赞成或反对移除的意见。第 3 步，监察员向委员会提交报告并回答委员会提出的疑问。最后，由委员会来全权决定批准或驳回申请，但是各国必须说明理由。此外，如果申请被驳回，监察员必须在符合信息披露规定的情况下，最大限度地向申请人解释驳回申请的理由。

直接促使对黑名单制度进行改革的是卡迪（Kadi）案，[118]该案让安理会意识到整个欧盟都有可能反对黑名单制度。联合国安理会于 2005 年 7 月 29 日通过了第 1617 号决议，规定了列入黑名单的标准并首次规定了移除程序。此时，欧洲人权法院初审法院正在审理优素福（Yusuf）及卡迪案。[119]试图向被列入黑名单人员披露更多信息的第 1822 号决议，也是受欧洲人权法院的大审判庭程序启发产生的。引入监察员制度的第 1904 号决议，正是在大审判庭
38 于 2008 年 9 月 3 日对卡迪案作出判决，拒绝将其列入黑名单之后通过的。这些由监督机构建议并由委员会负责实施的改革措施，包括引入案情摘要[120]及设立协调员。[121]

安理会最近开始承认黑名单制度可能对人权造成损害，紧接着 1267 委员

---

〔118〕 *Kadi* (Above note 12).

〔119〕 *Yusuf and the Al - Barakaat Foundation v. Council and Commission* (*above note* 110); *Kadi v. Council of the European Union and Commission of the European Communities* (Case T - 315/01) (2005), printed in [2006] *European Court Reports* Ⅱ - 02139, and also available at eur - lex. europa. eu/LexUriServ/LexUriServ. do? uri = OJ: C: 2005: 281: 0017: 0018: EN: PDF.

〔120〕 See S/2005/83, [55].

〔121〕 SC Res. 1730. See also Thomas J. Biersteker and Sue E. Eckert, *Strengthening Targeted Sanctions through Fair and Clear Procedures* (Watson Institute for International Studies, Brown University White Paper, 30 March 2006).

会主席扬·格罗斯（Jan Grauls）公开承认第1822号决议中的改革措施不足以“确保恰当的个人或实体得到认定”〔122〕。接下来的第1904号决议“注意到”各国对黑名单制度所持“法律或其他层面”的反对意见，并表达了“继续确保程序朝着更加公平和透明的方向努力”的意愿。

这些进步说明，法治原则正逐渐在安理会的立法实践中得到体现。然而，这些转变不能被用来说明黑名单制度的正当性。黑名单制度本身仍然违背法治的要求，这在最近的卡迪案的结论中可以得到进一步确认。在欧洲人权法院大审判庭因程序瑕疵驳回将卡迪列入黑名单的请求后，委员会对程序作出了调整，允许卡迪在针对其本人的案件中针对“案情摘要”提出意见。〔123〕在听取卡迪本人的意见之后，委员会将其从黑名单中移除。当卡迪因再次被列入黑名单提出申诉时，大审判庭认为黑名单制度仍有待改进：〔124〕

> “关于黑名单制度调整的考量……如今依然很有必要，即使已经引入了‘监察员’机制……从本质上讲安理会还不认为有必要成立一个独立和公正的机构，负责依据法律和事实来聆讯和裁决由制裁委员会针对某
> 人提起的诉讼。此外，无论是协调员机制还是监察员办公室都没有取得 39
> 根本上的改变，即最终仍然取决于委员会的一致同意。再有，哪些证据可以披露给当事人，仍然由向委员会提出将某人纳入黑名单的国家决定，没有任何机制可以确保当事人获取足够的信息来为自己作有效辩护……至少从上述情况来看，协调员机制和监察员机制不能被视为为制裁委员会的决议提供了有效的司法复核程序。”

因此，黑名单制度并不必然符合法治原则，而是具有进一步调整完善的空间。该项制度可能永远无法达到完美的程度，〔125〕但是通过下面提到的原则，可以确保黑名单制度在运行中遵循法治理念。

---

〔122〕 globaladminlaw. blogspot. com/2009/05/Kadi - recent - developments. html.

〔123〕 在该案中，相对人没有获得任何据以制定摘要的证据。关于秘密证据产生的问题，参见Forcese and Roach，“Limping into the future”.

〔124〕 *Kadi v. Council of the European Union and Commission of the European Communities* (Case 85/09) [2010], available at curia. europa. eu/.

〔125〕 See the prognosis of Forcese and Roach，“Limping into the future”.

（二）走向法治的艰难进程

要想知道黑名单制度在哪些方面违反了法治原则，我们首先要明确，富勒不仅将法治看作是一系列原则还看作是一种行为——一个法律赖以建立和维持的过程。富勒（Fuller）的法治思想可以概括为公开、不溯及既往、可理解及无内在矛盾、不强人所难并且有法必依等要素。[126]从内容上看，上述要素与其他理论家所提出的说法有很多重合之处，即可预测性、可信赖的规则、
40 平等适用和前后一致。[127]然而，多数法学家认为上述要素只是一种理想状态——法律体制可能满足也可能无法满足，而富勒将之视为法律制度的基础，没有这些就不足以成为法律。[128]

除了作为法律存在的先决条件以外，富勒的法治八要素还可以用来展示法律如何运行。对于富勒而言，法律不是自上而下的，即由权力机关向受法律规则约束的主体强加某些规则。相反，制定法律制度的过程应当是互惠的，权力机关和受约束的主体之间保持对话，最终所有参与者都能够接受约束。因此，富勒的法治八要素也隐含有互惠、制衡及权利代理等原则。[129]立法程序的互惠原则依赖且激发权利代理，而权利代理回过头来又可以迫使当权者接受权力制衡。合在一起，这三者是法律制度得以维系甚至是得以存在的基本要素。

黑名单制度的改革为富勒的法治运行理论提供了良好的示例，因为改革进程与富勒所说的法治原则十分吻合。首先，如今的程序经过与法律主体之

---

〔126〕 富勒的法治八要素为：①规则，该规则；②已公布；③可以被理解；④非溯及既往；⑤内部一致（即不自相矛盾）。该规则或许还要：⑥相对稳定，即不能频繁变动使法律主体无从遵循；⑦可为人所遵守，即法律不能要求法律主体超出自身能力去实施行为；⑧官方行为必须与法律保持一致。Fuller, *The Morality of Law*, p. 39.

〔127〕 Judith Shklar, "Political theory and the rule of Law", in Allan C. Hutcheson and Patrick Monahan (eds.), *The Rule of Law: Ideal or Ideology* (Toronto: Carswell, 1987), p. 1; Jeremy Waldron, "Is the rule of law an essentially contested concept (in Florida)?" (2002) 21 *Law and Philosophy* 137; Lon L. Fuller, *The Morality of Law*, p. 39; A. V. Dicey, *Introduction to the Study of the Law of the Constitution* (London: Macmillan, 1961), pp. 188 and 193; F. A. Hayek, *The Road to Serfdom* (London: Routledge, 1944), p. 54; Joseph Raz, "*The rule of law and its virtue*", reprinted in The Authority of Law (Oxford: Clarendon, 1979), pp. 214 - 18; John Rawls, *A Theory of Justice* (Oxford University Press, 1971); Colleen Murphy, "Lon Fuller and the moral value of the rule of law" (2005) 24 *Law and Philosophy* 239, 241.

〔128〕 Fuller, *The Morality of Law*; cf. Raz, "The rule of law and its virtue", pp. 219 - 25.

〔129〕 Jutta Brunnée and Stephen Toope, *Legitimacy and Legality in International Law* (Cambridge University Press, 2010), pp. 21 - 6.

间的互动得到调整，而这种调整正是由于当事人的代理人的主张，迫使安理会逐渐淡化黑名单程序最初的管控色彩。〔130〕其次，正如第 1904 号决议中规定的那样，黑名单制度鼓励与当事人之间进行互动并积极作出回应。独立监察员可以从一开始，便从当事各方包括当事国或其他国际机构那里搜集信息、意见和案例，对事实进行分析以决定是否支持当事人的移除请求。

但最重要的进步可能还要属安理会（尝试）纳入合法性原则。安理会、督察小组及 1267 委员会越来越多地认为法治有助于黑名单制度的实施，而并非该项制度的阻碍。因此，格罗斯在承认第 1822 号决议存在不足的同时，宣称尊重公平和透明的程序将增进制裁的有效性。〔131〕同样，督察小组称安理会 41
的改革措施使得程序更加具有“法治化意味”，〔132〕“不管是否受到申诉，随意纳入黑名单削弱了制裁的效力”。〔133〕事实上，在法治精神的影响下，督察小组也宣称各国法院对黑名单进行复核也应被视作 1267 委员会在履行职责。〔134〕

（三）依照法治原则进行的立法

长期以来，安理会被一致视为政治机构，因其自身所具备的特殊性和强制力，有人认为安理会应当具有逾越法律的权力，以应对极其紧迫且只能由安理会来认定和处理的情势。

黑名单制度反映出这种想法的危险性，对黑名单制度的回应则很好地说明了法治在安理会权力运行机制中的应有地位。越来越多的法律事例表明安理会的权力起码应当受到两方面的限制：第一种主要见诸各种公开发表的法学著述，现在被普遍接受为一种不证自明的说法，即安理会并不是处于主权国家组成的平面结构之中，而是处在由国家和个人组成的层级结构的顶端。这种垂直的权力关系需要包括宪法、行政法及人权法在内的公法原则对处在底层的个人提供保护。〔135〕

---

〔130〕 See Lon L. Fuller, “A reply to critics” in Fuller, *The Morality of Law*, pp. 209 – 10 for the central distinction between law and a managerial system.

〔131〕 globaladminlaw. blogspot. com/2009/05/Kadi – recent – developments. html.

〔132〕 See S/2009/502, [40]. 督察小组因此赞赏第 1822 号决议中的附加“联系”标准、引入纳入名单的记述性摘要及复核机制。

〔133〕 S/2009/502, [40].

〔134〕 S/2009/245, [18]. See also [23], [27]–[30], [35], [37].

〔135〕 Zemanek, “Was Kann die Vergleichung staatlichen öffentlichen Rechts für das Recht der internationalen Organizsationen leisten?”.

第二种产生于这样一种理念，即受权力运行影响的个人必须有能力改变权力运行的形式。从这一意义上讲，纯粹是法律自身（按富勒的理论）在限制安理会权力。黑名单制度的改革说明，安理会之所以回归法治是希望受约束主体能够接受黑名单制度。这些改革措施尽管不能都令人满意，但仍可以看出向富勒所说的互惠、制衡及代理等隐含法律原则的改进趋势。通过监察员制度，被列入黑名单的人逐步取得以某种形式参与1267委员会决议的资格，1267委员会可以与当事人进行互动，双方都有机会向对方提出问题。监
42 察员的报告广纳案例法、学者观点和各国意见，同样欢迎1267委员会提出意见并对当事人的国际判决作出回应。黑名单制度是否获得法律地位，取决于监察员真正代表委员会做出认定的程度。除非监察员真能做到这一点，否则委员会自身不可能认定其决定违法，或是在现有国际法（包括基本人权）框架内提出有意义的反对意见。由此可见，黑名单制度只有在满足互惠和制衡原则，并使各国家和个人得到有效代理的情况下，才可以被称为法律。

如果法律限制了安理会的权力运行，那么还要思考法律是如何限制安理会的立法能力的。在国际法层面，法律主体包括国家和非国家实体。[136]安理会的成员数量很少且各成员之间权力的不均衡，阻碍了其通过与立法主体进行互动来制定规则的可能性。缺少由安理会主导的广泛磋商，通常很难产生符合基本法治要求的规则。

这样说并不是否认国际社会接受安理会制定的规则并赋予规则以法律地位的可能性，而是建议安理会应当在制定规则的过程中，提高国际社会的参与度及正当性。[137]自建立黑名单制度之后，安理会基本没有就其立法行为提供正当性理由，[138]而是在未加申明的情况下，将任何以反恐名义采取的措施都视作立法。

这一前提再也站不住脚了。随着该前提的失效，国际社会对限制安理会

---

〔136〕 尽管在国际法中国家承担完全责任，个人、组织甚至公司也通过国际法所赋予的权利义务获得一定的主体属性。

〔137〕 关于正当性事由及法治，参见 David Dyzenhaus，"Law as justification：Etienne Mureinik's conception of legal culture"（1998）14 *South Africa Journal on Human Rights* 11；Etienne Mureinik，"A bridge to where?"（1994）10 *South African Journal on Human Rights* 10.

〔138〕 See the complaints of states listed in section 3 above, and Marschik, "The Security Council as world legislator?", 22.

反恐权力方面提出了更多的法律要求。随着黑名单制度不断因侵犯个人权利
受到批评，对于安理会将其个别决议或普遍标准强加给国际社会的做法也不 43
断受到质疑。为此，在反恐行动中负责保护人权和基本自由的特别报告员马丁·夏依宁（Martin Scheinin），最近对安理会运用《联合国宪章》第 7 章权力采取的反恐行动提出质疑，认为安理会的行动没有满足行使《联合国宪章》规定的先决条件。他在报告中强调追究国际组织责任的必要性，并坚持认为国际反恐条约的效力优于安理会决议。〔139〕这种说法呼应了各国在反对安理会单方宣布绕过原有国际立法程序时，所提出的反对意见。〔140〕正如前面所提到的，提出反对意见的国家同时也提出有效运用《联合国宪章》第 7 章权力的条件：广泛磋商〔141〕、透明〔142〕、归责〔143〕，向国际社会说明行使权力的正当性理由。〔144〕

这些条件重申了富勒的法治基本要素，即互惠、制衡和尊重法律主体的代理权。如果这些条件得不到满足，那么联合国安理会就不应进行新的反恐立法。

---

〔139〕 www. un. org/News/briefings/docs/2010/101026_ Scheinin. doc. htm and www. un. org/News/Press/docs/2010/gashc3988. doc. htm.

〔140〕 S/PV. 4950, p. 24.

〔141〕 S/PV. 4950: Spain, p. 7.

〔142〕 S/PV. 4950: Philippines, p. 2; China, p. 6; Romania, p. 14; Russian Federation, p. 16; United States, p. 18; Canada, p. 20; and South Africa, p. 22.

〔143〕 A/56/PV. 25: Singapore, p. 13.

〔144〕 A/56/PV. 28: Ghana, p. 16.

第3章

全球反恐法：不可能实现的任务？*

维克托·V. 拉姆拉伊 **

44 一、引言

众所周知，“9·11”事件以后全球范围内反恐立法有了较大发展。就美国而言，国会及布什政府迅速作出反应，作为美国政府“全球反恐战争”的组成部分，为未来10年在国内外采取反恐行动奠定法律基础。布什政府在高调宣布其他国家“要么站在美国一边……要么站在恐怖分子一边”〔1〕的同时，诉诸联合国安理会并通过第1373号决议〔2〕这一新的法律文件，开启了全球合作立法应对恐怖主义的先河，并由反恐怖主义委员会来集中监督各国立法。在美国的压力和联合国安理会的号召下，以及在全球普遍完善反恐立法

---

* 本章最先发表于2010年8月5日至6日在澳大利亚悉尼的新南威尔士大学举办的反恐论坛，修改后发表于跨国法律研究中心（CTLS）于2010年9月3日在伦敦举办的跨国法律研讨会，文章题目与皮尔·勒格朗（Pierre Legrand）的文章“法律移植的可能性”（载《欧洲和比较法马斯特里赫特杂志》1997年第4期）相呼应。尽管我没有直接加入勒格朗的观点，但我也赞成他提出的关于法律移植方面的担心，当然，在法律移植问题上我比勒格朗更为乐观，只要它能对当地环境和差异保持足够敏感。在此，对桑迪·迈多（Sandy Meadow）、肯特·罗奇（Kent Roach）、本·索尔（Ben Saul）、我的学生以及跨国法律研究中心的同仁对本章前一版本提出的意见表示感谢。

** 维克托·V. 拉姆拉伊（Victor V. Ramraj），新加坡国立大学法学院副教授。

〔1〕 乔治·布什（George W. Bush）对参议院联席会议及美国人民所作演讲（2001年9月20日）。

〔2〕 S/RES/1373（2001）. 安理会采用命令性口吻“决定”所有成员国应……将故意以任何手段直接或间接地提供、募集资金的行为犯罪化，只要上述行为实施于该国境内或由其国民实施，并将要或已经用于实施恐怖主义活动，并且确保……在国内法中将资助、策划、准备或参加恐怖主义活动的行为规定为严重罪行，并使其受到与社会危害性相适应的惩罚。

的大背景下，各国先后通过了反恐怖主义法。一时间，安理会想当然地扮演 45
起了立法机构的角色，承担起监督各国国内立法进度的职责。鲍威尔（C. H. Powell）在本书中探讨了安理会在国际反恐立法领域所起的作用，[3]但“全球”反恐立法实践不仅仅限于联合国。比如，罗奇（Kent Roach）就指出英国的反恐法被作为样本，得到很多国家和地区反恐立法的借鉴。[4]在法律执行层面，各国安全机构比以往任何时候都更加积极地搜集并交换情报，[5]这些搜集工作有时会伴随着灾难性后果。[6]尽管尚需时日，但人权法目前的发展趋势是重申法治原则，各国必须遵循这些原则去开展反恐活动，[7]这只有通过反恐怖主义委员会的工作才能逐步实现。[8]

有了这些新制定的法律文件，可以说目前世界上已经形成了一个可以被称之为“国际反恐怖主义法”的法律体系。例如，第 1373 号决议及后续的多个决议形成了为各国所仿效的立法范本，[9]规范化的反恐怖主义法在全球范
围内不断颁行，各国政府为贯彻执行这些法律法规也进行了广泛合作。与之 46
相应，这些法律文件的出现也表明：一是国际社会已经形成了治理恐怖主义的法律标准；二是我们可以从一个更广泛或全球性的视角来归纳国际反恐立法；三是就立法效果而言，理论上成则全胜、败则全负，当然，我们可以对成败给出自己的定义。

---

〔3〕 参见本书第 2 章 C. H. 鲍威尔文。

〔4〕 Kent Roach, “The post – 9/11 migration of Britain’s Terrorism Act 2000”, in Sujit Choudhry (ed.), *The Migration of Constitutional Ideas* (Cambridge University Press, 2006), pp. 347 – 402.

〔5〕 Simon Chesterman, *One Nation Under Surveillance: A New Social Contract to Defend Freedom Without Sacrificing Liberty* (Oxford University Press, 2011).

〔6〕 Commission of Inquiry into the Actions of Canadian Officials in Relation to Maher Arar, *Report of the Events Relating to Maher Arar* (Ottawa: Government of Canada, 2006). 该报告可浏览于加拿大安全情报审核委员会网站：www. sirc – csars. gc. ca/opbapb – eng. html.

〔7〕 See, for example, “The Ottawa principles on anti – terrorism and human rights” in Nicole La Violette and Craig Forcese (eds.), *The Human Rights of Anti – terrorism* (Toronto: Irwin Law, 2008).

〔8〕 根据反恐怖主义委员会网站内容，安理会通过第 1535 号决议成立反恐怖主义委员会执委会，该委员会转而采取更加积极的政策处理人权问题。执委会被要求与联合国人权高级专员办公室及其他人权组织，就反恐事项展开合作（S/2004/124），并为委员会指定人权问题专家（see www. un. org/en/sc/ctc/rights. html）。

〔9〕 关于反恐金融领域的其他示例包括，联合国打击毒品犯罪办公室关于洗钱和恐怖主义金融方面的模范立法（www. undoc. org/undoc/en/money – laundering/Model – legislation. html）及金融活动工作小组（FATF）。

有人认为，现有立法理论和实践表明国际反恐怖主义法律规则已经初现。我不赞成这种观点，回顾这些法律规范，无论是已经形成全球反恐法的假设，还是前面提到的三种说法，理由都不是很充分。相反，国际反恐立法更多地展现了多样性而非同一性，因此必须对立法实践进行反思，尤其是根据各国现有的、多变的情况作出调整，使得我们的反恐立法（包括对各国施加的各种限制在内）更加有效。本章第二节从形成、合法适用及理论构架等方面对国际反恐立法进行阐释。第三节进一步说明在通行法律标准对反恐立法带来的各种影响之下，上述方面存在哪些问题。本章还阐明根据反恐立法内容作出不同评价的原因，并且强调在构建反恐理论的过程中，应当将反恐立法及政策的复杂性考虑在内。最后，第四节从更宽泛的法律视角及全球视野探讨了反恐立法的复杂性，由于法律规范及各国具体情况本身是一个不断变化的过程，因此反恐政策也应当是一个动态调整过程，对国际组织及各国政府反恐政策的约束和限制也应当随之调整。

二、国际反恐怖主义法

毫无意外，在2001年美国遭受恐怖袭击后的几周、几个月乃至几年里，人们为发动“反恐战争”和限制“战争权力”，都争相寻求将法律作为武器。尽管布什政府在多次讲话中，给人以无视法律规范的限制、完全诉诸武力之
47 感觉，但其仍然在国内外花费极大精力去为其反恐行动寻找正当性理由，并试图建立一个合法的国际合作及协调机制。臭名昭著的“酷刑备忘录”〔10〕就是美国之前所作所为的最好例证，而第1373号决议则是美国试图在法律框架内开展反恐活动的尝试。与此同时，人们对于在“反恐战争”中滥用权力的担心，转而体现为对法律规范和宪法权利的重视，以此来维持、形成国际人权标准（这些内容本身也是某些国家的宪法规定）及限制滥用暴力。那么，据此推断过去10年间已经形成了国际反恐法，可以从中提炼概念并确定普遍适用标准，这种说法是完全缺乏合理性的。

（一）国际反恐立法的形成

在本书的相关章节中，班克斯（Banks）提出“9·11”事件后的10年，

---

〔10〕 See Karen L. Greenberg and Joshua L. Dratel (eds.), *The Torture Papers: The Road ro Abu Ghraib* (New York: Cambridge University Press, 2005).

美国“设置专门机构、程序和机制来开展和监控反恐行动”，“长期政府工作重心在逐渐调整”。[11]他认为法院及议会对反恐措施的审慎考核带来新做法，“这些做法代表全新的反恐模式，其形态和范围开始逐渐显现”。[12]同样的进程是否也会在国际范围内形成？我们能否见证全新的规范、世界各国能否在国内安全和限制反恐权力问题上进一步达成一致？是否如某些学者那样谨慎地认为“国内安全法的国际标准”以及“国际反恐怖主义法”正在形成？[13]以下两点可能说明这些问题：

首先，在安理会第 1373 号决议中，已经假定安理会具有国际立法者的身 48
份，[14]宣布依据《联合国宪章》第 7 章授权制定国际范围内的反恐规范（以恢复国际和平与安全[15]），并要求各国通过国内立法来贯彻这些法律规范。目前，第 1373 号决议已经在反恐怖主义委员会的努力下形成机制，委员会的职责就是监督各国对决议的落实及为各国提供技术支持。[16]安理会第 1373 号决议要求各国报告相关事项，统计数字表明各国认真履行了决议中提出的义务：“截至 2007 年 8 月，联合国有 192 个成员国至少向反恐怖主义委员会提交了 1 份报告，有 107 个国家提交了 4 份报告，有 42 个国家提交了 5 份报告。这些报告表明反恐立法迎来一波异乎寻常的高峰。”[17]从正式立法的角度来说，在国际反恐规范形成过程中，似乎确实出现了“一部真正全新的国际反恐金融法”并伴有以反洗钱金融行动特别工作组为形式的职能机构，该机构为成立于 1989 年 G7 峰会的国家间机构，“对国际反恐金融立法的标准制定及规范执行都具有重要影响”。[18]

---

〔11〕本书第 18 章威廉 · C. 班克斯文。

〔12〕Ibid.

〔13〕See Kim Lane Scheppele, “The international standardization of national security law” (2010) 4 *Journal of National Security Law and Policy* 437 and Ben Saul, “The emerging international law of terrorism” (2009) *Indian Yearbook of International Law and Policy* 163 – 92.

〔14〕E. Rosand, “The Security Council as ‘global legislator’: ultra vires or ultra innovative?” (2005) 28 *Fordham International Law Journal* 542.

〔15〕《联合国宪章》第 51 条。

〔16〕See C. H. Powell, “The role and limits of global administrative law in the Security Council's anti – terrorism programme”, in Hugh Corder (ed.), *Global Administrative Law* (Cape Town: Juta/Acta Juridica, 2009), pp. 32 – 67.

〔17〕Scheppele, “The international standardization of national security law”, 442.

〔18〕Saul, “The emerging international law of terrorism”, 184, 174 – 5. 也可参见本书第 8 章凯文 · E. 戴维斯文。毫不奇怪，反洗钱金融行动特别工作组（FATF）的建议得到香港等国际金融中心的认真对待，香港为该工作组的成员。参见本书第 15 章西蒙 · N. M. 扬文。

其次，各国反恐立法也在不断趋同，因为各国在制定和执行反恐法律以及办理涉恐案件的过程中相互仿效。正如罗奇指出，英国《2000年反恐怖主义法》等法律是各国界定恐怖主义的范本，当然各国也会稍作修改。[19]他并
49 没有进一步提出各国对恐怖主义的界定或反恐立法完全一致，但他认为英国的反恐法（不同于美国的立法）对其他国家的立法具有重要影响，因为“在各国为回应‘9·11’事件并按照第1373号决议忙于起草反恐怖主义法时，《2000年反恐怖主义法》恰巧已经颁布”。[20]正如殖民时期一样，尤其是在印度和众多英联邦国家，[21]英国的安全法案一直对英语国家及其他地区有深远影响。[22]与之类似，联合国毒品和犯罪问题办公室等国际机构通过反恐融资方面的模范立法，促进了反恐法的模仿和传播。[23]

在反恐司法领域，同样呈现出相当程度的趋同化，尤其是在自由和民主权利方面。尽管各国司法并非始终如一，但最近对案例的分析表明，加拿大、德国、以色列、英国、美国等国的法院开始对政府反恐权力加以限制，这种势头起初比较缓慢，但目前越发明显。[24]比如，麦克加里蒂（McGarrity）和桑托（Santow）就指出，比例性原则不仅是法院应当遵循的法律原则，还应当

---

〔19〕 Roach, “The post-9/11 migration”.

〔20〕 Ibid., p. 376.

〔21〕 Anil Kalhan, Gerald P. Conroy, Mamta Kaushai, Sam Scott Miller and Jed S. Rakoff “Colonial continuities: human rights, terrorism, and security laws in India” (2006) 20 *Columbia Journal of Asian Law* 93.

〔22〕 在其关于澳大利亚、加拿大、新西兰、英国和美国的立法分析中，林奇（Lynch）提出尽管“在治理和打击恐怖主义的优先事项上有所区别，但这些国家的反恐立法无论是形式还是进程都基本一致”，参见本书第7章安德鲁·林奇文。

〔23〕 See above note 9.

〔24〕 See for example, E. Benvenisti, “United we stand: national courts reviewing counter-terrorism measures” in A. Bianchi and A. Keller (eds.), *Counterterrorism: Democracy's Challenge* (Oxford: Hart Publishing, 2008), pp. 251-76. Among the cases regularly cited as part of this trend are: Charkaoui v. Canada (Citizenship and Immigration), 2007 SCC 9; Air-transport Security Act case, Bundesverfessungsgericht (VerfG-Federal Constitutional Court), 59 *Neue Juristische Wochenschrift* 751 (2006); Public Committee against Torture in Israel v. Government of Israel (HC) 769/02) (available in English at elyonl. court. gov. il. /Files_ENG/02/690/007/A34/02007690. A34. HTM); A v. Secretary of State for the Home Department [2004] UKHL 56; and the line of cases in the United States Supreme Court leading up to and including Beaumediene v. Bush, 128 S Ct 2229 (2008). The US Supreme Court's Decision in Holder v. Humanitarian Law Project, 130 S. Ct. 2705 (2010), upholding the constitutional validity of a material-support statute against a constitutional challenge, might be seen as going against this trend.

是具有普遍影响的法律理念，[25]这些都越来越多地被欧洲（其发源地）的相 50
关案件、加拿大的 R 诉奥克斯（Oakes）案[26]甚至是澳大利亚的国家安全案件采纳。[27]

此外，反恐进程还表明各国政府间的合作越来越紧密，尤其是在情报机构以及在安全事务方面展开合作。[28]类似的合作并非完全是异乎寻常的，因为这是安理会第 1373 号决议的明确要求，该决议呼吁各国相互交换情报，“并在行政和司法事项上合作，以杜绝恐怖主义行为”。[29]如今，经常性的国际反恐合作被普遍接受为反恐机制的重要内容，以促进各个部门进行广泛的国际合作，比如航空安全、警察、移民、金融和情报等。[30]

因此，我们在提到国际反恐怖主义法时或许包含两方面含义：从纵向来说，即反恐怖主义法的范围，试图说明反恐怖主义法的规范和法律标准，以及各国所采用的规范和标准；从横向来说，即通过各国间相互借鉴和合作所产生的各种原则和实践。这两个方面并非泾渭分明，而是在很大程度上相互影响。因此有理由相信，从总体上对国际反恐怖主义法进行概括是可能的，这个过程表明“9·11”事件如何促成国际对话（尽管时断时续），并通过对话形成基本原则，以此作为各国开展反恐活动的基础。

（二）国际反恐怖主义法的理论发展

随着国际反恐法律制度的日趋完善，引发了从更高层面对反恐立法进行 51
理论研究和制度设计的需要。比如，我们可以追问反恐怖主义法（无论是在国际或国内层面），是否同其他法律一样构成法律体系的组成部分，还是与普通法律不同或者作为一种例外存在？[31]理论上，国际反恐怖主义法可以被视作各国在确保国内及国际安全过程中，对个人权利施加限制所必须遵循的各

〔25〕本书第 6 章尼古拉·麦克加里蒂、爱德华·桑托文。

〔26〕[1986] 1 SCR 103.

〔27〕本书第 6 章尼古拉·麦克加里蒂、爱德华·桑托文，该章参考 Gypsy Jokers Motorcycle Club Inc v. Commissioner of Police (2007) 33 WAR 245, para. 57，本书支持这个观点。

〔28〕Chesterman, *One Nation Under Surveillance.*

〔29〕Paragraph 3 (b); see also Powell, “The role and limits of global administrative law”, p. 25.

〔30〕这种合作的阴暗面可以在马希尔·阿拉尔（Maher Arar）案中看到，当事人因加拿大和美国的情报人员失误被特殊引渡和施以酷刑。在委员会报告公布后（见脚注 6），阿拉尔被证明无罪并获得加拿大政府 1050 万加元的赔偿。

〔31〕关于紧急事态权力的最新理论，参见 Victor V. Ramraj (ed.), *Emergencies and the Limits of Legality* (Cambridge University Press, 2008).

种规则。现代反恐理论及紧急状态下的国家权力通常如此形成，问题的核心主要是国家权力的普遍性及合法性，〔32〕尽管人们也担心这些权力可能会破坏自由和民主。〔33〕

在西方国家看来，紧急状态下的权力与合法性之关系是极为敏感的话题，通过魏玛共和国的前车之鉴，〔34〕人们明白“例外”中蕴含着侵蚀自由国家的种子。因此，现代学者尤其担心紧急状态下国家权力对法律制度的破坏，某些学者希望确保国家权力在运行过程中受到司法制约，〔35〕或是在立法层面接受审核，〔36〕而有的学者则试图通过将紧急状态下的国家权力置于法律制度之外，
52 代之以正式或非正式的政策考量，借此将紧急状态下的国家权力与法治剥离开来。〔37〕尽管上述理论只适用于个别国家（或“值得挽救的”国家），〔38〕但人们还是试图在紧急状态下的国家权力与合法性关系以及现代国家的法律性质等问题上，提炼出某些带有普遍性的结论。比如，格罗斯认为，他本人关于紧急状态下国家权力的研究中提出的法外措施模式，不“只是对美国的研究成果，或者说不仅仅是‘9·11’事件之后的研究结论，而应当被视为民主宪政国家为应对极端暴力事件普遍可采取的措施”〔39〕。在本书第1版中，作为对格罗斯的回应，戴岑豪斯提出，一种观点是否广泛适用于“高度规范的社会”不能“仅仅在口头上有利于法治”。〔40〕从目前的情况来看，法律界的

---

〔32〕 See Oren Gross, “Chaos and rules: should responses to violent crises always be constitutional?” (2003) 112 *Yale Law Journal* 1011.

〔33〕 费雷约翰（Ferejohn）和帕斯奎诺（Pasquino）都承认，在他们文章中提到的国家“民主制度十分巩固，不大需要采取极端宪政措施去保护国家”：John Ferejohn, Pasquino, “The law of exception: a typology of emergency powers”（2004）2 *International Journal of Constitutional Law* 210, 216.

〔34〕 Kim Lane Scheppele, “Law in a time of exception” (2004) *University of Pennsylvania Journal of Constitutional Law* 1001, 1009.

〔35〕 David Dyzenhaus, “The State of emergency in legal theory” in Victor V. Ramraj, Michael Hor and Kent Roach (eds.), *Global Anti - Terrorism Law and Policy* (Cambridge University Press, 2005), Chapter 4; David Dyzenhaus, “The compulsion of legality” in Ramraj, *Emergencies and the Limits of Legality*, 33 - 59.

〔36〕 Bruce Ackerman, “The emergency consitution”（2004）113 *Yale Law Journal* 1029; William E. Scheuerman, “Presidentialism and emergency government” in Ramraj, *Emergencies and the Limits of Legality*, pp. 258 - 86.

〔37〕 Gross, “Chaos and rules”.

〔38〕 Gross, “Stability and flexibility: a Dicey business” in Ramraj, Hor and Roach, *Global Anti - Terrorism Law and Policy*, p. 90.

〔39〕 Gross, “Chaos and rules”, 1027.

〔40〕 Dyzenhaus, “The state of emergency in legal theory”, p. 88.

普遍观点仍然认为，既然我们可以找到制定普适性法律制度的途径，那么在紧急状态下的国家权力和反恐立法问题上，同样也能够找到普遍适用的解决办法。

（三）国际反恐怖主义法评析

要想评价反恐立法的发展，必然需要对反恐怖主义法进行综合分析。“9·11”事件有力说明，政治暴力没能阻止斯克莱尔（Sklair）所说的“跨国活动”的日益活跃并成为全球化的标志性特征：

> “全球化被定义为一种超越现有国界运行社会生活的特定方式。对各个小型社区、国际化都市、边疆地区、多个国家以及对各种形式的实体社区或移动社区的研究表明，现有地区界限的重要性在不断削弱，国家间活动的重要性在不断增强。国家、非国家实体和机构之间的平衡在不断变化。”〔41〕

有证据表明，政治暴力越来越多地突破国界限制，因此，各国政府、立 53
法机关、法官、政府机构及官员开始寻求国际合作，协调并限制反恐行动。

人们完全有理由去尝试规范反恐活动，依法约束反恐活动的范围和界限，形成反恐理论并据此对反恐活动进行审慎考察，甚至是进行规范性评价。比如，有人认为国际反恐怖主义法不符合法治原则，尤其是允许各国在未经充分的司法程序的情况下，将某些个人或团体认定为“恐怖分子”或“恐怖组织”。〔42〕也有人认为，国际反恐怖主义法没有充分满足人权标准，或者说国际反恐怖主义法的兴起削弱了宪政主义原则。比如舍普佩里（Scheppele）就提出无论在宪政程度发达还是一般的国家，“反恐斗争都对宪政产生了严重影响”。〔43〕同样，国际法学家委员会等非政府组织于 2004 年表达了对“不断涌现的反恐措施所引发的越来越严重的负面作用，以及破坏 20 世纪后半叶经过艰难努力得来的人权成果”的担忧，并专门成立了一个由“著名法学家”组

〔41〕 Leslie Sklair, *Globalization: Capitalism and its Alternatives* (Oxford University Press, 3rd edn, 2002), p. 8.

〔42〕 Powell “The role and limits of global administrative law”.

〔43〕 Kim Lane Scheppele “The migration of anti - constitutional ideas: the post - 9/11 globalization of public law and the international state of emergency” in Choudhry, *The Migration of Constitutional Ideas*, p. 372.

成的委员会，专门研究反恐怖主义法对国际社会带来的影响。〔44〕按时间及地域对国际反恐怖主义法进行梳理，有助于我们更好地理解和评价“9·11”事件以来国家与公民之间关系发生的变化。

三、“大叙事”研究的难点

无论反恐怖主义法的“大叙事”研究意义如何，这种做法都面临着很大
54 的困难。首先，无论国际还是国内的反恐机构都不愿意为此提供全方位合作，因为那样会给反恐行动带来不利后果，并会招致各种社会压力和政治压力。因此，很难对全球反恐立法进行系统、全面的研究。其次，国际反恐法与非西方国家的反恐法制同样存在“互动”，在一些情况下甚至可能强化宪政主义原则。如果忽视了上述情况，对反恐怖主义法进行“大叙事”研究也是存在局限的。

（一）正式立法的局限

成文法与实际执法状况之间存在差异是老生常谈，但在研究国际反恐怖主义法问题上，更要谨记这一点，因为各国的法治发展状况极其不均衡。我们可以假定，在众多西方国家或者法治相对成熟的国家，反恐怖主义法对执法者具有明显的约束力，因为他们知道自己的执法行为要受到司法审查，或者相应法律标准已经根植于执法者的内心。但是对于其他国家来说，很难说成文法对于执法者究竟能产生多大影响。其中的原因有很多，包括政府官员能力不足或不愿意遵守法律、法治传统相对较差、对于反恐制度的政策性违法等（比如，认为反恐法是在外部压力下制定的）。这些问题并非国际反恐领域所独有，但反恐立法无疑是矛盾最为尖锐的国际法问题，因为国际反恐领域的很多内容都被视为是在贯彻美国或西方国家的价值理念。〔45〕

考虑到能力方面的差异，安理会反恐怖主义委员会在第 1373 号决议中已

---

〔44〕 Eminent Jurists Panel (Arthur Chaskalson, Chair), *Assessing Damage*, *Urging Action* (Geneva: International Commission of Jurists, 2008), p. 5. 该报告详细介绍了各个国家侵犯人权的具体情况，在结论中警告“酷刑、残酷、不人道、贬损人格的对待、秘密羁押、绑架、非法运输等行为将会带来长期损害后果”。

〔45〕 Hikmahanto Juwana, “Indonesia's anti－terrorism law” in Ramraj, Hor and Roach, *Global Anti－Terrorism Law and Policy*, pp. 295－306；也可参见本书第 12 章席克马汉托·尤瓦纳文。

经提到了各国在贯彻决议过程中的困难，〔46〕并且委员会除了强调监督以外也 55
提供技术支持。〔47〕正如之前的数据显示的那样，大多数国家对待第 1373 号决议的态度是严肃认真的，每个国家至少提交了 1 份报告。但这一数据同样有可能对人们产生误导。比如，舍普佩里根据反恐怖主义委员会于 2009 年对第 1373 号决议执行情况进行的调查报告认为“决议得到了普遍执行”：

> “大多数西欧、东欧国家以及中亚、高加索地区已经全面引入反恐法。东欧南部半数以上国家以及超过半数的南美洲国家也制定了全面的反恐法。在非洲、西亚、东南亚、中美及加勒比地区，很多国家尽管没有全面的反恐立法，但其法律大多包括反恐内容。”〔48〕

回到本节讨论的内容，我们可以确定无疑地得出以下结论，即非洲、西亚、东南亚、中美及加勒比地区的大多数国家并不存在全面的反恐法律制度，接近半数的南美国家亦如此。很明显，反恐怖主义委员会的技术协助部门任重而道远。

然而，技术支持项目最大的成就恰恰是帮助各国采纳反恐怖主义法的模范法典，在某些国家，国际法律标准的国内化通常流于形式，因此显得无足轻重。但普遍认为，国际公约及国际法律标准无法贯彻，很大程度上是因为国家法治发展水平落后及执法能力不足（因此需要技术援助）。比较法学者提醒我们，在国际法的贯彻实施过程中，要注意各国之间的差异，尤其是成文法之间的差异。在这一问题上，马太（Mattei）关于法律制度的三分法值得我
们借鉴，〔49〕即“职业法律规则”、“政治法律规则”及“传统法律规则”。马 56
太认为，西方法律传统的特点是“法律与政策之间的界限比较清晰”且“法

〔46〕 Counter – Terrorism Committee, “Survey of the Implementation of Security Council Resolution 1373 (2001) by Member States” (3 December 2009), S/2009/620.

〔47〕 反恐怖主义委员会正在制定贯彻第 1373 号决议的“技术指南”，规定其自身的部分只能是能力建设，包括“通过宣传先进经验向会员国提供技术支持；确认现有的经济、技术、规则和立法支持项目；促使国际、地区及国内组织项目间形成合力；通过其执行委员会，作为媒介联系潜在捐赠者和受赠者，维持在线协助，在第 1373 号决议框架之内”。(www. un. org/sc/ctc/capacity. html.)

〔48〕 Scheppele, “The international standardization of national security law”, 442 – 3.

〔49〕 Ugo Mattei, “Three Patterns of Law: Taxonomy and Change in the World's Legal System” (1997) 45 *American Journal of Comparative Law* 5.

律程序较少受世俗社会干预”，〔50〕而西方国家以外的其他国家，政策及风俗习惯更具规范效力。在这些国家，国际反恐怖主义法不可能像在西方国家那样发挥同样的效力，相反，“职业法律规则”更占上风。比如，在阻断恐怖主义资金来源的问题上，无论对与银行监管相关的各种法律进行怎样的修改，都无法管控诸如“哈瓦拉（hawala）”等为方便长距离贸易而形成的非正规汇兑方式，在中国、印度、南亚及中东地区延续几个世纪之久；〔51〕因此，“即使当局可以立法禁止恐怖分子从埃及向美国汇入资金，但却无法阻止恐怖分子在同伙的帮助下，从埃及转移资金至马来西亚，再经新加坡向美国汇款”。〔52〕另外，试图通过法律来规范这种非正规渠道汇兑行为，有可能伤及贫困储户的利益，这些人依靠海外汇款来“摆脱贫困”。〔53〕

最后，贯彻国际反恐怖主义法的阻力不仅包括缺乏执法能力或立法水平较低，而且包括政治因素或理念因素。在本书第 1 版中，朱万（Juwan）指出，印度尼西亚感受到国际社会对巴厘岛爆炸案的愤怒，迫于外界压力对反恐法律进行改革，而这些反恐立法部分舍弃了人权保护原则。〔54〕由于面临巨
57 大的压力，印尼宪法法院认定对爆炸实施者处以死刑并不违宪，但相关裁决不具有溯及既往的效力，〔55〕于是 3 名爆炸案元凶最终于 2008 年 11 月被执行死刑。尽管很多印尼公民对死刑感到担忧，但更多人担心的还是日趋严重的恐怖主义威胁。事实上，自 2001 年以来，印尼多次遭受恐怖袭击，包括在巴厘岛和雅加达发生的灾难性袭击。〔56〕

因此，我们面临的困难是在既要公平合理，又要兼顾宗教和政治平衡的情况下应对恐怖主义威胁。印尼政府已经尝试过采用“康复”措施，其中包括

---

〔50〕 Ibid., 23.

〔51〕 Mohammed El Qorchi, Samuel Munzele Maimbo and John F. Wilson, *Informal Funds Transfer Systems: An Analysis of Informal Hawala System* (Washington, DC: International Monetary Fund, 2003), p. 10.

〔52〕 本书第 8 章凯文 · E. 戴维斯文。

〔53〕 El Qorchi et al., *Informal Funds Transfer*, p. 3. 本书第 8 章凯文 · E. 戴维斯文。

〔54〕 Ramraj, Hor and Roach, *Global Anti - terrorism Law and Policy*, Chapter 14. 印度尼西亚受到很多外部压力，这与日本不同。参见本书第 16 章马克 · 芬威克文。

〔55〕 本书第 12 章席克马汉托 · 尤瓦纳文。

〔56〕 最新的恐怖袭击包括巴厘岛爆炸（发生于 2002 年 10 月 12 日的库塔爆炸，2005 年 10 月 1 日的库塔爆炸）和雅加达爆炸（发生于2003 年 8 月 5 日的万豪酒店爆炸，2004 年 9 月 9 日的澳大利亚使馆爆炸，2009 年 7 月 17 日的万豪酒店和丽兹 · 卡尔顿酒店爆炸）。

对极端分子进行宗教辅导（通过其备受争议的精英警察部队，88 部队[57]），将这些人视为“迷途的好人”，促使他们改变扭曲并且通常是极为幼稚的宗教观念。[58]与此同时，印度尼西亚政府还要让民众相信，他们的做法并非盲目跟从西方的“反伊斯兰”阴谋或者是屈从于西方国家的压力而剥夺本国人民的民主权利。[59]或许在像印尼这样的民族和宗教问题极度敏感的国家里，直接将“恐怖主义”与“伊斯兰”联系在一起会引起极大的反感，因此，采取宗教辅导的方式来应对恐怖主义，相比刑事诉讼来讲更加有效、文明和恰当。正如荷尔（Hor）在新加坡会议中提出的那样，各国政府都清楚，必须采取“审慎和周详的方式来维持国内安全”，以避免新加坡的伊斯兰族群感受到歧视。[60]因此，新加坡政府并不将在押人员当作“罪犯”来对待，而是将其视 58
为误入歧途、通过正确的教育可以矫正的人，其刑罚哲学为矫正而非惩戒或威慑。[61]当然，这些方法也广受争议并且需要不断修正，但很明显一个能够“提供完整国家机器”和军事力量的政府受到非议是再平常不过的。

（二）法律理论

正如我们之前看到的，对反恐和紧急权力进行理论分析是十分重要的，这有助于我们理解现代国家面临的困境，他们既要崇尚法治，又要在具体威胁面前可以忽略或搁置通常的法律原则。在关于紧急状态的观点中，有的主张对政府的解释权加以限制；有的与“法律标准化”及政策不能凌驾于法律之上等现代法治理念相矛盾；有的对于国际反恐怖主义法的形成尤其重要，如自由民主权利及国家的统一。

英美法中的部分观点聚焦于解决自由、民主问题，并通常依照普通法传

---

〔57〕本书第 12 章席克马汉托·尤瓦纳文。

〔58〕Hannah Beech, “What Indonesia can teach the world about counterterrorism” Time, 7 June 2010, available at www. time. com/time/magazine/article/0, 9171, 1992246, 00. html.

〔59〕本书第 12 章席克马汉托·尤瓦纳文。印度尼西亚抗拒外部强加的立法不仅反映在反恐问题上。在 1997 年金融危机刺激下，世界银行等国际金融机构坚持要求印尼修改金融立法。尽管政府在形式上作出了妥协，世界银行也可以在报告中宣布成功，但实际上银行交易没有任何改变。Terence C. Halliday and Bruce G. Carruthers, “Foiling the Financial Hegomons: limits of globalisation of corporate insolvency regimes in Indonesia, Korea and China” in Christoph Antons and Volkmar Gessner, (eds.), Globalisation and Resistance: Law Reform in Asia since the Crisis (Oxford and Portland, OR: Hart Publishing, 2007), pp. 255 – 301.

〔60〕本书第 11 章迈克尔·荷尔文。

〔61〕Ibid.

统寻求解决方案。当然，普通法与大陆法传统存在明显差异，而这些差异在反恐政策研究过程中却很容易被忽视。〔62〕但是，即使我们关于“西方”宪政
59 传统的观点是正确的，在认识法院或立法机关的特别作用时仍需特别谨慎。〔63〕这使我们又回到马太的观点。我们在对全球反恐立法进行“大叙事”研究时，必须认识到一国的法律传统与法治水平密切相关。或许从理论上看，全球反恐法会对某一国家产生重要的社会影响，但我们不能假设植入法律条文或宪政框架对每个国家都会起到同等作用。〔64〕因此，一些国家在贯彻反恐法范本的压力面前，会对本国法律进行修订，而不顾其是否有能力贯彻执行；一些国家则对法律稍作调整以迎合民众，同时通过解释满足实践需求，或者彻底忽略法律的规定。〔65〕事实上，反恐怖主义委员会在第1373号决议执行情况调查报告中，尽量避免谈及国际反恐法在实践中遇到的深层阻碍。比如，在报告中关于东南亚部分，该委员会建议“鼓励各国加快制定全面协调的反恐法律以符合各种国际反恐条约的要求，加强刑事司法将恐怖分子绳之以法且能够履行国际人权法赋予的义务”〔66〕，这种说法首先即假定法律具有重要的社会及政治地位，政府有权规范和应对政治暴力，同时法律规定了政府的权限。然而，这种假设（其中隐含西方法律理念）并不必然符合其他国家的实际状况，比如泰国持续发生的政治动荡，以及东帝汶属于尚不十分稳固的新生政权。〔67〕即使在职业法律规则根深蒂固的国家，同样对本国法律规定中
60 严重不符合第1373号决议的内容视而不见，比如，新加坡《2001年（反恐怖

〔62〕 当然，在英美法系国家也存在差异。比如，澳大利亚的人权传统与加拿大或英国并不相同。但即使有这样的差异，英美法系国家与那些（尽管人权也很重要）以法律作为指令核心或者作为公共事务与私人事务核心的国家，以及那些没有体现马太的三分法的国家还是有本质区别的。我赞成帕特里克·埃莫森（Patrick Emerson）在悉尼研讨会上关于澳大利亚更符合社会民主国家而不是一个自由民主国家的说法。

〔63〕 Werner Menski, “Beyond Europe” in Esin Örücü and David Nelken (eds.), *Comparative Law: A Handbook* (Oxford and Portland, OR: Hart Publishing, 2007), pp. 189 - 216, 关于要谨慎对待将“西方”法律原则扩展至亚洲和非洲。

〔64〕 Legrand “The impossibility of ‘legal transplants’”. 也可参见本书第4章罗拉·K. 多诺修文。

〔65〕 参见本书第22章克里斯·奥克斯托比、C. H. 鲍威尔文关于东非和南非的论述，相似的反恐立法在不同国家会带来怎样截然不同的结果。

〔66〕 Counter - Terrorism Committee “Security of the Implementation of Security Council Resolution 1373”, p. 28.

〔67〕 Victor V. Ramraj, “The emergency powers paradox” in Victor V. Ramraj and Arun K. Thiruvengadam (eds.), *Emergency Powers in Asia* (Cambridge University Press, 2010), pp. 21 - 55.

主义法）条例》以及该国的司法实践，都规定继续将国内安全法作为打击恐怖主义的主要法律，允许不经审判地对恐怖分子嫌疑人予以羁押。[68]对成文法的过度关注，导致我们忽略了其他形式的反恐措施。例如，新加坡政府在“9·11”事件1个月之后逮捕了众多“伊斯兰祈祷团”成员，并采取了促进各宗教、种族群体之间对话和相互信任等措施，组织“国内种族和宗教圆桌会议”并运用“柔性”宪法手段，包括通过并贯彻政府主导的国内对话、起草系列法律文件、宣誓各宗教团体和谐相处等。[69]

最后，在思考反恐法及紧急状态下权力问题时，尤其要注意现代国家的
性质问题。斯劳特尔（Slaughter）指出，现代国家是“非整体性的”[70]，国
家机构（立法机关、行政机关、司法机关）在与其他国家相关部门的互动过
程中，难免出现不一致甚至相互冲突的情况，在反恐问题上的标准远未统一。
尽管现代国家的这一特性并不必然导致其与国际反恐怖主义法格格不入，但
其反映出理解各国、各地区乃至全球法律标准是一个十分复杂的问题，尤其
在各国之间的政策、法规不一致的情况下，贯彻执行国际反恐怖主义法的效 61
果很难一目了然。[71]我们贯彻国际反恐怖主义法，并不是要消除国家之间的
界限，而是承认国家、地区乃至国际法律规定之间的复杂关系，承认这种关
系以一种非对称、不稳定的形式存在，尤其是在现代国家具有“非整体性”

〔68〕 Michael Hor, “Terrorism and the criminal law: Singapore’s solution” [2002] *Singapore Journal of Legal Studies* 30.

〔69〕 Kent Roach, “Multiculturalism and Muslim minorities” [2006] *Singapore Journal of Legal Studies* 417; Thio Li – ann, “Constitutional ‘soft’ law and the management of religious liberty and order: the 2003 Declaration on Religious Harmony” [2004] *Singapore Journal of Legal Studies* 414. Victor V. Ramraj, “Beyond the Ottawa principles: social and institutional strategies and counter – terrorism”, in Nicole LaViolette and Craig Forcese (eds.), *The Human Rights of Anti – terrorism* (Toronto: Irwin Law, 2008), pp. 371 – 84. 这类方法在其他地方也曾尝试过，包括西方民主国家（本书第10章克莱夫·沃克尔、贾维德·雷曼文），但都为正式的法律对策所替代，而且在政治上多引起争议；2011年2月初，英国首相大卫·卡梅伦宣布不满意多文化主义，至少在官方层面，英国政府承诺采取怀柔政策，积极与少数族裔合作以维持多样化：“Bagehot: muscle v multiculturalism”, *The Economist*, 12 February 2011, 38.

〔70〕 Anne – Marie Slaughter, *A New World Order* (Princeton University Press, 2004).

〔71〕 例如，政府执法部门或许从横向（其他国家）或纵向（联合国安理会）渠道去制定名单（很少受到司法审查），列举涉嫌与奥萨马·本·拉登有关的个人或组织，将其财产予以冻结，而欧洲法院认定该名单不符合欧洲人权标准，将该财产解冻，于是带来了两种法令的效力冲突问题。Kadi and Al Barakaat International Foundation v. Council of the European Union and Commission of the European Communities (2008) 3 CMLR 41 (Grand Chamber, European Court of Justice).

特征的前提下。

（三）紧急状态下的权力及宪政主义

在对全球反恐立法进行“大叙事”评价时，通常存在一种错误的倾向，即忽视国际反恐法与非西方国家的反恐法制之间的相互作用。例如，有观点认为，“9·11”事件后在反恐领域产生了宪政主义被终结的法律后果。〔72〕从表面上看，这种说法具有一定合理性，尤其考虑到安理会曾试图动员国际社会一致应对恐怖主义而丝毫没有顾及人权问题（起码在最初阶段）。但我们同样有理由认为，在中国和东帝汶等国家，国内反恐法规定了紧急状态下的政府权限，从长远来看或许强化了宪政主义及法治原则。

在对中国紧急状态立法最新改革的研究中，德雷索（Jacques de Lisle）认为，这些紧急状态法律的颁布，尽管在某些方面赋予了政府动用威慑性的权力，但同时具有将政府权力纳入法治轨道的内涵。针对那些对中国紧急状态立法的批评，德雷索认为，“这些批评无视中国紧急状态法已经具备限制政府
62 权力和提供权利保障的特点，这与那些批评者们眼中的民主宪政国家完全类似”。〔73〕对于那些“长期运行在紧急状态，却从未宣布过紧急状态的”政府，〔74〕以及那些不断提高法治水平的政府来说，在危机不断涌现且引发危机根源尚未完全消除的条件下，制定法律法规来约束政府权力，并且要在需求提高的民众关注下依法行使职权，实属难得。在其他国家，规定这些权力或许是扩大了政府的权限，但在中国等国家，由于其政府权力较大，同样的规定很可能对政府权力进行了有效限制。

按照同一逻辑，对于冲突后的新生政权来说，紧急状态下的权力就不同于其他国家维护国家稳定的职能，而是“形成基本的执政条件，足以行使法律及文化职能”〔75〕。在这一点上，东帝汶就是典型示例。该国法律规定政府可以随时宣布紧急状态，一旦条件改善即宣布解除。2008 年 2 月 11 日，由于叛乱分子企图刺杀总统和总理，东帝汶全国进入紧急状态，48 小时内禁止集

---

〔72〕见前注 43、44 及相关内容。

〔73〕Jacques de Lisle, “State of exception in an exceptional state” in Ramraj and Thiruvengadam, *Emergency Powers in Asia*, pp. 342－90, 344.

〔74〕Ibid., p. 342.

〔75〕Victor V. Ramraj, “The emergency powers paradox”, pp. 21－55, 23.

会和游行并实行宵禁。[76]到 2008 年 2 月 13 日，该国继续保持紧急状态，并于同年 2 月 22 日根据宪法第 25 条宣布戒严。[77]随着叛乱分子得到控制，到 3 月只剩 7 个区继续实行戒严，到了 4 月，只有埃尔梅拉（Ermera）区仍维持戒严。[78]尽管当时位于东帝汶的联合国及各国际组织对紧急状态进行了严格审查，但政府仍能行使例外权力，这给东帝汶人民传递了一个正确的信号，63
即在一个新生国家行使紧急状态下的权力（尤其是后“9·11”时代）是符合自由民主原则的。

除上述两个国家之外，还有很多类似的例子。这些示例可以说明的重要一点是，尽管打着反恐旗号的紧急状态立法会削弱美国及其盟友坚持的宪政主义，但即使是在新兴国家，紧急状态下的政府权力同样可以为宪政服务。事实上，从长远来看，在中国和东帝汶实施的紧急状态法有利于强化宪政主义。

四、国家间司法的复杂性

有鉴于此，国际反恐怖主义法远非对各国立法进行编年研究那么简单。国际反恐怖主义法的复杂性，可以视为是日趋复杂的国家间司法的组成部分，而国家间司法包括国际、区域和国内法律，以及那些新发展的跨越边界的法律和实践——一些不完全符合传统国内法律概念的规定和实践。这种复杂性使得本就错综复杂、包罗万象的国际反恐怖主义法更加不确定，因为法律标准及现代社会本身就在不断变化。但这也使得我们的研究更加有意义，进而提出方案对各国政府、国际组织及各种国家间机构进行约束和限制，使得反恐行动更加灵活、可行。

那么，错综复杂、包罗万象的全球反恐立法和政策究竟包括哪些要素？首先，必须承认国家具有非整体性；[79]要尝试订立适用于国际、区域及各国的法律标准；说明各个层面法律标准的多重复杂关系，认识到国际反恐怖主 64

〔76〕 Ibid. p. 32.

〔77〕《东帝汶民主共和国宪法》第 25 条第 1 款规定，“只有在国家依据宪法宣布戒严或紧急状态时，才能限制基本权利、自由和保障的行使。”第 25 条其他各款分别规定，可以宣布戒严和紧急状态的情形（第 2 款）；明确限制那些权利、自由和保障（第 3 款）；最多 30 天且允许延长（第 4 款）；某些权利、自由和保障不得剥夺（第 5 款）；尽快恢复宪法秩序（第 6 款）。

〔78〕 Ramraj, “The emergency powers paradox”, p. 32.

〔79〕 Slaughter, *A New World Order*.

义法既具有一定的普适性又与个别国家的法律制度相冲突。国际反恐怖主义法的多样性日趋明显，正如罗奇观察到的那样，“比较法最具吸引力的一点就是各种国际、区域及国内的法律资料。”〔80〕据此，人们经常争论国际反恐怖主义法是否属于国家间法律范畴，“因为它既不同于国际法也不同于国内法，既不属于公法也不属于私法，同时兼具国内法、国际法、公法、私法的特征。”〔81〕但国际反恐怖主义法的非对称特征也很重要。〔82〕以卡迪案〔83〕为例，尽管欧盟有很多非正式渠道可以表明立场，但其仍然以书面形式明确反对适用国际法规定。〔84〕

其次，无论在理论还是实践层面，很多国家的法律和社会之间存在较大差别，因此法律对于国家和非国家实体的作用截然不同，这必然使政策的制定和执行面临更大挑战。因此，为近195个国家制定统一的反恐怖主义法是不切实际的，这既要考虑到各国的执法能力，又要顾及法律在当地的重要程度，还要将国际法转化为适合于各国国情的正式或非正式法律规则，甚至还要考虑个别国家的特殊国情。我们在考虑全球反恐立法和政策时，还必须考
65 虑到国家概念的多样性，国家治理模式的差别，以及法律在不同国家的重要程度迥异。

最后，与之前的问题息息相关，在审慎、全面地考量全球反恐立法和政策的同时，既要采取多种方式防止政治暴力，也要限制国家权力和其他任何形式的公权力之滥用。在反恐斗争中，找到恐怖主义滋生的根源非常重要，而限制政府权力的非法律措施同样重要。在全球反恐立法和政策问题上，凡是切实可行的想法必须包含两种截然不同的观点：一方面，正如托施奈特（Tushnet）所指出的那样，无论“9·11”事件后关塔那摩的军事委员会存在何种弊端，社会背景对于反恐问题至关重要。在上述情况下，军事律师的职业素养和军人荣誉感在某种程度上可以弥补法律之缺陷，甚至可以由“日趋

〔80〕 Roach “The post－9/11 migration”, p. 402.

〔81〕 Craig Scott, “‘Transnational law’ as proto－concept: three conceptions” (2009) 10 *German Law Journal* 859－76, 873.

〔82〕 我在另一篇文章中正在探讨法律的不对称性：即“不对称跨国主义：法律在复杂世界里的多元角色”，发表于2010年5月于多伦多大学法学院举办的国际法律研究中心年会上。

〔83〕 见前注71。

〔84〕 Halliday and Carruthers, “Foiling the financial hegomons”, pp. 255－301, 263－73，提及印度尼西亚在1997年金融危机后采取的措施。

完善的程序正义”等法律文化进行弥补。[85]正是由于程序公正的政治文化深植于美国社会，“9·11”事件后出现的侵害人权现象可能会被制止，起码部分能够得到制止。此外，对于印度尼西亚等国而言，由于这些国家国土面积较大且情况复杂，崇尚法治的文化尚未形成，以及缺乏地方警察技术和“柔性”社会治理措施，通过加强监督、培育职业精神等措施，或许比修改法律等上层建筑更能有效地防止政治暴力。

本章高屋建瓴地对全球反恐立法和政策进行了探讨，事实上，对反恐问题的全面考虑更多的是在理念层面，而不是提出现实的解决方案。概言之，无论是为了赋予或限制国家权力，还是为了便于反恐政策、法律或战略在各国间相互移植，均不要奢望制定一个具有绝对普适性的全球反恐法框架。

五、结论

本章并不是说以全球视角对国际反恐立法进行研究没有任何价值。相反，66
从全球视角去研究国际反恐怖主义立法有助于增进我们对国际反恐立法的理解，有助于制定复杂、有效的反恐国际政策。值得注意的是，研究全球反恐立法需要采取复杂、精细的方法，由于各国国情差异及特点的不同，理解、表述、执行和抵制反恐立法的方式也各不相同。本书第 1 版中提出，“研究全球反恐立法的学者必须深入研究国际、区域及国内立法的相互关系。”[86]“9·11”事件后 10 余年以来，如环境法、国际商法等部门法一样，国际反恐立法也不可避免地呈现出跨国之特点，这一特点本身就为我们认识法律和社会，尤其是开展合作应对超越国界且面临地区差异的各种问题带来了更多的挑战。尽管全球化进程无所不包，从大众文化到商业交往，从长途通信到国际旅行，当然还包括国家权力的滥用，可见法律领域的复杂性一如既往。因此，在研究国际反恐立法的过程中，需要时刻注意本章所总结的立法和政策现状。

---

〔85〕 Mark Tushnet, “The political constitution of emergency powers: some conceptual issues”, in Ramraj, *Emergency and the Limits of Legality*, pp. 145 – 55.

〔86〕 Victor V. Ramraj, Michael Hor and Kent Roach, “Introduction in Ramraj, Hor and Roach”, *Global Anti – terrorism Law and Policy*, p. 5.

第4章

法律移植*

罗拉·K. 多诺修**

67 一、引言

在本书第1版中，我认为若要形容西方国家反恐立法的发展形态，它更像是螺旋式上升，而非钟摆式往复。〔1〕在“9·11”恐怖袭击的刺激下，很多国家倾向于扩大执法权以应对恐怖主义。立法者试图顺应执法者的要求，加快了立法进程而不去审慎思考袭击背后的原因。在反恐立法中，最难以通过的条款通常被纳入“落日条款”，一旦上述立法被通过之后，就很难再去废除。为使这类法律失效，立法者必须说明相关威胁已经不复存在，相关法律废除后不会再出现类似恐怖事件，或者某种程度的恐怖事件处于可接受范围。前两种情形无法证明，后一种情形会使政府陷入执政困境。因此，此类法律规定不仅保留下来，而且还成为成立更多强力部门的法律依据，执法权进一步扩大，公民权利则进一步受到限缩。〔2〕

---

* 特别致谢格雷格·克拉斯（Greg Klass）、大卫·鲁本（David Luban）以及维克托·拉姆拉伊（Victor Ramraj）为本章提出的意见。

** 罗拉·K. 多诺修（Laura K. Donohue），乔治城大学法律研究中心副教授。

〔1〕 Laura K. Donohue, “Terrorism and the counter - terrorist discourse”, in Victor V. Ramraj, Michael Hor and Kent Roach (eds.), *Global Anti - Terrorism Law and Policy* (Cambridge University Press, 2005). 关于该理论的进一步发展以及更多的例子参见 Laura K. Donohue, *The Cost of Counterterrorism: Power, Politics, and Liberty* (Cambridge University Press, 2008).

〔2〕 Donohue, “Terrorism and the counter - terrorist discourse”, pp. 2 - 4, 14 - 20.

在本章中，我主要谈谈对法律移植的看法。法律移植有助于国际反恐立法的发展，不但推动各国之间相互借鉴，还在引入法律规则的过程中加深了国际社会对反恐立法的理解。

我将法律移植分为两类：一是实体移植，主要指军事法、刑法、民法等 68
不同法律部门之间的相互影响和借鉴；二是地理移植，主要指法律在不同区域之间的移植，既包括仿效他国的法律，也包括贯彻国际反恐公约的规定。[3]尽管法律移植的内容或许与本国法律理论基本一致，但就反恐领域而言，各国面对的恐怖主义威胁均有独特之处，因此借鉴别国的反恐措施会带来实质性影响，而直接借鉴别国的法律规定会带来意想不到的后果，甚至需要付出极大代价。

例如，在刑法中引入国际反恐法，将反恐职能纳入更多法律部门，会产生以下三种后果：一是反恐螺旋式的单向效应，导致执法权最后会超出反恐界限，一旦这些措施泛滥将很难被废止，而且在此基础上会发展出更多的反恐手段。二是在执法领域引入过多权力，会引起立法、司法和执法机关之间的权力不均衡。三是对公民权利限制过多，导致政府和民众之间关系紧张。反恐措施最初都是由于面临严重恐怖主义威胁才得以颁布实施，受形势所迫导致权力滥用。但是在紧急形势已经过去的缓和时期，损害公民民主权利（诸如逮捕前的司法审查、无罪推定、公正审判等权利）的依据又是什么？

本章由法律移植的分类开始谈起，进而阐述法律移植在哪些方面会出现
问题。在探讨刑法领域的法律移植问题上，重点阐述引入的经济制裁措施； 69
然后在国家安全领域，概要介绍在控制核武器方面采取的舆论限制措施，并将之与应对生化武器威胁而采取的微生物限制措施加以对比；最后认为，法律移植的某些不利后果可以通过前期考察加以解决。

---

〔3〕 关于狭义的移植，“作为一个不断变化的规则，因国家不同而不同，且因人而异”。Alan Watson, *Legal Transplants: An Approach to Comparative Law* (Georgia University Press, 2nd edn, 1993), p. 21. 我在使用这个词时采取了广义的定义，包括法律部门间的实质移植以及通过借鉴进行的地理性移植。我支持勒格朗（Legrand）的观点，反对沃特森（Watson）将规则与其社会和文化背景相割裂的做法，实际上反恐立法的部分问题就在于，法律移植过程中同一规则产生了不同含义。Pierre Legrand, “The impossibility of ‘legal transplants’” (1997) 4 *Maastricht Journal of European and Comparative Law* 111.

二、法律移植的分类

在反恐领域的法律移植主要包括两类。实体移植主要针对不同法律部门之间的法律移植，比如反恐怖主义法向刑法或民法的移植，或者是从其他部门法向反恐怖主义法的移植，实体移植问题主要集中在四个方面：①标准化；②国际公约规定相对笼统；③公约的执行方式；④反向移植。地理移植主要是指国际和本国法律之间的法律移植，主要包括以下四种形式：①法律移植通常在文化、法律或语言存在密切联系的国家之间进行；②通常是由发达国家向发展中国家移植；③通常是全盘照搬或效仿；④通常作为某个国际组织为推行标准化而共同努力的结果。

（一）实体移植

由反恐怖主义法向刑法的移植主要有四种方式。〔4〕第一种称之为标准化，这是一种单向模式：源自于立法机关对反恐机构的权力加以限制的努力。在立法者看来，反恐措施过于异乎寻常，只有在面对极端组织造成现实威胁的情况下才能采用。但是一旦将这些反恐措施写入法律，就不再异乎寻常，而是成为可以接受的法律手段并成为法典的一部分。

70 例如，玛丽埃德（Myriad）案（从搜查、扣押到没收）就说明了这一点。〔5〕让我们回顾一下英国上议院 2005 年对通过控制令法案所做的努力。最终，上议院决定将争议事项留待第 2 年表决，但到了第 2 年再次讨论时，当初为制定这一法律而面临的紧急状态和例外事项已经不复存在，于是讨论的内容也从未被公之于众。这种情形在英国很常见，自 1973 年到 2000 年间，在重新审议法案之前，由于应当采取新措施加以应对的紧急事态不复存在，很多议员在重新讨论相关议题时甚至都懒得到场。〔6〕

反恐措施的效果很大程度上促进了反恐措施的标准化。反恐法往往缺少与其他法律部门同等的权利保护。有了这些反恐措施，执法者可以大展拳脚，

---

〔4〕 关于刑法与反恐法律之间的移植，参见 Laura K. Donohue，"The perilous dialogue"（2009）97 *California Law Review* 357，373－9.

〔5〕 Ibid.，374－7.

〔6〕 Laura K. Donohue，*Counter－Terrorist Law and Emergency Powers in the United Kingdom 1922－2000*（Dublin：Irish Academic Press，2008）.

可以在办案过程中拥有更大的自由裁量权。

一旦加大反恐力度的理念不断盛行，随之而来的就是出台相应法律规定，将反恐措施纳入不同的法律部门。例如《1954年北爱尔兰国旗和国徽法》就直接引入了《1922年至1943年民事机构法》当中的条文。〔7〕尽管遭到广泛反对，英国还是采用了北爱尔兰不经陪审即审判的做法，后来将这种做法应用到复杂的欺诈及有组织犯罪案件中。〔8〕在实践中，甚至有观点建议对毒品案件犯罪嫌疑人适用严格的控制令（在上议院招致反对），即使这些案件尚未达到刑事犯罪的程度。在美国（后面我会谈到）的反恐融资法中也可以看到类似的例子。

在反恐法向其他法律部门（尤其是刑法）移植的第二种方式中，主要问题是反恐法律条文的内容不够明确。〔9〕事实上，明确反恐措施的范围很难， 71
因为恐怖主义一词的含义本身就有待界定。〔10〕为解决这一问题，立法者通常将其解释为适用于一系列的犯罪行为，这些犯罪行为有可能是（也有可能不是）出于政治目的而实施。而在其他情况下，则对相关法律用语采取宽泛的理解，这使得反恐立法既可以适用于恐怖主义犯罪，也可以适用于非恐怖主义犯罪。尽管法律条文的明确性十分重要，但恐怖主义“泛化”问题主要出现于法律的执行层面。

例如，英国议会通过的第一部反恐法案是在北爱尔兰议会设立没有陪审团的法庭之后提出的，该法规定了一系列犯罪，一旦起诉案件直接交由特别法庭审理。这些罪名包括谋杀、杀人、放火、暴乱、《1861年恶意伤害法》规定的犯罪、《1861年侵犯人身犯罪法》规定的犯罪，以及《1969年枪支法》、《1969年盗窃法（北爱尔兰）》、《1969年人身和财产保护法（北爱尔兰）》规定的某些预备和相关犯罪。〔11〕尽管之后执法机关试图将其中的非恐

---

〔7〕 Flags and Emblems (Display) Act (Northern Ireland) 1954 (UK), repealed under Direct Rule by Public Order (Northern Ireland) Order 1987.

〔8〕 Northern Ireland (Emergency Provisions) Act, 1973, c. 53 and Criminal Justice Act, 2003, c. 44, s. 43 (2), (5). For discussion of the evolution of the Diplock courts, see Laura K. Donohue, "Terrorism and trial by jury: the vices and virtues of British and American criminal law" (2007) 59 *Stanford Law Review* 1321.

〔9〕 Donohue, "The perilous dialogue", 377 – 8.

〔10〕 Alex Schmid and A. J. Jongman, Political Terrorism (New Brunswick, NJ: Transaction, 1988) and Walter Laqueur, "Terrorism: A Brief History" (2007), pp. 20 – 3. Available at www. america. gov/st/peacesec – english/2007/May/20080522172730SrenoD0. 6634027. html.

〔11〕 Northern Ireland (Emergency Provisions) Act 1973, c. 53, Sch. 4.

怖主义犯罪分离出去，但截至20世纪80年代，仍有40%左右与恐怖主义完全无关的案件被交给特别法庭审判。[12]

在世界范围内，并非只有英国采取类似做法。美国《1996年反恐怖主义及有效死刑法》中的人身限制规定在刑法中随处可见，政府报告也一再指出《爱国者法》适用于非恐怖主义犯罪。[13]或许其中最令人震惊的还要属对国家安全信件（NSLs）的运用。2001年，美国为应对“9·11”恐怖袭击而颁
72 布的《爱国者法》，取消了通过国家安全信件获取信息应当与外国机构或特工相关的要件。[14]相反，只要与国际恐怖主义或者外国间谍活动有关（同时要求在涉及美国公民的情况下，此类调查不能单纯因涉及第一修正案列举的犯罪而展开），即可以开展相应的调查活动。[15]美国联邦调查局对这一手段的应用数量陡然上升，从2000年的8500份申请增加到2005年的47 000份申请。[16]之后，美国司法部在一份调查报告中指出，联邦调查局并没有严格将国家安全信件与正在进行的反恐调查或间谍调查相联系，该措施没有得到适当授权但已成为基础调查手段。

反恐法的执行方式是反恐权力转移的第三种渠道。根据反恐法授权制定的第二级或第三级法律文件，在执行过程中可能背离了立法原意。2002年，美国联邦调查局根据法律授权制定了允许对互联网、图书馆及宗教机构进行监管的各项指南，但其中并未规定要求提供潜在犯罪行为与恐怖主义有关的证据。[17]

---

〔12〕 Dermot Walsh, *Ten Years on in Northern Ireland* (Belfast: Cobden Trust Study, 1980).

〔13〕 See, e. g., US Department of Justice Office of the Inspector General, *A Review of the FBI's Use of National Security Letters: Assessment of Corrective Actions and Examination of NSL Usage in 2006* (March 2006), p. 110; Eric Lichtblau, "US uses terror law to pursue crimes from drugs to swindling", *New York Times*, 28 September 2003, Al.

〔14〕 USA PATRIOT Act, §505, amending the Electronic Communications Privacy Act (18 USC 2709), the Right to Financial Privacy Act [12 USC 3414 (a) (5)], and the Fair credit Reporting Act (15 USC 1681u).

〔15〕 Ibid.

〔16〕 Office of the Inspector General, *A Review of the FBI's Use of National Security Letters*, p. 120. 需要注意的是，按照总体检查办公室（OIG）的说法，由于联邦调查局（FBI）没能充分记录和报告国家安全信件（NSLs），总体数量可能要上浮22%。Ibid.

〔17〕 参见总检察长关于一般犯罪、诈骗企业和涉恐企业的调查，2002年5月30日，www. usdoj. gov/olp/generalcrimes2. pdf；总检察长关于联邦调查局卧底行动的指导，2002年5月30日，www. usdoj. gov/olp/fbiundercover. pdf；总检察长关于使用加州线人的指导，2002年5月30日，www. usdoj. gov/olp/dojguidlines2. pdf；执行部门总监备忘录，总检察长2002年5月30日，关于合法、不经令状监控通话的程序，www. usdoj. gov/olp/lawful. pdf.

尽管有关部门尽力限制反恐措施的滥用（但没有以法律规定将之限定于恐怖主义犯罪案件），但看起来没能起到任何作用。[18]

上述例子主要是表明反恐怖主义法对刑法的影响，在民法上同样如此。 73
英国反恐法律关于资金控制的条款，很快便被适用于洗钱犯罪中的民事扣押程序。[19]

法律移植不仅存在于反恐怖主义法向刑法或民法的移植，还存在第四种现象，即反向移植。其他法律部门中采取的措施，也会被借鉴甚至是引入到反恐怖主义法中来，这引起了人们关于其有效性和适当性的广泛质疑。

在刑法领域，存在这样一个前提，凡是可能用于打击犯罪的措施都有谦抑性要求，这样一来，将其适用于恐怖主义犯罪当然没问题。问题在于恐怖主义犯罪或许完全不同于普通犯罪，尽管这两种犯罪并非总是泾渭分明，恐怖组织也可能实施普通犯罪。但是在我们认为可以适用刑事制裁之前，有必要先思考一下是否可以采取其他措施。

在国家安全领域同样存在类似的推断：最初用于应对恐怖主义威胁的规定一定适用于打击恐怖主义。然而，这种推断既不准确又十分危险，因为它没有充分考虑恐怖主义威胁的特殊性。本章第 3 节将进一步解释实体移植及其负面影响，以及在国家安全领域可能导致的不良后果。

（二）地理移植

除实体移植外，越来越多的法律部门呈现出地理移植的趋势。其中，更为普遍的是国家间法律移植，既包括国内立法也包括国际立法。[20]

传统意义上讲，可以通过三个方面来辨别成文法或宪法的法律移植： 74
一是有关国家采取类似措施的趋势；二是立法技术发达国家对不发达国家的影响；三是在某些国家的成文法典中可以直接找到别国法律的模仿性规

---

〔18〕 See, e. g. Memorandum from General Counsel, National Security Law Unit, Federal Bureau of Investigation, to All Field Offices National Security Letter Matters, Ref: 66F - HQ - A1255972 Serial 15, 28 November 2001, available at sccounty 01. co. santa - cruz. ca. us/bds/govstream/BDSvData/non_ legacy/Minutes/2003/20030429/PDF/084. pdf.

〔19〕 See Donohue, "Terrorism and the counter - terrorist discourse".

〔20〕 See Laura K. Donohue and Juliette Kayyem, "Federalism and the battle over counter - terrorist law: state sovereignty, criminal law enforcement, and national security" (2002) 25 *Studies in Conflict and Terrorism 1*（关于美国在"9·11"事件之前引入的各种措施）.

定。[21]在反恐问题上，这三种法律移植的情形都有所体现。

例如，罗奇就曾指出英国的《2000 年反恐怖主义法》影响了澳大利亚、加拿大、中国香港地区、印度尼西亚、南非及其他一些国家和地区的反恐立法。[22]英联邦国家习惯于在本国法律规定中引入英国的法律制度，因为他们在历史、语言乃至法律结构上都有共同点。其他国家进行移植主要是出于立法技术的原因：英国的国家安全立法就是很好的例子，该法（作为反恐措施的一部分）建议促进新兴国家的法律建设，以此作为对新兴国家的扶持。[23]美国司法部同样召开了众多国际会议，鼓励新兴国家颁布更为“强硬”的反恐立法。此外，还有很多国家效仿他国的反恐立法。

这样一来，人们难免担心各国的法律会逐渐趋同。正如拉姆拉伊（Ramraj）指出，法律标准形成的方式极其不对称。[24]俄罗斯针对车臣进行的反恐
75 立法就很好地说明了这一点。美国在“9·11”事件后通过了反恐法，并很快被俄罗斯联邦法律所借鉴，这些规定使得在北高加索动用军队开展反恐行动合法化并且忽略了许多个人权利，很快招致人权组织的反对。[25]尽管大规模反恐行动到 2009 年告一段落，但后来陆续发生了系列恐怖袭击，使俄罗斯总统梅德韦杰夫于 2010 年宣布需要进一步加强反恐立法。俄罗斯外交部迅速将

---

〔21〕 Kim Lane Scheppele, “The international standardization of national security law” (2010) 4 (2) *Journal of National Security Law and Policy* 438, citing Alan Watson, *Legal Transplants*; Michele Graziadei, “Comparative law as the study of transplants and receptions”, in Mathias Reimann and Reinhard Zimmermann (eds.) *Oxford Handbook of Comparative Law* (Oxford University Press, 2006), p. 441; “Symposium: Constitutional Borrowing” (2003) 1 (2) *International Journal of Constitutional Law* 177; Sujit Choudhry (ed.), *The Migration of Constitution Ideas* (Cambridge University Press, 2006). 关于对“法律移植现实情况”的怀疑，参见 Legrand, “The impossibility of ‘legal transplants’”, 113, 116. [其中写道，“只有在法律条文及含义（结合在一起构成规则）都从一种文化背景移植到另一种文化背景的情况下才有可能出现有意义的移植，鉴于条文背后的含义依附于具体文化，因此难以实现上述目的，那么怎么能实现有意义的移植?”]

〔22〕 Kent Roach, “The post -9/11 migration of Britain's Terrorism Act 2000”, in Choudhry (ed.), *The Migration of Constitutional Ideas*, p. 374.

〔23〕 United Kingdom Government, *The National Security Strategy of the United Kingdom: Security in an Interdependent World* (Cm 7291, March 2008), pp. 2, 7, available at interactive. cabinetoffice. gov. uk/documents/security/national_ security_ strategy. pdf.

〔24〕 本书第 3 章维克托·V. 拉姆拉伊文。

〔25〕 Human Rights First, “Russia's new direction”, available at www. humanrightsfirst. org/wp - content/uploads/pdf/06622 - hrd - russia - update - web. pdf; Mariya Y. Omelicheva, “Russia's Counterterrorism policy: variations on an imperial theme” (2009) 3 (1) *Perspectives on Terrorism* 3.

俄罗斯受到的袭击归纳为全球恐怖主义威胁，在当时八国集团外交部部长会议上，加拿大外交部部长坎农（Cannon）宣称，“八国将继续合力打击和阻止恐怖分子”。[26]他反复重申八国外交部部长“一致致力于强化联合国的核心地位并服从联合国的全球反恐战略以及相关安理会决议”。[27]

坎农揭示了地理移植的第四种方式，而这种方式往往被人们忽视：国际组织（越来越）强制要求各国接受某些规定。舍普佩里（Scheppele）总结认为，这种趋势在联合国安理会第 1373 号决议中表现尤为明显。[28]就这一点，鲍威尔也详细谈到，安理会是如何要求各国通过规定新的反恐融资犯罪来解决资助恐怖主义的问题，冻结个人或实体用于恐怖活动的资产及防止向恐怖组织捐献资金。[29]各国政府不得支持恐怖主义，并且必须将在本国境内发现的恐怖主义嫌疑人绳之以法。[30]

联合国并不是以强制方式促成反恐法律地理移植的唯一机构。反洗钱金 76
融行动特别工作组（FATF）就是一个“旨在发展和促进国内及国际政策水平的政府间机构，以打击洗钱犯罪和资助恐怖主义的行为”[31]。该组织由 7 国集团峰会于 1989 年成立，任务是监督各国实施必要措施以及促使各国采取相应反恐金融对策。[32]目前，足以代表全球主要经济体的 34 个国家和 2 个地区性组织都已成为该组织成员。[33]

---

[26] “Suppression of terrorism in Russia will continue – Medvedev”, RT, 30 March 2010, available at rt. com/news/Moscow – blast – emergency – meeting/; “G8 stands with Russia in fight against terrorism”, *The Economic Times*, 30 March 2010, available at ecnomictimes. indiatimes. com/news/politics/nation/G8 – stands – with – Russia – in – fight – against – terrorism/articleshow/5741325. cms.

[27] “G8 stands with Russia in fight against terrorism”.

[28] S/RES/1373 (2001); Scheppele, “The international standardization of national security law”, 439 – 43；本书第 2 章 C. H. 鲍威尔文、本书第 3 章维克托·V. 拉姆拉伊文。

[29] 参见本书第 2 章 C. H. 鲍威尔文、本书第 3 章维克托·V. 拉姆拉伊文以及安理会第 1373 号决议第 1 条。

[30] 联合国安理会第 1373 号决议第 2 条。

[31] FATF – GAFI www. fatf – gafi. org/pages/0, 3417, en_ 32250379_ 32236836_ 1_ 1_ 1_ 1_ 1, 00. html.

[32] Ibid.

[33] 成员包括：阿根廷、澳大利亚、奥地利、比利时、巴西、加拿大、中国、丹麦、欧盟、芬兰、法国、德国、希腊、海湾合作委员会、中国香港、冰岛、印度、爱尔兰、意大利、日本、荷兰、卢森堡、墨西哥、新西兰、挪威、葡萄牙、韩国、俄罗斯、新加坡、南非、西班牙、瑞典、瑞士、土耳其、英国和美国。Ibid.

反洗钱金融行动特别工作组已经制定了具体标准来打击洗钱和恐怖主义融资。关于后者，该组织建议（并监督）各国批准和实施联合国的相关法律文件，将资助恐怖主义行为作犯罪化处理，冻结和没收恐怖分子的财产，报告与恐怖主义有关的可疑汇款，参与国际合作，打击地下汇兑系统，对网络汇兑进行监管，对非营利性组织详加审查，对现金转运加以限制。该组织规定，成员国有义务遵守上述建议。[34]工作组特别建议，针对冻结和没收涉恐财产，“要求各国按照联合国有关决议的要求，采取措施不加拖延地冻结，或者在适当情况下，扣押与恐怖主义相关的财产。”[35]

正如拉姆拉伊指出，尽管国际社会建立了如此强制性的机制，但这种做法的效果并不十分理想。由于各国法律制度各异，历史、文化、社会、
77 经济条件不同，再加上恐怖主义概念本身的模糊性，使得各国很难步调一致。[36]而且，这些措施被采纳的同时也面临滥用权力的风险。关于这一点，鲍威尔所阐述的对1267委员会的看法以及黑名单制度的弊端，非常具有参考价值。[37]

这种特殊的地理移植，即由国际组织强制推广的方式，引发了关于究竟应当向其他国家推行何种措施的担心。有重要证据表明，由美国和英国借助国际组织推销的许多措施尤其代价高昂，而且它们在将相应做法付诸国际推广之前，在国内所做的尝试也毁誉参半。[38]

根据鲍威尔对安理会第1373号决议和第1540号决议的审慎思考，以及拉姆拉伊对第1373号决议的详细分析，本章重点考察了实体移植，既包括从反恐怖主义法到刑法，也包括安全领域，以此来说明法律移植的难度。

三、实体移植：在刑法和反恐怖主义法之间

从美国和英国的反恐融资法可以看出，刑法、民法与反恐怖主义法之间

〔34〕 关于反洗钱金融行动特别工作组（FATF）的具体建议，见本书第8章凯文·E. 戴维斯文。

〔35〕 关于特别建议（三）的注释：冻结和没收涉恐资产，金融行动特别工作组，available at www. fatf - gafi. org/document/44//0，3746，en_ 32250379 _ 32236920 _ 43751788 _ 1 _ 1 _ 1 _ 1 _ 1，00. html.

〔36〕 本书第3章维克托·V. 拉姆拉伊文。

〔37〕 本书第2章C. H. 鲍威尔文。

〔38〕 Donohue，“Terrorism and the counter - terrorist discourse”.

能够相互移植且保持协调一致。[39]这里将集中讨论美国的立法，并仅限于反恐怖主义法与刑法之间的移植，因为这部分实例比较多。

例如，“9·11”事件后布什总统颁布的第 13224 号执行令，给出了一份全球恐怖分子黑名单，冻结向恐怖主义提供物质支持的人的“全部财产及财产利益”。任何与目标人物发生关联的实体都会被纳入黑名单并被冻结财产。78
依据《爱国者法》，涉案财产可被冻结以等待调查，这使得财政部有权无限期冻结不在黑名单之内但正在接受调查的财产。

政府还可以通过法院将向恐怖组织提供物质支持的人定罪。[40]美国国务院负责指定哪些组织属于外国恐怖组织，进而关闭为这些组织管理资产的机构。[41]“9·11”事件以来，美国认定的外国恐怖组织数量几乎翻了一倍，目前已达 40 多个，受到起诉的恐怖主义犯罪也包括为其提供物质支持等罪名。[42]

为辨别潜在的恐怖主义威胁，政府不仅依靠来自私人机构的信息，还尽力获取情报，因此，报告事项和监管权限等方面的法律权限有所扩大，《爱国者法》第 3 部分就增加了要求提交嫌疑活动报告的单位数量。此外，还大幅拓宽了勤勉义务条款的范围，之前的规定已经从刑事法中剔除，转而要求更多的金融机构收集客户信息，无论该信息涉及普通犯罪还是恐怖主义犯罪。

《爱国者法》中规定的监管权限很快便推广适用于整个金融行业，进一步模糊了反恐金融与反洗钱调查之间的区别。“9·11”事件之后，美国政府发出国家安全信件，要求一家名为“迅捷”（Swift）的比利时银行提供合作（该银行每天大约在全球数千家金融机构间转账 6 万亿美元），协助搜集全球转账信息，包括资金进出美国的信息。

单纯从打击恐怖主义犯罪的角度来看，在反恐怖主义领域采取刑事措施大有裨益，其目的在于控制资金渠道，使得涉恐资金难以通过传统渠道转移。

---

〔39〕 以下讨论主要参见 Donohue，*The Cost of Counterterrorism*，Chapter 6，以及本书第 5 章肯特·罗奇文（关于在反恐领域适用刑法以及恐怖主义的扩大解释将恐怖主义扩展至刑事领域）。

〔40〕 18 USC § 2339.

〔41〕 18 USC § 2339B（a）（1）; 8 USC § 1189, Immigration and Nationality Act, § 219（as amended）.

〔42〕 Foreign Terrorist Organizations, Office of the Coordinator for Counterterrorism, 24 November 2010, available at www. state. gov/s/ct/rls/other/des/123085. html. “Supreme Court upholds PATRIOT Act's ‘Material support’ provision”, *Examiner. com*, 21 June 2010（列举了 2001 年以来依据《爱国者法》物质支持条款提起的 150 余起指控）.

79 有证据表明上述目的确实实现了，这种做法还遏制了向具有嫌疑的个人、团体和地区所进行的捐赠。由于资金流动是全球性的，恐怖组织也在全球范围内活动，因此这种方法适合现有金融体系，使追踪恐怖主义资金不需要花费过多成本。同时，适度勤勉规则以及放松监管在某种程度上提高了各国打击刑事犯罪的能力。

然而，在金融领域的法律移植也存在诸多不足，导致人们对宪政主义原则和合法性的担忧，比如《行政程序法》的司法审查标准并不严格、平等保护诉求得不到保障、违反正当程序原则，以及某些措施的启动标准很低［例如，《国际紧急经济权力法》（IEEPA）和第13224号执行令］放宽了政府的管理权限。让人们更为担心的是，刑事法律向金融领域的整体移植扩大了政府的权力，同时损害了金融政策的根本目的。例如，反洗钱措施在很多情况下被证明并不适用于遏制恐怖主义融资。

各种法律移植方式之间存在明显的结构差异。〔43〕正如在《反恐的代价》（*The Cost of Counterterrorism*）一书中讨论的那样，洗钱离不开某种犯罪行为，〔44〕恐怖主义融资则不然。简而言之，前者收取黑钱，然后试图将之洗白，而后者收取的是合法收入，但用于暴力袭击等非法用途。这就意味着，其他犯罪中有自主选择可能的当事人，在恐怖主义融资问题上却没有足够的选择，他们或许不知道自己的钱将去向哪里，或许知道但迫于恐怖分子的威胁，以及害怕受到政府的起诉，不得已而为之。

在这方面，没有甄别恐怖分子的完美程序。与有组织犯罪不同，恐怖分子通常没有前科，他们往往历史清白。因此，通过转账模式确认哪些人属于恐怖分子是极其困难的。纽约清算中心（一个最大的现金结算组织），在“9·11”事件后经过2年研究，得出结论认为这是不可能完成的任务。〔45〕反洗钱金融行动特别工作组尽管花费很大力气去寻找适当的模式，最终也得出了同样的结论。〔46〕

80 在现金流方面，国际货币基金组织（IMF）在全球范围内移转现金约

---

〔43〕 Donohue, “Terrorism and the counter - terrorist discourse”.

〔44〕 The following discussion comes directly from *The Cost of Counterterrorism*, Chapter 6.

〔45〕 Staff Report, 9/11 Commission: Donohue, *The Cost of Counterterrorism*, Chapter 6.

〔46〕 2003 Financial Action Task Force Report, p. 4, ［10］. See also Financial Action Task Force on Money Laundering, *Report on Money Laundering Typologies: 2001 –2002* (2002), p. 6.

6000 亿美元。与之相比，恐怖分子所需的现金微乎其微，这就意味着，我们为阻断大规模现金往来制定的措施，必然会漏掉用于资助恐怖主义的资金。

通过常规措施冻结或提高审查门槛来阻止资金流动，更对国家安全行动产生了影响，特别是获取恐怖主义威胁情报方面。事实上，“9·11”事件后采取的诸多措施，尽管遏制了现金的日常流动，但也产生了很多意想不到的后果。在此情况下，恐怖组织转而寻求替代性的转账渠道，比如“‘哈瓦拉’经纪人（Hawaladar）”等非正式交易渠道、现金快递以及通过那些难以追踪的商品来转移他们的财产。〔47〕这些渠道使得政府追踪资金流向变得更加困难，进而无法找到暴力恐怖袭击的元凶。

即便是衡量这些措施本身是否起作用的标准，随着试图达成的目标不同也不尽相同。尽管恐怖主义犯罪与其他犯罪具有本质差异，打击恐怖主义融资的效果仍然要依靠传统的反洗钱指标来衡量，比如各国生效的冻结令数量、被冻结财产和现金的团体数量等。然而，这些数字很难有效证明打击恐怖主义的实际效果，比如因为资助恐怖分子提供资金被定罪的人数，被逮捕人员在恐怖组织内部的级别或是成功阻止的恐怖袭击次数。

结构性差异在具体操作过程中也有体现。比如可疑行为报告（SARs）原本是一种标准化反洗钱措施，现在被用于打击恐怖主义。可疑行为报告没有发现任何对“9·11”恐怖袭击提供资金支持的迹象（过去没有发现，现在同
样不可能发现）。〔48〕然而，正如之前提到的《爱国者法》第三部分，更多机 81
构被要求提交可疑行为报告，导致美国的报告数量不断增加，从 2000 年的大

---

〔47〕 See, e. g., *Underground Finance Mechanisms*: *Hearing Before the Subcommittee on Banking*, *Housing and Urban Affairs*, *Subcommittee on International Trade and Finance of the Subcommittee on Banking*, *Housing and Urban Affairs*, 107th Congress 1. “Moving target”, *The Economist* (US), 14 September 2002; “Still Flush”, *The Economist*, 7 September 2002.

〔48〕 Donohue, *The Cost of Counterterrorism*, Chapter 6. “基地”组织转移资金用于“9·11”袭击的方式有 3 种：从阿联酋和德国向美国劫机者网上汇款 13 万美元；携带现金和旅行支票到美国；通过在美国的账户在 ATM 或信用卡提现。当他们到达美国时，用真名在大的全国性银行以及小的地区银行同时开户。当他们在美国居住时，通过网络转账 5000 美元到 7 万美元，与每天数以亿计的网络汇款相比根本无法觉察。在银行，他们则存入一大笔然后分多次取出，这也符合他们的学生身份。他们并不使用伪造的社会保险号，并且抓住了美国银行系统并不复杂的弱点。Staff Report, 9/11 Commission, p. 53. Michael Peel and John Willman, “The dirty money that is hardest to clean up: financial institutions are keen to eradicate money - laundering by terrorists and to freeze assets”, *Financial Times*, (London), 20 November 2001, p. 16. Donohue, “Terrorism and the counter - terrorist discuorse”.

约163 000份增加到2005年的将近920 000份。这不仅使得发现恐怖分子更为困难，而且加大了打击普通洗钱犯罪的难度。因此，当很多国家都采取同一模式，由毕马威国际对可疑行为报告进行独立审计时，人们难免开始担心这种方式的投入产出比过低，以及报告事项过于泛滥。[49]

此外，可疑行为报告的提交还取决于国内政治环境。政府能够了解机密文件内容，相较于银行更有可能知晓恐怖分子嫌疑人的身份。由于得不到类似的信息，再加上缺乏信任机制，金融机构开始抵触向有关部门披露重要内容。

最后，在将反洗钱措施应用于打击恐怖主义犯罪问题上，随着新的立法及其附属效应带来的影响，汇向伊斯兰地区的资金越来越少（包括慈善组织的捐款以及侨民的汇款），这显然不利于当地的经济发展。然而，对美国政府而言，保持这些地区的经济活力并维持其影响力是极为重要的，这有助于避免形成权力真空，防止极端组织进入。

尽管上述例子只是说明国内实体移植存在的问题，但值得注意的是，美国在国内立法的基础上制定标准的同时，还借助国际组织向全球推广。联合国第1373号决议就试图将众多打击恐怖主义的金融措施向全球推行，这更增加了反恐方面地理移植问题的复杂性并且引起各方的普遍担忧。

四、实体移植：从核安全到生物安全

82 可以这样说，刑事措施之所以在反恐领域“水土不服”，是因为恐怖主义威胁与国家安全的联系更紧密。当然也并非所有的措施都不起作用，“过渡性”羁押和强制讯问就是例外。但让我们考虑一个更为严重也更为具体的问题：恐怖分子对大规模杀伤性武器的使用。核武器和生化武器带来的恐怖主义威胁可能看起来差不多，它们都属于国家安全问题，都要依靠长期发展的科技，都是恐怖组织梦寐以求的工具，二者的使用都可以导致大规模人员伤亡。但即便如此，在引入具体法律措施的过程中还是会产生不同的问题。

舆论控制可以很好地说明这个问题。美国《1946年原子能法》管控核能

---

〔49〕 Privy Counselor Review Committee, *Anti – Terrorism*, *Crime and Security Act* 2001 *Review*: *Report Presented to Parliament Pursuant to s. 122 (5) of the Anti – Terrorism*, *Crime and Security Act 2002* (18 December 2003), HC 100.

方面的信息，根据该法律规定，所有核能领域的研究，包括个人资助和研究（没有任何政府资金或资料）自始至终都属于高度机密。保密范围包括所有与核武器的设计、生产或使用、核原料生产或核原料在能源生产过程中的运用相关的信息。[50]

政府已经开始尝试将类似的法律规定引入生化控制。之所以这样做，是因为受到生物武器带来的恐怖威胁。冷战结束后，人们越发担心生物武器原料和科技难以为发达国家所控制，担心“流氓”国家或非国家实体可以获得
或使用生化武器。[51]关于生化武器的广泛担忧如今已经有了恐怖分子获取和 83
使用非传统武器的例证。[52]

在 1997 年，美国联邦调查局同时展开 74 项关于可能获取和使用化学、生物、放射性及核原料方面的调查，而之前每年开展的调查只有十几件；1998 年该类调查更上升至 181 项。这类调查中的 80% 最后被证明是恶作剧，但仍有相当一部分被证实是预谋恐怖袭击。[53]截至 1999 年 1 月 31 日，美国蒙特雷国际研究学院编制了一份含有 415 次事件的公开数据，其中大多数发生在 20 世纪末，列举了恐怖分子试图获取和使用大规模杀伤性武器的情

---

〔50〕 Atomic Energy Act of 1954，§11（y）.

〔51〕 The National Security Strategy of the United States of America（September 2002），available at www. whitehouse. gov/nsc/nss. pdf. （“随着苏联解体及冷战结束，我们的安全环境经历了巨大改变……新的致命性威胁来自流氓国家和地区……这些新敌对势力的性质和动机，他们获得那些只能由最强国家拥有的大规模杀伤武器的决心以及他们对美国使用大规模杀伤武器的极大可能性，使得当今的安全环境极为复杂和危险。”）为此参议员萨穆埃尔·纳恩（Samuel Nunn）、理查德·路加（Richard Lugar）、皮特·多米尼奇（Pete Dominici）在 1993 年扩大了联合消除威胁项目，帮助前苏联不仅保护核物质安全，还扩及生物物质和武器方面的知识。《防止大规模杀伤性武器法》（The Defense Against Weapons of Mass Destruction Act）要求五角大楼主要负责人肩负生物武器安全的职责：Title XIV，National Defense Authorization Act for FY 1997.

〔52〕 1994 年奥姆真理教在长野释放沙林毒气，1995 年在东京地铁上导致 12 人死亡，6000 多人受伤。当警方追踪沙林毒气的来源时，发现他们的信徒还拥有肉毒杆菌、炭疽毒素、霍乱和 Q 热病毒：Jonathan B. Tucker，“Historical trends related to bio－terrorism：an empirical analysis”，*Emerging Infectious Diseases*，www. cdc. gov/ncidod/eid/vol5no4/tucker. htm. 本书第 16 章马克·芬威克文。1998 年 2 月，拉里·韦恩·哈里斯（Larry Wayne Harries）向一个线人吹嘘他有足够夷平整个拉斯维加斯的军用炭疽毒素，在其驾驶的轿车后部发现了标有“生物”字样的 6 个袋子：Tucker，“Historical trends related to bioterrorism”，Table 1.

〔53〕 J. Parker－Tursman，“FBI briefed on district's terror curbs”，*Pittsburgh Post－Gazette*，5 May 1999；“Weiner T. Reno says U. S. may stockpile medicine for terrorist attacks”，*New York Times*，23 April 1998，A：12.

形。这些事件都发生在“9·11”恐怖袭击之前，“基地”组织一直试图使用生物武器，并已开展实际行动以获得生物武器。〔54〕2001年发动的炭疽袭击进一步证实了这种威胁的存在，其中5人遇害，另有18人受到不同程度的影响。〔55〕

随着对生化武器威胁的担忧越来越严重，人们开始对一项开展于澳大利
84 亚但在美国期刊发表成果的试验产生关注，并提出是否可以将与核武器监管有关的法律移植到生化武器管理中来。

这项鼠痘试验起初与恐怖主义并无关联，而是用于经济目的：澳大利亚老鼠泛滥，破坏庄稼并大幅影响国内生产总值。1998年，一些澳大利亚科学家决定制造生物疫病，他们并不想直接杀死老鼠，因为这会导致疫情传播。相反，他们选择了鼠痘这种危险的疾病，其伴有继发性病症可以导致老鼠无法再繁殖。经过多次试验，科学家们出人意料地获得了一种能够破坏老鼠免疫系统的病毒，而这种病毒是完全致命的。导致他们的研究结果被封杀的原因是，这种病毒与天花非常相似，而天花造成了人类历史上最大规模的人口死亡，仅在20世纪就夺去了近5亿人的生命。〔56〕

科学家们面临艰难的抉择：发表成果可能带来将致命信息传授给企图制造灾难的不法分子的后果，将信息保密则可能无法找到破解病毒的方法。科学家们起初决定承担第一种风险。由于受到来自澳大利亚军方的阻力，这些科学家在美国微生物学会的一份名为《病毒学杂志》（*Journal of Virology*）的期刊上发表了他们的论文。〔57〕起初论文并没有引起多少关注，但在2001年炭疽邮件事件之后，引起了美国总统及国会的注意。事实上，这样一个可以导致大规模死亡的试验，只需要一个试验台和基本的微生物知识就可以完成。

---

〔54〕 Remarks by Homeland Security Secretary Michael Chertoff at the Stanford Constitutional Law Center's Germ Warfare, Contagious Disease, and the constitution Conference, Washington, DC, 11 April 2008, www. dhs. gov/xnews/speeches/sp_ 1208283625146. shtm. （“我们知道19世纪90年代末，‘基地’组织开始专注于发展生化武器项目。在阿富汗战争之后，我们在坎大哈发现了一个低级别的科技设施，实际用于生产炭疽病毒且明显用于制造武器。”）

〔55〕 American Association for the Advancement of Science, “Science and security in the post-9/11 environment: bioterrorism”, available at www. aaas. org/spp/post911/agents.

〔56〕 147 *Congressional Record*, S. 12378 (Statement of Senator Joseph Lieberman regarding S. 1764).

〔57〕 Ronald J. Jackson et al., “Expression of a Mouse Interleukin-4 by a Recombinant Ectromelia Virus Suppresses Cytolytic Lymphocyte Responses and Overcomes Genetic Resistance to Mousepox” (2001) 75 *Journal of Virology* 1205.

面对越来越大的压力，美国微生物学会主席罗纳德·阿特拉斯（Ronald
Atlas）博士与该学会出版委员会主席取得联系，并通报布什政府对该学会决
定出版该论文所表达的关切。学会出版委员会专门召开会议修改了内部审查 85
政策，在未来的文章审查过程中重点审查国家安全方面内容。该委员会的决
定省去了议会出台正式立法的麻烦，因为议会通过严格程序立法限制科学家
出版可能对恐怖分子有用的信息，会涉及侵犯公民的宪法性权利问题。[58]

然而，从政策层面来说，将核武器管控措施移植到生物领域会带来很多问题。这是因为，微生物不像其他学科那样易于管理，任何新发现都需要民众知晓，但也可能使得人们了解到危及公共安全的信息。而往往最有价值的信息都是在研究高度致命性病菌的过程中获得的，因此这样的发现更要受到广泛的审查。国家生化武器项目从自然界中培植出很多病菌用作武器，这表明这些病菌（天花除外）在自然界的存在也是一种严重威胁。对微生物研究的限制，可能导致政府在应对自然爆发的疫病时无能为力。

仅保留“以科研为目的”的研究，对其他研究采取舆论限制，事实证明也很难。发现病毒原理的试验，也可以被用来找到处理方法或治愈疾病。同样，对“研究的类型”加以限制也不可行：怎么可能从试验一开始就预测到将会产生怎样的后果，何况试验方法本身就很可能导致不利后果。比如，在自然条件下可能无法进行基因实验；但是出于国家安全考虑，禁止科学家从事这一领域的研究，可能导致科学家无法确保全体民众的整体健康。

限制科学研究的信息自由可能从其他方面对国家安全造成负面影响。如
果鼓励微生物科学去研究疾病带来的威胁符合国家的最大利益，那么对成果
进行分类的行为本身就会打击研究的积极性。此类限制会使科学家望而却步，
他们会选择对科学研究干预较少的国家，去开展基础科研工作。总之，我们
会为此付出巨大代价，与核武器领域相比，在生物研究方面采取类似措施， 86
将会带来巨大的负面影响。

五、结论

无论是实体移植还是地理移植，谨慎的做法并非反对法律移植，而是在

[58] Donohue，“Terrorism and the counter - terrorist discourse”.

移植之前要全面参考其宪法依据、法律规范、政策背景及对文件原貌加以审慎考察。我的结论是，基于前面提到的各种担心，应当建立一种由第三方参与的事前审查机制，以发现可能存在的问题，充分考虑相关法律在新旧法域中的正负面价值。

要衡量相关法律规定对于两个法律领域的价值，需要从以下三个方面入手：第一步，在特定法域做出有关规定的内在原理是什么？如果原有法域的规定旨在防止资金用于不法用途、同时确保正当程序，或是放松正当程序要求、加大执法自由度，我们首先要明确了解这一点。接下来的问题是，如果将相应的规定引入新的法域，将会产生哪些问题？之所以要考虑这些问题是为了避免可能出现的负面影响。然后，我们要考虑的是恐怖主义本身会因为引入这些规定受到哪些影响。通过这样的处理，那种倾向于忽略上述考虑的做法（这种做法在本章开头提到的反恐立法过程中非常盛行，通常表现为制定落日条款）可能会得以避免。这种讨论可能在开始阶段会比较困难。但这样做可以维护法律规定本身的价值，例如，找出前后法域的差异，新引入的措施如何融入该法律部门，以及可能会出现哪些变数。

第二步是康德（kant）强调的信息公开，[59]这主要是因为反恐怖主义法
87 通常会对个人权利带来直接影响。在引入新措施的过程中，其适用和执行是否透明，是否确立了责任追究机制？这一点无论是在反恐法向其他部门法移植还是反向移植，乃至地理移植过程中都具有十分重要的意义。在地理移植方面，法律移植的方式各异，既有本章提到的三种方式（共同法律传统、修改法律条文及模仿），也有通过国际法律文件强制推行的方式。信息公开之所以对于法律移植至关重要，是因为新引入的条文可能被完全割裂于原有的法律体系，以及相应的法治环境。在某一条文被引入到新的法律之后，先前法律中的宪法、立法及司法限制可能不复存在。由此可见，缺少法律文化背景的法律移植，自然会出现问题。

第三步要看新引入措施的作用。这包括以下三个方面：相关措施对于防止恐怖主义威胁是否真有益处？鉴于之前讨论的反恐金融措施的负面效应，

---

〔59〕 Immanuel Kant, *Perpetual Peace: A Philosophical Essay* (1795), Translated with Introduction and Notes by M. Campbell Smith (London: Swan Sonnenschein & Co, 1903) p. 381; David Luban, "The principle of publicity", in Robert E. Goodin (ed.), *The Theory of Institutional Design*, (Cambridge University Press, 1996), p. 155.（所有不符合公众利益的行为都是错误的。）

引入新的法律措施是否影响该措施在原有法域的作用？以及在新法域的应用中对前后两个法域是否均有不利影响？在移植之前充分考虑上述问题，可以在某种程度上消除人们对反恐法律移植的顾虑。

第二部分

交叉主题

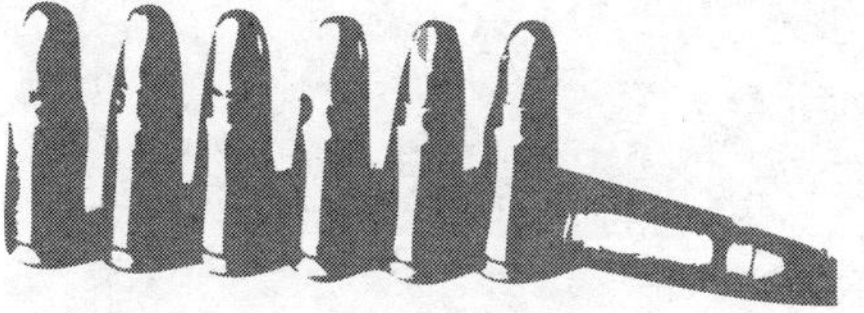

第5章

刑法及其限制更少的替代措施

肯特·罗奇*

一、序言 91

当恐怖袭击发生时，许多国家在第一时间本能地寻求通过刑法予以应对。本章的第一部分将探求以新型、强化的刑法作为应对恐怖主义之主要手段所产生的危险。"9·11"事件之后，联合国安理会于2001年通过了第1373号决议，鼓励各个国家颁布新的法律来应对恐怖主义，但对应该如何界定恐怖主义并没有给出任何指导性意见。这导致人们为了应对现代社会的各种弱点而对恐怖主义进行了过于宽泛的界定，以至模糊了恐怖主义与非暴力不法异议行为之间的界限。联合国安理会于2005年通过的第1624号决议进一步增加了此类危险，该决议号召各国禁止煽动恐怖主义的言论。在实体上，恐怖主义犯罪包括对恐怖主义提供物质支持、资金资助，或是组织、参与被认定或宽泛界定的恐怖组织，这已经超出了传统刑法的范畴。从传统意义上讲，在运用社会上最为严厉的刑事制裁措施之前，必须证明存在危害行为和主观罪过，并且达到排除合理怀疑的程度。在程序上，对恐怖分子的审判具有独特之处，包括对被告人提起多项罪名和复杂罪状的指控，指控犯罪的证据会涉及政治、宗教因素，以及不公开审理、运用秘密情报和匿名证人作证等，从而产生错判的风险。总之，运用刑法来应对恐怖主义会产生一系列的风险。

---

* 肯特·罗奇（Kent Roach），多伦多大学法学院教授，"普理查德·威尔逊"法律与公共政策主席。

无论如何，“9·11”事件的经验表明，与刑法相比，运用限制更少的其他手段来限制和惩罚恐怖分子嫌疑人存在更大的风险，上述手段包括规定模
92 糊的军事、行政和移民羁押措施，基于秘密证据的控制令以及对恐怖分子嫌疑人的“定点清除”。这些限制更少的刑法替代措施来源于这种观念：我们不能再依靠昂贵、低效、为了证实犯罪必须排除合理怀疑的公开诉讼程序来抓捕、惩罚、阻止恐怖分子。美国在运用这些刑法替代措施的道路上起到了示范作用，在“9·11”事件之后，美国在古巴关塔那摩湾执行无限期羁押并设立特别军事法庭，导致其他很多国家纷纷效仿。这些限制更少的替代措施反而突显了刑法许多不可替代的优点，尤其是使用公开出示的可采证据，并达到排除合理怀疑的证明标准。运用刑法应对恐怖主义的最大危险是有可能使无罪的人被宣告有罪，20 世纪 70 年代发生在北爱尔兰的一系列恐怖主义犯罪案件就出现了此类错误。然而，限制更少的刑法替代措施存在更大的危险，因为它认为失误和附带的损害是国家反恐斗争必然会产生的后果。

本章第三部分将概述如何正确运用刑法使其能够更符合打击恐怖主义的综合性策略。刑法即使不能阻止暴力恐怖袭击，但是它应该被用来谴责和惩罚这些行为。根据《1999 年禁止资助恐怖主义公约》对恐怖主义的一般定义，反恐法律的焦点应集中于武装冲突之外针对平民的暴力行为。当刑法“合法”地把犯罪圈扩张至恐怖主义预备行为的时候，应该将主观罪过的证明提升到一个较高的程度；在起诉恐怖主义犯罪时，不能仅仅依靠行政机关制定的恐怖组织名单，而应当证明一个特定恐怖组织的存在并达到排除合理怀疑的程度；刑法可以合理扩展以应对恐怖主义所造成的损害，但是也应该特别注意不能以“先发制人”和“风险规避”的思维模式曲解刑法，从而使犯罪与个人的家庭出身、社会关系紧密挂钩；在对恐怖分子的审判中，不能通过秘密举证对被告人定罪，但是可以使用涉密证据以及经过选择、修正的未公开敏感材料向法官证明犯罪，并且这些证据的使用不应妨碍被告人获得公正审判的权利；尽管刑法的优点之一是有能力做出公正、公开的判决，通过审判使人们认识到恐怖主义的现实危害，并且信奉罪刑法定原则，但是也应
93 准许不公开刑事审判的某些环节，作为对言论自由的必要限制。对恐怖主义犯罪分子判处的刑罚应该与其实际罪行和主观罪过相一致，考虑到许多犯罪的严重性，也可以考虑适用终身监禁刑。

刑法在揭露、谴责和惩罚恐怖主义方面可以扮演独一无二的角色，但是

在综合性反恐策略中仅仅是其中的一个元素。国家也应该追求多样化的目标强化策略，这些策略以加强对有可能被恐怖分子利用的地点、物品的行政管理为特色。国家也应该加强对潜在安全威胁的情报搜集工作，在必要时采取包括电子监控在内的多种手段。实际上，避免曲解刑法的一个关键就是应该理解：一些安全威胁是非常模糊且遥远的，因此对其应该倾向于加强“预防”性监控而不是刑事定罪。国家应该阐明恐怖主义和极端主义产生的原因并随时准备进入紧急状态，以便在各种人类安全威胁中分辨出恐怖主义并加快从恐怖袭击中复原的速度。

公开、公正、谴责的刑法在阻止恐怖主义合法化这一方面具有极大潜力，这对于打击本土恐怖主义具有尤为重要的意义。即便如此，试图用刑法的扩张以及刑事审判程序的革新来制止恐怖主义仍然存在危险，它有可能削弱刑法在公正地谴责和惩罚恐怖分子时所起到的独特作用。

二、曲解刑法来应对恐怖主义产生的危险

通过制定新的刑事法律来应对令人恐惧的恐怖主义行为，有一段漫长的历史。[1]应急性立法存在一定的危险，其中之一就是没有充足的时间让立法机关或者社会公众对被提出的措施进行讨论。当新的反恐法被直接并立即适用于可怕的恐怖主义行为时，对公民自由、刑法基本原则和合法性所产生的危险尤为重大。在遭受创伤性的恐怖袭击之后，新的刑事法律可能如阿克曼
(Ackerman) 所指出的那样成为一种安定民心的方式，[2]但是如果法律的制 94
定没有充分地考虑恐怖主义的成因，没有经过全面、认真地审议，以至于法律本身存在政治或技术上的争议时，这一方式有可能是错误的。

（一）安理会第1373号决议和棘手的恐怖主义融资问题

2001年9月28日，联合国安理会经过不到5分钟的公开讨论，就根据《联合国宪章》第7章中关于维护世界和平与安全的强制规定通过了第1373

〔1〕 Andrew Lynch, Chapter 7 this volume. Philip Thomas, “Emergency terrorist legislation” (1998), *Journal of Civil Liberties* 240; Philip Thomas, “september 11 and good governance” (2002) 53, *Northern Ireland Law Quarterly* 366.

〔2〕 Bruce Ackerman, *Before the Next Attack* (New Haven, CT: Yale University Press, 2005), pp. 44–7.

号决议，并把该决议恰当地升格为全球性法律，[3]安理会要求各国保证将恐怖主义行为（包括恐怖主义融资）“在国内法中规定为严重的刑事犯罪，并且在刑罚中适当反映出这些行为的严重性”。第1373号决议的大部分内容把定罪和惩罚认定为是应对恐怖主义的首要方法。[4]在这一过程中，通过“犯罪控制”[5]和颁布新的刑事法律作为“报复性措施”来应对公众愤怒[6]是存在危险的，并且这一危险不仅仅局限在国内范围。尽管第1373号决议号召各国把恐怖主义行为规定为严重的刑事犯罪，但是并未对恐怖主义的合适概念给出指导性意见。因此，我们将会看到，许多国家会对恐怖主义做出过于宽泛的界定。

面对“9·11”事件，全球迅速掀起制定新反恐法律的热潮，这清楚地体现在应对恐怖主义预备行为方面采取应急性立法存在的许多缺陷上。第1373号决议表明联合国将重点放在了恐怖主义融资上，这体现在《1999年禁止资助恐怖主义公约》和1267委员会对“基地”组织和“塔利班”强制实行资产冻结和旅游的禁令，然而上述措施却未能阻止“9·11”事件这一迄今代价
95 最大的恐怖袭击的发生。反恐融资法通常基于洗钱模型而制定，尽管恐怖主义并不像传统的有组织犯罪那样，可以通过合法来源获取数量较少的资金。当安理会强调世界各国应当制定刑事法律包括阻止恐怖主义融资的法律时，他们对“9·11”事件发生的原因并没有进行充分的了解。3年之后，“9·11”事件委员会对外披露，当天发生的可怕事件并不是由于刑法的疏漏，[7]而是情报协作和共享的失败。该委员会还总结：“试图断绝恐怖分子的资金就如同排干海洋的水来抓一条鱼一样困难。”[8]

反恐融资法的目标并不是针对大量的恐怖分子或是相关意识形态的支持

---

〔3〕参见本书第2章C. H. 鲍威尔文。

〔4〕UN Security Council Resolution 1373. See Kim Lane Scheppele, "Other people's Patriot Acts" (2004) 50, *Loyola Law Review* 89, 91 -3.

〔5〕Jonathan Simon, *Governing Through Crime* (New York, Oxford University Press, 2007).

〔6〕David Garland, *The Culture of Control: Crime and Social Order in Contemporary Society* (University of Chicago Press, 2001) pp. 11, 133 -4.

〔7〕The conviction of the so - called twentieth hijacker, Zaccarias Moussaoui, for conspiracy to commit murder underlines the ability of pre -9/11 criminal law to punish terrorist plots: United States v. Moussaoui 591 F 3d 263 (4th Cir. 2010).

〔8〕The Natioanl Commission on Terrorist Attacks upon the United States, *The 9/11 Report* (2004), [12.3].

者，而是针对像银行家们和业主这样的第三方人士。[9]这些新的法律赋予金融机构和其他商业机构以反恐融资义务，体现了反恐法在传统领域的扩张，同时也体现出法律安全防范作用的发挥不再过多依赖国家的惩罚，而是更多地依赖在全社会实施风险控制策略。新的法律把代表国家的惩罚性措施和代表第三方（包括私营部门）的新安全策略结合起来反对资助恐怖主义。

反恐融资法律的一个显著问题是对第三方的强制实施依赖于恐怖分子名单的制定。早在 1999 年，联合国安理会已经在第 1267 号决议之下成立了一个委员会，该委员会编制了与“塔利班”和“基地”组织有关联的个人名单。“9 · 11”事件之后，应美国的要求，这一名单有所扩大，但是许多令人担忧的问题也同时显现出来，特别是关于秘密情报和对个人的非正当程序是否公正的问题。依赖恐怖分子名单可能会扭曲刑法的功能，因为禁止性规定可以扮演剥夺公民权利的角色，依据秘密证据作出的行政决定，并不适用刑事审判中用于排除合理怀疑的证明标准。[10]个人或组织一旦被列入恐怖分子
名单就变成了实质上的违法者。欧洲法院在审理欧盟理事会和欧洲共同体委 96
员会案件过程中，[11]发现正在实施的关于安理会反恐融资体制的规定侵犯了公民基本权利并且应该被废除。应当注意的是，上述制度在联合国层面缺乏有效的司法审查，并且从认定名单中移除的程序仍然在政府间运行，该方式对权利受到侵害的个人没有提供司法救济。英国最高法院以及加拿大联邦法院都做出过相类似的判决，对恐怖分子名单的认定程序进行过批判。[12]联合国已经多次试图改革恐怖分子名单的认定程序，但是一直存在的问题使安理会不可能放弃对该名单的控制，并且世界各国也不同意公开与认定相关的情报信息。[13]

恐怖分子名单将会继续面临法律上的困难，但是“基地”组织的扰乱和

---

〔9〕 本书第 8 章凯文 · E. 戴维斯文。

〔10〕 David Paciocco, “Constitutional casualties of September 11” (2002) 16 *Supreme Court Law Review* (2*d*) 199.

〔11〕 Joined cases C－402/05 P and C－415/05 P, [2009] AC 1225.

〔12〕 Abdelrazik v. Canada 2009 FC 508; Treasuryv. Ahmed 2010 UKSC 2.

〔13〕 Christopher Michaelson, “The Security Council AQ and Taliban sanctions regime: ‘essential tool’ or increasing liability in the UN's counterterrorism efforts?” (2010) 33 *Studies in Conflict and Terrorism* 448; Craig Forcese and Kent Roach, “Limping into the future”: the UN 1267 terrorist listing process at the crossroads (2010) 42 *George Washington International Law Review* 217.

不断蔓延，使得联合国或其他国家想通过捷径禁止他们变得不太可能。事实上，行政机关不可能禁止那些受到“基地”组织意识形态影响，但是与被认定的恐怖组织没有明确联系的随机人群。最近，世界上许多国家并不是依靠被认定的恐怖组织来起诉本土恐怖主义，取而代之的是证明被告人实质上具有恐怖主义特征。

（二）国内刑法对“9·11”事件的反应

第1373号决议要求各国在90天之内向反恐怖主义委员会汇报遵守该决议的情况，这一措施加快了国内法的应急性改革。一些国家把90天的报告要求视为制定新的反恐法律的实际最后期限。由此可见，安理会促进并加快了国内刑法的改革。

美国毫无疑问地是对“9·11”事件国内反应最快的国家。《爱国者法》在2001年10月23日被提交给国会，该法案在众议院以357票对66票、在参
97 议院以98票对1票的投票结果获得批准，并于2001年10月26日通过布什总统的签发成为法律。[14]《爱国者法》规定了一项新的犯罪来贯彻第1373号决议，即行为人如果明知或有合理理由相信他人实施恐怖主义相关犯罪，仍对其进行窝藏、包庇的，可处以法定最高刑为10年的监禁刑。通过“疏忽”责任的适用，使得该罪有制造出“偶然”恐怖分子的可能性。当然这是一个自相矛盾的说法。

《爱国者法》体现出刑法的扩张和强化有助于制止恐怖主义的立法理念。为恐怖主义提供物质资助罪是在1996年世界贸易中心和俄克拉荷马州遭受爆炸袭击之后首次被规定的，之后又被扩张为向恐怖组织提供金融工具或者“专业建议和帮助”的行为，这些犯罪的法定最高刑从10年监禁刑增加到15年监禁刑，如果造成人员死亡的结果，还有可能面临终身监禁刑的处罚。[15]美国最高法院在2010年支持了这些规定，甚至认为这些条款还应适用于那些向恐怖组织提供国际法建议的人。法院的多数意见认为，对恐怖组织的暴力活动或是非暴力活动进行区分是不可能的。[16]大多数反恐法律都主张普遍管辖权，这一点同样适用于行政机关认定的恐怖组织，这意味着在国外对恐怖

〔14〕 John Whitehead and Steven Aden, “Forfeiting ‘enduring freedom’ for ‘homeland security’” (2002) 51 *American University Law Review* 1087, 26 ff.

〔15〕 USA PATRIOT Act, ss, 803, 805, 810.

〔16〕 Holder v. Humanitarian Law Project 561 US_ (2010).

组织进行金融支持或拥护都有可能被认为是国内法上的犯罪。即使在恐怖主义直接反对某个专制政权时，最高法院亦未表示对于“自由战士”争议的特别关注。[17]

通过制定新的刑事法律来应对恐怖主义的现象并不局限于西方国家。[18]
一份提交反恐怖主义委员会的研究报告指出，在“9·11”事件之后，已经有 98
94 个国家把恐怖主义规定为刑事犯罪。[19]事件发生不久，印度尼西亚试图通过一部新的反恐法律，但是在国内遭到了严重反对。随着 2002 年 10 月 12 日巴厘岛爆炸袭击中有超过 200 人丧生，一部新的反恐法作为应急措施于 6 天后以总统法令的形式被颁布。与《爱国者法》不同的是，该部反恐法规定其具有溯及力。2004 年 7 月，印度尼西亚宪法法院以 5∶4 的结果认为新的反恐法对巴厘岛爆炸案具有溯及力，违反了 1999 年宪法关于禁止溯及既往的规定。印度尼西亚目前正在讨论通过法律修正案的方式来应对该国继续存在的恐怖主义。[20]像在穆萨维（Moussaoui）案[21]中一样，现行的刑法被用来作为判决巴厘岛爆炸案的依据，其中一些人甚至被判处死刑。印度尼西亚和美国在遭到可怕的恐怖袭击之后都是通过立刻修改刑法，并且对其进行扩张和强化来制止恐怖主义。

（三）过于宽泛的恐怖主义概念和聚焦宗教及政治动机

联合国安理会第 1373 号决议未能对恐怖主义的恰当概念给出任何指导性意见，这反映出国际社会对此问题缺乏共识。令人非常遗憾的是，安理会并没有要求各国重视《1999 年禁止资助恐怖主义公约》中包括的一般性概念，

---

〔17〕 R v. F [2007] EWCA Crim 243, [31].

〔18〕 其他国家如新加坡和马来西亚等通过了新的反恐法，但主要依靠现行的国内安全法，参见本书第 11 章迈克尔·荷尔文。埃及、叙利亚和以色列主要依靠现行法律，但也通过了新的反恐怖主义融资和洗钱的法律，以贯彻第 1373 号决议的要求，参见本书第 24 章林恩·维奇曼文、本书第 23 章达芙妮·巴拉克－埃雷兹文。See also Kent Roach, *The 9/11 Effect: Comparative Counter－Terrorism* (Cambridge University Press, 2011), Chapter 3 for a discussion of states that relied on old laws to respond to 9/11. 包括一些非洲国家在内的其他国家制定了新的反恐法，但缺乏贯彻上述法律的能力或意愿，参见本书第 22 章克里斯·奥克斯托比、C. H. 鲍威尔文。关于不同国家应对“9·11”事件和联合国安理会第 1373 号决议的研讨，参见本书第 3 章维克托·V. 拉姆拉伊文。

〔19〕 James Fry, “The swindle of fragmented criminalization: continuing piecemeal responses to international terrorism and al Qaeda” (2009) 43 *New England Law Review* 424.

〔20〕 See Hikmanto Jurawa, Chapter 12, this volume.

〔21〕 United States v. Moussaoui 591 F 3d 263 (4th Cir. 2010).

即恐怖主义的本质是在国际上对那些没有卷入武装冲突的平民进行杀戮。2004 年 10 月的第 1566 号决议中最终规定了一些指导性意见，但是此时大部分国家新的反恐法律已经出台，而且采用了更加宽泛和有争议的恐怖主义概念。〔22〕

由于缺乏国际性的指导性意见，许多国家都指望把英国《2000 年反恐怖
99 主义法》的恐怖主义的宽泛概念作为本国反恐立法的起点。〔23〕该法对恐怖主义的界定要比英国传统法律的规定更为宽泛，即包括了财产损害和对电子系统的干扰。该概念认识到了现代社会的许多弱点，尤其是包括对电子系统的损害。英国的恐怖主义概念为别国提供了可供借鉴的样本，如加拿大法律规定了对公共或私人基础设施的干扰，澳大利亚更是列举了许多电子系统的类型。然而，与英国不同的是，澳大利亚、加拿大加强了对罢工和抗议活动的保护。最为讽刺的是，南非曾经采用最为宽泛的恐怖主义概念之一，用其反恐法来打击非洲国民大会。为了回应这段特殊的历史，南非反恐法被命名为《2004 年宪政民主保护法》并且涵盖了宽泛的对“自由战士”的例外规定。尽管如此，南非反恐法对恐怖主义的界定仍然非常宽泛，包括了具有政治动机的行为，该行为严重扰乱公共或私人基础设施，造成重大经济损失或严重公共紧急情况，以强迫政府作出某种行为或威胁包括经济安全在内的公共安全。〔24〕如此宽泛的概念认识到现代社会的许多弱点，但是它们扩大了反恐法的适用范围，使法律能够适用于非法但非暴力的抗议活动。宽泛的恐怖主义犯罪经常是错综复杂的，因此很难向陪审团或者执法的警官们解释它。

反恐法经常把宗教或政治动机作为区分恐怖主义与其他犯罪的特征，这样更容易产生将异议者作为目标的危险。尽管在社会学上宗教和政治目的诱发了许多恐怖主义活动，但是刑法在传统上并不需要动机证据，并且没有任何动机可以给犯罪提供正当理由。在澳大利亚，由于无法证实宗教或政治动
100 机，那些持有枪支和爆炸物的行为人很可能基于个人原因而非政治原因实施

---

〔22〕 Ben Saul, *Defining Terrorism in International Law* (Oxford University Press, 2006), p. 248.

〔23〕 Kent Roach, “The migration of Britain's Terrorism Act, 2000”, in Sujit Choudhry, *The Migration of Constitutional Ideas* (Cambridge University Press, 2006).

〔24〕 Protection of Constitutional Democracy Act No. 33 of 2004, s. 1 (xxv) (South Africa). 参见本书第 22 章克里斯·奥克斯托比、C. H. 鲍威尔文，Kent Roach “A comparison of South African and Canadian anti-terrorism legislation” (2005) 18 *South African Journal of Criminal Justice* 127.

犯罪，因此不能认定其构成恐怖主义犯罪。[25]

由于反恐法要求具备政治或宗教动机，使得警察必须收集犯罪嫌疑人关于政治或者宗教方面的信息以便使其获得有罪判决，尽管他们在如何区分极端宗教和政治观点与恐怖主义方面并没有受过足够的训练。在马希尔·阿拉尔（Mather Arar）案中，加拿大警方把马希尔·阿拉尔和他的妻子错误地描述为“伊斯兰极端分子”并且与“基地”组织相关，随后这一煽动性的描述被传送到了美国警方。为了强调被告人的动机，需要证明其过去和现在进行的联系培训，以及遥远的、不具体的危害可能性，而许多国家制定的反恐法均包含了情报收集措施。[26]但是这样做将会产生一个危险，那就是反恐法将会抛弃刑法在传统上坚持的原则，即危害后果和主观过错是公正惩罚的基础。

一些国家对新的反恐法中强调宗教和政治动机的重要性表示忧虑。印度尼西亚在巴厘岛爆炸案之后颁布了新的法律，该法否定了之前在草案中把恐怖主义界定为带有政治动机的观点，并且强调恐怖主义不能被认为是政治犯罪，不能用任何方式来歧视特定的宗教。[27]新加坡在“9·11”事件之后的反恐法中大量借鉴了英国法律对于恐怖主义的定义，有关部门并未证实，但是可能出于对其重要的穆斯林少数民族宗教感情的考虑，在新的反恐法中没有复制宗教和政治动机的要求。[28]在美国，可能是由于害怕违背宪法第一修正案的要求，《爱国者法》并没有要求恐怖主义需要具备宗教和政治动机。美
国最高法院在禁止资助犯罪方面赞同“9·11”事件之前较为宽泛的规定，但 101
这并不意味着将独立于恐怖组织的政治支持“犯罪化”。[29]在加拿大，当宗教和政治动机容易导致警察执法针对特定少数族裔这一观点被提出之后，在

〔25〕扎基·马拉（Zeky Mallah）被宣告不构成预备实施恐怖主义行为罪，尽管其持有一支步枪和弹药，并在一段视频中威胁要杀掉澳大利亚安全情报组织（ASIO）成员；约翰·阿蒙德森（John Amundsen）在发现由于个人原因计划使用自制炸弹袭击前女友时，检察官撤回了对他涉嫌恐怖主义犯罪的起诉。Nicola McGarrity，“Testing our counter - terrorism laws”: the prosecution of individuals for terrorism offences in Australia，(2010) 34 *Criminal Law Journal* 95，104.

〔26〕关于安全风险普及和犯罪证据的不同价值，see Kent Roach “The eroding distinction between intelligence and evidence in terrorism investigations”, in Nicola McGarrity, Andrew Lynch and George Williams, *Counter - Terrorism and Beyond* (London: Routledge, 2010).

〔27〕Indonesian Anti - Terrorism Law, arts. 2, 5.

〔28〕Terrorism (Suppression of Financing) Act 2003, s. 2; Terrorism (Suppression of Bombing) Act 2007, s. 2.

〔29〕Holder v. Humanitarian Law project 561 US_ (2010).

新的反恐法中添加了一个解释性条款，它提出宗教或政治观点的自我表达并不能构成恐怖主义。[30]然而，在加拿大依据新反恐法进行的首次审判中，法官认为宗教和政治动机不符合比例原则，并且是对宗教信仰和言论自由的无必要限制。但是，这一决定在上诉程序中被推翻。[31]

（四）刑法责任的扩大：情报体系和预防原则

"9·11"事件之后，很多国家将恐怖袭击的远程预备行为、与恐怖组织进行宽泛联系的行为"犯罪化"，进一步拓宽了恐怖主义概念的范围。一些国家的法律对划清预备犯与帮助犯责任的界限提供了帮助，如美国关于禁止给予恐怖主义物质支持的规定；澳大利亚关于禁止持有与恐怖主义相关物品的规定；[32]英国关于禁止恐怖主义预备、培训行为的规定[33]以及加拿大关于禁止参与、协助恐怖主义活动的规定[34]。在澳大利亚，由于帮助恐怖组织罪所涵盖的范围过宽，立法者强调家庭成员间的联络、公共宗教活动、提供法律帮助或人道主义援助应被排除在恐怖主义之外。[35]在英国，隐瞒涉恐信息的犯罪已经开始适用于恐怖分子的亲近家庭成员。[36]由此可见，新型恐怖主义犯罪既体现了将尚未造成实害的潜在风险"犯罪化"，也包括了在危险尚不明显时关注行为人能力、动机、联系情况的情报体系。

102 然而，对一些恐怖主义犯罪的界定过于宽泛，以至于使它们同时具备实行犯和帮助犯的性质。在英国，最常使用的恐怖主义罪名是行为人持有"被合理怀疑为实施、准备实施或煽动恐怖主义活动的物品"[37]。克莱夫·沃克（Clive Walker）认为法院必须"踩住司法的刹车"[38]以防止这类法定最高刑

〔30〕 Criminal Code s. 83. 01 (1. 1) (Can).

〔31〕 R v. Khawaja (2006) 214 C C C (3d) 399 (Ont. Sup. Ct. J.) rev'd 2010 ONCA 862，参见本书第20章肯特·罗奇文。

〔32〕 Criminal Code (Aus.), s. 101. 4.

〔33〕 Terrorism Act 2006 (UK), ss. 5 – 6.

〔34〕 Criminal Code (Can), s. 83. 18 – 83. 19.

〔35〕 Criminal Code (Aus), s. 102. 8 (4).

〔36〕 Clive Walker, "Conscripting the public in terrorism policing" (2010) *Criminal Law Review* 445.

〔37〕 Terrorism Act 2000, s. 57; Home Office, *Statistics on Terrorism Arrests and Outcomes in Great Britain* (May 2009), p. 3.

〔38〕 Clive Walker, "Prosecuting terrorism: the Old Bailey versus Belmarsh" (2009) 79 *Amicus Curiae* 23. On the complexity and breadth of the criminal offences, see Clive Walker, *The Anti – Terrorism Legislation* (Oxford University Press, 2009), Chapter 6.

为 15 年监禁刑的严重罪名被滥用。塔德洛斯（Tadros）总结道："不确定的法律提高了不公正定罪、不公正警力介入和不公正起诉的风险"。尽管上述法律对防止恐怖袭击作出了某些方面的贡献，但"由此产生的不公正判决确实构成了对安全保障的侵蚀，尤其是少数族裔的安全"[39]。此外，"9·11"事件后，一些国家对恐怖分子量刑过于仁慈，或者判决与被告所犯罪行的严重程度不相符而被贴上同情恐怖分子的标签。

"9·11"事件后反恐法的起草者采取了预防政策，将尚未造成实害的非暴力行为"犯罪化"，使行为人在即使不知道任何具体恐怖主义活动细节的情况下仍可能被定罪。在某些情况下，新的反恐法超越了传统司法的框架，包括断定某些证据是可采的，并极力地试图让法院接受更加宽泛的恐怖主义犯罪。在反恐立法中，一个经常采用的策略就是将那些策划或者预备行为规定为独立的犯罪。刑法的扩张引发了被歪曲使用的风险，或是降低对被告人主观罪过的证明标准，或是将模糊行为的无罪证明责任转嫁给被告人。可以确定的是，"9·11"事件后很多反恐法的起草都反映了"基地"组织等恐怖组织的胞状结构；同时也表明，恐怖组织的某部分可能不知道某次恐怖袭击的细节和与之相配合的行动。无论如何，上述立法规定了大量关于恐怖主义预备和帮助行为的犯罪，从而对传统的刑事归责原则提出了挑战。 103

（五）恐怖主义犯罪审判的困难和危险

新的恐怖主义概念、预防政策和调查措施都有可能被用作捣毁恐怖分子嫌疑人的巢穴但不对其进行控诉与审判的借口。从 2001 年"9·11"事件到 2010 年 3 月 31 日，英国共逮捕了 1834 名恐怖分子，但只有 35% 的被捕人员被起诉，其中 279 名被指控为涉嫌恐怖主义犯罪；143 名被指控为伪造、盗窃等非恐怖主义犯罪；1000 人被无罪释放。[40]这些数字表明恐怖主义逮捕可能被用来搜集情报，特别是用来搜集关于宗教和政治动机的情报。同时也表明美国不是唯一使用所谓"艾尔·卡彭"策略[41]的国家，该策略是指涉嫌恐

---

[39] Victor Tadros, "Crimes and security" (2008) 71 *Modern Law Review* 969.

[40] Home Office, *Operation of Police Powers under the Terrorism Act* 2000 *and Subsequent Legislation* (28 October 2010), [2]-[6] and Table 1.2, p. 15.

[41] "艾尔·卡彭"策略假借控诉，使个人有实施严重罪行的嫌疑却被定以较轻罪行，其危险见 Daniel Richmond and William Stuntz, "Al Capone's revenge: an essay on the political economy of pretextual prosecutions" (2005) 105 *Columbia Law Review* 583.

怖主义犯罪的行为被以非恐怖主义犯罪进行控诉。起诉率低同时也意味着不能依赖刑事法庭来为加强的国家安全活动正名。[42]

当恐怖分子逮捕并被起诉时，定罪率明显较高。根据欧洲刑警组织（Europol）的报告，整个欧洲在2009年的恐怖主义审判定罪率为83%，包括法国92%的定罪率和英国81%的定罪率。[43]然而，英国内政部预计2001年到2010年的定罪率为相对较低的59%。有趣的是，反恐法的定罪率只有49%，而非反恐法的定罪率为77%，这表明陪审团在新的反恐法下
104 拒绝给模棱两可、非暴力的行为定罪。[44]在美国，在提起公诉的593例恐怖主义犯罪案件中，定罪率约为88%。与英国一样，其中很多案件的定罪并不是依照特定的反恐法进行的，而是适用普通罪名。和英国不同的是，在美国相对于恐怖主义犯罪人平均为16年监禁刑的刑期，非恐怖主义犯罪人的刑期要轻得多，平均为1.2年。[45]上述结果产生的原因是美国官员更愿意将更轻微的罪名作为“艾尔·卡彭”策略，从而对恐怖分子嫌疑人进行分化瓦解。

控诉恐怖主义行为的难度不应该被低估。在加拿大，1985年印度航空爆炸案的审判历时217天；披露的材料长达150万页；花费加币5700万元，两名被告人却最终于2005年被无罪释放。[46]在澳大利亚，若干被告人未被认定为恐怖主义犯罪，而是被以其他程度较轻的罪名定罪，部分原因是检察官不能证明被告人的政治和宗教动机。此外，还有其他两例起诉未获得法庭支持，因为法官发现控方在澳大利亚和巴基斯坦收集的证词违反了自愿性原则。[47]在随后的案件中，杰克·托马斯（Jack Thomas）被宣判无罪，但紧接着对其

---

〔42〕加拿大对马希尔·阿拉尔（Maher Arar）案件进行了专门调查，*A New Review Mechanism for the RCMP's National Security Activities*（Ottawa：Public Works，2006）.

〔43〕EURPOL，*EU Terrorism Situation and Trend Report*（2010），p. 17（Figure 6）.

〔44〕Home Office，*Operation of Police Powers*，[20]，[22].

〔45〕在593例起诉中，有362例为非恐怖主义相关犯罪，这些分别涉及130项议会立法，如共谋、邮递有害物质、勒索、诈骗、不实报表、移民和儿童色情作品等罪名：New York University Centre on Law and Security，*Terrorist Trial Report Card*（2010年1月），pp. 8 - 12.

〔46〕R v. Malik and Bagri 2005 BCSC 350；*Report of the Air India Commission* Vol. 3（2010），pp. 267 - 79. 花费包括2100万加元辩护费用和2200万加元起诉服务费，其中包含170万受害人服务费。

〔47〕R v. Ul - Haque（2007）177 A Crim R 348；DPP v. Thomas（2006）163 A Crim R 567.

签发控制令，这说明基于更低证明标准的行政措施可以作为刑法替代措施。[48]控制令已经被英国用来应对可能免处恐怖主义犯罪刑罚的嫌疑人。[49]如果刑 105
事诉讼不能产生国家所预期的结果，那么相对限制更少的行政和移民措施可能取而代之。

比起其他犯罪审判来说，恐怖主义犯罪审判更多地强调保密性。恐怖主义审判常见的特征是限制报道和非公开审判。在审判过程中，证人通常是远程、匿名提供相关证言。如果辩方律师深入调查到对国家安全利益造成极大影响的事实，一旦披露了政府认为应该保密的信息，就可能会被逐出诉讼程序或者面临遭到惩罚的威胁。[50]主持恐怖主义犯罪审判的法官表达了对涉密信息听证的不满，即陪审团和被告者的缺席都可能对审判的公正性和有效性造成不利影响。[51]公共利益豁免申请是恐怖主义犯罪审判的一大特征，是指国家不允许向被告者披露潜在的未使用的相关情报，在大多数审判中，法官必须衡量披露或不披露带给被告人的利益冲突。[52]在澳大利亚，法官被特别告知要“最大限度地考虑”对于“国家安全造成的危险”，其次才是不披露相关信息对被告人造成的负面影响，这种做法可能导致故意不向辩方披露可能对其有利的涉密情报，从而增加误判的风险。[53]国家总是选择将保守秘密

〔48〕 Nicola McGarrity, “Testing our counter - terrorism laws”, 102; Andrew Lynch, “Australia's ‘war on terror’ reaches the High Court” (2008) 32 *Melbourne University Law Review* 1187 - 8. 在穆罕默德·哈尼夫案（Mohammed Haneef）中，其签证在他被保释之后才被取消。这个决定最后被搁置，但他已经离开了澳大利亚。针对托马斯的控制令的合宪性问题之后得到了高级法院的支持，大多数强调基于情报做出推测审判是包含在司法权力之内的：Thomas v. Mowbray (2007) 233 CLR 307.

〔49〕 Secretary of State v. AY [2009] EWCA 3053 (Admin), [196].

〔50〕 Phillip Boulten, “Preserving national security in the courtroom: the new battleground” in Andrew Lynch, Edwina Macdonald and George William (eds.), *Law and Liberty in the War on Terror* (Sydney: Federation Press, 2007), p. 100.

〔51〕 A. G. Whealy, “Difficulty in obtaining a fair trial in terrorism cases” (2007) 81 *Australian Law Journal* 743.

〔52〕 综观加拿大、美国、英国和澳大利亚反恐立法中公共利益豁免的情况，见 Kent Roach, *The Unique Challenges of Terrorism Prosecutions* (Ottawa: Public Works, 2010).

〔53〕 *Lodhi v. The queen* (2007) 179A Crim R 470, upholding s. 31 (8) of National Security Information (Criminal and Civil Proceedings) Act 2004 (Aus). 澳大利亚一位退休的高级法院法官写道，澳大利亚立法“没有让法院给出检察长想要的命令。但是又已经极为接近好像可以满足要求”，“从实用意义上来说造成了不开庭审理的结果”。Hon Michael McHugh, “Terrorism legislation and the Constitution” (2006) 28 *Australian Bar Review* 117.

106 置于起诉利益之上，〔54〕但是不向被告人披露相关情报可能在某些情形下导致不公正审判和误判。

误判的风险在恐怖主义犯罪案件中一直存在。在英国，爱尔兰共和军爆炸案就出现了一系列的误判。认定犯罪嫌疑人的部分原因是他们的国籍和政治倾向，他们在羁押期间未获得合适待遇并作出了错误供述，甚至未被告知可以对错误证据和不实供述提出质疑。〔55〕尽管普通刑法框架之下也可能发生误判，但新反恐法的某些特征却可能加大误判的可能性。换言之，现在存在很多导致误判的诱导性因素——恶性犯罪的威胁，对犯罪嫌疑人的偏见、相关信息的保密以及警察、检察官、法官和陪审团受到的巨大压力——都将在大多数的恐怖主义犯罪审判中体现。〔56〕德沃金（Dworkin）对相应的危险发出严厉警告："在恐怖主义犯罪案件中同样需要坚持公正性原则，但更加宽松的刑事司法标准会增加对无辜者定罪的风险。"〔57〕

刑法应坚守无罪推定、排除合理怀疑等基本原则。然而，这些苛刻的要求产生了另一个危险，也就是国家将会发现刑法体系限制太多，且过于脆弱。〔58〕可是，当国家超出刑法范畴开展反恐怖斗争时，限制条件就变得更模糊并且没那么苛刻了。实际上，有时候就像任何规则都不存在。

三、更少限制的刑法替代措施

尽管使用刑法与恐怖主义做斗争有很多风险，但相比其他应对恐怖主义
107 的手段而言，刑法对于个人责任和罪责刑相适应原则的坚守仍体现出其诸多优点。"9·11"事件后，很多国家选择使用其他手段应对恐怖主义，这些手段在强制力和羁押方面与刑法相似，但缺少相应的安全和限制措施。这些更

---

〔54〕在一起在德国进行的恐怖主义犯罪审判中，由于美国不允许披露相关情报，最终被告人未被认定为"9·11"事件谋杀者的帮助犯。Helen Duffy, *The "War" on Terror and the Framework of International Law*（Cambridge University Press, 2005）, p. 119.

〔55〕Kent Roach and Gary Trotter, "Miscarriages of justice in the war against terror"（2005）109 *Penn State Law Review* 976–81.

〔56〕Ibid.

〔57〕Ronald Dworkin, "The threat to patriotism", *New York Review of Books*, 28 February 2002.

〔58〕犯罪模型不足以解决恐怖主义的论证，而是需要新的法律，见 Bruce Ackerman, "The emergency constitution"（2004）113 *Yale Law Journal* 1029. 反对阿克曼体制的争论，包括预防性羁押，见 David Cole, "The priority of morality: the emergency constitution's blind spot"（2004）113 *Yale Law Journal* 1753.

少限制的刑法替代措施包括阿富汗和伊拉克战争、“定点清除”[59]、非常规引渡到人权状况较差的国家、关塔那摩湾羁押和特别军事法庭的审判、行政羁押和使用控制令等行政手段，上述措施明显地体现出使用刑法的优点和放弃刑法体系的危险。

在布什总统的2004年国情咨文演讲中，表明美国不会在反恐战争中依靠刑法。他说道：

> “我知道有些人会问，美国是不是真的身处这场战争之中。他们更多的将恐怖主义行为视为一种犯罪，其主要解决办法是依靠法律的执行和控告。在1993年世界贸易中心第一次被袭击之后，一些罪犯被起诉、审判、定罪，然后被送进监狱。但是这件事情并没有尘埃落定。恐怖分子仍在其他国家进行集训和谋划，并计划更大的恐怖活动。9月11日的动乱和屠杀表明用法律来对待我们的敌人是远远不够的。恐怖分子和他们的支持者在向美国宣战，那么现在等待他们的就是战争。”[60]

“用法律来对待我们的敌人是远远不够的”这一观点贯穿于布什执政期间，并且持续体现在国会试图阻止对关塔那摩湾羁押者人身保护令（Habeas corpus）的审查。这一方法已经不如以往普遍适用，但从奥巴马政府继续使用军事委员会、关塔那摩的未经审判无限期羁押，以及获得广泛赞扬的对本·拉登的“定点清除”可以看出，美国对使用刑法手段应对恐怖主义缺乏耐心和足够的信心。

（一）军事法庭和羁押

美国最高法院对布什总统在关塔那摩湾建立一个“无法律限制区”持消 108
极态度，最初于2004年决定关塔那摩湾的羁押者可以申请人身保护令，后于2008年停止了上述决定，因为其结果并不令人满意。[61]同时，美国最高法院

---

〔59〕克林顿和布什总统在“9·11”恐怖袭击之前逮捕和处决本·拉登的计划，在“9·11”事件报告的第3、4章中得到了讨论，法官托马斯在哈姆迪（Hamdi）诉拉姆斯菲尔德（Rumsfeld）案［542 US 507（2004）］中表示，美国在实施国外“定点清除”之前可能需要一些正当程序。但是在奥拉基（Al－Aulaqi）诉奥巴马（Obama）案（2010 US Dist Ct Lexis 129601）中，考虑到国家立场和政治问题，对“定点清除”进行司法审查的努力失败了。

〔60〕State of the Union Address, 20 January 2004.

〔61〕Rasul v. Bush 542 US 466（2004）；Boumediene v. Bush 723（2008）.

于2006年提出用以审查关塔那摩湾羁押者的规定没有满足《军事审判法》或《日内瓦公约》总则第3条的公正标准，部分原因是允许使用涉密证据。尽管上述决定反对布什政府的极端申请，并且美国政府也最终释放了关塔那摩湾的大部分羁押者，但是法院并没有同意对关塔那摩湾羁押者适用刑法标准。法院更倾向于同意部分偏离刑法的标准，例如认为政府的证据是可以理解的，以及适用军事法庭审判。有意思的是，联邦最高法院的保守派和自由派在此问题上达成了共识，只有斯卡利亚（Scalia）大法官和史蒂文斯（Stevens）大法官为美国公民捍卫刑法的适用，并且批评他们的同事支持“一个闻所未闻的体系，在这个体系里，公民取代政府承担举证责任，证据来源于传闻证据而非证人本身，裁判者可能是‘中立’的军官而不是法官或者陪审团”[62]。

尽管很多人都期待奥巴马总统废除军事委员会，但是他于2009年通过完善《2006年美国军事委员会法》试图将其合法化。鉴于普通法庭对恐怖主义犯罪起诉的较高定罪率和美国囚禁逾200万人的现状，两党迫切希望美国行政机关和国会脱离对刑法的依赖。其中，一起标志性的事件就是成功反对了在纽约普通法庭审判“9·11”事件的策划者——哈立德·谢赫·穆罕默德（Khalid Sheik Mohammed），以及剥夺了恐怖分子嫌疑人适用米兰达规则的提议。反对刑法体系的实质性原因还包括情报保密等，但是在美国法律中有强
109 硬的条款规定允许不披露或者选择性修订敏感信息。另一个反对刑法体系的关键原因是，一些恐怖分子嫌疑人如穆罕默德[63]和艾哈迈德·盖拉尼（Ahmed Ghailani）在被中央情报局讯问时受到酷刑，这样的方式使得普通法庭的起诉变得困难和尴尬。[64]美国联邦调查局基于情报目的进行的极端讯问被排除，上述人员受到酷刑的情况也被提交至普通法庭。即便如此，盖拉尼被280项指控中的其中一项定罪并被判终身监禁刑的结果仍凸显了普通法庭的能力。[65]

---

〔62〕 Hamdi v. Rumsfeld 542 US 507（2004）.

〔63〕 Jane Mayer, *The Dark Side*（New York: Anchor Books, 2008）, pp. 273 –9.

〔64〕 法官在盖拉尼（Ghailani）审判案中排除了一个关键证人的证词，因为证人是通过严酷的审问手段找出来的。陪审团后来宣布关于盖拉尼的280项指控中的绝大多数无效，同时基于1998年非洲大使馆爆炸案的指控给他定罪：“Terror verdict tests Obama's strategy on trials”, *New York Times*, 18 November 2010.

〔65〕 Clyde Haberman, “A verdict replies to terrorists and critics”, *New York Times*, 28 January, 2011.

与美国相类似，偏离刑法的现象在世界其他国家也有发生。2007 年，埃及修订了《宪法》，确保总统有明确的宪法权利将恐怖主义案件递交给军事法庭和国家安全特殊法庭。这一修订条例遭到了批评，它可能使得紧急规定具有永久的效力，并会加剧对特殊法庭的依赖。〔66〕“9·11”事件后，以色列扩展了行政羁押的使用，认为鉴于情报披露的危险，此类羁押具有预防作用而且也是必需的。〔67〕新加坡和马来西亚也利用“9·11”事件宣称《内部安全法》规定的未经审判羁押的合法性。〔68〕然而，新加坡所采取方法的有趣之处是，一旦当局确认羁押者已经通过宗教动机审查并接受康复计划，他们就会 110
被释放。〔69〕事实上，预防性羁押在新加坡的反恐实践中具有治疗、恢复的功能，而在关塔那摩，预防性羁押却以惩罚、随意的方式执行，导致了无辜者被羁押以及被释放者随即参与恐怖主义活动。

（二）“定点清除”

以色列高级法院在 2005 年年底决定将“定点清除”纳入司法审查范畴。法院反对政府关于恐怖分子应该被当作“非法战斗人员”的论断，承认恐怖分子属于战争法框架下的公民。与此同时，法院却同意将直接参与敌对活动的公民当作“清除”目标，并广泛界定直接参与人的范围，包括作为“人盾”或在恐怖组织中扮演重要角色的人。〔70〕尽管上述决定遭到批评，〔71〕但这

〔66〕 Sideq Reza，“Endless emergency：the case of Egypt”（2007）10 *New Law Review* 532. 也见本书第 24 章林恩·维奇曼文。

〔67〕 见本书第 23 章达芙妮·巴拉克－埃雷兹文。

〔68〕 见本书第 11 章迈克尔·荷尔文，新加坡向反恐怖主义委员会提交的第二份报告中证实了根据《国内安全法》未经审判预防性羁押的合法性，“恐怖主义活动的特征，尤其是策划和准备恐怖主义活动，都使得在公开法庭揭露搜集来的证据情报成为信息来源的威胁”：新加坡报告（S/2002/690），p. 2. 新加坡 2010 年颁布的第 19 号《人质劫持法》第 10 部分也承认了保护告密者安全的必要性，但是不同于《国内安全法》的规定：如果告密者提供错误陈述，为了公正起见，告密者的身份可能被披露。

〔69〕 兰德公司最近的一项研究表明，在新加坡的 60 个恐怖分子羁押者中，有超过 40 个在复杂的康复计划中被释放，只有一个后来被逮捕。Angel Rabasa，Stacie C. Pettyjohn，Jeremy J. Cihez，Christopher Boucek，*Deradicalizing Islamic Extremists*（Santa Monica，CA：Rand Corporation，2010），p. 104. 也见 Michael Hor，本书第 11 章，在独特的新加坡环境下使用预防性羁押的片面辩护，公众审判可能与新加坡穆斯林少数民族为敌。

〔70〕 Public Committee Against Torture v. Israel（Israel High Court，11 December 2005），[36]－[37]，available at elyon1. court. gov. il/Files_ ENG/02/690/007/a34/02007690. a34. htm.

〔71〕 Note “On target? The Israeli Supreme Court and the expansion of targeted killings” 116 *Yale Law Journal* 1873（2007），也见本书第 23 章达芙妮·巴拉克－埃雷兹文，关于以色列法院提出合理要求的详细描述。

个方法与大多数刑法适用的范围一致。然而，与刑法不相一致的是，法院接受在有利于保护平民和士兵的军事行动中，对无辜公民进行附带伤害的合法化。〔72〕在实践中，附带伤害的程度是惊人的，法院明确指出，在一起军事行动中有300名恐怖组织成员死亡，但是在这起袭击里也有150名平民遇害。〔73〕尽管这个决议试图给“定点清除”施加法律上和制度上的限制，但不可否认的是，它也接受了对无辜者的附带伤害，而这是刑法所永远无法接受的。美国“定点清除”的方法在奥巴马执政期间更加激进，不仅使用次数增
111 加，而且还成功遏制了对之进行司法审查。奥巴马政府宣布其有权在涉及武装冲突情形下对境外恐怖分子进行“定点清除”，而不需要证明逮捕和起诉可能作为较缓和的替代方式。〔74〕

（三）行政和移民法羁押和控制令

在西方国家，移民法在“9·11”事件后被频繁用来应对国际恐怖主义，其在刑法中被认为是存在争议的身份犯，并且证明标准远远低于排除合理怀疑的程度。在美国或加拿大，尽管行为人成为国际恐怖组织成员并必然不是犯罪，但这是国家移民法之下进行驱逐的基础。与刑法相比较，移民法更加接受预防性、调查性、非确定性的羁押和秘密证据的使用。

“9·11”事件爆发后，英国立即依靠移民法作为打击恐怖主义的法律工具，但是法院认为上述方法不符合比例原则且具备歧视性，为应对这一决议，英国删减了相关法律条款并颁布了控制令。与移民法相似，控制令是一项远低于排除合理怀疑之定罪标准的行政措施。他们同样使用未披露给被羁押者的秘密证据，尽管可能给相对人提供软禁等严苛的限制条件。英国法院要求国家披露更多信息，在2010年年末，只有8项控制令仍在适用。〔75〕在2011年的司法审查中，法院认为控制令阻碍了刑事调查，尤其是在严格条件下限制

〔72〕 Public Committee Against Torture v. Israel, [45].

〔73〕 Ibid., [3].

〔74〕 见本书第18章威廉·C. 班克斯文。美国现行“定点清除”的方法，和非常规性引渡的明显延续，论证了法律管辖范畴之外的措施对美国的吸引力，见 Roach *The 9/11 Effect*, Chapter 4. 不同于格罗斯提议，这些超出法律管辖范畴的措施是秘密执行的，并且明显不受对超法律行为制裁的可信威胁的限制。见 Oren Gross “Chaos and Rules” (2003) 112 *Yale Law Journal* 1011. 美国官员受限于对酷刑备忘录起诉的担忧，见 Jack Goldsmith, *The Terror Presidency* (New York: Norton, 2007), Chapter 5.

〔75〕 本书第19章海伦·芬威克、凯文·菲利普森文。

移动电话和电脑的使用。[76]控制令将会被一个更简洁的反恐制度所取代，后 112
者更多强调监管和搜集证据以进行刑事起诉。[77]如果没有一定的自由，这可被看作是一个有利于刑法的调整。同时，英国继续将移民法用作反恐法将恐怖分子嫌疑人驱逐出境，同时确保当他们被遣返时不被施加酷刑。[78]与国内刑法的调查和起诉程序不同，这一方法可能导致酷刑和输出恐怖分子的双重危险。

恐怖主义已经引发了刑事法的变革，如对犯罪嫌疑人沉默权进行限制，目前这种变革已经扩展到其他刑法领域。[79]这样的危险仍然存在，但是在后"9·11"时代，更直接的危险似乎是恐怖主义引发的其他变革，如秘密证据和特别辩护制度可能由行政法扩展到刑事法。此外，恐怖主义引发的改革可能导致刑法在其他领域的急剧扩张。例如，在加拿大，"9·11"事件后许多恐怖主义犯罪的基本结构是以前就存在的有组织犯罪。在英国，控制令的渊源既包括第二次世界大战前的紧急措施，也包括更加现代的《反社会行为指令》。[80]英国富有争议的《2006年反恐怖主义法》不仅将恐怖主义的间接鼓励行为"犯罪化"，而且赋予警察通知移除互联网上涉恐信息的权力。可以说，上述法律模糊了刑法和更少限制的刑法替代措施的界限。

（四）总结

刑法仍然面临巨大挑战，很多人认为恐怖主义是过于危险和敏感的事项，
不能适用基于公开证明来达到排除合理怀疑的定罪标准。在实践中，军事法 113
庭的维持、未经审判的行政羁押和奥巴马政府的"定点清除"都表明，刑法所遇到的挑战是深层次和根本性的。

在面临外在威胁的同时，刑法还面临与恐怖袭击周旋的内在威胁。为了

〔76〕"The evidence obtained by the Review has plainly demonstrated that the present control order regime acts as an impediment to prosecution", Lord Macdonald *Review of Counter - Terrorism and Security Powers* (Cm 8003, January 2011), p. 9 para. 2.

〔77〕*Review of Counter - Terrorism and Security Powers Review Findings and Recommendations*, (Cm 8004, January 2011), pp. 40 - 3.

〔78〕See RB (Algeria) v. Secretary of State [2009] UKHL 10 英国运用司法审查的标准，宣称恐怖分子嫌疑人可能被驱逐出约旦和阿尔及利亚，但确保他们不会遭到酷刑。见本书第9章科林·哈维文。

〔79〕Oren Gross, Fionnuala Ni Aolian, *Law in Times of Crisis* (Cambridge University Press, 2006), pp. 214 - 20.

〔80〕Lucia Zedner, "Preventive justice or pre - punishment? The case of control orders" (2007) 60 *Current Legal Problems* 174 - 203.

维护与恐怖主义行为作斗争的手段，刑法有时被扭曲得面目全非。如果恐怖主义审判经常不对公众开放，不向被告人披露完整的信息，不与其公开举证质证，将导致刑事程序出现重大瑕疵。如果恐怖主义概念界定过于宽泛和模糊，以至于无法提供犯罪行为的标准或过错程度，且不能让陪审团理解，那么将出现刑事实体法上的错误。此外，大量使用预备犯、帮助犯等罪名并强调犯罪的宗教和政治动机，可能使恐怖主义犯罪被视为政治和宗教犯罪，这样的曲解将损害被告人的权利，剥夺刑法在预防和遣责恐怖主义方面的独特功能。

四、理想刑法在更宏大的反恐策略中的角色

本章的大部分内容的基调是悲观的，不仅警告了扭曲刑法的危险，而且使用限制更少的刑法替代措施将面临更大危险。在这一部分，本章将采取积极的态度，简要列举理想刑法在更宏大的反恐策略中的角色。

（一）对抗恐怖主义的理想刑法

在反恐怖斗争中，根本问题是国家应该颁布反恐法还是依靠现存法律应对如谋杀、爆炸等恐怖主义活动，这很大程度上取决于特定国家内早期犯罪的性质。〔81〕如果该国针对煽动暴力行为的法律是完善的，那么为响应联合国理事会第1624号决议的号召颁布新法律就是不必要的。印度尼西亚2002年
114 反恐法是对其国内法进行完善的尝试，因为该国缺少一般的共谋犯罪，因此可以认为其具有正当性。目前，很多国家倾向于颁布专门的反恐法，对恐怖主义活动的早期预备、策划行为进行规制，而这些行为并不能被普通犯罪的预备、共谋或煽动所涵盖。与刑法的全面扩张相比，颁布反恐法可能是更好的方式，但前提是对恐怖主义进行严格、明确的界定。

从《1999年禁止资助恐怖主义公约》来看，恐怖主义包括故意杀害、伤害未参与武装冲突人员，目的是恐吓公众或强迫政府、国际组织实施行为。可以肯定的是，上述概念的缺点是包含内容太少，且未厘清国际恐怖主义和民族解放斗争之间的区别。然而，相对于需要宗教和政治动机的恐怖主义宽

〔81〕 相关问题的讨论，见 s. 2. 1. 2 of the Ottawa Principles on Anti - Terrorism and Human Rights in Nicola LaViolette and Craig Forcese（eds.），*The Human Rights of Anti - Terrorism*（Toronto：Irwin Law，2008），pp. 22 - 9.

泛概念来说，这仍然是一个进步。不能忘记的是，恐怖主义之外的危害行为，如财产损害等，在普通刑法框架下仍然是非法的。

通过刑法应对恐怖袭击的早期预备、策划行为，是对恐怖主义的毁灭性打击，但前提是国家为恐怖主义行为规定了更高层次的主观过错和意图。换句话说，刑法只有在犯罪分子打算实施恐怖主义行为、犯罪意图已经十分明显且能被证明时，才能被用来追究相关人员的刑事责任。同时，脱离狭窄的定义去认定共谋犯也是正当的，其目的是确保犯罪分子能被定罪，即使他还没有对恐怖袭击选定具体目标。在实践中，扩张的刑法在很多情形下可能产生对恐怖分子太过仁慈的判决，因为在对恐怖主义预备行为进行追诉时，对被告人是否具有特定意图的证明通常是困难的，这些可能出现的情形都应该被刑法接受。

总体而言，国家应该避免反恐法的快捷程序：一是减小无辜者被定罪的可能性，二是表明国家对公正价值的追求。刑法只惩罚罪犯的原则正是它在道德上高于伤害无辜者的恐怖分子的地方。在加拿大印度航空案中，法院认为排除合理怀疑的高标准是“法律的本质”，也是“恐怖主义案件中不能被模 115
糊使用的原则”。[82]考虑到在面对合理怀疑的情形下进行定罪的危险，刑法中应该尽量避免“软化”证明标准。国家应该不依靠行政或国际上认定的恐怖组织名单进行定罪，而应该以实施犯罪作为证明恐怖组织存在的证据。基于秘密证据的行政名单不能替代源于公众、可受到被告人质疑的证据，进而达到排除合理怀疑的程度。被告人应有权参与刑事审判所允许的法定诉讼程序，包括可以宣称他落入了“警察圈套”。在恐怖主义犯罪中开展主动调查是可行的，但是不能在缺少证据的情况下对个人进行歧视性的品格测试，也不能诱发恐怖主义犯罪。[83]

在恐怖主义审判过程中，原则上不能使用秘密证据指控被告人。与此同时，公共利益豁免程序应该允许国家证明不披露或修订某些材料在特定情况下是合法的，因为比起被告人的知情权而言，披露涉密信息的危险将会更大。法官应该视情况作出不披露的决定，但保留重新披露的权力，必要时坚持诉

[82] R v. Malik and Bagri 2005 BCSC 350，[662]，[1254].

[83] Kent Roach “Entrapment and equality in terrorism prosecutions：a comparative examination of North American and European approaches”（2010），80 *Mississippi Law Journal* 1455.

讼程序应该披露此类可能导致不公正审判的材料。[84]控方应该有权申请不公开审理，甚至使用匿名证人，但都应该在被告人可以享有公正审判权利的前提下。考虑到证人保护、涉密证据等因素，国家应该有合法理由不公开对恐怖分子的审判，但应向持怀疑态度的公众告知被告人意图伤害无辜公民的事实。公正、公开的审判应该是揭露和谴责恐怖主义行为的“心灵与思想”的重要方式，有利于说服极端分子停止暴力行为。审判过程中，法庭认定被告
116 人的政治和宗教动机时应该十分谨慎，以确保此类证据的证明价值不会超越其司法影响，特别是对恐怖主义案件的审判不应该变成或者类似于政治或宗教审判。

恐怖主义审判的问题可能比想象中的要更加困难。“重刑化”成为给恐怖分子量刑的趋势，以强调谴责、制止恐怖分子并剥夺其再犯能力的必要性。与此同时，也不能放弃对他们进行矫治，尤其是在被告人认罪并且真正放弃暴力行为的情形下。有些人争辩说美国的恐怖主义犯罪审判太过“温和”，但切斯尼（Chesney）表明这样的批评没有充分注意到对特定犯罪的指控，包括使用预防性的“艾尔·卡彭”式起诉。[85]“9·11”事件以后，英国法庭强调实行更重的刑罚，他们认为“爱尔兰共和军恐怖分子准备好为他们的目标牺牲他们自己，正是这种狂热使得对恐怖分子判处终身监禁刑显得十分合适，因为很难说这样的恐怖分子什么时候会构成危险”[86]。加拿大法庭也对煽动恐怖主义行为的“基地”组织成员判以重刑，对那些18岁到20岁没有前科的犯罪分子认罪并且为他们谋划的暴行表示悔过的情形下，仍然判处18年、20年甚至终身监禁刑。[87]澳大利亚法庭也实行重刑策略，但是维多利亚上诉

---

〔84〕 R v. Ahmed (2011) SCC6 强调坚持防止不公正审判的重要性；Roach, *The Unique Challenges of Terrorism Prosecutions.*

〔85〕 Robert Chesney “Federal prosecutions of terrorism – related offences” (2007) 11 *Lewis and Clark Law Review* 851, 885.（为指定的国外恐怖组织提供物质支持罪的通常判决是10年监禁刑。）

〔86〕 R v. Barot [2007] EWCA Crim 1119 (54). See also R v. DaCosta [2009] EWCA Crim 482 (30).“9·11”事件后对恐怖主义相关非法演说判以更重刑罚。

〔87〕 R v. Amara 2010 ONCA 858（卡车爆炸案策划者，20岁，服罪并且表示悔过，被判处终身监禁刑）；R v. Khalid 2010 ONCA 861（19岁，没有前科，对卡车爆炸案的策划并不完全知情，但故意视而不见，表示放弃暴力行为，判处20年监禁刑）；R v. Gaya 2010 ONCA 860（18岁，没有前科，对卡车爆炸案的策划并不完全知情，但故意视而不见，表示认真悔过，判处18年监禁刑）；R v. Khawaja 2010 ONCA 862，罪犯不表示放弃暴力行为被判处终身监禁刑。上诉法院强调法官对上述5起单独的恐怖主义犯罪审判时错误地适用了总体原则，因为对恐怖主义犯罪的审判是连续进行的。

法庭明确地警告应该注意恐怖主义行为的具体情形，包括恐怖组织和恐怖分子策划程度的不同，以及犯罪竞合时重复惩罚的危险。[88]

西方国家的政教分离传统无法确保对极端宗教恐怖分子的矫治，即使恐 117
怖分子可能信服鼓动暴力的宗教信仰是错误的，他们仍然可能放弃任何矫治的意图。尽管新加坡的矫治模型可能不适合西方国家，[89]但西方国家对教育矫正缺乏关注，从而忽视了对狱中激进分子的矫治。

不管对恐怖分子的个体矫治方式如何，法院应该基于行为的社会危害性和行为人主观恶性的严重程度来区别刑罚。很多新的反恐法将犯罪行为扩展到远程的预备、支持行为，在主观上，不需要被告人意图实施具体的恐怖主义活动。这些条件可能符合早期恐怖主义案件的起诉标准，并且应成为影响刑罚裁量的因素。法庭不应该允许恐怖主义犯罪的标签成为加重判决的借口，而要根据被告实际实施或谋划的行为来决定。

（二）刑法在综合策略中的地位

目前，刑法改革主要体现在遵守联合国安理会第1373号决议的国家报告方面，事实上，除了警察、检察官和法官参与的诉讼程序之外，大多数国家实际上对恐怖主义采取各种行政管理措施，包括各种安全情报收集、移民和海关管理、飞行和运输安全、金融监管、应急处置和外交政策。

综合反恐政策的全面发展显然超出了本章的范围，但是这个议题可以被归为恐怖主义领域以外的合并管理策略。要想将刑法置于更广泛的反恐措施之中，最理想的是将其放入公共卫生领域。[90]例如，为了评估减少交通事故
死伤的各种对策，流行病学家威廉·哈顿（William Haddon）构建了一个模型 118
用来评价可能在事前、事中和事后将伤害最小化的对策。哈顿表示，不宜将过多的资源浪费在改变政府自身的行为上，而应该通过规制第三方和环境来减少伤害。不难看出，哈顿模型可以在修改后应用到反恐斗争中。[91]根据哈

---

[88] *Benbrika and Ors v. The Queen* [2010] VSCA 281（555）（不表示放弃暴力行为的元凶被判15年监禁刑）.

[89] Rabasa et al.，*Deradicalizing Islamic Extremists*，p. 104.

[90] National Research Council，*Making the Nation Safer：The Role of Science and Technology in Countering Terrorism*（Washington，DC：National Academy Press，2002）.

[91] William Haddon，"A logical framework for categorizing highway safety phenomena and activity"（1972）12 *Journal of Trauma* 193. 哈顿模型应用到预防和减少恐怖主义领域的伤害，见 Kent Roach，*September 11：Consequences for Canada*（Montreal：McGill Queens University Press，2003），pp. 168 – 74.

顿理论，我们可以推想，因为有一部分恐怖主义活动不能被制止，因此在事前、事中和事后，在社会管理上投入更多资源往往更能减小伤害。在恐怖主义活动之前加强管理，意味着对极可能发生恐怖袭击的地点和工具进行更好的管制，防止潜在恐怖分子获得杀伤性武器也非常重要，如毒药、核武器、大量爆炸性物质和飞机。很多这种类型的社会管理可以通过行政法规实现，它比起刑法来说会对自由、程序公正和平等价值构成更小的威胁，某些预防措施还可能有利于构建一个远离核事故、毒气泄露等危险事故的环境。

哈顿模型促使决策者思考应该在恐怖袭击期间和事后做些什么可以将伤害最小化。尽管预防恐怖袭击的发生可能失败，但将伤害降到最低仍然至关重要。如果没有在1993年恐怖袭击后采取疏散策略，世贸中心的死亡人数可能数以万计。[92]在“9·11”事件之后，加拿大和英国都开始重视大范围的应急措施，但是美国直到应对卡特丽娜飓风失败后才开始采取调整措施。以色列于2010年12月发生的森林大火导致大规模损失和伤亡，这起事故是否会引发各国更加重视国家安全中的紧急应对措施将是一个有趣的话题。

119 另一个有助于形成全面反恐政策的概念就是布雷思韦特（Braithwaite）提倡的反应性调控。反应性调控的核心是规则型的金字塔，即当一般调控失效时可以相应增强国家的应对策略。布雷思韦特强调，与国家相比，对调控更有影响力的第三方可能更好地控制潜在罪犯的行为。尝试说服、协商、劝阻极端主义以及和平解决问题位于金字塔的底部，再升一级是犯罪惩处的威慑，顶部则是剥夺丧失理性的罪犯的再犯能力。[93]有些人认为，当遇到像“基地”组织这种决心死亡或极具破坏性的群体时，说服、和平解决问题甚至是遏制都不应适用。[94]然而，“9·11”事件委员会认识到失败和受压制的社会状态，对生活的绝望和教育的缺失都是恐怖主义的诱导因素。例如，埃及对

---

〔92〕1993年世贸中心爆炸案的疏散花费了4个小时，但是在2001年的“9·11”事件中，除了2152人之外，建筑内总人数16 400到18 800人不到1个小时就得到疏散。*The 9/11 Report*，［9.4］.

〔93〕John Braithwaite, *Restorative Justice and Responsive Regulation*（Oxford University Press, 2002）, pp. 31 – 2.

〔94〕尽管麦克尔·伊格纳季耶夫（Michael Ignatieff）认识到西班牙、加拿大和北爱尔兰民主党发泄不满的潜力，他坚持认为“基地”组织是“世界末日的虚无主义论者”，“不能从政治上涉入，而是应该从军事上战胜”：Michael Ignatieff, *The Lesser Evil Political Ethics in an Age of Terror*（Toronto: Penguin, 2004）, p. 99.

"穆斯林兄弟会"的压制是诱发某些"基地"组织实施恐怖主义活动的原因。[95]本土恐怖主义的后续发展显示，提供泄愤的替代途径和不依靠刑法起诉恐怖分子的重要性。聚焦刑法或其限制更少的替代措施的一个危险就是忽视了那些为应对恐怖主义行为所采取的更温和的策略。

仔细思考刑法和搜集情报以警告政府潜在的恐怖袭击之间的关系是十分必要的。新型的恐怖主义预备、帮助行为出现后，安全威胁情报和犯罪证据之间的界限更加模糊。在很多情况下，警察和情报机构的恐怖主义事件调查会有所重叠。情报机构逐渐开始以证据标准搜集情报，这也是建立有效反恐策略的重要组成部分，这样才能将刑法用于惩罚恐怖袭击的发起者。与此同时，我们也应该意识到情报和刑法的过度融合可能破坏刑法的道德力量和适 120
当惩罚危害行为的主张。使用刑法来应对遥远的和推测性风险，如被告人在过去接受了恐怖主义训练，可能会破坏刑法独特的功能。

拒绝使用刑法来应对特定的遥远或模糊的潜在危险，并不意味着社会对此类风险没有任何的防卫措施。一种防卫措施就是使用情报加大对潜在安全威胁的防范；另一种防卫措施是强化行政管理，控制危险品和防卫恐怖袭击可能发生的地点。此外，还有一种防卫措施超出了以上两种方式的范畴，与社区合作可能是发现潜在恐怖分子的最好方法。

我们应该意识到刑法在应对极端主义方面的弱点。在某些情况下，最好是对涉及极端主义的人员进行监管而不是起诉。尽管刑法是国家和社会表示反对和谴责的最强有力的工具，但它不是唯一的手段，有时曝光和批评极端主义就能防止其扩散。同时，起诉极端主义和仇恨言论也可能被认为是调节意识形态环境并防止激进化的一种方式，这在很大程度上都取决于特定社会各自对于言论自由和社会和谐的价值观。然而，在引进西方激进的权利观念时应该保持警惕，因为不同国家的国情并不完全相同。[96]在反恐怖斗争中，我们应该认识到极端主义言论具有危害性，经常取代暴力成为国内外表达各

---

〔95〕 *The 9/11 Report*，［12.2］-［12.3］. 也见 Lawrence Wright，*The Looming Tower*（London：Allen Lane，2006）.

〔96〕 Kent Roach，"Anti - terrorism and militant democracy：some Western and Eastern responses，in Andras Sajo（ed.）"，*Militant Democracy*（Amsterdam：Eleven Publishing，2004），Patrick Macklem "Militant democracy：Legal pluralism and the paradox of self - determination"（2006）*International Journal of Constitutional Law* 488.

种不满意见的途径，这可能激发恐怖主义活动。

刑法的核心就是，无论基于何种动机的蓄意暴力行为都是不正当的，这给那些试图谋划恐怖袭击者传达了一个讯息，即暴力行为是被禁止的。可以
121 确定的是，人们谴责刑法不能像减少谋杀那样削减恐怖袭击，然而刑法将会使恐怖主义边缘化并给予否定评价，这一点是限制更少的刑法替代措施不能做到的，因为后者不能像刑法那样对犯罪人进行公开制裁。

五、结论

改述温斯顿·丘吉尔（Winston Churchill）关于民主的观点就是，刑法似乎是应对恐怖主义最糟糕的方式，但其他已经尝试过的方法更糟糕。在“9·11”事件后，当联合国安理会号召所有国家颁布反恐怖主义和恐怖融资的法律却未指示如何界定恐怖主义时，刑法就已经被扭曲和误用了。过于宽泛的恐怖主义概念使上述危险进一步恶化，因为安理会后续要求将煽动恐怖主义行为作犯罪化处理。过于宽泛、没有新意且又复杂的反恐法构成了对恐怖主义犯罪审判的挑战，包括在审判中继续使用秘密情报和匿名证人。

尽管刑法已经应预防恐怖主义的要求进行了扩张，仍然有迹象表明正当程序正作为谴责、惩罚恐怖分子的最好途径被纳入刑法。限制更少的刑法替代措施包括使用秘密证据和未经审判的不确定羁押，但这些方法在法律领域和政治领域都是富有争议的。刑法体现了个人责任、法定羁押、罪刑相适应和正当程序的重要价值。尽管恐怖主义威胁可能引发扭曲、不正当的刑法和审判，但“9·11”事件以后更大的危险是国家将抛开刑法，转而支持限制更少、更受支持的反恐措施，包括战争、“定点清除”和基于秘密证据的行政措施。

第6章

反恐法：国家安全和公平聆讯之间的平衡*

尼古拉·麦克加里蒂** 爱德华·桑托***

一、引言 122

“9·11”事件之后，国家安全问题越来越多地出现在民事诉讼、移民、家庭法及合同争议之中。本章主要讨论涉及国家安全的敏感信息向特定人员或全体公众保密的情形。在通常情况下可以接触到的信息，如今却无法获取，必然会影响诉讼当事人公平聆讯的权利，甚至损害审判公开原则。

本章通过对澳大利亚、加拿大和英国的法律进行比较，阐明这些国家的法律（在涉及国家安全的情况下）在多大程度上能够保障公平聆讯权。本章重点围绕民事程序展开讨论，尤其是参考大量移民案件以及所谓的控制令，同时对一些刑事诉讼程序进行了探讨。我们并非暗示对恐怖主义威胁采取强硬措施必然损害人权和危及民主。我们也并不认为，无论恐怖主义威胁有多严重，也不能对人权或公平聆讯权进行任何的克减。相反，我们认为在这一问题上应更加精确地运用比例原则，因为我们确信，只有这样制定法律制度，
才能在把握恐怖袭击性质和范围的同时，适度保障公民权利。 123

本章第二节阐明社会对公平聆讯权的迫切需要以及国家对恐怖主义所作

---

* 作者向本书编者及2010年研讨会上对本章提出意见的与会人员以及基兰·哈迪（Keiran Hardy）、齐江（Qi Jiang）和杰西·戈尔斯顿（Jesse Galdston）给予的协助表示感谢。还要感谢安德鲁·林奇（Andrew Lynch）和泰萨·迈瑞克（Tessa Meyrick）对本章早期版本所做的工作。

** 尼古拉·麦克加里蒂（Nicola Mcgarrity），新南威尔士大学法学院副教授。

*** 爱德华·桑托（Edward Santow），新南威尔士大学法学院副教授。

的回应。围绕出于国家安全原因限制公平聆讯权和程序公正的做法，应当将比例性原则作为解决这一矛盾的指导原则。第三节对普通法系的公众利益豁免原则进行评价，该原则在某些涉及国家安全信息不能用作证据的情况下，被用作一种传统的解决方式。第四节讨论最近的一些立法尝试，包括在民事程序中由“特别代理人”来处理此类信息。

二、反恐紧急事态与公平聆讯权利

在一个珍视“司法公开”的国家，必须保证法院及法庭在公开、透明的状态下运行。根据国际法的规定，公开的司法体系至少包含以下两方面特征：首先，司法体系接受民众的独立审查，而民众有权检验政府是否通过三权分立实现法治。其次，必须让所有当事人都能享有程序公正，使每个当事人都能了解哪些证据对其不利，并有机会予以反驳。破坏程序正义不利于公平聆讯权的行使。在此情况下，诉讼当事人可能陷于“卡夫卡”式的噩梦，由于缺乏重要材料而无法为自己辩护。

《世界人权宣言》〔1〕、《公民权利和政治权利国际公约》〔2〕及其他一些专门国际公约〔3〕中规定，公民有在独立、公正的法庭受到公平和公开审判的权利，这明确了审判公开原则。无论民事程序还是刑事程序，都适用审判
124 公开原则，尽管通常情况下（并非总是如此）刑事程序的要求更加严格。〔4〕此外，承认某些公民权利本身就取决于法律程序公开。通常来说，我们如何才能确信某一司法体系能够保障公民享有“法律平等保护”的权利？〔5〕除非该司法体系足够透明并以实际行动证明事实如此。一旦程序不公开，下层人

---

〔1〕 GA Res. 217A（Ⅲ），UN GAOR，183rd sess，183rd plen mtg，UN Doc. A/Res/217A（10 December 1948），art. 10.

〔2〕 New York，16 December 1966，in force 23 March 1976，999 UNTS 171，art. 14（1）.

〔3〕 见 Convention on the Rights of the Child，New York，20 November 1989，in force 2 September 1990，1577 UNTS 3，art. 40；International Convention on the Elimination of All Forms of Racial Discrimination，New York，7 March 1966，in force 4 January 1969，660 UNTS 195，art. 5（a）；Convention on the Rights of Persons with Disabilities，New York，30 March 2007，in force 3 may 2008，189 UNTS 137，art. 13.

〔4〕 见 Secretary of State for the Home Department v. MB and AF［2008］1 AC 440，［17］（Lord Bingham）.

〔5〕 见 UDHR，art. 7；ICCPR，art. 26.

士或少数族裔便极有可能在诉讼中受到不公正的对待。[6]

一般来说，现代自由民主国家能够理解审判公开的价值，并且能够以一种遵从审判公开原则基本价值的方式，来构建解决争议的相关制度。然而，依据国际法的精神，审判公开并非一项绝对原则，民主国家允许在适当情况下对司法透明进行限制。很明显，在保护国家安全和应对恐怖主义威胁问题上，各国都认为有必要做出保留，尤其是那些曾经遭受恐怖袭击的国家。根据国际法的有关规定，各国要采取措施打击恐怖主义，[7]但同时安理会又强调，这些措施必须符合“国际人权法、难民法及人道主义法”的规定。[8]

涉及国家安全的敏感信息（一旦向恐怖分子或一般民众披露，必然损害国家安全）的披露与公平聆讯权之间明显存在利益冲突。从某种意义上讲，这无非是自由与安全之间的取舍。[9]然而，寻求一个有效且具有指导意义的解决办法，必须先从法律和政策根源去深刻理解这一对相互冲突的价值，然后再采取合理措施来实现二者的平衡。本章接下来的部分将着重解决上述问题。

（一）程序公正

程序公正原则又被称为自然正义原则和正当程序原则，包括两个要件： 125
裁决者不能带有偏见，以及受判决影响的人就争议的实体事项有机会得到公平聆讯。其中第二个要件是审判公开的核心要素，因为这是向当事人披露相关事项，至少是不利于当事人信息的义务来源。[10]

程序公正是英美法系法律制度的重要基础，长期以来英美法一直保障公民公开聆讯的权利，[11]这一点在成文法中进一步得到贯彻。在英国，《人权法案》的通过强化了程序公正的基础，使其摆脱了普通法先例的局限，扩大

---

〔6〕 Sangeeta Shah, “Administration of Justice”, in Daniel Moeckli, Sangeeta Shah and Sandesh Sivakumaran (eds.), *International Human Rights Law* (Oxford University Press, 2010), p. 323.

〔7〕 见 United Nations Security Council, SC Res. 1373 (28 September 2001); United Nations Security Council, SC Res. 1556 (8 October 2004).

〔8〕 United Nations Security Council, SC Res. 1624 (14 September 2005).

〔9〕 Daniel Farber (ed.), Security v. Liberty: Conflicts Between Civil Liberties and National Security in American History (New York: Russell Sage, 2008); Martin Scheinin, “Terrorism”, in Moeckli, Shah and Sivakumaran, International Human Rights Law, p. 583.

〔10〕 关于披露义务的主要内容见 the Privy Council Decision in Kandu v. Government of Malaya [1962] AC 322, 337 (Lord Denning).

〔11〕 See R v. University of Cambridge (1723) 1 Str 557.

了适用范围。〔12〕

在加拿大和澳大利亚，程序公正也受到普通法、成文法和宪法的保障。例如，《加拿大权利和自由宪章》第 7 条规定，“每个人都享有生命、自由和人身安全的权利，此项权利除非依照各项基本司法原则，否则不受剥夺”，这一法律规定确保了法律诉讼中的程序公正。〔13〕在澳大利亚，《宪法》第 75 条要求联邦政府在行使权力和履行义务时，必须保证受到影响的当事人的程序正义。〔14〕这也要求法官保障即将进入司法程序的人，拥有出示“可信性、相关性和重要性”抗辩证据的机会。〔15〕

然而，此类宪法条款既不纯粹也不全面。例如，澳大利亚的宪法保护只
126 适用于在联邦政府发起的诉讼程序（而不适用于州政府）。此外，这些宪法规定也没有明确在哪些情况下需要保障程序正义，这为人们对涉及国家安全情况下适用程序正义的具体条件感到不满埋下了隐患。

（二）从“一味遵从”到比例原则

由于政府采取的保障国家安全措施对程序正义造成损害，导致集体安全与个人自由之间形成价值冲突，因此不可避免地导致人们就如何在国家安全与公民自由之间进行取舍的问题展开争论。从传统上讲，普通法将国家安全作为优先考虑事项。英国国家通信情报局（GCHQ）案或许最能说明司法在国家安全问题上的态度。〔16〕在该案中，有人针对关于阻止通信情报局雇员加入工会的部长决议提出质疑，因为通信情报局是冷战期间英国开展间谍活动的重要部门。出于国家安全原因，部长决议未能保障涉事雇员的正当程序权利。在支持这一做法的解释意见中，迪普洛克（DipLock）爵士指出：

“保障国家安全是政府行政部门的职责所在；哪些行为需要受到保护……应当由承担相应职责的一方来决定，法院不具有保障国家安全的

〔12〕 H. W. R. Wade and C. F. Forsyth, *Administrative Law* (Oxford University Press, 10th edn, 2009), 405. ［该版出版于威廉·韦德（William Wade）爵士逝世以后。］

〔13〕 R v. Lyons [1987] 2 SCR 309, 361 (per la Forest J for the majority).

〔14〕 See Plaintiff S157/2002 v. Commonwealth (2003) 211 CLR 476.

〔15〕 See Kioa v. West (1985) 159 CLR 550, 638 (Brennan J); Applicant VEAL of 2002 v. Minister for Immigration and Multicultural Affairs (2005) 225 CLR 88, 95 –6 (Gleeson CJ, Gummow, Kirby, Hayne and Heydon JJ).

〔16〕 Council of Civil Service Unions v. Minister for Civil Service [1985] AC 374.

> 职责，因此最后决定权在政府部门。这是一个典型的非司法问题。司法程序完全不适合处理这类问题。”[17]

在加拿大，罗奇就国家安全信息问题做出总结。他指出，在冷战期间，此类信息主要是为“具有正当安全许可的”政府部门服务的，根本没打算用于诉讼程序。[18]因此，“直到 1982 年，部长才被授权通过一项不得上诉的动议，即依据危害国家安全的程度来阻止信息披露。”然而，随着此类信息越来
越多地在诉讼程序中作为证据，罗奇指出，这种形势开始改变： 127

> “在‘9·11’事件后的国际背景下，出现了一些改变的迹象，包括怀疑论者也开始主张信息保密因‘马赛克效果’* 而具有合法性，因为披露有关信息，即使是表面无害的信息都可能给敌人带来帮助。”[19]

我们认为，在国家安全问题上，司法高度服从行政的传统做法应适当予以摒弃。我们支持和鼓励将得到广泛认可的比例原则作为指导，用以衡量国家安全在多大程度上对程序正义和审判公开造成损害是可以容忍的。正如下面将要解释的那样，司法完全服从行政不利于比例原则的应用，比例原则应当更加明确具体，适用范围更广，更加成熟和完善。

“比例原则”既是一项法庭适用的法律原则，也是一个具有普遍意义的法律理念，在协调国家安全与公平聆讯权的价值冲突方面具有十分重要的意义。比例原则的概念本身体现了冲突价值或利益的取舍，以及一种以对人权（公正审判权）造成的损害程度最小的方式实现立法目的（这里主要指打击恐怖主义）的必要性。比例原则源自欧洲法律，[20]并且得到《欧洲人权公约》的确认。该公约本身并没有采用“比例原则”的说法，而是将比例原则植入公约的限制性条款中。比如，第 6（1）条中规定的在刑事及民事程序中“公平

---

〔17〕 Ibid., 391 - 2.

〔18〕 Kent Roach, “When secret intelligence becomes evidence: some implications of Khadr and Charkaoui Ⅱ” (2009) 47 *Supreme Court Law Review* 147, 156.

* 译者注：“马赛克效果”是指当影视节目中出现不适合出现的信息时，通常会把这些不适合出现的信息遮掩起来，阻止别人观看到。

〔19〕 Ibid., 152.

〔20〕 这可以上溯至普鲁士法：See Jürgen Schwarze, *European Administrative Law* (London: Sweet & Maxwell, 1992), Chapter 5.

和公开审讯”的普遍权利如下：

> “在决定某人的公民权利和义务或者在决定某人构成任何刑事犯罪时，任何人有理由在合理的时间内，受到依法设立的独立而公正的法院审判，审判活动应当是公平且公开的，判决亦应当公开宣布。但是，基于对民主社会中的道德、公共秩序或者国家安全的利益，以及对民主社会中的少年利益或者是保护当事人隐私权的考虑，或者法院认为，特殊情况下如果公平聆讯将损害更大利益的话，可以拒绝记者和公众参与旁听全部或者部分审讯。”〔21〕

128 这些限制是欧洲人权法院及《欧洲人权公约》缔约国，包括英国在内的众多国家法院适用比例原则的基础。比例原则包含两项重要检验：一是平衡检验，考察的是为实现相应目标采取的措施是否对人权造成过度损害；二是必要性检验，要解决的是政府是否可以采取其他替代措施来实现这一目标，以及替代措施是否对人权的损害更小。

尤其在英国将《欧洲人权公约》的相关规定引入《人权法案》之后，英国法院开始要求行政机关或立法机关如果以国家安全为由损害人权，并且是以非绝对意义的表述方式，那么国家安全对人权造成的损害必须符合比例原则。〔22〕目前，已经有法院裁决支持《欧洲人权公约》第6条之规定，要求在民事程序中任何损害公平和公开审判权的措施必须接受比例原则的检验。〔23〕此外，《公民权利和政治权利国际公约》第14（1）条采用与《欧洲人权公约》类似的术语，规定了对公民公平聆讯权的保障。〔24〕

加拿大宪章同样以与《欧洲人权公约》类似的方式引入了比例原则。该宪章第1条规定：“确保宪章所载明的权利与自由，只服从在自由民主社会中能够确实证明正当并且由法律规定的合理限制。”在R v. 奥克斯（Oakes）一案中，加拿大最高法院认定政府对人权的限制要经过比例原则的

---

〔21〕 European Convention on Human Rights, art. 6（1）.

〔22〕 Secretary of State for the Department v. Rehman [2001] 3 WLR 877.

〔23〕 Secretary of State for the Home Department v. MB and AF [2008] 1 AC 440, [32]（Lord Bingham）; Jasper v. United Kingdom（2000）30 EHRR 441, [52].

〔24〕 Shah, “Administration of Justice”, p. 323.

检验。[25]

前面提到的必要性检验促使在适用国家安全措施与公平聆讯权利发生冲突时，应确保以最低妨碍程度实现立法目的。在适用这一检验过程中，法院可以参考其他国家关于类似问题的裁判。本章后面将谈到，这主要体现在查哈尔（Chahal）案中，在该案中，欧洲人权法院将英国和加拿大为国家安全 129
而限制信息披露问题的处理进行比较，并总结认为加拿大的做法实现了更为合理的平衡。[26]

从技术上讲，比例原则对澳大利亚的影响微乎其微。澳大利亚宪法缺少人权条款；在联邦层面也没有人权方面的成文法（类似于英国的《人权法案》），[27]因此不大需要发展用于确定立法对人权造成妨碍的一些法律原则。正如澳大利亚前首席大法官盖尔森（Gellson）所指出的，在澳大利亚宪法中，只有人权法“既需要在宪法的立法目的与必要限制之间进行合理平衡，也需要确保对权利保障的妨碍在最小限度之内”[28]。

在实践中，澳大利亚法院似乎更多地在需要适用比例原则的案例中采用分析方法。著名的英国教科书《行政法》一书的作者提出，《欧洲人权公约》第6条（“保障程序公正”）的适用“经常仿效普通法”。然而，他们还注意到公约采用“严谨的用语要求法院保障程序正义，而同样情况下普通法更为宽松，允许例外情形的存在”[29]。西澳大利亚上诉法院的马丁（Martin）法官看起来支持以下观点，即传统的普通法方法与涉及比例原则的人权保护方法并没有明显差异。他认为，不论某一司法区的法律是否规定人权条款，对于该地区法院作出拒绝披露安全方面敏感信息的裁决影响不大。[30]

在两种情形下，澳大利亚法院会以采取类似拥有成文人权法的国家所采取的方式，适用普通法关于保障审判公开的规定：第一，澳大利亚法官在成文

---

〔25〕 R v. Oakes [1986] 1 SCR 103. P. W. Hogg, “Interpreting the charter of rights” (1990) 28 *Osgoode Hall Law Journal* 817.

〔26〕 Chahal v. United Kingdom (1996) 23 EHRR 413, [131].

〔27〕 值得注意的是，澳大利亚的两个主要法律已经以成文法的形式纳入了人权法案：Human Rights Act 2004 (ACT); Charter of Human Rights and Responsibilities Act 2006 (Vic).

〔28〕 Roach v. Electoral Commission (2007) 233 CLR 162, 178.

〔29〕 Wade and Forsyth, *Administrative Law*, pp. 147 – 8. To similar effect, see Attorney – General v. Guardian Newspapers (No. 2) [1990] 1 AC 109, 283 (Lord Goff).

〔30〕 Gypsy Jokers Motorcycle Club Inc v. Commissioner of Police (2007) 33 WAR 245, [57].

130 法解释过程中通常会引入人权精神，推定法院“不会认为立法有意侵犯公民的基本权利，这样的意图必须用明白无误的语言清晰阐述”〔31〕。上述情形主要取决于普通法传统，即法院要以符合澳大利亚国际法律义务的方式解释法律。〔32〕

第二，程序公正需要法院对个案随具体情节不同加以区别对待，并且要随其他需求（比如国家安全）的迫切程度适时加以调整。〔33〕这使得法院可以在人权与其他利益之间寻求妥协，于是需要适用比例原则。有这样一个案例，有人向澳大利亚政府致信，其内容严重妨碍另一个人的难民身份和政治庇护申请。〔34〕高级法院认定，本案中程序公正并不要求信件本身或信件作者的身份必须向庇护申请人披露（因为这可能置信件作者于危险之中，一旦披露会使其他人因为害怕受到报复而不敢再向政府提供有用信息，最终损害国家利益）。最后法庭一致认定，政府要以对庇护申请人的公开审判权损害最小的方式，保证信件作者的利益。同时，政府应当至少告知庇护申请人信件要点或信件中的实质内容，从而使庇护申请人有机会对其中的内容作出回应。〔35〕

总之，对审判公开的限制已经开始接受比例审查，或是其他替代性审查措施。我们支持这种做法，并且认为应当以法律、法规的形式进一步指导比例原则的适用，尤其是针对本章第三节和第四节讨论的民事程序中拒绝披露信息问题。

三、普通法的公共利益豁免

131 本节讨论的是公共利益豁免原则，特别是该原则在英国及澳大利亚普通法中的应用，之所以围绕这两个国家展开讨论，是因为在这两个国家存在关

〔31〕 Coco v. The Queen (1994) 179 CLR 427, 437 (Mason CJ, Brennan, Gaudron and McHugh JJ).

〔32〕 Chu Kheng Lim v. Minister for Immigration, Local Government and Ethnic Affairs (1992) 176 CLR 1, 38 (Brennan, Deane and Dawson JJ).

〔33〕 Russell v. Duke of Norfolk [1949] 1 All ER 109, 118; Wade and Forsyth, *Administrative Law*, pp. 420 – 1; Mark Aronson, Bruce Dyer and Matthew Groves, *Judicial Review of Administrative Action* (Sydney: Thomson Reuters, 4th edn, 2009), pp. 519 – 24.

〔34〕 Applicant VEAL of 2002 v. Minister for Immigration and Multicultural Affairs (2005) 225 CLR 88.

〔35〕 Ibid., 100 (Glesson CJ, Gummow, Kirby, Hayne, Heydon JJ). 类似的方法也为英国的法院所采用：R (Roberts) v. Parole Board [2005] UKHL 45.

于公共利益豁免原则的普通法，并且大部分保持了原貌。相反，加拿大《1985 年证据法》已经对相关法律规则做出了很大修改。在深入讨论英国和澳大利亚的公共利益豁免原则之前，必须注意澳大利亚法律具有两个特别之处：第一，澳大利亚的普通法和成文法中都包含公共利益豁免内容，特别是《1995 年证据法》对普通法规则稍加修改后。〔36〕第二，《2004 年国家安全信息法（刑事和民事程序）》规定了两种并行的规则，用来解决法庭程序中遇到的国家安全信息问题。关于《2004 年国家安全信息法（刑事和民事程序）》和加拿大《1985 年证据法》公共利益豁免的普通法演变，以及针对公共利益豁免问题的处理，会在第四节中进行阐述。

（一）公共利益豁免原则

公共利益豁免，又称为“国家利益豁免”和“政府特权”（这种称谓往往导致歧义），长期以来一直是阻止特定信息（一旦披露会损害公共利益）被用作法庭证据的有效手段。一旦适用公共利益豁免规则，某些证据会被直接、彻底地不予出示。这与处理国家安全信息的方式有所区别，在其他规则下，法庭可以对信息进行审查，只是不会向当事人披露，或者只是提供给当事人的代理人，或将某些信息做模糊化处理。〔37〕

国家安全是适用公共利益豁免规则的典型情形。〔38〕从传统上讲，各个法
院，尤其是英国的法院在涉及国家安全问题上完全遵从政府部门提出的公 132
关利益豁免主张，采纳部长出具的证明，认定披露特定信息会损害公共利益。〔39〕如今，在英国和澳大利亚，部长证明不再是决定公共利益事项的权威工具。〔40〕这一立场甚至已经为英国国内情报及安全机构——军情五处所公开

〔36〕 关于成文法与普通法立场的区别，见 Australian Law Reform Commission, *Keeping Secretes*: *The Protection of Classified and Security Sensitive Information* (ALRC Report No. 98, 2004), [8.165]-[8.166]. 最重要的区别是证据法不适用于审前程序，因此澳大利亚普通法的公共利益豁免涵盖这一内容。

〔37〕 这些措施在本章第 4 节讨论。

〔38〕 Australian Law Reform Commission, *Keeping Secretes*, [8.192], [8.120].

〔39〕 Duncan v. Cammell, Laird & Co [1942] AC 264, discussed in Jill Hunter, Camille Cameron and Terese Henning, Litigation I: *Civil Procedure* (Sydney: LexisNexis Butterworths, 7th edn., 2005), [8.103].

〔40〕 In the UK, see *Conway v. Rimmer* [1968] AC 910; R (*on the application of Mohamed*) v. Secretary of State for Foreign and Commonwealth Affairs [2010] EWCA Civ 65. In Australia, see: Sankey v. Whitlam (1978) 142 CLR 1, 57 (Stephen J); Alister v. R (1984) 154 CLR 404, 435-6, (Wilson and Dawson JJ).

接受。[41]如果当事一方试图依据公共利益豁免排除某项信息，就要承担举证责任来证明相关信息会损害公共利益。[42]然而，当涉及国家安全信息问题时，当事人先提出拒绝提供信息的申请，法院通常只有在披露信息损害国家安全的情况下才会采纳申请意见。[43]

尽管在英国和澳大利亚已经废除了具有决定意义的部长证明，但法院仍会对部长或其他高级政府官员的诉求给予高度重视，以此来衡量该份证据是否损害国家安全，进而发布公共利益豁免令。[44]鉴于法院就这一问题相当重视政府的意见，当事人很难实现排除公共利益豁免的诉求。然而，滥用公共利益豁免对公平聆讯权带来的损害是十分恶劣的，因为它可能使得当事人（包括政府或其他部门）在民事程序中无法提出自己的诉求或抗辩。[45]

普通法中的公共利益豁免在民事程序中的规则如下：[46]

（1）在诉讼的任何阶段，但通常是在实体聆讯之前的沟通阶段，任何人都可以提出豁免请求。

133 （2）通常情况下，请求要附有宣誓证言，证言通常由主管部长或高级公务员做出。通常不允许交叉询问和出示反对证据，除非推翻适用公共利益豁免的依据。

（3）法院会对支持或否定公开的各种利益冲突加以衡量。

（4）如果法院认为宣誓证言不足以支持拒绝披露的请求，将要求进一步提供信息，或者在例外情况下不公开地审查证据，最终对公共利益豁免请求做出认定。

（二）适用公共利益豁免过程中遇到的问题

公共利益豁免（无论是普通法还是成文法）作为保护国家安全信息不被披露的措施，其缺陷在澳大利亚关于西蒙·拉帕斯（Simon Lappas）案的审判

---

〔41〕 MI5, *Evidence and Disclosure* (2009), www. mi5. gov. uk/output/evidence - and - disclosure. html. 这一事实在罗奇（Roach）的书中有所提及，“When secret intelligence becomes evidence”，第165页。

〔42〕 Australian Law Reform Commission, *Keeping Secrets*, [8. 161].

〔43〕 In Australia, see Church of Scientology v. Woodward (1982) 154 CLR 25, 59 (Mason J).

〔44〕 J. D. Heydon, *Cross on Evidence* (Sydney: LexisNexis Butterworths, 7th end, 2004), [27, 065].

〔45〕 Ibid., [27, 015].

〔46〕 Australian Law Reform Commission, *Keeping Secretes*, [8. 174] – [8. 179].

中充分显现。〔47〕然而，这个案例是一个刑事案件，尽管超出本节的讨论范围，但可以表明法院在民事程序中更易于接受公共利益豁免请求。〔48〕

拉帕斯于 2000 年被指控犯有 4 项罪名，包括为破坏澳大利亚的安全或国防向他人传递 2 份文件，这些文件可能直接或间接为外国机构所利用。〔49〕政府以国家安全为由拒绝披露这些文件。

拉帕斯案反映出的第一个问题是公共利益豁免请求往往不是在第一时间提出，即在初级聆讯之前提出。公共利益豁免由部长而不是由检控机关提出，并且直到辩方要求在法庭上展示这两份文件的时候才提出。〔50〕事实上，无论普通法还是澳大利亚《1995 年证据法》都没有要求知晓将要披露涉及国家安 134
全的信息的一方就此情况向对方、政府或法院通报；裁定公共利益豁免请求并不要求必须进行不公开听证；在法庭发出豁免令之前，国家安全信息不受保护。

本案中，格雷（Gray）法官决定召开不公开听证以审核政府的公共利益豁免请求。在听证过程中，部长向格雷法官提交了涉案文件的摘要，随后又提交了文件，“但其中很多内容都被用黑笔涂掉了”，〔51〕同时还提交了宣誓证言。格雷法官支持了部长的请求，并解释如下：

> “我认为我必须接受，任何进一步的披露如果内容超出目前所建议的范围，将会导致誓言所提到的问题。既然这是主管政府部门代表提出的意见，我没有理由反对。”〔52〕

然而，部长申请公共利益豁免的胜利为起诉带来了新的问题。在该案中，提起公诉取决于从这两份文件内容中得出的推定事实，由于无法出示文件全

〔47〕 R v. Lappas & Dowling［2001］ACTSC 115. 当时的总检察长及澳大利亚法律改革委员会就此提出建议：Commonwealth, *Parliamentary Debates*, House of Representatives, 27 May 2004, 29307 (Philip Ruddock); Australian Law Reform Commission, *Keeping Secretes*,［8.194］.

〔48〕 In Australia, see Alister v. R (1983) 154 CLR 404. In the UK, see Conway v. Rimmer［1960］AC 910, 942 (Lord Reid). 然而，关于英国和欧洲大陆法律之间的细微差别：Secretary of State for the Home Department v. MB and AF［2008］1 AC 440,［17］(Lord Bingham).

〔49〕 Lappas［2001］ACTSC 115,［1］. 关于犯罪的规定：Crimes Act 1914 (Aus), s. 78 (1) (b).

〔50〕 Lappas［2001］ACTSC 115,［4］.

〔51〕 Ibid.,［8］-［9］.

〔52〕 Ibid.,［26］.

文，控方只能向陪审团出示文件的"空壳"（文件的照片只能看到"机密"和"不得复制"）并通过一个证人说明对文件内容作出上述处置是合适的。然而，格雷法官认定，支持公共利益豁免请求致使文件内容本身不能被采纳为证据，并据此搁置了控方关于被告人向国外传递两份文件的指控。〔53〕他进一步认定即使文件被采纳为证据，也会侵犯被告受到公平聆讯的权利，因为控方被允许以此种方式引入证据：

> "对于披露的内容是否准确反映文件原意，没有经过交叉询问就得出结论。而当事人无法就相关内容进行抗辩，整个程序毫无公正可言。"〔54〕

135 在拉帕斯案中，法院没有将因公共利益豁免而不能披露的文件的摘要或要点引入作为证据，政府对法院提出了强烈批评。一方面，如果公共利益豁免申请成功，或许会导致一个案件"无法继续进行，因为缺少可采纳的证据或拒绝向被告披露可能使他们无法做出充分抗辩和受到公正审判"〔55〕。另一方面，政府也注意到如果公共利益豁免被拒绝，还会产生更为严重的问题。在此类案件中，政府

> "将面临令人懊恼的两难选择，究竟是冒险披露涉及国家安全的秘密信息，还是保护该信息而放弃指控，即使被指控的犯罪本身就是对国家安全的严重威胁。"〔56〕

（三）公共利益豁免原则能否实现平衡？

针对公共利益豁免原则的批评主要有两个方面。首先，公共利益豁免原则的操作过于简单直接，要么彻底排除，要么全盘采纳。因此，公共利益豁免原则是否能用来实现某种妥协，以一种附加限制或部分的形式进行披露，比如通过本章后面所讨论的机制。这个问题可能难以解决，因为长期以来人

---

〔53〕 Ibid.，［15］．参考 Evidence Act 1995（Cth），s. 134.

〔54〕 Lappas［2001］ACTSC 115，［14］.

〔55〕 Australian Government，Attorney – General's Department，National Security Information（Criminal and Civil Proceedings）Act 2004：Practitioners' Guide（June 2008），p. 6.

〔56〕 Commonwealth，*Parliamentary Debates*，House of Representatives，27 May 2004，29307（Philip Ruddock）.

们对于公共利益豁免已经形成了固有印象，它的特点恰恰就在于这种独特的操作方式。

其次，关于公共利益豁免原则的另一个主要批评是该原则过分倾向支持政府的意见。正如英国一个名为“正义”（JUSTICE）的非政府组织2009年所总结的那样：

> “从本质上讲，一方申请以公共利益为由拒绝向另一方披露信息，至少需要提交某些资料，然后由法官独自不公开地加以审查，以便对披露与不披露何者更有利于公共利益做出平衡。”〔57〕

人们或许会以拉帕斯案为例对此进行回应，政府在该案中的做法得不偿 136
失，拒绝披露信息导致当事人受到的指控被搁置。但这却不足以抵消法院通常偏向政府意见的反对之声，正如澳大利亚高等法院的梅森（Mason）法官所说，将会有更多的案件涉及拒绝披露文件（这些文件本应作为证据），而这些案件将会在缺乏相应证据的情况下继续进行，即使：

> “事实上，尽管公共利益豁免申请得到批准导致诉讼一方抗辩能力受损，并不能作为法院不能或不愿行使其正常裁判权的借口；只是意味着法院无法基于相关文件的部分内容得出结论。”〔58〕

然而从另一方面讲，英国和加拿大在适用公共利益豁免原则过程中，一旦发生利益冲突，便倾向于公共利益的传统已经有所改变。由于人权法的发展，至少在一定程度上改变了上述倾向。人权法明确要求要将包括公平聆讯权等人权考虑在内。《人权法案》及《加拿大宪章》规定的比例原则，要求对通常具有压倒优势的涉及国家安全的公共利益做出平衡，这一趋势令人欣慰。

鉴于公共利益豁免开始逐渐转变为对公共利益的衡量，因此完全符合比例原则的宗旨。然而，目前法院尚未给出书面指引，指明如何审核政府机构对于危害国家安全的意见。事实上，在如何平衡公平聆讯与国家安全的问题上，法官需要得到指导而非给出指导。再者，目前还没有明确的证据规则规

---

〔57〕 JUSTICE, *Secret Evidence* (2009), 129.

〔58〕 Church of Scientology v. Woodward (1982) 154 CLR 25, 61.

定，如何证明披露相关信息会对国家安全造成无法容忍的损害。鉴于法院的传统做法倾向于高度服从国家安全利益，英国、加拿大及澳大利亚政府则一直对现状比较满意。然而，随着法院就这一问题的审查越来越审慎，缺乏证据标准的现实最终可能导致法院设立相应标准。一旦法院规定的关于国家安全方面的标准过高，随之会给政府带来不便。

137 如果公共利益豁免原则继续在普通法中适用，此类问题或许无法避免。值得注意的是，成文法中的公共利益豁免同样存在这一问题。我们相信，如果能以成文法的形式规定适用标准，公共利益豁免的适用必然更加有效和公平。尤其是要明确在衡量相互冲突的利益时要考虑哪些要素；应当建立具有可操作性的证据标准，帮助法庭判定哪些属于不可逾越的危害国家安全的危险，规定当事各方如何能够对公共利益豁免申请进行审查（包括使用特别代理人）；并应当规定法院或当事人向政府的行政部门预先告知有关事项可能涉及公共利益豁免。英国、加拿大及澳大利亚已经开始在这方面进行尝试。接下来的第四节，我们将分析这些尝试是否实现了真正的平衡。也就是说，当以国家安全为由合法损害公平聆讯权时，我们的司法制度是否能够确保这种损害没有超出必要限度？

四、成文法就公共利益豁免对普通法做出的修订

本节分析英国、加拿大及澳大利亚成文法中规定的某些程序，这些程序适用于涉及国家安全的信息可能用来作为民事诉讼证据的情形。这些法律包括加拿大《1985年证据法》及澳大利亚《外国国家豁免法》，这两部法律全面规定了国家安全信息在诉讼程序中如何处理，以及在英国和加拿大的不公开庭审程序中，如何指定特别代理人来代表不得参与不公开庭审的当事人。[59]这些程序主要是用来解决公共利益豁免适用过程中（尤其是在普通法适用过程中）产生的问题，其目的是在公共利益和拒绝披露国家安全信息之间实现更为恰当的平衡。然而，是否实现了这一目的则是一个见仁见智的问题。

在本节，我们主要考虑成文法的三个方面：一是法院（而不是行政机关）

---

〔59〕参见本书第19章海伦·芬威克、凯文·菲利普森文，关于英国在控制令程序中采用特别辩护人的案例法的详细描述，又见本书第20章肯特·罗奇文，关于特别辩护人在加拿大联邦法院可以排除可能通过酷刑得到的证据。

能够确认信息应否公开的范围有多大？也就是说，法庭在哪些范围内可以决 138
定将政府希望保密的信息向当事人披露（公开信息），或应当仅限于政府和法庭之间（保密信息）？二是诉讼活动中有没有哪些信息属于不得克减的信息（或核心信息），必须提供给当事人？三是特别代理人对于保障公平聆讯权的作用如何？

（一）信息的分类

法院确认某项信息应当公开还是保密的能力，对于在维护国家安全与公平聆讯之间做出平衡，具有十分重要的意义。这是因为（不难理解）行政人员以及负有保护国家安全职责的人倾向于对信息进行过度评价，将之评定为秘密。在内政大臣（Secretary of States for Home Department）诉MB和AF一案〔60〕中，贝隆尼斯·黑尔（Baroness Hale）声称，"大量证据表明……在恐怖主义犯罪案件中存在一种夸大保密需要的倾向"。〔61〕

加拿大《1985年证据法》以及澳大利亚《外国国家豁免法》解决的是拉帕斯案中产生的普遍问题，即可能披露有关国家安全信息的问题没能在较早的阶段得到处理，没有规定当事各方应尽早确认，并向总检察长（澳大利亚和加拿大则向主管部门负责人）告知。在告知总检察长之后，总检察长可以向法院申请令状不得披露或以特殊形式披露有关信息，法庭可以出具的令状种类将在接下来的部分讨论。

根据普通法关于公共利益豁免的规定，在加拿大和澳大利亚最终是由法院来决定信息属于公开信息还是保密信息以及是否予以披露。然而，成文法和普通法关于公共利益豁免的规定具有明显差异：按照普通法，在决定是否支持公共利益豁免申请时，法院主要衡量影响到哪些公共利益进而决定是否披露；也就是说，用个人的公平聆讯权为标准，来考察是否违背保护国家安
全的需要。与之相反，加拿大和澳大利亚的成文法已经明显转向对国家安全 139
信息的考量，在这两个国家的"国家安全"概念过于宽泛的情况下，这种转变尤为重要。在澳大利亚，国家安全是指"澳大利亚的国防、安全、国际关系或法律事实等方面利益"〔62〕。而"国际关系"是指"与外国政府及国际组

〔60〕［2008］1 AC 440（MB and AF）.

〔61〕Ibid.,［66］。

〔62〕National Security Information（Civil and Criminal Proceedings）Act 2004（Cth），s. 8. 该法最初将"国家利益"纳入"国家安全"的定义，但随后被删除。

织之间的政治、军事和经济关系”,〔63〕“安全”则具有与澳大利亚《1979年安全情报组织法》规定相同的含义,〔64〕其中包括保护澳大利亚不受“带有政治目的的暴力袭击”,或“发动种族间暴力”。〔65〕

澳大利亚《外国国家豁免法》规定法院在决定出具何种令状的过程中,“最大限度去考虑”披露相关信息所带来的“危害国家安全的危险”。任何“能够对当事人的公平聆讯权造成实质性负面影响”,特别是对当事人的抗辩带来的实质负面影响只能作为附带审查要素。〔66〕随着这一规定被新南威尔士州刑事上诉法院采纳为宪法性条款,〔67〕前高级法院法官豪恩·麦克尔·麦克休(Hon Michael McHugh)认为,这是“以立法形式试图篡夺联邦的司法权”。他还指出:

> “毫无疑问,《2004年国家安全信息法(刑事和民事程序)》没有就法院出具总检察长所希望的令状做出指导,但它已竭尽所能。上述规定在裁决过程中从总检察长的角度去衡量,并且从实践角度去判断不公开庭审的结果。如果法庭必须将公平聆讯权置于稍逊于总检察长职权的地位,那么法庭如何在裁决过程中出具一个倾向于公平聆讯权的令状?想象一下,如果法官已经承认父亲的主张效力稍逊于母亲,却仍然为父亲出具羁押令,那么针对羁押令的上诉又能收到怎样的结果呢?”〔68〕

140 澳大利亚法律改革委员会同样表达了对上述法律规定的担心,指出应当设置一种与公共利益豁免同等重要的平衡措施,“承认要充分考虑可能损害国家安全的情形,但从形式上应为法院保留更大的裁量权,以确保在当前的案

---

〔63〕 Ibid., s. 10.

〔64〕 Ibid., s. 9.

〔65〕 Australian Security Intelligence Organization Act 1979 (Cth), s. 4.

〔66〕 National Security Information (Criminal and Civil Proceedings) Act 2004 (Cth), s. 31 (8).

〔67〕 Lodhi v. The Queen (2007) 179 A Crim R 470. 又见本书第21章乔治·威廉姆斯文。

〔68〕 Michael McHugh, "Terrorism legislation and the Constitution" (2006) 28 *Australian Bar Review* 117. See also Anthony Gray, "Alert and alarmed: the National Security Information Act (Cth) (2004)" (2005) 24 (2) *University of Tasmania Law Review* 1.

件中，最大限度地保障司法利益。”[69]

加拿大《2001年反恐怖主义法》对《1985年证据法》中的两项规定进行了修改，使得政府能够更加轻易地在诉讼过程中，以披露相关信息损害国际关系、国防利益或国家安全等为由拒绝披露相关信息。[70]

第一，加拿大《1985年证据法》第37（1）条规定，总检察长可以向法院申请令状以阻止信息披露。法院表面上对公共利益进行衡量以决定支持或反对披露，[71]实际上却更倾向于反对披露。在辛格诉加拿大总检察长案中，[72]联邦法院声称“在国家安全问题上公共利益更多地体现为维护安全。这里需要平衡的公共利益，只有达到明确和压倒性需要的情况下，才能做出披露信息的决定”[73]。在加拿大诉瑞比克（Ribic）一案中，[74]法院认定总检察长的申请“应予以高度重视”以及“如果总检察长的判断……是合理的，法官就应当采纳”。[75]

第二，即使法庭出具令状要求披露信息，总检察长仍可以依照第38（13）条为保护国防或国家安全而出具禁止披露证明。按照之前的法律规定，当事人无权就证明提起上诉。如今这项规定被改为允许当事人向联邦法院的独任法官上诉，由该法官确认，改变或撤销相应证明。[76]然而，在这个问题
上仍然有两方面事项引起特别关注：[77]一是证明的有效期为15年并允许续 141
延。[78]二是在审查禁止披露证明时，不要求联邦法院来衡量公共利益进而决定支持或反对披露。相反，要求上诉人证明信息不“涉及”国防利益或国家

〔69〕 Australian Law Reform Commission, *Keeping Secretes*, p. 41. See also John von Doussa, “Reconciling human rights and counter – terrorism: a crucial challenge” (2006) 13 *James Cook University Law Review* 104, 119.

〔70〕 Peter Rosenthal, “Disclosure to the defense after September 11: sections 37 and 38 of the *Canada Evidence Act*” (2003) 48 *Criminal Law Quarterly* 186, 190.

〔71〕 Evidence Act 1985, RSC 1985, c. 5, ss. 37 (1.1), (2).

〔72〕 2000 FCJ No. 1007.

〔73〕 Ibid., [32].

〔74〕 2003 FCA 246.

〔75〕 Ibid., [19].

〔76〕 Evidence Act 1985, RSC 1985, c. 5, ss. 38. 13 and 38. 131.

〔77〕 关于这两个问题详细探讨于：Senate of Canada, Special Senate Committee on the Anti – Terrorism Act, *Fundamental Justice in Extraordinary Times: Main Report of the Special Senate Committee on the Anti – Terrorism Act* (2007), pp. 64 – 8.

〔78〕 Evidence Act 1985, RSC 1985, c. 5, ss. 38. 13 (9).

安全。[79]这意味着总检察长只需要证明信息与国防利益或国家安全具有（很可能是无害的）联系。

毫无疑问，在诉讼进程中国家安全应受到更多的优先考虑。然而，正如澳大利亚人权和机会平等委员会前任主席约翰·冯·多萨（John von Doussa）指出的那样，“法院拥有自主裁量权来根据个案的具体情况加以裁定，同样具有十分重要的意义。”[80]此类裁量权被前面提到的加拿大和澳大利亚法律规定的原则剥夺，比例原则要求所采取的措施须为紧急情况下“必须采取”的措施。在倾向于拒绝披露的司法环境中（正如加拿大和澳大利亚法律规定的那样），法庭不大可能在出具的令状中，对属于保护国家安全的必要信息进行相应限制。

（二）最低限度的核心内容？

普通法证据规则包含一项基本内容，通常情况下（并不绝对）任何当事一方试图依赖的信息必须提供给其他各方。因此，如果政府根据公共利益豁免成功否决了信息披露的要求，就不再允许将相关信息作为证据。在英国、加拿大及澳大利亚以成文法形式引入的程序旨在弥补这种“全有或全无”的方式。通过设立一种机制，允许政府将整份文件作为证据使用，但只向其他当事人披露不会损害国家安全的部分。

这种方法的主要优势在于灵活性。然而，这种灵活性随之可能引起混乱
142 并损害公民的公平聆讯权。为应对“9·11”事件，很多国家设置了一种刑民混合程序，其中损害公平聆讯权的问题尤其受到广泛关注。在英国和澳大利亚，只要该人被认为具有不可接受的恐怖主义威胁，都可以针对其出具控制令。[81]与此相关的法庭程序看上去似乎只是民事程序，但对于限制令的对象来说，可能最终招致类似于定罪的后果。其中包括行动限制、限制同他人取得联系、宵禁甚至是居家监禁等。正如加拿大最高法院声称的那样，公平聆讯权的内容“在形式上并没有因法律部门的不同而具有明显差别，而是取决于政府对公民的自由、安全、生命所采取的行动，以及相应结果的严重程度”[82]。

---

[79] Evidence Act 1985, RSC 1985, c. 5, ss. 38. 131.

[80] von Doussa, “Reconciling human rights and counter – terrorism”, 118 – 19.

[81] 参见本书第21章乔治·威廉姆斯文及本书第19章海伦·芬威克、凯文·菲利普森文，关于控制令及其在各国的适用。

[82] Charkaoui v. Canada (Citizenship and Immigration), [2008] 2 SCR 326, [53].

由于控制令所带来的后果十分严重，因此该程序过程中的公平聆讯权更应得到保护。

根据加拿大和澳大利亚的法律规定，如果政府想依靠一份文件作为证据，必须披露最低限度的核心内容。《1985 年证据法》和《外国国家豁免法》规定，法庭可以决定作出披露文件的全部、部分或摘要或者关于涉案文件事实的书面声明。[83]在英国没有与之类似的规定。关于是否要向其他当事人提供文件的最低限度内容（或核心内容）完全由法庭来自行决定。此外，在加拿大和澳大利亚，成文法也没有规定具体操作细节，法庭会遇到与英国法院类似的问题。“摘要”或“关于事实的声明”的含义是什么？文件是否存在核心内容，足以使当事人能够获得公平聆讯？

关于是否要向其他当事人提供核心内容的全面争论，出现在英国的限制
令案件中。在内政大臣诉 AF 案中，[84]上议院总结认为，一个人申请对限制 143
令进行复核，“必须就其本人受到的指控得以提供充分信息，以使其能够针对这些指控得到有效指导。”[85]当事人无需得到指控所依据的证据的所有细节，也无需了解这些证据来自哪里。然而，如果“公开的材料只包括整体声明并且针对被限制人的案件完全或决定性地依赖于未公开的部分文件，无论这个案件多么令人信服，也不能满足审判公开的要求”[86]。这是欧洲人权法院在 2009 年早些时候在 A 诉英国[87]案中得出的结论，英国上议院（霍夫曼爵士表示深深地遗憾）[88]决定必须遵从上述结论。欧洲人权法院承认，牵涉民事程序的当事人并非总能得到与其有关的全部信息。此外，当事人的法定代理人也并非总能得到与其当事人有关的全部信息。比如，信息披露可能危及公共安全等事由，均可能会妨碍信息的披露。然而，比例原则要求任何对公开审判权的限制必须经司法机关依据有关程序充分审查。

---

〔83〕 Evidence Act 1985, RSC 1985, c. 5, s. 38. 06 (2); National Security Information (Criminal and Civil Proceedings) Act 2004 (Cth), s. 38L.

〔84〕 [2009] UKHL 28 (AF).

〔85〕 Ibid., [59].

〔86〕 Ibid.

〔87〕 Application 3455/05 [2009] ECHR 301 (19 February 2009).

〔88〕 霍夫曼（Hoffmann）爵士质疑“是否在任何情况下不告知被告都是不公平的”而要采取欧洲人权法院认定的严厉措施。他郑重声明“我认为欧洲人权法院的裁决是错误的……很有可能破坏控制令制度，而这对于整个国家打击恐怖主义具有十分重要的意义”：[2009] UKHL 28, [70], [72]。

（三）特别代理人

霍夫曼爵士并非上议院中在 AF 案中改变看法的唯一成员。就在 2 年前，在 MB 和 AF 案中，上议院多数认定公开审判权并不要求当事人提供最低限度的信息。在作出这一裁决的过程中，上议院对英国的特别代理人制度表示高度信任。借用贝隆尼斯·黑尔的话：

> “我不认为我们确信斯特拉斯堡会认定每个控制令的庭审都要采用特别代理人程序……足以符合第 6 条之规定。然而，经过艰苦的、困难重
> 144 重和费时费力的诉讼程序，通常能够为当事人赢得‘程序正义的实质保障措施’”。[89]

然而，2 年后贝隆尼斯却说：“我对于在特殊代理人制度下能够实现公平聆讯极度充满信心。”[90]同样，霍普（Hope）爵士（在 MB 和 AF 案中也得出了同样结论）声称，“这是一个乐观的评价。假设使用保密信息可能带来不利后果，可以通过在这一程序中加入审阅环节得到克服。”[91]之所以出现这样的态度转变（当然，除了欧洲人权法院在 AF 案中作出的裁判以外），看起来是因为上议院越来越多的成员认识到特别代理人制度的不足，尤其是该项制度在不能向当事人提供信息时，没有相应的补救措施。

（1）英国引入特别代理人制度

英国之所以引入特别代理人制度，部分原因是作为对欧洲人权法院在查哈尔诉英国案中所作判决的回应。[92]欧洲人权法院认定，英国内政部依据国家安全对在英国居住的印度公民卡拉姆吉特·赛恩·查哈尔出具的驱逐令，违反了《欧洲人权公约》。因为，复核委员会只是口头上由“3 个睿智的人”组成，不成其为一个“法庭”；查哈尔在面对委员会时，没有得到合法代理；基于公共安全豁免的考虑，委员会只向他出示了据以出具证明的证据提纲，因此委员会向内务大臣提出的建议不具有约束力。[93]欧洲人权法院总结认为：

---

〔89〕 Secretary of State for the Home Department v. MB and AF [2008] 1 AC 440, [66].

〔90〕 [2009] UKHL 28, [101].

〔91〕 Ibid., [79].

〔92〕 (1996) 23 EHRR 413.

〔93〕 Ibid., [130]-[133].

“法院承认在涉及国家安全的场合有时无法避免地要用到保密信息。然而，这并不意味着政府可以不受国内法院的有效约束，只要政府认为案件涉及国家安全和恐怖主义，就要接受法院的审查。”[94]

作为对欧洲人权法院裁决的回应，英国通过了《1997年移民问题特别上诉委员会法》。该法以一个独立的准司法法庭来替代“3人委员会”，外国公民可以就部长颁布的驱逐令向该法庭提起上诉。《1997年移民问题特别上诉委 145
员会法》的管辖范围后来扩展至适用于取消公民资格，[95]以及根据《2001年反恐怖主义犯罪及国家安全法》被部长指定为“国际恐怖分子嫌疑人”，进而对外国公民进行羁押的复核案件。[96]该法于2005年被废止。[97]

在认定英国1997年之前的做法违反《欧洲人权公约》的裁决中，欧洲人权法院强调，有一种替代措施对公平聆讯权的影响相对较小。法院特别提到，如今已经废止的加拿大《1976年移民法》[98]规定加拿大安全情报审核委员会采用特别代理人制度，《加拿大安全情报审核委员会法》规定的特别代理人内容大部分被纳入《1997年移民问题特别上诉委员会法》。相对于传统公正程序允许当事人获取所有不利于本人的信息，《1997年移民问题特别上诉委员会法》允许向上诉人及上诉人的法定代理人保留部分资料，然后在上诉人及其法定代理人不在场的情况下举行秘密听证。在上述情形中，移民问题特别上诉委员会可以指定（实践中每个案子都指定）特别代理人来代表上诉人的利益。特别代理人的作用是对政府指定某些材料为秘密的做法提出质疑（披露功能），[99]并且在这些受到保护的资料作为证据使用的情况下，在上诉程序

[94] Ibid., [131].

[95] Nationality, Immigration and Asylum Act 2002 (UK).

[96] Anti-Terrorism, Crime and Security Act 2001 (UK), s. 23.

[97] 该法在议会上院在贝尔马什（Belmarsh）囚犯案中作出裁决后被废止：[2005] 2 AC 68. 议会上院认定该法违反了《1998年人权法（英国）》，因为羁押是不适当的（就其含义，并非为紧急状态严格所需）和带有歧视性的。

[98] Ibid. 特别代理人在保密信息认定委员会的作用讨论于 Charkaoui v. Canada (Citizenship and Immigration), [2007] 1 SCR 350, [71]-[76].

[99] 关于特别辩护人的披露功能与法院用于处理公共利益豁免的方法之间的异同，见：House of Commons Constitutional Affairs Committee, *The Operation of the Special Immigration Appeals Commission* (SIAC) and *the Use of Special Advocates* (Volume 1), Seventh Report of Session 2004-5, HC 323-1, p. 24.

中出席法庭（实体功能）。[100]

（2）联络限制

英国《1997 年移民问题特别上诉委员会法》与加拿大《安全情报审核委员会法》有一个重要区别，即《1997 年移民问题特别上诉委员会法》允许特
146 别代理人与当事人进行沟通，即使在其查阅保密资料之后。[101]相反，加拿大《安全情报审核委员会法》规定，特别代理人通常只允许在看到保密资料之前与上诉人进行沟通。[102]这样做的理由是，在看过保密资料后，特别代理人有可能由于疏忽向上诉人泄露文件内容。[103]

尽管关于联络限制存在严格的规定，但其并未对上诉人的公平聆讯权造成较大损害。首先，上诉人有权主动接触特别代理人。[104]上诉人提供的任何信息有可能对特别代理人起到一定作用，因为多数情况下，上诉人被指控的案件性质只有通过保密资料才能揭示。其次，经政府机构允许，《1997 年移民问题特别上诉委员会法》规定特别代理人可以向上诉人提问。[105]然而，特别代理人很少用到（如果有的话）这项措施。[106]这是因为特别代理人相信，政府不会批准这样的申请，还因为这样做会暴露特别代理人的辩护策略。[107]

联络限制对公平聆讯权制造了很大障碍，因为这使得上诉人实际上无法在案件中就信息做出有效抗辩。宾海姆（Bingham）爵士在罗伯茨（Roberts）诉假释委员会[108]案中指出，特别代理人无法得到有效指导，“必然导致盲人骑瞎马的局面”。[109]作为英国反恐立法的独立审查员，同时也是特别代理人制度的著名支持者，卡雷尔（Carlile）爵士指出“应该为特别代理人找到一种

[100] Joint Committee on Human Rights, United Kingdom Parliament, *Counter – Terrorism Policy and Human Rights*: 28 *days*, *Intercept and Post Charge Questioning*, Nineteenth Report of Session 2006 – 7, HL Paper 157, HC 394, 50.

[101] John Ip, “The rise and spread of the special advocate” [2008] *Public Law* 717, 720.

[102] Ibid., 721; Special Immigration Appeals Commission (Procedure) Rules 2003, Rule 26 (2).

[103] 如果了解披露信息的政府律师和代理人，仍被允许联系上诉人的话，这种做法难以理解。

[104] Special Immigration Appeals Commission (Procedure) Rules 2003, rule 36 (6).

[105] Special Immigration Appeals Commission (Procedure) Rules 2003, rule 36 (4) – (5).

[106] Joint Committee on Human Rights, Nineteenth Report of Session 2006 – 2007, [201].

[107] Lani Inverarity, “Immigration Bill 2007: special advocates and the right to be heard” (2009) 40 *Victoria University of Wellington Law Review* 471, 481.

[108] [2005] 2 AC 738 (Roberts).

[109] Ibid. [18]（不同意见）.

更为轻松和亲密的方式，来处理与其代理的当事人之间的关系”[110]。解决的 147
方法是要么制定详细规则来规定特别代理人与当事人之间如何联络，以减少因疏忽泄密的可能性，要么就是由特别代理人事务办公室派人代为联络。[111]尽管这两种方式都远不及一般的辩护代理关系，但这已经是最接近在国家安全和上诉人的公平聆讯权之间实现平衡的办法。

加拿大政府在最高法院就查考伊（Charkaoui）诉公民和移民部长案作出裁决后，引入特别代理人制度来处理公共利益豁免申请。[112]不幸的是，加拿大政府没有采用《加拿大安全情报审核委员会法》规定的允许特别代理人与当事人联络的制度，而是选择了英国的做法。[113]值得注意的是，加拿大参议院特别委员会从那时起，支持放宽特别代理人与当事人之间的联络，建议特别代理人“可以在有他人陪同且宣誓保密的情况下会见当事人，这样一来既可以做到监督谈话内容，又可以防止其因疏忽泄密”[114]。

（3）前路漫漫

在查哈尔案中，欧洲人权法院注意到，加拿大《安全情报审核委员会法》规定特别代理人“负责任地解决了关于情报信息的性质和来源的合法关切，同时切实保障了公民的公平聆讯权”[115]。然而，这些结案陈词受到了强烈批评。在罗伯茨（Roberts）案中，斯戴恩（Steyn）爵士指出，“特别代理人程序从根本上侵害了当事人受到公平聆讯的基本权利”[116]：

> “重要的是在这一根本问题上不能优柔寡断：特别代理人程序侵害了实质正义的根基。这只是一个影子听证而已。”[117]

---

[110] Lord Carlile of Berriew QC, Anti – Terrorism, Crime and Security Act 2001: Part Ⅳ Section 28 – Review 2004 (2004), [78].

[111] Joint Committee on Human Rights, Nineteenth Report of Session 2006 – 2007, pp. 53 – 4. .

[112] [2007] 1 SCR 350. 关于本案的详细讨论，见 Roach, “When secret intelligence becomes evidence”, 147.

[113] An Act to amend the Immigration and Refugee Protection Act, SC 2008, c. 3.

[114] Special Senate Committee on the Anti – Terrorism Act, *Fundamental Justice in Extraordinary Times*, p. 36.

[115] Ibid.

[116] Roberts v. Parole Board [2005] UKHL 45, [93].

[117] Ibid., [88].

148 我们在本章只是探讨特别代理人制度的一个缺陷，即无法充分代表当事人的利益。此外特别代理人制度还存在各种不足：特别代理人人选过少；当事人无法从名单中自行挑选代理人；特别代理人缺少资源和帮助；不能引入专家证人；以及最为重要的一点，规定要求特别代理人“代表其当事人”而不是“向当事人负责”。〔118〕尽管存在上述诸多缺陷，大多数评论者、特别代理人以及法官似乎一致认为，在面临国家安全需要时，这项制度为公民的公平聆讯权提供了重要保障。在M诉内政大臣案〔119〕中，英国上诉法院声称：

> “向加拿大安全情报审核委员会提出上诉的公民明显处于劣势地位。如今这种劣势可以被避免，或者即使不能避免，也可以得到缓解。然而，出于国家安全利益的需要，由此产生的不公正仍然存在。特别代理人制度旨在减少（无法彻底根除）这种不公平，这种由上诉人无法知悉，至少是无法知悉部分不利于他的信息而产生的不公平。”〔120〕

与此类似，罗奇也指出：

> “特别代理人制度给出了一个示例，即有办法在信息保密和尽可能保障抗辩及公平聆讯之间达到平衡。”〔121〕

我们认为，特别代理人在移民问题特别上诉委员会和限制令程序中发挥了重要作用。然而，正如上议院在AF案中注意到的那样，特别代理人制度本身不足以保障公民的公平聆讯权。比例原则要求那些对基本权利施加的措施尽可能减少对权利的损害，目前的特别代理人制度尚不能满足这一标准。只
149 有与其他措施结合在一起，特别代理人制度才能实现国家安全与公平聆讯之间的平衡。正如AF案中所列举的那样，其中之一是当事人能够获得与其受到的指控有关的足够信息，以便进行有效指导。这需要对规则进行修改，允许

---

〔118〕 关于各种适用特别辩护人的问题，见：House of Commons Constitutional Affairs Committee, Seventh Report of Session 2004 –5, pp. 30 –9.

〔119〕 [2004] EWCA Civ 324.

〔120〕 Ibid., [13].

〔121〕 Kent Roach, “Ten ways to improve Canadian anti – terrorism law” (2006) 51 *Criminal Law Quarterly* 102, 120.

特别代理人查阅保密信息之后仍可以接触当事人。这样一来，特别代理人可以帮助当事人了解“法官面对的整个事实的全貌”〔122〕而不是仅仅为政府所希望呈现的事实。

所有诉讼程序（无论民事还是刑事）都是因政府要求披露其赖以支持的诉讼材料而起。这不仅包括对当事人提出的指控，还包括用以支持指控的证据和证据的来源。移民问题特别上诉委员会在诉讼中给出的替代措施，不是且不应当成为标准化措施。这些措施只有存在保留相关信息的例外情况下才适用，而指定特别代理人即符合比例原则的做法则必不可少。于是有人提出，尤其是在英国，特别代理人已经远远拓展至反恐领域之外。〔123〕如果超出本章讨论的内容，探讨各个法律部门中的指定特别代理人案件的适当性，我们愿意采纳宾海姆爵士在R诉H和C案〔124〕中列举的检验标准。在谈到是否应当向刑事被告人指定特别代理人问题时，宾海姆爵士说道：

> “这种指定必须只能作为例外情形，而不能作为一种自动模式，作为一种最后手段而非优先举措。除非且直至法官认为，没有其他任何程序能够达到被告受到公平聆讯的绝对权利的要求时，才能发布相关令状。”〔125〕

五、结论

在打击恐怖主义的过程中，我们的出发点是必须将公平聆讯权让步于
（至少是在一定程度上）国家安全的需要。与此同时，应当采取一种更加精确 150
的方法来确认在司法程序中哪些敏感的安全信息需要保密。我们赞成英国法院采取的做法，并不完全遵从政府部门对某项信息涉及国家安全的判断。然而，加拿大法院，尤其是澳大利亚法院在这方面尚有完善空间。这两个国家的法院在审查政府意见的过程中需要进一步发挥作用。

我们认为，比例原则应被更加明确地作为指导性原则，用以确认国家安

---

〔122〕 Charkaoui v. Canada (Citizenship and Immigration), [2007] 1 SCR 350, [51].

〔123〕 House of Commons Constitutional Affairs Committee, Seventh Report of Session 2004 – 5, pp. 21 – 2. 特别辩护人制度在英国以及其他国家的普及，参见 Ip，“The rise and spread of the special advocate”.

〔124〕 [2004] UKHL 3.

〔125〕 Ibid., [22].

全可以在多大程度上牺牲程序正义及公平聆讯权。更为重要的是，公共利益豁免原则应当在立法中加以规定，使得法院能够在面临国家安全问题时，更好地保障当事人受到公平聆讯的权利。在审查公共利益豁免程序中明确规定当事人及法院的义务，使得法院能够更好地在各种利益冲突之间寻求平衡。

在英国、加拿大和澳大利亚，议会在处理涉及国家安全信息问题上已经取得了重要进展。但是在相关立法中没有对比例原则予以足够重视，导致这些法律没有充分保障公平聆讯的基本权利。当然其中一些缺陷已经被法院修正。例如，随着英国上议院（现在是由最高法院）承认，必须向当事人提供足够的信息，以便当事人能够向代其行事的特别代理人寻求有效指导。即便如此，仍然有许多地方亟待改进。但改进的前提是立法机关向司法机关提供适当的法律依据，以确保在涉及国家安全的个案中，任何对公开审判的限制都是绝对必要的。

第7章

反恐立法：形式和过程的观察*

安德鲁·林奇**

一、引言 151

国家的三个权力机关在应对国家安全面临的威胁时（每个机关在反恐领域都有自己的优势和劣势）可以采取哪些行动，一直是自2001年美国遭遇恐怖袭击以来学界关心的话题。在西方国家，如何能在打击敌人的同时保持对政府的基本监督和制衡早已是老生常谈，但上述话题仍然受到了广泛关注。在21世纪的最初10年里，不断有人通过比较视角以及不同地区的经验来丰富这一领域的研究。

在第二次世界大战结束后，罗塞特（Rossiter）总结道，“应当将维护民主或宪政的巨大权力交给行政机关来行使”，其他机关应当协助，而不是阻碍行政机关行使这些权力。〔1〕用罗马共和国采用的具有严格限制的独裁政体作为参照，美国和英国政府最近在敌对状态下所采取的措施或许有相似之处，但罗塞特认为行政权在危机时期可以不受审查（合宪的独裁），而其他机关在危

---

* 在此，向基兰·哈迪（Keiran Hardy）为本章的筹备及2010年反恐法律论坛与会者所提的建议和意见，以及多米尼克·达拉·波萨（Dominique Dalla - Pozza）为本章较早版本所提的建议一并表示衷心的感谢。感谢编辑邀请我向论坛投稿。当然，如有谬误，责任在作者本人。

** 安德鲁·林奇（Andrew Lynch），新南威尔士大学法学院副教授。

〔1〕 Clinton L. Rossiter, Constitutional Dictatorship (Princeton University Press, 1948), p. 12.

152 机过后则要求行政机关恢复原来的状态和职能。〔2〕政体恢复其本来形态的能力必然取决于文化的影响和职能机构的权威。〔3〕但是这种状态的恢复，在很大程度上也取决于对胜利或安全得到保障的确认。冷战后10年的经验以及当代的现实（无论我们怎样试图以别的方式来描述目前的安全环境，这已经不仅仅是一场“反恐战争”），已经显现出罗塞特的观点具有局限性。美国总统布什在“9·11”事件后扩张行政权的做法，也证明了这种做法的危险甚至超过全面战争。〔4〕

只有前面提到的少数观点支持总统的战争权不受审查，而布什政府正是依靠这些意见将许多极端手段合法化，包括以国家安全为名针对外国公民和本国公民采取极端手段。〔5〕但与此同时，近年来绝大多数民意压倒性地要求恢复对行政权的限制，即使在紧急时期或国家受到威胁时期亦是如此。但在这种压倒性舆论之下，也存在两种不同意见，那就是究竟应当将反制或约束过
153 度行政权的职责赋予司法机关还是立法机关。尽管对此问题存在较大争议，〔6〕但总体上支持由司法机关来行使这一职能的意见更为普遍。司法具有独立的

---

〔2〕 Ibid. pp. 8 –25. 罗马共和国的独裁制从某种意义上讲是现代紧急宪政讨论的发端：参见 John E. Finn, *Constitution in Crisis*: *Political Violence and the Rule of Law* (Oxford University Press, 1991), pp. 15 –16; Oren Gross, “The concept of ‘crisis’: what can we learn from the two dictatorship of L. Quinctius Cincinnatus” (Paper presented at the Centro Nazionale di Prevenzionee Difesa Sociale XVII International Conference, “Civil and economic rights in times of crisis”, Stresa, Italy, 13 –14 May 2005); Oren Gross and Fionuala Ni Aolain, *Law in Times of Crisis*: *Emergency Powers in Theory and Practice* (Cambridge University Press, 2006), pp. 17 –26.

〔3〕 Samuel Issacharoff, “Political safeguards in times of war” (2009) 29 *Oxford Journal of Legal Studies* 189, 206. See also Finn, *Constitutions in Crisis*, p. 149; and Rossiter, *Constitutional Dictatorship*, p. 71.

〔4〕 Jack Goldsmith, *The Terror Presidency* (New York: W. W. Norton, 2007); Kim Lane Scheppele, “Law in a time of emergency: states of exception and the temptations of 9/11” (2004) 6 *University of Pennsylvania Journal of Constitutional Law* 1001.

〔5〕 Karen J. Greenberg and Joshua L. Dratel (eds), *The Torture Papers*: *The Road to Abu Ghrab* (New York: Cambridge University Press, 2005); Eric Posner and Adrian Vermeule, *Terror in the Balance*: *Security, Liberty and the Courts* (New York: Oxford University Press, 2008); John Yoo, “Executive power, civil liberties, and security: constitutional trade –offs in fighting global terrorism” in Stuart Gottlieb (ed.), *Debating Terrorism and Counterterrorism*: *Conflicting Perspectives on Causes, Contexts, and Responses* (Washington, DC: CQ Press, 2010), pp. 339 –52 (cf. Goldsmith, The Terror Presidency); Stephen Holmes, *The Matador's Cape*: *America's Reckless Response to Terror* (New York: Cambridge University Press, 2007), pp. 286 –302.

〔6〕 关于两方面观点的简要和均衡的阐述，见 Fiona de Londras and Fergal Davis, “Controlling the executive in times of terrorism: competing perspectives on effective oversight mechanisms” (2010) 30 *Oxford Journal of Legal Studies* 19.

特性，相对于立法需要大多数支持和服从党派规则来说，司法受到的负面影响更少。此外，法官很少接触到关于安全措施合理性的信息或体验。〔7〕司法机关也最具有互动性，因为司法的运行要靠社会公众的参与和不断调整。然而，值得注意的是法院对行政权进行审核并作出限制性裁决（如果有的话），需要花费大量时间。〔8〕司法为公民在紧急时期提供有意义的权利保护的实践，还远谈不上令人满意。或许有人会提到过去几年在美国和英国的几个主要案例，〔9〕以此来证明司法已经克服了长期以来对政府一味遵从的态度，开始采取措施抵制政府在打击恐怖主义方面的权力滥用（英国通过《1998 年人权法》），〔10〕还有一些人强烈认为这种关于司法机关作用的积极评价站不住脚，因为只要审视一下这些判决对于个人权利保护是否起到了实际作用，或者是从更宽泛的角度看是否起到实际作用，就可以一目了然。〔11〕

本章认为这些争论缺乏前提条件。尽管评价司法和立法的能力及表现，
有助于理解两者在限制危机时期的过度行政权问题上发挥了哪些作用。但对 154
于“哪一个更应该被赋予审查行政权的职责?”这一问题的回答是“两个都要”。〔12〕除了这样做符合多数国家普遍存在的宪法精神外（在紧急状态期间某一机关的权力大于其他机关是一种非常规的举动，通常被称为司法审查怀疑主义〔13〕），不得不承认，立法和司法都有助于确保行政权的正确行使。尽

〔7〕 Mark Tushnet, “Controlling executive power in the war on terrorism” (2005) 118 *Harvard Law Review* 2673, 2679.

〔8〕 关于美国最高法院判决的累积作用见 Rasul v. Bush, 542 US 466 (2004); Hamdi v. Rumsfeld, 542 US 507 (2004); Hamdan v. Rumsfeld, 548 US 557 (2006); Boumediene v. Bush, 553 US 723 (2008).

〔9〕 Namely Boumediene v. Bush, 553 US 723 (2008) and A v. Secretary of State for the Home Department [2005] 2 AC 68 (Belmarsh case).

〔10〕 David Bonner, *Executive Measures, Terrorism and National Security: Have the Rules of the Game Changed?* (Aldershot: Ashgate, 2007); de Londras in de Londras and Davis, “Controlling the executive in times of terrorism”, 41 –3; Colm O'Cinneide, “Strapped to the mast: the siren song of dreadful necessity, the United Kingdom Human Rights Act and the terrorist threat” in Miriam Gani and Penelope Mathew (eds.), Fresh Perspectives on the “War on Terror” (Canberra: ANU E Press, 2008), p. 327.

〔11〕 Davis in de Londras and Davis, “Controlling the executive in times of terrorism”, 28 –9; Keith Ewing and Joo Cheong Tham, “The continuing futility of the Human Rights Act” [2008] *Pubic Law* 668.

〔12〕 Andrew Lynch, “Exceptionalism, politics and liberty: a response to Professor Tushnet from the antipodes” (2008) 3 *International Journal of Law in Context* 305.

〔13〕 Mark Tushnet, “The political constitution of emergency powers: some lessons from Hamdan” (2007) 91 *Minnesota Law Review* 1451. 尤因（Ewing）和塞姆（Tham）受怀疑论的影响，否定英国成文的人权法案在保护公民自由问题上的有效性：Ewing and Tham, “The continuing futility of the Human Rights Act”.

管两者的运行方式和运行阶段截然不同，但两者经常以互补的形式发挥作用。“9·11”事件以来的经验可以更加有力地说明这一点。德·龙德拉斯（De Londras）和戴维斯（Davis）经过对打击恐怖主义的行政措施进行辩证分析（二人各自关注的重点分别是司法制约和立法制约），最终得出结论认为，“看起来最有效的做法是，由司法和立法机关之间进行对话，以便应对紧急状态的措施能够与公民基本权利之间实现可持续的、合比例的平衡。”〔14〕“对话”可能最适合用来形容非行政机关之间在此情形下的互动关系，但似乎没有多少令人信服的理由来说明，为什么司法不能仅仅作为立法制约失效之后的后备手段。〔15〕图什奈特（Tushnet）认为，这样做的危险在于，立法机关就不会尽忠职守，不去发挥其应有的作用，〔16〕但是这种说法并没有什么事实作为依据。英国的司法机关在审议《人权法案》的过程中，没有起到什么作用，但这似乎并没有影响议会精益求精的立法态度——比如，对比一下1939年宣战
155 和应对北爱尔兰恐怖袭击时仓促颁布的明显残酷的法律。〔17〕无论如何，尽管本章承认立法者有时没有认真履行职责，没有很好地关注立法是否合宪，而是更乐于留待司法去审视法律的合宪性，〔18〕但这似乎并没有导致议会无所作为。抛开别的不谈，当遇到涉及国家安全的问题时，人们往往就会要求司法去遵从立法的意志。提高司法审查作用的同时增强立法的职能，远比牺牲司法的同时立法也得不到任何改进要好得多。

因此，立法活动对于衡量如何才能更好地限制过度行政权（但这种观点经常被用来支持加强司法制约），具有十分重要的意义。如果我们不去试图将立法和司法对立起来（将一方的弱点看作是另一方的优势），那么我们就可能不再只盯着两者之间的矛盾，而是转而关注两者本身所具有的特性。本章旨在找出“9·11”事件后，反恐立法过程中不断出现的新内容。这些内容同样

〔14〕 de Londras and Davis, “Controlling the executive in times of terrorism”, 46.

〔15〕 Issacaharoff, “Political safeguards in times of war”.

〔16〕 Tushnet, “Controlling executive power in the war on terrorism”, 2680; shared by Davis in de Londras and Davis, “Controlling the executive in times of terrorism”, 32, 45.

〔17〕 Respectively the Emergency Powers (Defence) Act 1939, the Prevention of Violence Act (Temporary Provisions) 1939 and the Prevention of Terrorism (Temporary Powers) Act 1974.

〔18〕 Andrew Lynch and Tessa Meyrick, “The Constitution and legislative responsibility” (2007) 18 *Public Law Review* 158.

也为本书其他章节的讨论提供了研究对象。[19]鉴于反恐问题涉及不同的机关及众多法律法规，研究反恐立法必须从总体上对这些法律法规进行观察。但首先要声明一点，这里提出的关于立法机关对反恐立法进行审慎、深入地审查的观点，并无意于暗示应当将之作为司法复核的一部分。正如前面提到的，法院应当完全独立于立法之外，在其传统职能范围内，针对危机时期行政权的滥用充分发挥自身应有的作用。在法律需要解释时，立法机关应当借助自 156
己的经验和文化给出解释，而不应该随意把包袱甩给法官。

二、反恐立法：形式和程序

为便于讨论，在开始阐述立法的标准程序之前，本节先对目前的某种立法趋势进行分析（即先由政府起草再交给立法机关审议）。必须承认这种做法有点虚假，因为立法者无法将形式和程序完全区别开来，而且也不应当让起草者了解立法的审议模式，因为起草和审议衔接过于紧密，导致相关方面无法提出反对意见。再者，反恐立法本来就十分复杂，其所针对的行为的危害极其严重，而政府为议会通过立法所留的时间又十分有限，所有这一切都增加了立法难度。因此，我们需要仔细审视反恐立法的过程，才能了解上述因素对立法机关的行政制约职能产生了怎样的影响。

需要明确的是，在正式开始讨论“9·11”事件刺激下的反恐立法之前，本章仅就澳大利亚、加拿大、新西兰、英国和美国等国的立法进行对比，因为这几个国家的法律制度有很多可比之处。也就是说，即使在这些英美法系国家之间，也存在明显的法律差异，在研究过程中要时刻意识到这一点。当然，美国并不遵守威斯敏斯特体系*（美国的行政权完全独立于立法权）。在其他4个国家，行政权对议会下院的影响（在澳大利亚有时甚至会影响议会上院），显然削弱了议会抵制政府的立法意愿并坚持履行独立审查职责的能力。此外，各国在立法对人权保护的水平上也存在明显差异。例如，美国从

---

〔19〕本书第21章乔治·威廉姆斯（澳大利亚和新西兰）文；本书第20章肯特·罗奇（加拿大）文；本书第18章威廉·C. 班克斯（美国）文；本书第19章海伦·芬威克、凯文·菲利普森（英国）文。

* 威斯敏斯特体系（Westminster System）是因循英国议会威斯敏斯特宫所用之体制而形成的民主政府体制，是供立法机关运作的一整套程序。——译者注

宪法上为人权保护规定了严格的司法审查措施，而加拿大、英国和新西兰在
157 人权保护问题上的司法审查缺乏明确规定。[20]加拿大《1982 年权利和自由宪章》是一份宪法性法律文件，但议会有权颁布与之相悖的法律规定（无论是在初次立法过程中，还是在被最高法院认定违宪的重新立法过程中）。在英国，如果法院认定某人根据《1998 年人权法》规定享有的权利没有得到遵行，法院无权宣布法律无效而是仅能发表声明，议会则无须以废止或修改法律作为回应。起初，新西兰《1990 年权利法》规定法院只有权做出符合该法权利保护的解释，但司法机关于 2000 年宣布法院有权发表突破该法权利保护的声明。[21]而在英国，这种声明不能致使相关法律无效。最后，澳大利亚联邦层面没有关于权利保护的成文法，尽管宪法中规定了很多用来限制联邦或各州侵犯公民具体权利的条款。

然而，这 5 个国家法律的主要区别（仅就本章讨论内容来说）在于，国家安全面临的挑战及恐怖主义威胁的严重性不同。包括“9·11”事件在内，只有美国和英国在过去 10 年间遭受过严重恐怖袭击。澳大利亚和加拿大政府制订了应对大型恐怖袭击的计划，认定了很多明显受到宗教激进主义鼓动的公民，并将其中大部分人以恐怖分子定罪。[22]2007 年，新西兰警察运用反恐法逮捕了一些环境保护人士，但总检察长拒绝将这些人起诉。最近，澳大利亚和英国加入了由美国领导的“意愿联盟”，该联盟于 2003 年入侵了伊拉克，而加拿大和新西兰则没有加入该联盟。这 5 个国家都或多或少地参与了自 2001 年开始的阿富汗军事行动。

值得注意的是，尽管这些国家存在差异，各自在恐怖主义治理和优先事
158 项选择上会有不同，但在反恐立法的形式和程序上却明显趋于一致。由于立法形式和程序体现在议会的讨论记录里，接下来我们将就此展开详细阐述。

（一）形式

在“9·11”事件后的第一波立法中，令人印象深刻的一点是这些立法都十

---

〔20〕 Stephen Gardbaum, “The new Commonwealth model of constitutionalism” (2001) 49 *American Journal of Comparative Law* 707, 719 – 39.

〔21〕 Moonen v. Film and Literature Board of Review [2002] 2 NZLR 9.

〔22〕 关于澳大利亚恐怖主义犯罪案件审判的全面分析，见 Nicola McGarrity, “‘Testing’ our counter – terrorism laws: the prosecution of individuals for terrorism offences in Australia” (2010) 34 *Criminal Law Journal* 92.

分庞杂。当时的反对党领袖、现任英国首相大卫·卡梅伦将这一点作为反对布莱尔政府《2001 年反恐怖主义、犯罪及安全法》的主要意见，他精辟地总结道，“我们根本不用读，因为我们只要称一下它的重量就知道了。”〔23〕鉴于威斯敏斯特议会期望能在反恐起始阶段就颁布一部全面和永久的反恐立法，大卫·卡梅伦对于《2001 年反恐怖主义、犯罪及安全法》会有这种批评，也就不足为奇了。该法不仅对之前的《2000 年反恐怖主义法》的有关规定做出了修改，还规定了冻结恐怖分子财产，为法律执行的目的披露信息以及无限期羁押恐怖分子嫌疑人（后来被上议院认定违反英国人权法）。〔24〕在其他国家，也可能会出现这样篇幅巨大的立法。比如，澳大利亚目前还没有规定允许相关机构在调查和打击恐怖主义犯罪方面拥有特殊权力的全国性法律。在别的国家都已经进行了一定程度的反恐立法的情况下，澳大利亚很可能会效仿英国的做法。〔25〕

篇幅大小显然不是问题的关键，但它反映出反恐立法的深层次问题，即这些法律都是“汇编型法律”，关于某一领域的单独立法是对一系列现有立法做出修订，然后产生新的立法。〔26〕尽管各个部分或许可以结合成整体，进而实现确保安全的整体目标，但法律规定过多，讨论通过这些立法的难度自然 159
增大。在这一点上，美国的《爱国者法》就是一个很好的例子。导演迈克尔·摩尔在其 2004 年拍摄的影片《华氏 911》中向人们呈现了这样的情形，在通过该法案之前，几乎没有哪个议员（其中一些人公开承认这一点）通读过整部法案。1 年以后，威尔瓦厄尔（Vervaele）在文章中写道，“《爱国者法》大约有 350 多页，其中 10 章对超过 15 部现有联邦法律进行了修改……正是因为过于繁杂，至今美国没有出版过一部对该法案进行全面深入分析的专著。”〔27〕尽管在“9·11”事件的促动下，该法得到了议员们的普遍支持，参议员鲁

〔23〕 Hansard, HC, vol. 375, col. 101, 19 November 2001 (David Cameron).

〔24〕 A v. Secretary of State for the Home Department [2005] 2 AC 68.

〔25〕 罗奇曾经概括了这对以英国《2000 年反恐怖主义法》为模版的国家带来的影响，尤其是在恐怖主义的概念方面：Kent Roach, “The post - 9/11 migration of Britain's Terrorism Act 2000” in Sujit Choudhry (ed.), *The Migration of Constitutional Ideas* (New York: Cambridge University Press, 2006), pp. 374 - 402.

〔26〕 对于这类法律来说，这并不是新现象，Laura K. Donohue, *The Cost of Counterterrorism: Power, Politics, and Liberty* (New York: Cambridge University Press, 2008), p. 12 [discussing the Civil Authorities (Special Powers) Act 1922 (UK)].

〔27〕 John A. E. Vervaele, “The anti - terrorist legislation in the US: inter arma silent leges?” (2005) 13 (2) *European Journal of Crime, Criminal Law and Criminal Justice* 207, 213.

斯·芬高尔德（Russ Feingold）作为唯一投反对票的参议员（显然也是认真读过该法案的议员之一），以惋惜的口吻说道，该法案过于宽泛，因此他不得不表示反对，尽管他认为，“其中不乏完全合理的规定，并且我希望这部法律能够帮助执法机关有效应对恐怖主义威胁。”〔28〕

加拿大议会在通过 C-36 法案，即《2001 年反恐怖主义法》时，遇到了类似问题。该法对加拿大《刑法典》、《公务员保密法》、《证据法》及《犯罪（洗钱罪）程序法》进行了实质性修改，对其他法律也进行了少量修改，引发了一位议员的如下评论：

> “让我们谈谈 C-36 法案。该法有 175 页。谢天谢地，我不是一个律师。然而在议会里以及别的地方有许多律师要读这一大堆法律条文。这是规范 28 种行为的 175 页法律。我从没见过如此包罗万象的法律。在我的经验中……从来没见过这样一部法律提交议会审议。我们必须谨慎且平和地加以对待。”〔29〕

这番话也代表了其他非律师议员经常表达的观点，这部法律超出了他们
160 的能力范围。〔30〕批评者指出，关于该法的争论很多，但后来慢慢集中到一点，即该法是否“能经受宪法检验”，也就是说能否经得起依据《加拿大权利和自由宪章》提出的质疑。但这样一来，会对讨论带来两方面的不利影响：一方面，这样做可能导致讨论过于专业，参与者必须具有很高的法律专业水平，而议员们或者社会公众并不具有这样的专业水平。〔31〕另一方面，如此这般缩小讨论范围，其他诸如必要性、有效性、警察和其他执法机构的可操作性

---

〔28〕 United States of America, Congressional Record, Senate, 107th Congress, 25 October 2001, S11021 (Russ Feingold).

〔29〕 Canada, *Parliamentary Debates*, House of Commons, 18 October 2001, 1100 (Rick Borotsik). 斯图亚特（Stuart）将 C-36 法案描述为，“包含了冗长立法篇幅和例外规定，只会引发昂贵诉讼的大杂烩”：Don Stuart, “The anti-terrorism bill C-36: an unnecessary law and order quick fix that permanently stains the Canadian criminal justice system” (2002) 14 National Journal of Constitutional Law 153, 163.

〔30〕 Ibid., Canada, *Parliamentary Debates*, House of Commons, 16 October 2001, 1530 (Reg Alcock).

〔31〕 罗奇注意到，民众针对政府提出反恐法案的异议通常是“经受宪法检验”，但同时总结到，很多情况下，这些异议与反恐法是否“经受宪法检验”无关。Kent Roach, “Did September 11 change everything? Struggling to preserve Canadian values in the face of terrorism” (2001-2) 47 *McGill Law Journal* 893, 943.

等问题，自然都被忽略了。[32]在英国的一个案例中，芬威克（Fenwick）也提出了类似的观点，他指出政府在违反了《欧洲人权公约》后，试图运用宪法赋予的立法权“为立法披上合法外衣，而这明显是剥夺当事人的合法权利”[33]。

第一波反恐立法的篇幅及复杂性问题的直接根源是过多地纳入了很难说具有现实和紧迫需要的内容（尽管从更宽泛和全面的打击恐怖主义战略来看可能是有益的[34]）。与此同时，各国也用这些法案来扩大警察权力和约束民众的行为，其范围明显超出应对恐怖主义威胁。比如，有人针对英国《2001年反恐怖主义、犯罪及安全法》提出如下反对意见：

> “第5章关于教唆宗教仇恨的规定，显然是一项极为严重的罪行，但这与恐怖主义毫无关系；第10章关于警察权力，亦是如此；第1章关于保留通讯数据、第12章关于贿赂和腐败、第13章关于贯彻欧盟司法亦是如此，这些问题都很重要，但显然都与恐怖主义无关，然而我们还是被要求在很短的时间内通过这些内容。”[35]

这种令人失望的情形（反恐法案“不仅处理国内和国际的恐怖主义问题， 161
还涉及很多其他问题”）在其他国家同样存在。[36]比如美国的一位众议员就宣称，如果《爱国者法》仅限于恐怖主义，而不是“处处允许颁布搜查令和窃听”，那么“本可以提早3～4周通过，而不必浪费更多的时间进行讨论”。[37]而一位新西兰议员对现行反恐战略精辟地总结道，很多修订“悄悄渗入立法，因为政府知道如果给法律修订贴上反恐标签，议员们就不会过于反对”[38]。“紧急状态立法”的内容涵盖面广泛，反映了这些立法如何为政府提供了修订

---

〔32〕 Ibid.; Wesley Pue, “The war on terror: constitutional governance in a state of permanent warfare” (2003) 41 *Osgoode Hall Law Journal* 267, 287.

〔33〕 Helen Fenwick, “The Anti－Terrorism, Crime and Security Act 2001: a proportionate response to 11 September?” (2002) 65 (5) *Modern Law Review* 727－8.

〔34〕 Hansard, HC, vol. 374, col. 989, 15 November 2001 (Robin Cook).

〔35〕 Hansard, HC, vol. 375, col. 94, 19 November 2001 (Douglas Hogg).

〔36〕 Ibid., . col. 56 (Simon Hughes).

〔37〕 United States of America, *Congressional Record*, House of Representatives, 107th Congress, 23 October 2001, 7200 (Scott).

〔38〕 New Zealand, *Parliamentary Debates*, House of Representatives, 1 April 2003, 4629－30 (Keith Locke). Alex Conte, “Crime and terror: New Zealand's criminal law reform since 9/11” (2005) *New Zealand Universities Law Review* 635, 636.

成文法的机会，而这在以前是无法做到的。以《爱国者法》为例，其中有好几条备受争议的规定影响到刑法和刑事诉讼法，之前曾经被议会否决过。[39]在英国，曾有人强烈质疑“内务部背后游说……将很多应该交由议会审议的内容附随到本法案中”[40]。新西兰《反恐怖主义（爆炸和金融）法》在“9·11”事件之前，已经得到议会、外交、国防及贸易委员会的支持，但经过实质性修改并扩大范围，以快速程序通过，并被重新冠名为《反恐怖主义法》。[41]维塔克（Whitaker）在对加拿大的C－36法案的分析中，这样写道：

> “‘9·11’事件带来的机会，同样被加拿大安全及情报机关抓住了，他们为此收获良多，而如果没有‘9·11’事件这是不可能的。其实将这
> 162 些立法提交审议的念头由来已久，有的甚至已经很多年，只是在等待将其纳入立法的政治契机。”[42]

反恐法不仅为立法者提供了通过这些措施的机会——尽管，正如下面要讨论的那样，这实际上对政府来说更为重要，尤其是在政府希望将某人描述为恐怖分子支持者的情况下。同时，尽管有议会的严格审查，巨大篇幅及包罗万象的反恐法内容意味着，最为严厉也最应该受到反对的内容却因为时间紧迫以及议员缺乏相关信息和专业技能，而有机会躲过议会的监督。尽管难以证实，但很多人都相信，行政机关在将法律提交审议时，通常为了能够达成主要目标，而附加很多别的条件。换句话说，“让步是立法程序的固有内容”。[43]

政府能够在发生恐怖袭击（国内或是国际）后，快速起草大篇幅、内容

---

〔39〕 Regina Germain, “Rushing to judgment: the unintended consequences of the USA PATRIOT Act for bona fide refugees” (2001－2) 16 *Georgetown Immigration Law Journal* 505; Michael P. O’Connor and Celia M. Rumann, “Into the fire: how to avoid getting burned by the same mistakes made fighting terrorism in Northern Ireland” (2003) 24 *Cardozo Law Review* 1657, 1707.

〔40〕 Hansard, HC, vol. 375, col. 94, 19 November 2001 (Douglas Hogg); Hansard, HC, vol. 375, col. 56, 19 November 2001 (Simon Hughes); Hansard, HL, vol. 629, col. 212, 27 November 2001 (Lord Beaumont).

〔41〕 New Zealand, *Parliamentary Debates*, House of Representatives, 8 October 2002 (Keith Locke).

〔42〕 Reg whitaker, “Keeping up with the neighbours? Canadian Responses to 9/11 in historical and comparative context” (2003) 41 *Osgoode Hall Law Journal* 263.

〔43〕 Mark Shepherd, “Parliamentary scrutiny and oversight of the British ‘war on terror’: from accretion of executive power and evasion of scrutiny to embarrassment and concessions” (2009) 15 *Journal of Legislative Studies* 191, 211.

繁杂的法案，进一步表明这些立法多半都是预先准备好的。事实上，这似乎是一个传统（英国内务部已经承认英国 1974 年的反恐立法“很早以前”就已起草，为应对当年的伯明翰爆炸案，才紧急提交议会审议）。[44]托马斯（Thomas）对反恐立法的基本程序及结果做出了如下描述：

> “因为国家遭受与恐怖主义有关的灾难而通过紧急状态立法，往往带有可预知的模式。通常行政与立法之间装模作样地争论，好让公众和媒体看起来他们在做着‘什么’。事先准备好的立法被拿出来，急匆匆通过立法推行。如此一来，政策和立法紧密衔接，省去议会深思熟虑的审查，也不经过标准程序批准，目的是满足媒体和公众的迫切要求。因此，政治家这种焦躁的行为，既无视已有程序，也全然不顾理性。”[45]

在这样的形势下，之前完全不可能通过的立法得以很快酝酿成形。在这 163
方面，印度的做法最具有代表性。自《1987 年骚乱活动（防治）法》提交审议之后，印度的专门反恐法提交审议没有获得支持。然而，仅仅 1 年后，不单是发生了“9·11”事件，印度议会于 2001 年 12 月 31 日也受到恐怖袭击，导致 14 名平民死亡，于是该法得以通过并且基本内容维持不变。[46]即便如此，为确保投票顺利，印度政府还安排上下两院同时审议，以达到简单多数，进而获得该法案的通过。[47]2004 年，随着政府换届，《2002 年反恐怖主义法》被废止，但是其中一些主要条款作为对《1967 年违法行为（防治）法》的修改被重新颁布。[48]2006 年 7 月 11 日，孟买发生的恐怖袭击使印度举国

---

〔44〕 Owen G. Lomas, “The executive and the anti – terrorist legislation of 1939” [1980] *Public Law* 16, 18.

〔45〕 Philip A. Thomas, “Emergency and anti – terrorist powers: 9/11 – USA and UK” (2002 – 3) 26 *Fordham International Law Journal* 1193, 1196.

〔46〕 Manas Mohapatra, “Learning lessons from India: the recent history of antiterrorist legislation on the subcontinent” (2004) 95 *Journal of Criminal Law and Criminology* 315, 332 – 3. 在后来的几周，自杀式炸弹袭击者还袭击了克什米尔国民大会：Ibid., 323.

〔47〕 Jayanth K Krishnan, “India's ‘Patriot Act’: POTA and the impact on civil liberties in the world's largest democracy” (2004) 22 Law and Inequality 265, 272.

〔48〕 Ted Svennson, “Fixing the elusive: India and the foreignness of terror” in Asaf Siniver (ed.), *International Terrorism Post – 9/11: Comparative Dynamics and Responses* (Oxford: Routledge, 2010), pp. 168, 170. 关于 POTA 和 UAPA 之间区别的正面评价，见：Oliver Mendelsohn, “Law, terror and the Indian Legal order” in Christoph Antons and Volkmar Gessner (eds.), *Globalisation and Resistance: Law Reform in Asia since the Crisis* (Oxford: Hart, 2007), pp. 174 – 5. 参见本书第 17 章乌吉瓦·库玛·辛格文。

震动，但政府没有重新引入《2002 年反恐怖主义法》，而是选择强化情报机关的调查和获取情报职能。尽管观察家们在此过程中同时注意到，“这些反恐特别立法在打击恐怖主义的实践中并没有显示出多大作用”，〔49〕但它忽视了《2002 年反恐怖主义法》被废止后，转入《1967 年违法行为（防治）法》的那些条款的效力。在“印度 9 · 11 事件”（即连续 3 天在孟买的各主要场所发生爆炸和枪击事件）后，议会对《1967 年违法行为（防治）法》作出了进一步修改（包括 180 天的指控前羁押），“进一步与之前恢复的反恐立法相呼应”。〔50〕

164 反恐立法所呈现的应急性〔51〕在其他国家也有所体现，在避免恐怖主义袭击的同时，难免也要受到“全球政策统一和关于加强一致立法的广泛号召”〔52〕的影响。事实上，在澳大利亚，“9 · 11”事件以来已经颁布了 40 多项单独的反恐立法，高度重视并设身处地考虑到别国发生的恐怖袭击，促使澳大利亚全面建立了新的国家安全法律框架，此外还经常针对国外发生的袭击作出相应的立法调整。〔53〕再举一个更为明显的例子，受 2005 年伦敦地铁爆炸案促动，澳大利亚霍华德政府制定了一项涵盖范围最广、最具野心的法案，之后不久便颁布《2005 年反恐怖主义法（2 号）》，规定了控制令、预防性羁押令、新增煽动类犯罪、以“鼓吹宣传”为由取缔恐怖组织以及扩大警察签发令状的权力。如此大规模的引入反恐措施，从不好的方面看体现了政府的机会主义，但从好的方面看也体现了一定的前瞻性。

政府对发生在世界其他地方的恐怖主义行为作出回应，并不限于在历史和文化上具有紧密联系的国家，以及加入同一打击恐怖组织联盟的国家。近年来，恐怖主义全球化的一个体现就是西方国家遭受的恐怖袭击，被俄罗斯及

〔49〕 Anil Kalhan, Gerald P. Conray, Mamta Kaushal, Sam Scott Miller and Jed S. Rakoff "Colonial continuities: human rights, terrorism, and security laws in India" (2006 – 7) 20 (1) *Columbia Journal of Asian Law* 96, 100.

〔50〕 Svensson, "Fixing the elusive", pp. 170 – 1.

〔51〕 Donohue, *The Cost of Counterterrorism*, p. 11; see also Ben Golder and George Williams, "Balancing national security and human rights: assessing the legal response of common law nations to the threat of terrorism" (2006) 8 *Journal of Comparative Policy Analysis* 43, 45.

〔52〕 Andrew Goldsmith, "The governance of terror: precautionary logic and counterterrorist law reform after September 11" (2008) 30 *Law & Policy* 141, 144.

〔53〕 Anthony Reilly, "The processes and consequences of counter – terrorism law reform in Australia 2001 – 2005" (2007) 10 *Flinders Journal of Law Reform* 81, 84 – 90.

中国用来重新定义和激活反恐行动，包括引入严厉措施打击“三股势力”。[54]
俄罗斯总统普京利用国际恐怖主义来加大安全机构权力，以“消灭”来自境 165
外的恐怖主义威胁[55]及进一步促进加强中央集权和“旨在强化国家统一”的立法（例如，以总统指定来代替选举产生州政府领导人）。[56]

最后，还应当提到相关立法的生效期间。正如在下一节讨论的那样，政府频频引入新的立法，往往被冠以“紧急事态”或“例外”的标签，但从没有为这些措施规定时限。[57]然而，议员们普遍担心紧急状态下采取的措施会一直作为法律制度保留下来。[58]最早议员们在被迫快速通过立法时，坚持将规定法律截止期限的落日条款及到期需要重新授权作为保障措施。因此，比起放弃新的恐怖主义罪名或扩大反恐权力，政府更愿意接受规定法律期限或事后审查。[59]正是由于认识到这一点，加拿大参议员弗雷瑟（Fraser）指出，
“落日条款很可能起到不好的作用”——立法者可能因此对本来应该反对的内 166
容做出妥协。[60]

落日条款在多大程度上反映了立法机关在法律适用期限问题上的必要性，一直争议不断。本章所讨论的很多国家的大部分反恐立法（即使不是全部）

---

〔54〕 关于俄罗斯联邦，见：Svante E. Cornell，“The war against terrorism and the conflict in Chechnya：a case for distinction”（2003）27（2）*Fletcher Forum of World Affairs* 167. 当然，车臣冲突在过去 15 年里引发对俄罗斯平民的恐怖袭击，这也是俄罗斯有别于西方发展出独立的、更为严厉的反恐措施的原因：Cerwyn Moore and David Barnard – Wills，“Russia and counter – terrorism” in Asaf Siniver（ed.），*International Terrorism* Post – 9/11，pp. 144 – 67. 基于上述原因，中国在“9 · 11”事件后同样在西部地区加大了打击恐怖主义的力度：Amnesty International，*People's Republic of China*：*China's Anti – Terrorism Legislation and Repression in the Xinjiang Uighur Autonomous Region*（2002），available at www. amnesty. org/en/library/info/ASA17/010/2002/en.

〔55〕 Seth T. Bridge，“Russia's new counteracting terrorism law：the legal implications of pursuing terrorists beyond the borders of the Russian Federation”（2009）3 *Columbia Journal of East European Law* 1.

〔56〕 Thomas F. Remington，“Putin，parliament，and presidential exploitation of the terrorist threat”（2009）15 *Journal of Legislative Studies* 219，231.

〔57〕 Maureen Webb，“Essential liberty or a little temporary safety? The review of the Canadian Anti – terrorism Act”（2005 – 6）51 *Criminal Law Quarterly* 53，54.

〔58〕 这是美国和印度 20 世纪反恐法律的主要特征：见 Donohue，*The Cost of Counterterrorism*，pp. 14 – 15；and Kahlan et al.“Colonial continuities”，125 – 55.

〔59〕 考虑到尤因（Ewing）界定的英国议会在《2001 年反恐怖主义、犯罪与安全法》颁行过程中的 3 个重大让步：Keith Ewing，“The Political constitution of emergency powers：a comment”（2008）3 *International Journal of Law in Context* 313，314 – 15.

〔60〕 Canada，*Parliamentary Debates*，Senate，13 December 2001，1620（Joan Fraser）.

都规定了失效期限——但绝大多数反恐立法都得以继续适用，并且通常比法案最初通过时遭到的反对要少得多，尽管距离恐怖袭击事件已经过去了很长时间。

但也有例外情况，加拿大政府没能就《2001 年反恐怖主义法》中关于特别调查听证及有条件辨认的规定获得重新授权，尽管在 2007 年相关法律到期的前几年甚至到期当年，政府几次努力试图继续沿用这些措施，但最终没能如愿。政府曾经试图让议会在 11 小时内重新启用原有条款，而不用讨论需要作出哪些调整，包括对众议员复核委员会标注的条款进行讨论，〔61〕以使得反对派没有机会阻止有关程序。以上情况表明，一方面所谓的安全措施并不一定能发挥作用，另一方面，从罗奇的详细叙述也可以看出，结果往往取决于“议会的党派博弈而不是立法本该坚持的原则”〔62〕。不仅为更新立法争取延期的讨论被安排得如此之晚，而且还“仅限于部分成员且很多人没有得到通知”〔63〕。最终，更新《2001 年反恐怖主义法》落日条款的提议没有达到规定数量获得通过，原因是没有经过“对相关条款的价值及危害进行持续讨论”〔64〕。

（二）程序

有鉴于近年来颁布的反恐怖主义法都具有一些典型特征，因此人们对于立法程序的普遍担心就不足为奇了。政府在向议会提交反恐法案时，总是宣
167 称事出紧急并因此希望能够在较短时间内颁布实施。在这方面最好的例证就是“9·11”事件仅过 6 天，美国总检察长约翰·阿什克罗夫特（John Ashcroft）向议会呼吁在“本周内”通过布什政府提出的（当时尚未出台和成形）《爱国者法》。〔65〕仅仅在政府提交法案后 3 周，也就是恐怖袭击发生后 6 周，参众两院便双双通过了该法案。〔66〕

---

〔61〕 House of Commons Standing Committee on Public Safety and National Security, *Review of the Anti-terrorism Act Investigative Hearings and Recognizance with Conditions - Interim Report* (2006) 2.

〔62〕 Kent Roach, "The role and capacities of courts and legislatures in reviewing Canada's anti-terrorism law" (2008) 24 *Windsor Review of Legal and Social Issues* 20, 54.

〔63〕 Ibid., 25.

〔64〕 Ibid., 28.

〔65〕 Beryl A. Howell, "Seven weeks: the making of the USA PATRIOT Act" (2003-4) 72 *George Washington Law Review* 1145, 1152.

〔66〕 该程序涉及反恐法案的不同版本，最后汇总成一部法律于 10 月 24 日通过众议院审议，第 2 天通过参议员审议。

焦急情绪充斥于整个美国《爱国者法》的立法过程并不令人惊讶，但是其他国家在立法过程中也出现如此情况实在是令人费解。在英国，因为几个劫机者与英国有关联，《2001 年反恐怖主义、犯罪及安全法》于 2001 年 11 月 12 日提交众议院审议，1 周之后的 11 月 19 日就进行二次宣读。委员会于 11 月 21 日至 26 日进行审议，在此期间于最后 1 天的晚上 11 时 57 分总结陈词并在午夜之前进行第三次宣读。经托马斯议员计算，该法仅用时 16 小时就被众议院通过，而关于是否允许该法规定违反《欧洲人权公约》第 5 条的讨论，仅用时 90 分钟。[67]议会上议院用时多一些并坚持作出某些修改，但该法最终还是在 12 月 14 日得到皇室批准。一位下议院议员声称“过去的每一天，我们都在使我们的国家安全承受风险”，这或许是当时整个议会情绪的最好写照。[68]

有意思的是，在与“9·11”事件并无直接关联的国家议会，同样出现了要求采取紧急行动来保障社会安全的类似诉求。2002 年 3 月 12 日，澳大利亚众议院在审议《2002 年安全法修正案》以及其他 4 部法律的过程中（这 5 部法律共同组成所谓的“SLAT 组合”），总检察长达尔·威廉姆斯（Daryl Williams）指出：

> “由于‘9·11’事件极大地改变了国际安全环境。这意味着澳大利
> 亚作为恐怖袭击目标的风险加大，我们在海外的利益面临的风险等级提
> 高……我们必须利用各种可能资源……来保护我们的社会并确保那些威 168
> 胁国家安全的人被绳之以法。我们必须尽早采取措施……我们不能承受
> 骄傲自满带来的后果。我们也要永远牢记‘9·11’事件那场灾难。”[69]

上述 5 部法案后来在议会下院仅用了 24 小时就得以通过。

除了国内要求政府为应对“9·11”事件给世界带来的震惊，必须“做点什么”的政治压力，[70]2001 年 9 月 28 日发布的联合国安理会第 1373 号决议

---

〔67〕 Thomas, “Emergency and anti-terrorist powers”, 1216-18.

〔68〕 Hansard, HC, vol. 375, col. 93, 19 November 2001 (Caroline Flint).

〔69〕 Commonwealth, *Parliamentary Debates*, House of Representatives, 12 March 2002, 1040-3 (Daryl Williams).

〔70〕 “Circumstances and public opinion demanded urgent and appropriate action after the 11 September attacks”: Hansard, HC, vol. 375, col. 22, 19 November 2001 (David Blunkett).

也要求各国在90天内报告在制定反恐法律措施方面取得的进展。用罗奇的话说，“将这么短的报告时间作为颁布反恐法的截止时间”，〔71〕并且安理会第1373号决议的作用一直被视为以牺牲人权法为代价，快速促进国际安全立法。〔72〕安理会的新决议实际上是以“立法”形式，迫使各成员国对“9·11”事件作出回应，使国际法迎来了一次史无前例的发展。〔73〕这毫无疑问为政府迅速采取行动的要求披上了一层合理性外衣，尤其是在那些受恐怖袭击威胁并不十分紧迫的国家。促使各国决定立法的其他因素还包括与美国就发起“反恐战争”达成联盟，〔74〕以及贸易关系的重要程度等。〔75〕

169 以紧急状态为由扩大立法，在缺乏类似国际事件时显得更加古怪。尽管已经过去很长时间，各国政府仍然将“9·11”事件作为合理性依据，不仅用来通过更多的法律，还用来颁布紧急措施。这种情况在美国国会讨论国土安全立法的过程中非常普遍，该法讨论了近5个月时间，直到2002年11月才颁布施行。〔76〕该法的主要作用是成立国土安全部，由政府指定国土安全部部长。这样做，是“自《1947年国土安全法》通过以来，联邦政府内部作出的

---

〔71〕 Kent Roach, “Sources and trends in post – 9/11 anti – terrorism laws” in Benjamin Goold and Liora Lazarus (eds.), *Security and Human Rights* (Oxford: Hart, 2007), pp. 227, 231.

〔72〕 Kim Lane Scheppele “The migration of anti – constitutional ideas” in Choudhry, *The Migration of Constitutional Ideas*, 347, 350.

〔73〕 Ibid.; Craig Forcese, “Hegemonic federalism: the democratic implications of the UN Security Council's ‘legislative’ phase” (2007) 38 *Victoria University of Wellington Law Review* 175 – 98. 又见本书第2章C. H. 鲍威尔文。

〔74〕 John E. Owens and Riccardo Pelizzo, “The impact of the ‘war on terror’ on executive – legislative relations: a global perspective” (2008) 15 *Journal of Legislative Studies* 119, 135.

〔75〕 这在人员和货物于美加两国间流动问题上表现得更为直接，在讨论C – 36法案的声明中明确提出：“我们的经济、贸易、生活方式依赖与美国的直接联系，加拿大必须确保美国的潜在恐怖分子不能在加拿大泛滥”：Canada, *Parliamentary Debates*, Senate, 13 December 2001, 1610 (Douglas Roche). Kent Roach, *September 11: Consequences for Canada* (Montreal: McGill – Queen's University Press, 2003), pp. 134 – 6. 有意思的是，关于贸易重要性的问题同样出现于新西兰的反恐立法过程之中：New Zealand's anti – terrorism laws: New Zealand, *Parliamentary Debates*, House of Representatives, 8 October 2002 (Ken Shirley) and New Zealand, *Parliamentary Debates*, 29 March 2007, 8514 – 5 (Shane Jones).

〔76〕 United States of America, *Congressional Record*, House of Representatives, 107th Congress, 25 July 2002, H5634 (Mr Richard Armey); United States of America, *Congressional Record*, Senate, 107th Congress, 4 September 2002, S8156 (Senator Lieberman). Rena Steinzor, “‘Democracies die behind closed doors’: The Homeland Security Act and corporate accountability” (2002/3) 12 *Kansas Journal of Law and Public Policy* 642.

最大调整”〔77〕。从这一点来说，该法案的内容比《爱国者法》更复杂。尽管通过该法的程序用了几个月而不是几周，但仍有立法者抱怨留给他们思考的时间太少，如此一部大篇幅的法律，含有众多重要的修改，与“国土安全”主题的关联却十分牵强。〔78〕作为美国的北方邻国，加拿大在第 2 部反恐立法《2002 年公共安全法》的审议过程中，对于时间的安排从另一个角度说明了，如何持续地、有选择地以“9·11”事件为由通过立法。〔79〕

关于这一现象的两个相互关联的特别例子，发生在 2005 年英国和澳大利 170
亚关于控制令问题的立法。〔80〕2004 年 12 月，英国议会上院对贝尔马什（Belmarsh）案做出判决后，布莱尔政府开始针对恐怖分子制定有关控制令的法律，来替代《2001 年反恐怖主义、犯罪及安全法》第 4 条规定的对外国恐怖分子嫌疑人的无限期羁押。后者已经被上院宣布违反《欧洲人权公约》并应于 2005 年 3 月 14 日废止。由于政府之前已经承诺废止旧法，于是就将同一天作为替代立法颁布的截止日期，最后在这 1 天颁布反恐法（该法于 2 月底提交议会审议）。尽管评论家们表扬了议会审议的质量（即人权联合委员会对法案做出的评价以及议会上院赢得的让步〔81〕），但人们仍然质疑，在 3 月 10 日最终通过该法之前，议会两院只用了 1 天多，以创纪录的工作时长（30 小时），就履行了全部立法程序，充分显示了所谓紧急事态给审议带来的压力。

正如前面已经提到的那样，2005 年 7 月伦敦爆炸案发生后，在首相霍华德与各州和地区领导人召开政府顾问会议前 2 周，澳大利亚政府发布了一个

---

〔77〕 Kym Thorne and Alexander Kouzmin, “The USA PATRIOT Acts (et al): collective amnesia, paranoia and convergent, oligarchic legislation in the ‘politics of fear’” (2007/8) 10 *Flinders Journal of Law Reform* 554, 554.

〔78〕 United States of America, *Congressional Report*, Senate, 107th Congress, 19 September 2002, S8881 (Senator Thompson); United States of America, *Congressional Record*, Senate, 107th Congress, 19 November 2002, S11358 (Senator Byrd).

〔79〕 Canada, *Parliamentary Debates*, House of Commons, 7 October 2003, 1150 (John Herron); 1350 (Bev Desjarlais).

〔80〕 关于有关法案讨论过程的详细比较，见：Joo – Cheong Tham, “Parliamentary deliberation and the national security executive: the case of control orders” [2010] *Public Law* 79. 关于控制令在两个国家的规定及适用在本书第 19 章海伦·芬威克、凯文·菲利普森文，以及本书第 21 章乔治·威廉姆斯文。

〔81〕 Tham, “Parliamentary deliberation and the national security executive” 92; Janet L. Hiebert, “Parliamentary Review of Terrorism Measures” [2005] *Modern Law Review* 676.

列举有反恐立法草案的清单。经过 2 个小时的商讨，在会议上达成了一致意见确保通过这些具有深远影响的措施，尽管此时与会者还没有看到立法草案
171 （他们直到 10 月 7 日才看到）。[82]该法草案随后被澳大利亚首都地区的主要门户网站披露出去，使得更多公众可以审视和讨论这部法案，而这超出了政府原来的设想。政府起初想趁 11 月 1 日星期二的墨尔本杯赛马比赛当天提交议会审议（该项比赛是一项引人注目的全国性比赛），然后只留 1 天给议会下院审议，再用 1 天接受上院质询。[83]需要了解一点，从当年 7 月起，政府已经控制了议会上下两院，这在澳大利亚政治历程中是十分罕见的。[84]这样一来，政府干预议会审议的可能性大大提高。[85]

然而，由于草案被提前披露，墨尔本杯赛期间，政府仅对该法案进行了微小但极为重要的调整，就匆忙以独立审核方式通过议会审议（包括参议院重新审议），以便政府有权根据其公开宣称得到的相关情报来制止"恐怖主义威胁"[86]。到 11 月 3 日，在如此戏剧化的背景下，草案初稿的剩余部分，反映了政府拟寻求的备受争议的新措施，最终被引入《反恐怖主义法（2 号）》提交议会审议。该法随即又被提交参议院质询，参议院于 11 月 28 日作出报告。尽管塞姆（Tham）（批评这一结果完全按照政府最初的计划）指出，对该法的质询耗时"25 天"[87]，但卡恩（Carne）指出即使时间看上去很长，但从电话要求议员提出建议到截止只有 6 天，而且委员会还要为及时完成报告花费大量时间。[88]在为期 1 个月的立法过程中，联邦及州警察 11 月 8 日在

〔82〕关于联邦与澳大利亚各级政府之间的合作必要性及有关这一程序的批评详见：Greg Carne, "Prevent, detain, control and order?: legislative process and executive outcomes in enacting the Anti – Terrorism Act (No 2) 2005 (Cth)" (2007) 10 *Flinders Journal of Law Reform* 17, 26 –32. 关于 COAG 在国家安全方面的作用，参见：Phil Larkin and John Uhr, "Bipartisanship and bicameralism in Australia's 'war on terror': forcing limits on the extension of executive power" (2009) 15 *Journal of Legislative Studies* 239, 242 –4.

〔83〕Tham, "Parliamentary deliberation and the national security executive", 91.

〔84〕John Halligan, Robin Miller and John Power, *Parliament in the Twenty – First Century: Institutional Reform and Emerging Roles* (Melbourne University Press, 2007), p. 255.

〔85〕Larkin and Uhr, "Bipartisanship and bicameralism in Australia's 'war on terror' ", 250 –1.

〔86〕This episode is analysed in Andrew Lynch, "Legislating with urgency: the enactment of the Anti – terrorism Act [No 1] 2005" (2006) 30 *Melbourne University Law Review* 747.

〔87〕Tham, "Parliamentary deliberation and the national security executive", 92.

〔88〕Greg Carne, "Hasten slowly: urgency, discretion and review – a counter – terrorism legislative agenda and legacy" (2008) 13 *Deakin Law Review* 49, 66 –7.

悉尼和墨尔本进行了大规模逮捕行动，其中很多人被控预谋实施恐怖主义行 172
为及加入恐怖组织。[89]政府坚持要求整个法案在圣诞节假期前得到通过——呼应了 3 年前的要求，即反对党要支持这些有争议的新措施以及赋予澳大利亚安全情报组织羁押权，因为有必要“为我们的情报机构在夏季提供额外的权力”[90]。

在之前的立法尝试中，政府没有对议会两院形成控制，《2002 年澳大利亚安全情报机构法修正案（恐怖主义）》的通过被严重拖延。该法至少要经过 3 个委员会质询（这经常被视为审慎立法的典范），经过数月的讨论对法案作出了重要修改，即明确规定适用该法规定权力的程序并废弃了原来提出的可适用于 10 岁以上儿童的条款。但最终还是证明了政府瓦解议会反对意见的能力。[91]该法中最具有争议的部分（授权情报机构羁押非嫌疑人最多 7 天时间用于讯问）得以在最终文本中保留。尽管澳大利亚政体的流动性意味着立法过程必然是审慎的，但紧急状态声明显然对立法带来的影响决不仅限于加快了立法进程。它还对讨论本身带来了破坏性影响，反对党由于不愿被冠以“对恐怖主义过于仁慈”的标签，而无法进行实质性反对。[92]就此而言，不经选举的议会上院的表现与经过选举的议会下院之间的对立最能说明问题，[93]
正如我们在英国反恐立法过程中所见，即使尊贵的爵位也无法帮助他们排除 173
紧急事态带来的压力。

考虑到上述经验不可避免地影响议会成员在颁布反恐立法过程中所发挥的作用。审议委员会在立法过程中是否起到促进作用？对于这个问题的回答是肯定的。无论如何，将该法案提交委员会接受质询本身（即使时间十分有限）还是增加了一个步骤，为社会讨论提供了机会。此外，委员会质询还提供了一个聚光灯下的舞台，普通民众、在野党甚至是为法案内容感到焦虑的

---

〔89〕 McGarrity, “ ‘Testing’ our counter – terrorism laws”.

〔90〕 首相约翰·霍华德 2002 年 12 月 13 日，引自 Jenny Hocking, *Terror Laws*: ASIO, Counter – terrorism and the Threat to Democracy (Sydney: University of New South Wales Press, 2004), p. 198.

〔91〕 全面分析见：Dominique Dalla – Pozza, “The Australian approach to enacting counter – terrorism laws”, PhD Thesis, University of New South Wales (2010), pp. 271 – 362.

〔92〕 Larkin and Uhr, “Bipartisanship and bicameralism in Australia's ‘war on terror’”, 252; Hocking, *Terror Laws*, pp. 218 – 20.

〔93〕 Shepherd, “Parliamentary scrutiny and oversight of the British ‘war on terror’”, 194 – 5.

边缘议员，都可以大声提出反对意见和建议修改内容。[94]接受立法建议以及在公开质询中听取口头意见，毫无疑问可以帮助议员提高审视和质疑法案内容的能力。仅仅在议会进行讨论并不能充分发掘立法的价值和缺陷，也无法为复杂的法案提出具体的修改意见，人们普遍注意到，专门委员会在创设新立法过程中发挥的积极作用。[95]

当然，委员会并非总能发挥这种积极作用。似乎政府存在这样一种认识，反恐立法十分重要，通过委员会质询向公众提供发表意见的机会必不可少。澳大利亚在通过《2005 年反恐怖主义法（2 号）》时的经验就说明，即使政府控制了议会两院，也不愿简单粗暴地忽视委员会的质询。[96]但也有人指出，政府过于频繁地去努力安排委员会质询，以便对这些立法进行深入细致
174 的讨论。如果政府不能迫使议员们这样做，那么就会听到令人熟悉的关于紧急事态的说法，然后指责反对派造成的拖延给国家安全带来威胁，这样做同样有效。布莱尔政府通过反恐法就是一个很好的例子。

审议委员会对预先制定的法律的匆忙审查，经常招致委员会内部或个别成员的抱怨，这在评价委员会在立法过程中发挥作用时经常可以见到。例如，英国议会的人权联合委员会，在明确批评反恐立法时限对自身职能的不利影响时，作出了如下评论：

> “我们遗憾地认为，该法的快速通过，使我们在议会讨论过程中无法全面审议其对人权的影响。”[97]

第 2 年，内务部长行使其权力，重新赋予控制令的法律效力，省去针对

---

[94] Roach, September 11: Consequences for Canada, pp. 67 – 8. 关于议会委员会质询澳大利亚反恐立法的实证研究，见：Dominique Dalla – Pozza, “Promoting deliberative debate? The submissions and oral evidence provided to Australian parliamentary committees in the creation of counter – terrorism laws” (2008) *Australasian Parliamentary Review* 39.

[95] Lawrence D. Longley and Roger H. Davidson, “Parliamentary committees: changing perspectives on changing institutions” in Lawrence D. Longley and Roger H. Davidson (eds.), *The New Roles of Parliamentary Committees* (London: Frank Cass & Co., 1998) pp. 1, 5.

[96] “关于立法评价，引用法案已经成为参议员的标准做法，很难想象这会被实质取消”：Halligan, Miller and Power, *Parliament in the Twenty – First Century*, p. 258.

[97] 英国议会人权联合委员会，*Prevention of Terrorism Bill: Tenth Report of Session* 2004 – 5 (2005), p. 3.

该法案价值的任何有意义之审议，专门委员会也表达了类似看法：

> “鉴于控制令有很多影响人权的做法并且在通过 2005 年的立法过程中根本没有机会认真审议，我们对此感到十分遗憾……对于，留给我们以及其他感兴趣的委员会如此有限的时间向议会报告，我们同样感到遗憾。2 月 2 日开始审议控制令延期……2 月 15 日要求两院拿出结果，使我们根本不可能进行认真审议以及向两院提交经过深入讨论的报告。”[98]

对委员会作用的评价最终还是取决于其对立法修改的意见（如果有的话），并最终纳入到议会通过的立法当中。除了条文数量的多少，更重要的是反恐立法背景决定了一个委员会可以提出修改意见的数量，以及最终能够纳入立法的可能性。如果政府要求大部分法律在有限时间内颁布，不希望拖延 175
时间，那么委员会很显然只能做出有限而非实质性的修改。正如卡恩（Carne）在澳大利亚《2005 年反恐怖主义法》讨论过程中指出的那样，“行政机关故意宣布在如此短的时间内重新颁布立法”实际上是不愿接受对立法的大幅度修改，即使是对其有利的修改。[99]正因如此，落日条款或规定对法律运行进行正式复核的条款，正如之前观察到的那样，在立法中比较普遍，相对于其他措施，政府更能接受此类条款。

然而，对委员会作用的评价远非那么简单。以澳大利亚参议院法律和宪法委员会对《2005 年反恐怖主义法》的质询为例，政府确实最终根据委员会的建议对法律做出了修改，确认暂时的控制令必须经过各方当事人听证，在听证过程中不得采纳传来证据。[100]但针对政府提案的最重要的修改意见被委员会删除了，那是颁布控制令的先决条件，本来是在最初的版本被泄漏之后加入到最终提交给议会审议的版本之中的。加上政府放弃了发布具有联邦效力的控制令的权力，因此，人们无法知道，该法案如果没有提前 3 周被公布，政府是否还会向议会寻求颁布控制令的权力。关于那部分议案的讨论，尽管

---

〔98〕 英国议会人权联合委员会，*Counter - terrorism Policy and Human Rights*：*Draft Prevention of Terrorism Act 2005*（Continuance in Force of Sections 1 to 9）*Order 2006*（2006），p. 9.

〔99〕 Carne，“Hasten slowly：urgency，discretion and review”，69；John Uhr，“Terra infirma? Parliament's uncertain role in the ‘war on terror’”（2004）27 *University of New South Wales Law Journal* 339，341.

〔100〕 Tham，“Parliamentary deliberation and the national security executive”，94 – 5.

非常有效，但可遇而不可求，且主要是政治策略带来的意外效果。如果提交给议会的文本与最早的文本完全一致的话，我们就无法设想委员会是否能够成功建议由法院签发控制令。

176 参议院法律委员会在审议澳大利亚《2005 年反恐怖主义法》时，在控制令问题上取得了成功，但对于第 7 章教唆犯罪却没有发挥任何作用。这部分内容引起的争论更大，并且一些边缘议员对此更为关注，认为在现阶段应当放弃这部分内容。两党委员会就这一点达成一致，建议将第 7 章剔除并将修改意见提交给了澳大利亚法律改革委员会。此举失败之后，该委员会提出如果政府坚持保留第 7 章，则要根据委员会提出的具体意见进行修改。〔101〕两种方案都没有被政府采纳，相反，政府采取了一项极不寻常的步骤以保留该部分内容，并且法案一经颁布，就立即将相关条款提交给独立的法律改革委员会复核。正如卡恩在叙述这一事件时所说，总检察长的立场因借口急需颁布立法而显得名正言顺，至于法律改革委员会在那之后的审议会得出什么样的结论根本无所谓。〔102〕2006 年 7 月，法律改革委员会提交了一份报告，建设性地回应了参议院委员会的观点。〔103〕政府对这些建议未作丝毫回应，也没有对立法进行修改。2007 年在大选中胜出的工党政府，将依据上述建议形成的法律修订纳入到《2010 年国家安全法》中，但议会在通过该法之前被解散进行重新普选（这也带有讽刺意味地说明，反恐立法在不具有紧急状态时效率低下，很难得到通过）。〔104〕

总之，法律委员会对于立法的事前审查是十分有益的，总比取消这一环节要好得多。这为独立的专家和社会公众提供了参与立法及提出建设性意见
177 的机会，帮助议会就争议事项得出更全面的理解。但也不能因此夸大法律委员会的作用。在国家安全这一政治敏感领域，在“紧急事态”下，政府有获取机密情报的优先权，〔105〕不能指望委员会去减轻（更不要说克服）议会做出

〔101〕 Carne, “Hasten slowly: urgency, discretion and review”, 70.

〔102〕 Ibid., 71.

〔103〕 Australian Law Reform Commission, *Fighting Words – A Review of Sedition Laws in Australia* (ALRC Report 104, 2006).

〔104〕 该反恐法案随后被工党政府引入联邦议会，工党政府目前是少数派政府，之前的选举产生了议会。2010 年 12 月该法得以颁布施行。

〔105〕 Goldsmith, “The governance of terror”, 153.

高质量审议的压力。[106]

三、后果

通过本书其他章节中对某些国家反恐立法的详细分析，可以更好地理解反恐立法程序带来的后果。此外，我们可以从中概括出某些带有普遍性的结论。

很显然，通常以应对恐怖主义威胁的紧急需要为由进行的立法，基本上都很仓促。由于在应对北爱尔兰政治暴力时期形成的反恐立法经验，英国议员明智地认识到这样的事实，即“如此匆忙颁布的立法，很快就会以某种形式出现问题”[107]。如果说仓促立法会带来麻烦是人们对反恐法的最基本的质疑，那么对于“恐怖主义”概念本身的非议就更多了。很多国家针对反恐法的研究，由于恐怖主义本身概念不清而无法确定研究范围和研究方法。恐怖主义的界定过程本身就要受到很多质疑，而恐怖主义概念是国家整个反恐立法及对策设计的基石，各个法律机关之间的恐怖主义概念存在着诸多细微差别，即使在英国《2000 年反恐怖主义法》中也是如此。[108]更糟糕的是，恐怖主义概念还直接决定哪些行为构成犯罪，该概念通常情况下直接套用普通犯 178
罪的用语，为执行机关的法律适用留下了很大的自由裁量空间。这不可避免地导致在法律没有提供指导的场合，无法防止执法机关侵犯公民隐私权甚至提起错误诉讼。[109]

这些特征在一些最新的、更为有害的措施中也很常见，原本颁布这些措施的目的是保护公众，然而直接体现出来的效果却是限制公民的自由：控制令、取缔各种组织、舆论限制，比如英国就将“通过提倡恐怖主义‘无论是

---

〔106〕塞姆认为，“国家安全机关的专横”及其对安全的野蛮诉求，其自我崇尚和先发制人原则，是阻碍议会充分讨论的根源：Tham，“Parliamentary deliberation and the national security executive”，102－8.

〔107〕Hansard，HC，vol. 375，col. 73，19 November 2001（Andrew Hunter）. See also col. 24（Mark Fisher）；col. 56（Simon Hughes）；Hansard，HL，vol. 629，col. 212，27 November 2001（Lord Beaumont）.

〔108〕Ben Golder and George Williams，“What is ‘terrorism’? Problems of legal definition”（2004）27 *University of New South Wales Law Journal* 270.

〔109〕澳大利亚警察对穆罕默德·哈尼夫（Mohammed Haneef）教授的逮捕、羁押和驱逐是这一问题的最好例证：Hon. John Clarke QC，*Report of the Clarke Inquiry into the Case of Dr Mohammed Haneef*（November，2008）.

过去、未来还是概括而言’的荣耀来间接鼓励恐怖主义这一行为”规定为犯罪。[110]正如欧辛内德（O’Cinneide）解释的那样，“刑法长期以来一直试图规定更清晰、明确及合比例的对策，而反恐立法经常破坏这一自然发展进程，建立一种并行的以控制和压迫为核心的制度，一种违背刑法‘主流’价值的制度。”[111]然而，不只是反恐立法纳入此类措施违反了刑事司法的传统原则。以前和现在的经验还表明，所谓的“例外”法律授权和禁止，已经开始逐步渗入欧辛内德所说的法律主流。[112]简言之，应急性反恐立法经常会产生副作用，不论是当时通过作为安全措施，还是后来被扩展成为法律，都对其他法律产生影响。正如前面谈到的那样，试图通过落日条款或事后审核条款，对这些“例外”进行约束，很少能起到实质性作用。

立法速度过快不仅影响立法质量，还损害立法的一致性。从某些方面来
179 看，英国和澳大利亚等国比其他国家表现更明显，由于前所未有的加强执法的需要，造成反恐立法快速发展。在“9·11”事件以后的5年，澳大利亚国家安全立法可以说一直十分草率。英国议会在反恐立法的数量上比澳大利亚要少，但每一部都很有分量，以牺牲个人权利为代价扩大了国家权力。无论是在英国还是在澳大利亚，立法程序都没有起到任何限制法律出台的作用。尽管每一部法案都是行政机关与立法机关之间交锋的成果。达拉波萨（Dalla - Pozza）指出，澳大利亚政府在经过几个月煎熬地通过《2002年安全情报机构法》后，政府开始倡议赋予国家情报机构新的讯问和羁押权，总检察长还将5个月之前通过的《2002年安全情报机构法》描述为，“或许是……第三或第四好的立法”。[113]类似的思维定式也开始占据布莱尔和布朗主导的英国政府，他们也开始不断要求议会批准前所未有的法律措施，对恐怖分子嫌疑人进行指控前的长期羁押。[114]行政机关不愿意接受议会提出的意见（哪怕是作为临时性的限制），致使反恐立法不可避免地愈加泛滥。

---

〔110〕 Terrorism Act 2006（UK）, S. 1.

〔111〕 O’Cinneide, “Strapped to the mast”, p. 349.

〔112〕 Nicola McGarrity, Andrew Lynch and George Williams, *Counter - terrorism and Beyond：The Culture of Law and Justice After* 9/11（Oxford：Routledge, 2010）.

〔113〕 Dalla - Pozza, “The Australian approach to enacting counter - terrorism laws”, p. 364.

〔114〕 Shepherd, “Parliamentary scrutiny and oversight of the British ‘war on terror’”, 211. 尽管众议院批准延长至42天，但由于议会上院的反对，指控前羁押被削减为28天。

但即使是在一直努力改变这一恶性循环的国家，比如加拿大、新西兰和美国，同样存在作为近年来反恐立法副产品的立法膨胀现象。一方面，立法的增加意味着有好几部法律实质性扩大了政府权力，并对社会公众的行为带来了限制。尽管政治家在鼓动立法时会这么说，但并非大多数立法都能填补法律空白。这些立法更多地被作为与现有措施、刑事犯罪及其他方面规定的配套措施，适用于已经谋划或实施的政治暴力活动。这些立法不是用来重新审视“9·11”事件之后第一波反恐立法提出的各种主张（那些主张完全没有必要），因为刑法已经提供了打击恐怖主义所需的全部必要措施。我们必须承 180
认，在立法已经实际上很全面的情况下，又以紧急状态为由平添了许多法律。[115]

而这些新增的法律大多数都被用来打击恐怖主义，并没有被用于“紧急状态”，这令人十分担忧，因为法律被适用于任何可能的情形。比如在新西兰，这个国家自“9·11”事件以来，对反恐立法的质量控制相对比较严格，却为我们提供了反恐立法膨胀所带来的危险的最好例证。新西兰议会 2002 年就通过了《反恐怖主义法》，但直到 3 年后外交、国防和贸易委员会重新审核时还从未得到适用。[116]唯一可能适用该法条款的情形出现在 2007 年，在一次为保护环境和原生生物举行的示威活动中，警察开展了大规模的逮捕行动。然而，这些指控没能进行到庭审阶段，这说明警察行动本身就是对法律的不当适用，不仅令政府非常难堪，而且揭示出了这些法律措施完全取决于执法者自由裁量的弊端。从另一个角度来看，即使反恐法律没有被适用，它仍然会发挥影响。法律的存在本身就对言论产生制约，比如规定煽动类犯罪或是实施“动员”或“赞扬”恐怖主义等行为的犯罪，都会严重影响民众的言论自由，[117]而在成文法中规定例外措施，如澳大利亚的预防性羁押令，可以为其他执法机关做类似规定提供范例，而其他执法机关很有可能会实际运用这些措施。[118]

---

〔115〕 Webb, “Essential liberty or a little temporary safety?”, 98.

〔116〕 Foreign Affairs, Defence and Trade Committee, Parliament of New Zealand, *Review of the Terrorism Suppression Act* 2002 (2005), pp. 4 – 5.

〔117〕 David Hume and George Williams, “Australian censorship policy and the advocacy of terrorism” (2009) 31 *Sydney Law Review* 381.

〔118〕 Criminal Code Act 1995 (Cth), div. 105.

四、结论——结束应急性反恐立法?

尽管为应对恐怖主义进行紧急状态立法具有明显缺陷，但很难想象未来这种现象不会再次出现。西班牙政府在应对“9·11”事件及后来在马德里发生的火车爆炸案过程中，没有颁布任何新的立法，在该爆炸案中 191 人死亡，2000 多人受伤，但像西班牙政府这样的做法毕竟是少数。西班牙已经有很多
181 关于打击恐怖主义的严格规定，在反恐问题上西班牙政府具有打击巴斯克分离主义组织“埃塔（ETA）”的丰富经验，政府认为无需用新的法律替代原有的法律。相反，西班牙新当选政府对 2004 年爆炸案的回应是从伊拉克冲突地区撤回所有的部队。当时，有评论者批评西班牙政府没能“提供充分的法律保障，赋予执法机关特别权力”，而这“背离了不断发展的全球应对伊斯兰恐怖主义的大趋势”。[119] 即使抛开与其他三国的比较（美国、俄罗斯和以色列都对国际恐怖主义采取了“先发制人和带有侵略性”[120] 的应对措施），这种批评本身就很奇怪。这似乎表明，反恐立法对于某些形式的政治暴力应当采取具体形式（即使无法想象其具体形态），界定恐怖主义并决定适用反恐法能够对保护公共安全有很大帮助。它还似乎在暗示在反恐问题上立法比重新制定对外政策更重要，而事实可能正相反。[121]

或许在“9·11”事件 10 年后，各国的应急性立法的趋势会有所减弱。但历史事实让我们无法保持乐观。政府看起来无法抗拒用立法去应对恐怖主义的压力，还要确保不能有任何事项妨碍到这些立法的及时颁布。议员在反恐立法过程的初始阶段就处于明显劣势，因为他们无法获取涉及国家安全的保密信息，这意味着很难在一个公平的层面上对立法进行审议。议会委员会提供了一个平台，通过这个平台议员们可以发表看法和观点，为法案的深入讨

---

[119] Amos N. Guiora, “Legislative and policy responses to terrorism: a global perspective” (2005) 7 *San Diego International Law Journal* 154, 165.

[120] Ibid.

[121] 除西班牙的经验外，军情五处前负责人戴姆·伊莱扎·曼宁汉姆·布勒（Dame Eliza Manningham - Buller）就伊拉克问题接受质询时的证言也能支持这一观点，尽管布莱尔政府忙于制定立法来打击恐怖主义，但是出兵伊拉克无疑加剧了国内的反恐形势：Richard Norton - Taylor, “Iraq Inquiry: Eliza Manningham - Buller's devastating testimony”, available at www.gurdian.co.uk/uk/2010/jul/20/iraq - inquiry - eliza - manningham - buller.

论提供视角，但即使他们可以有效发挥建设性作用并明确提出批评意见，他 182
们的作用也要受到超出其控制范围以外的，诸多政治和官僚因素的影响。沃克尔（Walker）曾经指出，目前的独立复核（如英国的独立复核办公室）是另一种“制定合理政策和避免仓促立法”的途径，因为它提供了一种比司法更直接的反恐立法审查模式。〔122〕诚然，事后审查有其内在价值，但我们或许很难为复核机关提供足够的权力，以警示政府如何在处理正在或即将发生的危机时保持谨慎。

在实践中，将匆忙通过或者是蛮不讲理地强加给议会通过的反恐法进行事后复核，然后得出相应结论的立法方式存在诸多问题，并且政府缺乏热情（即使在其他政党主导复查工作之后），对事后复核的实际效果反应平淡，更不用说这些法律的修改在提供有效复核和保障人权方面的作用有限。人们关注的焦点几乎全都在制定新法或扩充旧法，而很少有人关注限制或“修复”法律，或许人们认为后者相当于承认反恐措施的失败？在国家安全问题上，“趋利避害”的观点对于政府的立法规划具有决定性影响。

〔122〕 Clive Walker, “Clamping down on terrorism in the United Kingdom” (2006) 4 *Journal of International Criminal Justice* 1137, 1144.

第8章

金融反恐斗争*

凯文·E. 戴维斯**

183 ## 一、引言

“9·11”恐怖袭击之后，各国经过严格审查通过了多项反恐立法，这些法律赋予执法官员更多的调查权，包括拒绝向公众披露有关信息以及预防性羁押，在世界各地引起了广泛争议。相反，金融方面的反恐立法却很少引起人们的关注。尽管有些令人意外，但“9·11”事件过去10年以后，金融反恐立法逐渐在讨论反恐斗争的合法性及有效性过程中成为焦点。

本章对金融反恐立法及由此引发的关注进行研讨。第二节专门介绍打击恐怖主义融资方面的3项主要法律规定（关于授权剥夺财产和监控的法律、法规），以及制定这些法律法规的不同立法方法及其优劣。该节占据本章的大部分篇幅，其主要目的在于说明可能受到这些法律法规影响的个人及交易，尤其重点讨论立法者如何回应人们的诉求，即在打击恐怖主义的同时，如何保障涉嫌恐怖主义活动组织的部分合法行为，并且保障那些与恐怖组织进行交易者的基本权利。关于国际组织及各国政府在反恐融资和保护合法商业活
184 动之间的争论，法庭没有过多精力去衡量和取舍。相反，法庭在实践中愈发

---

* 十分感谢吉列·查尔斯（GuyLaine Charles）、阿兰·坛·尼（Alan Tan Khee）、维克托·拉姆拉伊（Victor Ramraj）、萨穆埃尔·拉斯科夫（Samuel Rascoff）、玛丽·翁（Mary Wong）以及反恐法律和政策比较论坛的全体与会者，对本章早期版本的建议，以及麦克斯维尔·卡顿（Maxwel Kardon）和凯文·里斯（Kevin Lees）的大力协助。

** 凯文·E. 戴维斯（Kevin E. Davis），纽约大学法学院商法“贝勒家”教授。

倾向于针对特定组织或个人采取更为严厉的法律措施。

第三节解释了为什么反恐政策如此模糊以及政治环境对执法者实施和贯彻金融反恐立法带来的影响。执法者易倾向于重视当权者关注和青睐的措施，而不重视那些不受关注的措施或许会过度增加弱势群体的负担。这些担心表明，明确的法律制度可以帮助我们审查执法者的权力滥用。

第四节提示我们，即使法律得到了合理实施和执行，我们也有理由怀疑这些法律是否真能有效打击恐怖主义融资。我们能够处理的资金只是很少的一部分，而恐怖主义的资金来源复杂，很难说金融反恐斗争取得了良好的成效。最后，本章得出结论认为，要想评价金融反恐立法能否真正发挥实质作用，需要经过一个长期的、持续的过程。

二、金融反恐立法的范围

（一）背景

自“9·11”事件发生以来，人们普遍对反恐立法比较关注，特别是金融反恐方面的立法。即使在该事件之前，美国和英国等国已经通过了相关立法，禁止几种最重要的资助恐怖主义的活动方式。[1]此外，很多符合金融反恐法规定的行为，可以根据已有的法律进行起诉，并追究那些帮助、教唆或共谋者，以及诸如谋杀、放火、劫机或爆炸等实施者的刑事责任。然而，在 2001 185
年 9 月之前，国际社会并没有在全面制定金融反恐法问题上协同一致，最好的例证就是《制止资助恐怖主义国际公约》，该公约于 2000 年 1 月才开放签署并且直到“9·11”事件之前只有 4 个国家批准该公约。如今，《制止资助恐怖主义国际公约》已经得到 173 个国家的批准。[2]

2001 年以来，国际社会日趋关注金融反恐立法的发展。“9·11”恐怖袭击发生以后，联合国安理会立即通过了第 1373 号决议，要求全体会员国声明“预防和制止资助恐怖主义行为……”，以贯彻《制止资助恐怖主义国际公

---

[1] 关于 2001 年以前的措施，见 Michael Levi, “Combating the financing of terrorism: a history and assessment of the control of ‘threat finance’” (2010) 50 *British Journal of Criminology* 650.

[2] UN Doc. A/RES/54/109 (1999), 39 ILM 270, 2002 年 4 月 1 日生效。Treaties. un. org/Home. aspx? lang = en.

约》并就此方面与各国进行合作。[3]第1373号决议还规定各国有义务将资助恐怖主义界定为犯罪，并冻结相关涉恐资产。联合国安理会在该决议之前还曾通过一系列决议，这些决议要求各国冻结与“塔利班”和“基地”组织有关的个人或实体的财产，其中包括安理会第1267号决议中指定名单上列明的与“基地”组织、“塔利班”及相关组织有关的个人或实体。[4]第1373号决议还得到其他有影响力的国际文件的补充。比如，2001年10月31日，金融行动特别工作组发表了一份声明，提出有关反恐融资的8条建议，并于2004年增加第9条。除了第1373号决议中提到的内容外，该建议还提出对资金转账进行监控并且报告可疑转账活动。[5]

在这一轮立法过程中颁布的法律，或者说为响应这股立法潮流制定的法律大致可以分为三类：禁止各种与恐怖组织或涉恐资产进行的交易；允许剥
186 夺恐怖组织资产；方便政府监控与恐怖组织或涉恐资产进行交易的措施，通常是要求第三方搜集和报告信息。接下来将对上述法律逐一探讨。最后一节将阐述这些法律实施所需的程序制约。

（二）禁止性规定

1. 概述和目的

大多数设计用来打击恐怖主义融资的立法，通常主要是禁止（借助刑罚手段）以某种形式向恐怖组织输送资源（这里泛指资产或服务）。制定这些法规的出发点似乎既包括惩戒也包括预防，最终目的是禁止与恐怖组织之间的交易行为。从惩戒角度来说，行为人在明知的情况下资助恐怖组织，与直接参与恐怖主义活动同样值得谴责。然而从预防角度来说，则要考虑两个方面的问题：一是这些法律规定涵盖了各种向恐怖组织提供资产或服务的行为，截断了恐怖组织从事恐怖主义活动所需的资金来源。二是通常形式上关于打击恐怖主义融资的规定，实际上涵盖各种与恐怖组织有关的交易。因此，可能影响到那些冒险与恐怖组织进行交易的行为人，并且在很多情况下，这些人可能要承担刑事责任。这也使得执法者可以对这些行为人（即那些从技术角度看来与恐怖组织交易构成犯罪的人）施加极大的威慑力。执法者可能利

---

〔3〕 UN Doc. S/RES/1373 (2001).

〔4〕 S/RES/1526 (2004), S/RES/1455 (2003), S/RES/1452 (2002), S/RES/1390 (2002), S/RES/1388 (2002), S/RES/1363 (2001), S/RES/1333 (2000), S/RES/1267 (1999).

〔5〕 Financial Action Task Force, *Special Recommendations on Terrorism Financing*, 22 October 2004.

用这种威慑力来迫使这些人去协助抓捕真正的恐怖分子。

禁止恐怖主义融资方面的法律规定在多大程度上可以实现上述目标，取决于它们所约束行为的客观和主观要件。换言之，取决于我们要“约束”哪些行为，哪些行为构成“恐怖主义”，进而决定相关的经济活动要被禁止，以及构成资助恐怖主义并承担刑事责任的行为需要具有怎样的主观要件。

2. 包括哪些行为？

国际社会在“资助”恐怖主义的核心概念上高度一致，这反映在《制止
资助恐怖主义国际公约》中。该公约最具执行力的条款规定，不仅要追究资 187
助恐怖主义的个人或组织的刑事责任，还包括追究共犯、领导者和共同策划者的刑事责任。[6]该《公约》将“资助”定义为提供或搜集资金（包括各种形式的资产），意图或明知这些资金的全部或部分，仍被用来实施恐怖主义活动。[7]恐怖主义活动既包括由恐怖组织实施的一些特定犯罪行为，也包括符合基本政治暴力特征的主流定义，也就是说，“为恐吓社会公众、胁迫政府或国际组织实施或不实施某项行为”。[8]值得注意的是，“提供”一词似乎不仅包括捐赠财产用于恐怖主义活动，还包括基于合理商业理由销售或租赁财产用于恐怖主义活动。[9]

很多国家没有采用该《公约》中的概念，而是采用了相对较为宽泛的“资助”定义。比如，英国和加拿大规定禁止以恐怖主义目的募集资金。[10]此外，在英国和加拿大，只要意图或明知财产将被用于恐怖主义而“使用”或“持有”该财产即构成犯罪。[11]这意味着，即使没有采取任何行动也会承担刑事责任，于是引发了人们关于仅仅因为具有不良思想而遭受刑罚的担心。[12]此外，很多国家明令禁止向恐怖主义提供特定服务或财产。比如，英国法律规定，禁止提供“物质支持或资源”，明确禁止提供金融、贷款、培训

---

〔6〕 Financing of Terrorism Convention, art 2 (5).

〔7〕 Ibid., art 2 (1).

〔8〕 Ibid., art 1 (b).

〔9〕 这一点在英国《2000 年反恐怖主义法》第 15（4）条中有着明确规定（本章所提到的关于现金或其他财产的规定，是指财产被给予、出借或以其他形式使其取得，不论是否有意）。

〔10〕 Criminal Code, s. 83. 03; Terrorism Act 2000, s. 15 (1).（提到某人“邀请他人提供资助”。）

〔11〕 Criminal Code, s. 83. 04 (b); Terrorism Act 2000, s. 16 (2).

〔12〕 Ibid.

及运输服务。[13]

188 为禁止资助恐怖主义，有些国家则采用了比《禁止资助恐怖主义国际公约》规定更加广泛的"恐怖主义"概念。比如，美国分开规定了3种资助恐怖主义的犯罪行为。其中之一是"向恐怖组织提供物质支持罪"。根据规定，凡是协助或提供资源用于筹备、实施违反《美国法典》的具体行为，构成本罪。[14]此外，还单列了一条"资助恐怖主义罪"，规定禁止提供资金用以实施《禁止资助恐怖主义国际公约》规定之行为。[15]其他国家也采用该《公约》规定的恐怖主义的一般概念但稍作了调整。该《公约》中的概念基本上将恐怖主义等同为具有政治动机的暴力活动，但是各国立法者没有局限于具有政治动机的暴力活动，或是扩展适用于符合恐怖主义特征的所有暴力活动。

或许对于该《公约》定义的最重要的区分和扩展在于，很多国家不仅禁止资助恐怖组织，而且禁止资助恐怖主义活动。（这只是反恐立法明显扩充适用于更为广泛地禁止共谋或帮助、教唆行为的一个方面——这些规定不仅禁止与恐怖组织有关的行为，而且禁止与恐怖主义活动有关的行为。[16]）关于禁止资助恐怖组织，最明显的例子就是禁止与被列入官方名单的个人或组织进行交易。[17]在这方面最著名的要属1267委员会公布的，与"基地"组织、
189 奥萨马·本·拉登及"塔利班"有关的个人及组织联合名录，[18]与此同时，各国也有自己的名单。比如，美国禁止资助恐怖主义的第3项罪名是，向国务卿公布的"外国恐怖分子或组织"名单中的任何人员或组织提供物质支持都将视为犯罪。[19]

禁止资助恐怖组织并不总是仅限于与被纳入官方名单的组织进行交易，

---

〔13〕 US Code, s. 2339A.（本章中，"物质支持或资源"一词"是指货币或其他金融证券、金融服务、住宿、培训、专家建议或协助、安全屋、假文件或身份证、通信器材、装备、武器、致死性物质、爆炸物、人员、运输及其他有形资产，药物或宗教物品除外"。）加拿大法律对帮助获取"金融或其他相关服务"与"参与或协助恐怖团体的活动"（包括提供培训、技能或专家）分别做出了规定。参见 Criminal Code, ss. 83.03 and 83.18.

〔14〕 US Code, Title 18, s. 2339A.

〔15〕 US Code, Title 18, s. 2339C.

〔16〕 尽管这多少超出了与此有关的讨论范围，但有一点并不明确，那就是已有的法律框架，是否赋予执法者同样有效的调查权和程序便利，或规定的刑罚与最近的立法是否同样严厉。

〔17〕 US Code, s. 2339B; Executive Order 13224, s. 1.

〔18〕 UN Doc. S/RES/1333 (2000), art. 8 (c).

〔19〕 US Code, s. 2339B; Immigration and Nationality Act, s. 219 (1) (a).

或者仅限于外国人。例如，加拿大法律规定，资助“恐怖组织”或“实体”，无论其是否为外国组织或实体，只要已经被纳入官方名单或“具有协助或实施任何恐怖主义活动的目的或行为”，即构成犯罪。重要的是，这一概念似乎表明，只要行为人明确表达支持恐怖主义活动之意图即构成犯罪。[20]因此，加拿大的规定也适用于与没有被列入任何官方名单的国内恐怖组织进行交易的行为。

与恐怖主义活动相比，以恐怖组织为核心进行法律规定有以下两点好处：一是可以将向恐怖组织提供一般性支持而不是支持具体行为的个人纳入打击范围。二是可以不用证明资助行为与具体恐怖主义活动之间的联系，减轻执法机关的举证责任，使定罪和招募线人更为容易。[21]

从组织角度界定资助恐怖主义的主要缺点是，难以界定恐怖组织交易的合法性及违法性。这一问题在多个场合下都曾出现过，最为突出地体现在如何对待具有多个宗旨的组织问题上。比如，涉嫌资助恐怖主义的组织，同时具有救助贫困人群和参与和平运动的宗旨，这种现象并不少见。很难确定此类组织的资金用途是否用于恐怖主义活动。在此情况下，将此类组织或其支 190
持者（享有言论和社交自由）诉诸反恐法规定的严厉制裁，相对于他们对社会造成的威胁来说，可能是不适当的。

与此同时，我们很难排除以混合目的建立的组织是否存在同时从事合法活动和非法活动的可能性。这不仅仅是举证责任的问题，因为用来支持合法活动的资金可以帮助恐怖组织节省资金以用于违法活动。再者，任何能够帮助某一组织维持运营的资源，或是帮助维持其合法性的资源，原则上都会提高该组织未来实施恐怖主义活动的能力。在霍尔德（Holder）诉人权法项目案中，在听取了执法机关、立法机关关于对恐怖组织任何形式的支持都会对其活动提供帮助的专家意见后，美国联邦最高法院以多数意见接受了这些观点。[22]

---

[20] Criminal Code, s. 83.03, 83.08. 一个自然人可以被认定为恐怖组织，依照83.01规定“实体”可以包括“个人”。相反，美国立法所指“外国恐怖组织”以及组织定义为包括“一群人”而非仅仅“一个人”。See US Code, Title 18, ss. 2339B and 1101.

[21] *Legislation Against Terrorism: A Consultation Paper*, Cm 4178 (London: Stationery Office, 1998), Chapter 6.

[22] Holder v. Humanitarian Law Project, 130 S Ct 2705 (2010).

禁止对恐怖组织而不是恐怖主义活动提供支持，也存在可能将某些合法行为定罪的风险，比如帮助恐怖组织或与恐怖组织交易的人主张权利的行为。[23]实际上，所有人权法中都规定了寻求法律帮助的条款，然而，对于恐怖组织的过度禁止可能会导致律师因向恐怖组织提供法律帮助而承担刑事责任。同样，关于禁止“培训”或“咨询”方面的规定，很容易侵犯与恐怖组织进行对话的组织或个人的言论和社交自由。禁止交易的种类越多，禁止与恐怖组织交易的范围越广，这些问题就越突出。比如，联合国安理会第1373号决议被包括加拿大在内的很多国家引入国内立法，大范围规定了禁止与恐怖组织交易的行为。如果这些法律规定得以充分执行，很难讲对人权造成的损害会
191 有多大。[24]与之对比，英国的立法只包含了关于财产和“资金或相关服务”的条款，并且规定在某些情况下当事人可申请从事被禁止交易活动的许可，这样的规定受到的质疑声音就少得多。[25]

关于禁止资助恐怖组织的上述观点在霍尔德诉人权法项目案中获得了支持，美国联邦最高法院认定，美国法律禁止向指定的外国恐怖组织提供物质支持，并未损害被告人的言论或社交自由。被告人可能提供支持的形式包括“培训组织成员如何向各种代表机构如联合国申请救助”，很难想象恐怖组织还有比这更无害的行为。促使法院得出多数意见认为宪法允许禁止对此类行为提供支持的主要因素有二：一是正如本章已经讨论的那样，多数意见认为，如果允许该种支持，就等同于允许恐怖组织为实施恐怖主义活动接受资助。二是多数意见认为，目前争论的问题对于言论自由的影响不大，因为它并不禁止以独立形式宣传对恐怖主义提供支持的行为（也就是说，宣传并非在恐怖组织的指导下或与恐怖组织合作开展）。

禁止资助恐怖组织也会威胁合法经济活动，尤其是对于那些目标不明的组织和个人。这种关于目标不明组织的规定可能导致两方面问题：一是第三

---

〔23〕然而，美国法律确实将药物或宗教物品排除在外。US Code, Title 18, s. 2339A.

〔24〕安理会第1452号决议允许1267委员会对受监管的资金做出例外规定，关于满足目标人群的基本需求，比如食品和药品的支出。然而，正如何塞·阿尔维斯（Jose Alvarez）指出的那样，委员会有权拒绝成员国使用该例外。参见 Jose Alvarez, “Hegemonic international law revisited” (2003) 97 *American Journal of International Law* 873, 877 note 26.

〔25〕加拿大《刑法典》规定允许总检察长授权特定实体或个人与恐怖分子进行资金往来。然而，不幸的是，该条规定似乎只是允许总检察长对于违反禁止资助恐怖主义法律规定的行为提供赦免。See Criminal Code s. 83. 09.

方可能出于担心违反禁令而避开完全合法的组织。二是某些当事人可能因无意识支持恐怖组织而受到指控。最能显著减少这种担心的办法是，将组织的范围限制在已经被列入官方名单的组织，并准许已经被列入或即将被列入名单的组织有机会申诉。然而，规定禁止资助名单上的恐怖组织而不是所有恐 192
怖组织，只能是一个立法技巧，前提是立法者获取足够的信息能够确认恐怖组织在某一时刻的存在。而这看起来明显不现实，尤其是对于那些相对较新的恐怖组织，它们与那些臭名昭著的组织没有任何联系。

3. 主观要件

除了已经阐述的客观要件外，刑法上的资助恐怖主义还包括某些主观要件，通常是指意图或明知。不幸的是，这些概念的含义并非完全不证自明。比如，一个人在向某组织提供资金时，如果他不知道该组织已经被列入官方名单或者不知晓该组织正在实施某项具体恐怖主义活动，但是对于该组织从事恐怖主义活动的事实具有一般性了解，那他是否具备主观要件呢？再假设资助者对于该组织从事恐怖主义活动缺乏一般性了解呢？或者，假设资助者对于该组织从事某些恐怖主义活动具有一般性了解，但善意地相信他们的资源将会单纯用于非恐怖主义活动，那这时他又是否具有主观要件呢？

某些国家的法律对这些问题提供了指导。比如，加拿大法律中关于参与或资助恐怖组织罪的条款规定，“无论……被告人是否明知可能由恐怖组织促成或实施的恐怖主义活动的具体性质”都将视为犯罪。〔26〕美国法律规定的向外国恐怖组织提供物质支持罪，开始没有关于主观要件的具体规定，但 2004 年的法律修正案对该罪的主观要件进行了完善，要求行为人要么明知该组织被指定为外国恐怖组织，要么明知其从事恐怖主义活动。〔27〕

主观要件的这些界定方式，是决定遏制资助恐怖主义行为范围的重要因素。在多数情况下，界定这些犯罪主观要件的方式，对于制止此类犯罪来说，与界定客观要件一样重要。时刻牢记这一点对于研究禁止资助恐怖组织而不是恐怖主义活动尤为重要。假设明知恐怖组织的一般目标而资助恐怖组织， 193
这将被用来证明其具有资助恐怖主义活动的意图。再如，在起诉共谋资助恐

〔26〕 Criminal Code, s. 83. 18 (2) (c).

〔27〕 Intelligence Reform and Terrorism Prevention Act 2004, 118 Stat. 3638, s. 6603 (c) [amending USC § 2339B (1)].

怖主义活动过程中，亦能作出如上认定。这意味着，对意图或明知做扩大解释可以使本来只能涵盖资助恐怖主义活动的立法能够涵盖资助恐怖组织，反之亦然。如果一个人并非故意资助恐怖组织，其并不明知足以表明该组织为恐怖组织的行为，那么就不能认定为资助恐怖主义罪。

（三）剥夺财产

1. 概述和目标

立法者并没有将目光局限于起诉向恐怖组织或恐怖主义活动提供资助的个人。他们也起草法律，允许通过冻结、扣押或没收等措施，剥夺与恐怖组织或恐怖主义活动有关的财产，并且通常在没有刑事定罪的前提下。

当政府冻结某一财产，随即禁止转移、改变、处置或移动相关财产，尽管该财产之上的其他法律权利仍然有效。扣押财产与冻结财产的效力类似，而扣押财产通常被作为临时措施。[28]相反，没收则将与财产有关的法律权利永久地
194 转移归政府所有，其他当事人的部分或全部权利被消灭。不论剥夺财产权的性质如何，法律规定与恐怖主义有关的剥夺财产通常包括两方面内容：一是界定可被剥夺的财产类型；二是为完成不同形式的剥夺财产措施设置相关程序。

从某种意义上来说，剥夺财产的措施是为前面所讨论的资助恐怖主义犯罪服务的，以确保违反上述规定会招致严重的经济后果。这符合通过法律制度剥夺代表罪犯利益或从犯罪中受益的财产这样一个国际化趋势。[29]然而，正如下文将要阐明的，并非所有关于剥夺财产的规定都因违反禁止资助恐怖主义的规定而起，而也可以适用于以下情形：不方便或不可能将处于恐怖组织控制的财产与特定行为人相联系。这一点特别有助于打击那些主要依靠商业经营（无论合法还是违法）来获取资金的恐怖组织。

---

〔28〕 在英国，对财产进行扣押不得超过48 小时。Terrorism Act 2000，s. 25（4）. 然而，从最初的扣押开始最多不得超过3 个月的期限。ss. 26（1）and 26（2）. 扣押令可以重复申请，但自首次签发之日起不得超过2 年。S. 26（4）. 在加拿大，需要在7 日内就被扣押的财产和位置做出报告。Criminal Code，s. 462. 32（4）. 财产的最高扣押期限为6 个月。S. 462. 35（1）. 如果进入财产冻结程序，可以延长扣押期限。S. 462. 35（2）. 根据法庭的决定可以在6 个月的基础上延长。S. 462. 35（3）. 在美国，根据《外国紧急经济权力法》（International Emergency Economic Powers Act）的宽泛规定，似乎只要不寻常和极端威胁存在或者美国持续处于军事敌对状态就可以一直扣押或冻结财产。

〔29〕 Guy Stessens, *Money Laundering*: *A New International Law Enforcement Model*（New York: Cambridge University Press, 2000）pp. 4 – 5; R. T. Naylor, "Washout: A critique of follow – the – money methods in crime control policy"（1999）32 *Crime*, *Law and Social Change* 1.

还有一点也值得注意，关于可以剥夺恐怖组织资产的措施，除非规定十分谨慎，否则也会影响到第三人，比如那些无意识违反冻结令的人以及那些与涉案财产有关的人。在有关措施涉及慈善组织时，这些问题尤为突出。有实质证据表明，美国针对伊斯兰慈善团体采取的相关措施，打击了来自穆斯林社会的捐助者的捐款热情。〔30〕

2. 哪些财产？

关于界定哪些财产属于可以从恐怖组织手中剥夺的财产，最核心的问题或许是，是否只应包括与恐怖主义活动有关的财产，还是应当包括所有与恐怖组织有关的财产。〔31〕关于可冻结的财产范围，第 1373 号决议中已有规定。该决议号召各国冻结“犯下或企图实施恐怖主义活动或参与或协助实施恐怖主义活动的个人所拥有，或直接间接控制的实体以及代表这种人和实体或按其指示行事的个人和实体的资金和其他金融资产或经济资源，包括由这种人及有关个人和实体拥有或直接间接控制的财产所衍生或产生的资金……”〔32〕。 195

第 1373 号决议没有规定哪类财产应当在被冻结后予以没收。而《1999 年禁止资助恐怖主义国际公约》采纳的概念范围比较窄，只是要求各国采取措施没收那些“为实施恐怖主义犯罪而使用或分配的资金或者从此类犯罪中获得的收益”〔33〕。此外，加拿大法律则规定，总检察长有权颁布没收令，不只是针对“已经或即将，部分或整体用于协助或实施恐怖主义活动”的财产，〔34〕还可以用于“为恐怖组织所有、控制或代表恐怖组织的财产”〔35〕。同时，美国《爱国者法》放宽了没收的范围，不仅允许没收所有属于恐怖组织或团体的设施、收益或财产，而且允许没收任何使得某人对恐怖

〔30〕 American Civil Liberties Union, *Blocking Faith, Freezing Charity: Chilling Muslim Charitable Giving in the "War on Terrorism Financing"* (New York: American Civil Liberties Union, June 2009).

〔31〕 另一个重要问题是，如何界定剥夺恐怖分子财产的措施对于第三方利益的影响范围？关于没收财产对于第三方利益影响的研讨，见 Kevin E. Davis， “The effects of forfeiture on third parties” (2003) 48 *McGill Law Journal* 183.

〔32〕 Resolution 1373, art. 1 (c).

〔33〕 Financing of Terrorism Convention, art. 8 (2).

〔34〕 Criminal Code, s. 83. 14, as amended by S. C. 2001, c. 41, s. 4.

〔35〕 Ibid., s 83. 14 (1).

组织具有“实质影响”的财产。[36]此外，《爱国者法》附加规定对《国际紧急经济权力法》作出了修改，允许没收任何外国个人、组织或国家的财产，只要总统或部长认定该财产被用于“计划、授权、帮助或参与”对美国的袭击。[37]

反恐法针对恐怖组织的财产而不是仅仅与恐怖主义活动有关财产进行规范的优缺点，类似于针对与具体活动有联系的行为人而不是恐怖组织加以限
196 制。一方面，这种方法使我们可以剥夺还没有用于具体恐怖主义活动，但最终有助于实现恐怖组织整体目标的财产。这种方法还可以减轻执法机关将财产与具体恐怖主义活动联系起来的举证责任。另一方面，剥夺行为人与任何恐怖主义活动有关的财产，在涉及目标不明或带有混合目的的组织的财产时，可能存在不适当的问题。

（四）监控条款

1. 概述和目标

禁止资助恐怖主义的法律规定或许是金融反恐斗争的最明显措施。另一种措施相对不那么明显但具有同等的重要性，包括使恐怖分子及其帮凶难以匿名持有或转移财产，进而有助于发现恐怖主义活动。[38]这些规定当然有助于约束与恐怖分子进行交易的行为，以及有助于没收涉恐资产。

2. 报告义务

最不引人关注的监控措施，是规定金融机构在获取到与恐怖分子交易或与恐怖组织财产有关的信息时，必须向政府报告。[39]1999 年《禁止资助恐怖主义国际公约》与金融行动特别工作组的建议中都规定了金融机构的报告义务，[40]

---

〔36〕 18 USC 981（G）[as amended by Patriot Act, s. 806]. 这些用语源自《反犯罪组织侵犯合法组织法》(Racketeer Influenced Corrupt Organizations)，意味着《爱国者法》的起草者将恐怖组织等同于犯罪组织。

〔37〕 50 USC 1702（a）（1）（c）[as amended by Patriot Act, s. 806].

〔38〕 关于相关美国法律的深度分析，参见 Mariano - Florentino Cuéllar, "The tenuous relationship between the fight against money laundering and the disruption of criminal finance"（2003）92 *Journal of Criminal Law and Criminology* 311.

〔39〕 这些规定有时也鼓励在金融机构之间分享信息。See Patriot Act 2001, s. 314（b）.

〔40〕 Financing of Terrorism Convention, art. 18（1）（b）; FATF, *Special Recommendations on Terrorist Financing*, Recommendation Ⅳ.

在本章提到的上述国家都可以找到类似规定。[41]依照加拿大的法律，如持有或控制的财产为恐怖组织所有或控制，则公民有义务公布个人财产，[42]而英国则要求公民报告可能资助恐怖主义的任何情形。[43]后面对这些规定的讨论 197
会提到哪些人有披露义务，哪些情形下需要报告，怎样会承担刑事责任以及怎样可以免除刑事责任。

事实上，我们很难去衡量报告义务究竟起到何种作用，有些作用只有在金融机构和执法机关分析这些报告的能力不断增强以后才能逐步显现。与此同时，应当衡量履行报告义务的成本，特别是考虑某些可能被忽视的成本正在不断增加，如报告义务不仅影响经济活动还侵犯个人隐私，使个人交易受到影响。还值得注意的是，报告义务的负担对每一个人来说并不平等，尤其是以种族或民族为标准要求报告的情形。[44]

3. 监控条款

其他监控条款更加引人注目且代价更高，因为其规定金融机构应报告行为人与普通公民在正常活动中的交易，而不是与恐怖分子嫌疑人交易或者本身即为可疑的交易。例如，美国《爱国者法》规定，金融机构对任何开立账户的人进行身份验证并保留用以验证其身份的信息，以便核实其是否出现在已知或涉嫌恐怖分子或恐怖组织名单之内。[45]在上述规定中，“金融机构”的定义极为宽泛。[46]

大多数此类义务最初都是由金融行动特别工作组在国际层面加以规定。例如，《打击恐怖主义金融的特别建议》规定，在线交易的汇款方和接收方信息都要纳入交易流程并要在整个交易流程中保留，[47]所有从事现金或有价证
券转账业务的个人或单位都要符合注册和许可条件，且要履行金融行动特别 198

---

〔41〕 Criminal Code, ss. 83. 1, 83. 11; Proceeds of Crime (Money Laundering) and Terrorist Financing Act, ss. 5 – 11 (in Canada); 31 CFR 103 (in the US); Terrorism Act 2000, s. 19, Proceeds of Crime Act 2002, ss. 330 – 2 (in the UK);

〔42〕 Criminal Code, s. 83. 1.

〔43〕 Terrorism Act 2000, s. 19.

〔44〕 Cheryl R. Lee, “Constitutional cash: are banks guilty of racial profiling in implementing the United States Patriot Act?” (2006) 11 *Michigan Journal of Race and the Law* 557.

〔45〕 31 USC s. 5318, [as amended by Patriot Act, s. 326].

〔46〕 31 USC 5312.

〔47〕 FATF, *Special Recommendation on Terrorist Financing*, Recommendation Ⅶ.

工作组规定的反洗钱义务。〔48〕

这些条件旨在规范和监控跨境交易，也就是所谓的替代汇兑体系，如“哈瓦拉（Hawala）”〔49〕。这样做是因为人们普遍认为“基地”组织及其附属实体主要依靠这类渠道来转移资金。〔50〕然而，替代汇兑体系（成本低廉）同时也是合法资金进行汇兑的重要渠道，尤其是对那些试图向在没有银行服务的偏远农村的家人汇兑现金的移民或难民而言。限制合法行为人使用替代汇兑体系的社会成本显而易见，而对恐怖主义融资的影响则很难评估。〔51〕

值得注意的是，监控规定不需要仅仅针对高度可疑的交易，亦不需要针对所有正常交易。在这两种极端情形之间，可以尝试找到一种中间措施，只针对一定范围的、通常可被用于恐怖主义目的的交易。例如，人们普遍认为慈善组织在为“基地”组织及相关人员或实体，尤其是东南亚的相关组织转移资金过程中起到重要作用。〔52〕为此，《金融行动特别工作组特别建议（八）》规定了一系列措施，对非营利组织进行监控，包括保存记录和“了解受益人及其关联非营利组织”〔53〕。

这些监控措施的成本不只包括必须遵照、执行这些规定的当事人的直接成本，因受到监控而被侵犯隐私的当事人也要付出“代价”。正是出于这方面
199 的担心，欧盟出台有关规定，对欧盟与美国之间的银行交易数据共享做出限制。〔54〕

（五）程序标准

金融反恐措施的适用会带来严重的后果。首先，受这些法律规制的个人有可能承受牢狱之灾。其次，从雇员、家属或朋友那里被剥夺财产和资源的

---

〔48〕 Ibid., Recommendation Ⅵ.

〔49〕 31 USC 5330; Tim Golden, “5 months after sanctions against Somali company, scant proof of Qaeda tie”, *NY Times*, 13 April 2002, A10（报道自“9·11”事件以来，美国迅速关闭了索马里的地下金融网络）.

〔50〕 Second Report of the 1363 Monitoring Group, para. 85.

〔51〕 Nikos Passas and Samuel Munzele Maimbo, “The design, development, and implementation of regulatory and supervisory frameworks for informal funds transfer systems”, in Thomas J. Biersteker and Sue E. Eckert (eds.), *Countering the Financing of Terrorism* (New York: Routledge, 2008), p. 174.

〔52〕 Second Report of the 1363 Monitoring Group, para. 57 – 8; Jeroen Gunning, “Terrorism, charities and diasporas: contrasting the fundraising practices of hamas and al Qaeda among Muslims in Europe”, in Biersteker and Eckert *Countering the Financing of Terrorism*, p. 93.

〔53〕 FATF, *Special Recommendation on Terrorism Financing*, Recommendation Ⅷ.

〔54〕 James Kanter “Europe resumes sharing bank data with U. S.”, *NY Times*, 8 July 2010.

个人“实际上受到了惩罚”〔55〕，他们的配偶或家人也跟着遭殃。在一个案例中，某女子的丈夫被英国政府发布了冻结令，该女子被要求向财政部报告每一项家庭支出，不管数额为多少。〔56〕最后，监控措施对个人隐私也造成严重侵害。

各种金融反恐措施适用带来的严重后果，促使人们关注各国或国际上对于适用这些措施的程序性规定。其中一些是关于政府必须满足的举证责任要求，还有一些是关于由哪些机构来决定是否适用相关措施，是否应当在作出决定的前后提供复核机会，是否应当设立监察员？司法审查程序和听证权如何保障？另外还有一些关于裁决程序的透明度问题。所有这些问题都需要将程序公正与特定情况下的国家利益进行衡量，进而允许在国家利益需要的前提下仅仅根据有限信息在短时间内发布禁令，特别是在延误时机或预先警告可能使得目标有时间转移资金的情况下。与此同时，透明度也要求必须与信息来源保密之间达成平衡。

这方面的法律法规自 2001 年以来也得到了重要发展。最引人注目的是为 200
恐怖组织名单附加保障程序。这些保障措施包括：要求相关国家提供更多作为制定名单依据的信息；提供将某人加入名单的具体理由；公布相关理由（除非相关国家提出相反要求）；提供监察员和督查小组协助搜集用以撤销的信息；对 3 年或 3 年以上未经复核的人员进行年度复核，以更新名单或保持名单的适当性。〔57〕然而，在联合国内部还没有对 1267 委员会决议进行复核的规定。

安理会的某些改革是因为受到“9·11”事件以后不久出现的司法裁决或者是关于程序公正方面的建议性申诉的促动。相关司法裁决是在公民对被纳入 1267 委员会名单，并且受到本国法院或国际法院相应制裁时提出异议的过程中作出的。最著名的裁决是在卡迪（Kadi）和阿尔－巴拉卡特（Al Barakaat）诉欧洲联盟委员会和欧洲共同体委员会案中作出的，欧洲人权法院在该案中废止了一项依据安理会决议确定某人与“基地”组织或“塔利班”有关

〔55〕 A and others v. HM Treasury [2008] EWCA Civ 1187; [2009] 3 WLR 25, para. 125, per Sedley LJ.

〔56〕 R (M) v. HM Treasury [2008] 2 All ER 1097 (HL).

〔57〕 UN DOC., S/RES/1735 (2006), S/RES/1822 (2008), S/RES/1904 (2009).

的规定，因为该项规定侵犯了听证权且违背了有效司法保护的原则。〔58〕上述裁决促成1267委员会对有关程序做出了至今为止最为深远的调整。〔59〕然而，这些调整远远无法满足人们的要求。就在安理会调整有关规定1个月之后，英国最高法院否决了一系列关于执行安理会决议的指令，理由是决议中所要求的内容必须经过议会批准而不能仅由行政机关决定。〔60〕在说明中，大法官们提到安理会决议内容涉及严厉的制裁措施，却规定了较低的举证责任，且没有提供足够的有效司法救济措施。〔61〕数月之后，欧洲人权法院否决了一项
201 关于确认将卡迪纳入黑名单的规定，理由是新程序没有向卡迪说明将其纳入黑名单的依据，或是为其提供寻求司法救济的机会。〔62〕

相对于安理会决议，国内的法律程序呈现了更多的程序正义，并且一直朝着更加有效保护程序正义的趋势发展。例如，英国财政部根据《2008年反恐怖主义法》规定了司法审查程序。〔63〕加拿大没有对实体法做出修改，但大大增加了冻结、扣押及没收资产必须满足的程序要求，尤其是对于以下情形的程序要求更为严格：仅仅依据行政机关对恐怖组织的认定而颁布的冻结财产令（提供事后司法审查）；法官认为“有合理依据”怀疑财产与恐怖主义活动有关而进行扣押；〔64〕以及法官“经过平衡各种可能性”采取没收措施。〔65〕

这方面的大部分内容与美国联邦法律采取的措施一致，尤其是在2004年对外国恐怖组织的认定程序做出调整之后。根据上述调整，美国允许相关组织在被列入名单后提出复核申请；如果当时没有提出申请的，5年后可以申请重新评估。〔66〕关于各国反恐立法呈现日趋注重程序公正的趋势，有一个例外值得注意，那就是美国《国际紧急经济权力法》。经过《爱国者法》修订，

---

〔58〕 3 CMLR 41 (2008).

〔59〕 UN DOC., S/RES/1904 (2009).

〔60〕 A and others v. HM Treasury [2008] EWCA Civ 1187; [2009] 3 WLR 25.

〔61〕 Ibid., paras. 58 - 61, 78 - 82, per Lord Hope.

〔62〕 Kadi v. Commission of the European Union and Council of the European Communities, 30 September, 2010.

〔63〕 Counter - Terrorism Act 2008, s. 63.

〔64〕 Criminal Code, s. 83.13 (1).

〔65〕 Criminal Code, s. 83.14 (5).

〔66〕 Intelligence Reform and Terrorism Prevention Act 2004, Pub. L. 108 - 458, 118 Stat. 3638, Titles Ⅵ (subtitles B, D, G) and Ⅶ (subtitle A) (amending 8 USC § 1189).

《国际紧急经济权力法》允许财政部几乎可以全权决定无限期冻结某人的财产，不必按照联邦有关没收的法律规定提供证据或程序保护。〔67〕《国际紧急经济权力法》关于允许（不经司法审查）无限期冻结财产直至相关调查结束的规定，因违反有关无令状扣押和正当程序保护的宪法保障而受到质疑，而且相关质疑在多起案例中得到了支持。〔68〕

三、贯彻和执行

影响广泛的刑罚规定和打击恐怖主义融资的专门措施为执法者提供了相当大的自由裁量权。关于这类裁量权被滥用的投诉也很多，尤其是在移民和西方国家的穆斯林群体问题上。〔69〕 202

有理由相信，这些投诉反映出执法人员在打击恐怖主义融资方面存在严重问题。库勒尔（Cuellar）最近指出，执法人员无法明智地行使打击恐怖主义融资方面的自由裁量权。〔70〕他举了一个执法人员的惯常行为作例子，说明他们经常为迎合选民行使其自由裁量权。然后，他还认为选民并不了解执法人员打击恐怖主义融资的具体措施以及这些措施的实际效果。在他看来，选民更喜欢高调地起诉资助恐怖主义者，而不管这些措施是否起到实际效果，也不去关心那些采取更为有效但并不显眼的措施去打击恐怖主义融资的执法者。

据此，库勒尔预测执法者不会再以降低恐怖主义威胁为目的去行使自由裁量权。而至少会从以下三个方面去曲解这一目标：第一，他们很可能关注那些更受关注的案子，因为在其他案子上花费功夫不易引起选民的注意。第二，执法者可能会更喜欢查处受选民歧视人群的案子，因为这样更容易使选

---

〔67〕 US Code, Title 50, s. 1702 [as amended by Patriot Act, s. 106]. 正如前面提到的，引发这一事件的诱因是美国遭受恐怖袭击，总统决定对计划、授权、协助或参与恐怖袭击的组织或团体进行制裁。

〔68〕 Kind Hearts for Charitable Humanitarian Development, Inc. v. Geithner, 647 F Supp 2d 857 (ND, Ohio 2009). Cf. Islamic Am. Relief Agency v. Unidentified FBI Agents, 394 F Supp 2d 34, 47 – 8 (DDC 2005); Holy Land Foundation for Relief and Development v. Ashcroft, 219 F Supp 2d 57, 79 (DDC 2002).

〔69〕 American Civil Liberties Union, *Blocking Faith*, *Freezing Charity*.

〔70〕 Mariano Florentino Cuéllar, "The mismatch between state capacity and state power in the global attack on criminal finance" (2003) 22 *Berkeley Journal of International Law* 15.

民相信这类做法有助于打击恐怖主义。第三，在选民无法区别哪些行为人具有更大威胁时，执法者会倾向于查处那些自己不喜欢的人。

库勒尔这种说法存在缺陷，他假设选民仅仅根据自己感受到的执法者为
203 打击恐怖主义所做的努力来褒扬执法者。如果是那样，那么选民也可依据执法者采取行动得到的成果来评论执法者，同时那些没能阻止恐怖主义活动的执法者也会受到选民的惩罚。在恐怖袭击多发的国家，这足以成为促使执法者采取措施减少恐怖主义威胁的理由。但另一方面，库勒尔的模式可能更多地被应用于那些并没有直接受到恐怖主义威胁的国家，但这些国家却承受着来自直接受到威胁的国家的压力，要求它们采取相应的反恐行动。在这些国家，政府也可能按照库勒尔提出的模式行事，目的是取悦那些被蒙在鼓里的外国机构（而不是受到蒙蔽的选民）。[71]

即使我们搁置库勒尔关于选民被蒙蔽且执法者应对恐怖主义威胁的动机不纯的说法不谈，关于执法者打击恐怖主义融资的方式还有很多问题值得我们担心。在理想状态下，执法者不仅应当降低反恐成本，还应降低为反恐而给无辜民众带来的负担。然而，正如库勒尔注意到的那样，执法者可能不会兼顾所有人的利益。例如，他们可能不会特别关注那些未能引起更具权利群体注意的少数民族的利益。同样，任何国家的执法者通常会忽视外国居民的利益。因此，我们有理由担心，执法者会在打击恐怖主义的过程中，制度性地加重某些少数族群和外国居民的负担，与少数族群对反恐措施的抱怨是一致的。这也揭示出一个道理，受到恐怖主义威胁的国家希望采取全球性监控措施，这在那些没有直接受到恐怖主义威胁的国家看来就是一种负担。

未来最重要的申诉主要是要求制定能够解决上述问题的法律对策。例如，在美国，关于禁止向指定外国恐怖组织提供物质支持的法律已经受到合宪性
204 质疑，理由是相关规定过于宽泛和模糊。正如我们已经讨论过的那样，关于上述规定过度侵犯了言论和社交自由的观点，被霍尔德诉人权法项目案的多数意见驳回。该案的当事人还提出物质支持的定义过于模糊，以至于剥夺了他们就自身行为是否被禁止所享有的公平告知权。美国联邦最高法院一致驳

〔71〕关于该推测的事实证据，见 Salman Masood，“Path out of poverty is cut short by anti - terror snare”, *NY Times*, 10 May 2004（援引马其顿政府的官方声明，该国之前已经拒绝了 7 份投资移民申请，作为“参与反恐战争并承诺打击恐怖主义”的象征）。

回了上述主张，很明显是因为该概念的内容在很大程度上十分宽泛，足以涵盖当事人的所有相关行为。然而，这一裁决仅限于特定范围，因为最高法院仅仅考察在特定情形下相关法律适用于当事人时是否违宪。尽管最高法院承认在审查法律是否违宪的过程中，希望民众避免受到刑事指控的危险，但其回避了如何就“服务于”外国恐怖组织的规定进行明确阐释的问题。[72]

即使在前面提到的人权法项目案中，并未涉及很多反恐法律措施，留待以后遇到滥用裁量权问题时再做判断。例如，该案的当事人并没有提及上述规定违反了正当程序要求，因为该规定鼓励任意的或带有歧视性的执法。他们也没有提到关于种族或民族歧视的内容。[73]此外，该判决只是针对众多美国金融反恐立法当中的一项规定。

四、效果

从本质上讲，金融反恐措施的方式难以分析，很多采集的数据也不对公众公开。正是如此，对于现行措施的效果很少有任何系统的评价。[74]由于缺少这类分析，关于这些措施的效果一直存在争议。有证据表明，恐怖组织的资金来源受到了阻滞（尽管没有被切断），通过监控获取的金融信息对于了解 205
和阻滞他们的行动网络有很大帮助。[75]

关于大多数金融反恐方面的法律没有起到什么效果的观点似乎也是正确的，因为减少恐怖组织资金来源的法律措施都面临着两方面的阻碍：第一，恐怖组织的经济活动通常很难被发现，至少是那些针对“微小”目标的行动，因为它们涉及的财产金额很小。据估计，“9 · 11”恐怖袭击的活动预算只有 4 万到 5 万美元，其中大约 3 万美元是通过美国的银行系统转移的。[76]即使能够监测到由这些小额现金组成的大额转账，也没有哪个执法机构能够利用

〔72〕 Holder v. Humanitarian Law Project, 130 SCT 2705 (2010).

〔73〕 Laura K. Donohue, “Constitutional and legal challenges to the anti - terrorist finance regime” (2008) 43 *Wake Forest Law Review* 643.

〔74〕 Levi, “Combating the financing of terrorism”.

〔75〕 Arabinda Acharya, Targeting Terrorist Financing (New York: Routledge, 2009), pp. 117 - 19; Biersteker and Eckert, *Countering the Financing of Terrorism*; Levi, “Combating the financing of terrorism”.

〔76〕 John Roth, Douglas Greenburg and Serena Wille, *Monograph on Terrorist Financing*, (National Commission on Terrorist Attack Upon the United States, 2004), Appendix A.

这样的监测结果来确定其为非法转账行为。

第二，恐怖组织的经济活动有各种替代渠道。即使近来的法律改革增强了执法机关监测和惩处某些与恐怖分子交易的能力，但显然无法阻止恐怖组织获取资金的所有渠道。例如，我们现在已经确定，“基地”组织获取资金的渠道包括通过伊斯兰慈善组织获取来自国家、个人或组织的捐助，通过内部人员的违法活动如贩毒和诈骗获取资金，还有通过内部人员的合法商业经营，如蜂蜜、宝石交易及船运控股获取资金。[77]近来，一直有人主张进行立法或采取外交行动来切断恐怖组织从外部获取资金的渠道。但即使这些措施完全
206 取得成功，类似“基地”组织的恐怖组织还可以靠内部资金来维持。例如，马德里爆炸案的资金就可能完全来自该组织的内部资金。[78]

因此，执法活动或许可以在某些国家切断某些形式的外部资金，但恐怖组织仍可以运用替代渠道或者从其他国家获取外部资金。例如，即使执法机关能够阻止恐怖分子由埃及向美国进行网络转账，但无法阻止恐怖分子通过“哈瓦拉（Hawala）”先向马来西亚转移资金，然后再经由新加坡向美国汇款。

本章第二节已经说明，以打击恐怖主义为目的的金融措施给合法经济活动带来了巨大的负担。还需要注意一点，这些承受额外负担的人可能为打击恐怖主义金融措施所困扰，进而影响了他们支持其他反恐措施的普遍意愿。在衡量对目前的法律规定做出修改还是保留的问题时，这些成本都要考虑在内，尤其是在收益很小的情况下。

五、结论

本章描述了金融反恐方面的法律规定以及这些法律带来的问题，其中最为实质的问题是这些法律的适用范围过宽。很多人认为，这些法律增加了合法行为人的负担（经济或其他形式）。例如，关于向宗旨不明或具有混合目标的组织捐款的规定，影响了很多慈善组织的募捐活动，因为这些组织觉得为

---

〔77〕 Second Report of the 1363 Monitoring Group, para. 31; Judith Miller and Jeff Girth, “Honey trade said to provide funds and cover to bin Laden”, *NY Times*, A1 11 October 2001; Robert Block and Daniel Pearl, “Underground trade: Much – smuggled gem called tanzanite helps bin Laden supporters”, *Wall Street Journal*, A1, 16 November 2001; “Peril on the sea”, *The Economist*, 4 October 2003.

〔78〕 Elaine Sciolino, “Complex web of Madrid plot still entangled”, *NY Times*, A1, 12 April 2004.

募捐活动准备各种文件实在太费功夫。[79]同样，关于开设银行账户和网络汇
款的规定，给金融机构及其客户带来了沉重的负担，既包括履行程序的成本， 207
也包括没有确凿证据可以证实但被普遍认为是极为重要的成本，即对隐私的侵犯。通过这种方式增加无辜行为人的负担不仅看起来不公平，而且还有可能妨碍对社会有意义的活动，并有可能造成受影响社团的不满情绪。

另外一个与之相关的问题是，这些法律规定的实施带有不合理或任意性。在国内层面，问题主要集中在这些规定可能不利于社会上最弱势的群体，如少数种族或民族人群。在国际层面，类似的问题主要集中在这些法律规定的执行可能为某些弱势的国际社会成员带来沉重的负担。此外，在上述两种情形中我们都有理由确信，执法人员有可能只关注于最易发现的威胁而忽视同等重要的潜在威胁。

最后一个问题是金融反恐斗争因打击恐怖主义融资措施的固有缺陷而注定会失败。用来打击恐怖主义融资的国内及国际法律体系，或许就像它们的外在形式那样不堪一击。在此情形下，很难说为制定这些法律体系所耗费的成本物有所值。

很显然的是，鉴于上述问题的存在，我们应当经常对现行的金融反恐对策进行全面审查。

---

〔79〕 Stephanie Strom, "Small charities abroad feel pinch of U. S. war on terror", *NY Times*, 5 August 2003, A8. Humanitarian Law Project v. United States DOJ, 130 SCT 2705 (2010).

第9章

尊重他人权利的责任：合法性与人性

科林·哈维*

208 ## 一、引言

（一）挑战和连续性

移民法起源于国家对地域的标记，通过建立规则决定哪些人可以进入，哪些人可以居留、哪些人可以被驱逐（按照国籍法或公民法界定成员身份），最终实现国家的自我界定。然而，国家在移民法问题上总是认为“其他人”构成危险，进而影响本国的社会稳定。[1]所有国家都或多或少地会有这种看法，因此对国籍取得和移民规定了严格的法律措施。

实践中，移民为国家带来了诸多好处，但国家认为移民也会带来风险。从法律角度来看，移民法就是用来防止这些潜在危险进入本国，并且规定了很多条款用于排除那些被视为会危害国家安全和公共秩序的移民，包括战时集中营、[2]大规模或单独驱逐出境[3]，以及将超期居留的人驱逐出境。长

---

* 科林·哈维（Colin Harvey），贝尔法斯特皇后大学法学院教授、法学院院长。

〔1〕 Jef Huysmans, *The Politics of Insecurity*: *Fear*, *Migration and Asylum in the EU* (Oxford: Routledge, 2006), p. 47: “移民和庇护成为组成实政主义政治辩证法的一个因素，某人是否能够获得群体认识和身份，取决于其是否对该群体构成危险。”

〔2〕 David Cole, Enemy Aliens: *Double Standards and Constitutional Freedoms in the War on Terror* (New York: The New Press, 2003).

〔3〕 R v. Secretary of State for the Home Department, ex parte Cheblak [1991] 2 All ER 319（1991 年海湾战争后驱逐伊拉克人和巴勒斯坦人）.

期以来，大多数国家的移民法拥有成熟的法律规定，赋予执法者令人敬畏的权力。

难民或寻求政治庇护的人需要有效的国际保护，因为他们所逃离的国家 209
侵犯人权，或是国家法律秩序遭到破坏，他们也可能是为了逃避亲身参与的冲突或者本身就是冲突目标。如果这些人得到了国际保护，他们很可能开始积极参与政治活动（或许改变原来的主张）或是在国外为政治运动争取支持。尽管他们或许是冲突的受害者或幸存者，但难民或政治庇护身份无法阻断这些人复杂的政治和社会关系，他们还是会参与表达政治诉求或主张的活动。当这些活动逐渐趋近恐怖组织或者当事人仅是“可疑群体”[4]的一员，问题就会随之而来，主要体现在三个方面：一是将恐怖分子排除在难民身份认定之外的过程中（《1951年国际难民公约》第1F条）；二是政府部门制定措施处理现有和正在形成“可疑群体”的过程中（可能影响到难民或政治避难申请人）；[5]三是尝试（在这方面似乎更积极努力）将可能威胁国家安全的政治避难申请人排除在外的过程中。人们始终担心上述情形的出现存在很多问题，至少在后两种情形中，会不断出现侵犯人权的问题。诸如包括英国在内的国家越来越担心来自国外的恐怖主义威胁，通过立法规定了广泛、严格的预防措施（不包括废止《1998年人权法》），这些法律开篇通常规定了人权条款，例如，国家有义务保护全体国民的生命权以符合《欧洲人权公约》第3条规定的绝对权利。

（二）移民法的运用？

相继发生的美国“9·11”事件、西班牙“3·11”事件及英国“7·7”事件等恐怖袭击，使得人们高度关注现行反恐立法和政策的效果，并采取更
多、更新的“先发制人”的措施。作为这种普遍焦躁及恐惧情绪的一部分，有 210
关庇护、移民及国籍方面的法律规定被用于“打击恐怖主义的国际战争”[6]。由于移民和庇护法本身具有灵活性，且不像刑事法那样具有严格的程序和人

---

〔4〕 Paddy Hillyard, *Suspect Community: People's Experience of the Prevention of Terrorism Acts in Britain* (London: Pluto Press, 1993).

〔5〕 Ibid.

〔6〕 本书第20章肯特·罗奇文；Howard Adelman "Refugees and border security post – September 11" (2002) 20 Refuge 5; Kate Martin "Preventive detention of immigrants and non – citizens in the United States since September 11th" (2002) 20 Refuge 23.

权保护规定,〔7〕因此很容易被用于打击恐怖主义(上述法律经常被修订和强化)。在反恐斗争中,移民和庇护法似乎能够满足政府打击恐怖主义的需要(这些权力总是可以被扩展),但也存在诸多不足,甚至在重要问题上直接让政府难堪。这是因为,政府维护国家安全的责任与现行移民法律和政策之间的联系显而易见,〔8〕国家制定移民和庇护法主要是出于对移民可能威胁国家安全的担心。对于那些关注移民和庇护法的人来说(已经有长期确立的公法准则),这种担心似乎有点奇怪和多余。政府一直以来已经在移民问题上表现得足够敏感且积极,难道公设律师没有注意到这一点?

对于上述"立场改变规则"的新观点,我们应保持足够的理性与谨慎,理由有三:首先,移民和庇护法是专门为解决被迫移民的人遇到的"例外情形"而规定的,其中稳定和安全是核心事项。〔9〕移民法通常都是在大规模国际冲突和大规模人口迁移之后制定的,在此过程中经常伴随着战争罪、反人类罪和其他严重罪行,反映了充满冲突和前所未有复杂情况的世界局势。移民法承认,人们在自己居住的国家可能被卷入政治斗争,因此需要到其他地
211 方寻求政治庇护。但是,当这种政治斗争采取暴力形式且符合恐怖主义特征时,移民问题随之变得复杂。

其次,因移民产生的"安全争论"在"9·11"事件之前就已经开始。〔10〕长期以来庇护机制构成潜在安全威胁的观点一直存在,过去10年这一说法日趋普遍。我们并不否认国际移民会带来潜在安全威胁这一说法的真实性和可信性;恐怖分子确实也利用移民制度。在此,我们建议从历史的角度去思考应对措施,〔11〕也就是说,国家安全的压力远非完全由移民大潮所带来。〔12〕《1951年关于难民地位的国际公约》就承认国家安全问题比难民问题更值得

〔7〕 Stephen Legomsky "The new path of immigration law: asymmetric incorporation of criminal justice norms" (2007) 64 *Washington and Lee Law Review* 469.

〔8〕 Daniel Moeckli, "Immigration law enforcement after 9/11 and human rights", in Alice Edwards and Carla Ferstman (eds.), *Human Security and Non-citizens: Law, Policy and International Affairs* (Cambridge University Press, 2010), Chapter 13.

〔9〕 Adelman, "Refugees and border security", 11 (最终没有证据证明移民与恐怖主义之间有关联).

〔10〕 Huysmans, *The Politics of Insecurity*.

〔11〕 Prakash Shah, "Taking the 'political' out of asylum: the legal containment of refugees' political activism", in Frances Nicholson and Patrick Twomey (eds.), *Refugee Rights and Realities: Evolving International Concepts and Regimes* (Cambridge University Press, 1999), pp. 119-35.

〔12〕 Reg Whitaker, "Refugee policy after September 11: not much new" (2002) 20 Refuge 29.

关注，尤其是从欧洲人权视角来看待这一问题。最后，正如我们已经注意到的，现行立法已经包含了应对移民问题的成形模式，在反恐的时代背景下，我们应在现行法律框架下采取新的措施而不是完全割裂与过去之间的联系。

英国政府在制定移民政策时，既考虑了维护国民安全的需要，也考虑了国家自我定义的需要，这一趋势也出现在其他国家。对于政治庇护以及反恐政策影响的担心，已经达到了最高的政治层面，并且超出了国家的范围。例如，“9·11”事件后，联合国安理会明确提出，不能给恐怖分子留有任何藏身之地，不能让“恐怖主义活动的实施者、组织者或协助者”滥用难民身份〔13〕。这一立场在2005年7月7日之后有进一步体现，时任英国首相的托尼·布莱尔（Tony Blair）强调，“游戏规则正在改变”〔14〕。需要注意的是，这种趋势与各国明确承诺进一步尊重国际法，包括难民法和人权法的趋势相一致。换言 212
之，各国在此期间没有通过立法来剥夺公民权利，相反，各国积极提供权利保障以显示其行为的合法性。上述情况说明合法性原则始终发挥着作用，当然，反恐政策对难民及庇护申请人的影响也表明，我们在该问题上要始终保持警惕。正因如此，有人提出，要想使侵犯人权的行为得到有效限制，法律原则的精髓不能只反映在某一部法律之中，而是应当根植于更广泛的法律领域。事实上，反恐、全球冲突和移民均属于棘手的问题，但国际社会已努力予以应对。

（三）共同规则

概言之，我们究竟要说明什么问题？本章主要想说明合法性原则的重要性，通过英国的实例来说明在移民法及其他法律部门中应该体现怎样的合法性。〔15〕这是对反恐机制创新进行争论的结果。尽管历史“并非总是简单重复”〔16〕，或是先是以悲剧开场紧接着一场闹剧，〔17〕人类历史所呈现出的规律足以表明还有其他因素在起作用，尤其是当我们被告知“游戏的规则”已经被改变，〔18〕或是被告知我们正面临着绝无仅有、史无前例的威胁，必须进行

---

〔13〕 UN SC Res. 1373 (28 September 2001) and 1377 (12 November 2001). 本书第2章C. H. 鲍威尔文。

〔14〕 UN SC Res. 1624 (16 September 2005); Tony Blair, Speech, *The Guardian*, 5 August 2005.

〔15〕 Appellate Committee of the House of Lords, and now the UK Supreme Court in particular.

〔16〕 Friedrich Nietzsche, *The Gay Science* (New York: Random House, 1991).

〔17〕 Karl Marx, "The eighteenth brumaire of Louis Napoleon", in Lawrence H. Simon (ed.), *Selected Writings* (Indiana Polis, IN: Hackett Publishing Company Ltd, 1994), p. 187.

〔18〕 Tony Blair, *The Guardian*.

调整和创新之时。[19]这些争论以其执着的存在主义焦躁（及决定主义的雄辩），奇怪且令人惊异地映射出恐怖主义的特征，使其带有违背民主和法治的倾向。尽管反恐措施与恐怖主义的区别很明显，但都出于某些政治、经济或社会目的，试图与过去进行象征性的实质分割；都希望回避持续的、为大众所需要和民主生活所必需的限制——主要是回避民主对话和说服工作。在实
213 践中，逐步累积的不安全感、紧张感、恐惧和不信任感促使国家背弃宪政民主赖以为基础的根本价值，甚至是违背法治理念所倡导的价值。即使为了生存之需要，我们也必须坚守这些根本价值（在具体法律、政策和实践中可以找到明确的规定）。如果有人以合法性为由违背了普通法传统下的宪政主义原则，那么应对之进行批评。[20]因此，为了达成遏制恐怖主义的共同目标，每一个人都应当了解将要采取哪些步骤以及最终会出现怎样的情形。

二、合法性理念是否起作用？

在英国公法领域，司法作用怀疑论者（并且对于议会出现的问题十分担心）与司法作用强化论者（对议会出现的事情也很担心）之间的争论仍很激烈，但争论双方都觉得应当对行政执法权进行限制，然而具体应该采取怎样的措施，双方的意见并不统一。这是一个令人乏味的旧话题，在新的法治环境下被赋予了新的生机。那些对司法作用持怀疑态度的人，认为应当由议会（在更为丰富和宽泛的民主环境下）来提供更为有效的人权保障。在他们看来，议会不仅处在恰当的位置，而且还拥有民主制度赋予的对执法权进行监督的合法地位和权威（成为违法行为的天然障碍）。那些对议会多数意见决议制持怀疑态度的人则认为，只有法律和法庭才能够提供必要的制约。从务实的角度来看（从保护难民和政治庇护申请者的角度），过于依赖被执法机关主导的议会会产生很多问题，正如法官可以为司法实践提供程序保障一样，议会也可以让执法过程看起来更富于民主色彩。倡导民主的人们有理由担心议会受执法机关控制（以及首相控制执法机关），尤其是在国内和国际安全环境不佳的情况下，这也是之所以要在议会决议制中贯彻合法性原则的根本原因。

---

〔19〕 Ibid.

〔20〕 Thomas Poole, “Constitutional exceptionalism and the common law” (2009) 7 *International Journal of Constitutional Law* 247.

当然，法院通过发挥在公法领域作出终局裁决的司法功能，在权力制约过程 214
中也会起到关键作用。即使完全从民主、共和的角度来解读，我们也要知道法院应当做什么以及应当遵循何种原则，最近有几篇文章阐述了这些问题，诸如汤姆金斯（Tomkins）的文章。[21]上述讨论在移民法问题上有重要的实践意义，因为在移民法领域，执法机关可以不必对立法机关负责。

一个实际问题是英国政府不断限制个人就政治庇护裁决提出上诉的范围。如果给过去 10 年确定一个主题的话，就是政府面临要求加快庇护审批程序的空前压力，以及为那些无法抵达英国的人提供申诉渠道（例如，要求申请人提供本国签证、飞行禁令和第三国安全规则及其他一些必须满足的条件）。自 20 世纪 90 年代中期起，英国启用了快速程序及其他一系列措施，包括赋予和限制当事人的上诉权，导致人们对庇护申请的上诉制度一直存在质疑，[22]尤其是中间还曾经出现过全盘取消司法审查的尝试（未果）。[23]然而，其他谨慎的法律或政策措施也会招致同样的反对意见（或许不会引起如此广泛的激烈反应）。无论认为司法应当发挥怎样的作用，有一点是不变的，那就是政治庇护裁决的申诉更加困难，或者大多数申诉难以获得认真对待。这说明，法治不仅因直接取消司法审查而受到削弱，而且还受到试图弱化自身勤勉义务的政策框架之侵蚀，这也是我们为什么要向各机构和社会各界宣传“法治规
划”的原因。借用戴岑豪斯提出的概念，“法治规划”需要超出法官、律师、 215
公务员和政客的范围，并且在实践过程中赋予其更多的内涵。

英国需要采取这样一种方法，那就是既要承认议会民主制的重要性，又要加强议会、司法和执法机关对所有人的权利保障，尤其要重点关注弱势群体和边缘群体（客观地裁决）。[24]在移民和政治庇护问题上，这种方法无法通过对执法机关的过度放权来实现，尤其是在国家安全局势紧张的情况下；如果我们对司法进行过多限制，同样无法实现这一目标。我们不能在执法、

---

〔21〕 Adam Tomkins, “The role of the courts in the political constitution” (2010) 60 *University of Toronto Law Journal* 1 – 22 and Adam Tomkins, “National security and the role of the courts: a changed landscape?” (2010) 126 *Law Quarterly Review* 543. Tomkins 认为 Belmash 的判决更像是“一次性”而非“标志性”的，实践中下级法院（行政法院、移民问题特别委员会、被禁止组织上诉委员会）在上诉过程中的观点更为固定。

〔22〕 这不是惟一的；此类批评在很多希望快速得出结果但面临法律障碍的程序中随处可见。

〔23〕 A. W. Bradley, “Judicial independence under attack” [2003] *Public Law* 397.

〔24〕 Rabinder Singh, “Equality: the neglected virtue” [2004] *European Human Rights Law Review* 141.

立法或社会措施失效时，总是指望法院作为替代措施（就像其他道路不通，只能沿此道路前行一样）。建立移民问题特别上诉委员会（SIAC）等“混合”机制，提出相应的办法以解决各种矛盾需求，非但没有得到预期的效果，反而使得本已十分复杂的争论更加复杂化。〔25〕也有人提出其他的解决方案，即我们或许可以先不去考虑应该由哪个机构来决定以及法治的内容是什么，但这样又有可能陷入含义不明、概念不清以及侵犯人权的危险。在一个处处受到质疑的普通法制度下，戴岑豪斯的“法治规划”究竟意味着什么？在我看来，强调合法性并不是要恢复普通法的宪政主义，充其量只能用来说明展开制度讨论的必要性，这种讨论应当基于基本原则、价值及观点之上，而不是
216 机构之间相互推诿，或者提出一些无关痛痒的建议。当国家安全处于紧张状态时，现有法律制度（以及维系其运行的原则）必须得到适当且令人信服的解释和适用。这不一定完全要由司法机关落实，尽管法官有义务说明法律原则在具体法律制度下的含义。在英国，议会各委员会、军事情报机构、政府部门、人权及相关机构、法律职业者以及非政府组织都有责任去提倡那些有利于维护法律秩序的价值，这还可以进一步引申为每个人都有义务去维护和尊重人权。各方均应反对侵害人权的现象，并且从合法性原则中寻找灵感。在本章看来，坚持对法治原则的实质性理解的方法是具有说服力的，即坚持合法性原则具有明显的道义和政治优势。正如戴岑豪斯一再指出，法治是一种有助于促进政治制度及法律文化正当性的政治理念，〔26〕其目标应当是反映法律具有可争辩性及能动性的本质特征以及法律的基本价值。〔27〕在政治语境

〔25〕 特别委员会的成立直接源于 Chahal v. UK (1996) 23 EHHR 413。法院认定英国原有的委员会制度违反《欧洲人权公约》第13条和第5（4）条。David Dyzenhaus, *The Constitution of Law*: *Legality in a Time of Emergency* (Cambridge University Press, 2006), p. 205：尽管承认移民问题特别委员会模式存在问题，但也有积极的方面，“……相较英国以前在面临紧急状态时依法处置方面的做法，它更好地维护了法治原则”。他还谈到灰色（而不是黑色）地带，认为这有助于减小政府的“任意性”但没有什么实质作用。在对本书经常提到的“法治计划”进行评价时，在戴岑豪斯看来，目前法官维护的是法制而非法治。

〔26〕 David Dyzenhaus, “The permanence of the temporary”, in Ronald J. Daniels, Patrick Macklem and Kent Roach (eds.), The *Security of Freedom*: *Essays on Canada's Anti - Terrorism Bill* (University of Toronto Press, 2001), pp. 21 -37.

〔27〕 David Dyzenhaus, “Recrafting the rule of law”, in David Dyzenhaus (ed.), *Recrafting the Rule of Law* (Oxford: Hart Publishing, 1999), pp. 1 -12; Neil MacCormick, “Rhetoric and the rule of law” in Dyzenhaus, *Recrafting the Rule of Law*, pp. 163 -77.

下，法治意味着向民众提供法律秩序的承诺（依法而治而非受法所治）。在民主政治之下人人生而平等，因此法治是民主政治的根本，然而法治的最佳方法应当取决于理由、观点和管辖，而不仅仅取决于作出裁决的机构或个人。过程中，“裁决者”固然重要（尤其就需要经验和专业的意义而言），但是作出裁决背后的道理才是关键。当政治庇护涉及国家安全时，法官对法律规则的适用应当一致，完全依照法律程序来解决具体问题；其他部门也应当如此。

这种做法的缺点是可能导致幼稚和不切实际的结果，并且违背司法机关和政府部门制定相关法律的初衷。在此情形下，某些精细的法律规则将会得到适用，通过文义解释以及各种实践技巧以取得某种特定结果。法律的权威 217
来源于对个人权利的尊重，以及对法律本身所隐含的公平原则的尊重，由此可以推断出这样一个结论：侵犯合法性的行为不得被宽恕，尤其是负有维护司法公正义务的人。事实上，合法性原则本身也应受到质疑，因为实践中同样存在违背自身标准的可能性，并且更严重。设想一下，如果整个司法体系不过是一个导致实质不公正的复杂工具，我们遵守其中正确的部分只能使其更加巩固，如此该何去何从？

我们应当跳出这样一种理念（在全国讨论中有人提出过这样的观点），即尊重合法性原则的义务主体主要是公民。现实中，非国民身份在本国法律体系中很难得到公平对待，其权利往往得不到保障。在庇护法问题上，政府和执法机关往往受到来自反对党、媒体或选区的巨大压力，因此坚持尊重个人权利尤为重要，这说明合法性原则还具有极高的道义要求。〔28〕然而，这并不意味着单独支持某个机关，比如将法院作为唯一选择（不过我们确应知道究竟希望法官做什么），或者在法律体系中排除道德考量。此外，这也不意味着我们试图恢复普通法的宪政主义。

三、英国的难民、庇护申请人与反恐怖主义

（一）文化传统中的怀疑、敌对和恐惧

英国的庇护法作为公法中的一个特殊法律部门（现在必须放在整个英国法律和政策中总体考察）在过去 20 年间得到了飞速发展（属于更宽范围的移

〔28〕 Ibid.

民法范畴）。主要目标有两个：一是承认与庇护有关的人权规定，以贯彻《1951年关于难民地位的国际公约》（及其他人权承诺）的义务；二是尝试制定一种选择性程序，依据该程序做出各种选择。在庇护问题上最大的挑战就
218 是在面对各种压力和诉求的情况下，如何维护法治原则（平等适用于每个人）。庇护法领域本身即存在一种固有的紧张状态，即决策者、仲裁人、法庭要在各国法律都普遍存在侵犯人权和严重不平等情形的大背景之下，使上述程序发挥应有的作用。即使在不涉及国家安全的情况下，庇护法也是一个经常受到合法性质疑的公法部门。

英国的政策经常反映出一种固有的官方立场，即现有制度被那些并非真正需要国际保护的人滥用。这一观点也反映了西方民主国家的普遍态度，在西方国家看来，移民法被那些本来应当排除在外的人作为进入本国的途径（这些国家都提倡针对移民的严格审查规则）。这种“怀疑传统”随处可见，“9·11”事件、“7·7”事件以及之后的各种恐怖袭击事件，不过是进一步促进了各国强化限制或制止移民进入本国。在关于移民问题的讨论中，争议最多的是如何减少申请人数，再就是认为移民会造成犯罪率上升，以及国家安全受到威胁。[29]值得注意的是，英国政府并没有放弃关于难民和人权方面的承诺，尽管有时会因司法程序得出令人失望或烦恼的结果，而这在英国以外的其他国家也属于常见问题。关于这一话题的争论不时趋于白热化，直到现在仍然如此，但迄今为止主要还是围绕人权和难民法展开。

与难民法有关的争论主要是如何确保申请人不会回到可能存在违反人权的现实危险的国家。政治庇护则是用来保护那些真正需要保护的申请人；恐怖分子面临的是合法指控，因此不属于因受指控而满怀恐惧之人。即使有如此看似简单的表述，在实践中仍然存在诸多问题。恐怖分子在其他国家的诉讼过程中也可能遭受酷刑或其他形式的不当对待，也可能有合理根据预见其一旦返回即遭受类似待遇。

批准难民身份可能使某人最终获得在英国的永久居留权，然而移民法的
219 宗旨在于为申请人提供国际保护直到不再需要这种保护为止（国际难民法还包括中止难民身份的规定）。对庇护申请作出的裁决尤其具有挑战性，因为依据证人证言、与申请人所属国有关的客观证据作出的裁决可能决定申请人的

[29] Huysmans, *The Politics of Insecurity.*

命运；结果对每个申请人都具有重要影响，一旦裁决错误会带来实质性危险，即使裁决正确也会面临较大压力。

现有法律规定的适用范围广泛、规定内容详细复杂。在移民和庇护领域，已经发展形成了涵盖范围很广的成文法，以及一个案例法体系。[30]过去10年间，反恐法也获得了深入发展，既影响本国公民也影响非本国公民（对于少数民族、难民、庇护申请人以及移民主要是负面影响）。[31]在移民法不断发展的同时，人权方面的规定也得到进一步加强。例如，《1998年人权法》允许将欧洲人权标准纳入本国法律，以及成立多个人权委员会（北爱尔兰人权委员会、苏格兰人权委员会、平等和人权委员会）、议会人权联合委员会和新的最高法院，这些都是人权保护的积极方面。因此，严格限制政策在现有法律制度下并非未遇到挑战（无论来自议会内外或是来自法庭），总之有这样一 220
种普遍认识，不断扩大的执法权侵犯了人权规则所提供的保护，而且政府还在不断逃避责任。关于庇护问题的争论越来越多地纠缠于政府对英国国民身份的焦虑，而那种在“自我”界定的同时“妖魔化”别国的论调一再被重提。

国家安全在不同时期可能会与庇护程序产生关联，但二者之间没有必然联系。在庇护申请人来到申请国前后从事某些特定行为可能会产生安全问题，这种情形可能适用反恐法，也可能适用移民法关于驱逐出境（在有限期限内

---

〔30〕《1971年移民法》（The Immigration Act 1971）保留政府对于准入和驱逐以及制定总体制度的一般立法权。比如，该法第2A条规定，内务部有权剥夺某人在英国的住所，如果其认为这有助于为公共利益驱逐某人（人权及难民公约权利）。《1981年英国国籍法》（The British Nationality Act 1981）是关于国籍的主要立法，根据该法第40条规定，在内务部认为出于公共利益的情况下其有权剥夺某人的公民身份。此外，自20世纪90年代初以来的立法还包括：《2009年边境、公民和移民法》（Borders, Citizenship and Immigration Act 2009）、《2008年刑事司法与移民法》（Criminal Justice and Immigration Act 2008）、《2007年英国边境法》（UK Borders Act 2007）、《2006年移民、庇护和国籍法》（Immigration, Asylum and Nationality Act 2006）、《2004年庇护和移民法（申请人处置法）》[Asylum and Immigration (Treatment of Claimants, Etc.) Act 2004]、《2002年国籍、移民和庇护法》（Nationality, Immigration and Asylum Act 2002）、《1999年移民和庇护法》（Immigration and Asylum Act 1999）、《1997年特别移民上诉委员会法》（Special Immigration Appeals Commission Act 1997）、《1996年庇护和移民法》（Asylum and Immigration Act 1996）、《1993年庇护和移民上诉法》（Asylum and Immigration Appeals Act 1993）。更多细节规定于移民规则［内务部根据《1971年移民法》（The Immigration Act 1971）第3（2）条制定］，以及庇护政策的指导意见等。

〔31〕For example, Counter-Terrorism Act 2008; Terrorism Act 2006; Terrorism (Northern Ireland) Act 2006; Prevention of Terrorism Act 2005.

或在适当保护下）的规定。任何国家都不会允许本国的移民制度成为发动国际恐怖袭击的工具，任何关心法治和人权的人也都会赞成这一点。某些难民或庇护申请人在本国的政治活动中曾经很活跃——这也是他们之所以寻求政治庇护的主要原因。事实上，官方的和高度规范化的渠道显然不是恐怖分子的优先选择。

在制定难民身份审核程序过程中，规定排除条款可能涉及国家安全问题。难民身份的主要关切点并不是国家安全，而是一旦遣返是否会产生危险，但排除条款却要考虑国家安全。在程序的初始阶段，可以对申请人是否危及国家安全进行评估。如果申请人仍在等待申请结果，或难民身份已经得到承认，然而他们在避难国的行为可能引发危及国家安全的考虑，此时或许可以根据国家安全需要将其驱逐，而移民法一直就有以公共秩序或国家安全为由驱逐出境的规定。如果被驱逐的个人一旦遣返将面临不人道对待（关于这个问题《欧洲人权公约》有明确规定），在此情况下进行驱逐就会遇到特别棘手的问题。但目前为止，仍没有对依据反恐法或刑法的有关规定提起的诉讼进行任何限制。在移民法领域，强调“先发制人”并最终制止恐怖主义活动的反恐策略最容易产生问题，主要原因是特定犯罪还没有实际发生。然而，有必要
221 强调一点，英国现有法律体系包括依法、合理处置涉嫌参与恐怖主义活动申请人的规定（同时规定了防止侵犯人权的条款），但这并没能阻止英国组建专门机构，并制定新型、专门的移民法律。

（二）排除难民申请

有关庇护及难民身份的法律明确规定禁止向特定人员提供保护，即使其没有直接涉及恐怖主义。[32]上述排除条款并非选择性规定，而是移民法的固有内容。这些条款被视为反恐政策的组成部分，而且世界各国都力争不对任

---

〔32〕 Universal Declaration of Human Rights 1948, art. 14（2）; Convention relating to the Status of Refugees 1951, art. 1F. Immigration Act 1971, s. 3（5）and the relevant Immigration Rules made under s. 3（2）; Asylum and Immigration Appeals Act 1993, ss. 1 and 2; Nationality, Immigration and Asylum Act 2002; Immigration, Asylum and Nationality Act 2006. See also arts. 32 and 33 of the 1951 Convention. In the UK, see UKBA Asylum Policy Instructions “Exclusion – articles 1F and 33（2）of the refugee convention”; “Humanitarian Protection”; “Discretionary leave”. See also, IND Asylum Policy Unit Notice 1/2003 “Humanitarian Protection and Discretionary Leave”; UKBA, Asylum Policy Unit Notice, “Exceptional leave to remain: suspected war criminals and perpetrators of crimes against humanity and genocide”.

何人豁免（尤其是在国际反恐合作之下涉及负有反人类罪和战争罪[33]的当事人）。国际社会决心让恐怖分子无处藏身。

联合国难民署为排除条款的解释和适用提供了指导。[34]建议将排除条款主要用于“剥夺那些对令人发指的罪行，以及严重的普通罪行负有责任的个人，获得难民保护的权利，同时确保这类人员的基本人权在依法被追究责任的过程中得到保障”[35]。该指导同时提到恐怖主义的处理： 222

> “尽管关于恐怖主义没有达成统一概念，通常我们认为具有恐怖主义性质的行为，可能适用于排除条款，即使第1F条并不简单等同于反恐规定。然而，有时我们并不需要适用排除条款，因为恐怖分子嫌疑人在申请的初始阶段就不符合资格，他们对指控的担心不属于公约规定的理由。”[36]

联合国难民署认为，对每个申请要逐一进行审查，当事人被列入恐怖分子嫌疑人名单就要依据排除条款进行评估，但这一事实本身不得作为排除依据。[37]此外，联合国难民署还建议排除问题应当在常规难民身份申请过程中处理。[38]

20世纪90年代，上议院在T诉内务大臣案中处理过难民排除问题。[39]

---

〔33〕 关于澳大利亚、加拿大、新西兰、英国及美国的比较研究，参见 Rikhof, “War criminals now welcome; how common law countries approach the phenomenon of international crimes in the immigration and refugee context” (2009) 21 *International Journal of Refugee law* 453. 经过对法律和实践的详细分析，他总结认为上述国家对战争罪都采取了严肃对待的态度。

〔34〕 UNHCR, *Guidelines on International Protection*: *Application of the Exclusion Clauses – Article 1F of the* 1951 *Convention relating to the Status of Refugees*, 4 September 2003, UN Doc. HCR/GIP/03/05. Volker Turk, “Forced migration and security” (2003) 15 *International Journal of Refugees Law* 113; Geoff Gilbert “Editorial” (2004) 16 *International Journal of Refugee Law* 1. Federal Administrative Court (German), 10 C48. 07, 14 October 2008, reported in (2009) 21 *International Journal of Refugee Law* 592.

〔35〕 UNHCR, *Guidelines on International Protection*, [2].

〔36〕 Ibid., [25].

〔37〕 Ibid., [26].

〔38〕 Ibid., [31].

〔39〕 [1996] AC 742 (HL). In the UK see, R (JS) v. Secretary of State for the Home Department [2010] UKSC 15; MH (Syria), DS (Afghanistan) v. Secretary of State the Home Department [2009] EWCA Civ 226. See also Canada v. Ward [1993] 2 SCR 689; Pushpanathan v. Canada [1998] 1 Civ SCR 982; Zrig v. Minister of Citizenship and Immigration (2003) FCA 178; and, in the United States see, INS v. Aguirre – Aguirre (1999) 526 US 415.

一名阿尔及利亚公民就英国的庇护申请提出上诉被驳回，因为他涉嫌参与一起对阿尔及利亚机场的炸弹袭击（导致10人死亡）以及对一个军营发动袭击（致另外1人死亡）。特别仲裁员认定，上述情形符合排除条款第1F（b）条之规定，“有重要的理由认为”该人实施了严重的非政治犯罪。〔40〕上议院驳回了当事人的上诉。在裁决中对移民法中的“严重的非政治犯罪”进行了全面分析，并就“政治犯罪”提出了两条检验标准：

> “（1）为政治目的实施，即推翻、颠覆或改变现政府或促使政府改变政策；（2）犯罪与政治目的之间有直接和紧密的联系。”

223 在就第2条进行裁决的过程中，多数意见声称应当对犯罪手段和目标性质（政府还是平民）进行审查，以及在犯罪过程中是否不加区别地导致民众死亡。在本案中，法庭认为第2条没有得到满足，因此没有支持对其进行排除的决定。

例外条款在国内法的立场得到进一步澄清（并被扩展适用于反恐法），而且还专门为新的移民身份做出修改。新规定是在伦敦2005年7月7日爆炸案以及紧接着首相宣布十二条打击恐怖主义计划（该计划主要针对外国人）之后出台的，〔41〕尽管如沃克尔（Walker）所强调的那样，在这次袭击中炸弹是由英国公民携带的。〔42〕

《2006年移民、庇护和国籍法》第54条专门对《1951年关于难民地位的国际公约》第1F（c）条做出解释，如何将“违背联合国的宗旨和目标”的行为与实施、预备或煽动恐怖主义活动，鼓励或教唆他人实施、预备或煽动恐怖主义活动相联系。〔43〕由此，成文法便将排除条款直接与恐怖主义联系起来并得到广泛适用。

上述法律精神在上诉程序中的具体反映，主要是在法庭或移民问题特别上诉委员会的身份认定过程中，只有在内务部认定某人因为违反上述《公约》

---

〔40〕第1F条规定：“本公约规定不适用于有足够理由认为……（b）曾经在难民申请国之外实施严重的非政治犯罪。”

〔41〕Tony Blair, *The Guardian*, 5 August 2005. 该计划包括承诺自动拒绝在任何地方参与恐怖主义活动的人的政治庇护申请。

〔42〕Clive Walker, “The treatment of foreign terror suspects”, (2007) 70 *Modern Law Review* 427, 428.

〔43〕Terrorism Act 2000, s. 1. 最近一个适用第1F（c）条的案例，SS v. Secretary of State for the Home Department, 30 July 2010, SC/56/2009 (SIAC).

第1F条或《移民法》第33（2）条不能获得《移民法》第33（1）条规定之
保护的情况下，法庭或特别上诉委员会才能就当事人的上诉进行实质审查。
换句话说，在这里排除条款属于优先审查事项，该条款的适用有被扩大之嫌。
该法的内容还包括，“为公共利益”而撤销某人的英国国民身份，而这也牵涉
到国家安全的法律适用。[44]在欧盟层面，难民资格审查规定第12条主要解决
例外情况，[45]其条款主要仿照《1951年关于难民地位的国际公约》的规定并
增加了一些引人注意的内容。例如，特别残酷的行为——即使声称为政治目 224
的实施——也可能被界定为“非政治性”。该规定还明确指出，排除条款适用
于鼓动或以其他形式参与实施犯罪或相关行为的人。

在R（JS）诉内务大臣案中，需要对《1951年关于难民地位的国际公约》第1F（a）条做出正确解释。[46]其中的问题主要与组织（参与实施战争罪）成员资格有关，除了组织成员资格以外，还需要哪些条件决定个人对组织行为应负的责任，进而据此排除某人的难民资格。该案中的当事人既是一名泰米尔人，又是“泰米尔猛虎解放组织”（LTTE）成员（法院认为该组织并不完全属于恐怖组织），身兼不同角色和身份，其政治庇护和人道主义保护申请遭到内务部的拒绝，理由是不符合上述《公约》第1F（a）条之规定。[47]

最高法院的布朗（Brown）爵士声明如下：

“简而言之，我会根据《公约》第1F条认定被告不符合难民资格，只要有重要理由相信其主动以某种方式帮助组织实现实施战争罪的目的，

〔44〕 Sections 56－7. 该12点计划包括承诺取消公民的国籍。又见Secretary of State for the Home Department v. David Hicks［2006］EWCA Civ 400.

〔45〕 EU Qualification Directive, 29 April 2004, OJL 304, p. 12. Hugo Storey, “EU Refugee Qualification Directive: a brave new world?”（2008）20 *International Journal of Refugee Law* 1. 这也意味着欧洲法院近来试图对欧盟法和难民政策的诸多含义进行澄清，同样可见该规定第14条，规定在难民可能对欧盟成员国造成危害的情况下，可以撤销、终止或拒绝更新难民身份。

〔46〕 R（JS）v. Secretary of State for the Home Department［2010］UKSC 15. 关于加拿大的做法，参见James C. Simon, “Exclusion under circle 1F（a）of the 1951 Convention in Canada”（2009）21 *International Journal of Refugee Law* 193，其中认为自“9·11”事件之后因恐惧导致排除条款适用的情形在加拿大还没有出现。

〔47〕 在上诉法院就KJ诉内政大臣案（Secretary of State for the Home Department［2009］EWCA Civ 292）作出判决之后，针对涉及斯里兰卡的泰米尔猛虎组织（LTTE）组织的案件适用第1F（c）条（联合国的宗旨和原则）就不再采取那么直白的方式了。

并明知其本人的协助会实际促进这一目标。”[48]

225 上述判决试图将注意力从组织的性质上转移开来，[49]转而审视该组织参与恐怖主义活动的具体表现，[50]关于该点可重点参考布朗爵士在移民上诉法庭关于古隆（Gurung）案判决中阐述的意见，[51]以及推定个人在已经实施的战争罪及反人类罪中负有责任。在该案中同时也反映了关于不得过度限定个人刑事责任的意见（在上诉法院判决中有人就此提出批评意见）。最高法院在裁决过程中，主要采纳了《国际刑事法院规约》、联合国难民署的指导意见[52]以及欧盟的难民资格审查规定。[53]在判决修正过程中，最高法院用说理和指导对内务部作出明确指示，而这些内容如今被作为英国适用《公约》第1F（a）条的依据。

（三）对指控的合理性表示担心？

应当如何处理因在其他国家实施恐怖主义活动受到指控的当事人？当一国对恐怖分子进行逮捕或起诉过程中，是否会有很多在国内或国外实施恐怖活动并侵犯人权的证据？在R. 西瓦库玛（Sivakumar）诉内务大臣案中，当事人是一名来自斯里兰卡的“泰米尔猛虎解放组织”成员，其政治庇护申请被内务部驳回。[54]当时内务部并没有引用第1F条。在上诉过程中，特别仲裁员承认当事人遭到羁押和酷刑，但认为这是由于当事人具有参与恐怖主义活动的嫌疑，而不是出于他的政治立场。在上议院，斯戴恩（Steyn）

---

〔48〕 R (JS) v. Secretary of State for the Home Department [2010] UKSC 15, [38]. Hope爵士申明：“Brown爵士在其判决理由的第38段最后将实施给出了十分简洁的检验标准。我十分赞同他的说法。所谓‘有重要理由相信’的说法，当然是从第1F条中直接引用的。而‘以重要方式’‘实质促进目标实现’为实践提供了重要标准。这些都是认定申请人应负刑事责任的重要依据。‘起到实质性作用’是由德国行政法院采用的，作用与之类似。关注的要点是每个案件的具体事实而不能仅仅因某种身份进行推断。”

〔49〕 布朗爵士的意见第32段：“战争罪就是战争罪，尽管其长期目标可能是好的。其他行为不会仅仅因为符合西方民主政策就一定不构成战争罪。”

〔50〕 然而，布朗爵士确实提出了一项包含7点意见的指导方法来确认对组织的参与行为。（参见其判决意见第30段。）

〔51〕 Gurung v. Secretary of State for the Home Department [2008] Imm AR 115.

〔52〕 UNHCR *Addressing Security Concerns without Undermining Refugee Protection: UNHCR's Perspective* (November 2001).

〔53〕 (2004/83/EC).

〔54〕 [2003] UKHL 14.

爵士声称，“不是所有对恐怖分子的调查手段都不受《公约》规定权利的限制”。[55]以此暗示当事人因恐怖主义活动被卷入调查侵犯了《公约》规定的权利，并认为上诉法院的特别仲裁员的裁定错误。他还注意到有明显证据证 226
明当事人受到酷刑，而特别仲裁员认定这一事实的方法也不正确。申请人提出申请时具有畏惧指控的合理依据，4 年过去了，案件被发回移民上诉法庭参照上议院的裁决重新审理。在胡特恩（Hutton）爵士看来，这样认定才是正确的，即酷刑不仅仅为了获取情报打击恐怖主义，还因为“行刑人”对当事人深怀仇恨，因为他是“泰米尔猛虎解放组织”成员。[56]

（四）正当辩护事由？

过去的案件揭示出，当国家安全与移民政策发生冲突时，法官更倾向于服从执法机关的利益。关于这一现象的最近一个具有影响力的案例是内务大臣诉雷曼案。[57]该案的主要问题是能否依据《1971 年移民法》中关于因国家安全原因为维护公共利益可以将某人驱逐的规定发布驱逐令。上诉人是一名巴基斯坦公民，作为奥尔德姆（Oldham）地区的牧师获得工作许可，于 1993 年 2 月来到伦敦。他的父母都拥有英国国籍。内务部拒绝了他的永久居留申请，依据是有信息表明他与恐怖组织有联系；当事人于是向移民问题特别上诉委员会提起上诉。[58]

内务部声称，当事人曾经直接支持在印度次大陆实施的恐怖主义活动，因此对国家安全构成威胁。相反，上诉委员会认为，应对“国家安全”一词做缩小解释：

> “我们采纳的立场是，如果某人参与、促进或鼓励针对英国、英国政府或英国人民实施的暴力行为，那么就可以认定其侵犯了国家安全。包括直接参与推翻或颠覆外国政府的行为，如果该国政府可能对英国采取报复措施影响英国或英国民众的安全。国家安全还适用于以英国国民为

---

〔55〕 Ibid.，［17］.

〔56〕 Ibid.，［29］.

〔57〕 ［2001］UKHL 47.

〔58〕 移民问题特别上诉委员会成立于 1997 年，专门为回应欧洲人权法院就 Chahal v. UK（1996）23 EHRR 413 案做出的判决。See Special Immigration Appeals Commission Act 1997.

目标的行为，无论英国国民身处何地。”〔59〕

227 上诉委员会认定，在民事方面还没有确定当事人实施可能危害国家安全的禁止性事项。内务部随后向上诉法院提起上诉并获得成功。〔60〕

在进一步上诉到议会上院后，斯莱恩爵士承认“出于国家安全利益”的说法，无法说明内务部借以向当事人发布驱逐令的各种理由的合法性。〔61〕然而，他不赞成移民问题特别上诉委员会所提出的缩小解释。

> “我承认当事人实施的行为必须具有对英国带来负面影响的现实可能性，但我不接受必须具有直接或即时联系的观点。是否具有现实可能性是需要内务部权衡的问题，包括权衡向当事人发布驱逐令是否会对其不公平也是内务部的权力。”〔62〕

斯莱恩爵士强调，移民问题特别上诉委员会应当充分考虑内务部的评估结果和决定意见。〔63〕斯戴恩爵士赞同上述说法，同时又补充道，“即使是民主本身也有权进行自我保护，而执法机关最适合在国际反恐合作需要与本国反恐战略之间做出取舍。”〔64〕他最后承认国家安全仍然属于法院审查事项。但是，“在国家安全问题上法院必须高度重视执法机关提出的意见”。〔65〕

霍夫曼爵士继续就这一观点发表自己的意见，他认为特别委员会没有认识到，司法职能因权力分治所产生的固有局限性，因此需要“在裁决和审查证据过程中，对之前的程序中做出的决定给予适当的重视”〔66〕。这并没有限制特别委员会的权限以及“根据常识去认定问题的性质、承认不同程序的区别以及区分内务部与特别委员会的职责”〔67〕。在附言中，霍夫曼爵士说道：

---

〔59〕［2003］UKHL 14，［2］.

〔60〕［2000］3 WLR 1240（CA）.

〔61〕［2003］UKHL 14，［15］.

〔62〕Ibid.，［16］.

〔63〕Ibid.，［26］.

〔64〕Ibid.，［28］.

〔65〕Ibid.，［31］.

〔66〕Ibid.，［49］.

〔67〕Ibid.，［58］.

“我的这份发言是在最近纽约和华盛顿发生事件以前，即大约3个月前就写好的。它提醒我们，在国家安全问题上，失败的代价会十分高昂。这在我看来，更加凸显了在决定支持国外恐怖主义活动是否构成对本国 228
的安全威胁的问题上，司法机关有必要尊重执法机关决定……如果人们要接受某种决定所带来的后果，那么做出决定的人必须是由人们自己选举并有权撤换。”〔68〕

关于执法机关本身的合法性以及在危机处理过程中的专业性决定了执法机关的意见必须得到尊重的观点，也在不断变化。霍夫曼爵士的意见是，在紧急事态中执法机关可以在通常的法治标准以外去解释和适用法律。这是我们在此所讨论的法律解释问题的核心。正如艾伦（Allan）所说，讨论的焦点更应该落脚于对法律含义的理解是否正确，而不是由谁来解释。〔69〕问题的关键是，即使在涉及国家安全问题的情况下，法律说理是否可以在个案中被采纳，以及是否在判决意见中阐明了法律的含义。因此，我们可以对前面的判决说理提出质疑，理由是议会上院的各位爵士尽管相比特别委员会来说，对国家安全做出了扩大解释，并且过于强调尊重执法机关的意见。如果问题的关键是作出裁决的实质依据，而不是由谁来作出裁决，这种说法本身就是矛盾的。仅仅因为是执法机关根据对国家安全造成威胁的评价所作出的裁决就要尊重，这种主张是值得商榷的（即使执法机关就事实进行了认定）。在国家安全问题上，法治的意义不仅在于保护个人权利的需要，而且还在于维护有效、规范的法律体系。尊重执法机关的意见，不等于法官可以免除解释法律含义的义务。如果法官这样做，他们有可能背弃了一项法治的基本价值——正确理解和适用现有法律制度，以确保个人权利不受权力的任意损害。

（五）禁止回国遭受酷刑、人权与国家安全

关于此类问题的讨论出现在A等人诉内务大臣之类的案件中，〔70〕主要涉 229

〔68〕 Ibid.,［62］. CF. R v. BBC, ex parte Pro Life Alliance［2003］UKHL 23,［74］ff; R v. Secretary of State for the Home Department; ex parte Simms and O'Brien［2000］2 AC 115, Lord Hoffmann at 131 on the principle of legality; and see A and others v. Secretary of State for the Home Department［2004］UKHL 56.

〔69〕 Trevor Allan, "Common Law reason and the limits of judicial deference" in David Dyzenhaus (ed.), *The Unity of Public Law* (Oxford: Hart, 2004), pp. 289 – 306.

〔70〕［2004］UKHL 56. See Court of Appeal Judgment at［2002］EWCA Civ 1502.

及依照《2001 年反恐怖主义、犯罪及安全法》（第四编现已废除）对几名涉嫌国际恐怖主义活动的嫌疑人进行羁押的问题。对于那些因人权原因不能驱逐，但同时政府确信对本国安全构成持续威胁的人该如何处理?《2001 年反恐怖主义、犯罪及安全法》及《1998 年人权法（指定区别对待令）（2001)》是在“9·11”事件以后颁布的，授权内务部在合理确信本国持续出现个人对国家安全构成威胁以及当事人具有恐怖分子嫌疑的情况下，发布区别对待令。当事人有权向移民问题特别上诉委员会上诉。[71]于是有当事人就《2001 年反恐怖主义、犯罪及安全法》的规定提起上诉。特别委员会认定，该规定具有歧视性且违反了《欧洲人权公约》第 5 条和第 14 条，没有平等适用于每一个英国公民。

在针对特别委员会所作裁决提出上诉的过程中，上诉法院得出了不同结论。通过效仿雷曼的推理方法，沃尔夫爵士指出，

> “在决定怎样做才符合国家安全利益时，法院必须充分尊重内务部的意见，因为内务部更有资格决定哪些行为值得提倡。”[72]

在这个问题上，英国本国公民与外国公民的地位是不一样的。在沃尔夫爵士看来，涉案的非英国公民不再拥有各项权利，只拥有不被驱逐的权利。[73]这使他们区别于英国公民。他还强调，在国际法上，本国公民和非本国公民的
230 待遇本身就有区别。议会有权对非国民进行限制，根据《欧洲人权公约》第 15 条之规定，在“紧急事态所必需的严格范围内”允许进行区别对待。沃尔夫爵士指出，第 14 条和第 15 条形式上的对立具有十分重要的意义。内务部只能在必要范围内实施区别对待，扩大无限期羁押的适用显然违背这一规定的本意。

该案后被上诉到议会上院，[74]并最终诉至欧洲人权法院大审判庭。[75]在

---

〔71〕移民问题特别委员会成员对该委员会的批评，参见 Brian Barder “The Special Immigration Appeals Commission”（18 March 2004）26（6）*London Review of Books*。

〔72〕[2003] UKHL 14. [39].

〔73〕Ibid., [47].

〔74〕[2004] UKHL 56. See David Feldman, “Proportionality and discrimination in anti - terrorism legislation”（2005）64 *Cambridge Law Journal* 271. See also, David Campbell, “The threat of terrorism and the plausibility of positivism” [2009] *Public Law* 501. Cf. J. Finnis, “Nationality, alienage and constitutional principle”（2007）123 *Law Quarterly Review* 417.

〔75〕（2009）49 EHHR 29. See also Charkaoui v. Canada [2007] SCC 9.

根据人权法作出的指导性判决中，多数意见总结认为，在该案中具有危及国民生命的紧急情况［第15（1）条］，但（与上诉法院不同）愿意取消区别对待令并宣布《2001年反恐怖主义、犯罪及安全法》第23条不符合《欧洲人权公约》第5（1）条和第14条之规定，理由是违反比例原则以及允许对非本国恐怖分子嫌疑人进行歧视性羁押。判决意见中充斥着对行政羁押的担心，霍夫曼爵士对《2001年反恐怖主义、犯罪及安全法》提出了严厉的批评，尼克尔斯表达了对无限期羁押的担心，宾海姆爵士则对这些案例中司法裁判的性质提出了自己的意见。尽管根据宪政原则对行政羁押的做法进行了严厉驳斥，但这些案例并没有改变遵从执法机关意见的做法。正如宾海姆爵士在判决中所说的那样，遵从执法机关的意见要适度，职能部门各有所长（某些人相对于其他人更适合做出某些判断），内务部更适于在紧急事态中决定事项。

欧洲人权法院的判决大体上遵循议会上院的意见；但是，认定特别委员会裁决（关于依靠保密资料作为证据以及缺少信息的充分披露问题）违反《欧洲人权公约》第5（4）条。

特别委员会的诉讼程序在另外一个起诉至议会上院的案件中也遭到质疑。[76]该案中主要处理特别委员会的证据可采性问题，有关证据是在未经英 231
国相关部门协助的情况下，由外国官员通过酷刑取得。其中涉及法治的意义和价值问题（宾海姆爵士强调本案需要探讨宪政原则），正如法庭总结的，以此种方式获取的证据不得采纳（多数意见反对宾海姆爵士提出的举证责任的观点）。前面提到的这两个案例（尽管在人权问题上无懈可击）说明，即使在涉及国家安全的情况下，法庭也有责任在确定法治的含义问题上提出指导性意见。

在上述判决之后，又围绕《2005年反恐怖主义法》展开了新的争论，[77]该法规定的控制令制度在英国引起了更大的争议，这意味着行政羁押被一种更为谨慎、设计更为巧妙的监控和限制措施取代。该法规定了一种对被评估为威胁英国国家安全的恐怖分子嫌疑人，进行监控和控制的复杂制度。这种新制度明确规定对英国国民和非英国国民同等适用。随后，控制令制度受到

---

〔76〕 A v. Secretary of State for the Home Department (No. 2) [2005] UKHL 71.

〔77〕 长标题标明："为与恐怖主义活动相关人员颁布令状施加义务，以期防止和限制其进一步牵涉其中"。然而，在另一份文件中又作出了新的规定：HM Government, *Review of Counter – Terrorism and Security Powers: Review Findings and Recommendations* (Cm 8004, 2011) and compare *A Report by Lord MacDonald: Review of Counter – Terrorism, and Security Powers* (Cm 8003, 2011).

了严格的司法审查，有法院援引《欧洲人权公约》的规定对特别控制令进行了评价，[78] 此外，还对控制令的制定和申诉程序进行了考察。[79] 在这些案例中，议会上院（现在是最高法院）谨慎、严密和热切地审查了控制令制度，充分考虑到与人权有关的关切（借鉴斯特拉斯堡最新的法律发展），对这种具有强制性的严厉限制措施的性质做出界定（认为其实质相当于剥夺人的自由），同时对相关程序问题做出解答（信息披露、采用特别代理人、欧洲人权
232 法院强调的向被“控制人”提供充分信息以使得其特别代理人能够得到有效指导）。从现有的判例法可以看出，具有决定性的执法决定，为法官确保正确审查和谨慎评估设置了更加“微妙”、复杂和具有压迫性的障碍，并最终通过人权标准挑战司法权威。

尽管英国法院做出了极大的努力，欧洲人权法院大审判庭在萨阿迪诉意大利案中，还是确认禁令违反了第 3 条关于遣返的规定。英国政府曾经长期尝试证明有必要在第 3 条规定中加入平衡条件（将遣返的潜在危险与国家安全受到的威胁进行平衡），这类似于加拿大最高法院在苏雷什案中[80]采取的方法。然而，欧洲法院一直坚持维持原有的判例，没有支持英国政府的做法。[81] 没有引入或采纳平衡条件，[82] 并且坚持“当事人的行为，无论怎样难以期待或如何具有威胁，都不得考虑在内”[83]。唯一需要考虑的问题是第 3 条规定的标准是否得到满足。这种做法使得英国执法机关不断面临压力，前首相托尼·布莱尔在任职期间曾多次对此提出异议。这关系到他“游戏规则

---

〔78〕 Secretary of State for the Home Department v. AP [2010] UKSC 24; Secretary of State for the Home Department v. JJ [2007] UKHL 45; Secretary of State for the Home Department v. E [2007] UKHL 47. 参见本书第 19 章海伦·芬威克、凯文·菲利普森文。

〔79〕 Cf. Secretary of State for the Home Department v. AF [2009] UKHL 28 and Secretary of State for the Home Department v. MB [2007] UKHL 46.

〔80〕 Suresh v. Canada (Minister of Citizenship and Immigration) [2002] 1 SCR 77.

〔81〕 政府关于阿富汗劫机者的官方回应：S and others v. Secretary of State for the Home Department [2006] EWCA Civ 1157, see [50]：“我们建议法官作出有意义的判决，法官必须在认定事实的基础上适用法律，而不是期待事实是怎样。”前首相托尼·布莱尔认为一审法官“滥用常识”，BBC 新闻，2006 年 5 月 10 日。See also Lord Carlile of Berriew QC, *Sixth Report of the Independent Reviewer Pursuant to Section* 14 (3) *of the Prevention of Terrorism Act* 2005 (3 February 2011), [79]；结果是让英国成为某些处心积虑损害英国人民的人的天堂，这很难让保守人士满意。

〔82〕 Saadi v. Italy. [2008] ECHR 37201/06. See also Rene Bruin and Kees Wouters, “Terrorism and the non-derogability of non-refoulement” (2003) 15 *International Journal of Refugee Law* 5, [139].

〔83〕 Ibid., [138].

在不断变化”的基本看法以及对人权立法的内容感到失望。〔84〕

《2008 年刑事司法和移民法》规定，对涉嫌实施了恐怖主义犯罪或其他严重刑事犯罪，但由于人权原因无法驱逐的外国人，可以提供特殊难民身份。〔85〕这类人员没有获准进出英国或在英国停留，〔86〕可以对其居留、受雇、报告和 233
监控规定一系列条件（就警察部门、内务部或移民局而言），〔87〕以及做出特殊安排来限制其获得资助。〔88〕这种新做法主要是为应对原有规定受到的质疑所做出的改进，以及试图解决政府确认当事人具有恐怖主义威胁但根据《欧洲人权公约》第 3 条无法进行遣返的问题。

（六）质疑：决定是否合法？

恐怖分子嫌疑人通过法院对人身限制的其他方面也提出了质疑。〔89〕在内务大臣诉 M，SIAC 案中，法庭采纳了一名利比亚公民就其驱逐令提出的上诉意见。〔90〕M 的政治庇护申请失败，但并没有被驱逐，因为英国当局认为他不能被遣返。2002 年 11 月他被认定为国际恐怖分子嫌疑人，英国当局因此对其展开了驱逐程序，随即当事人遭到羁押。M 提出，他害怕回到利比亚会受到指控，因为他反对卡扎菲政权。然而，内务部确信他与“基地”组织有关联。当时的主审法官沃尔夫爵士在判决中对移民问题特别委员会的存在价值提出强烈质疑，社会对这一机构也普遍持批评态度。〔91〕沃尔夫爵士强调了移民问题特别委员会所做价值判断的根本性质：

> “尽管国家保护自己不受恐怖主义活动威胁的需要无须证明，但是在一个坚持法治的社会，如果一个人遭到羁押，正如‘M’这样，他就应当有机会由一个独立的法庭或法院来决定羁押是否合法。如果上述决定是违法的，那么他就必须被释放。”〔92〕

---

〔84〕 Tony Blair, The *Guardian*.

〔85〕 Part 10.

〔86〕 Section 132.

〔87〕 Section 133.

〔88〕 Section 134.

〔89〕 R (A) v. Secretary of State for the Home Department, [2004] HRLR 12 (Admin).

〔90〕 [2004] EWCA Civ 324.

〔91〕 [2003] UKHL 14.

〔92〕 Ibid., [34] (iii).

这是移民问题特别委员会第一次，采纳就《2001年反恐怖主义、犯罪及安全法》提出的上诉意见，也是内务部第一次成功推翻其决定。随后，布莱恩·巴尔德爵士作为特别委员会的兼职成员，于2004年1月从移民问题特别委员会辞职。他对结论的说理意见体现了他对上诉法院以及议会上院雷曼爵
234 士的不满，认为上级法院的做法阻碍了特别委员会的工作。在他看来，政府可以借助特别委员会来减轻合法性负担，从而更好地在这种极度困扰的问题上进行决策。[93]尽管有证据表明特别委员会的做法不断得到巩固，但还是有人担心合法性原则会削弱特别委员会的作用。

另一个与此有关的案例是G诉内务大臣案。[94]该案同样是当事人被认定为恐怖分子嫌疑人，其向移民问题特别委员会申请假释，理由是他的精神和身体状况因受到羁押而急剧恶化。特别委员会认为，一旦满足某些条件就可以原则上批准他的假释。内务部就这一裁决提起上诉。上诉法院认为自己无权管辖，因为根据立法的精神，假释并非终局意义上的裁决不能上诉。内务部对这一决定感到十分气愤，[95]后来对庇护法做出了修改并经议会批准成为法律。[96]在A、B、C等人诉内务大臣案中，移民问题特别委员会因没有取消内务部出具的身份证明遭到申诉。[97]上诉法院认定特别委员会的裁决方法没有错误，但引起争议的问题本身涉及证据可采性问题，有关证据可能由别的国家以酷刑的方式取得——这应该由议会上院来审议（正如上面所提到的）。

（七）提供保证？

除了通过立法或其他措施进一步加强国内相关制度（比如，2006年和2008年的反恐立法），英国政府在驱逐恐怖分子嫌疑人的过程中，也在努力确保让其他国家做出保证。这从一个侧面也表明了英国政府实现反恐目标的决心；但这同样也要在法律框架内进行并且主要是在人权制度范围内进行。相
235 对于说服欧洲人权法院放弃在查哈尔案中的决定来说，[98]取得他国的保证更

---

〔93〕［2004］UKHL 56.

〔94〕［2004］EWCA Civ 265.

〔95〕"Blunkett may change law over suspect's bail", *The Guardian*, 23 April 2004.

〔96〕Mr Browne, *Hansard*, HC, vol. 421, col. 778w, 17 May 2004. See Asylum and Immigration (Treatment of Claimants, Etc.) Act 2004, s. 32.

〔97〕［2004］EWCA Civ 1123.

〔98〕目前已经和5个国家达成协议：阿尔及利亚、约旦、埃塞俄比亚、利比亚和黎巴嫩。

容易一些。[99]目前英国已经与一些北非和中东国家达成了一致。[100]

当向一个已经做出保证的国家遣返时可以采取哪些措施？可以对难民法规定的权利做出限制，因为《1951 年关于难民地位的国际公约》规定了有条件遣返以及取消难民身份的条件。因此，剩下的问题主要取决于《欧洲人权公约》——其中清楚和严格地规定了禁止遣返，而欧洲人权法院在实践中一再确认并维持这一观点，而针对怎样的保证才算有效，经常会引起争论。初次接受保证时无疑存在风险，但实践中是否有保障措施？英国法院已经针对如何履行《欧洲人权公约》规定的义务，发展形成了很多检验标准，但政府没有绝对措施能保证这些标准能够得到支持。

在 RB（阿尔及利亚）等人诉内务大臣和 OO（约旦）诉内务大臣这两个案例中，主要涉及上述问题。[101]《欧洲人权公约》第 3 条规定了明确的绝对禁止条款，但欧洲人权法院已经承认保证可以构成安全遣返的依据，用以往的判例证明保证的可信性。[102]移民问题特别委员会专门就此形成了一系列检验标准，来衡量是否可以信赖别国的保证。议会上院一致认为，在上述两起案件里，特别委员会就事实的认定是正确的，约旦与阿尔及利亚政府做出的保证提供了足够的保护。因此，判决确认在取得保证的前提下进行遣返可以 236
作为英国政府贯彻反恐政策的工具。[103]

这种方法在英国法院进行复核过程中受到审查，并认为这一方法有待改进。[104]上诉意见驳回了关于得到保证情况下进行驱逐不足以提供保护或者违反了有关酷刑的绝对禁止的观点。[105]上述意见还提出最好就有关问题达成普遍协议，但不能就此认为针对特定个人的保证，不属于可获得的“有效保

---

〔99〕 法院强调，首先各国都面临着防止本国社区受到恐怖主义威胁的重担。因此不能低估恐怖主义威胁的水平及给社区带来的危害。然而，不能就此动摇第 3 条规定的绝对权利。Saadi v. Italy. [2008] ECHR 37201/06, [137].

〔100〕 [2004] EWCA Civ 1123.

〔101〕 [2009] UKHL 10. See Jennifer Tooze, “Deportation with assurances: the approach of the UK Courts” [2010] *Public Law* 362, 其中探讨了英国法院采取的具保遣返措施（DWA）; Clive Walker, “The treatment of foreign terror suspects”, 441 – 50.

〔102〕 Saadi v. Italy. [2008] ECHR 37201/06.

〔103〕 See XX v. Secretary of State for the Home Department, 10 September 2010, SC/61/2007 (SIAC), 英国和埃塞俄比亚之间达成协议，提供足够保证以确保遣返符合国际人权公约之规定。

〔104〕 HM Government *Review of Counter – Terrorism and Security Powers*, pp. 33 – 5.

〔105〕 Ibid. .

证”〔106〕。此外，上诉意见还提出一系列改进意见，包括对该项制度每年进行独立审核并最好由其他国家、国际组织及非政府组织共同参与，以增进对该项政策目标的理解。〔107〕

（八）应对不同意见？

当事人不仅可以被驱逐，还可以因国家安全或公共利益原因被拒绝批准难民身份。〔108〕在 R. 法拉汗（Farrakhan）诉内务大臣案中，申请人是一名非洲裔美国人，因公共秩序原因被拒绝入境（内务部认为他的到访可能引发混乱）。〔109〕这里的问题是，这种因未来的风险而拒绝入境的做法是否违反《欧洲人权公约》第 10 条的规定。上诉法院认为违反了第 10 条的规定（当事人被拒绝入境主要是侵犯了他在英国行使言论自由的权利），但同时认定依据第 10（2）条关于为合法目的之规定，内务部的裁决合法。上诉法院认为内务部就其裁决给出了充分的理由（尽管没有提供具有说服力的证据），即主要出于
237 在穆斯林群体和犹太群体之间引发混乱的考虑。最近已经有好几个采取这种做法的典型案例，不断引发关于如何在言论自由与公共秩序之间进行取舍的争论。〔110〕

阿布·哈姆扎（Abu Hamza）案就是其中之一。〔111〕当事人是著名的穆斯林神职人员，目前在英国监狱服刑，刑期 7 年，罪名是煽动谋杀和种族仇恨，英国政府正在向欧洲人权法院提起上诉，以便能将其引渡给美国。他曾经公开表示支持恐怖主义，严重违反了公共利益（主要违反以前的政策规定）。他的案子之所以棘手，是因为他具有英国公民的身份。2003 年，内务部曾试图剥夺其公民身份，然而当事人于 2010 年上诉至移民问题特别委员会并获得支持，理由是这将导致他成为“无国籍人”〔112〕。

---

〔106〕 Ibid., 35.

〔107〕 Ibid. 欧洲人权法院关于阿布·卡塔达（Abu Qatada）案的未完判决应该具有指导意义。

〔108〕 Immigration Act 1971, s. 3.

〔109〕 [2002] 3 WLR 481 (CA).

〔110〕 See also Naik v. Secretary of State for the Home Department [2010] EWHC 2825 (Admin). N 是一个知名穆斯林作家和公众演说家，内务部认为其观点影响了发起恐怖袭击的人。他的入籍申请被拒绝，他的签证被取消。法庭认为第 10 条之规定适用（其他人有权获得信息，他在英国可以拥有听众），但对其权利的剥夺是合法的和合比例的。又见“US preacher banned from speaking in Milton Keynes”, *BBC News*, 20 January 2011.

〔111〕 See Abu Hamza, 5 November 2010, SC/23/2005.

〔112〕 内务部无权这样做，见 British Nationality Act 1981, s. 40 (4).

在希克斯（Hicks）案以及 2005 年 7 月 7 日恐怖袭击事件之后，2006 年英国对《1981 年国籍法》进行了修改，以进一步加强“取消公民资格”的权力。大卫·希克斯（羁押于关塔那摩湾）试图申请成为英国公民（他的母亲出生在英国）。内务部就其申请进行审议，但同时发布了剥夺身份令。于是问题来了，内务部是否可以在其取得身份以前剥夺其身份。上诉法院在结论中认为当事人对于《1981 年国籍法》的含义“不会感到不满”，因而支持了一审判决的意见。《2006 年国籍法》中关于剥夺公民身份的规定（与其他“确保公共利益”的制度紧密联系）可以适用于希克斯案，与该案具有关联性。

这两个案例（一个解决准入，一个处理公民身份）为内务部处理其他 238
（英国国民或非国民）对公共利益或国家安全构成威胁的人（主要通过表达激进观点），提供了有益指导。

（九）法官该怎样做？

前面提到的所有案例中的问题，不是法官要不要发挥作用，而是法官如何适用现有法律。除了出于国家安全的考虑外，内务部的观点、政府的看法都应予以高度重视，但一般不能将之视为终局决定。尽管人们可以理解在处理国家安全问题时，司法要做出适当的妥协，但过度服从执法机关的决定是不适当的，如果违背法律的原意或有违法治精神的话。[113] 事实证明，在需要维护法治的根本价值时，司法机关要充分发挥作用，从以往的案例可以看出，英国的法庭已经很好地作出了回应并且有足够的经验和专业堪当此任。[114]

尽管内务部会了解详细的背景信息，当事人将因判决而面临相应的责任，但法官不能直接照搬内务部对法律的理解。在这个问题上，内务部并不比法官具有更大的专业优势——内务部官员可以提出意见，但那并不一定是决定性意见。如果我们清楚地意识到人权标准如今已经成为法律的一部分，即《1998 年人权法》，那么就会更加认同这一点。法官有责任确保法律被正确理解并平等适用于所有人。对特殊人群或特定个人进行区别对待的风险在于，这将导致对现有法律制度的错误适用，并最终侵蚀整体合法性原则，而合法

---

[113] See Tomkins, “National security and the role of the courts”, 545, 他指出从下级法院的证据可以看出，司法对政府为安全利益做出的行为和政府决议的审视，从来没有像现在这样严格。他尤其强调移民问题特别委员会于 2007 年 4 月 7 日受理的杰达（Al Jedda）案。又见 Secretary of State for Home Department v. Al Saadi [2009] EWHC 3390 (Admin).

[114] Cf. Tomkins, “National security and the role of the courts”.

性原则影响到每一个人。

整体法律制度的运行过于复杂、多变，我们无法给出一个独立的案例来说明这个问题，大多数案例之间是相互联系的。然而，从总体上来看，这些
239 案例毫无疑问明确体现了合法性原则。我们应当将注意力集中在个案的实质性问题上。司法的作用不应被夸大，或者说不能给司法施加过重的负担。但很明显，法庭的重要职能就是通过个案来阐释现行法律。如今很多争论都以法律为名，比如："我们是做了某事，但法律告诉我们这并不属于酷刑"，"我们是侵犯了某人的权利，但法律告诉我们这样做符合国际法"，"我们不认为监控令制度剥夺了个人的自由"，"是的，我们驱逐了某人（而且他也遭受了酷刑），但外交保证已经提供了所有保障"。法庭拥有解释法律的宪法权力，而不仅仅是确认"由谁来决定"。如果我们需要进一步明确，那么只要看一下《1998 年人权法》以及议会颁布的与之相关的法律就可以。在某些案件中，法官表现出令人钦佩的勇气，坚持指明法律的含义究竟是什么。而在其他一些案例中，法官在面对执法机关为应对民众的焦虑、不安和恐惧（受可怕的恐怖主义威胁和袭击刺激）而采取的决绝且没有先例的措施时，显得过于放任。

三、结论

庇护法在普通法实践中，经常会引起执法与司法，有时甚至是立法机关之间的争执。为满足人权标准所制定的法律，往往与规制庇护制度的有关法律形成冲突。任何政治或法律原则都无法消除人道对待与难民准入之间的对立。庇护作为一种人道途径永远都对任何人敞开（永远是人们在合法途径下的避难所），但其申请过程却要经历众多政府部门，而这些部门又满怀质疑和紧张情绪。"9·11"事件之后，美国最初的反应之一是认为难民身份确认程序是恐怖分子的避难所，而英国在"7·7"事件后，掀起了新一轮驱逐外国人的热潮（即使恐怖袭击是由英国国民实施的）。还有人认为，人权保护为恐怖分子提供了避难所，应当重新修改《欧洲人权公约》。

在移民问题上，人权标准需要得到检验，申请人不能指望有特定的身份
240 就能获得相应保护（在反恐问题上，即使具有国籍也不能因特定少数民族身

份而受到保护）。[115]人权保护通常取决于法律规定要遵从人性和承认普遍人权，[116]取决于法律和政策能够真正尊重人权并在此基础上小心翼翼地维护人权标准。

国际反恐政策及战略加剧了宪法与国家政策之间的矛盾和对立。简而言之，面对日益严峻的恐怖主义威胁及恐怖袭击，强势的执法机关试图在现有的法律和人权规定（面对人权规定他们更多地去尝试规避而非遵从）框架下寻求更加严厉的治理措施。似乎经常会导致违背法律原则，而事实也确实如此。尽管英国政府于2010年进行更替并尝试进行改革，但问题依然很突出，幸运的是目前《人权法案》及《欧洲人权公约》规定的权利保护还能得到有效执行。[117]

与合法性原则有关的传统价值，对难民和庇护申请人具有十分重要的意义。根植于所有法律制度之下的禁止任意性权力及尊重公平原则，关系到弱势群体和边缘人群的命运。面对公众压力和恐怖主义威胁，我们有义务维护法治原则。尽管英国的移民法律及政策建立在人权制度基础之上，但采取了过多的限制措施，再加上反恐政策的影响，更是雪上加霜，如今又规定了新的程序（快速程序、限制上诉权）限制了当事人就庇护裁决提出上诉的权力。
尽管没有明目张胆地取消司法复核，但实际起到了类似的作用。通过法律或 241
政策逐步地、任意地侵蚀法治原则，使得我们无法公开、彻底地质疑行政裁决的合法性。这种方式并非为英国所独有。

按照对合法性原则的实质理解，尊重法治应当以尊重人的固有尊严为前提。尽管贯彻法治原则的责任在法官，但确保这一原则得到广泛和长久尊重却是每一个人的责任。在移民法及国家安全领域，过去的实践存在一种风险，即过度遵从行政机关的决定进而影响对实质法律问题的全面考察，实际侵害了个人的权利。在将特定人群和个人视为“嫌疑人群”导致敌对和恐慌情绪

---

〔115〕 See Daniel Moeckli, *Human Rights and Non – Discrimination in the "War on Terror"* (Oxford University Press, 2008).

〔116〕 关于人性与公民权的复杂关系，参见 Linda Bosniak, "Persons and Citizens in constitutional thought" (2010) 8 *International Journal of Constitutional Law* 9. 她指出在人性展示的任何场合都对公民权利提出了挑战，并且加剧了该概念的复杂程度。

〔117〕 See Colin Harvey, "Taking the next step? Achieving another bill of rights" [2011] *European Human Rights Law Review* 24.

的情况下，那些易于受到权利侵害的群体更是如此。无论面对怎样的形势，他们要依赖那些时刻准备维护法律秩序的个人或机构来维护他们的权利。任何有权实践法治原则的机构和个人必须尽忠职守，必须在判决过程中发现并坚持那些正确的观点、理由及分析，坚持维护民主社会需要促进和提供的权利保障。保护人权的责任更多地落在那些在面临压迫时不能保持沉默的人身上，无论这种压迫源自何方。如果政府积极保护每个人的生命权，这种尊重根本人权的做法应当受到人们的欢迎和拥护。目前的风险在于，各国对公民的保护力度由于面临国际（国内）的恐怖主义威胁而有所削弱甚至带来某种倒退。恐怖主义必须受到有效、合法和坚决的打击，但如果以我们艰难取得的成就为代价，让恐怖主义侵蚀我们的基本人权，那就错了。国家的强盛取决于她的国民承认每个人都有义务去保护他人的权利，并且坚定不移地相信和坚持这一点，在当今这样艰难的历史时期，牢记这一点尤为重要。

第10章

极端圣战主义的“预防性”应对

克莱夫·沃克尔* 贾维德·雷曼**

一、引言 242

近年来，“吉哈德”圣战组织性质的转变，[1]其潜在支持者众多并呈现临时性、地域性扩张趋势，迫使各国必须采取更加全面和先发制人的反恐战略。联合国《全球反恐战略》[2]给出了国际反恐战略的范例；《2005年欧洲反恐战略》[3]给出了区域反恐战略的范例；《美国国家反恐战略》[4]和《英国打击国际恐怖主义战略》[5]，则可以找到国家反恐战略的范例。鉴于上述

---

* 克莱夫·沃克尔（Clive Walker），利兹大学法学院教授。

** 贾维德·雷曼（Javaid Rehman），布鲁内尔法学院教授。

〔1〕 本章中，“吉哈德”一词指的是通常含义，无论是否包括极端分子。“恐怖主义”含义指的是英国《2000年反恐怖主义法》（Terrorism Act 2000）第1条，以及1999年12月9日在纽约通过、2002年4月生效的《1999年制止资助恐怖主义公约》（the Suppression of the Financing of Terrorism 1999）所采纳的概念。

〔2〕 UN GA Res. 60/288, 20 September 2006.

〔3〕 Strasbourg, 14469/4/05（2005）, p. 2. 该战略包括四个方面，即“预防、保护、追逃和应对”——这种分类方法很容易让人联想到英国的立法范本。

〔4〕 Washington, DC（September 2006）, p. 8. 最早出版于2003年。

〔5〕 Home Office, *Countering International Terrorism*（London: Cm 6888, 2006）; *Pursue, Prevent, Protect, Prepare: The United Kingdom's Strategy for Countering International Terrorism*（London: Cm 7547, 2009）; *The United Kingdom's Strategy for Countering International Terrorism Annual Report* 2010（London: Cm 7833, 2010）. See House of Commons Home Affairs Committee, *Project CONTEST: The Government's Counter – terrorism Strategy*（2008 – 09 HC 212）and *Government Reply*（London: Cm 7703, 2009）.

文件的共同点，本章只选取英国反恐战略进行深入探讨，因为英国的反恐战略或许是其中最为清楚同时也最为具体的。本章将从三个角度就政府制定反恐战略的过程加以评述：

第一，恐怖主义的不断发展促使政府愈发关注恐怖主义。本章将解释了
243 解恐怖分子的必要性，而不是单纯加以谴责或消灭。究竟是哪些原因导致恐怖主义的滋生？

第二，政府被迫针对更广泛的社会群体来制定反恐怖主义措施。反恐不再局限于安全人员、权力配置或技防物防措施，尽管这些仍然是政府工作最重要、最耗费资源的组成部分，但当前趋势是更多地需要社会广泛参与。这种由社区参与的反恐策略并非全新的尝试，相反，英国决策者很早就承认，反恐需要“通过赢得人心来赢取最终胜利”，这一理念可以回溯至马来亚冲突年代。〔6〕但现行政策主要源自于爱尔兰恐怖主义活动时代，当时的恐怖主义问题多被“阿尔斯太化”〔7〕。即使在北爱尔兰，反恐也只是“安全事务”，并没有动员社区参与共同治理。〔8〕尽管2001～2005年的情况与早期的反恐形势不同，早期的国际恐怖主义活动主要被界定为外国人所为。但当时社区民众仍然被排除在反恐战略之外。

第三，是警力分配不均衡。秘密警察和特种“高级”警察〔9〕必须从组织形式和类型上与根植于社区的反恐工作相匹配。通常包括两种方式：一种是由安全机构发起动员各种社区警力应对恐怖主义，这种方式不能完全取代

---

〔6〕坦普勒（Templer）将军1952年说过：“解决的办法不是将更多的军队投入丛林，而是要感化马来亚人民的内心和头脑。”See R. Sunderland, *Winning the Hearts and Minds of the People: Malaya 1948 - 1960* (Santa Monica, CA: Rand, 1964); F. Kitson, *Low - Intensity Operations* (London: Faber & Faber, 1971); R. Stubbs, *Hearts and Minds in Guerrilla Warfare* (Singapore: Oxford University Press, 1989); P. Dixon, "'Hearts and minds'? British counter - insurgency from Malaya to Iraq" (2009) 32 *Journal of Strategic Studies* 353.

〔7〕See Clive Walker, *The Prevention of Terrorism in British Law* (Manchester University Press, 2nd edn, 1992). 译者注：“阿尔斯太化”（Ulsterisation），这个政策出自前任工党政府的北爱尔兰事务大臣罗伊·梅森（Roy Mason），他认为北爱尔兰的统一论者，应该站在前线对抗爱尔兰共和主义。因为这个建议一方面可以减轻英国陆军在北爱尔兰的压力，另一方面提升了阿尔斯太防卫军团（Ulster Defence Regiment）和皇家阿尔斯太警察（Royal Ulster Constabulary）的地位。

〔8〕See Dixon "'Hearts and minds'?" 445.

〔9〕See Jean - Paul Brodeur, "High and low policing in post - 9/11 times" (2007) 1 *Policing* 25.

原有秘密设置的专门力量，〔10〕但可以形成对秘密警察的一个重要补充；另一
种是“警力”概念范围扩大至各警种，既包括内务部下辖的警种，也包括与 244
社区和教育部门相关的警力。

二、决定“吉哈德”活动的原因

2005 年 7 月 7 日发生的伦敦爆炸案打乱了政府制定反恐法律的步骤。虽然《2000 年反恐怖主义法》、《2001 年反恐怖主义、犯罪及安全法》和《2005 年反恐怖主义法》已经规定了各种可能的措施，但所谓的民主运动“愈加激进”〔11〕，激进分子的行为与恐怖分子没有明显的法律界限。当时的首相托尼·布莱尔于 2005 年 8 月 5 日起草声明，就未来的法律修改提出警示：“让所有人都相信，游戏规则正在改变。”〔12〕随后宣布的措施包括承诺制定新的反恐法，不仅规定了宣扬恐怖主义罪，还规定了警察逮捕后羁押 90 天的权力。

人们或许会对这一改革方案提出质疑，因为它强调限制人权而不是加强对情报和执法机关的审查，审查他们在取得“供词”过程中的过度行为。〔13〕尽管如此，数月后通过的《2006 年反恐怖主义法》还是做出了惊人的调整，规定了新的罪名并且对发表极端言论的团体颁布禁令，只是因议会反对将 90 天的羁押期限减少至 28 天。〔14〕

关于如何打击恐怖主义，还有一个方面需要考虑，即如何对待外国恐怖分子嫌疑人。〔15〕为打击恐怖主义，各部门曾于 2005 年协同作战以圈定并驱逐

---

〔10〕 See Clive Walker, “Intelligence and anti – terrorism legislation in the United Kingdom” (2006) 44 *Crime, Law and Social Change* 387.

〔11〕 See A. Sajó (ed.) Militant Democracy (Amsterdam: Eleven International, 2004); M. Thiel (ed.), The “Militant Democracy” Principle in Modern Democracies (Aldershot: Ashgate, 2009).

〔12〕 Prime Minister's Press Conference, 5 August 2005, available at www. number10. gov. uk/archive/2005/08pm – s – press – conference – 5 – august – 2005 – 8041.

〔13〕 See also Intelligence and Security Committee, *Report on the London Terrorist Attacks on 7 July 2005* (London: Cm 6785, 2005).

〔14〕 For Fuller details, see Clive Walker, *Terrorism and the Law* (Oxford University Press, 2011), Chapters 4 and 8.

〔15〕 For Fuller details, see Clive Walker, “The treatment of foreign terror suspects” (2007) 70 *Modern Law Review* 427.

这些嫌疑人，但事实表明要想完成这个任务很难，因为接收这些嫌疑人的国
245 家可能对其实施酷刑，进而违反《欧洲人权公约》第 3 条之规定。[16]政府于是开始通过增加获得国籍和政治庇护的限制条件来避免引渡问题，主要是依靠《2006 年移民、庇护和国籍法》以及外交审核机制。[17]2005 年 7 月的伦敦恐怖袭击促使政府重新审查本国“吉哈德”组织的危险性，并且改变以往的“伦敦斯坦”政策——对持不同政见者保持宽容的态度，[18]容忍阿布·哈姆扎，[19]阿布·卡塔达，[20]及奥马尔·巴卡里·穆罕默德（Omar Bakri Muhammed）[21]等人进行极端宣传的时代已经结束。政府禁止发表犯罪言论的做法与较早时的政策完全相反，这一点从对 2006 年最早刊登在丹麦《日德兰邮报》上的丹麦漫画《先知穆罕默德》[22]以及 1989 年萨尔曼·鲁施戴（Salman Rushdie）所著《撒旦诗篇》[23]的态度上就可以看出。

外国的恐怖分子威胁尚未完全消除，伦敦爆炸事件后政府的注意力又转移到国内的“圣战”组织上。最初，政府的反应是全盘否定，如将爆炸案实施者之一穆罕默德·赛迪切·可汗（Mohammed Sidique Khan）的“愤懑”描

---

〔16〕 Chahal v. United Kingdom, App. No. 22414/93, 1996 - V. 查哈尔案中关于英国特殊主张制度的讨论，参见本书第 6 章尼古拉·麦克加里蒂、爱德华·桑托文。

〔17〕 AS and another (Libya) v. Secretary of State for the Home Department [2008] EWCA Civ 289; RB v. Secretary of State for the Home Department; OO v. Secretary of State for the Home Department [2009] UKHL 10; Saadi v. Italy, App. No. 37201/06, 28 February 2008; J. Tooze, "Deportation with assurances" [2010] *Public Law* 362.

〔18〕 See M. Phillips, *Londonistan: How Britain is Creating a Terror State from Within* (London: Gibson Square, 2006).

〔19〕 他的国籍依据英国《2002 年国籍、移民和庇护法》(Immigration and Asylum Act 2002) 第 4 条规定被撤销，被认定为教唆谋杀罪（R v. Abu Hamza [2006] EWCA Crim 2918)，法庭还发布令状要将其引渡至美国〔Mustafa v. United States [2008] EWHC 1357 (Admin)〕，但是依照《欧洲人权公约》进行的司法程序仍在进行中（Mustafa v. United Kingdom, App. No. 36742/08)。

〔20〕 See OO v. Secretary of State for the Home Department [2009] UKHL 10. 其撤销申请受欧洲人权法院审查：Othman v. United Kingdom, App. No. 8139/09.

〔21〕 他在受到驱逐出境威胁之后来到伦敦：*The Times*, 9 August 2005, 1.

〔22〕 外交部部长希望英国出版媒体不要再版：*The Times*, 4 February 2006, 1.

〔23〕 外交部担心反对者会妨碍英国与伊朗之间的关系（*The Times*, 15 February 1989; 27 February 1989)。时任英国首相的撒切尔夫人说：“在这个国家，言论自由和表达自由必须服从法律，尤其是针对诽谤或亵渎言论，所有的自由必须服从法治原则。我们所有的一切都必须绝对服从这一为我们所信仰和不受任何外力干预的根本原则”：Hansard, HC, vol. 148, col. 157, 28 February 1989.

述为“垃圾”，[24]他在死后公布的视频中说道：“直到你们停止爆炸、毒气、 246
囚禁和拷打我们的人民，我们才会停止战斗……我们正在进行战争，而我是一个战士。现在你们也要尝尝现实的残酷。”[25]但是有证据表明这种仇恨根深蒂固，而我们对这种“新现实”的了解则十分有限。[26]无论原因是什么，不断揭开的事实表明，最让人难以接受的是伦敦爆炸案是由英国公民实施的，他们是约克郡人（所谓的“本土”恐怖分子），[27]，像普通人一样的生活背景没有给安全部门留下任何可以像追踪外国恐怖分子那样对他们进行追踪的痕迹。[28]后来发现，这些人并非完全脱离国外的支持和联系，[29]但他们的活动似乎主要是在英国本土策划并实施。2005 年 7 月 21 日的爆炸未遂案似乎也是由长期定居在英国的居民实施的，[30]自那之后的很多重大恐怖袭击也都如此。

从另一方面来看，2005 年 7 月的“本土”恐怖分子并非孤立存在，也并非新事物，之前就曾经发生过理查德·雷德（Richard Reid）试图于 2001 年在泛大西洋航班上引爆塑胶炸弹的事件，[31]以及阿塞夫·穆罕默德·哈尼夫（Asif Mohammed Hanif）和奥马尔·可汗·沙立夫（Omar Khan Sharif）于 2003 年在特拉维夫实施自杀式爆炸袭击。[32]在这之后越来越多的极端主义者不断发出威胁。2005 年 3 月，前伦敦警察署长约翰·斯蒂文斯（John Stevens）爵士估计，极端狂热分子的数量接近 200 名。[33]军情五处负责人戴

〔24〕 House of Commons Liaison Committee, Oral Evidence given by Rt. Hon. Tony Blair MP (2005 – 6, HC 709) p. 126.

〔25〕 See news. bbc. co. uk/l/hi/uk/4206800. stm.

〔26〕 Sir Ian Blair, Dimbleby Lecture 2005, news. bbc. co. uk/l/hi/uk/4443386. stm.

〔27〕 See Clive Walker, "'Know thine enemy as thyself': discerning friend from foe under anti – terrorism laws" (2008) 32 *Melbourne University Law Review* 275; Clive Walker, "Neighbor terrorism and the all – risks policing of terrorism" (2009) 3 *Journal of National Security Law and Policy* 121.

〔28〕 See Intelligence and Security Committee, *Report on the London Terrorist Attacks on* 7 *July* 2005 (London: Cm 6785, 2005); Home Office, *Report of the Official account of the Bombings in London on* 7 *July* 2005 (2005 – 6 HC 1087).

〔29〕 See Intelligence and Security Committee, *Could 7/7 have been prevented?* (London: Cm 7617, 2009); B. Hoffman, "Radicalization and Subversion" (2009) 32 *Studies in Conflict and Terrorism* 1100.

〔30〕 See *The Times*, 10 July 2007, 1.

〔31〕 *The Washington Post*, 31 January 2003, A 01.

〔32〕 See *Daily Telegraph*, 20 May 2003, 2.

〔33〕 *News of the World*, 6 March 2005.

姆·艾利扎·曼宁海姆·布勒尔（Dame Eliza Manningham—Buller）于2006
247 年11月披露，在英国国内有1600名“敌对分子”〔34〕。2007年年底，乔纳斯·伊文思（Jonas Evans）声称安全部门掌握超过2000名对国家安全直接构成威胁的人，并且还有很多人尚未得到确认。〔35〕2007年伦敦警察署副署长彼德·克拉克（Peter Clark）曾主张，要将注意力从外国人转移到我们的“邻居”身上，在他看来这一趋势从2003年即已开始。〔36〕

鉴于以上信息，我们不能再说战争中的敌人“与我们处于极度对立状态，具有完全不同于我们的明显特征”并且“无法融入我们的生活，破坏我们的生活方式”。〔37〕恐怖主义威胁不再主要来源于外部，不再具有像已经死去的本·拉登那样的明显特征（被描述为古怪和不开化的穴居居民，从国外发动恐怖袭击）。〔38〕相反，恐怖主义威胁似乎开始呈现需要我们将“邻居”视为潜在的敌人的特征，从2005年的袭击开始，恐怖袭击已经表现出由熟人、本地居民和原住民作案的特点。那次袭击还带来一种影响，那就是英国穆斯林中开始出现极端主义分子的趋势需要引起注意，从而更好地处置和减少恐怖主义威胁。这一趋势带来两个严重问题，一个是概念问题，另一个是实质问题。

概念问题是关于“激进主义”、“极端主义”和“恐怖主义”的定义和界限。内务部报告对“激进主义”和“极端主义”给出的定义如下：〔39〕

> “激进主义通常是指一种社会运动，包括与他人的互动……激进主义者可能是鼓动者、理想主义者或是恐怖分子，可能采取面对面的方式与受众交流或通过网络进行对话……激进主义者通过对历史、政治和宗教进行曲解来说服信众必须采取无差别的暴力。

〔34〕 *The Times*, 10 November 2006, 1.

〔35〕 *Manchester Evening News*, 5 November 2007.

〔36〕 Cramphorn Memorial Lecture (London: Metropolitan Police Service, 2007).

〔37〕 C. Schmitt, *The Concept of the Political*, G. Schwab transl. (New Brunswick, NJ: Rutgers University Press, 1976), p. 26.

〔38〕 时任美国总统的布什于2001年曾经提到本·拉登是一个“3个月前曾经控制一个国家，现在可能只能控制一个山洞”的家伙：see georgewbush – whitehouse. archives. gov/news/releases/2001/12/20011228 – 1. html.

〔39〕 Home Office, *The Prevent Strategy: A Guide for Local Partners* (London: 2008), Annex 1, p. 69. See further *Delivering the Prevent Strategy: An Updated Guide for Local Partners* (London: 2009).

> 极端主义材料——书籍、小册子及音视频资料（包括网页）反映极端主义言论，通常包括可以被解释成理念或教义冲突的暴力图像，引导人们支持极端暴力。" 248

这种明显不确切的概念在警察部门的任务报告中得到进一步体现，[40]而且对合法（但激进）的政治活动造成威胁。[41]

对于这些灾难性事件起因的实质界定同样不确切。[42]早期的官方解释中包括2006年内务部长约翰·雷德（John Reid）提出的荒唐建议，他敦促穆斯林群体"关注对自己的子女被洗脑的迹象，激进主义者培训孩子以自杀方式去杀人……发现不良的苗头，同孩子们交谈，避免仇恨在他们心中滋长，避免永远失去他们"[43]。然而，"本土"恐怖主义在英国滋生的复杂原因不能单纯描述成为穆斯林群体的精神失常或宗教狂热，即便是针对极端的自杀式爆炸行为。[44]幸运的是，政府开始认识到恐怖主义背后的多种可能因素：加入与极端分子有关联的清真寺；受极端宗教领袖的影响；互联网；个人导师的作用以及受制于极端分子组成兄弟团体。[45]一些更加细微的细节体现在更为复杂的反恐策略中，这些将在后面进行讨论。

相反，布莱尔政府仍然不愿承认对外政策（如入侵伊拉克）带来的负面 249
影响，即使伦敦爆炸案中的两名实施者穆罕默德·赛迪切·可汗和莎赫扎

---

〔40〕 See the remit of the UK National Extremism Tactical Coordination Unit, www.netcu.org.uk/de/default.jsp, and of Europol: *EU Terrorism Situation and Trend Report* (The Hague, 2008), p. 7.

〔41〕 See A. Kundani, *Spooked! How Not to Prevent Violent Extremism* (London: Institute of Race Relations, 2009).

〔42〕 See J. Horgan, *The Psychology of Terrorism* (Abingdon: Routledge, 2005); T. Abbas (ed.), *Islamic Political Radicalism: A European Perspective* (Edinburgh University Press, 2007); J. M. Post, *The Mind of the Terrorist* (London: Palgrave Macmillan, 2008); T. Bjorgo and J. Horgan (eds.), *Leaving Terrorism Behind* (Abingdon: Routledge, 2009); J. Horgan, *Walking Away from Terrorism* (Abingdon: Routledge, 2009)

〔43〕 *The Times*, 21 September 2006, 6.

〔44〕 See A. Pedahzur, "Toward an analytical model of suicide terrorism – a comment" (2004) 16 *Terrorism and Political Violence* 841; D. K. Gupta and K. Mundra, "Suicide bombing as a strategic weapon: an empirical investigation of Hamas and Islamic Jihad" (2005) 17 *Terrorism and Political Violence* 573; P. Pape, *Dying to Win* (New York: Random House, 2005); A. Silke, "The role of suicide in politics, conflict, and terrorism" (2006) 18 *Terrorism and Political Violence* 35.

〔45〕 Home Office, *Report of the Official Account of the Bombings in London on 7th July*, Annex B. Cf. Commission of the European Communities, *Communication to the Commission Concerning Terrorist Recruitment: Addressing the Factors Contributing to Violent Radicalisation*, COM (2005) 313 Final, p. 14.

德·坦维尔（Shehzad Tanweer），在死后公布的录像中强调西方军事入侵阿富汗、伊拉克及放弃巴勒斯坦给穆斯林造成了巨大痛苦。[46]议会下院外交委员会还声称，“伊拉克局势不仅提供了宣扬伊斯兰极端主义的有力素材，而且还成为培训与‘基地’组织有关联的国际恐怖分子的主要场所。”[47]布莱尔辞去首相职务以后，英国政府不再采取全盘否定的做法，但 2008 年政府对“吉哈德”的全面分析报告中仍然指向“理想主义者”，认为该组织主要影响青少年，同时提到意识形态、社区没有足够力量来对抗极端主义，以及本国和国际的艰苦环境等都是造成该组织影响日益扩大的原因。[48]2008 年的另一份分析报告还归纳了激进主义者、极端主义材料、团体身份、个人或身份危机及变化、雇佣率低、犯罪盛行、社会排斥、现实和理想之间的差距、在政治结构和市民社会中缺乏互信等问题。[49]

目前，更能反映问题和现实情况的分析报告已经出台。该报告认为极端主义的成因或许可以由“社会混乱”理论来解释，[50]英国的穆斯林青年挣扎在保守的父辈文化和具有吸引力的西方文化之间，根据伊斯兰教义这些都要被去除，以维持纯粹、单一和强大的身份认同。[51]以行动为核心建立小型伙伴团体，无疑增大了安全机构对之进行打击的难度，无法按照通常的层级指挥结构进行追踪，只能借助追踪激进言论，从社会民众中区分以行动和友谊为纽带的团体。[52]不幸的是，“吉哈德”组织人员不会有明显标记，或者正
250 如安全部门于 2008 年公布的备忘录所述，该组织成员没有任何明显的个人特征。[53]

总之，我们不能武断地推定激进主义一定会发展成为极端主义，而极端

---

[46] *The Times*, 2 September 2005, 2; *The Times*, 7 July 2006, 4.

[47] *Foreign Policy Aspects of the War Against Terrorism* (2005 – 6 HC 573), [21]. See further M. Rai, *7/7: The London Bombings, Islam and the Iraq War* (London: Pluto Press, 2006).

[48] Home Secretary Jacqui Smith, “Our shared values – a shared responsibility” (International Center for the Study of Radicalisation and Political Violence, First International Conference, 2008).

[49] Home Office, *The Prevent Strategy*, Annex 1.

[50] E. Hussein, *The Islamist* (London: Penguin, 2007), p. 69.

[51] See V. J. Siedler, *Urban Fears and Global Terrors* (Abingdon: Routledge, 2007), p. 98.

[52] See J. M. Post, “The Socio – cultural underpinnings of terrorist psychology” in T. Bjorgo (ed.), *Root Causes of Terrorism* (Abingdon: Routledge, 2005); O. Nasiri, *Inside the Global Jihad* (London: Hurst & Co, 2006); M. Sageman, *Leaderless Jihad* (University of Pennsylvania Press, 2007).

[53] *The Guardian*, 21 August 2008, 1.

主义最后一定会导致暴力袭击。激进主义只是年轻人通常都会有的行为，暴力不一定源于激进主义，而是出于对团体的忠诚。决策者经常将“激进主义”与“极端主义”混淆，[54]并对在某些场合，比如在大学发表言论的行为做出错误的判断。这些将在后面讨论。

无论是由什么样的原因造成的，“吉哈德”在我们身边而不是在国外出现，必然迫使政府将注意力集中到社区中来。这种改变不仅对于社区意义重大，对于警察部门来说同样具有重要意义。现在我们不仅需要理解恐怖主义的机制和影响，还要了解其社会成因，这意味着政府必须在更大范围内启动干预模式。反恐策略的这种“先社会后安全”的转变，将在接下来的部分讨论。

三、社会“防治”措施

（一）战略

英国《内务部打击国际恐怖主义》文件已经给出了从社会战略角度打击 251
恐怖主义的信号，该文件于 2003 年形成，直到 2006 年才公布实施。[55]除了逮捕、起诉等安全部门“追踪”恐怖分子的传统模式之外，这份文件中还提到一项重要的“防治”策略，即社会综合治理，该策略在内务部领导的全国防治委员会监督下执行。[56]内容包括打击极端主义、扰乱社会分子，对打击极端组织的发展对象提供支持，提高社区的自生能力，解决社会民众的困难。[57]因此，“防治”如今成为各级政府处理反恐事务的优先事项，接下来将具体说明该项目的作用。

（二）当地社区

“防治”的关键在于如何在依据地理、民族或宗教划分的聚居区贯彻执行相关政策。其根本目的是通过使社区参与成为反恐战略的基石，最终消除极端主义。支持由社区参与防治恐怖主义的人主张，既然恐怖主义易于在穆斯林社区得到响应，那么有社区的参与可以减少恐怖分子发声的机会，发现对

---

〔54〕 See J. Bartlett and J. Birdwell, *The Edge of Violence* (London: Demos, 2010), p. 38.

〔55〕 See above note 5; R. Briggs, C. Fieschiand L. Lownsbrough, *Bringing It Home: Community – Based Approaches to Counterterrorism* (London: Demos, 2006).

〔56〕 Home Office, *Delivering the Prevent Strategy*, [3.2], [3.3].

〔57〕 See Home Office, *The Prevent Strategy*; *Preventing Violent Extremism: A Strategy for Delivery* (London, 2008).

恐怖主义的不满情绪，对潜在的被发展对象提供帮助，提高警察执法的规范性。[58]这些想法同时也符合另外一些观点，比如认为可以通过穆斯林社区获得身份认同，可以从极端主义的影响下复原，可以实行社会控制并且在受到激励的情况下实现社会控制。[59]

接下来的问题是，为实现以上目的，该如何对“社区”进行界定。英国穆斯林无论是从宗教教旨还是从种族意义上讲都没有形成独立整体。据2001年英国人口普查估计，英国有160万穆斯林（占英国居民总人口的2.7%）。[60]然而，这个以宗教相联系的群体中包含各种各样的民族，混杂着巴基斯坦人、孟加拉人以及居住在伦敦、米德兰和西约克郡等大城市的印度原住民。当2009年政府宣布采取某些“防治”措施来防止“白人聚居区”受到种族极端主义威胁时，区别目标人群的任务极为复杂，[61]后来这种做法在2010年被取消了。

最早为维持社区安全开展的“防治”项目取名为“共同防治极端主义”[62]。
252 该计划于2005年8月宣布，由青少年事业、教育、穆斯林妇女、对社区及当地自发的社区活动进行支持、培训及认证“伊玛目”* 并利用清真寺作为社区资源、劳工、社会安全7个工作组组成，其中社区安全包括甄别伊斯兰原教旨主义，[63]提高警察的信心和处理极端主义；处理极端主义和激进主义。

---

〔58〕 See Department for Communities and Local Government, *Preventing Violent Extremism*: *Next Steps for Communities* (London: 2008), [14]-[15]; R. Briggs, "Community engagement for counterterrorism: lessons from the United Kingdom" (2010) 86 *International Affairs* 971, 972.

〔59〕 2003~2005年的一项调查可以支持复原力的说法，但是“标志性犯罪”没有包括恐怖主义犯罪在内：M. Innes, C. Roberts, T. Lowe and L. Abbott, *Hearts and Minds and Eyes and Ears* (Cardiff University Press, 2007).

〔60〕 www.statistics.gov.uk/statbase/expodata/spreadsheets/d6891.xls. See also J. Rehman, "Islam, 'War on Terror' and the future of Muslim minorities in the United Kingdom" (2007) 29 *Human Rights Quarterly* 831, 846.

〔61〕 *The Independent*, 15 October 2009, 16.

〔62〕 Home Office, *Preventing Extremism Together Working Groups Aug – Oct* 2005 (London, 2005). See D. McGhee, *The End of Multiculturalism* (Maidenhead: Open University Press, 2008), Chapter 3.

* 译者注：“伊玛目”一词最早源自对穆斯林祈祷主持人的尊称，又称领拜师、众人礼拜的领导者，没有其他诸如学者、领袖、表率、率领者、楷模、法学权威等含义，这些含义都从前者引申而来。

〔63〕 See C. Allen and J. Neilsen, *Report on Islamophobia in the EU after* 9/11 (Vienna: European Monitoring Center for Racism and Xenophobia, 2002); Commission on British Muslims and Islamophobia, *Islamophobia*: *Issues*, *Challenges and Action* (London: Runnymede, 2004); T. Abbas (ed.), *Muslim Britain* (London: Zed Books, 2005), Part Ⅱ.

针对这项工作人们提出了很多建议，社区服务部和当地政府最终将任务目标确定为四个方面：提升共同价值观；支持当地事业；培训市民能力和领导力；改善宗教设施及提升宗教领袖的能力。[64]

英国试图采取新的反恐措施，比如提升共同价值观与公民权利和义务的讨论之间的相互作用，[65]试图帮助某些存在不满情绪的人群找到与社会整体价值的共同点，强调英国人不是穆斯林的敌人。与这些做法不协调的是，英国的居民身份仍然十分难以取得甚至导致族群分裂。某些人的国民自豪感在另一些人眼中成为种族帝国主义的表现。面对这些不同观点，政府的做法通常是倡导带有普遍性的价值（而不是国民价值），比如自由、责任和公平。[66]但事实已经证明要想靠宣扬“良性的”文化特征来对抗“扭曲的”“吉哈德”立场会产生诸多问题。[67]

尽管具有如此的隐患，“纯化”英国国民的工作持续多年直至 2005 年 7 月。例如，2000 年在全国的教学课程中就曾加入与国民身份有关的内容，[68]2005 年
英国政府对公民身份申请人增加了一项“在英国生活”的检验标准。[69]2005 253
年 7 月爆炸事件后，政府开始更加关注小学和伊斯兰学校的公民教育。[70]2006 年首相代表戈登·布朗（Gordon Brown）呼吁规定爱国节，[71]最终经过

[64] Department for Communities and Local Government, *Preventing Violent Extremism* (London, 2007), [10]. See further Department for Communities and Local Government, *Preventing Violent Extremism: Next Steps for Communities.*

[65] See Home Office, *Strength in Diversity* (London 2004), Chapter 2; Commission for Racial Equality, *Britishness* (London, 2005); Lord Goldsmith, *Citizenship: Our Common Bond* (London: Ministry of Justice, 2008).

[66] Gordon Brown, "Liberty and the role of the state" (Chatham House, 13 December 2005), available at www. guardian. co. uk/politics/2005/dec/13/labour. uk.

[67] See Commission for Racial Equality, *Britishness*; S. Brighton, "British Muslims, multiculturalism and UK foreign policy" (2007) 83 *International Affairs* 1.

[68] Curriculum. qcda. gov. uk/key – stages – 1 – and – 2/subjects/citizenship/index. aspx. See further the Final Report of the Advisory Group, Education for Citizenship and the Teaching of Democracy in Schools (London: Qualifications and Curriculum Authority, 1998).

[69] See www. lifeintheuktest. gov. uk.

[70] Hansard, HC, vol. 440, col. 67, 15 December 2005 (Charles Clarke); Department for Communities and Local Government, *Preventing Violent Extremism*, [12]; Department for Communities and Local Government, *Preventing Violent Extremism: Next Steps for Communities*, [56].

[71] See T. Nairn, *Gordon Brown: Bard of Britishness* (Cardiff: Institute of Welsh Affairs, 2006); McGhee, *The End of Multiculturalism*, Chapter 4.

努力确立了退伍军人节（现在改成军人节）。[72]

2006年，在社区开展的“防治”工作大多从内务部转到社区工作部和地方政府，这本身就是一个政策扩展的信号。第一步是成立了统一和融合委员会[73]，2007年在一篇名为《我们共同的未来》的报告中，该委员会阐述了发展多样性、形成具有凝聚力和生命力的社区、去除极端主义理念等问题，号召社区统一和相互融合（而不是同化），因此并没有明确终止多元文化政策。[74]然而，多元化原则已经被弱化。[75]有人认为多文化主义实际上造成了种族隔离，[76]进而为极端言论提供了形成凝聚力的空间，导致伊斯兰法则被削弱、[77]穆斯林服饰受到批评（而不是禁止）。

而另外一项政策，即支持地方解决方案中最值得注意的一项措施是2006
254 年发起的防治极端主义探索基金，主要用于支持地方机构发展项目帮助当地合作组织对抗极端主义。[78]

从加强市民的能力和领导力的政策意图出发，成立防治暴力极端主义社区领导力基金，[79]用于居民的能力建设、支持宗教领袖和建立地区论坛对抗极端主义和原教旨主义。[80]此外还开展各种活动，包括：为年轻的英国穆斯

---

〔72〕 See www. armedforcesday. org. uk/.

〔73〕 www. communities. gov. uk/archived/general - content/communities/commissionintegration.

〔74〕 See T. Modood, *Multiculturalism: A Civic Idea* (Cambridge: Polity, 2007); Brighton, “British Muslims, multiculturalism and UK foreign policy”.

〔75〕 See C. Joppke, “The retreat of multiculturalism in the liberal state” (2004) 55 *British Journal of Sociology* 237.

〔76〕 Trevor Phillips, the chairman of the Commission for Racial Equality, warned of “sleepwalking towards segregation”: *Sunday Times*, 18 September 2005, 1. See further T. Modood, A. Triandafyllidou and R. Zapata - Barrero (eds.), *Multiculturalism, Muslims and Citizenship* (Abingdon: Routledge, 2005).

〔77〕 See “Civil and Religious Law in England” (2008), www. archbishopofcanterbury. org/1575. 主审法官菲利普斯（Phillips）爵士支持采用穆斯林法律作为“调和”的基础：*The Guardian*, 4 July 2008, 4. 反对者在苏格兰重新报道此事时采用的标题是“与穆斯林裁判庭的秘密对话”：*The Scotsman*, 9 October 2008, 1.

〔78〕 Department for Communities and Local Government, *Preventing Violent Extremism: Pathfinder Fund* (London, 2007). See K. Kellard, R. Mitchell and D. Godfrey, *Preventing Violent Extremism Pathfinder Fund: Mapping of Project Activities 2007/2008* (London: Department for Communities and Local Government, 2008).

〔79〕 Department for Communities and Local Government, *Preventing Violent Extremism: Community leadership Fund* (London 2007).

〔80〕 See also Home Office, *Countering International Terrorism* (London: Cm 6888, 2006), [58]; Department for Communities and Local Government, *Preventing Violent Extremism, Next Steps for Communities*, [28].

林创造充当领袖和活跃公民的机会；开展全国性运动提高穆斯林妇女的能力，包括与穆斯林妇女顾问团展开合作。[81]

最后一项措施是改善宗教设施和提高宗教领袖的能力，这或许是实施防治极端主义措施的原动力。英国有1400家清真寺和130余所穆斯林学校，通常他们的运营情况都没有系统或清晰的统筹管理。政府经常指责某些清真寺，如北伦敦中心清真寺，是极端主义活动的聚集点。[82]

最极端的措施出现在内务部报告中——“防治极端主义：传教场所”[83]。其中提出建立法律程序允许法庭出具令状，“采取措施制止在传教场所开展极端主义活动（符合条件令）”[84]。不符合指令要求则构成犯罪，如果活动继续进行，可以出具令状禁止使用传教场所（限制使用令），包括临时关闭该场所。[85]最终，这一政策没有具体施行。因为人们担心国家对宗教的管控过于严格，而且在实际操作中也很难界定“传教”和“传教场所”。[86]然而，慈善委员会成立了信仰和社会凝聚部，要求相关机构登记为慈善团体，以便加 255
强监督和管理。[87]

其他不那么激进的想法被切实用于宗教机构的管理。其中之一，即成立全国穆斯林和清真寺顾问委员会。2006年，该委员会在英国穆斯林顾问团的支持下正式成立。委员会专门起草了行动指南，包括在英国认定国外穆斯林的标准，该标准也可以用于批准签证或入籍申请。[88]社区工作部与当地政府，以及全国穆斯林和清真寺顾问委员会都提出由学界和专家依托牛津和剑桥两所大学，成立专门委员会来确保错误的宗教理念得到纠正。[89]

紧接着，内务部于2005年9月发起设立了总额为500万英镑的宗教社区能力建设基金，用来支持宗教社区同社区和政府一道建设有凝聚力的社会时

---

〔81〕 Ibid., [44].

〔82〕 Ibid., [7].

〔83〕 London, 2005.

〔84〕 Ibid., [17]-[18].

〔85〕 Ibid., [21].

〔86〕 See *Hansard*, HC, vol. 440, col. 167, 15 December 2005 (Charles Clarke); Lord Carlile, *Proposals by HMG for Changes to the Laws against Terrorism* (London: Home Office, 2005), [109].

〔87〕 Department for Communities and Local Government, Preventing Violent Extremism, [21].

〔88〕 Ibid., [20].

〔89〕 Department for Communities and Local Government, Preventing Violent Extremism: Next Steps for Communities, [65].

发挥积极作用，[90]这一项目于2008年结束。另一个项目是“携手防治极端主义”学者巡讲，主要由政府资金支持，鼓励更多宗教学者敢于向极端教义发起挑战。[91]

2008年，当地社区的“防治”工作成为各地政府的重要工作，内务部和社区工作部以及各地政府共同制定了一个全国性指标，“当地表现自我评价：应对暴力极端主义的修复力建设”[92]。其中通过评估表格的形式列举了各种问题和程序（关于穆斯林社区的理解和参与度，制定行动计划并有效监控）而不是确保得到哪些成果。然而这种评价的结果仍然存在很大问题。社区工作部和当地政府的这种“快速效果评估”无法给出任何证据证明哪种措施更有效，相反，从整体上看，走入社区进行巡回走访的方式更能得到各级工作人员的认可。[93]

256 主要由穆斯林人口组成的当地人群并非“防治”工作的唯一目标。接下来将要讨论的是监狱群体和教育群体。

（三）监狱群体

人们越来越普遍认识到监狱中的极端分子能够带来怎样的危险。目前，有大约110名“吉哈德”组织成员被羁押在监狱，他们不仅本身就名气很大，而且还忠诚于他们的事业，因此对其他穆斯林囚犯的影响很大。[94]达赫兰·巴洛特（Dhiren Barot）就是其中之一，他于2006年因预谋爆炸被定罪。[95]还有一个典型示例是怀特摩尔（Whitemoor）监狱，在全部120名穆斯林囚犯中，有8个人令其他囚犯感到害怕并且他们在狱中制定了自己的规则，让大多数囚犯觉得自身安全受到威胁。[96]安全部主管指出，“问题不仅在于恐怖

---

〔90〕 *Improving Opportunities, Strengthening Society* (London 2005), [4.18].

〔91〕 Home Office, *Countering International Terrorism* (London: Cm. 6888, 2006), [58].

〔92〕 www.opm.co.uk/resources/565/download.

〔93〕 *Preventing Support for Violent Extremism through Community Interventions: A Review of the Evidence* (London: 2010).

〔94〕 See Home Office, *The United Kingdom's Strategy for Countering International Terrorism Annual Report 2010* (London: Cm. 7833, 2010), [3.07]; D. A. Pluchinsky, "Global jihadist recidivism" (2008) 31 *Studies in Conflict and Terrorism* 182; M. S. Hamm, "Prison Islam in the age of sacred terror" (2009) 49 *British Journal of Criminology* 667.

〔95〕 The Observer, 10 February 2008, 4.

〔96〕 HM Chief Inspector of Prisons, *Report on an Unannounced Full Follow-up Inspection of HMP Whitemoor* (London, 2008), [3.79].

主义本身，还在于人们无法理解和处理对方的文化，因为他们根本不与我们分享。”[97]关押恐怖分子最为集中的是贝尔马什（Belmarsh）监狱，[98]这里的激进分子与白人囚犯之间经常发生暴力冲突。[99]

监狱管理部门认识到极端主义的暴力问题，但是难以将安全威胁与宗教自由进行区分。[100]监狱方面采取的应对措施包括培训官方的“伊玛目”[101]。2007 年又专门成立反极端主义行动小组来处理上述问题并调和政治极端主义与监狱帮派之间的冲突。[102]

英国监狱管理局局长在 2010 年的报告——“穆斯林囚犯管理经验”中总结认为，穆斯林恐怖主义囚犯在英国和威尔士的 10 300 名囚犯中，大概占 257
1%，但他们对非恐怖主义穆斯林的影响却很大，造成囚犯之间的不信任并缺乏安全感。她号召对穆斯林囚犯采取全国性措施，能够更好地满足他们的宗教需求以及在某些情况下防止发生极端转变，提供更多的宗教教育和讨论机会，提供更多的人员培训，加强对话、增强囚犯与监狱外部社会及宗教团体的联系。

（四）教育群体

高等教育群体相对易于受极端主义思想影响，因为学生本身即具有易受影响的特性。[103]有人认为这种情况很可怕，[104]然而没有证据证明如果获得激进主义材料就一定会导致暴力行为。在这方面，最具代表性的案例就是 R 诉扎法尔（Zafar）案[105]，在该案中，一名布拉特福德大学的学生被指控计划去巴基斯坦旅游和受训，之后再到阿富汗作战。然而，控方的证据只能证明被告具有好奇、不成熟和对政府决策的质疑而并没能证明被告具有实施暴力

---

〔97〕 *The Guardian*, 26 May 2008, 11.

〔98〕 HM Chief Inspector of Prisons, *Report on a Full Announced Inspection of HMP Belmarsh* 8 – 12 *October* 2007 (London, 2008).

〔99〕 See *The Observer*, 10 February 2008, 4; The Times, 15 April 2008, 22.

〔100〕 See Prison Service, *Race Equality Scheme Annual Report* 2006 – 2007 (London, 2007), [3. 13].

〔101〕 See Home Office, *Countering International Terrorism*, [51].

〔102〕 *Hansard*, HL, vol. 714, col. 229, 12 November 2009 (Lord Bach).

〔103〕 E. Hussein, *The Islamist* (London: Penguin, 2007), Chapters 6 – 7. For a wider perspective, see E. Gerstmann and M. J. Streb (eds.), *Academic Freedom at the Dawn of a New Century* (Stanford University Press, 2006); Network for Education and Academic Rights (www. nearinternational. org/).

〔104〕 A. Glees and C. Pope, *When Students Turn to Terror* (London: Social Affairs Unit, 2005).

〔105〕 [2008] EWCA Crim 184.

行为的意图。

对政府来说，更为客观的评价应该是这样的，即有证据表明极端主义构成“严重威胁”，但“吉哈德”并没有“充斥”高等教育人群，〔106〕而且言论自由也规定了人们有权享有相应权利。事实上，大学鼓励外来者自由发表言论在《1986 年教育法（2 号法案）》第 43 条中有明确规定。〔107〕英国的教育文件——《促进良好校园关系》的建议是引导性而非指令性的（只是用来举例和引起注意），只是对“以穆斯林名义实施的极端主义暴力”〔108〕进行了有限
258 关注，但仍招致对穆斯林“妖魔化”的批评。之后，该文件的 2008 年版纠正了上述错误，即便如此还是将“基地”组织列在报告的附件。〔109〕但我们仍然可以认为，《促进良好校园关系》给出了全面和具体的指导。〔110〕

极端主义的大肆蔓延让英国教育管理部门始终处于紧张状态。这种担心从《2006 年反恐怖主义法》第 1 条和第 2 条规定的直接或间接鼓励恐怖主义罪可见一斑。〔111〕然而，根据第 2（9）条规定，如果有证据表明公开发表的声明既没有体现被告的观点，也没有被告署名，并且在所有公开发表的声明中都明显没有表达被告的观点或没有被告的署名，则可以构成辩护事由。因此，当学术监督怀疑或认为某个学生意图将获取的资料用于恐怖主义目的而不是用于学术研究，就必须作为“好市民”向安全机构报告。〔112〕这一禁令因诺丁汉大学事件而引起人们的关注，当时一个名叫瑞兹万·萨博尔（Rizwaan Sabir）的学生于 2008 年为研究生论文下载资料而被捕，和他一同被捕的还有他的朋友，一个往届毕业生锡奇海姆·耶萨（Hicham Yezza），接受了瑞兹万转给他的资料。〔113〕涉案材料是“基地”组织培训手册，于曼彻斯特被查封，

---

〔106〕 B. Rammell, Speech on Academic Freedom, University of Leeds, 17 June 2008.

〔107〕 Department for Education and Skills, *Promoting Good Campus Relations; Working with Staff and Students to Build Community Cohesion and Tackle Violent Extremism in the name of Islam at Universities and Colleges* (London, 2006), [1.2]-[1.3].

〔108〕 Ibid., Chapters. 2 - 3.

〔109〕 Department for Innovation, Universities and Skills, *Promoting Good Campus Relations, Fostering Shared Values and Preventing Violent Extremism in Universities and Higher Education Colleges* (London, 2008).

〔110〕 (London, 2005).

〔111〕 See Walker, *Terrorism and the Law*, Chapter 8.

〔112〕 *Hansard*, HL, vol. 676, col. 629, 7 December 2005 (Baroness Scotland).

〔113〕 See *The Guardian*, 24 May 2008, 8; freehicham. co. uk.

自2005年起在美国国防部网站上以红字标注的形式登载。[114]这两名学生后来都未经起诉而被释放。副校长柯林·坎贝尔（Colin Campbell）爵士警告说，在他的大学学习恐怖主义实施方法是违法的，有违本校的办学宗旨。[115]专门负责审核反恐立法的卡雷尔（Carlile）爵士提醒人们注意，对恐怖主义的学术研究可能变成“地下传播行为”[116]。

尽管前教育部长鲁斯·凯雷（Ruth Kelly）号召大学对“不可接受行为”发挥监管职能，[117]麦克卡西迪（McCarthyite）还是取消了在教工和学生中间 259
进行清理的运动。尽管如此，仍然有很多问题威胁学术自由，其中包括对校园日常行为的监控，比如计算机应用，[118]以及根据发表的言论制作黑名单或灰名单。[119]此外，还有针对全英30多所高等教育机构申请人的自愿审查制度。这些教育机构被要求，当遇有来自10个目标国家且有意申请21个备案学科的申请人，须及时报告并转交该学生的申请资料。[120]2007年这一机制被更为全面的《学术科技批准项目》代替，覆盖了41个学科和几乎所有国家。[121]最终，权威学术期刊也同意对论文进行能否用于恐怖主义的评估（并据此驳回）。[122]

上述措施并不能解决所有问题，但之后发生的两个案件进一步迫使大学采取监控和限制措施。第一个事件是2009年的“行动路径”案件，有几个外国留学生在曼彻斯特和利物浦因为密谋恐怖主义活动被捕。最终虽然没有人因此被定罪，但一些人被驱除出境。[123]他们受到的指控是以伪造的大学入学

---

[114] www. usdoj. gov/manualpart1_ 1. pdf, 2005.

[115] *Times Higher Educational Supplement*, 24 July 2008.

[116] Lord Carlile, *Proposals by Her Majesty's Government for Changes to the Laws against Terrorism*, [28].

[117] *The Times*, 16 September 2005, 8.

[118] See Data Retention (EC Directive) Regulations 2009 SI 2009/859.

[119] See www. stoptheboycott. org.

[120] See House of Commons Science and Technology Committee, *The Scientific Response to Terrorism* (2003 -4 HC 415), [200].

[121] www. fco. gov. uk/en/about - us/what - we - do/services - we - deliver/atas.

[122] See M. S. Lindes, "Censuring science", in Gerstmann and Streb, *Academic Freedom at the Dawn of a New Century*, p. 90.

[123] See Lord Carlile, *Operation Pathway* (London: Home Office, 2009); XC v. Secretary of State for the Home Department (SC 02, SC 77 -82, 2009). Deportations were halted in 2010 because of risk of torture.

申请骗取签证，进而以此为掩护实施恐怖主义活动。[124]第二个事件是奥马尔·法鲁克·阿卜杜穆塔莱伯（Umar Farouk Abdulmutallab）试图于 2009 年 12 月 25 日将炸弹带上飞往底特律的航班。复核委员会针对被告是由于在伦敦大学的学习才产生激进主义思想的说法进行了驳斥。[125]

260 对教育系统极端主义的治理甚至已经延伸到少年儿童。经青少年委员会以及高级教师论坛建议，[126]儿童、学校及家庭事业部发布了一个名为《一起安全地学习》的文件。[127]该文件正确地采纳了这样一种意见，即不设关于极端主义分子的“标准描述”，而是鼓励从政治上或与社会有关的争议事项中去找到解决办法，去理解极端主义的概念，防止损害以及支持弱势群体，“承认我们每个人都有多重身份”，并坚持每个人都可以认同各种价值，比如权利和平等。[128]作为应对措施，该文件提出可以鼓励对激进观点进行处理，但只是具有警告意义而没有提出任何具体措施。

（五）外国人群体

应对在英国的穆斯林群体还延伸至对外政策领域，因为这一问题已经影响到英国人口的流动，并且可能因来自其他国家的流言蜚语而产生不利影响。据称，有 75% 的恐怖主义活动是在英国酝酿的，并且与巴基斯坦有关联。[129]外交及联邦事务办公室为此专门展开“防治”行动。

有些工作由穆斯林媒体小组（2002 年成立，目的是解释和讨论英国政府关于穆斯林的政策，对首相和其他政府官员的观点进行概括）负责实施，之后由伊斯兰世界小组（2004 年成立，向多国政府部门提供协助和建议，组织研讨会及组织学者到英国进行走访，比如“激进中间路线”）进行协助。[130]其他项目还包括[131]支持发展有效的、可靠的民主机构以及目的在于改善人

[124] House of Commons Home Affairs Committee, *Bogus Colleges* (2008 - 9 HC 595), [15] - [16].

[125] *Umar Farouk Abdulmutallab*: Report to UCL Council of Independent Inquiry Panel (London, 2010). Cf. *Radicalisation on British University Campuses* (London: Quilliam 2010).

[126] Department for Children, Schools and Families, *The Children's Plan* (London: Cm. 7280, 2007), [6. 64].

[127] (London, 2008).

[128] Ibid., pp. 21, 31.

[129] *Daily Telegraph*, 14 January 2009, 14.

[130] www. radicalmiddleway. co. uk.

[131] See Home Office, *Countering International Terrorism* [49].

权的全球机遇基金。该基金后来与伊斯兰世界项目合并，形成一个新的联合打击恐怖主义和激进主义项目。[132]

针对外国人群体采取的措施，主要围绕宗教学校和伊斯兰学校展开，尤 261
其针对巴基斯坦，英国有 43% 的穆斯林人来自这个国家[133]，而这些人仍然会出于某种文化原因送他们的孩子“回家”。在对 2005 年爆炸案制造者的背景调查中可以发现，一些宗教学校给当事人带来了负面影响。行动指挥者穆罕默德·赛迪切·可汗曾经在 2003 年至 2004 年间到过宗教学校。[134]为此，外事及联邦事务办公室于 2006 年宣布向巴基斯坦提供资金援助，以帮助他们对这些宗教学校进行管理。[135]然而，宗教学校仍然是一股重要的政治势力，巴基斯坦的管理措施成效有限，[136]而外事及联邦事务办公室采取的措施也很难发挥作用。

四、安全“防治”对策

英国反恐怖主义措施为治安管理的组织机构带来了改变。1883 年，在大都市警察署内部成立了一个特别行动部，专门处理当时的爱尔兰爆炸袭击。该部门也经常被认为很神秘和不负责任，其探员在行动时拒绝与当地社区配合，只是事后通知对方发生了什么事或需要对方做什么，他们也很少出庭作证。

这些在“追查”策略下的传统做法与新的“防治”策略格格不入，因此亟须改变。以往在不需要社区参与的情况下，用来打击孤立的外国极端分子的措施，如今已不再适用，现在政府和警察在反恐问题上需要来自社区的有力支持。因此，反恐新形势促使机构发生变化，其必须认识到采用社区警力

---

[132] Home Office, *The United Kingdom's Strategy for Countering International Terrorism Annual Report 2010* (London: Cm. 7833, 2010), [3. 14].

[133] Rehman, "Islam, 'War on Terror' and the Future of Muslim Minorities in the United Kingdom", 846.

[134] See Intelligence and Security Committee, *Report into the London Terrorist Attacks on 7 July 2005* (London: Cm. 6785, 2006), pp. 17 – 18; see also Home Office, *Report of the Official Account of the Bombings in London on 7 July 2005*, p. 15.

[135] *The Independent on Sunday*, 19 November 2006, 46.

[136] International Crisis Group, *Pakistan: Karachi's Madrasas and Violent Extremism* (Brussels: Asia Report no. 130, 2007), p. ⅰ.

和多部门联合的方法来打击恐怖主义的必要性。[137]

262 新的机构采取如下模式：首先，地区警察的特别行动部于2003年开始变成分散的地区小组，与此同时，各地片警加强了区域协调。[138]在随后的2006年，大都市警察署成立反恐指挥部，将特别行动部与更具行动性的反恐部合并，后者为应对爱尔兰恐怖主义而成立于20世纪70年代。合并后的新部门全面负责情报分析、调查以及行动支持，拥有1500名职员，由通常全面负责全国重大恐怖主义调查的国家反恐调查协调员直接领导，并且在包括西约克郡在内的4个地区成立反恐联合行动小组。[139]此外，英国任命全国社区参与协调员专门负责打击激进主义活动、提升社区信心和对受影响最严重的社区进行安抚等活动。在联合行动小组之外，还成立了16个地区情报单元。地区情报单元比联合行动小组规模要小，区别主要是在搜集情报的同时不能单独采取行动，但地区化并不意味着操控力削弱。

军情五处则首次开放在英国的多个地区办公室，以更加便利地从最易受“吉哈德”活动影响的地区获得情报，如西约克郡地区和西米德兰及大曼彻斯特地区。此外，安全部门还通过反恐安全顾问网站向社会提出建议，这些顾问主要是特别行动部的官员，在安全局下属的保护国家重大设施中心[140]办公，负责联系国家重大设施安全协调中心和军情五处国家安全顾问中心。

在这些部门之上还有几个负责总揽“防治”工作全局的机构。高级警官协会（反恐及相关事项）下属的国家防治工作实施小组负责制定全国反恐战略，全国警务部门防治委员会和地区警务部门防治协调员则负责实施。[141]

263 在行动指挥方面也相应做出了重大调整。《国家警力计划2005~2008》要求各级警务部门，将建立和增强少数族裔社区的信任和信心纳入反恐战略。[142]强调反恐警力必须包括地区警察部门和当地社区的参与。例如，7月

---

[137] Home Office, *From the Neighbourhood to the National* (London: Cm. 7448, 2008), [1.49]-[1.51]. 尽管当地如此重视，提议警力合并始终没能完成：HM Inspectorate of Constabulary, *Closing the Gap* (London, 2005).

[138] See HM Inspectorate of Constabulary, *A Need to Know: HMIC's Thematic Inspection of Special Branch and Ports Policing* (London, 2003).

[139] See S. Bebbington, "The good fight" (2008) 116 *Police Review* 34.

[140] www.cpni.gov.uk.

[141] Home Office, *Delivering the Prevent Strategy*, [3.2]-[3.3].

[142] (London: Home Office, 2004) [3.60].

7 日爆炸袭击者在制造爆炸物的过程中，由于化学气味导致其公寓外的大量树叶从树枝上掉落。警察于是问道，为什么没有人报告此事？[143] 为此，新的反恐措施应致力于形成全面的反恐网络，其中一个项目渠道是由 12 个警务区负责穆斯林社区的居民，组建确认极端分子的早期预警系统。[144] 之后，社区进一步参与反恐怖行动并给出建议。尽管安全色彩已经不那么强烈，但这些项目还是被认为存在界限不清和过度泛化的问题，即“哪个部门来负责界定究竟一个人属于‘激进分子’、‘极端分子’还是‘瓦哈比派’？”[145]

除项目渠道外，防治暴力极端主义社区领导力基金也被用于监控及其他相关社区工作。[146] 然而，到目前为止还没有项目用来确定非激进组织，[147] 尽管已经有人提议针对囚犯应当区分哪些人不是激进分子。[148]

也要看到，上述社区参与治理恐怖主义的政策存在很多局限。一方面，264
反恐指挥部至今没有定期深入社区向人们讲解他们的行动目的，尽管他们认识到将来必须这样做。他们与社区的联系（解释行动内容和提取意见）似乎显得有点滞后。他们还试图通过从亚裔社区招募人员来加强与社区的联系，事实上，关于从少数族裔中招募警察的目标早在 1999 年即已拟定，但没有哪一年实际完成过。[149]

---

[143] Speech by Andrew Staniforth, Conference on Crime and Disorder Act 1998 (Centre for Criminal Justice Studies, University of Leeds, 2008).

[144] See Home Office, *Channel: Supporting Individuals Vulnerable to Recruitment by Violent Extremists* (London, 2010).

[145] H. Siddiqui, “Muslim – bashing dilutes our democratic values”, *Toranto Star* 11 June 2006, p. A17.

[146] See Home Office, *The Prevent Strategy: A Guide for Local Partners*, p. 27; Department for Communities and Local Government, *Preventing Violent Extremism: Next Steps for Communities*, [51].

[147] Cf. Counter – Terrorism Implementation Task Force, *First Report of the Working Group on Radicalisation and Extremism that Lead to Terrorism: Inventory of State Programs* (Rome: United Nations Interregional Crime and Justice Research Institute, 2008); G. Audenaert, “De – radicalisation and the role of police forces”, in R. Coolsaet (ed.), *Jihadi terrorism and the Radicalization Challenge in Europe* (Aldershot: Ashgate, 2008); O. Ashour, *The De – radicalization of Jihadists* (Abingdon: Routledge, 2009); Bjorgo and Horgan (eds.), *Leaving Terrorism Behind*, chaps. 10 – 13; Horgan, *Walking Away from Terrorism*; J. Horgan, and K. Braddock, “Rehabilitating the Terrorists?” (2010) 22 *Terrorism and Political Violence* 267.

[148] See J. Brandon, *Unlocking Al Qaeda* (London: Quilliam 2009); P. R. Neumann (ed.), *Prisons and Terrorism* (International Centre for the Study of Radicalisation and Political Violence, London, 2010).

[149] Cf. Home Office, *Staff Targets for the Home Office, the Prison, the Police, the Fire and the Probations Services* (London: 1999); J. Riley, D. Cassidy and J. Becker, *Statistics on Race and the Criminal Justice System* 2007/8 (London: Ministry of Justice, 2009), p. 185.

另一方面在于对反恐警力效果的评估。第 26 号《公共服务协议》（30 份此类文件之一）规定如何实现政府目标以及如何对履职过程进行评价，但出于国家安全原因，英国尚未公布任何关于反恐目标、职责或治理的内容。[150]

五、结论

“本土”恐怖主义的出现促成了反恐战略向积极方面的转变，并且在反恐“防治”中起到重要作用。随着社区参与行动的数量和范围不断扩大，成果也越来越明显。[151]反恐战略的这种重新设计十分重要，[152]并且已经基本成形，因为“基地”组织在表现出恐怖主义国际化特征的同时，其支持者却呈现出明显的本地化趋势。虽然反恐策略不断做出调整，但仍有以下五个方面要受到批评：

第一，反恐怖主义的成果缓慢且不确定。或许是由于对社区参与的依赖不断增强，因此行动的统一性难以得到保证。为解决这一问题专门成立了一个“民间协会”，赋予很多部门拥有自由裁量权，而没有采取“组织合作”的
265 方式，通过特定条件来实现特定目标。[153]结果往往是强调了社区参与，但对于防治极端主义作用却并不明显。[154]本来就已经过分依赖社区力量，再加上至今为止没有任何专门的考核机制，使得局面更加困难。[155]

第二，“防治”政策的指挥和工作重心方面存在问题。尤其是政府最初将清真寺确定为最容易滋生恐怖主义的防治目标，但极端主义的根源并不完全在宗教场所（还有单独的外国煽动者现在很多情况下不再发声），而是有更为深层次的社会原因。政府现在已经多少意识到了这一错误，[156]尽管在很大程

---

[150] HM Treasury, *PSA Delivery Agreement* 26: *Reducing the Risk to the UK and its Interests Overseas from International Terrorism*, available at www. hm – treasury. gov. uk/pbr_ csr07_ psaindex, [1. 3].

[151] See further Home Office, Pursue, *Prevent*, *Protect*, *Prepare*, [9. 09].

[152] Compare the absence of holistic policy during the Northern Ireland campaign: *Operation Banner* (London: Army Code 71842, 2006).

[153] M. Oakeshott, *On Human Conduct* (Oxford: Clarendon Press, 1975), pp. 279 – 311.

[154] See Kellard et al., *Preventing Violent Extremism Pathfinder Fund*, p. 64.

[155] Intelligence and Security Committee, *Could 7/7 have been Prevented?*, [180].

[156] Home Office, *Preventing Extremism Together*: *Places of Worship* (London, 2005), [10].

度上仍坚持以清真寺等宗教场所为工作中心。[157]此外，一旦不再将宗教场所作为主要目标，反恐局面将变得更加复杂和困难，因为"证据显示极端分子越来越多地离开宗教场所去体育场、真人游戏场、宿营地、私人住所或其他场所开展活动，以避免受到监测"[158]。

第三，官方对激进组织的分析用时过长且无法得到令人满意的结果。早期的尝试过于强调外部形式，比如外国的"伊玛目"或网站。然而，从 2005 年的爆炸案实施和策划过程来看，还有很多深层次原因，涉及社会、政治条件及不同年龄的主体身份变化。接下来还需要进一步深入研究，而激进主义和暴力行为之间并非简单的直线联系。[159]

第四，新的社区参与政策本身存在弊端，那就是警力的过度泛化。其中也包括针对最近 10 年向非涉恐社区增加警力的批评。[160]"防治"工作可以成为一种范例，在社区安插警力可以促进情报搜集和干预行动的有效开展，但
对于社区信任却带来了不利影响。[161]在这方面可能还要加上国家对宗教以及 266
资助激进主义行为的管控，具体做法是从职能上对"预防"工作进行划分，由地方机构负责社区融合，警察则负责危险人群。[162]

第五，社区方法与政府其他反恐政策的矛盾。抛开诸如入侵伊拉克之类的对外政策的负面作用不谈，即使反恐的其他工作也需要大量社会成本。如前所述，《2006 年反恐怖主义法》牺牲了言论自由，政府宣称该法阻断了宣扬恐怖主义的渠道，但同时也限制了表达和对话的自由。还有一些治安措施

---

〔157〕 House of Commons Communities and Local Government Committee, *Preventing Violent Extremism* (2009 – 10 HC 65), [83].

〔158〕 *Report of the Official Account of the Bombings in London on 7th July2005*, Annex B, [2].

〔159〕 See L. Richardson, *What Terrorists Want* (London: John Murray, 2006); Directorate of General Judicial Strategy, *Policy Memorandum on Radicalism and Radicalisation* (The Hague: Ministry of Justice, 2005); National Coordinator for Counterterrorism, *Radicalisation in Broader Perspective* (The Hague: Ministry of Justice, 2007).

〔160〕 See A. Crawford, *The Local Governance of Crime* (Oxford University Press, 1997).

〔161〕 Kundani, *Spooked! How not to Prevent Violent Extremism*; House of Commons Communities and Local Government Committee, *Preventing Violent Extremism*, [40].

〔162〕 See House of Commons Communities and Local Government Committee, *Preventing Violent Extremism*, [148], [169], [172], [173]; Bartlett et al., *The Edge of Violence*, p. 41; Briggs, "Community engagement for counterterrorism", 972.

比如拦截和搜查也引起了民众的反感。众议院内务委员会[163]报告中指出，“在全体穆斯林中存在这样一个明显的感受，那就是穆斯林在反恐法的实施过程中受到了歧视，这对族群关系是极其有害的。”另一个打击国际恐怖主义造成负面效果的例子是，2010年在伯明翰的希斯（Washwood Heath）和斯莫尔伍德（Smallwood）两个穆斯林聚居区安装监控探头。一方面，这些探头被伯明翰安全公司用来打击反社会行为和犯罪。另一方面，不为公众所知的是，还有一些探头由高级警官协会（反恐及相关事项）批准资助，属于带有数字识别技术的秘密探头。经过抗议，这些秘密探头后被拆除。[164]

267 警力过度不一定必然导致产生新型恐怖主义。“吉哈德”的成因不同于北爱尔兰共和军，当时在紧密联系的社区实施高压措施是导致局势恶化的主要原因。[165]然而，过强的干预会引起社会紧张，阻碍社会公众提供信息和援助的热情。[166]

官方对反恐问题的评估是“英国面临严重和持续的恐怖主义威胁”，并于2010年1月将反恐级别提升至“严重”。[167]在公共安全如此紧张的状态下，强调社会安全对于警察和政客来说更有说服力，因此可以预见还会有更多的“预防性”措施。尤其在不断出现的“本土”恐怖主义驱动下，努力控制潜在的恐怖主义威胁而不仅仅是打击已经实施的犯罪。但是随着应对措施的不确定性，不可避免地造成无辜个人和群体受到不公平对待，国家的过度干预很难局限于特定场所或例外情形。[168]即使付出各种各样的代价，即便有公众

---

[163] Home Affairs Committee, *Terrorism and Community Relations* (2005 – 6 HC 165 – Ⅰ), [153]. See also G. Mythen, S. Walklate and F. Khan, "I'm a Muslim, but I'm not a terrorist" (2009) 49 *British Journal of Criminology* 736, 744; Defence Science and Technology Laboratory, *What Perceptions do the UK Public Have Concerning the Impact of Counter – Terrorism Legislation Implemented since2000* ? (London: Home Office Occasional Paper 88, 2010).

[164] See S. Thornton, *Project Champion* (Kidlington: Thames Valley Police, 2010).

[165] Cf. S. Greer, "Human rights and the struggle against terrorism in the United Kingdom" [2008] *European Human Rights Law Review* 163; C. Pantazis and S. Pemberton, "From the 'Old' to the 'New' Suspected Community" (2009) 49 *British Journal of Criminology* 646.

[166] See T. M. McDonnell, "Targeting the foreign born by race and nationality" (2004) 16 *Pace International Law Review* 19.

[167] Cabinet Office, *National Risk Register of Civil Emergencies2010 Edition* (London, 2010), [2.77].

[168] O. Gross, "Chaos and rules" (2003) 112 *Yale Law Journal* 1011, 1073 – 89.

的支持，但可以确定的是，并非所有难题都能得到解决。还有更令人沮丧的是，无论政府在“预防”恐怖主义问题上花多大力气，目前的极端暴力恐怖主义还要用几十年才可能逐步消除。[169]

〔169〕 House of Commons Defence Select Committee, *UK National Security and Resilience* (2007 - 8 HC 718), 21 October 2008, p. 63 (Lord West).

后记：英国在本章完成以后的2011年又开始重提“预防”政策。关于英国的情况，参见 Home Office, *Prevent Strategy* (London: Cm 809b, 2011). 关于美国的情况，参见 President of United States, *Empowering Local Partners to Prevent Violent Extremism* (Washington DC, 2011).

第三部分

亚洲国家和地区的反恐立法和政策

第11章

新加坡的反恐立法：现实和虚华

迈克尔·荷尔*

一、引言 271

本章将对过去10年中新加坡在未经审讯羁押权问题上所持续进行的一些争执进行论述。以前，被羁押者往往会对政府根据未经审讯羁押权而对人进行羁押的合法性提出质疑。而今，与之形成鲜明对比的是，在抵制激进的极端主义时，政府运用这项权力似乎不存在争议。本章也会谈论新加坡的反恐立法，并注意到一种奇怪的现象，即依照新加坡的这些法律提起公诉的案件中，不可避免地会卷入一些非恐怖主义人员，似乎是提醒他们不要对非恐怖主义人员做出“歇斯底里式”的判决。

当前，新加坡对恐怖主义的担忧始于美国“9·11”事件之后3个月。在2001年12月，根据《国内安全法》的规定（英文缩写“ISA”，颁行于第二次世界大战后），〔1〕一个被怀疑与“伊斯兰祈祷团”（极端组织）有关的13名组织成员未经审讯被羁押。〔2〕在接下来的10年中，一系列相同的做法接连

---

* 迈克尔·荷尔（Michael Hor），新加坡国立大学法学院教授。

〔1〕 本章最初版本“法律和错误：新加坡故事和马来西亚困境”原载本书上个版本第13章，新加坡的反恐法律和其他现行法律见于statutes. agc. gov. sg/。

〔2〕 Ministry of Home Affairs, Press Releases, 5 January 2002, available at www. mha. gov. sg/index. aspx. 关于“伊斯兰祈祷团”行动的信息，从这个网站上获取最为方便。虽然他们包含一些特殊的网络链接，但是这些链接偶尔会有所变化，主网站将会代为提供，从这上面很容易得到特定的新闻稿（以及随后作为参考的所有新闻稿和内阁声明）。

出现。最近一次是在本书写作期间，即2010年7月6日。[3]未经审讯羁押权是这些行动的重要组成部分，并被视为具有天然的正当性，至少按照官方说
272 法是这样的，在此后的60年中它一直持续存在。令人好奇的是，对于未经审讯羁押权等传统做法，最近10年里也出现了替代性主张。这些主张认为上述权力一直被错误使用，其中既有人主张应该废除这种权力，也有人认为应当限制这种权力。本章将对这一问题进行讨论，如果认为这项权力应当存在，那么如何合法地加以运用?

虽然当今反恐怖主义措施中的焦点问题是未经审讯羁押，也就是其简化了普通刑事法律的要求和程序，但是这也引起了一些反恐立法活动的混乱。随着新的恐怖主义犯罪的出现，打击这些犯罪的规则也在不断完善。我们感到好奇的是，当这些“圣战”分子未经审讯就被羁押时，对他们的起诉几乎与真正的恐怖主义无关。不过，考虑到法律的首要任务是打击恐怖主义，所以我们看到检察官迫切需要更富有威慑性的判决。本章也会关注这种现象并且提出疑问，如果这些新的犯罪者处于非恐怖主义的环境时，那么是否会有可能使他们受到不公正的判决?

在新加坡，做过的或者发生过的要比关于对这件事情的讨论更多。[4]在这个问题上进行抉择是十分必要的，因为其直接影响反恐怖主义工作的效果。

二、《国内安全法》是对还是错?

过去的10年见证了上述两种观点之间的对立：一种观点认为，打击“伊

---

〔3〕 Minstry of Home Affairs, Press Release, 6 July 2010.

〔4〕 例如，也许最具政治意义的事件就是“伊斯兰祈祷团”新加坡分支机构一个名叫马斯·塞拉马特（Mas Selamat）的领导人从羁押中逃脱。这好像是一部很值得一看的动作片，该人从厕所窗户里逃走，翻过墙，换上几件漂浮设备越过柔佛海峡。2008年4月21日，关于塞拉马特逃走一事，委员会进行了质询，议会辩论，参见 www. parliament. gov. sg/parlweb/hansard_ search_ latest. jsp. 后来，他在马来西亚被逮捕并被关在那里，参见 Joint Press Conference by Prime Minister Lee Hsien Loong and Prime Minister Dato'sri Mohd Najib bin Tun Haji Abdul Razak, 22 May 2009, available at www. pmo. gov. sg/News/Speeches/Prime + Minister/Joint + press + conference + transcript. htm. 不幸的是，这个颇吸引人的事件似乎和现在讨论的事情并不相关，塞拉马特的意外脱逃并未给任何人造成伤害，或者给国家安全带来政府难以控制的长期威胁。

斯兰祈祷团"[5]时频繁使用未经审讯羁押权，这为其存在的必要性提供了显 273
而易见的证据；另一种观点则是愈发强烈地选择可替代措施的主张，该观点认为上述羁押权过去可能是在缺乏恐怖主义的情况下适用的，而恐怖主义并未对新加坡的国家安全形成真正威胁。未来几年我们可能看到关于这两个核心问题的更加激烈的争论，该争论会对任何一个存在未经审讯羁押权的国家造成困扰：该权力是否应当存在？如果是，那么应当在什么样的情况下使用？

关于未经审讯羁押权，官方说法的关键是认为它有一个有限且正确适用的良好记录。[6]简而言之，只有当必须运用这项权力去阻止无法容忍的社会危害，且在这种情况下严格依照刑事法规范和程序无法达到满意结果的时候，它才会被适用。可替代措施的出现必然使我们再次审视上述说法，该主张既能够体现被羁押者的危险性，同时又不会去破坏法律和秩序。本章的目的不是在这两种冲突的观点之间去作出裁断，而是以一种更为恰当的方式来描述这种现象。

1963 年发生的“冷藏运动”也许是最大规模的一次未经审讯羁押行动：100 多人被羁押，其中有些人被关押了 20 多年。这是一个叫李光耀的年轻人的精彩故事，作为反对派，他成功地为《华惹》（*Fajar*）刊物的一个编辑就受到的煽动指控进行了辩护，这个律师和他的委托人似乎暂时加入了这股力量中，但是他们在是否加入马来西亚的问题上出现了分歧。最终，李光耀（在 1959 年大选之后担任总理）实施了一次影响极大的逮捕行动以抓捕先前在他帮助下获释的人而解决了这个分歧。官方的说法是，这次逮捕非常必要，因为这些被逮捕者是共产党人，他们下定决心不惜一切手段推翻现存的政权；李光耀及时地把这些“老虎”囚禁在笼子里以避免他们非法颠覆政治制度。[7]

---

〔5〕许多被羁押者都卷入了一个看起来相似但毫无关系的名叫“摩洛伊斯兰解放阵线”（简称 MILF）的组织，它似乎在菲律宾的棉兰老岛专门从事伊斯兰解放运动。

〔6〕Home Affairs Minister Wong Kan Seng declared that “we do not invoke such powers lightly”：Ministerial Statement，14 January 2004.

〔7〕Perhaps the most sophisticated and accessible account is found in Mark Ravinder Frost and Yu－Mei Balasingam Chow，*Singapore：A Biography*（Singapore：National Museum of Singapore，Editions Didier Millet and Hong Kong University Press，2009）. See also the almost equally interesting “blog behind the book”，available at www. singaporebiography. com/.

274 2001 年，一个在“冷藏运动”中被羁押了 17 年的名叫赛德·扎哈里（Said Zahari）的人（被捕时系《马来西亚日报》的编辑）出版了《拂晓阴云：政治回忆录》一书，这是继 2007 年出版的《无尽噩梦：我的政治犯生涯之十七年》之后的第 2 本。[8]出版这些书的动因是明确的：虽然在“冷藏运动”中被羁押的人在新加坡是持不同政见者，也许是狂热的社会主义者，但与那些逮捕者相比，他们不会通过非法方式来实现他们的目标。在现行制度下他们是合法的政治反对派，因此这个可替代措施的故事在继续，他们唯一的错误就是反对执政党。电影制片人马蒂·赛（Martyn See）围绕这些书拍摄了一部采访扎哈里的纪录片。奇怪的是当局禁播了这部电影而没有禁止这些书。[9]不久，马蒂·赛又拍摄了另一个“冷藏校友”林福寿，他几乎被监禁了 20 年，但他在该视频中的演讲效果与采访扎哈里的纪录片的效果是一样的，该片在 2010 年被禁播。[10]然而，人们不得不注意到这些禁止令只是一个象征性的存在。不管怎样，要有效地阻止新加坡人接触这些材料，网络会使其付出极大的代价。政府无法禁止赛德·扎哈里的书，也无法禁止“冷藏校友”——《华惹时代风云：大学社会主义俱乐部和马新战后政策》——等产生的相似影响。[11]当然，赛德亲自从互联网上下载的那些禁播视频会立刻被其他人上传到其他网站。[12]

1987 年的“光谱行动”也许是至今第二大规模涉及“伊斯兰祈祷团”的
逮捕行动。最初，有 22 名天主教社会活动者被逮捕，政府认为他们是受菲律
宾解放神学运动和人民力量运动鼓惑的阴谋集团的成员，准备用包括暴力和
275 杀戮在内的一切手段来达到他们的目的。[13]其他一些人也相继被捕，其中比
较著名的有前副司法部长弗朗西斯·萧（Francis Seow），他正在准备接见一

[8] Respectively（Kuala Lumpur：Institute of Social Analysis，2001）and（Kuala Lumpur：Utusan Publications and Distributors Sdn Bhd，2007）.

[9] See the account in Martyn See's blog，available at singaporerebel. blogspot. com/2007/04/zaharis - 17 - years - rated - pg - by - censors，html.

[10] See singaporerebel. blogspot. com/2010/07/here - we - go - again - govt - bans - another. html.

[11] Poh Soo Kai，Tan Jing Quee and Koh Kay Yew（Malaysia：Strategic Information and Research Development Center，2010）.

[12] See www. youtube. com/watch？ v = aaLaeDN4t2N； www. youtube. com/watch？ v = Aia_ 1Z7ccdI.

[13] The barrage of governmental statements following the arrests are conveniently collected in theonlinecitizen. com/2009/05/straits - times - of - may - 87 - four - days - of - government - statements - on - marxist - conspiracy/.

个被他视为顾问、曾经也被羁押的人时突然被逮捕，原因是他与美国大使馆官员相勾结在新加坡煽动反对政策。[14]许多被逮捕的人似乎都要在电视上的访谈中表现出承认政府的指控，之后大多数人被释放，但是 8 个人之后又被拘禁，是因为他们在被释放后发表了一项声明称他们拒绝所谓的忏悔，并说他们是被强迫去接受电视采访的。大多数人在签署了一个新的重申忏悔的声明之后被再次释放，但条件是他们不能向出版社透露被逮捕的情况。[15]

1994 年，已经离开了新加坡的萧，在一本名叫《遭遇顽敌：李光耀监狱里的不同政见者》的书中谈到了他们的被逮捕经历，从本质上反驳了他被美国人雇佣介入新加坡政策的指控。[16]这本书从来没有被官方禁止，但是政府建议书店不要销售它。[17]积极分子西兰帕莱（Seelan Palay）[18]仿效赛拍摄了一段采访萧的电影，该影片已提交政府以获得批准，但政府对于该申请却迟迟没有给出答复。[19]所谓的同谋者自己所作的替代性叙述也会发生变动，[20]这在一本由早期囚犯之一张素兰（Teo Soh Lung）所著、于 2010 年出版的名叫《蓝色大门之外：一个政治犯的回忆》的书中达到高潮。[21]书中印制了一张图片，反映了他们是在遭受囚禁压力之下才承认了政府的指控。这些替代性说法的动力就是所谓的同谋者是真正的天主教社会活动者，他们为了在新加坡政治制度里创造一个更公正的社会秩序而努力，而不是看到自身行为 276
导致了暴力和杀戮，却连眼睛都不眨一下的疯狂革命者。在写本章时，这本书依然被放置在书架上。张素兰既没有被再次羁押，也没有因向政府作出虚

[14] Governmental justifications were exhaustively aired in Parliament: Parliamentary Debates, beginning 25 May 1988, vol. 51, col. 68.

[15] The events are succinctly related in the Court of Appeal judgment in Chng Suan Tze v. Minister of Home Affairs [1989] SGCA 16.

[16] *Yale University South - East Asia Studies*, 1994.

[17] It has been remarkably difficult to locate official confirmation of this. See the anecdotal account of Martyn See at singaporerebel. blogspot. com/2006_ 01_ 01_ archive. html.

[18] See Sue - Ann Chia, "Film - makers on the fringe", *Straits Times*, 7 september 2008, available at www. asiaone. com/News/Latest%2BNews/Showbiz/Story/AIStory20080906 - 86237. html.

[19] See the entry in Seelan Palay's blog, available at seelanpalay. blogspot. com/2009/09/seelan - palay - submits - francis - seow - video. html.

[20] See, e. g. , Fong Hoe Fang (ed.), *That We May Dream Again* (Singapore : Ethos, 2009).

[21] (Malaysia: Strategic Information Research and Development Center, 2010).

假声明而被起诉。[22]相同的情况很快也出现了，所谓这些同谋者的“优秀策划者”郑海泉（Vincent Cheng）在一本出版的演讲录中抨击了他被羁押的事情。[23]

也许所有这些事件中最深刻的不是来自这些曾被羁押的人，而是新加坡政府前总理吴作栋（Goh Chok Tong）于2009年在《白衣人：新加坡执政党背后的故事》一书中披露的情况。在这本书中，他首次透露杰出的内阁部长苏皮亚·丹那巴南（S. Dhanabalan）因为对逮捕所谓的叛乱分子极为不满而离开了内阁。[24]对于部长来说，这种不满肯定特别强烈才使其放弃了担任的官员职务。这自然就会引出一个问题，除了那些不依此行事的人，政府中是否会有其他人有同样的感觉？

按照新加坡标准，过去10年发生的这一切，以循序渐进的方式针对未经审讯羁押权形成了一个判例，至少是针对过去在一些著名案件中所使用的方式。同样引人注目的是在这次运动中官方所表现出的宽容态度。但这究竟是随着日渐成熟的管理而在可替代方式上私下达成了一致，抑或仅仅是顺应对网络空间难以进行低成本审查的现实，还不是很清楚。[25]此外，从目前可以公开获悉的事实，并不足以对官方说法和不同观点之间做出评判。虽然如此，这种对官方说法的强烈挑战，很可能变成公众对未经审讯羁押权表示担忧的开端。

277 现实好像正在平衡这种变化，最近的行动似乎很少引起国内公众甚至国际社会的争论。这个行动在本章写作期间正在进行当中，不过苦于不像以前的行动那样有一个时髦的名字。我冒昧地将其命名为“伊斯兰祈祷团行动”，因为几乎被逮捕的所有成员都被指控和“伊斯兰祈祷团”有联系，至少是同情该组织。“伊斯兰祈祷团”是东南亚版的“基地”组织，以谋杀和暴力伤

---

〔22〕为了获得释放，再次被羁押的人必须做出书面声明，他们声称在最初的羁押期间被非法对待和强迫的情况是不真实的。

〔23〕See www. youtube. com/watch？v = D8ohOwc79Sc and www. youtube. com/ watch？v = 37pv4rRWD7o&feature = related.

〔24〕Sonny Yap，Richard Lim and Weng Kam Leong（Singapore：Marshall Cavendish，2010）. pp. 467 – 8.

〔25〕当然，官方否认了这一点。当林福寿的视频在2010年7月14日被禁止时，这位前被羁押者被指控对当局做出毫无道理的批判，以及为了使自己脱罪而对先前活动做错误陈述，而且破坏公众对于政府的信心：Ministry of Home Affairs Press Release，12 July 2010.

害发动“圣战”抵制他们所谓的伊斯兰敌人，从根本上说就是美国及其盟国。该组织在“9·11”事件以后就迅速实施“伊斯兰祈祷团行动”。在第一轮行动中，因不同程度、有计划地攻击位于新加坡的与美国及其盟国相关的场所，最终有 15 人被逮捕，13 人被羁押。〔26〕随后又展开了几轮行动，最近的一次是在本章写作期间，即 2010 年 7 月 6 日。〔27〕目前行动正在进行当中，似乎会无限期地持续下去。〔28〕

奇怪的是，正当先前行动所引发的可替代性主张和潜在的破坏性观点开始出现的时候，国内外关于羁押“伊斯兰祈祷团”成员的负面评价并不强烈——仅仅有一两次来自国际人权组织和媒体的象征性抗议。〔29〕这也许是缘于现在的西方世界已经能够理解并感受到新加坡的担忧。然而，我们疑问的是，未经审讯羁押权是否是应对这种威胁唯一令人满意的方式？这种方式在普通刑法和刑事程序法中是否属于一种不当手段？2007 年官方在当地报纸上发表了一封信作为对此疑问的试探性回应：

> “就应对恐怖主义犯罪案件来说，这种特殊权力是非常重要的。它不可能满足一般刑事案件中的程序标准和证据规则的要求。恐怖分子制定计划和实施他们的恐怖主义活动具有隐蔽性，令人难以察觉，还经常与国外恐怖势力相勾结。对此，我们优先考虑的是迅速阻止他们的袭击，
> 而不是坐等恐怖分子杀伤大量的无辜民众，然后才去逮捕他、指控他， 278
> 宣告他有罪。”〔30〕

此外，仅仅依靠公开信息作出任何评判都可能很危险，但对于政府当局来说，这也是在没有更好可供选择措施的情形下而表达的立场。冒着过于简化的风险，可以把被羁押者分成几大类别：

---

〔26〕 Ministry of Home Affairs Press Release, 30 May 2002, probably contains the most detailed account.

〔27〕 Ministry of Home Affairs Press Release, 6 July 2010.

〔28〕 最近披露出来的被羁押的总人数，是 2007 年 4 月 9 日在议会举行的一场议会辩论时的一份部长声明中提出来的。这份声明显示，当前还有 39 人被羁押，其中至少 10 人是最初的“伊斯兰祈祷团”被逮捕人员。据此推断，剩余人员应该是在后来的“伊斯兰祈祷团行动”中被逮捕的，还有一些与恐怖犯罪无关的原因被逮捕，比如间谍罪等。

〔29〕 例如，“大赦国际”组织提出抗议，新加坡政府在 2004 年 6 月 4 日的新闻稿中进行了反驳。

〔30〕 Ministry of Home Affairs Press Release, 17 June 2007.

第一类由很早就被羁押的人组成，当局从一开始就想羁押他们，但是他们逃离了这个国家。[31]他们密谋更详尽的计划去炸毁几个颇具象征意义的目标，例如英国和澳大利亚的特派使节团、樟宜机场和美国海军官兵及其家属可能使用的火车站，他们有的人负责策划、制定计划，有的人负责侦察、监视以及其他准备活动。这其中十之八九的计划是可能实施的，正如“9·11”恐怖袭击一样，让政府无法识破这个阴谋。官方认为，一般刑事案件中标准的程序规则和证据标准是有缺陷的，要理解为什么说“严格保密和秘密原则”（Great stealth and secrecy）对具有宗教动机的恐怖分子不是一种专门保护是困难的。确实，在国内安全法咨询委员会面前呈放着大量证据：证人、审判前犯罪嫌疑人的供述、作为恐怖袭击计划一部分的视频记录，[32]但大多数的证据被判定为不予采信，这让我们实在无法相信。毋庸置疑，他们犯下了从谋杀到伤害的许多罪行，这无疑已经实现了他们一系列的阴谋，对其处以刑罚能够阻止他们继续实施恐怖袭击计划，但是，适用普通刑法并不意味着直到杀害大量的无辜平民之后才允许警察采取行动，对于煽动、蓄意帮助或者共谋等行为，普通刑法在应对这些情况时都已经很好地作出了考虑。[33]

279 第二类由未实施现实恐怖主义活动的被羁押者组成。他们是“伊斯兰祈祷团”或者“摩洛民族解放战线”的成员或者其同情者，接受过一些军事或者恐怖训练以便为将来实施恐怖主义活动做准备。[34]他们中的大多数人不是在“伊斯兰祈祷团行动”初期而是在随后调查中被抓获的，是否每一个人都试图去实施恐怖主义活动，或者煽动其中的这些犯罪，完全取决于他们的所作所为。也许有人认为，接受恐怖主义培训的决定本身就是足以证明行为人意图实施恐怖主义活动的强有力证据，或者至少表明了行为人密谋恐怖主义活动的坚定意图。但是，普通刑法会注意到一个从事安全工作的人都会预料到的问题：这些接受训练的人的行为是否已经达到了给他们意图伤害的人造

〔31〕在2001年12月和2002年8月进行的两次大规模的逮捕活动中，被逮捕的这些人很可能都属于这种类型：Ministry of Home Affairs Press Release，19 September 2002.

〔32〕Ministry of Home Affairs Press Release，30 May 2002.

〔33〕通过鼓动、有意识地帮助或者共谋进行的教唆，根据《刑法》第107条和第109条的规定，都应当受到惩罚。根据《刑法》第511条的规定，试图实施犯罪行为通常也会受到惩罚。

〔34〕See，e. g.，the“Karachi Cell” detentions：Ministry of Home Affairs Press Release，18 December 2003.

成现实危险的程度。从本质上说，在这个程度上，普通刑法会划出一条明确的罪与非罪的界限。[35]同样，这意味着不可能存在异常的证据问题。另外还有一些被羁押者，他们是教育或者说服他人以恐怖主义的方式进行“圣战”的人，我也把他们归入到这一类中。[36]这些人也会遇到一些普通刑法上常见的问题：他们因教唆暴力犯罪而可能对煽动行为承担责任。我们对新加坡境外发生的有计划的恐怖主义活动也不用担心，因为刑法会对煽动在新加坡境外实施犯罪的行为予以制裁。[37]

第三大类更是界限不明，可以归属于自我“极端化”囚犯的范围。这些囚犯最鲜明的特点是，为了参加恐怖组织的活动，他们希望和已经成立的恐怖组织建立联系，但是失败了。最具代表性的例子就是一个在教育研究院从事教学工作的律师通过网络成为极端主义者。2007 年，他去中东学习阿拉伯语，购买机票去巴基斯坦试图和极端组织联系并加入其中。但是他被逮捕了，后被遣返回新加坡。[38]最近众所周知的一个被羁押者是 2010 年 7 月公布的一 280
名 20 岁的年轻人，他通过网络实现自我“极端化”。他建立一个网站与被怀疑是“圣战”征兵的人进行联系，后者鼓动他去阿富汗参加“圣战”。他在线搜集了一些制造炸弹的信息，然后编辑并在线传送了一个名为“赞美殉道且为自杀式爆炸辩护”的视频。他很可能是因纯粹在线实施恐怖主义活动而被羁押的第一人。[39]事实上，要理解普通刑法为什么不适用于这些情况是困难的，这位律师的所作所为就是一种企图挑战法律界限的典型行为；这位 20 岁的制弹人可能还远远达不到试图挑战法律的程度，但是传送视频的行为则可能完全符合煽动非法爆炸的教唆行为。

另一大类所涵盖的人并没有被羁押而只是被禁止令限制。[40]他们没有被

---

〔35〕 依照教唆或者企图实施某种犯罪行为的法律规定，需要谨慎确认有确定的意图去实施或者教唆某种犯罪行为。根据有关企图实施犯罪的规定，实质性的进一步行动就是只是一种推定。

〔36〕 See, e. g. , Mahfuh bin Haji Halmi, Ministry of Home Affairs Press Release, 15 September 2004.

〔37〕 Section 108A.

〔38〕 Ministry of Home Affairs Press Release, 8 June 2007, available at www. mha. gov. sg/index. aspx. See also the case of Muhammad Zamri bin Abdullah, Press Release, 24 January 2008, available at www. mha. gov. sg/index. aspx.

〔39〕 Ministry of Home Affairs Press Release, 6 July 2010.

〔40〕 For example, the twelve who were issued “ROs”, Ministry of Home Affairs Press Release, 14 January 2004.

监禁但却遭到了宵禁、及时报告和不得结社的约束，很显然他们没有造成现实的危险，这就不难理解为什么此时刑法并不是十分合适的应对工具。人们疑惑的是，对于新加坡这样高效率的小型国家，禁止令这种轻微的处罚是否必要。适用禁止令的人很少会出现再犯的情况——我发现的一种情况是，被适用禁止令的人如果继续帮助“摩洛伊斯兰解放阵线”的成员或者为其提供帮助以及同情随即就会被逮捕。[41]但是很难相信，如果没有禁止令，他继续参与上述行为的情况就不会被发现。

那么真正的原因可能是什么呢？答案就在2004年的部长声明中：

281 “慎重处理多种族和谐问题。自2002年8月开始的安全调查实际上处理了130人。这次调查所面临的主要挑战之一是如何做到在不加剧公众恐慌和损害公共关系的情况下继续推进此次行动。因此，无论何种情况下采取可行的方法，都是经过深思熟虑的。”[42]

我认为这是解释“伊斯兰祈祷团行动”和过去一些行为的真实的、合理理由。公共背景和种族背景是这样：每次“伊斯兰祈祷团”的每一个目标都是穆斯林，几乎所有人都是马来人。新加坡的多数民族是占总人口75%的华人，主要的少数民族是占13%的马来人，他们几乎都是坚定的穆斯林信徒。[43]新加坡种族关系的历史在不久以前还是一段坎坷的岁月，尤其是在新加坡还属于其大邻居马来西亚的时期（新加坡曾经是马来西亚的一部分），[44]而马来西亚种族人口刚好与之相反。在东南亚巨头印度尼西亚的人口中，马来人和穆斯林信徒更是占据了绝对优势。[45]马来西亚和印度尼西亚两国的民族和

〔41〕 Mohd Agus bin Ahmad Selani, Ministry of Home Affairs Press Release, 24 January 2008.

〔42〕 Ministry of Home Affairs Press Release, 14 January 2004.

〔43〕 Statistical tables from 2009 Yearbook, Singapore Department of Statistics, available at www. singstat. gov. sg/stats/themes/people/demo. html.

〔44〕 CIA World Factbook, www. cia. gov/library/publications/the – world – factbook/geos/my. html (50 percent Malay, 24 percent Chinese in 2004).

〔45〕 CIA World Factbook, www. cia. gov/library/publications/the – world – factbook/geos/id. html (86 percent Muslim – almost all of whom would be Malay/Indonesian). The intricacies of anti – terrorism efforts in an overwhelmingly Muslim majority jurisdiction is described in Hikmahanto Juwana, Chapter 12, this volume.

宗教历史都存在着微妙的相互作用，[46]在新加坡社会中维护各个种族之间的和平从未远离官方的思考。并不是说刑事程序不能处理好“伊斯兰祈祷团”的问题，而是公开对这些特殊种族和具有宗教背景人员所进行的审判，以及在审判中潜在的争议问题所可能面临的成本远远超过了使用未经审讯羁押权的成本，因为未经审讯羁押权可以控制相关案件和内容，避免产生较大的公 282
共影响。确实，为了避免或者遏制少数族裔的受害感觉以及多数族裔对少数族裔的偏见，需要采取谨慎且有节制的方式来处理。公众明显地感觉到政府不想像对待罪犯，即做了坏事的坏人一样对待被羁押者，而是将其视为可以通过正确教育来挽救的迷失者。这是“治病救人”的哲学而非惩罚和威慑的思维。简言之，未经审讯羁押权在过去一直是作为比刑法更仁慈的替代措施而存在的，这多少有点令人惊讶！[47]

也许新加坡公众——多数族裔和少数族裔都能感觉到运用《国内安全法》应对“伊斯兰祈祷团”时充满慈悲的初衷；任何一方的抗议都将变为深深沉默。确实，关于在先前的一系列行动中出现的可替代措施的支持者没有十分明确地谴责使用未经审讯羁押权来处理“伊斯兰祈祷团”嫌疑人。那么这是否能够成为一个例子，即在很大情况下未经审讯的羁押比普通刑事程序更具优势？如果是这样的话，那么关键分歧就是政府适用《国内安全法》程序而非普通刑事程序是必要的。政府愿意给所有认真倾听的人留下一种印象，即

---

〔46〕 1963 年 5 月新加坡并入马来西亚被视为种族关系的一场潜在的灾难。印度尼西亚一度和新加坡与马来西亚面临冲突，它支持建立一个由新加坡、马来西亚和印度尼西亚组成的大马来国家。从内部看，影响至今的事件是 1950 年的玛丽亚·赫托（Maria Hertogh）事件。在这个事件中，虽然玛丽亚·赫托在“二战”时期离开亲生父母长大成人，并且是一个穆斯林信徒，但是法庭将玛丽亚的抚养权判给了她身为基督徒的亲生父母。种族暴乱就此发生。See generally Frost and Chow，*Singapore：A Biography.* 有趣的是，《内部安全法》（更准地说，是它的前身）是完全无力化解这一点的。

〔47〕 使用未经审讯羁押权的原因很可能是打破某些人通过坚定正当程序的传统方式处理这些事务的直观认识。可以肯定的是，也可以看到刑事程序的运用可能是为了平息公众的质疑和不满：认为政府在每一件事情上的处理都恰如其分且光明磊落。新加坡的特性就是在涉及政府决定上公众有很高的信任度。在大多数新加坡人眼中，他们相信即便没有刑事审判的认可，政府也会准确地确认恐怖分子。在 2011 年 11 月 22 日的一次议会辩论中，新加坡内政部提供的一份资料显示，从羁押中逃脱的马斯·塞拉马特的兄弟的家人因隐匿“国家的犯罪人”（刑法第 130 条）而被起诉，并以秘密审判的形式被判处不等期限的监禁刑。由于他们遭受的指控并不严厉，该案件意味着反恐斗争将更加依赖普通刑事程序，还是将刑法作为更为宽缓的替代措施仍是不清楚的。他们被判处 3 个月至 18 个月不等的监禁刑。

遵照《国内安全法》也有正当程序可循，包括重要的审查和平衡方式。[48]但
283 迄今为止，这主要意味着政府应当使主席和咨询委员会相信被羁押者确实是国家安全的一个威胁。然而，即便存在某个特定的人可能威胁国家安全这样的事实，但也不意味着未经审讯羁押权本身的正当性，因为至少可以确定普通刑事法律也可以应对这些情况。目前的问题是，是否有确信的理由用以解释涉案人员不能对未经审讯羁押提出异议而在法庭上接受审判？这应该是所有问题的焦点，即努力将其置于一个安全环境而抵制权力滥用。法律应当引导政府在这个问题上的看法，咨询委员会应当提出严格运用这项权力的正当性以优于刑事指控。我认为，应当加强对于未经审讯羁押权的司法审查，[49]如果我们别无选择，只能认定这是对正当审讯的一种合法的例外，但是正当程序原则应当始终贯穿其中，即程序应当是正当而不是实然的。[50]在人们对这项权力的既往运用感到日益担忧的背景下，也许这是维持这项权力唯一令人满意的方式。

三、反恐立法的重要性

公众可能认为在新加坡独立之前，在大量的反恐法律被延迟的混乱日子
284 里，可能不需要制定新的条款来应对恐怖主义。本章对新加坡的反恐立法进行梳理：

首先，新加坡对现行法律进行了一系列象征性的修订。2007 年在刑法典中增加了一些新的说明，从而明确了应对恐怖主义活动对于海军人员来说是

〔48〕 See, e. g., Ministry of Home Affairs Press Release, 17 June 2007，其声称根据《国内安全法》实施的未经审讯羁押案件都符合法律的正当程序。我研究了普通程序与国内安全法程序关于恐怖主义案件的区别：'Terrorism and the Criminal law: Singapore's solution' [2002] *Singapore Journal of Legal Studies* 43 -4.

〔49〕 See the discussion in Hor, "Law and terror: Singapore stories and Malaysian dilemmas".

〔50〕 本章并不认为在如何改进正当程序问题上进行了充分讨论。一个非常重要的因素就是存在可替代的调查机制。他们经常提到的理由是监管主体别无选择，尤其是比起接受这个通过提供安全保障而建构并呈现出来的事情。缺少独立的调查机制，就不可能发现滥用羁押权。另一个创新之处就是应当考虑运用特别辩护律师制度。这些律师在查阅敏感材料时安全调查的权利，可以相信其不会将这些材料告诉被羁押者。当根据职责不能将这些材料向被羁押者公开的时候，虽然人们能够想象到此种情况下进行辩护的困难程度，但是这也要比律师看不到任何证据强。参见高等法院法官尼古拉斯·布莱克（Nicholas Blake）的描述，"英国特别律师的经历"，可以访问 jura. ku. dk/cec/nyheder/blake/spec-advoc. pdf/. 也可参见 Nicola McGarrity and Edward Santow, Chapter 6 this volume.

必要的辩护事由，即为了从即刻发生的恐怖主义活动中挽救 100 个生命他们不得不牺牲 6 位无辜者。[51]有人可能会认为这几乎不需要加以说明。与此相同，在基于合理错误的辩护中插入了另一个说明：如果一个警官针对错误但又合理地感觉到恐怖主义活动的威胁而采取了相应的措施时，他（她）将被免责，从技术上讲这也无须讲明。与此类似，新加坡在刑事诉讼法中也增加了新的条款允许警察使用致命武器去阻止恐怖袭击。[52]由于恐怖主义活动是指包含严重的暴力以及诸如此类的行为，即使没有新的规定，如果只有击毙行为人才是阻止伤害发生的唯一方式时，不允许警察这样做也几乎是不可能的。争议也许主要是针对对任何楼房或者建筑物有严重危害行为的处置方面，允许致命武器被用来阻止恐怖分子破坏一个不会对任何人造成伤害的小帐篷的情形是不符合这个目的的。依照新条款，法律更倾向于鼓励可能符合均衡与合理原则的行为。简言之，法律并没有获得实质性改变，也没有使事情变得更加清楚。如果我们在某种程度上产生了一种印象，认为在处置恐怖主义案件中提高行动的合理和均衡性是一般性要求，那么，在最坏的情况下，上述措施可能给执法者一种错误的安全感。上述法律初衷是好的，它鼓励执法 285
者不要太胆小谨慎，但是我希望执法者不要认为应对恐怖袭击的权力比应对其他危险事件时更独特且更灵活。

其次，就是反恐怖斗争中一种更熟悉的现象，即增设新的犯罪并加重了刑罚。通常认为现行刑法条款中已经有相关犯罪的规定，即一般会禁止某一类行为，而不管其是否包含恐怖主义的因素。但是，新加坡增设了专门的犯罪去应对恐怖主义，相应的刑罚也明显提高。一个典型例子就是根据 2001 年《联合国反恐怖主义措施条例》第 8 条增加了恐怖主义爆炸恐吓犯罪，该条款

---

〔51〕 Illustrations（b），（c）and（d）to s. 79 and illustration（c）to s. 81. 我一直都知道德国宪法法院在 2006 年 2 月 15 日所作的第 1 BvR 357/05 号判决。这份判决认为通过安全可控的武力牺牲一个无辜者以挽救更多人的做法，是一种对人类生命权和尊严的违宪性侵犯。在新加坡，并没有对这场辩论的必要性作出任何有意义的司法说明。但是我提出一个值得考虑的疑问，就是奉行实用主义的新加坡，生命的宪法权利会遭到前述的一些方式的侵犯，但可以预测的是，如果这些条款受到质疑，法院很可能会批准它。参见西蒙·布罗尼特（Simon Bronitt）的明确论述，“The limits of necessity：part III AAA，Defence Act 1903（Cth）”，available at law. anu. edu. au/ACMLJ/Bronitt – Navy. pdf. 我理解他的感情，如果美国 93 号航班在“9·11”事件中看起来是从内部发生爆炸，而不是被安全部队击落下来，这将不会造成重大的道德或者政治抗议。

〔52〕 Criminal Procedure Code Act 2010，ss. 63（2），（3）.

规定此类犯罪的最高刑罚为5年监禁刑。[53]尽管旧刑法典中也有禁止性规定（第182条）严禁向公众提供虚假信息，但它的法定最高刑为1年监禁刑。此外，如果行为人依照《通信法》的规定通过电信系统发送虚假信息，该法对此（第45条）最高作出3年监禁刑的处罚，如果涉及爆炸类信息，则可以处7年监禁刑。另一个例子就是《反恐怖主义（制止爆炸）法》第3条中的恐怖主义爆炸犯，如果行为人意图造成死亡和严重伤害的，按照此规定应当处以死刑。除了刑法典中一些明显的犯罪（如谋杀），在《爆炸物法》中还规定了其他罪行，包括可以处以10年监禁刑和鞭刑的犯罪。[54]有人质疑，为什么这种复杂、多层次的相似犯罪体系会被认为能够满足打击恐怖主义的需要？上述规定在司法实践中引发以下结果：对于这种被作为谈判筹码的预兆和可能性，被告人要么认罪换取轻罪指控，要么反之被以重罪起诉。毫无疑问，
286 《反恐怖主义（制止爆炸）法》包括了治外法权、相互协助以及引渡这些很有用的条款，但是多层次体系也造成了强制性辩诉交易中潜在的问题。

令人感到奇怪的是，虽然恐怖主义推动了法律创新，但是我发现，过去10年间却没有一个真正或有嫌疑的恐怖分子依照这些法律受到指控。相反，如我们所见的政府会选择使用超法规的未经审讯羁押来处理。在将来，也许诉讼会代替使用，但在面临恐怖主义威胁的今天和可以预见的未来——如“伊斯兰祈祷团”网络——这些却是不可能的。不过，政府同样可以借助反恐法对普通的犯罪人提起诉讼，使其受到威慑力更强的惩罚。

在过去10年，新加坡的炸弹恐吓案件激增，最近在“检察官诉王珊珊（wong shan shan）”案的判决中列出了一张看起来很方便的案件清单，这些案件都是由法院开庭审理的。[55]在不同情况下，对于制造或者声称制造炸弹威胁的严重心理失衡的被告人适用相似的处理模式。令人不安的事情是量刑上的巨大反差：在2004年的检察官诉沈金忠（Sim Gim Tiong）案[56]中，被告

---

〔53〕 它本身只是联合国法律中的一个附属法律。我在别的地方也指出过以这样的方式增加爆炸恐吓犯罪的立法方式是存在问题的。在这个规则意在落实的安理会2001年第1373号决议和2002年第1390号决议中，并没有提到“炸弹”的问题。看起来这种对多样的叠加型的犯罪有内在的需求似乎已经成为全球共识。参见 The Philippine experience in H. Harry L. Roque Jr. , Chapter 13 this volume.

〔54〕 新加坡所有主要的法律都可以免费从网络上获得，这个网站是 statutes. agc. gov. sg/，但不幸的是这里不提供附属法律。

〔55〕 [2010] SGDC 193.

〔56〕 [2004] SGDC 273.

人因为在一个多小时的时间里打了 4 个重复的爆炸恐吓电话而被累积判处 60 个月监禁刑。在同类型的其他案件中，有被判处 44 个月监禁刑的，如检察官诉南达·苏迪·库玛（Nanda Sudhir Kumar）案，[57]也有被判处 30 个月监禁刑的，如检察官诉尼奥辛（Neo Khoon Sing）案，[58]甚至王珊珊案本身被告被同时判处了缓刑、罚款和短期监禁刑。的确，一些案件具有需要更严厉惩处的加重情节，比如所涉人员的数量、法律执行的不便以及诸如此类情况等，但是这些情况是否就能够证明在缓刑与 5 年监禁刑（沈金忠案判决）之间量刑差异的正当性？毫无疑问，制造炸弹恐吓应当是一种犯罪且应予以妥当处置，但这里的被告人不是恐怖分子而几乎都是心理失衡的人，也许这种明显差异源于司法机关的犹豫：在处理非恐怖分子的犯罪人时，如何切实贯彻罪刑相适应和量刑均衡原则？

从上述情况来看，检察官似乎在基于反恐立场促成更加具有威慑力[59] 287
的判决，并且促使法官在从移民犯罪[60]到信用卡诈骗[61]、洗钱犯罪、非法买卖武器犯罪[62]等再到玩具枪的进口[63]等一系列犯罪中考虑恐怖主义因素，这似乎已经变成了一个惯例。我们不能确定这些是否能够对实际判决造成现实影响，[64]但是在反恐言辞上作出温和表达和歇斯底里式的回应之间的差异在拉姆（Lam）诉检察官案[65]中表露无遗。《反贪污腐败、毒品交易以及其他严重犯罪（利益没收）法》第 48（C）条规定，未经新加坡政府批准，不得携带多于 3 万新加坡元出入国境。拉姆是雅加达的一位合法的货币兑换商，他未经允许多次携带超过该总数的货币进入新加坡，他明知新加坡的法

---

[57] [2008] SGDC 54.

[58] [2008] SGDC 225.

[59] 所有的惩罚都有一定的威慑作用，但是为了对特别严重或者紧迫的反社会活动形成威慑，新加坡法院的做法就是通过加重判决以儆效尤。例如，一项判决大概会超出同类犯罪行为的通常刑期。

[60] Luong Thi Trang Kathleen v. PP [2009] SGHC 250. 在高等法院的上诉判决中酌情减少了刑期，因为被告人没有因为恐怖主义的目的公然藐视护照制度。也可以参见 PP v. Ong Chin Huat [2008] SGDC 76 and PP v. Md Mahbubul Hoque Md Sirajul Hoque [2009] SGDC 317.

[61] PP v. Marius Neagoe [2010] SGDC 125.

[62] PP v. B R Chaandran [2006] SGDC 301. 武器有可能落入恐怖分子手中，但是目前没有证据。

[63] PP v. Wong Ser Kuen [2007] SGDC 330.

[64] 由于在决定某些犯罪的刑事责任方面还存在一些内在的不确定性。

[65] [2010] SGHC 158.

律规定但是认为该规定会对此作出技术上的考虑，因此决定走捷径而没有报告，所有的钱款都被计算在内，作为他合法的货币兑换行为的一部分。在法庭上，地方法官判处他累计 8 个月的监禁刑，在判决中注意到了内阁声明的审判以及连同生效的这个规定：

> “恐怖分子和洗钱者通过扰乱金融秩序给我们造成了日益复杂的挑战，现在迫切需要去应对这种挑战。毁灭性的‘9·11’恐怖袭击向世界各国强调了采取措施打击恐怖分子融资活动并将之作为全球范围内努力打击恐怖主义一个环节的紧迫需要。”

288 在被告人向高等法院上诉的过程中，一位高级法官指出，法律的真实目的是针对那些涉嫌恐怖主义活动和洗钱犯罪的人，该被告人不是这种情形。虽然可以做出上述理解，但该禁令的有效适用范围太大，所以罚金被减少到 24 000 新加坡元。在法庭上公诉机关迫切要求作出威慑性判决并且在上诉程序中旨在为一审判决辩护。这个特别的案件有一个令人欣慰的结局，但感到疑惑的是其他同样情况的犯罪人，他们也因为一些这样或者那样的原因面临相似的情况，却不能通过上诉程序改变原有判决。

我们看到一个奇怪的现象，除了真正的恐怖主义，官方的反恐法可以适用于任何情况。然后，按照上述法律，非恐怖主义被告人被逮捕和遭受威慑性判罚的风险上升，因为他们的违法行为有恐怖主义的色彩。在实践中，扭曲处罚比例原则的恐怖主义幽灵在非恐怖主义犯罪中存在，2010 年 6 月发生了一起引起新加坡公众关注的事件，两个人闯入一个地铁站（在城市地下）设备中，用格拉菲尔碳纤维给一节车厢喷漆，然后一人被抓获并被法庭判处 5 个月监禁刑和鞭笞 3 鞭，另一人逃过司法惩治。人们只是希望充斥于这个案件中的反恐因素不要增加量刑时的“关税”，因为他们肯定不是恐怖分子。[66]

---

〔66〕 www. bloomberg. com/news/2010 – 07 – 02/swiss – executive – fricker – appeals – singapore – vandalism – caning – jail – sentence. html. The caning sentence is mandated by the Vandalism Act which the accused was charged under – but that is another story: see Michel Hor, “singapore criminal law: examining the etiology of exception” (2009) 1 *City University of Hong Kong Law Review* 1. Since the writing of the chapter, the sentence was increased on appeal (Fricker Oliver v. PP [2010] SGHC 239) to seven months’ imprisonment and the mandatory three strokes of the cane. Although the spectre of terrorism may have been implicitly recognised, there was, thankfully, no explicit mention of it in the judgments.

四、结论：双塔

规定了强有力的未经审讯羁押权的《国内安全法》是一座塔，反恐条款日趋繁杂的常规刑事法律则是另一座塔。在可预见的未来，预防性羁押权将会被用来对付真正的恐怖分子，至少是那些存在破坏种族或宗教关系危险的人员。受到可替代措施观点的影响，羁押权的适用范围会面临日益严格的审 289
查，但这是否会给当前的羁押制度带来任何适度的调整，或者在权力运行过程中增加司法监管的作用尚不得而知，不过这种压力肯定是朝这个方向施加影响的。可能越来越多的恐怖主义犯罪会按照常规刑事法律来处理，但奇怪的是，如果执法机关和公诉机关都缺乏足够的警惕，这些措施将来也可能越来越多地运用在非恐怖分子身上，并使非恐怖分子在一些有威慑性的判决中附带地受到伤害。

第12章

印度尼西亚的反恐努力

席克马汉托·尤瓦纳*

290 ## 一、前言

自2002年10月12日巴厘岛爆炸案[1]至今，印度尼西亚采取了多种措施以消除恐怖主义。2002年，印度尼西亚政府颁行了《反恐怖主义法》，将恐怖主义规定为一种特殊犯罪。随后，最应当为巴厘岛爆炸案承担责任的伊曼·萨穆德拉（Imam Samudra）、安罗兹（Amrozi）和穆卡拉斯（Mukhlas）被移交审判、定罪并被判处死刑。2008年11月9日，3人被执行死刑。

尽管印度尼西亚政府在防范恐怖主义问题上极其认真，但是仍然没有能够成功消除恐怖袭击，一些恐怖分子在雅加达、巴厘岛袭击了国际代表团。2003年8月5日，雅加达的万豪酒店遭到恐怖分子袭击；2004年9月9日，雅加达的澳大利亚大使馆成为恐怖分子的目标；2005年10月1日，巴厘岛再次遭受恐怖袭击；最近的一次袭击事件是在2009年7月17日，雅加达的万豪酒店遭遇炸弹袭击，而丽丝卡尔顿酒店也同时遭到袭击。

不过，经历了一次次抓捕行动以后，印度尼西亚政府成功地抓获了最有影响力的头号通缉犯。2005年11月9日，在一次搜捕行动中，马来西亚人阿查哈里·本·胡辛（Azahari bin Husin）博士在爪哇岛东部城市玛琅被警方击毙。2009年9月17日，另一个被怀疑策划了巴厘岛和雅加达炸弹袭击案的马

---

* 席克马汉托·尤瓦纳（Hikmahanto Juwana），印度尼西亚大学法学院教授。

〔1〕 此次爆炸案造成202名印度尼西亚人和外国人死亡。

来西亚人努尔丁·M. 托普（Noordin M. Top）在爪哇中部的梭罗河被警方击毙。2010 年 3 月 9 日，在万丹的巴穆朗，杜马丁（Dulmatin）这位很有影响力的恐怖分子在同警方的交火中被击毙。

本章试图对印度尼西亚反恐形势背后的纷繁复杂的原因进行分析。应该
说，在消除恐怖主义问题上，其他国家的成功经验未必能在该国适用，由于 291
印度尼西亚有特殊的国情，这要求在反恐问题上必须充分考虑本国情况。

二、反恐怖主义法

印度尼西亚的《反恐怖主义法》始于 2002 年 10 月 18 日颁行的《政府条例替代法》[2]。(2002 年 1 号法案)，主要涉及消除恐怖主义活动（《反恐怖主义法》)。[3]同一天，政府颁行了《政府条例替代法》(2002 年 2 号法案)，主要规定 1 号法案可以溯及适用于巴厘岛爆炸案。[4]2003 年，经立法机关审议通过，《反恐怖主义法》和 2 号法案开始实施。自《反恐怖主义法》颁布至今，印度尼西亚再没有提出过任何修正案或者对反恐法进行修订。

《反恐怖主义法》有四项立法理由：一是恐怖主义宣称人们的生活是无法忍受的，并在社会上广泛制造恐惧感，损害人类自由，侵犯财产安全；二是恐怖主义依存于网络空间，对国内外和平与安全构成威胁；三是国内立法机关被要求执行涉及恐怖主义的国际条约；四是《反恐怖主义法》对紧急事态的应对，是因为印度尼西亚现行法未能有效满足与恐怖分子进行激烈斗争的现实需要。[5]

《反恐怖主义法》可以适用于任何人（包括法人[6]），只要其在印度尼西亚或者其他国家实施或者意图实施恐怖主义活动，且已经被有管辖权的国家追诉[7]。它所涉及的行为类型包括：

---

[2] 《政府条例替代法》是在紧急状态下由总统领导制定实施的一种立法形式。在印度尼西亚的法律层级中，这部条例（或者政府条例）的位阶低于法律或者法规。根据宪法规定，政府条例需要提交议会获得批准。

[3] For an English translation, see www. law. unimelb. edu. au/alc/indonesia/perpu_ 1. html.

[4] For an English translation, see www. law. unimelb. edu. au/alc/indonesia/perpu_ 2. html.

[5] GRL No. 1 of 2002, considerations (b) - (e).

[6] Anti - Terrorism Law, art. 17.

[7] Ibid., art. 3 (1).

292 （1）在印度尼西亚领土外实施了侵犯印度尼西亚公民的行为；

（2）侵犯了印度尼西亚的政府海外资产，包括印度尼西亚使领馆的馆舍；

（3）暴力或者以暴力相威胁要求印度尼西亚政府或军队实施或者不实施某种行为；

（4）强迫在印度尼西亚的任何国际组织实施或者不实施某种行为；

（5）犯罪发生在悬挂有印度尼西亚国旗的船舶或者按照印度尼西亚法律注册的航空器上；

（6）侵犯任何居住在印度尼西亚的无国籍人士。〔8〕

按照《反恐怖主义法》的界定，恐怖主义是指通过侵害他人的生命、财产和自由，或者破坏、摧毁重要战略设施、环境、公共财产或者国际财产，有目的地使用暴力或者以暴力相威胁，在公众中制造广泛的恐怖或者恐惧气氛，造成重大人员伤亡的行为。〔9〕实施了恐怖主义活动的犯罪分子可能被判处死刑、终身监禁刑或者4年至20年监禁刑，〔10〕那些意图实施恐怖主义活动的犯罪分子最高可能被判处终身监禁刑。〔11〕

《反恐怖主义法》中所规定的犯罪类型非常宽泛，包括各种航空安全犯罪、〔12〕爆炸犯罪、武器弹药类犯罪、〔13〕非法使用化学武器、生物武器以及其他可以在公众中间制造恐怖气氛的其他犯罪，导致重要战略设施、环境、国内财产或者国际财产被破坏或者摧毁。〔14〕这些犯罪人可能被处以死刑、终身监禁刑或者3年至20年监禁刑。需要注意的是，反恐法中提到的各种涉恐条款不适用于政治犯罪或者普通刑事犯罪，以促进引渡等国际反恐合作的开展。〔15〕

对于行为人以使用为目的，故意提供或者募集资金〔16〕或者财产〔17〕，或

〔8〕 Ibid., art. 4.

〔9〕 Ibid., art. 6.

〔10〕 Ibid.

〔11〕 Ibid., art. 7.

〔12〕 Ibid., art. 8.

〔13〕 Ibid., art. 9.

〔14〕 Ibid., art. 10.

〔15〕 Ibid., art. 5.

〔16〕 Ibid., art. 11.

〔17〕 Ibid., art. 12.

者有合理理由认定可能把上述资产部分或者全部用于恐怖主义活动，将按照 293
反恐法追究刑事责任，可能被判处3年至15年监禁刑。[18]

如果以使用为目的，故意提供或者募集资金或者财产，或者有合理理由认为上述资产部分或者全部用于：

（1）非法接收、持有、使用、运输、更改、抛弃可引起死亡、严重伤害或者财产损失的核材料、化学武器、生物武器、放射线、微生物、放射性物质或其组成部分；

（2）盗窃或者抢夺核材料、生物武器、化学武器、放射线、微生物、放射性物质或其组成部分；

（3）非法盗用、获取核材料、生物武器、化学武器、放射线、微生物、放射性物质或其组成部分；

（4）要求提供核材料、生物武器、化学武器、放射线、微生物、放射性物质或其组成部分；

（5）威胁使用：①核材料、生物武器、化学武器、放射线、微生物、放射性物质或其组成部分制造人员伤亡或者财产损失；②违反刑法规范中所规定的第（2）项行为，意图强迫他人、国际组织或者其他国家实施或者不实施一定的行为。

（6）试图违反刑法规范中所规定的（1）、（2）、（3）和（7），以及参与实施违反刑法规定（1）至（6）的行为。

被发现犯有上述罪行的人将被判处3年至15年监禁刑。[19]

任何人被发现向犯罪者提供以下帮助时即被认定为有罪：提供或者出借资金、物品或者其他财产给从事恐怖主义活动的犯罪分子；包庇从事恐怖主义活动的犯罪分子；或者隐匿关于从事恐怖主义活动的犯罪分子的任何信息，
上述人员将被判处3年至15年监禁刑。[20]策划或者煽动他人实施恐怖主义活 294
动的，判处死刑或者终身监禁刑。[21]

《反恐怖主义法》扩大了犯罪责任的范围，规定任何人组织、策划、预谋或者协助他人实施恐怖主义活动的，将会被判处与实施恐怖主义活动的犯罪

〔18〕 Ibid., arts. 11 – 12.

〔19〕 Ibid., art. 12.

〔20〕 Ibid., art. 13.

〔21〕 Ibid., art. 14.

分子相同的刑罚。[22]这里有一个颇有意思的规定是，《反恐怖主义法》也适用于那些为实施恐怖主义活动的犯罪分子提供任何帮助、工具、手段或者信息的人，对上述人员均应追究刑事责任。[23]

按照法律规定，印度尼西亚有责任在反恐情报、警务以及其他技术协助等方面和其他国家进行合作。[24]

《反恐怖主义法》在普通刑事诉讼程序中引入了一种创新性程序，即调查人员可以用任何情报信息作为初步证据。[25]然而，反恐法规定要获得足够的证据，就必须由地方法院的院长、副院长通过质询程序来决定，该质询程序需在一个封闭的法庭进行，最长不超过3个工作日。[26]

各种特别程序都和调查人员、检察官以及法官有关。调查人员在充分掌握初步证据的基础上，可以拘留任何被确信实施了恐怖主义活动的犯罪分子，拘留时间最长为1周。[27]只要明知或有合理理由怀疑某些人参与了与恐怖主义有关的犯罪活动，调查人员、检察官以及法官有权要求银行和其他金融机构冻结其财产。[28]此外，只要明知或有合理怀疑相信某些人实施了恐怖主义活动，为了调查需要，调查人员、检察官以及法官有权从银行和其他金融机构获取这些人的财产信息。[29]

此外，调查人员有权开启、检查、查抄通过邮递或者其他方式传递的邮
295 件和包裹；对于被怀疑与准备、谋划或者正在实施的恐怖主义活动有关的任何谈话，调查人员都有权对其电话或者其他通信方式进行监听。[30]然而，调查人员只能在获得地方法院院长的批准以后才能实施最长期限为1年的监听活动。[31]

《反恐怖主义法》也规定了其他一些涉及恐怖主义活动的犯罪行为。例

[22] Ibid., art. 15.

[23] Ibid., art. 16.

[24] Ibid., art. 43.

[25] Ibid., art. 26 (1).

[26] Ibid., art. 26.

[27] Ibid., art. 28.

[28] Ibid., art. 29 (1).

[29] Ibid., art. 30 (1).

[30] Ibid., art. 30.

[31] Ibid., arts. 31 (1) (a)-(b).

如，任何人使用暴力或者以暴力相威胁，或者恐吓正在办理恐怖主义活动案件的探员、调查人员、检察官、律师以及法官，意图妨害司法程序的，都会被认定为有罪并被判处 3 年至 15 年监禁刑。如果有人在法庭上提供虚假证言、提交伪造的物证或者非法影响、攻击证人和司法人员，都会被认定为有罪并被判处 3 年至 15 年监禁刑。证人、调查人员、法官和他们的家庭有权在案件调查程序之前、期间或者之后受到政府保护。[32]

《反恐怖主义法》也提出政府有责任赔偿和救济恐怖主义活动的受害人及其家庭。[33]另外，如果法庭宣告免除被告人有关恐怖主义活动的所有指控时，被告人有权要求恢复权利（Rehabilitation）。[34]

三、司法审查

2003 年 11 月，印度尼西亚《反恐怖主义法》适用于巴厘岛爆炸案中的做法在宪法法院遭遇了挑战。马斯库尔·阿卜杜勒·卡迪尔（Masjkur Abdul Kadir）因涉嫌在巴厘岛爆炸案中发动致命性袭击而被判处 15 年监禁刑。此次挑战源于《反恐怖主义法》的溯及适用与宪法的规定相冲突，宪法规定一个人有权拒绝适用溯及既往的法律。[35]

2004 年 7 月 23 日，宪法法院作出裁决，《反恐怖主义法》的溯及适用违
反了宪法。9 个法官中有 5 人支持这一裁决而 4 人表示反对。宪法法院认为， 296
由于恐怖主义活动不属于宪法上的国际犯罪，或者野蛮侵犯人权的犯罪，因此这部法律不能溯及既往，但是本法庭的裁决会依预期实施。这个裁决引发了广泛争议，有人认为这个裁决导致那些被确定参与巴厘岛爆炸案的人被无罪释放，也有人认为宪法法院的裁决是正确的。

《反恐怖主义法》关于以枪决的方式执行死刑的规定也面临着宪法挑战，这一挑战因萨穆德拉、安罗兹、穆卡拉斯三人而起，但是宪法法院肯定了这一条款的合宪性。

---

〔32〕 Ibid., art. 33.

〔33〕 Ibid., art. 36.

〔34〕 Ibid., art. 37.

〔35〕 印度尼西亚《宪法》第 28（I）（1）条规定："在本法生效之前所承认作为一个人应当享有生命权，免予酷刑，思想自由和意识自由，宗教自由，免予奴役的权利，根据本法溯及既往的效力，未经法院审判，所有人的人权在任何情况下都不会被限制。"

四、酝酿中的反恐怖主义法修正案

印度尼西亚法律人权部正在制定一份《反恐怖主义法》修正案草案。[36]这份草案提供了两个修订版本。

第一个版本涉及恐怖主义概念的实质。该草案建议增加新的犯罪，这些犯罪包括出售可能用于制造炸弹或者实质上会威胁人类生命、破坏环境安全的材料，如果恐怖分子使用这些材料成功发动袭击，对于此类犯罪应当加重处罚。另一种新型犯罪主要是针对掌握了恐怖分子发动袭击的信息但是没有向有关当局举报的人，如果犯罪分子真的发动了袭击，也应当加重处罚。除此之外，对于那些煽动、教唆他人实施恐怖主义活动的人，也应当追究其刑事责任。这份修正案建议稿将这部法律的适用范围扩大到公司等合法组织。

第二个版本涉及程序问题。根据该修订版本，当调查恐怖主义案件时，警察可以根据初步证据逮捕、羁押犯罪嫌疑人30天。在证据收集充分的基础上，为了进一步调查，警察可以把羁押犯罪嫌疑人的时间延长到120天。在
297 案件进入公诉阶段以后，检察官可以再延长羁押60天。最后，在案子进入审判阶段以后，法庭可以再延长羁押60天。法庭和检察官作出的每一项羁押最长都可以累积达60天。

修正案涉及的另一个内容就是证据使用更加自由化，无需按照普通刑事诉讼法的规定，这主要涉及监听获得的情报、口头交谈以及记录下来的任何数据，警察在经过法庭批准后可去截取邮件或者监听电话，证人可以通过电子设备远程作证。这些条款现在还在讨论之中，尚未经议会审议。

五、印度尼西亚的国情

印度尼西亚是恐怖主义的受害国，但与此同时，它也被视为恐怖主义的“避风港”。1998年5月，印度尼西亚总统苏哈托（Soeharto）下台以后引入了西方民主制度，因此这也是一个刚刚开始民主进程的国家。从那时至今，

---

〔36〕 The Bahasa Indonesia text is available on the Ministry's website at www. djpp. info/kegiatan – bulan – ini/icalrepeat. detail/2010/10/14/205//YmViMDFkN2I0MjcxNjI5OTc4ZWU5YzgzZDc2ODQ5YjQ =/ruu – tentang – pemberantasan – tindak – pidana – terorisme. html.

印度尼西亚经历了向民主政治的惊人转变，总统和副总统由选民通过选票选举产生，法律规定了更多的公众言论自由、出版自由，没有苛刻的法律阻止公众成立政治团体或非政府组织。

据称印度尼西亚是世界上穆斯林人口最多的国家。然而，国民之间在信仰忠诚度方面却是不同的。最近以来，越来越多的穆斯林人口致力于践行伊斯兰主义，如穿戴头纱或面巾的妇女越来越普遍。

印度尼西亚有许多强势的伊斯兰政党，繁荣公正党就是其中之一，该党在2009 年举行的全国大选中位居第四。一些成功的州长和市长候选人得到了繁荣公正党的支持，他们中的一些人后来在伊斯兰教法的基础上颁行了地方法规。另外，不属于政治性团体且先前被压制过的伊斯兰团体也开始参与公共事务。

印度尼西亚和美国、澳大利亚以及欧盟成员国等西方国家保持着密切关
系，也正是基于这种纽带关系，印度尼西亚得到了来自西方国家的帮助，包 298
括协助其消除恐怖主义。然而，印度尼西亚也多次批评西方国家的一些行为，梅加瓦蒂政府曾经质疑美国入侵阿富汗和伊拉克的合法性，[37]坚持认为任何攻击一个独立政府的行为都应当在联合国的领导下进行。

另外一个重要变化就是人权保障水平的提升。人权运动强劲的发展势头得到了政府的尊重，在苏哈托政府倒台以后，印度尼西亚通过颁布改善人权的法律和制度表明了态度。另外，政府批准了一些与人权有关的国际条约。即便如此，印度尼西亚在强化人权保障方面还是存在一些问题。[38]近年来，由于当局没有认真执行这些规定，社会上不同群体之间爆发了激烈冲突。这些冲突的根源是多样的，发生于不同民族和州长、市长候选人的不同支持者之间。这是人们自己造成的“人权暴力”。

最后一个特点就是印度尼西亚还有大量的贫困人口。根据 2009 年印度尼西亚中央统计局的统计，贫困人口约占总数的 14. 15% 。[39]

---

〔37〕 据报道，在 2001 年第 13 届 APEC 会议上，梅加瓦蒂谴责了美国入侵阿富汗的行动。见“AS Menyerukan Pembentukan Koalisi Antiterorisme”（“The US urges the formation of a coalition of anti - terrorism”），*Berita Liputan 6 SCTV*，21 October 2001，available at berita. liputan6. com/luarnegeri/200110/22165/AS. Menyerukan. Pembentukan. Koalisi. Antiterorisme.

〔38〕 For Further reading，see Hikmahanto Juwana，“Human rights in Indonesia”，in Randall Peerenboom，Carole Petersen and Hongyi Chen（eds.），*Human Rights in Asia*（New York：Routledge，2006），pp. 364 - 83.

〔39〕 See www. bps. go. id/tab_ sub/view. php? tabel = 1&daftar = 1&id_ subyek = 23¬ab = 3.

六、反恐怖主义与多数穆斯林信徒

在一个拥有多数穆斯林信徒的国家里消除恐怖主义面临着特殊挑战。虽然官方坚持反恐怖主义的立场，但是恐怖主义活动是否应当被宽恕，这在公众之间引发了激烈争论。

299 在那些同情恐怖分子的人眼里，受害人只是恐怖分子为了一个更伟大的目的而被附带伤害的。当最应当承担责任的恐怖分子萨穆德拉、安罗兹和穆卡拉斯被法庭宣告为恐怖分子时，他们仍然被视为英雄。与此相似，据报道，当杜马丁被埋葬时，聚集的人群唱着“这片白云将会化身真主”〔40〕。这群2000多人的送葬者吟唱着“真主伟大”或者“大赞辞”来向他们的英雄告别。〔41〕这也使杜马丁的大哥阿扎姆（Azam Ba'afut）向人声称他的弟弟是一个好人。〔42〕另一个亲戚萨哈德·穆罕默德·桑卡尔（Sahid Ahmad Sungkar）认为杜马丁不是恐怖分子而是一位“圣战”勇士，他的死是真主的意志。〔43〕

印度尼西亚政府对于反恐怖主义的努力不得不小心翼翼，有时一项好的政策也会因其社会状况而产生消极效果。在消除恐怖主义问题上政府有时并不能得到各种穆斯林团体的积极帮助。而且，如果政府未能和公众就反恐政策进行良好沟通，公众的骚动和愤慨就会凝聚在一起，这样一来就会刺激反政府活动。有时，如果穆斯林信徒们认为官方的反恐政策就是反穆斯林的话，那么穆斯林群体会支持恐怖分子代替现政府。

恐怖分子利用了印度尼西亚有多数穆斯林信徒这一优势，尤其是在一些特别支持和积极践行伊斯兰传统的省份。当恐怖分子用伊斯兰信仰来支持他们的合法性时，就很容易营造对恐怖分子极为有利的氛围。例如，亚齐特别

---

〔40〕“Pelayat Dulmatin Heboh Lihat Lafal Allah di Langit”（“Dulmatin's procession excited by the sighting of the words of Allah in the sky”），*detik. com*，12 March 2010，available at www. detiknews. com/read/2010/03/12/110408/1316950/10/pelayat – dulmatin – hebohlihat – lafal – allah – di – langit.

〔41〕“Ribuan Orang Padati Pemakaman Dulmatin”（“Thousand attend Dulmatin's burial”），*Kompas. com*，12 March 2010，available at regional. kompas. com/read/2010/03/12/11072596/Ribuan. Orang. Padati. Pemakaman. Dulmatin.

〔42〕“2,000 at Dulmatin's burial”，*Straits Times*，12 March 2010，www. straitstimes. com/BreakingNews/SEAsia/Story/STIStory_ 501250. html.

〔43〕Ibid.

行政区（“NAD”）一直在践行着严格的伊斯兰教法传统（Islamic syariah cul-
ture），这里最近也被恐怖分子作为根据地和藏身处所。[44]此外，亚齐特别行
政区也因其共同的民族问题而被恐怖分子视为一个很好的选择，恐怖分子认 300
为政府和警察将被迫使用武力镇压他们，破坏印度尼西亚政府和“自由亚齐”
运动之间达成的和平协议。此外，极端宗教主义和民族分裂主义的合流也是
恐怖分子补充人员的沃土。

七、人权新观念

公众在人权观念上的新发展使反恐努力受到了严格审查。当警察击毙恐怖分子而不是活捉他们的时候，经常会引起公众的争议。[45]在 2010 年 2 月至 6 月期间，警察在搜捕活动中至少击毙了 13 名恐怖分子嫌疑人。[46]根据警察的辩解，他们这样做是为了保护自己和公共的安全。然而，舆论斥责这些嫌疑人本应当被逮捕，但警察不愿意冒着被恐怖分子杀死的风险而尝试保留后者的生命。

另一方面，人权团体和安全分析人士对警方“格杀勿论”的政策提出了质疑。他们要求警察更多地去寻求司法问责，以根据法律规定保护恐怖分子嫌疑人的权利。这是因为有些嫌疑人在警察搜捕过程中并没有携带武器，他们也没有采取任何有侵害性的行为。人权团体声称，除了逮捕时的必要措施，警察过度使用那些非比例性武力，如果这样的话，就严重违背了作为《1999 年人权法》之核心的生命权保障问题，生命权也是印度尼西亚政府批准的《公民权利和政治权利国际公约》的核心内容。

国家人权委员会（简称“HAM”）甚至认为被警察抓捕的多数恐怖分子

---

〔44〕“Ada Upaya Jadikan Aceh seperti Mindanao”（“There are attempts to make Aceh like Mindanao”），*Jawa Pos*，8 March 2010，available at www. jawapos. co. id/halaman/index. php? act = detail&nid = 121239.

〔45〕“Anti – terror ‘shoot – on – sight policy’ only fuels cries for vengeance，former jihadist claims”，*The Jakarta Globe*，16 May 2010，available at www. thejakartaglobe. com/home/anti – terror – shoot – on – sight – policy – only – fuels – cries – for – vengeance – former – Jihadist – claims/375314.

〔46〕“Indonesian terrorist sweeps raise concern over police tactics”，*VOA News. com.* 24 June 2010，available at www. voanews. com/english/Indoesian – Terrorist – Sweeps – Raise – Concern – About – Police – Tactics – 97068794. html.

已经被侵犯了人权。委员会的一位名叫斯坦利（Stanley）的委员暗示恐怖分子有权生存。〔47〕他指出即使印度尼西亚批准了《联合国反酷刑公约》，
301 但委员会仍发现刑讯逼供的手段已经被使用在嫌疑人身上。委员会主席卡西姆（Kasim）认为政府和警察都没有对调查恐怖主义活动过程中可能存在刑讯逼供的报道作出过回应。伊斯梅尔（Ismail）等社会人士要求对警察的执法活动进行公开调查，他们怀疑警察在搜捕过程中以一些恐怖分子嫌疑人为目标故意击毙他们，而不是依照这些被警察认为太过于宽容的法律行事。〔48〕

警察也因其在羁押恐怖分子嫌疑人过程中对待他们的方式而受到批评。例如，来自亚齐特别行政区的阿布·林巴（Abu Rimba）主动向警方投案，但是并没有得到律师的充分帮助。此外，其家人的探视权也没有得到充分的保障。根据林巴的哥哥尤斯里（Yusri）的讲述，其家人没有足够的时间在他从亚齐特别行政区被转移到位于雅加达的羁押地之前进行探视。尤斯里担心如果阿布·林巴被判处有罪，且被监禁在亚齐以外的地方，家人就没有经济能力前去探望。〔49〕

恐怖分子嫌疑人的埋葬行为是另一个受人权意识影响且政府必须去处理的问题。恐怖分子嫌疑人死亡之后，其家人会对警方进行批评，他们还抱怨为举行葬礼而索要尸体时面临的繁琐手续。对于恐怖分子嫌疑人的葬礼涉及许多复杂的问题。首先，对于家庭来说，如果按照宗教传统举行葬礼，亲属就会非常麻烦。其次，恐怖分子嫌疑人家乡的民众禁止埋葬他们，有两个嫌疑人被击毙以后就经历了这样的事情。以阿莫沙伊德为例，村民们不愿意他们的村子被人看作是恐怖分子之村，即便他从来没有被定罪或者以恐怖分子的身份接受过审判。在印度尼西亚伊斯兰教士理事会（简称“MM”）发言人

---

〔47〕“Teroris pun Punya Hak Hidup”（“Terrorists also have the right to live”），*tempointeraktif. com*, 24 June 2010, available at www. tempointeraktif. com/hg/hukum/2010/06/24/brk, 20100624 - 258156, id. html.

〔48〕“Indonesian terrorist sweeps raise concern over police tactics”, *VOA News*. com. 24 June 2010, available at www. voanews. com/english/Indoesian - Terrorist - Sweeps - Raise - Concern - About - Police - Tactics - 97068794. html.

〔49〕“Tersangka Terorisme Minim Bantuang Hukum”（“Terrorism suspects lack legal aid”），*Kompas. com*, 16 May 2010, available at regional. kompas. com/read/2010/05/16/17323359/Tersangka. Terorisme. Minim. Bantuan. Hukum.

夏库尔（Syakur）看来，葬礼问题没有尊重人权。在理事会看来，拒绝葬礼可能会进一步加剧社会的冲突。这种状况使爪哇岛中部拉根的苏巴诺（Soeparno）将其土地改为墓地，尤其是可以用来埋葬不能葬在家乡的恐怖分子嫌疑 302
人，他在 1999 年提供了 400 平方米的土地用作建设墓园。

另一个激烈讨论的问题关系到已被定罪的恐怖分子在监狱服刑期满之前因其良好表现而被提前释放的权利。支持恐怖分子可以被提前释放的人认为，恐怖分子应当和一般犯罪者一样享有提前释放的权利，因为他们都适用于同样的法律。在 2006 年，印度尼西亚政府修订了《囚犯权利政府规则》（简称“GR”）。在这个基础上，恐怖分子在服满总刑期的 1/3 之后，由于良好表现有权缩短刑期。这与普通犯罪不同，对于一般犯罪分子来说，在服刑满 6 个月以后，就有权要求缩短刑期。

反对提前释放恐怖分子的人士认为他们犯下了特殊罪行，因此主张恐怖分子应当服满刑期，不能因其良好表现而提供缩短刑期的机会。

瓦赫（Urwah）是一位被定罪的恐怖分子，因表现良好而被提前释放，但是政府允许他因良好表现而减刑的决定却引起了适得其反的效果。2007 年，瓦赫被释放后又涉嫌 2009 年“伊斯兰祈祷团”实施的万豪和丽丝卡尔顿酒店的恐怖袭击案。[50]最近，阿卜杜拉（Abdullah）在 2009 年 8 月被提前释放以后被再次拘留，因为他被发现计划袭击丹麦大使馆，此前阿卜杜拉也因藏匿恐怖分子嫌疑人努尔丁·穆罕默德·托普而被判入狱。[51]由于这些案件，法律人权部长艾克巴（Akbar）决定，对已经确定为恐怖分子的人因其良好表现而被提前释放之前，我们应当慎重考虑这些决定。[52]

另一个人权问题主要围绕恐怖分子嫌疑人的家人，由于这些家庭被无所不在的媒体打扰，因此他们的隐私无法得到保障。由于担心朋友会因自己的父

---

〔50〕“Jakarta hotel bomb terror suspect believed dead after Indonesian police raid”, *The Jakarta Globe*, 17 september 2009, available at thejakarataglobe. com/home/jakarta – hotel – bomb – terror – suspect – believed – after – indonesian – police – raid/330395.

〔51〕“Abdullah Sunata, Indonesia's most wanted man arrested”, *Digital Journal*, 24 June 2010, available at www. digitaljournal. com/article/293784.

〔52〕“Patrialis Minta Proses Pembebasan Narapidana Teroris Lebih Hati – hati”（“Patrialis calls for a more careful process before convicted terrorists are released”）, *detik. com*, 17 May 2010, available at www. detiknews. com/read/2010/05/17/170416/1358669/10/patrialis – minta – proses – pembebasan – narapida – teroris – lebih – hati – hati.

303 母是恐怖分子而远离自己，这些家庭的孩子们都羞于去学校上学。

儿童保护人士濑户·穆利阿迪（Seto Mulyadi）已经意识到孩子被贴上恐怖分子嫌疑人之子的标签的危害性。孩子们没有错，他们不应该受到歧视，他们也是恐怖主义的受害者。如果这些孩子没有得到很好的对待，他们也许会变成恐怖分子去复仇。正如埋葬等公共事务似乎无关警察或者政府，这表明了在恐怖分子嫌疑人的孩子们受到牵连这个问题上缺乏人权意识，政府似乎也没有采取任何措施去应对这一问题。

总之，印度尼西亚日益增强的人权意识改变了安全优于人权的预期。

八、缺少针对刑满释放的恐怖主义犯罪人的康复计划

消除恐怖主义的另一个问题就是，对于刑满释放的犯罪人来说缺乏康复计划。当前，大约200名被定罪的恐怖主义罪犯已被释放。这就涉及一个问题：刑罚是否能够有效阻止一个被认定为恐怖分子的人被释放以后再次加入到征讨异教徒的“圣战”中去？被释放的恐怖分子是否会为他们的所作所为感到懊悔，他们所在的社区是否愿意再接纳他们？

印度尼西亚缺少针对已经被释放的恐怖分子重新融入社区的计划。有些人再次加入了先前的恐怖组织。例如，在亚齐特别行政区一些因卷入先前的恐怖主义活动而被捕的恐怖分子被免于监禁。根据伊斯梅尔的观点，原因是政府没有能够消除他们的激进思想。公众已经开始抱怨恐怖分子被释放以后，多数族群没有能够接纳他们，这导致了像瓦赫〔53〕一样的刑满释放人员再次回到他们的恐怖组织。

为了解决这个问题，伊斯梅尔建立了一个名字叫“Prasasti Perdamaian”的基金会，集中精力关注刑满释放的恐怖分子的康复问题。〔54〕为了使他们能够重新融入社会，基金会为这些“前恐怖分子”们提供了许多机会去参与社会
304 活动。国家情报局前任局长A. M. 亨德罗普里约诺（A. M. Hendropriyono）建议

〔53〕“Menelusuri Jejak dan Peran Bagus Budi Pranoto Alias Urwah”（“Tracing the steps and exploring the character of Bagus Budi Pranoto alias Urwah”），*detik. com*，21 August 2010，available at www. detiknews. com/read/2009/08/21/143505/1187222/10/menelusurijejak – dan – peran – bagus – budi – pranoto – alias – urwah.

〔54〕The website of Prasasti Perdamaian is available at www. prasastiperdamaian. com.

已经被定罪的恐怖分子一旦被释放，可以被招聘为宾馆或者其他重要地方的安全警卫人员。[55]这是因为恐怖分子的知识可以用来阻止相似的恐怖主义活动的发生。最近法律人权部和宗教事务部合作推出了一项针对已经被定罪的恐怖分子的计划。[56]法律人权部正在着手建立一个专门针对恐怖分子的新型特殊监狱，这样一来，他们的特殊需要就可以得到满足。[57]然而，这个计划的最大障碍就是需要资金支持。根据高级警官皮特鲁斯·格鲁斯（Petrus Golose）的观点，为了消除被定罪的恐怖分子的极端思想，现在所做的并不算多。[58]

九、"快乐民主"问题

印度尼西亚的反恐措施也不得不与这个新建立的民主制度产生的幸福感作斗争。在这里，人们会带着恐惧的心情应对对公民自由进行必要限制的合法措施。一些人便独创了"疯狂民主"这个词来描述这种状况。

以出版自由为例，虽然以前媒体通过发布恐怖主义的危害后果来反对恐怖主义，但是，在反恐效果上它也会产生消极影响。

第一个问题是在警察搜捕犯罪嫌疑人的过程中，媒体对他们的行动进行 305
无限制、任意的全方位报道。[59]电视、网络媒体的现场报道和现场广播，几乎实现了分秒不漏，[60]甚至有记者就潜伏在警察队伍里。公众可以在电视里

---

〔55〕"Hendropriyono: Mantan Teroris Harus Dipekerjakan"（"Hendropriyono: former terrorists ought to be given employment"）, *detik. com*, 24th July, 2009, available at www. detiknews. com/read/2009/07/24/215818/1171189/10/hendropriyono – mantan – teroris – harus – dipekerjakan.

〔56〕"Jadi Sumber Terorisme, Kemiskinan Terus Coba Diturunkan"（"We must continue to try to reduce the incidence of poverty, a cause of terrorism"）, *detik. com*, 14 March 2010, available at www. detiknews. com/read/2010/03/14/115113/1317862/jadi – sumber – terorisme – kemiskinan – terus – coba – diturunkan.

〔57〕"Menteri Hukum Usulkan Program Khusus Napi Terorisme"（"Minister of Justice proposes a special programme for imprisoned terrorists"）, *VHR Media. com*, 19 May 2010, available at www. vhrmedia. com/Menteri – Hukum – Usulkan – Program – Khusus – Napi – Terrorism – berita4235. html.

〔58〕"Petrus Golose: Program Deradikalisasi Teroris Baru Secuil Dilakukan"（"Petrus Golose: the new programme for the de – redacalistion of terrorists is not being carried out in earnest"）, *detik. com*, 20 August 2009, available at www. detiknews. com/read/2009/08/20/131457/1186299/petrus – golose – program – deradikalisasi – teroris – baru – secuil – dilakukan.

〔59〕这件事发生在 2009 年 8 月 8 日，当时警察与易卜拉欣（Ibrahim）发生枪战，后者是万豪酒店和卡尔顿酒店恐怖袭击案的恐怖分子嫌疑人。

〔60〕国家电视台、第一电视台和印度尼西亚城市电视台，都会以"突发新闻"为题进行全天候报道，并且有评论员作出他们的分析。

看到警察执法的现场状况，包括可以看到警方处理被击毙的恐怖分子的尸体，这种完全无限制的报道有时会犯下错误。〔61〕

第二个问题是恐怖分子也许可以通过观看现场报道了解警察的行动，从而监视警察的战术活动。这能使恐怖分子嫌疑人采取预防措施逃脱搜捕，也可能警告其他嫌疑人和他们的网络组织，甚至可以实施报复性行动或者其他方式来帮助受到围攻的恐怖分子嫌疑人。

第三个问题是媒体也许会无意间帮助强化恐怖分子的思想意识，或者使恐怖分子获得公众同情。不管是恐怖分子嫌疑人还是被定罪的恐怖分子，都经常通过接受采访来表达他们的主张。受到围攻的恐怖分子嫌疑人成了媒体采访的主角以后，他们往往会被电视观众理解为应当得到支持的被压迫者。此外，对恐怖分子葬礼的报道，也许会给公众造成一种印象：这些正在被埋葬的人是英雄。

第四个问题就是电视现场直播对于年轻人的影响。儿童保护组织的负责人濑户认为，这会影响儿童的心理，给儿童造成恐惧感，认为印度尼西亚是一个不安全的地方。

第五个问题就是媒体在挖掘案情时的努力也许会让他们去查找、探寻恐怖分子嫌疑人的家庭地址，这可能会干扰警方调查。

其他一些问题涉及一些协会和组织的制度问题。政府是否应该禁止涉嫌非暴力性支持恐怖主义活动的宗教组织？如果政府被迫这样做的话，又担忧被指责侵犯了协会的自由，破坏了民主制度。

十、西方世界的盟友

306 反恐战争给印度尼西亚减轻了在尊重人权问题上的外来压力。只要印度尼西亚在反恐战争中和西方国家合作，后者就会忽视印度尼西亚混乱的人权状况。美国在过去曾经表达了对印度尼西亚人权状况的担忧，但是，由于在反恐问题上需要印度尼西亚的支持，因此美国不再给印度尼西亚政府施加

---

〔61〕 It was initially reported that the alleged terrorist was Noordin M. top, but later the police announced it was Ibrahim: see "Noordin M. Top believed killed in police raid In Temanggung", *Antara News*, 8 August 2009, available at www. antaranews. com/en/news/12497058/noordin – m – top – believed – killed – in – police – raid – in – temanggung.

压力。

国际非政府组织对被怀疑是恐怖分子的印度尼西亚国外侨民所遭受的人权侵犯保持沉默，所以国内民众对此感到十分厌恶。非政府组织一方面强烈批评印度尼西亚侵犯人权的状况，而另一方面则对其他国家侵犯印度尼西亚侨民的人权保持沉默，这显然是不公正的双重标准。反恐战争所表现出的在人权问题上的消极影响引起了国内民众的质疑，即人权是否仅仅是削弱印度尼西亚作为一个国家的工具，即削弱它的政府，还削弱它的军队。

反恐战争使传统观念中被视为人权卫士的西方国家开始鼓励、期待印度尼西亚重现混乱的人权状况。如果这些强权国家支持或者鼓励如此行事的政府，那么印度尼西亚的人权保护和提升就会被逐渐破坏。这样看来，西方国家并不是真诚地支持印度尼西亚改善国内的人权状况，而是把人权作为对待印度尼西亚的政治工具。自反恐战争开始以来，那些过去被认为是侵犯人权的行为通过立法的形式合法化，印度尼西亚人权事业也成为反恐战争的牺牲品。

在印度尼西亚国内公众看来，反恐措施已经受到西方国家的过度影响。这些措施被看作是西方的政治扩张。[62]公众认为打击恐怖主义并不是惩治恐怖分子，而是对付伊斯兰组织。但反恐怖主义政策已经在某种程度上被看作是反伊斯兰政策。

由于印度尼西亚反恐怖主义的立场，该国政府饱受批评。代号为“特遣 307
部队 88”的反恐特警部队，据称是由美国等西方国家组建和装备起来的。许多人认为这个部队由美国中央情报局、联邦调查局、美国特勤局和前美国特种部队人员组织培训。另外，该反恐特警部队在司法鉴定方面也得到了外来的帮助，比如像来自澳大利亚联邦警察等外国机构提供的 DNA 分析和通信监控技术。

公众也怀疑政府和警察对恐怖分子进行搜捕是因为西方政府高层的来访。据信，最近在亚齐特别行政区抓捕恐怖嫌疑分子的行动是因为美国总统巴拉

〔62〕 Azyumardi Azra said that terrorism has grown due to influence of foreign policy: see “Penyebab Terorisme Kompleks Tak Hanya Kemiskinan” (“The sources of terrorism are complex and poverty is not the only reason”), *beritabaru. com*, 4 September 2009, available at www. beritabaru. com/index. php? option = com_content&view = article&id = 2908: penye bab - terorisme - kompleks - tak - hanya - kemiskinan&catid = 62: nasional&Itemid = 54.

克·奥巴马对印度尼西亚的访问。

十一、军事介入之辩

在印度尼西亚，一直处于反恐前沿的专门力量就是警察。军队有能力去发挥更大的作用，但军队在恐怖主义面前被闲置起来。印度尼西亚政府曾经一度愿意让军队参与到反恐怖主义行动中来，国会议员们也同意政府让军队介入的主张，按照印度尼西亚《国家军队法》的规定，原则上支持军队参与反恐行动。[63]

军队介入的可能性引发了印度尼西亚公众的争论。[64]支持者认为军队有能力打击恐怖主义，而后者已经对国家利益造成威胁。在美国的布什政府看来，印度尼西亚是瓦解东南亚恐怖网络的重要力量。基于此，布什政府一直想恢复两国全面的军事关系。这样一来，美国军队就可以对印度尼西亚军队进行培训。

308 反对者则担心军事介入会为军队再次破坏民主氛围提供契机。[65]考虑到印度尼西亚历史上军队非必要性干预民主政府的历史背景，就可以理解这种担忧。人权人士警告军事介入是不合法的，因为恐怖主义是公民实施的犯罪，而不是军事行动，因此应对恐怖主义的最合适的机构应当是警察。值得赞扬的是，印度尼西亚政府把恐怖主义视为应由警察处理的法律执行问题，而不是应由军队处置的暴动。

十二、贫穷：恐怖主义之源

贫穷使恐怖分子从失业人员和年轻人中招募追随者变得更加容易。例如，

---

〔63〕 "Pelibatan TNI Tangani Terorisme Punya Payung Hukum" ("The involvement of TNI in anti – terrorism efforts has a legal basis"), *Antara News*, 31 August 2009, available at www. antaranews. com/berita/1251697931/pelibatan – tni – tangani – terorisme – punya – payung – hukum.

〔64〕 "Pelibatan TNI Tidak Boleh secara Lisan" ("The involvement of TNI should not only be with words"), *Kompas. com*, 24 August 2009, available at nasional. kompas. com/read/2009/08/24/20163397/Pelibatan. TNI. Tidak. Boleh. secara. Lisan.

〔65〕 "Pengaktifan Koter TNI Bukan Jalan Keluar Cegah Teror" ("Reviving the territorial command of TNI is not a solution to prevent terrorism"), *Suara Merdeka*, 7 October 2005, available at www. suaramerdeka. com/harian/0510/07/nas13. htm.

万豪酒店的自杀式爆炸者达尼·德威·帕尔玛纳（Dani Dwi Permana），只是一位从茂物的一所高级中学毕业的 18 岁的失业者。印度尼西亚总统苏西洛（Susilo）告诫地方长官们，消除了贫困，也就消除了恐怖主义。印度尼西亚第二大伊斯兰组织穆罕默迪亚协会前任会长艾哈迈德（Ahmad）也持相似的看法，认为消除贫困是优先选择，推动实现正义有助于有效地消除恐怖主义。[66]

然而，这种主张也受到质疑。批评者认为被定罪的恐怖分子和恐怖分子嫌疑人也不都是来自贫困家庭。有些人还受过良好的教育，有些人还获得过工程学位。“特遣部队 88”的前长官苏里亚（Surya）并不认为贫困就是恐怖主义之源。[67]他认为恐怖主义思想的蔓延，尤其是在年轻人中间扩散，是引起恐怖主义的主要根源。伊斯兰公立大学的伊斯兰学者阿兹拉（Azra）也赞同这样的观点，他认为贫穷和失业并不是恐怖主义的根源。[68]

十三、结论

制定反恐怖主义法并不能有效地阻止印度尼西亚成为国内外恐怖袭击的 309
目标。反恐怖主义法的贯彻落实也不是一件容易的事。西方国家主导反恐战争这一事实一直引起社会公众的怀疑，从打击恐怖主义活动到西方国家侵犯印度尼西亚主权，公众关注的焦点已经发生改变。

反恐怖主义法给执法机关提供了法律依据，他们可以运用与打击其他犯罪分子不同的措施来打击恐怖分子。而且，法律还为惩治恐怖分子规定了处罚措施。但是，反恐怖主义法在消除恐怖主义问题上还没有发挥有效作用。包括死刑在内的惩罚威慑效果也没有制止那些认为自己正在从事护教斗争，

---

〔66〕“Syafii：Kemiskinan Penyebab Munculnya Terorisme”（“Syafii：poverty is the source for the emergence of terrorism”），*detik. com*，5 July 2010，available at www. detiknews. com/read/2006/10/05/143311/689775/10/syafii – kemiskinan – penyebab – munculnya – terorisme.

〔67〕“Kemiskinan Tak Picu Terorisme”（“Poverty Does Not Trigger Terrorism”），*Inilah. com*，16 August 2009，available at www. inilah. com/berita_ print. php？ id = 142627.

〔68〕“Azyumardi Azra：Tak ada Hubungan antara Terorisme dengan kemiskinan”（“Azyumardi Azra：no connection between terrorism and poverty”），*Primaironline*，24 July 2010，available at www. primaironline. com/berita/detail. php？ catid = Sosial&artid = azyumardi – azra – tak – ada – hubungan – kemiskinan – dengan – terrorisme#.

死后可以进入天堂获得奖励的恐怖分子实施恐怖袭击。为了寻找进行“圣战”而亡的机会，这些信徒们会去印度尼西亚的任何地方或者其他地方实施“圣战”。

印度尼西亚恐怖主义问题的解决，除了制定反恐怖主义法，还需要更深层次的探索。恐怖主义有其产生的复杂且多层面的原因，政府采取的坚定措施获得了民众的支持，而且这些措施也令其他受到恐怖主义威胁的国家感到满意，比如美国和澳大利亚。印度尼西亚的条件和背景决定了各级政府在打击恐怖主义过程中都比较困难。可以理解，印度尼西亚在打击恐怖主义过程中所面临的困难与美国或者澳大利亚所面临的并不相同。

印度尼西亚消除恐怖主义的努力还会面临许多挑战。即便在一些案件处理上取得了成功，但恐怖主义活动仍时有发生。正如本章所讨论的，有许多原因都在影响消除恐怖主义的努力。简而言之，在印度尼西亚消除恐怖主义不会像其他司法活动那样简单、顺利，制定反恐措施时应当认识到自身的特殊国情和背景。

第13章

菲律宾的《人身安全法》和《国际人道主义法》：安全与不安全

H. 哈里·L. 洛克，Jr. *

“官方错误地忽视宪法性的权利法案是非法的，它只会恶化当前 310
的状况，表明官方不可原谅地放弃了职责，似乎不顾最高权力机构里那位负责任的佩费克托（Perfecto）法官在‘利诺（Lino）诉福国索（Fugoso）’（1947）案中所作的判决。”

一、引言

菲律宾政府正式通过了两部主要法律，并希望借此能够强化与恐怖主义作斗争的力量。第一部是2007年《人身安全法》（简称“HSA”），[1]早在2004年7月这部法律就被提交议会审议，标题是第4839号议案。[2]该法和其他多份反恐法案[3]由议员艾米·马科斯（Imee Marcos）作为发起人提交，她是前总

---

* H. 哈里·L. 洛克，Jr.（H. Harry L. Roque, Jr.），菲律宾大学法学院副教授。

〔1〕 Republic Act No. 9372（HSA）effective on 15 July 2007, available at www. senate. gov. ph/republic_ acts/ra%209372. pdf.

〔2〕 Representative Robert Ace Barbers authored House Bill No. 1925, Which is one among the many anti – terror bills filed in the Philippine House of Representatives.

〔3〕 其他反恐议案还有由参议员马塞利诺·李班南（Marcelino Libanan）提交的第2639号参议院议案；由参议员罗伯特·文森特·裘德·亚沃尔斯基（Robert Vincent Jude Jaworski）提交的第3032号参议院议案；由参议员道格拉斯·R. A. 卡加斯（Douglas R. A. Cagas）提交的第3103号参议院议案；由参议员艾米·马科斯（Imee Marcos）提交的第309号参议院议案；由参议员朱迪·西乔科（Judy Syjuco）提交的第948号参议院议案；由参议员科拉多·爱丝特雷娜三世（Conrado Estrella Ⅲ）提交的第3767号参议院议案；由参议员爱德华多·古利亚斯（Eduardo Gullas）提交的第3800号参议院议案。

统斐迪南·马科斯（Ferdinand Marcos）的女儿。与此同时，议会起草了自己的第2137号议案，这份议案由在马科斯和阿奎罗（Aquino）时期担任国防部长的胡安·庞塞·恩里莱（Juan Ponce Enrile）发起。《人身安全法》折射出主流的反恐观念，即认为恐怖分子具有极高的效率，因此较恪守法治的政府
311 存在不公平的优势。在肯定了这一前提下，本法获得了通过。然而，当《人身安全法》试图去重构这种平衡时，很明显出现了合法性问题。

第二部是2009年第9851号共和国法案，〔4〕题目是“违背国际人道主义犯罪，种族灭绝和其他反人类犯罪的界定与惩治、设置管辖权、特设法庭以及其有关条目法案”（《国际人道主义法》，简称“IHL法”）。这部法律是为了履行1949年《日内瓦公约》所载之条约义务，即要求在国内法中将条约规定的严重违法行为“犯罪化”。〔5〕另外，这部法律也处罚种族灭绝和反人类犯罪这些国际犯罪。在这个范围内，恐怖主义可能会违反《国际人道主义法》，因此，第二部法律成了菲律宾打击现代恐怖主义的有力工具。

本章主要审视《人身安全法》的有关条款，来判定它和国际人权标准之间的兼容性，这也会涉及它和最近制定的《国际人道主义法》之间的关系。

二、《人身安全法》的规定评述

为了帮助菲律宾执法机关和政府能够应对恐怖主义给国家安全带来的紧迫威胁，〔6〕政府当局通过了《人身安全法》，规定了恐怖主义概念；〔7〕授权监听嫌疑分子；拦截通信联系；〔8〕规定宣布某些团体或者组织为恐怖组织的程序；〔9〕规定无司法逮捕令之羁押；〔10〕授权检查银行账户或者存款；〔11〕设置并授权反恐委员会依法行动。〔12〕

---

〔4〕 Republic Act No. 9851 (IHL Law), available at senate. gov. ph/republic_ acts/ra%209851. pdf.

〔5〕 Articles 49, 50, 129 and 146 of the four Geneva Conventions of 1949.

〔6〕 Senate Proceedings, 22 May 2006, p. 157.

〔7〕 HSA, s. 3.

〔8〕 Ibid., s. 7.

〔9〕 Ibid., s. 17.

〔10〕 Ibid., s. 18.

〔11〕 Ibid., s. 28.

〔12〕 Ibid., s. 53.

政府每次获得特别授权的共同特点就是必须获得法院的认可。因此，委员
会必须有合法证据才能去监听和拦截通信〔13〕以及检查银行账户和存款〔14〕。
同样，宣布一个组织为恐怖组织，必须由法院作出裁决，并告知该组织作出
裁决的依据。〔15〕甚至超过 3 天的预审羁押，也必须获得城镇、市、省或者地 312
区人权委员会的官方认可，或者是城镇、地区法院、桑迪甘巴彦（Sandigan-
bayan）〔16〕、上诉法院的法官同意。〔17〕为了避免权力滥用，该法应当对那些通
过拦截通信〔18〕以及对检查银行账户所获得的信息〔19〕可能被使用的方式作出
规定。该法还规定了禁止酷刑，〔20〕如果执法机关错误地运用了任何法律的特别
授权，〔21〕就会受到处罚，同时授权人权委员会在这些案件中享有监督权。〔22〕

（一）合宪性推定原则不适用于《人身安全法》

一般情况下，法律解释原则要求法律被推定合宪，但若从表面上看，法律违反了宪法保护的基本权利，比如言论自由权、结社自由权、隐私权等，就不适用该推定。在社会气象站公司诉科美公司案〔23〕中，菲律宾高等法院认为，基于宪法中的言论权、表达权和出版权属于优先权，因此，当法律事前限制公众的上述权利时，因推定违宪而应被宣布无效。〔24〕

高等法院在奥普莱（Ople）诉托雷斯（Torres）案〔25〕中认为，当一项公民基本权利的完整性面临危险时，将导致这部提出挑战的法律面临更严格的审

〔13〕 Ibid., ss. 7-8.

〔14〕 Ibid., s. 27.

〔15〕 Ibid., s. 17.

〔16〕 桑迪甘巴彦是依据现已失效的 1973 年《宪法》第 8 条第 5 款授权之第 1606 号总统令所设立的法院。该法院的管辖范围为第 8249 号共和国法所规定的公职人员犯罪。Republic Act No. 8249 is available at：www.doj.gov.ph/files/1606.pdf.

〔17〕 HSA, s. 19.

〔18〕 Ibid., ss. 33-15.

〔19〕 Ibid., ss. 33-5.

〔20〕 Ibid., s. 24.

〔21〕 Ibid., ss. 16, 20, 25, 36, 38, 42, 44, 46-7.

〔22〕 Ibid., s. 55.

〔23〕 G. R. No. 147571, 5 May 2001.

〔24〕 如上所述，“由于宪法规定的言论、表达以及出版的自由权之优先条款，这种重大推定无效而使该措施违背宪法。确实，任何优先限制表达自由权的制度都会使法院认为重要推定不具有宪法有效性……因此，政府背负着沉重的负担去证明对上述权利进行限制的正当性。而在每一部法律当中都蕴含着普遍的、标准化的有效推定。”（特别增加部分）

〔25〕 G. R. No. 127685, 23 July 1998.

313 查。若有疑问，法院将秉持倾向性的立场，即根据宪法确保这些合法权利免受侵犯。[26]

其实，早在厄米塔马拉蒂宾馆及汽车旅馆经营协会诉市长案[27]中，高等法院就已经申明，如果政府行为涉及人身自由等公民基本权利，那么对政府行为有效性的审查将会更加严格。

事实上，《人身安全法》的某些条款限制了这些基本权利。例如，1987年《宪法》规定逮捕证据必须经法官审查，与预审羁押应当经过下级法院法官授权这一要求相比，该法授权人权委员会的区域负责人审查此类羁押。[28]更糟糕的是，宪法规定只有存在“合理根据”时才能发出逮捕令，然而根据该法，有关部门可能仅仅因行为人涉嫌恐怖主义活动而发出逮捕令。

从表面上看，这部法律似乎会侵犯言论和表达自由。根据菲律宾的法律体系，[29]宪法对表达自由和出版自由已经作出了认可，言论只有实际上导致了清晰且现实的危险时，政府才能对其进行规制。但这似乎已经为法律所修改，即对于公众一般的言论表达，不管他们是否付诸实施，事实上都可能被视为恐怖分子。根据《人身安全法》，只要属于在公众心目中制造恐惧感或者恐慌的言论，就会受到刑事指控。

另外，这部新的法律也会对出版自由造成不利影响。总检察长对此已经表达得很清楚，他用清晰的词汇说明了这部法律是如何按照恐怖分子嫌疑人的标准来对待记者的：

> “如果你是记者，你将免予被监听，因为法律规定记者和他的信息源
> 314 不能被监听。但如果你的信息源是恐怖分子，这虽然不会使你本人成为
> 恐怖分子，但是如果现在被怀疑，就可能会被监听……基于他是恐怖分

---

〔26〕 如上所述，“我们现在仍然坚持，基本权利的完整性正面临危险，法院将会对提出这一挑战的法律、政府命令、规章或者条例进行严格审查……这种保护基本权利的方法是由1987年《宪法》所提出的，其整体思想就是要保护公众人权，免受专制侵犯。如有疑问，至少我们可以保持一种倾向性的立场，那就是根据宪法保护基本权利免受危险侵害。”

〔27〕 G. R. No. L－24693, 31 July 1967：“需充分强调的是，若所限制之自由涉及人身自由抑或言论自由，政府行为有效之标准必会更加严厉、严格，但若所限制之自由减少关涉财产之大多数权利，这种监督措施的许可范围就会宽泛许多。”

〔28〕 See HSA, s. 19.

〔29〕 One recent is Integrated Bar of the Philippines v. Honorable Manila Mayor Jose ‘Lito’ Atienza, G. R. No. 175241, 24 February 2010.

子的嫌疑，没有人能够摆脱被监听的可能性。”〔30〕

与此相似，由于法律允许干预、监听个人通信，因此，隐私权也面临危险。即使是宗教忏悔也不能从本条款中获得赦免，因此这会促使神职人员去质疑这部法律的合宪性。〔31〕

（二）界定恐怖主义：合法的“尼斯（Nessie）”〔32〕

国际法中最著名的一个问题就是界定恐怖主义概念非常困难，虽然它已经广泛用于当代文化中，但已经选择的任何概念都显得很混乱。必须明确界定恐怖主义本身并不是它的目的，只是实现目的的一种方式。因此，任何恐怖主义概念都有可能带有其所追求的目的的色彩。然而，仅仅使用“恐怖”一词一般也不能界定恐怖主义，因为通过暴力实现政治目的，是政府和非政府组织的共同特点。〔33〕任何试图给恐怖主义下一个综合性概念的尝试都只能凸显界定恐怖主义的困难。例如，合法的独立运动和事实上的恐怖组织之间的界限通常是不明确的。

高等法院在埃斯特拉达（Estrada）诉桑迪甘巴彦（Sandiganbayan）案〔34〕中引用人民诉纳萨里奥（Nazario）案中所阐释的：

“当一般智商的人在法律适用过程中能够清晰地判断它的意思和不同，这就是法律的可理解性标准。当它缺少这一标准时，法规或者法律就会被看作是模糊的。在这种情况下，这部法律在两个方面与宪法相矛 315
盾：一是它违背了正当程序，因为没有为其他人尤其是它所针对的相对人提出合理告知，告诉他应当避免什么行为；二是它使执法者在执行法

〔30〕 Leila Salaverria and Jerome Aning, “Media may be bugged”, *Inquirer. net*, 5 July 2007, available at newsinfo. inquirer. net/breakingnews/nation/view/20070705 – 74884/Media_ may_ be_ bugged.

〔31〕 Father Joe Dizon v. Executive Secretary, SP No. Q – 07 – 60778, filed with the Quezon City Regional Trial Court Branch 92.

〔32〕 尼斯（Nissie）是人们对神秘的尼斯湖水怪的一种亲昵的称谓。

〔33〕 恐怖主义研究学者拉克尔（Laqueur）在 1999 年整理统计了 100 多种恐怖主义的概念，其结论是：“这些概念只是在恐怖主义的个别特点上达成了共识，即恐怖主义采取暴力或者以暴力相威胁的方式”。参见 Walter Laqueur, *The New Terrorism: Fanaticism and the Arms of Mass Destruction* (Oxford University Press, 1999), p. 5.

〔34〕 G. R. No. 148560, 19 November 2001.

律的过程中滥用自由裁量权，专断扭曲地使用政府权力。”[35]

高等法院在戴维（David）诉马卡帕加尔·阿罗约（Macapagal Arroyo）案[36]中指出，恐怖主义仍然是一个不确定的模糊的概念。这个模糊概念的外延可以从下面这个相同判决的评论中找到，这里值得全部引用：

“事实上，这种界定上的困境，或者缺少达成关于恐怖主义概念的共识，不仅在我们国家存在，而且在国际社会上同样存在。下面的评论是相当合适的：

在国际关系实质上处于单极化的背景下，谈到合法地使用武力以国际化的方式打击某个政府或者群体、打击恐怖主义已经成为基本口号之一。已经设立了支持恐怖主义和恐怖组织的国家名单，并且在不断更新。虽然是根据并不为公众所知的标准列出的，但确定的是，这是由国家利益决定的。

所有军事行动潜在的根本问题，或者亦如最近美国对伊拉克威胁使用武力一样，在于不需要在恐怖主义概念上达成共识。

最明显的困惑是关于政府、像自由运动一样的军事团体以及个人实施的暴力行为的法定标准是什么。

概括起来这个困境就是‘一个国家的恐怖主义就是另一个国家的自由之战’。在恐怖主义这个词的使用上所表现出的明显矛盾或者困惑在一些历史事实上表现得更为突出。像一些民族解放运动的领导人，如南非的纳尔逊·曼德拉（Nelson Mandela）、突尼斯的哈比卜·布尔吉巴（Habib Bourgiba）、阿尔及利亚的艾哈迈德·本·贝拉（Ahmed Ben Bella）。提到的这些人都曾经被以前控制着他们国家的人贴上恐怖分子的标签，但是后来都变成了国际上受尊重的政治家。

事实上，在界定恐怖主义活动标准的过程中，必须明确概念的特点，这些特点可以将恐怖主义与合法的国家防御或自卫行为区别开来。

自冷战至今，联合国已经付出巨大努力试图在界定恐怖主义的基本问题上达成共识。最近联合国仍然在加强这方面的努力，但是未能消除

〔35〕 Ibid.

〔36〕 G. R. No. 171396, 3 May 2006.

各方的分歧。有国家认为恐怖主义就是非国家组织使用武力侵犯公民、
政府功能、基础设施或军事设备；也有国家认为抵制外国占领、有组织的 316
民族压迫或者有组织的国内宗教团体破坏应当属于合法使用武力的范畴。

通过参考在一些组织或者运动的性质认定上相互矛盾的标准，诸如‘巴勒斯坦解放组织’、‘克什米尔抵抗组织’以及早期的‘尼亚拉瓜反抗军’，可以全面展现国际社会在这一问题上的分歧。‘巴勒斯坦解放组织’是针对以色列的活动团体，却是为了阿拉伯和穆斯林的解放运动；‘克什米尔抵抗组织’在印度眼中是恐怖分子，但巴基斯坦人却认为他们是自由战士。‘尼亚拉瓜反抗军’是美国的自由战士，但却是社会主义阵营的恐怖分子。更富戏剧性的是阿富汗的‘圣战’者（后来演变成‘塔利班’），他们在冷战时期对于西方来说是自由战士，受到美国的支持，但是对于苏联而言却是恐怖分子。我们还可以继续列举出很多这样在标准上相互冲突的事例。从根本上说，由于政治利益的对立，这些标准在任何层面上都不可能一致。

怎么解释这些相互矛盾的定义、相互冲突的理解以及以此来评价同一个团体和他们的行为呢？按照我们的分析，产生这些显著分歧的根本原因在于政府利益的多元化。它取决于一个国家是否处于占领国的立场，或者是一个竞争者的立场上，抑或是对手。处于某一地区占领国的位置上，恐怖主义概念将会据此而发生变化。一个国家把自己视为领土之外某个民族团体权力的保护者，当这个民族组织实施暴力活动时，该国家就会据此将其称为‘解放斗争’而非恐怖主义，反之亦然。

主权国家在如何把一个特定的武装运动看作是恐怖主义还是自由战士的问题上都存在分歧。由于这些主权国家的利益冲突，联合国不能在恐怖主义的概念上作出决定。在国际事务的重大问题上采取双重标准政策是一个不可回避的结果。”〔37〕

《人身安全法》意图为恐怖主义设定一个法定概念，但是该法第 3 条的概念仍然较为模糊，它未能提供一个可以理解的标准去告知当局或者公民什么行为属于恐怖主义。这个概念也列举了若干行为，这些行为按照修订的刑法

〔37〕 Ibid.

或者特别刑法已经具有可罚性，然后增加了短语“为了迫使政府接受非法诉求，在公众之中散布或者制造广泛异常的恐惧和惊慌气氛”。“恐怖主义”概
317 念的模糊源于它使用了一些诸如“广泛”、“异常”、“惊慌”以及“非法诉求”等词汇或者短语。这些限制性词语并没有起到真正的限制性作用。显而易见，“在公众之间散布或者制造广泛异常的恐惧和惊慌气氛”取决于政府、大众媒体抑或是任何想把某种犯罪行为称为“恐怖主义犯罪”的人，如何以耸人听闻的方式来评价这个犯罪行为。

对《人身安全法》的核心批评，在于它没有令人满意地界定被禁止的行为。这就为起诉恐怖主义犯罪增加了额外的负担，即除了证明基本犯罪要素之外，是否还需要证明额外的犯罪要素。上述问题也使执法者和社会公众难以识别恐怖主义犯罪活动。

根据菲律宾法律，合理界定犯罪的要求是：

> “创制新的犯罪的刑法条文的用词应当足够明确，以告知受该条款影响的人他们的何种行为会导致刑罚，这样刑法概念才很好地满足了识别的要求，这一点与法律的明确性原则和公平对待的一般性概念相类似。禁止或者请求人们实施一定的行为的条款在用词上太模糊以至于一般智商的人必须去猜测它的意思和差异，这样它的适用就违反了首要、必需的法律正当程序。”〔38〕

模糊性信条中更重要的方面不是“实际告知”，而是信条的另一要素，即为了避免专断和歧视性执法，立法机关应为执法机关和事实上的裁判者理性地制定明确的指导方针。〔39〕如果法律规定过于模糊，它也许会有警告性的效果，但也可能会制止人们从事受保护的行为。〔40〕一部不明确的法律或者一部没有明确设定界限的法律，也许会起到控制作用或者看起来比需要时起到更大的控制效果，因此也会阻止或者使公众不愿意去从事寻求法律的保护。〔41〕

---

〔38〕 Connally v. General Construction Co. 269 US 385 (1926) cited in Romualdez v. Sandiganbayan, G. R. No. 152259. 29 July 2004 (emphasis added).

〔39〕 See Kolender v. Lawson 461 US 352 (1983).

〔40〕 Bates v. State Bar of Arizona, 97S. Ct. 2691, 2707 (1977).

〔41〕 John E. Nowak and Ronald Rotunda, *Constitutional Law* (St Paul, MN: West Group, 6th edn, 2000), p. 1071.

将前述评判标准用于菲律宾《人身安全法》，至少非常受人尊敬的学者会认为这部法律在评估上存在问题：

“该法案包括为给一个孤独的灵魂制造危险或者恐惧之目的而预谋使 318
用武力或者暴力吗？它包括为了在上帝、绑匪、盗贼或者抢劫犯的心中制造恐惧感而威胁使用武力或者暴力吗？那么矿工、樵夫、渔民或者其他工人通过他们的职业工具，有目的地破坏环境，给环境保护主义者制造恐惧或者威胁状况又该怎样看待呢？”[42]

迄今为止，菲律宾当局已经指控一人违反了《人身安全法》。在“人民诉埃德加·德·拉·克鲁兹·坎德拉（Edgar De La Cruz Candule）”案[43]中，案情显示：

“据指控，2008 年 3 月 21 日左右，被告人在菲律宾三描礼士省伯多兰镇卡拉尔里的斯宛艾拉麦克，公开自称是‘新人民军’的成员，自愿、非法、穷凶极恶地实施了恐怖主义活动。而‘新人民军’是一个鼓动通过武装斗争、教唆其他人实施暴动活动来推翻合法政府的恐怖组织。”[44]

高等法院在戴维诉阿罗约案中认为，菲律宾总统阿罗约签发的呼吁军队打击恐怖主义活动的第 5 号总统令中的部分条款因违反正当程序而无效。简述如下：

“迄今，恐怖主义这个词似乎只存在于刑法之中，例如，马科斯总统在戒严时期实施的 1981 年 1 月 16 日生效的第 1835 号 P. D. 法案，被命名为‘各种反颠覆活动和加重反政府组织成员处罚法汇编’。该法的相关条款提到了恐怖主义概念：凡是鼓动他人通过武力、暴力、恐怖主义意

---

[42] See Dean Pacifico Agabin, “A Comment on the constitutionality of the proposed bill entitled ‘an act defining terrorism, establishing institutional mechanisms to prevent and suppress its commisson, providing penalties therefor and for other purposes”, available at www. prolife. org. ph/forum/general – discussion/anti – terrorism – act – torpedoed – by – constitutional – expert/.

[43] Criminal Case No. RTC –5175 –I, Regional Trial Court Branch 69 (Iba Zambales).

[44] Ibid.

> 图推翻菲律宾政府的，都应当受到制裁。
>
> 第1835号P.D.法案被科拉松·阿基诺（Corazon Aquino）于1985年5月5日签发的第167号E.O.法案废止，后者宣布菲律宾共产党为非法组织。然而，这两部法律都没有对恐怖主义进行界定，因此恐怖主义仍没有法定概念。只有阿罗约总统在第5号总统令中对哪些行为构成恐
> 319 怖主义作出了判断。在这方面她的判断是绝对的，没有任何限制。结果，没有证据的任意逮捕、闯入办公室和居所，接管传媒公司，禁止、疏散对政府不友好的集会、聚集……这些都已经远远超越了总统的权限。"[45]

土著社区成员坎德拉因为参加"新人民军"并且为之战斗而被指控是恐怖分子。因此，似乎他是因属于菲律宾共产党和"新人民军"的成员而受到指控的。大体上，科拉松·阿基诺总统已经使这些合法化了。其中可以明确的是仅仅因是团体成员并不会构成犯罪，马科斯的《反颠覆活动法》已被废止了。更糟糕的是，在坎德拉案件中适用的总统令，现在已经适用到了菲律宾政府和"新人民军"之间的武装冲突。国际红十字委员会（简称"ICRC"）[46]已经把这场冲突看作是非国际武装冲突。这场冲突中任何参战人员都不享有刑事起诉豁免权（和国际武装冲突中的战斗人员一样）。考虑到他们的思想倾向、表现出的对法律的忠诚度以及战争习惯，不应该将他们视为普通的刑事犯罪。假如政府能够证明坎德拉事实上确实是"新人民军"的成员和战斗人员，对他就不应该适用总统令。因为"新人民军"被看作是非国际武装冲突中的战斗人员，而不是《人身安全法》规定的恐怖分子。而且，阿罗约政府突然作出决定：将对"新人民军"嫌疑分子提起刑事诉讼的依据改变为恐怖分子。这个决定看起来像是政府宣传的一部分，即所有"新人民军"的参战人员现在已经变成了恐怖分子，或者是对他们的支持者发出含蓄的警告，不管是心理上支持还是直接参加"新人民军"都不会再以政治犯论处，而是以恐怖主义犯罪定罪。此外，如果"新人民军"确实是恐怖分子，这将会为政府与他们谈判带来问题。事实上，在欧盟愿意提供合适场所推动双方协商之后，直到最近开展的和平谈判，协商一直由挪威政府主导。恐怖分子的标签会

---

〔45〕 See David v. Arroyo, G. R. No. 171396, 3 May 2006.

〔46〕 See International Committee of the Red Cross, *Our World*: *Views From The Philippines*, available at www. icrc. org /web/eng/siteeng0. nsf/htmlall/research – report – 240609/$ File/Philippines. pdf.

带来新的问题，那就是该如何去解释已故的科拉松·阿基诺先前作出大赦的举 320
措，以及在将来对“新人民军”战斗人员和支持者进行大赦所带来的影响。

把“新人民军”的战斗人员归为恐怖分子的做法似乎和该法律中恐怖主义的概念并不一致。坎德拉受到指控的上游犯罪看起来是叛乱犯罪。该罪要求存在具有“为了迫使政府接受非法诉求，在公众之中散布或者制造广泛异常的恐惧和惊慌气氛”的犯罪意图。在修订《刑法典》[47]中，叛乱犯罪被界定为：

> “叛乱罪或者暴动罪就是以拒绝向政府或者它的法律、菲律宾岛屿或者它的任何部分、陆地的任何部分的主权、海军或者其他武装力量表示效忠，以剥夺行政机关或者立法机关负责人全部或者部分的任何权力或者特权为目的，公开造反或者武装反抗政府。”

叛乱罪的构成要件和恐怖主义罪的犯罪意图之间存在矛盾。这是因为在叛乱罪中，行为人拿起武器是为了那些在法律中列举出来的特别目的，而不是为了在公众的心理上引发恐惧。事实上，对于任何像“新人民军”这种以意识形态为基础的叛乱来说，在公众中制造恐慌都是有勇无谋的。现实中，由于公众的支持和同情，他们已经在某种程度上成为亚洲最持久的游击叛乱组织，他们在农村受到支持。然而，似乎菲律宾政府已经将其划定为恐怖组织。

（三）违反平等保护原则

《人身安全法》将普通犯罪转化为会被处以更严厉刑罚的恐怖主义犯罪。
因为《人身安全法》把恐怖主义活动作为法律禁止的行为予以处罚，比如犯 321
罪意图或者犯罪目的在起诉中均不作要求，所以按照《人身安全法》的程序更容易定罪。根据该法第5节和第6节的规定，对于共谋犯、从犯也应当进行更为严厉的处罚。[48]

---

[47] Revised Penal Code, art. 134.

[48] 第5节：共谋犯。对于任何人，虽然根据修订刑法典第17条的规定或者本法第4节的规定并不是首要分子，但是通过在犯罪之前或者犯罪实行之时的行为在恐怖主义犯罪或者共谋实施恐怖主义犯罪的过程中进行了协作、参与，将被判处17年4个月至20年监禁刑。第6节：从犯。任何人如果承认实施了恐怖主义犯罪或者是共谋实施恐怖主义犯罪的人，虽然根据修订《刑法典》第17条和第18条的规定既不是首要分子，也不是共谋犯，而只是以下列方式参与实施了部分犯罪：①通过犯罪行为使自己获取利益，或者帮助罪犯获取利益；②隐匿或者消灭犯罪主体、犯罪财产或者犯罪工具，以避免它们被发现；③庇护或者帮助犯罪的首要分子或者共谋犯，仍然应当被判处10年至12年监禁刑。

这一规定与修订《刑法典》中关于重罪的共谋犯和从犯可以判处的刑罚相矛盾。[49]比如，修订《刑法典》规定对参加叛乱的人可判处12年至20年监禁刑；共谋犯会被判处4年2个月零1天至6年监禁刑；从犯在6年至8年监禁刑的范围内量刑。相比之下，《人身安全法》中共谋犯的刑罚是10年至12年监禁刑，从犯可被判处17年至20年监禁刑。

根据菲律宾法律，由于这种区分并不是建立在真正差异的基础之上，因此违反了平等保护条款。[50]但是随着《人身安全法》的实施，它设置了无效的分类。这种分类造成了实施了《人身安全法》上游犯罪的人和实施了类似
322 犯罪的人之间具有不同的刑事责任。显然，根据修订《刑法典》第122条的规定，法院能够判处海盗罪从犯的刑罚范围是6个月至12年监禁刑。如果海盗罪成为《人身安全法》中的上游犯罪，法院可以对从犯判处10年至12年监禁刑。由于《人身安全法》中模糊的资格限定，海盗罪从犯实施相同的行为，根据《人身安全法》判处的刑罚要比根据修订《刑法典》判处的刑罚更为严厉。

所有这些综合起来都严重偏离了正当程序的要求。因为恐怖主义犯罪的概念是模糊的，就对恐怖主义活动参加者的刑罚而言，将修订《刑法典》与《人身安全法》中的类似行为相比较，可能有悖于罪刑相适应原则的要求。

（四）侵犯结社自由

菲律宾1987年《宪法》承认人民享有参加社团的权利：

> “第8条：人民的权利，包括在公共和私营部门工作的权利，在不违背法律的目的下组建社团、协会、社会组织，都不应当被阻止。”

在戴维诉阿罗约案中，高等法院注意到恐怖主义的模糊概念会侵犯公众的结社权，因为在没有清晰地界定恐怖主义是什么的情况下，这些组织会被认定为恐怖组织。因此，《人身安全法》因侵犯了结社自由权而违宪，因其第

---

〔49〕第52条：对犯罪既遂中的共谋犯所判处的刑罚。对于重罪既遂犯之共谋犯所判处的刑罚应当比重罪既遂犯的法定刑低一个档次。第53条：对犯罪既遂中的从犯所判处的刑罚。对于重罪既遂犯之从犯所判处的刑罚应当比重罪既遂犯的法定刑低两个档次。

〔50〕People v. Vera 65 Phil 56 G. R. No. L－45685，16 November 1937.

17 条〔51〕是以恐怖主义的模糊概念为基础的。

如果普通民众真诚地追求思想的实现，较为理性地行使他们的民主权
利，组成了一个疯狂的合法组织，他们的结社自由权也会受到《人身安全法》
的限制。〔52〕例如，一些肆无忌惮的人可能会在合法组织的框架内秘密实施恐 323
怖主义战术，如反铀运动、绿色和平组织和动物保护组织。〔53〕按照第 17 条之
规定，禁止创建以合法目的为掩盖，但其成员却实施依照《人身安全法》之
规定属于恐怖主义活动的组织。

另一个相关问题是反恐怖主义委员会宣布某组织是恐怖组织的程序。法律要求以司法公告的形式来实现这一目的，并进一步要求把这个通知告知可能被宣布为恐怖组织的组织，这样法律的落实与贯彻就存在疑问了。对于像“新人民军”这样没有固定活动场所的组织，法律所规定的通知送达和其他程序并不能保证这些团体可以得到恰当的告知。这是因为宣告可以通过快速程序和其他程序通知，但不能以公示宣告的方式送达。按照当前的法律规定，公示宣告仅仅适用于针对物的诉讼程序，并且《人身安全法》中也没有规定这种程序。

（五）侵犯言论自由和隐私权

有观点指出，《人身安全法》因侵犯言论自由而违宪。这一点可以在《人身安全法》第 7 条中清楚地看到，它规定执法机关有权力拦截任何下述通信：

> “第 7 条　监控嫌疑分子和拦截、记录通信信息。尽管与第 4200 号共和国法案（《监听法》）的规定相反，根据上诉法院的书面指令，警察、执法机关或其成员为了特定目的，可以使用任何方式、形式，抑或任何类型、种类的电子设备、其他监听、拦截、追踪设备，或者使用其

〔51〕第 17 条：取缔恐怖组织、协会以及恐怖主义团体。任何组织、协会或者有组织群体为了从事恐怖主义活动的目的，或者虽然不是为了该目的而组织起来，通过实施本法所提到的恐怖主义活动或者在公众之中散布、制造广泛且极端的恐怖、惊慌气氛，从而意图要挟政府接受其提出的非法要求的，都应当由地区初审法院判决将其宣布为恐怖分子以及非法组织、非法协会或者非法群体，不过在司法部向主管的地区初审法院提出申请时，会给予提到的相关组织、协会或者群体应有的通告和听证的机会。

〔52〕Jude McCulloch, *Blue Army*: *Paramilitary Policing in Australia* (Melbourne University Press, 2001), p. 176.

〔53〕Ibid.

他任何合适的方法、手段，针对被司法认定的恐怖组织，或者由涉嫌实施、共谋实施恐怖主义活动的人所组成的团体及成员之间的任何通信、信息、谈话，进行监控、拦截和记录。

同时，不应当授权对律师和委托人、医生和病人、记者和他们的信息源以及可信任的商业往来间的通信信息进行监控、拦截、记录（增设的强调条款）。"

324 不难看出，《人身安全法》对言论自由权造成了侵犯，因为任何与上述对象进行的通信都可能成为执法机关以任意方式拦截的对象，公众会对自己的言论自由权感到担忧。对言论自由权的担忧会侵犯公众的表达自由，这也意味着对所谓恐怖分子嫌疑人和恐怖组织的任何言论的正式禁止。不争的事实是，他们是恐怖组织的成员或者是恐怖分子嫌疑人，这样他们就无权表达他们的不满和委屈来反对政府规定的事先限制措施。从《人身安全法》的规定来看，拦截通信措施缺少合法性所需要的限定标准，也没有恰当地衡量表达自由与重大公共利益之间的关系。〔54〕

在拦截通信方面，《人身安全法》也没有设置落日条款，这和美国《爱国者法》规定4年后监听部分失效的原始条款并不一致。〔55〕当同样的规定被后续法律以扩充落日条款的方式修改或者废除时，美国国会仍然选择在后续的法律规定中规定落日条款，这似乎表明国会对监听部分相当谨慎。〔56〕这与菲律宾国会在《人身安全法》中所创设的制度截然相反。考虑到该法第17条运用各种形式的通信和信息技术的那些做法，缺乏落日条款可能导致公众因干扰而惧怕通信联系。〔57〕

执法机关为了拦截通信可以使用任何合适的方式，并且《人身安全法》没有设置任何指导原则和限制性措施，以约束执法机关可能采取的拦截方式，

---

〔54〕 Francisco Chavez v. Raul Gonzales, G. R. No. 168338, 15 February 2008.

〔55〕 美国通过2001年制定的《爱国者法》，使其反恐能力进一步得到了整合和加强。不过后来的一些法律对这部法案做了修改，最近的一次是2010年《国防部拨款法》（Department of Defense Appropriations Act 2010），这部法律将"落日"条款延长至2011年2月28日。

〔56〕 Todd M. Gardella, "Beyond terrorism: the potential chilling effect on the Internet of broad law enforcement legislation" (2006) 80 *St. John's Law Review* 663.

〔57〕 Norman Redlich, John Attanasio and Joel K. Goldstein, *Understanding Constitutional Law* (New York: Matthew Bender & Co. 2nd edn, 1999).

所以《人身安全法》侵犯了隐私权。根据奥普莱诉托雷斯案[58]这个开创性 325
的案件，诸如侵入通信手段的模糊性、宽泛性以及不受约束性都很明显地侵犯了隐私权。这个案件宣布国家电脑识别干预系统的相关立法无效：

> “与反对者不同，我们已经摆脱了隐私权是宪法赋予的基本权利这个前提。因此，以令人信服的国家利益来证明相关立法是合法的，并且它是被严格限制的，对于政府来说是负担。相关立法基于两个方面的考虑：①向我国公民和外国人提供财产，便于和基本服务与社会保险提供者以及其他政府部门进行业务往来的需要；②如果不能全部消除，那么就需要减少那些正在寻找基本服务的人进行欺诈交易和虚假陈述的可能。这些利益是否足以强行批准相关立法并予以公布还存在分歧，但毫无争议的是，相关立法是宏观的、模糊的且过于宽泛的，它的生效会将我们公众的隐私权置于明确且现实的危险境地。”[59]

因此，根据这个案件的论述，《人身安全法》面临着严格的审查：

> “我们现在认为当基本权利的完整性面临被侵犯的危险时，法院应当对提出这个挑战的法律、行政命令、规则或者制度进行严格审查。政府在履行职责过程中不允许进行合法性推定，即使政府的做法是合理的，也应充分论证存在令人信服的国家利益，其对公民基本权利的克减是合理的，以及相关措施被严格限制而没有滥用。1987 年《宪法》对这种方式作出了要求，它的整个体系都是为了保障人权，避免专制独裁而设计的。我们至少可以倾向于这个立场，即不能将宪法保护的权利置于危险之中。”[60]

三、《人身安全法》与《国际人道主义法》的关系

批准《日内瓦公约》距今近 60 年，因此，成员国应当在国内法中写入条

[58] G. R. No. 127685, 23 July 1998.

[59] Ibid. (emphasis in original).

[60] Ibid. (emphasis in original).

约规定以惩罚严重犯罪，在《国际人道主义法》制定以后，[61]菲律宾政府最
326 终承担起了这个国际义务。该法惩罚违反国际人道主义的犯罪、种族灭绝和反人类犯罪，明确规定其解释和适用必须和国际法、国际刑事法院的裁定相一致。[62]因此，它不仅仅是《日内瓦公约》的执行法，也是国际人道主义和刑法的完整资料库。

该法通过重申《日内瓦公约》的有关规定，惩罚严重违反和严重侵犯国际人道法的行为。[63]因此，它惩罚任何直接攻击受保护的个人或者基础设施的行为，也惩罚在国际武装冲突中使用被禁止的战争手段或者方式的任何行为。[64]而且，对于在非国际武装冲突环境中实施的违反《日内瓦公约》总则第3条的行为，以及严重侵犯国际人道法的行为，该法也将对其予以惩罚。[65]它对种族灭绝的界定所依据的是《日内瓦公约》中提供的概念，即有目的地全部或部分地摧毁一个国家、种族或者宗教群体的人；[66]该法还援引国际刑事
327 法院《罗马规约》中的表述，规定了实施种族灭绝的不同方式。[67]它依据《罗马规约》提供的概念惩罚反人类犯罪，也规定了实施反人类犯罪的不同方

---

〔61〕这是第2669号参议院法案和第6633号众议院法案的一次合并，经阿罗约总统在2009年12月11日签署以后成为法律。

〔62〕IHL Law，s. 15（i）.

〔63〕Ibid.，s. 4（a）.

〔64〕Ibid.，s. 4（c）.

〔65〕Ibid.，s. 4（b）.

〔66〕See Convention on the Prevention and Punishment of the Crime of Genocide，art. 2，available at www2. ohchr. org/english/law/genocide. htm.

〔67〕IHL Law，s. 5：种族灭绝，即，一是基于本法之目的，种族灭绝是指任何意图毁灭全部或者部分国民、民族、种族、宗教、社会群体或者其他任何相近、稳定并且永久性群体而实施了诸如下列行为：①屠杀某一群体的成员；②引起某一群体成员的身体或者心理伤害；③故意破坏一个群体的生活状态，以给该群体之全部或者部分带来身体上的伤害；④为了阻止群体内部人员之间的生育而采取强制性措施；并且⑤将该群体中的儿童强迫转移到另一个群体之中。

二是任何人直接公然煽动其他人实施种族灭绝的，都是非法行为。

任何人被发现犯有本节第1款和第2款所规定的行为，都应当依照本法第7节的规定判处刑罚。

与此相对应的规定，参见《罗马规约》第6条，访问网址是 untreaty. un. org/cod/icc/statute/rome tra. htm：

考虑到这部规约的目的，种族灭绝是指任何人为了毁灭全部或者部分国民、民族、种族或者宗教团体而实施了下列行为：①屠杀某一群体的成员；②引起某一群体成员的身体或者心理伤害；③故意破坏一个群体的生活状态，以给该群体之全部或者部分带来身体上的伤害；④为了阻止群体内部人员之间的生育而采取强制性措施；⑤将该群体中的儿童强迫转移到另一个群体之中。

式，〔68〕所包括的方式有酷刑和强迫失踪，在菲律宾发生的这两类犯罪都有惊人的数据。〔69〕作为一种反人类罪，该法对酷刑的界定和《罗马规约》一样，将其作为任何人可以实施的犯罪而不仅限于政府部门。〔70〕另一方面，强迫失
踪犯罪的概念援引了《反强迫失踪公约》的相关规定，〔71〕即只能由政府实施 328
的劫持犯罪，并且政府拒绝承认其是一种逮捕。强迫失踪犯罪主观上意图在一个较长的时期里使受害者不再受到法律的保护。

该法也规定了针对这些犯罪行为的严厉刑罚。〔72〕如果犯罪行为导致死亡或者严重的身体伤害或者强奸他人，最高可处终身监禁刑，量刑幅度从短期监禁刑至长期监禁刑，并处 100 比索至 50 万比索的罚金。

最后，按照国际习惯法的一些做法，为了对国际人权法进行限制，该《国际人道主义法》设置了一项基本条款作为原则性规定。这些原则包括对于这部新法律所列明的犯罪具有普遍管辖权〔73〕、无时效原则〔74〕以及指挥官和上级责任原则的运用〔75〕。第一次规定了依照该法被提起诉讼的被告人不享

---

〔68〕 IHL Law，s. 6：其他反人类犯罪。基于本法之目的，其他反人类犯罪主要是指行为人实施了下列这些行为，这时就认为属于广泛且系统地直接攻击任何平民的行为。关于攻击行为：①故意杀害；②人口灭绝；③奴役；④肆意放逐，或者强制迁移人口；⑤违背国际法的基本规定监禁或者以其他方式剥夺身体自由；⑥酷刑；⑦强奸，性奴役，强迫卖淫，强制怀孕，强制绝育，或者其他形式的极端严重的性暴力；⑧基于政治、种族、国籍、民族、文化、宗教、基因、性倾向或者根据国际法被普遍视为是不被允许的其他理由迫害任何可识别的群体或者某一全体人员，都是与本部分或者本法所规定的任何犯罪相联系；⑨强迫或者非自愿的人口消失；⑩种族隔离，以及⑪其他相同特点的故意引起严重痛苦或者严重身体伤害或心理以及肢体伤害的反人类行为。任何人犯有本法所规定的任何上述犯罪行为，都应当被判处本法第 7 条所规定的刑罚。与此相对应的是《罗马规约》第 7 条的规定。

〔69〕 See Task Force Detainees of the Philippines，"Statistics of documented cases of human rights violations 2009"，available at www. tfdp. net/resources/statistics；KarapatanMonitor，April – June 2010，available at www. karapatan. org/resources/statistics.

〔70〕 IHL Law，s. 3（s）："酷刑" 是指故意施加严重的疼痛或者痛苦，而不管是身体上、心理上或者精神上的，不管是被拘留的人还是被控制的被告人；其中例外的是，酷刑不包括源于法律规定本身所导致的内在的或者必然产生的疼痛或者痛苦。与此相对应的规定是《罗马规约》第 7（s）2（e）条。

〔71〕 International Convention for the Protection of All Persons from Enforced Disappearance，Paris，6 February 2007，in force 23 December 2010，UN Doc. A/RES/61/177，art. 2.

〔72〕 IHL Law，s. 7.

〔73〕 Ibid.，s. 17.

〔74〕 Ibid.，s. 11.

〔75〕 Ibid.，ss. 10，12.

有豁免权。[76]

首先可以观察到的是，随着2010年3月该法开始实施生效，菲律宾法院对因战争犯罪而被起诉人员的管辖权通过这一法律体系而较早地得到了确认。在二战后审判的两个案件中，高等法院承认起诉战争罪犯的责任为所有民主国家所承认，并且根据宪法规定，应当将普遍认可的国际法原则“国内化”，使之成为国内法律体系的一部分。

在早前的“山下奉文（Yamashita）诉斯泰尔（Styer）”案[77]中，有“马来西亚之虎”称号的山下奉文将军是日本战败时东南亚军队的最高指挥官，因为当时菲律宾还没有在国内法中规定战争犯罪，所以当山下奉文面临144项战争犯罪刑事指控时，其辩称自己的行为合法。当时的多数观点认为，日本和美国作为战争的冲突各方都受条约责任的约束，这一点也可以延伸适
329 用于菲律宾，因为它是发生武装冲突的地方。另一种独树一帜、与众不同的观点认为，即使菲律宾不是条约成员国，但是国际人权法仍然对其有约束力。

> “在为了理想而难以压制的奋斗的推动下，在改善人权这一不可征服的自然冲动下，在怀揣建设完美生活秩序这一不可抑制的内心渴望中，人类在过去的2400多年里一直努力奋斗去完善国际法。国际法通过原则性的规定真诚地回应了越来越多对正义与权利的需求，这些原则最终已为全世界的文明国家所接受、认可并被奉为神圣条款。虽然早在古代人们基于追求人类良知的固有权利，在基本的正义感里已经简要地表明了这一点。”

同样，在另一起案件“黑田（Kuroda）诉嘉兰东尼（Jalandoni）”案[78]中，另一个日本将军认为他曾经实施的严重违反《日内瓦公约》和《海牙规则》的行为是在执行命令，而且此时菲律宾不是冲突方，并据此对对他提出刑事指控的合法性提出质疑。根据法庭的判决，两个公约中关于战争犯罪的规定，构成了公认的国际法原则，因此，它也是“The laws of the land”（国内法或当地法律）的一部分。由此可见：

第一，刑法规范没有溯及既往的效力（否则，它就相当于是一个溯及既

〔76〕 Ibid., s. 9.

〔77〕 Tomoyuki Yamashita v. Wilhelm D. Styer, G. R. No. L－129, 19 December 1945.

〔78〕 Shigenori Kuroda v. Major General Rafael Jalandoni, G. R. No. L－2662, 26 March 1949.

往的法律)，不能说在《国际人道主义法》生效后，严重违反国际人道法的行为就是犯罪了。相反，在山下奉文和黑田这两个案件中，战争犯罪本身已经是犯罪，因为起诉战争犯罪的责任是强行法规则，所以受到“或引渡或起诉”原则的约束。[79]根据《国际人道主义法》应当去做的，就是根据法律的要求对他们的暴行施以特定的刑罚。否则，按照这个国家的刑法对其判处刑罚是有严重问题的。该法规定，如果对被告人按照刑法而不是修订《刑法典》处罚，法院应当判处被告人不定期刑，他的最长期限应当不超过法律确定的最长期限，最短期限也不应当比同一法律规定的最短期限少。[80] 330

第二，《人身安全法》和《国际人道主义法》双管齐下，为菲律宾政府打击现代恐怖主义提供了强有力的武器。当然，《国际人道主义法》现在还不能被用于打击恐怖主义活动，因为它适用于武装冲突[81]中属于反人类犯罪的行为。[82]理想的情况下，尽管《人身安全法》存在合宪性的问题，但是对于那些没有发生在武装冲突的环境中，或者也不属于以广泛、系统的方式实施的犯罪行为，《人身安全法》可以予以惩罚。尽管如此，法院会如何处理这两部新法律之间的关系仍然不得而知。这是因为在法律起草过程中，菲律宾议会好像要求两部法律彼此之间应该独立运行。事实上，《国际人道主义法》是在一些非政府组织的共同游说下制定的，比如菲律宾大学国际法律研究学院法律中心[83]、菲律宾国家红十字会国际人道法委员会[84]，他们强调应该

---

〔79〕 See Geneva Convention for the Amelioration of the Condition of the Wounded and Sick in Armed Forces in the Field, Geneva, 12 August 1949, in force 21 October 1950, 75 UNTS 31, art. 49; Geneva Convention for the Amelioration of the Wounded, Sick and Shipwrecked Members of the Armed Forces at Sea, Geneva, 12 August 1949, in force 21 October 1950, 75 UNTS 85, art. 50; Geneva Convention Relative to the Treatment of Prisoners of War, Geneva, 12 August 1949, in force 21 October 1950, 75 UNTS 135, art. 129; and Geneva Convention Relative to the Protection of Civilian Persons in Time of War, Geneva, 12 August 1949, in force 21 October 1950, 75 UNTS 287, art. 146.

〔80〕 Act No. 4103, s. l.

〔81〕 IHL Law, ss. 3 (d)-(e), 6.

〔82〕 IHL Law, ss. 4 - 6.

〔83〕 参见菲律宾大学国际法律研究学院法律中心的全球管辖权计划，实施时间从2005年2月至2006年12月。

〔84〕 See Soliman M. Santos Jr., “Backgrounder on RA 9851, IHL Law” (speech delivered at the Public Briefing on Republic Act No. 9851: Philippine Act on Crimes Against International Humanitarian Law, Genocide, and Other Crimes Against Humanity, 3 March 2010, Benito Soliven Room, First Floor, Malcolm Hall, University of the Philippines College of Law, Diliman, Quezon City).

根据《日内瓦公约》制定必要且可行的法律。所有与恐怖主义有关的内容在《日内瓦公约》的附加议定书中都可以找到，而在其他国际公约中则难以找到。〔85〕

另一方面，《人身安全法》的立法目的和背景是明确制定一部可以帮助官方打击恐怖主义的法律，它不想对《国际人道主义法》做出补充、弥补，甚至在任何程度上都不想和《国际人道主义法》发生关系。否则，《人身安全法》应该承认在国际武装冲突中参加敌对方的战斗人员享有刑事豁免权，菲
331 律宾政府也要根据这一政治背景打击在菲律宾领土上的国内武装集团，包括和他们进行政治和平谈判。

第三，在《国际人道主义法》和菲律宾第 9745 号共和国法案《反酷刑法》中，酷刑的定义似乎存在严重失误。〔86〕《国际人道主义法》中采纳了《罗马规约》中的酷刑概念，只要是监管者就可以实施该类犯罪。〔87〕另一方面，第 9745 号共和国法案采纳了《反酷刑公约》中的概念，它认为酷刑是一种只能由政府机关实施的犯罪。〔88〕尽管两部法律较为和谐地规定了一种方式去处理这个问题，即对于战争犯罪和反人类犯罪中实施的酷刑犯罪应当以《国际人道主义法》作为起诉依据，而对于其他单独的酷刑犯罪应当适用特别法，但是在酷刑概念上仍然存在不确定性。

第四，值得注意的是，《国际人道主义法》首次就强迫失踪作出规定。援引《反强迫失踪公约》和《罗马规约》中的概念，《国际人道主义法》现在把强迫失踪犯罪作为反人类犯罪的一种表现。〔89〕它的要素是：由国家机关和（或者）政府部门默许而逮捕，拒绝承认这样的逮捕或者有目的地将人长时期

---

〔85〕 See Protocol Additional to the Geneva Conventions of 12 August 1949 and Relating to the Protection of Victims of International Armed Conflicts, Geneva, 8 June 1977, in force 7 December 1978, 1125 UNTS 3, art. 51 (2) (Additional Protocol Ⅰ); Protocol Additional to the Geneva Conventions of 12 August 1949, and Relating to the Protection of Victims of Non - International Armed Conflicts, Geneva, 8 June 1977, in force 7 December 1978, 1125 UNTS 609, arts. 4 (2), 13 (2) (Additional Protocol Ⅱ).

〔86〕 See Repulic Act No. 9745, available at senate. gov. ph/republic_ act/ra%209745. pdf.

〔87〕 See above note 75.

〔88〕 Republic Act No. 9745, s. 3 (a); cf. Convention against Torture and Other Cruel, Inhuman or Degrading Treatment or Punishment, New York, 10 December 1984, in force 26 June 1987, 1465 UNTS 85, art. 1.

〔89〕 See above notes 75 and 76.

剥离法律保护之下。[90]需要注意的是，将强迫失踪作为犯罪的规定显得很宽泛，因此对立法的需要仍然存在。

第五，按照依法打击恐怖主义的要求，《人身安全法》和《国际人道主义法》都填补了法律真空。然而，它们还不能弥补菲律宾法律体系内部的不足。总体来看，正是这些不足导致了对法律的漠视。例如，联合国特别报告员批评道，由于菲律宾缺少使非法杀戮的犯罪和强迫失踪犯罪接受法律制裁的政治意愿，因此违反了首先要保护和提高公众生存权的法定责任。[91]同时，他 332
注意到，刑事司法制度中的公共机构看起来也违背了相应职责，由于检察官坚称他们没有义务参与调查涉嫌大规模杀戮的案件，因此他们放弃了对这些犯罪进行调查和起诉的本职责任，法院也同样违背了义务，因为其在这些案件诉讼过程中过度延迟审判。[92]除非阿奎罗新政府进行处理，否则尽管有新的法律制度，最终也只能证明法律体系在打击恐怖主义方面是毫无效率的，法律在某种程度上已经被抛弃或者无法得到执行。

四、结论

上述两部新的法律在菲律宾国会获得通过，为菲律宾打击恐怖主义提供了更好的保障。第一部反恐怖主义法被称为《人身安全法》；第二部法律则为《日内瓦公约》和其他国际人道法律条约在国内立法提供了条件。事实上，联合国特别报告员就反恐立法的人权问题提出了警告。关于《人身安全法》，他在观察报告中写道：

> “3月6号通过的法案标题是《国家安全和保护人民免受恐怖主义法》，另外也以2007年《人身安全法》而著称，它由菲律宾总统签署生

---

〔90〕 Ibid.; See IHL Law, s. 3 (g).

〔91〕 See Preliminary note on the visit of the Special Rapporteur on extrajudicial, summary or arbitrary executions to the Philippines (12 – 21 February 2007), available at daccess – dds – ny. un. org/doc/UNDOC/GEN/G07/120/95/PDF/G07/12095. pdf? Open Element; See also Report of the Special Rapporteur on extrajudicial, summary or arbitrary executions on his mission to the philippines, available at daccess – dds – ny. un. org/doc/UNDOC/GEN/G08/130/01//PDF/G0813001.. pdf? Open Element, and its Addendum, available daccess – dds – ny. un. org/doc/UNDOC/GEN/G08/130/01//PDF/G0813001. pdf? Open Element.

〔92〕 Ibid.

> 效，预定在5月份大选之后的两个月即2007年7月生效。在此期间，我支持菲律宾政府法律部门重新审议这个于2007年2月19日在特别会议上被菲律宾国会批准的新法律。我希望进一步展开辩论，这样可能会使今年春天选出的新国会提出修正案或者废除整个法案，因为这部法律的实施会对这个国家的人权状况产生消极影响，侵蚀法律规则的基础。
>
> 333 《人身安全法》中对恐怖主义的界定也有一些积极意义，但最终的结果是提供了一个看起来与法律原则并不一致、过于宽泛的概念，因此和《公民权利和政治权利国际公约》第15条也不协调。更有甚者，根据该法可以适用严厉的40年监禁刑，会在个案中破坏司法的自由裁量权，也可能因恐怖主义概念的宽泛而导致不合理的处罚。
>
> 虽然这部法律的最终版本在审前羁押问题上有所改善，但更让人担心的是各个执法主体竞相对个人进行羁押审查，因为这些执法主体中有一些是行政执法人员而非司法人员。因此，《人身安全法》第19条看起来缺少《公民权利和政治权利国际公约》第9条要求的程序保障。
>
> 另外一个担忧就是该法案规定了诸多人身限制措施，包括类似于‘软禁’的管制，适用上述措施的证据并不需要达到排除合理怀疑的程度或者达到更高的证据门槛。
>
> 菲律宾是一个面对诸多挑战的国家，我想重申的是，我完全意识到需要采取有效的措施去阻止和打击恐怖主义，意识到一个国家和民主社会在拒绝牺牲自由的情况下所面临的困难。然而，我更担心《人身安全法》的许多条款并不符合国际人权标准。”〔93〕

虽然《国际人道主义法》会被长时间地推迟，但它仍然是一部能够履行国家条约义务进而将严重违法行为作犯罪化处理的法律，这是一个积极的发展。尽管该法是新法律，但是如果这是一个有效的法律制度，可以确保违反该法的人得到实质性的调查、起诉，并为他们的行为接受刑罚，那么恐怖主义也许会得到有效的遏制。

---

〔93〕 See Report of the Special Rapporteur on the promotion and protection of human rights and fundamental freedoms while countering terrorism, Addendum: Communications with Governments, UN Doc. A/HRC/6/17/Add. 1, 28 November 2007, [97], available at www 2. ohchr. org/english/issues/terrorism/rapporteur/report. htm.

第14章

中国的反恐对策[1]

傅华伶*

一、引言 334

为了方便研究，可以将中国国家安全方面的威胁分为两类：恐怖袭击和非恐怖袭击。从危害程度来看，第一种威胁称为“高层次威胁”，因为中国政府会对此类威胁极为关注，正如一些评论家所指出的，中国有坚定的政治决心和无穷的资源去应对这种威胁。[2]

高层次威胁是指为了改变现有政治秩序，有组织地实施颇具挑战性的活动，包括两个互相关联的组成部分：一是为了能从中国独立出去而战的分裂活动，这些分裂势力来自中国周边地区，通常被称为“民族分裂势力”，这种类型的分裂主义一直采取有组织暴力的形式。二是威胁和试图改变政治体制的活动，这些颠覆力量的总体政治目标就是要推翻现行政治制度，例如推翻
中国共产党政权。在本质上，这些政治反对派通常是非暴力的，他们包括一 335
些具有公众影响力的社会人士和反对组织。

第二种威胁被认定为“低层次威胁”。此类威胁一般包括特殊的、个体性的反社会性暴力，某些案件中的主体还会含糊地表达一些政治动机，他们会

---

〔1〕 Editorial, “A stupid government making a time - bomb for itself”, *Ming Bao* (*Mingpao Daily*), 13 May 2010.

* 傅华伶（Fu Hualing），香港大学法学院教授。

〔2〕 Martin I. Wayne, “Inside China's war on terrorism” (2009) 59 *Journal of Contemporary China* 249 - 61.

杀害法官、警察及其他政府官员，将之作为其抵制政府某种行为的形式。这些活动经常是由孤立的个人实施的，在中国这可以被看作是“个体恐怖主义”。然而，有关部门对个体暴力行为尚未给予足够的重视，因为它不会直接威胁现行政权。在中国，这种所谓的“个体恐怖主义”行为正急剧增加。但是，与“高层次威胁”相比，对于该种威胁的回应却相对保守、被动；部分公众即便不鼓励这种行为，但会带着同情心去看待这些施暴者。然而，如果不能尽快消除这种威胁的影响，个体政治暴力就可能累积发展到恐怖主义的层次，如果条件允许，甚至会发展到有组织恐怖主义的水平。

二、历史遗产和法律框架

对于中国共产党来说，恐怖主义并不陌生。中国共产党发轫于一个列宁式的地下政党，直到1949年变成执政党，它一直在一个充满敌对且遭受残酷压迫的环境中诞生、发展。它的对手在官方层面给它贴上了“共匪”的标签，将其称为一支为政治生存而战的“叛乱”武装力量。中国共产党有自己的根据地、武装力量和政治架构，在获得统治权之前，采取武装斗争的方式来实现它的政治目标。〔3〕

获取权力以后，中国共产党领导的各级政府立即变成了恐怖袭击的目标。在新中国刚刚建立的几年里，政治暗杀，水中投毒，炸毁桥梁、工厂以及其他基础设施，实施其他破坏活动等各种形式的恐怖袭击频繁发生。中国共产
336 党领导的国家政权对此做出了激烈、迅速的反击。新中国的首部刑事法制定于1951年，被命名为《镇压反革命条例》，这实质上是一部反恐立法。它允许对反革命者、敌对分子、间谍、分裂分子和其他敌对势力适用死刑和不确定期限的监禁刑，这些人采取暴力手段对抗新生的人民政权。〔4〕革命司法在证据完善、证明责任以及辩护或者其他程序上可能不会过于追求细节，也不会去关注防范政府滥用权力的制度性审查和平衡司法的传统，而且当时司法

〔3〕 Patricia E. Griffin, *The Chinese Communist Treatment of Counterrevolutionaries*, 1924 1949 (Princeton University Press, 1976); Leng Shao - Chuan, *Justice in Communist China* (New York: Oceana Publications, 1967); James P. Brady, *Justice and Politics in People's China: Legal Order or Continuing Revolution?* (London: Academic Press, 1982).

〔4〕 Ibid.; Richard Curt Kraus, *Class Conflict in Chinese Socialism* (New York: Columbia University Press, 1981).

机关和立法机关的力量都很薄弱。[5]

当中国从革命政权向现代政权转变，革命立法的变化预示着中国法治的进步。中华人民共和国第一部刑法典即《中华人民共和国刑法》（以下简称《刑法》）于 1979 年公布，它没有专门针对恐怖主义犯罪规定。然而，《刑法》单列一章专门针对反革命犯罪，其中包括了叛乱和从事破坏活动。从行为人的暴力的本质和政治动机来看，一些反革命犯罪事实上就是恐怖主义犯罪。

恐怖主义的概念第一次被引入《刑法》中是在 1997 年修订《刑法》的时候。2001 年"9·11"事件以后，为了履行联合国安理会第 1373 号决议的要求，中国进一步修改《刑法》以表明打击恐怖主义的坚定立场。[6] *

虽然中国开始进行反恐立法至今已近 10 年，但是没有专门的议案被提交 337
给立法机关。当前，在《刑法》中有 4 条关于恐怖主义犯罪的规定：

（1）《刑法》第 120（1）条规定处罚组织或者领导、积极参加或者参加恐怖活动组织的行为人；

（2）《刑法》第 120（2）条规定处罚资助恐怖活动组织或者实施恐怖活动个人的行为人；

（3）《刑法》第 191（1）条规定处罚故意隐瞒、掩饰恐怖活动犯罪所得的行为人；

（4）《刑法》第 291（2）条规定处罚编造恐怖信息或者明知是虚假恐怖信息而传播的行为人。**

除了上面的 4 个条款以外，还有很多危害公共安全并且和恐怖主义密切关联的犯罪。然而，问题是《刑法》并未界定什么是恐怖主义或者恐怖活动组织。此外，如果缺少专门的反恐立法，就没有专门针对恐怖主义犯罪的独

---

[5] Leng, *Justice in Communist China*; Brady, *Justice and Politics in People's China*; Jerome Cohen, "The Chinese Communist Party and 'Judicial Independence': 1949 – 1959" (1969) 82 (5) *Harvard Law Review* 967 – 1006.

[6] 关于这些刑法修正案的具体内容，参见 the Amendment to the Criminal Law of the People's Republic of China (Third Amendment) (Adopted by the Standing Committee of the National People's Congress on 29 December 2001), available at www. chinalawinfo. com.

* 中国已经于 2015 年通过专门的《反恐怖主义法》。——译者注

** 中国已经于 2015 年通过《刑法修正案（九）》，其中包括准备实施恐怖活动罪，宣扬恐怖主义、极端主义、煽动实施恐怖活动罪，强制穿戴宣扬恐怖主义、极端主义服饰、标志罪，非法持有宣扬恐怖主义、极端主义物品罪等内容。——译者注

立程序或者证据规则，也没有专设法庭去审判恐怖分子。因此从中国刑法的规定来看，恐怖主义一直被简单地作为一般的刑事犯罪来对待。

在政治性文件中，恐怖主义被界定为带有政治动机并暴力反对现政权的行为。在司法适用中，这个定义既显得过于狭窄又显得过于宽泛。所谓狭窄，是因为将其限定在政治暴力领域，会将恐怖主义的行为限定在政权更迭或者领土变更的范围内；所谓宽泛，是因为政权更迭或者领土变更是容易辨别的，但那些以非暴力方式提出上述主张的行为也可能被看作与恐怖主义有关联，从而被作为恐怖主义犯罪来对待，尤其是对于一些分裂活动。〔7〕

在过去30年间，中国通过改革法律制度开始摒弃革命立法的色彩，在反恐和其他紧急措施方面不断完善法律规则。自中华人民共和国成立后的前30年，在很大程度上可以被看作是一个暴力持续不断的年代，甚至出现了“文化大革命”。直到20世纪70年代末80年代初，中国开始实行对外开放政策，
338 国家政治生活开始回归正常，相关的法制不断健全，如制定关于经济社会领域的相关法律、建立研究机构、扩大公民自由和权利等。事实上，只有当法律规则以确定的形式建立起来以后，才能够谈论在应对紧急事态时暂停使用某些规则；只有公众正常地享有某些权利时，这些权利才会因紧急状态而受到限制；只有明确区分和界定了正常情形和例外情形以后，才能讨论限制权利和违反法律规则的需要，是希望阻止还是削弱。〔8〕

有意思的是，中国政府开始注意到应对突发事件的重要性，通过制定法律以便在紧急状态中规范政府权力并使之合法化。随后，中国很快采取措施并制定了应对危机管理的法律，包括1996年《戒严法》以及2007年《突发事件应对法》。〔9〕《戒严法》的目的是为处置暴乱和社会不稳定状态提供法律依据；《突发事件应对法》是为处置自然灾害和公共健康危机建立法律保障。

《戒严法》和《突发事件应对法》两部法律的立法目的，是强化中国政

〔7〕 Michael Clarke, “China's ‘War on Terror’ in Xinjiang: human security and the causes of violent Uighur separatism” (2008) 20 *Terrorism and Political Violence* 271 – 301.

〔8〕 Albert H. Y. Chen, “Emergency powers, constitutionalism and legal transplants: the East Asian experiences”, in Victor V. Ramraj and Arun K. Thiruvengadam (eds.), *Emergency Powers in Asia: Exploring the Limits of Legality* (Cambridge University Press, 2010), Chapter 3.

〔9〕 Ibid.; Jacques DeLisle, “States of exception in an exceptional state: emergency powers law in China”, in Ramraj and Thiruvengadam, *Emergency Powers in Asia*, Chapter 13.

府在危机期间的应对能力和处置效率，和在突发事件中保护公民权利。[10]当然，这两部法律在执行层面仍然存在一些问题。

以 1996 年《戒严法》的执行情况为例，在该部法律实施以前，政府曾依
据宪法中的紧急状态处置权，按照宪法规定发布过戒严令。由于当时还没有 339
专门的法律条款规定戒严令的发布问题，[11]人们期待 1996 年《戒严法》能够填补法律上的空白。根据《戒严法》第 2 条的规定，如果满足以下三个条件就可以发布戒严令：①发生动乱、暴乱或者严重骚乱；②事件严重危及国家的统一、安全或者社会公共安全；③出现不采取非常措施不足以维护社会秩序、保护人民的生命和财产安全的紧急状态。尽管《戒严法》规定了依法发布戒严令的程序，但是当发生社会安全事件时，个别地方并未严格遵守相关规定，甚至可能忽视《戒严法》的优点或者缺点而直接去实现目标。

三、理论基础 340

恐怖主义有很多不同的类型。[12]在当代中国社会中，恐怖主义在很大程度上主要是通过实施带有政治动机的暴力活动来对抗社会，它所依靠的是宣称索要权利或者利益的政治团体、宗教团体或者民族群体。我无意加入这场关于恐怖分子道德正当性的辩论之中，[13]只是想观察一下中国的恐怖主义滋生的背景，即在公民权利意识正在上升的时代背景之下，行为人通过不合法甚至使用暴力的方式来主张利益。恐怖主义在某种程度上也属于一种“抗争”。

奥布赖恩（O'brien）和李（Li）所提出的“合法抗争”理论，是后毛泽东时代中国“抗争”文化的代表。在该理论的基础上，奥布赖恩和李提出了“大众抗争”的概念，认为“大众抗争发生在官方渠道的边缘，运用权力阶层

---

〔10〕 Ibid. ; Chen, “Emergency powers, constitutionalism and legal transplants”.

〔11〕 Mo Jihong and Xu Gao, *Jieyan Falv Zhidu Gaiyao* (*An Overview of the Martial Law and the Martial Law System*) (Beijing: Law Press, 1996), Chapter 1. The Chinese Constitution 1982 Provides the legal ground for the imposition of martial law in China. In the 2004 Amendment to the PRC Constitution, the term “martial law” (戒严) in theses three provisions was replaced with the term “state of emergency” (紧急戒严).

〔12〕 Gus Martin, *Understanding Terrorism: Challenges, Perspectives, and Issues* (Thousand Oaks, CA: Sage Publications, 2003).

〔13〕 See Igor Primoratz (ed.), *Terrorism: The Philosophical Issues* (New York: Palgrave Macmillan, 2004).

的言语和承诺去抑制权力的干预，它源于国家内部存在的地方性、自利性的分化，并且依赖于通过动员获取更多公众的支持”〔14〕。“合法抗争”由被批准的合法行动组成，这些行动是为保护人的合法权利而进行的。在开展“合法抗争”的过程中，抗争者会战略性地参与国家管理，在国家内部打开缺口，通过立法方式来改变国家。

由于各种因素的影响，中国出现了改善和扩大法律和政治上的合法权利（由中央政府提供）与在行动上侵犯合法权利（个别地方出现的）之间的裂痕，这种结构性的开放为“合法抗争”的发展创造了条件。此外，通过社会团体去了解他们打开法律与实践之间缺口的机会、愿望和能力，是“合法抗争”的另一个重要条件。由于交通和通信不断改善、大众传媒的渗透，以及
341 中国经济改革所带来的诸多其他的社会和经济变化，公众更加意识到他们的权利，并且准备维护和捍卫他们的权利。在这样的大背景下，中国出现了“合法抗争”的情况，部分民众宣泄着他们的抱怨，并运用法律去维护他们的权利。

“合法抗争”理论能够解释合法权利诉求增加的原因，也可以解释以民族为基础的政治诉求上升的原因。结构性开放不会限制合法权利的出现。自20世纪80年代至今，中国的政治环境总体上较为自由；自20世纪90年代至今，社会和经济领域的自由氛围也在扩大。

“合法抗争”理论的界限较为模糊，有可能演变成带有政治动机的非法抗争甚至暴力抗争，可见“合法抗争”超越了合法政治和违法政治，前者是法律范围内的政治激进主义者，后者是违反法律规定的政治激进主义者。〔15〕

破坏性的群体行动，或者低层次的动乱和社会动荡，都可能在“合法抗争”和带有政治动机的暴力活动之间建立联系。群体行动包括了大范围的破坏活动，它的范围从抗议、静坐和示威游行到更具破坏性和暴力性的形式，如封锁交通、攻击政府机关、街头骚乱和破坏性活动。蔡永顺认为，当合法渠道被关闭或者变得低效时，破坏性群体行动就成了一个选择；当权利被剥夺且无法很快获得时，愤怒的人们就会准备寻求非法方式来实现他们的

---

〔14〕 Kevin J. O'Brien and Lianjiang Li, *Rightful Resistance in Rural China* (Cambridge University Press, 2006), p. 2.

〔15〕 Douglas McAdam, Sidney Tarrow and Charles Tilly, *Dynamics of Contention* (Cambridge University Press, 2001).

诉求。[16]破坏性行动通常会升级为一场特殊的冲突，这样行为人就可以被置于更高的地位，这意味着可以吸引更多的注意力，从而说服更高层次的决策者立即采取措施而非延迟处理。如过去一样，[17]运用极端暴力手段可被视为实现政治目标的一个步骤。

处于社会和政治转型的环境中，恐怖主义更容易在社会中获得发展。恐怖主义首先是一种刑事犯罪，它与社会和经济的转型密切关联。[18]经济发展和市场化及其造成的社会和经济变化可能会提升教育、消除贫困、改善交通 342
和通信，但是也可能滋生诸如社会混乱、经济分化和政治不平等等新型紧张状态。这些改变不仅能催生权利获得感，也能够引发强烈的权利剥夺感。[19]

恐怖主义与政治存在紧密的联系。最近的研究表明，与恐怖主义密切相关的不是贫穷而是政治转型。阿尔波特·阿拜迪（Abadie）和其他人的研究也表明“政治自由达到中等程度的国家，比起政治自由高度发达和高度集权的国家来说，更容易出现恐怖主义”[20]。这是因为，在独裁国家，由于制造了令人窒息的社会环境，在这里进行包括恐怖主义在内的任何形式的抗争，都是不可能的；在一个成熟的民主国家，它有强大的法律、丰富的资源以及制度能力去吸收、包容和消化社会冲突，这样恐怖袭击就没有必要。

在处于转型期的国家里，经济领域和其他社会领域存在利益分化，民众对不同利益的认识、统计和分配的宽容程度上存在差异。社会是多元化的，权利被接受的程度也是如此。在宗教信仰和宗教活动自由，以及在社会和经

---

〔16〕 Yongshun Cai, “Disruptive collective action in the reform era”, in Kevin J. O'Brien (ed.), *Popular Protest in China* (Cambridge, MA: Harvard University Press, 2008), ch. 8.

〔17〕 Ibid.

〔18〕 Louis I. Shelley, *Crime and Modernization: The Impact of Industrialization and Urbanization on Crime* (Carbondale, IL: Southern Illinois University Press, 1981).

〔19〕 See, e. g., C. Ronald Chester, “Perceived relative deprivation as a cause of property crime” (1976) 22 (1) *Crime & Delinquency* 17 – 30; Iain Walker and Heather J. Smith (eds.), *Relative Deprivation: Specification, Development, and Integration* (Cambridge University Press, 2002).

〔20〕 Alberto Abadie, “Poverty, political freedom, and the roots of terrorism” (2006) 96 (2) *The Economics of National Security* 51; Alan B. Krueger and David D. Laitin, “Kto Kogo?: A cross – country study of the origins and targets of terrorism”, *NBER Working Paper*, 11 November 2003, available at www. krueger. princeton. edu/terrorism3. pdf; Subhayu Bandyopadhyay and Javed Younas, “Poverty, political freedom, and the roots of terrorism: a reappraisal”, *Research Division of the Federal Reserve Bank of St. Louis Working Paper Series*, Working Paper 2009 – 023C (July 2010), available at research. stlouisfed. org/wp/2009/2009 – 023. pdf.

济的自由氛围中，包括迁徙自由、结社自由和表达自由等方面也应当考虑这种程度上的差异。[21] 例如，如果在刑事诉讼过程中强化权利保障，包括恐怖主义犯罪嫌疑人的权利，恐怖主义犯罪嫌疑人往往会利用他们的权利和自由去
343 实施恐怖主义活动。[22]这就是中国为什么直到20世纪80年代改革开放以前，一直没有出现带有政治性动机的暴力活动的原因。

四、边疆地区的威胁

中国的恐怖主义和民族分裂活动紧密关联，其中尤其以新疆维吾尔自治区最为特殊。民族分裂分子一直试图通过暴力犯罪来反抗中央政府的管辖。[23]

在20世纪80年代国家推行对外开放政策以后，西藏和新疆的民族分裂分子的暴力活动死灰复燃，暴乱分子与安全部队之间发生冲突，但是政府能够快速、严厉地予以应对，发生在西藏拉萨的暴力骚乱直接导致了1989年3月《戒严法》的实施。[24]内蒙古的民族分裂分子在1989年年末和1990年年初受到武警部队的打击。[25]在新疆，武警部队对暴力恐怖分子进行了频繁打击。[26]

在20世纪90年代中期，新疆频繁遭受恐怖袭击，这些袭击包括针对政府机关和军事设施、武器弹药库的攻击以及对警察和当地官员的暗杀。出人意料的是，这种攻击还处于较低的水平层次上，恐怖分子往往是和装备较好的警察进行较量。[27]尽管如此，中国政府称这些恐怖袭击的累积效应对动摇

〔21〕 Bandyopadhyay and Younas, "Poverty, political freedom, and the roots of terrorism",

〔22〕 Walter Enders and Todd Sandler, *The Political Economy of Terrorism* (Cambridge University Press, 2006).

〔23〕 Yitzhak Shichor, "Blow up: internal and external challenges of Uyghur separatism and Islamic radicalism to Chinese rule in Xinjiang" (2005) 32 (2) *Asian Affairs: An American Review* 119 - 36; Ronald David Schwartz, *Circle of Protest: Political Ritual in the Tibetan Uprising* 1987 - 92 (London: Hurst, 1994).

〔24〕 "1989: Tibet riots, martial law was imposed on Lhasa", *Renmin Wang* (*People's Daily*), 23 July 2009, available at news. qq. com/a/20090723/001567. htm.

〔25〕 Human Rights Watch, *Crackdown in Inner Mongolia* (July 1991), available at www. smhric. org/Hada/Alban_ 5. htm.

〔26〕 Wayne, "Inside China's war on terrorism".

〔27〕 Ibid.; Zheng Yongnian and Lim Tai Wei, "China's new battle with terrorism in Xinjiang", *EAI Background Brief No.* 446 (8 April 2009), available at www. eai. nus. edu. sg/BB446. pdf; Chien - Peng Chung, "Confronting terrorism and other evils in China: all quiet on the western front?" (2006) 4 (2) *China and Eurasia Forum Quarterly* 75 - 87; Shichor, "Blow up".

整个地区都产生了影响。按照官方的说法，自20世纪90年代至今，新疆大
约发生了2000起恐怖袭击，导致160人死亡，4040人受伤。[28]在2001年之 344
前，中国政府没有大规模公开恐怖袭击事件，但是在“9·11”事件以后，中国政府开始突出并且加强了对恐怖主义的报道。

在国内反恐前线，中国政府自20世纪90年代开始发起了严厉打击民族分裂势力的治理活动，用“铁拳”调整受影响的社会秩序。中国安全部队的标准反应就是针对特殊区域或者特定对象进行严厉打击。例如，1998年在新疆和田地区发现了大量的自制手榴弹，新疆维吾尔自治区党委决定在全区范围内开展一场针对恐怖活动的专项斗争。斗争结束以后，安全部队共逮捕境内外100多名恐怖主义犯罪嫌疑人，没收1000多枚自制手榴弹和100多件枪炮，摧毁10多个恐怖分子训练基地和51个武器制造窝点。[29]这场专项斗争使许多恐怖主义犯罪嫌疑人被拘留、逮捕、定罪并依法予以执行刑罚。

发生在中国领土上的这场斗争是可以理解的，它的目标就是要确保社会架构不被动摇。中国严厉镇压被视为严重威胁国家安全的“三股势力”，即恐怖主义、民族分裂主义和宗教极端主义。民族分裂主义是这三股势力中的终
极目标，宗教极端主义只是为之提供了一个文化基础，而恐怖主义则是实现 345
这一终极目标的工具。中国必然严厉、果断地打击“三股势力”。

任何关于恐怖主义的概念都显得较为模糊，与此相随的是，反恐斗争涉及了文化事务和宗教事务。在新疆，中国政府把宗教极端主义作为恐怖主义的诱因来对待，把极端宗教团体作为潜在的恐怖组织看待。[30]公安部的两名研究员提供了以下事实用来证明宗教狂热分子的增加：地下宗教学校和学生

---

〔28〕 Information Office of State Council, “‘East Turkistan’ terrorist forces cannot get away with impunity”, 21 January 2002, available at english. peopledaily. com. cn/200201/21/eng20020121_ 89078. shtml. For a critical assessment of the official claims, see James Millward, *Violent Separatism in Xinjiang: A Critical Assessment* (Washington, DC: East – West Centre, Policy Studies 6, 2004).

〔29〕 Chen Nan, “China counter – attacking ‘Eastern Turkistan’ for 17 years”, *Xinwen Shijie* (*News World*), available at qkzz. net/article/elc75eb5 – 03ee – 4ba0 – 96ec – e618c0a70797. htm.

〔30〕 For a discussion of the broad scope of “splittism” in the Tibetan context, see Emily Yeh, “Living together in Lhasa: ethnic relations, coercive amity, and subaltern cosmopolitanism”, in Shail Mayaram (ed.), *The Other Global City* (New York: Routledge, 2009), Chapter 3; Emily Yeh, “Tibetan indigeneity: translations, resemblances and uptake”, in Marisol de la Cadena and Orin Starn (eds.), *Indigenous Experience Today* (Oxford: Berg, 2007), 69 – 97; Emily Yeh, “Tibet and the problem of radical reductionism” (2009) 41 (5) *Antipode* 1004.

迅速增加，前往麦加朝圣盛行，以及宗教极端出版物泛滥。〔31〕

当然，中国政府的担忧存在充分的现实基础。例如，这些更为隐秘的地下宗教学校，可能被用来训练未来的分裂分子和恐怖分子；朝圣可能成为接受恐怖训练的借口；极端组织的出版物可能会煽动仇恨，鼓动公众支持民族分裂；中国西部边境上的跨境宗教交流可能伴随着恐怖组织资金和武器的渗透。

一般情况下，恐怖组织的组织者、领导者和参加者会被判处刑罚，而他们的追随者和同情者因与非法组织、非法出版物或者非法宗教活动有关而受到行政性处罚。〔32〕

考虑到新疆的地缘政治因素，中国政府加强了针对“三股势力”的区域和军事合作，上海合作组织（以下简称“上合组织”）就是成功的范例。2001 年 6 月 15 日，哈萨克斯坦共和国、吉尔吉斯斯坦共和国、俄罗斯、塔吉
346 克斯坦共和国、乌兹别克斯坦共和国和中国在上海成立“上合组织”，旨在加强各成员国在一些相关事务上的区域合作，密切区域关系，比如政治、贸易和经济、科学和技术、文化和教育、能源和环境保护。

增强本地区的共同利益是“上合组织”的重要目标。然而，之前这些成员国的边界问题也很突出，〔33〕但确保区域的和平与安全这个关键问题，是组建“上合组织”的基础。〔34〕这也是 1996 年在中国成立上海五国组织的最初目标，它是“上合组织”的前身，包括中国、俄罗斯、哈萨克斯坦、吉尔吉斯斯坦和塔吉克斯坦。上海五国组织第一次会议的议程就明确提出“在最终解决边界问题之前，在边界区域中提出安全、信赖、建设性的措施”〔35〕。

---

〔31〕 Shichor, “Blow up”.

〔32〕 Fu Hualing, “Counter – revolutionaries, subversives, and terrorists: China’s evolving national security law”, in Fu Hualing, Carole J. Petersen and Simon N. M. Young (eds.), *National Security and Fundamental Freedoms: Hong Kong’s Article* 23 *under Scrutiny* (Hong Kong University Press, 2005), Chapter 2; Shichor, “Blow up”, 126 – 9.

〔33〕 Qingguo Jia, “The success of the Shanghai Five: interests, norms and pragmatism”, available at www.comw.org/cmp/fulltext/0110jia.htm.

〔34〕 The goals of the SCO are set out in art. 1 of the Charter of the Shanghai Co – operation Organisation (SCO Charter).

〔35〕 关于上海合作组织的详情，参见 Jia, “The success of the Shanghai Five”, See also Michael Clarke, “China, Xinjiang and the internationalization of the Uyghur issue” (2010) 22 (2) *Global Change, Peace and Security* 213 – 29.

根据“上合组织”章程，确保区域和平与安全的目标是通过加强打击跨国犯罪（尤其是在非法毒品交易、非法武器交易和非法移民三大领域）和消灭恐怖主义、分裂主义和极端主义等领域的区域合作实现的。〔36〕为了高效应对恐怖主义问题，在“上合组织”内部设立了专门的区域反恐怖机构。〔37〕除了工作联络和交流、制定文件、收集和分析涉恐情报之外，区域反恐怖机构执行委员会的一项重要任务就是在打击恐怖主义、分裂主义和极端主义的过程中，应相关成员国的邀请，在准备和筹划反恐行动过程中，在各成员国之间准备、实施搜寻行动或者其他行动时互相提供协助。〔38〕

考虑到幅员辽阔的新疆地区是与“三股势力”相联系的跨境活动地，中 347
国政府借助“上合组织”为该地区提供能源、安全和政治稳定保障。通过“上合组织”成员国之间的合作和支持，中国能够有效控制“三股势力”，尤其是“东突厥斯坦伊斯兰运动”组织，切断“三股势力”来自中亚国家的境外支持，引渡分裂分子和恐怖分子回中国接受审判。考虑到“上合组织”成员国的民族、宗教状况，来自所在国政府的合作对于切断分裂分子和国外的联系以及对新疆地区民族分裂势力的支持是十分必要的。中国要求哈萨克斯坦、吉尔吉斯斯坦等中亚国家，开展打击“三股势力”的相关活动。〔39〕

中国政府对“9·11”事件作出了积极回应，并借助这个事件强调其所面临的恐怖主义威胁。〔40〕中国支持运用国际力量打击恐怖主义，同时与联合国和美国在反恐事务中进行合作并发挥建设性作用。〔41〕2002 年，中国成功地将

---

〔36〕 SCO Charter, art. 1.

〔37〕 SCO Charter, art. 10. The RCTS “operates in accordance with the SCO Charter, the Shanghai Convention on Combating Terrorism, Separatism and Extremism, the Agreement among the SCO member states on the Regional Anti – Terrorism Structure, as well as documents and decisions adopted in the SCO framework”: see “The Executive Committee of the Regional Counter – Terrorism Structure”, available at www. sectsco. org/EN/AntiTerrorism. asp.

〔38〕 “The Executive Committee of the Regional Counter – Terrorism Structure”.

〔39〕 Clarke, “China, Xinjiang and the internationalization of the Uyghur issue”.

〔40〕 Shichor, “Blow up”.

〔41〕 China's anti – terrorism position paper states that: “The fight against terrorism calls for protracted and concerted efforts of the international community. It is imperative to strengthen international cooperation at all levels and establish an international anti – terrorism mechanism under the auspices of the United Nations in accordance with the Charter of the United Nations”. See “China's position paper against international terrorism”, 25 September 2001, available at www. china – un. org/eng/chinanadun/securitycouncil/thematicissues/counterterrorism/t26910. htm.

"东突厥伊斯兰运动"组织列入了美国的恐怖组织名单，从而使新疆所面临的恐怖主义威胁获得国际承认，并就该地区打击"三股势力"开展国际合作获得了支持。

中国关于"三股势力"的国家政策正处于十字路口。中国政府也许已经创造了高度的经济繁荣，在民族宗教问题方面也创造了繁荣的文化和社会氛围。[42]在过去的20年里，中国政府已经完善了民族区域自治制度，并且已经做好了果断和迅速粉碎任何政治挑战迹象的准备。2008年发生在西藏以及2009年发生在新疆的暴动和骚乱，增加了中国政府对上述地区安全和易受攻击性的担忧，从而促使政府重新审视它的"铁拳"政策。

五、政权更替的威胁

在新中国建立以后，20世纪50年代初新生的人民政权面临着现实而紧迫的政权更替威胁。在镇压反革命运动以后，中国大陆的敌对势力被消除，在20世纪60年代至70年代，各种政治派别消失殆尽。随着从革命化向现代化的转变，当政府改变了它的优先发展方向，实施以改革为导向的对外开放政策以后，公开的政治异议在后革命时期再次出现。[43]在中国刑法规定了煽动性犯罪，1997年《刑法》修订以后，反革命宣传罪被废止，而为煽
349 动颠覆国家政权罪所代替，对相关犯罪的起诉也更具有策略性。同时，中国
350 政府对于一些异见和批评的言论更加宽容，尤其是对于一些社会地位不高的
团体。[44]

351 六、转型社会中的中国个体恐怖主义

忽略当代中国的社会、经济和政治转型的时代背景，孤立地研究中国的

---

〔42〕 Barry Sautman, "Ethnic law and minority rights in China: progress and constraints" (1999) 21 (3) *Law and Policy* 283 - 314; Barry Sautman, "Preferential policies for ethnic minorities in China: the case of Xinjiang" (1998) 4 (1-2) *Nationalism and Ethnic Policies* 88; Barry Sautman, "Is Tibet China's colony?: the claim of demographic catastrophe" (2001) 15 *Columbia Journal of Asian Law* 81 - 131.

〔43〕 Fu Hualing, "Sedition and political dissidence: towards legitimate dissent in China?" (1996) 26 *Hong Kong Law Journal* 210 - 33.

〔44〕 Fu, "Counter - revolutionaries, subversives, and terrorists".

政治暴力是危险的。“三股势力”和政权颠覆者出现的根本原因也许是历史性的，但也涉及当前的一些动态因素。上述群体的目标和他们想实现的战略意图在不断地发展改变，这反映出了国际环境、国内政治现实和他们声称所代表的群体诉求的变化。

除了中国边疆地区发生的恐怖主义活动之外，在内地出现了“个体恐怖 352
主义”现象，其中表现出明显的利益痕迹。当法律规定了公民应当享有的合法权利，但在实践中被忽略时，这种不满累积过度就会由个体表达出来，出现无意识的激进行为。最初，制度化的挫败感导致威胁性自杀的形式出现，
像建筑工人威胁从建筑物中跳下来一样。[45]当这些威胁不再有效时，他们开 353
始通过残害自己去表达道义诉求。例如张海超切开自己的肺去证明自己患有职业病，[46]上海出租车司机孙中杰切下自己的手指抗议警察罚款。[47]

当行为人意识到遭受自伤的痛苦不能实现他们的目标或者吸引注意时，
不满的公众就会去向政府或他人发泄愤怒。在中国，出现了不少在抗议中杀 354
害政府官员的案例，这些犯罪人也是某些政策和行为的受害者。例如，因抗议乙肝病毒携带者不能加入公务员的政策，周一超杀死了人力资源干部；[48]北京街头小贩崔英杰杀死了一位城管人员；[49]杨佳在上海的一家派出所杀死了 6 名警察。[50]最近，还有群体开始针对法官实施严重伤害行为，甚至造成

〔45〕 See, e. g. , “A society that pressurizes migrant workers”, *Radio Free Asia*, 24 January 2003, available at www. rfa. org/cantonese/commentaries/97553 – 20030124. html.

〔46〕 See, e. g. , “Zhang Haichao has his chest opened for lung check up: a humiliation for the grassroots people who defend their rights after getting occupational disease”, *Yanzhao Dushi Bao* (*Yanzhao Metropolitan News*), 15 July 2009, available at www. clb. org. hk/chi/node/1300988.

〔47〕 See, e. g. , “Shanghai Pudong made an open apology in the ‘Sun Zhongjie Incident’”, *Jingji Guancha Wang* (*Economic Observer News*), 26 October 2009, available at www. eeo. com. cn/Politics/by_ region/2009/10/26/153890. shtml.

〔48〕 See, e. g. , “The case of stabbing a civil servant to death by a student of Zhejiang University: Zhou Yichao was executed by lethal injection”, *Xinhua wang* (*Xinhua News Agency*), 3 March 2004, available at news. xinhuanet. com/legal2004 – 03/03/content_ 1343729. htm.

〔49〕 See, e. g. , Li Boyu, “Looking back on the incident of Cui Yingjie” (2007) 19 *Renmin Gongan* (*People's Police*) 13.

〔50〕 See, e. g. , “Reflection on the case in which the Shanghai police were attacked: why do so many people acclaim Yang Jia as ‘hero’”, *Renmin Wang* (*People's Daily*), 17 July 2008, available at society. people. com. cn/BIG5/42733/7521817/html.

了他们死亡。〔51〕一些饱受挫折的犯罪分子甚至开始大规模杀害幼儿园的孩子——这些最脆弱的人。〔52〕

这种类型的个体暴力和它的危险性并没有引起社会公众应有的注意。他们被作为孤立的个体犯罪来对待，就像一般的刑事犯罪一样。但是新型的“个体恐怖主义”在三层意义上给我们发出了警报：

第一，此类犯罪大多是针对政府官员或者对政策发泄不满，从这个意义上说，它的动机都具有明确的政治性。最直接的不满和需求限制了个体的利益，但是这些更多地关系到公共政策问题，比如对乙肝病毒携带者的歧视政策不满，或是曾经受到强力部门处理等。

第二，虽然所有这些案件都是孤立的，没有任何的组织性，但是“个体
355 恐怖主义”行为具有感染性，在短时间内会很快地蔓延到其他地区。杀害许多幼儿园儿童的严重案件和2010年直接攻击法官的案件清晰地表明了一些个人非常急迫、渴望使用极端暴力来制造政治影响。

第三，即便这些行凶者是针对最为弱势的社会成员，但是有人会认为他们是针对政府的绝望可怜之举。正是如此，这些行凶者甚至会得到部分公众的同情和支持，并且为这种暴力行为的蔓延提供正当理由。即便在杀害许多幼儿园儿童的案件中，针对犯罪人的部分民意是他们应该选择更“合适”的目标，如有人声称“懦夫，你应该去杀死贪官”〔53〕。

“三股势力”在中国已经存在了数十年，中国有能力有效控制它的发展。

---

〔51〕 See, e. g. , “Six judges in Guangxi Wuzhou were splashed with sulfuric acid, the President of the Court suffers grievous injury”, *Zhongguo Guangbo Wang* (*China Broadcasting Net*), 8 June 2010, available at www. hkcd. com. hk/content/2010 - 06/08/content_ 2537183. htm; “Aggrieved by the court's unfair judgment, a man in Yongzhou of Hunan shot three judges to death before committing suicide”, *Zhongguo Xinwen Wang* (*China News*), 1 June 2010, available at www. chinanews. com. cn/sh/news/2010/06 - 01/2317026. shtml.

〔52〕 See, e. g. , “Suspect of Fujian Nanping murder case confessed that he originally planned to kill 30 children”, *Yangzi Wanbao* (*Yangzi Daily*), 26 March 2010, available at news. xinhuanet. com/legal/2010 - 03/26/content_ 13238218. htm; “The society pays a heavy price for each case of school homicide”, *Hong Wang* (*Red Net*), 29 April 2010, available at www. chinadaily. com. cn/hqpl/zggc/2010 - 04 - 29/content_ 235726. html.

〔53〕 See, e. g. , “People who killed corrupted officials are heroes; people who killed children are cowards”, *Shijie Xinwen Wang* (*World Journal*), 2 May 2010, available at www. world - journal. com; “How to protect our children?”, *Zhongguo Pinglun Yuekan* (*China Review*), 16 May 2010, available at www. cn - rn. com/crn - webapp/mag/docDetail. jsp? coluid = 27&docid = 101323890&page = 3.

但是现在，中国必须面对上述的新型恐怖主义，它也许辨识和控制起来更加困难。

七、结论

中国仍然是一个面临政治稳定挑战的国家，也是一个面临着国家统一挑战的多民族国家。在过去的 30 年里，中国经历了巨大的社会和经济转型，挑战政权和边界的传统威胁随着 20 世纪 80 年代的改革开放政策卷土重来。社会和经济改革以及公众日益增强的心理预期，滋生了国内新的恐怖主义，一些人决定通过暴力或者其他方式实现政权更替或者边界变更。

中国面对不同层面的“高层次威胁”，包括要求政权更替的力量、寻求边界改变的力量。前者来自于政治团体和宗教异见人士，后者包括中国西部以西藏和新疆为基础的民族分裂势力。这两股力量在主要的政治需求、地缘政治基础及其带来的威胁层次上都泾渭分明。

中国能够快速、严厉和广泛地应对“高层次威胁”，也能够在直接应对 356
“高层次威胁”以及这些威胁所依赖的更间接、广泛的社会经济问题的过程中选择修改它的战略、战术。当涉及“高层次威胁”的时候，中国政府很强硬，也很坚决。在控制和消除这些威胁的过程中，中国政府的反制措施很大程度上被看作是高效和成功的。2008 年发生在西藏以及 2009 年发生在新疆的暴动和骚乱，显示了这一高危区域的问题日益严峻。这就给中国共产党提出了新的要求，即重新思考在民族地区的治理策略。

然而，恐怖袭击并不会被限制在政权更替和领土变更的问题上。社会和经济转型增加了公众的预期和抱负，也滋生了新的冲突。国家机关需要增强其能力去控制、解决这些社会冲突。如果制度性救济措施未能满足这些愤愤不平的人的需要，他们中的一些人可能就会采取极端措施，并简单地诉诸极端暴力去作出政治声明。因而，中国政府需要更加重视新出现的“低层次威胁”，这种威胁虽以政治动机的形式出现，但却属于个人主义的暴力。

第15章

中国香港地区的安全立法

西蒙·N.M. 扬*

357 一、引言

2001年后的10年间，香港幸运地避开了针对其本土的恐怖袭击或者其他安全威胁，然而，这并不是因为其通过了新的安全法律。确实，香港只是在2011年1月1日通过法律以贯彻（随后修订）联合国关于打击恐怖主义和涉恐融资的决议。[1]2003年，香港试图根据《中华人民共和国香港特别行政区基本法》（以下简称《基本法》）第23条进行安全立法，但是没有获得通过。表面上看，在后“9·11”时代保证香港的和平与稳定似乎并不需要新的法律。但是，香港是一个位于亚洲的人口超过700万的国际金融中心，与中国大陆联系日趋紧密，很显然需要制定一部有效的法律去防范和制止安全威胁，更不用说与国际责任和标准接轨的重要性。然而，“9·11”事件之后香港的所作所为已经表明，它还没有一项有效的安全立法战略。

本章旨在阐明香港在安全立法过程中所面临的困难和挑战。关于反恐和安全事务方面，香港政府的做法在很多方面都被误导了。例如，政府在选择改革时没有去咨询公众的意见；在磋商过程中选择了防御态势；在最后关头

---

* 香港大学法学院副教授。

〔1〕 See United Nations (Anti - Terrorism Measures) Ordinance (Commencement) Notice 2010, L. N. 133 of 2010; United Nations (Anti - Terrorism Measures) (Amendment) Ordinance 2004 (Commencement) Notice 2010, L. N. 134 of 2010.

为了平息纷争而作出了重大妥协。事实上，从香港宪法框架中可以找出这些
问题的痕迹。按照《基本法》规定，香港具有高度的自治权，中国中央政府 358
行使其外交事务权和防卫权。由于安全问题必然涉及外交事务和国防力量，那么香港政府必须在《基本法》规定的自治权限内采取各种安全措施。[2]目前，香港政府在安全立法过程中之所以存在挫折，在很大程度上是因为其在与公众磋商的过程中，没有形成一个关于“安全”的基本概念。本章也会对新型、有效的立法战略进行研讨。

二、香港安全立法的过程

（一）“9·11”事件之前的安全机制

在港英殖民时期，经英国批准以后，关于恐怖主义的 7 部国际条约可以适用于香港。[3]殖民政府可以依次执行这些条约，[4]从来不会考虑将在英国执行的反恐法适用于香港是否必要。

自 1997 年中国收回香港主权以后，除非根据《基本法》可以继续履行有
关国际条约，否则香港政府将终止依照国际条约所承担的责任。上述宪法性 359
依据和“中国政府所承担的履约义务不会自动适用香港”之规定是相似的，但是中央人民政府在审查了香港政府的请求以后，可以作出单独决定[5]。出于对香港高度自治权的尊重，《基本法》规定对于香港回归之前履行的国际

---

〔2〕 1990 年 4 月 4 日中国第七届全国人大三次会议上通过《中华人民共和国香港特别行政区基本法》。

〔3〕 See Convention on the Prevention and Punishment of Crimes Against Internationally Protected Persons, including Diplomatic Agents (1973), extended on 2 May 1979; International Convention Against the Taking of Hostages (1979), extended on 22 December 1982; Convention on Offences and Certain Other Acts Committed on Board Aircraft (1963), extended on 4 December 1969; Convention for the Suppression of Unlawful Seizure of Aircraft (1970), extended on 22 December 1971, effective 21 January 1972; Convention for the Suppression of Unlawful Acts against the Safety of Civil Aviation (1971), extended on 25 October 1973; Protocol for the Suppression of Unlawful Acts of Violence at Airports Serving International Civil Aviation (1988), extended on 21 May 1997; Convention on the Marking of Plastic Explosives for the Purpose of Detection (1991), extended on 28 April 1997.

〔4〕 See Internationally Protected Persons and Taking of Hostages Ordinance (Cap 468), originally Ord. No. 20 of 1995; Fugitives Offenders (Internationally Protected Persons and Hostages) Order (Cap 503H), originally L. N. 205 of 1997; Aviation Security Ordinance (Cap 494), originally L. N. 52 of 1996; Fugitive Offenders (Safety of Civil Aviation) Order (Cap 503G), originally L. N. 204 of 1997; Crimes Ordinance (Cap 200), Part VIIA, originally Crimes (Amendment) Ordinance 1994, Ord. No. 52 of 1994.

〔5〕 Basic Law, art. 153.

义务将会继续有效，即便中国不是这些条约的缔约国。[6]1997年之后，上述7部反恐国际公约和相关执行法律在香港继续有效。[7]

根据《联合国宪章》第7章之规定，香港将会贯彻联合国安理会决议中的反恐措施。1997年7月16日，香港临时立法会批准了《联合国制裁条例》(UNSO)，该条例授予特首实施《联合国宪章》第7章之制裁权力。[8]该权力的实施有两个前提条件：一是必须获得中央人民政府批准执行制裁的命令，[9]因其属于外交事务，这和《基本法》的规定是一致的。[10]二是制裁必须是“联合国安理会决定的制裁措施，且必须在中华人民共和国以外的地方实施”[11]。对于行政长官来说，满足了这些条件才能行使上述制裁权力。[12]奇怪的是，与其他的附属性立法不同，行政长官根据该权力作出的决
360 定，并不需要接受香港特别行政区立法会的详细审查。[13]正如下文将要讨论的，在2002年为应对“9·11”事件而颁布法律的过程中，这些条件特别是第二个条件的局限性受到立法会议员的严厉批评。

根据《联合国制裁条例》的授权，香港制定了《联合国制裁（阿富汗）条例》(UNSAR)，以贯彻联合国安理会于1999年10月15日作出的第1267号决议，针对阿富汗“塔利班”政权实施经济制裁。[14]该条例首次根据第1267号决议建立的委员会之认定名单，在《香港公报》上列出了与“塔利班”有关的个人、组织和财产。2000年12月19日，联合国安理会将上述制裁扩大至针对“塔利班”政权的武器禁令，并且针对本·拉登和“基地”组

---

〔6〕 Ibid.

〔7〕 中国当时签署了除了《关于注标塑性炸药以便探测的公约》(1991)之外的所有文书。《制止恐怖主义爆炸公约》(1997)及《制止资助恐怖主义国际公约》(2001)分别于2001年11月13日和2006年5月19日在香港施行。

〔8〕《联合国制裁条例》原本是1997年第125号法规，于1997年7月18日开始施行。1997年7月1日之前，英国立法下的理事会法令（如1946年《联合国法》）将第7章的制裁办法扩展到英国殖民地。这些理事会法令先由理事会制定，再呈至英国议会，一旦发表在香港公报上即产生法律效力。

〔9〕 UNSO, s. 2 (2).

〔10〕 Basic Law, art. 13.

〔11〕 UNSO, s. 2 (1).

〔12〕 Ibid., s. 3 (1) 规定：“行政区长官可以作出决定使得相关措施生效”。

〔13〕 通常情况下，根据《解释和总体条款规定》(1966年第31号规定）第34、35条，附属立法应当分别受到积极和消极的审查，但《联合国制裁条例》免除了上述义务。

〔14〕《联合国制裁（阿富汗）条例》(Cap 537K)，原为L. N. 229 of 2000，在2000年6月15日左右生效。参见本书第2章C. H. 鲍威尔文。

织进行制裁。随后，香港也相应地扩大了制裁范围。[15]

总体上，香港在“9·11”事件之前针对恐怖主义的制裁措施是非常有限的，主要针对特定类型的恐怖主义活动和对象。香港当时没有将恐怖组织或者恐怖主义活动规定为刑事犯罪的整体立法；没有关于恐怖组织或恐怖主义活动的概念；没有将资助恐怖主义规定为犯罪。对于实践中出现的恐怖主义活动，只能按照普通刑法来处理。[16]《香港公报》上的人员名单被限定为本·拉登、“塔利班”以及“基地”组织成员。同时，香港直到 2001 年 9 月之后才开始采取制止资助恐怖主义的措施。

（二）“9·11”事件的法律应对（第 1 部分） 361

1. 两阶段之执行策略

联合国安理会首次依照《联合国宪章》第 7 章之规定回应“9·11”事件，标志就是 2001 年 9 月 28 日作出的第 1373 号决议。该决议要求所有国家采取措施制止资助恐怖主义，并且切断所有支持恐怖分子和恐怖组织的资金来源。2002 年 1 月 16 日，安理会再次依照《联合国宪章》第 7 章通过了第 1390 号决议，针对本·拉登、“基地”组织和“塔利班”以及他们控制的所有实体和公司加大制裁力度。[17]

在“9·11”事件之后，香港并不能迅速作出回应并制定新的反恐法律。因为这些事项涉及“外交事务”，除非获得来自中央政府的命令，否则香港不能自主制定相关法律。据报道，香港于 2001 年 10 月得到了中央政府的指示。[18] 2001 年 11 月底，保安局向立法会联席会议提交了一份文件，这次联席会议由香港司法及法律事务委员会和反恐怖主义安全委员会共同出席。[19]过程中，

---

〔15〕 See United Nations Sanctions (Afghanistan) (Arms Embargoes) Regulation, L. N. 211 of 2001, which came into effect on or about 11 October 2001 and expired on 18 January 2002.

〔16〕 例如：谋杀，绑架，造成财产损害的犯罪行为，可能造成危害的爆炸行为等。

〔17〕 联合国安理会于 2005 年 9 月 14 日作出的第 1624 号决议对于呼吁各国严禁恐怖主义活动也有重要意义。相关决议和条约可参见安理会反恐怖主义委员会网站，www. un. org/en/sc/ctc/resources/res - sc. html.

〔18〕 Security Bureau, “[LegCo] Brief: [the Bill]”, SBCR 2/16/1476/74, 10 April 2002, para. 2 (LegCo Brief) . This document and others from the Security Bureau of LegCo Secretariat are available at www. legco. gov. hk.

〔19〕 See Security Bureau, “Measures to combat terrorism”, LC Paper No. CB (2) 490/01 - 02 (01) for Joint Meeting of the Panels on Administration of Justice and Legal Services, Financial Affairs and Security, 30 November 2001.

委员会就以立法形式回应“9·11”事件的可能性进行了内部讨论。〔20〕由于第1373号决议是依据《联合国宪章》第7章制定的，有人可能会认为应该根据《联合国制裁条例》予以执行。然而，由于该决议针对世界上任何地方的
362 恐怖主义活动，不符合条例授权的第二个前提条件——“必须在中华人民共和国以外的地方实施”〔21〕，因此无法根据上述规定予以执行，这决定了香港只能按照普通法律实施安理会的制裁措施。无论香港政府是否作此打算，这都是一个积极的行动，因为运用《联合国制裁条例》的执行权会在立法过程中绕过公众的审核和检查。然而，正如下文所言，《联合国制裁条例》并非完全不能适用，因为它也被用来执行第1390号决议。

在2001年11月份的联席会议上，时任保安局局长的叶刘淑仪女士提出了制定法律的“两阶段之执行策略”〔22〕。在第一个阶段，香港将于2002年2月末通过新法以履行第1373号决议的“本质要素”〔23〕，这些要素包括切断对恐怖主义进行资金和物质支持以及冻结涉恐财产。〔24〕同时，该阶段将会履行反洗钱金融行动特别工作组特别建议中的第2、3、4项特别建议，〔25〕这些建议和第1373号决议的要求相吻合，包括没收恐怖组织财产以及报告与恐怖主义有关的可疑交易。〔26〕在第二阶段，香港将会履行第1373号决议和其他国际反恐公约中不是特别紧急的“非强制性要素”，并且充分贯彻反洗钱金融行动特别工作组的特别建议。〔27〕

香港政府原本打算在2002年2月末推进这项立法，但是直到2002年4月

〔20〕 See LegCo Secretariat, “Minutes of joint meeting held on Friday, 30 November 2001 at 10: 45 am in the Chamber of the [LegCo] Building”, LC Paper No. CB (2) 916/01 - 02 for LegCo Panels on Security and Administation of Justice and Legal Services, 8 January 2002 (Minutes of Joint Meeting).

〔21〕 UNSO, s. 2 (1). 律政司长在联合会议上承认了此问题，并发表声明，大意是将会对《联合国制裁条例》作出修订，以施行联合国安理会第1373号决议。

〔22〕 Minutes of Joint Meeting, [3].

〔23〕 Ibid., [3], [9].

〔24〕 提及的段落：联合国安理会第1373号决议1 (a)-(d), 2 (a)。参见LegCo Brief, [4].

〔25〕 Ibid.

〔26〕 2001年10月28日至30日，反洗钱金融行动工作组就恐怖主义财政问题召开了全体特别会议，讨论出8项特别建议。参见反洗钱金融行动工作组网页：www. fatf - gafi. org/. 香港于1990年加入反洗钱金融行动工作组，于2001年至2002年担任轮值主席。

〔27〕 LegCo Brief, [4].

17 日，才在立法会首次审议《联合国（反恐怖主义措施）法》草案。[28]表面看来，拟定这部法案花费了比预期更多的时间，[29]但不幸的是，其结果只 363
是推迟了立法会议员们提出批评的时间和公众们审查这部法案的时间。政府打算在 2002 年 6 月通过这部法律，而时间安排如此紧急，共有三个方面的理由：[30]第一，反洗钱金融行动特别工作组为每个国家或地区执行针对恐怖主义资产的特别建议设定的最后期限是 2002 年 6 月。如果到时候没有遵从这一要求，就会导致成员国的反制措施。在此期间，香港担任反洗钱金融行动特别工作组的主席职位，如果不能在最后期限履行这一要求，将是非常尴尬的事情，同时也会对其他国家和地区产生负面示范效应。[31]

第二，中国中央政府已经在 2001 年 12 月 22 日，向联合国安理会反恐怖主义委员会（按照第 1373 号决议成立）报告香港会很快制定法律履行第 1373 号决议。[32]委员会已经公开对此作出评论，要求在 2002 年 6 月 24 日之前以附录报告的形式进行反馈。[33]如果截止到 2002 年 6 月，中央政府不能就香港已经采取的具体措施答复委员会，那么对于中国来说是非常尴尬的事情。中国以信件的形式提交了一份落款时间为 2002 年 7 月 17 日的附录报告，5 天后，这部法案在立法会获得通过。[34]

第三，2001 年 12 月末，中国中央政府制定了新的刑法修正案以贯彻联合

---

〔28〕《联合国（反恐怖主义措施）法》草案于 2002 年 4 月 12 日刊登于政府公报。See the Government of the HKSAR Gazette website at www. gld. hk/cgi – bin/gld/egazette/index. cgi? lang = e&agree = 0.

〔29〕 See reply of Secretary for Security in LegCo Secretariat, "Minutes of special meeting held on Tuesday, 5 February 2002 at 8: 30 am in the Chamber of the [LegCo] Building", LC Paper No. CB (2) 1478/01 – 02 for LegCo Panel on Security, 25 March 2002, [30].

〔30〕 又见本书第 7 章安德鲁·林奇文，关于进行"紧急"反恐立法问题的研讨。

〔31〕 保安局将这个结果描述为，对香港来说是"冒着严重的声誉风险，因为反洗钱金融行动工作组可能会公布与某些特别建议不相符的权限"。保安局还表示，这可能"对香港特别行政区不利，尤其是香港作为反洗钱金融行动工作组的领导角色"。See "[the Bill]", Paper No. CB (2) 1930/01 – 02 (03) for the Bills Committee on [the Bill], 17 May 2002.

〔32〕 Jeremy Greenstock, "Letter dated 27 December 2001 from the Chairman of the [CTC] addressed to the President of the Security Council", UN Doc. S/2001/1270/Annex.

〔33〕 Jeremy Greenstock, "Letter dated 10 April 2002 from the Chairman of the [CTC] addressed to the President of the Security Council", UN Doc. S/2002/399.

〔34〕 Jeremy Greenstock, "Letter dated 31 July 2002 from the Chairman of the [CTC] addressed to the President of the Security Council", UN Doc. S/2002/884, Annex.

364 国安理会第1373号决议。[35]正是上述三个方面的原因给香港立法会造成了压力，使后者必须在2002年夏季休会之前通过这部法案。[36]下文将对此进行详细分析。

2.《联合国（反恐怖主义措施）条例》

（1）立法过程。毫无疑问，在不到3个月的剩余时间里通过这部法案的压力会导致立法疏漏。事实上，自2003年5月开始，香港在反恐立法的第二阶段开始纠正《联合国（反恐怖主义措施）条例》（UNATMO）的缺陷。[37]具体而言，法案委员会一读时间是2002年5月17日，尽管委员会在2002年7月12日法案通过之前召开了15次会议，但最后12次会议是在24天的时间里召开的，几乎平均每天召开一次会议。此外，公众未能广泛地参与立法讨论，虽然各种公益团体、媒体和商业协会、法律院校和法律专业组织应邀提出书面意见，但只有两次会议邀请相关团体和个人提出口头意见。[38]

在立法过程中，人们普遍批评香港政府没有留够充分的时间让公众审查法案的初稿，以提出许多修订的建议。例如，香港大律师公会（Hong Kong Bar Association）提出的书面意见认为，公众缺乏充分的时间来审视该法案，而此时香港制定任何反恐法律并不具有紧迫性。[39]从2002年6月17日第7
365 次会议开始，香港政府提出了一系列“委员会修正案”，但这种立法方式显得

---

〔35〕 See the Government of China's supplementary report in the Annex to Jeremy Greenstock, "Letter dated 4 January 2002 from the Chairman of the [CTC] addressed to the President of the Security Council", UN Doc. S/2001/1270/Add. 1.

〔36〕 由于这些措施从未出现过，所以中国中央政府是否对其施加执行期限或日程的影响并不清楚。

〔37〕 United Nations (Anti - Terrorism Measures) Ordinance (Cap 575), originally Ord. No. 27 of 2002 (UNATMO). Only certain provisions brought into operation on 23 August 2002, see L. N. 137 of 2002, and on 7 January 2005, see L. N. 172 of 2004.

〔38〕 See LegCo Secretariat, "Minutes of the second meeting held on Monday, 3 June 2002 at 8: 30 am in the Chamber of the [LegCo] Building", LC Paper No. CB (2) 2323/01 - 02 for Bills Committee on the Bill, 17 June 2002, and LegCo Secretariat, "Minutes of the 10th meeting held on Tuesday, 25 June 2002 at 8: 30 am in Conference Room A of the [LegCo] Building", LC Paper No. CB (2) 2880/01 - 02 for Bills Committee on the Bill, 7 October 2002.

〔39〕 See Hong Kong Bar Association, "Submission on the [Bill]", LC Paper No. CB (2) 2548/01 - 02 (01) for the Bills Committee on the Bill, 9 July 2002, para. 5. To the same effect, see submissions of JUSTICE in "[the Bill]: Main Points and Suggested Draft Amendments", LC Paper No. CB (2) 2390/01 - 02 (01) for the Bills Committee on the Bill, June 2002, p. 1.

很混乱，评论者也没有被告知修改法律的真正原因。〔40〕如果政府仅仅按照自身的设想对法案作出仓促修改，势必会挫伤公众参与立法的积极性。〔41〕

2002 年 6 月 24 日，法案委员会举行第 9 次会议。在这次会议上，香港政府提出要在同年 7 月 10 日进行法案二读，〔42〕即便大家都很清楚委员会的工作还没有完成，委员会成员们也反对这样的提议，但还是进行了二读，〔43〕这再次加剧了委员会里本已经紧张的氛围。3 天后，法案委员会在没有任何反对的情况下通过了法案，只是对二读过于匆忙表达了深深的遗憾。〔44〕

法案规定的恐怖主义招募罪引发了较大争议，表明了这部法案本身存在的不足，这正是因为立法过于匆忙、考虑不周造成的。〔45〕例如，该法草案最初规定行为人“成为其成员，或者以任何方式服务于被认定的个人”〔46〕。上述罪状的表述过于宽泛，以至于包括了特定人员的家庭成员和任何向他提供服务的人员，包括他（她）的法律顾问或者像洗衣快递员等其他根本就没有危险的人员；由于上述罪状没有规定犯罪意图，因此在适用中存在不确定性。香港政府承认法案存在上述问题，并计划在委员会修正阶段提出这些问题。〔47〕但 366
在委员会会议时发生了一件尴尬的事情：由于午餐休会的原因，导致支持政府修改法案的立法议员没有达到足够的人数。〔48〕立法会吴霭仪议员提交了一份旨在限制上述条款的修正案，但最后也未获得通过。等到离席的立法议员

---

〔40〕 See generally Simon Young, “Hong Kong ’s anti – terrorism measures under fire”, Occasional Paper No. 7 (Hong Kong: Center for Comparative and Public Law, 2003), pp. 8 – 10, available at www. hku. hk/ccpl.

〔41〕 See e. g. , speech by legislator Audrey Eu in *Official Record of Proceedings of the Legislative Council of the Hong Kong Special Administrative Region* (HK Hansard), 11 July 2002, 8863 – 4.

〔42〕 立法者质疑这是否违背立法会的流程规定，规定要求与内务委员会主席商讨之后才能作出有效力的通知。

〔43〕 Ibid., [99].

〔44〕 See LegCo Secretariat, “Minutes of the 11th meeting held on Thursday, 27 June 2002 at 8: 30 am in Conference Room A of the [LegCo] Building”, LC Paper No. CB (2) 2881/01 – 02 for the Bills Committee on the Bill, 7 October 2002 [2].

〔45〕 See Ambrose Leung, Angela Li and Alyssa Lau, “Embarrassing hiccup for terror bill”, *South China Morning Post*, 12 July 2002.

〔46〕 Anti – Terrorism Measures Bill, cl. 9 (1) (b).

〔47〕 LegCo Secretariat, “Report of the Bills Committee on [the Bill]”, LC Paper No. CB (2) 2401/01 – 02 for House Committee meeting on 28 June 2002, 28 June 2002 [44].

〔48〕 See HK Hansard, 11 July 2002, 8990 – 9004; Leung, Li and Lau, “Embarrassing hiccup for terror bill”.

返回后，政府的支持者除了接受政府也认为错误的最初草案，已经没有其他选择。上述法案存在另一个明显的问题是，它只提到了由行政长官认定的恐怖分子，而忽视了由法院认定的恐怖分子，后者是“委员会修正案”增加规定的第二种形式。〔49〕随后，政府声明这一条款不会被付诸实践，直到立法的第二阶段对其进行修正。〔50〕

（2）立法主旨。在提出建议的过程中，香港政府声明其采用“最低限度”的方式来履行联合国安理会第 1373 号决议，〔51〕这在某种程度上成为事实。法案相当短，只有 19 条和 3 章，在公报中只有 22 页。除了一个方面之外，上述建议符合第 1373 号决议和反洗钱金融行动特别工作组特别建议的目标和目的。香港没有涉及充满争议的羁押权或影响公正审判权利的规定，而
367 这些在美国、加拿大等国都进行了规定。〔52〕然而，建议草案经常使用一些缺乏有效保障和明确限制的宽泛概念，而这些概念看起来会对公民权利造成较大影响。

对上述建议最紧迫的担忧就是它存在一种风险，即新的反恐法可能会被用于边缘化的团体，或是中央政府认定的恐怖组织或敌对组织。〔53〕在反恐法中，是否存在上述可能性取决于“恐怖主义行为”的概念，因为“恐怖分子”、“恐怖组织”或者“恐怖主义资产”的概念都是以其概念为基础的。下面将通过叠加修改的方式，结合法案终稿和原始稿的概念加以说明：

“恐怖主义行为：

---

〔49〕 See UNATMO, s. 10.

〔50〕 Legal Services Division, “Legal Service Division Report on Subsidiary Legislation Gazetted on 23 August 2002”, which is Annex III to LegCo Secretariat, “Paper for the House Committee Meeting on 4 October 2002”, LC Paper No. LS 131/01 – 02 for House Committee, 2 October 2002.

〔51〕 Security Bureau, “Legislative Proposals to Implement Anti – terrorism Measures under United Nations Security Council Resolution (UNSCR) 1373”, LC Paper No. CB (2) 1021/01 – 02 (01) for LegCo Panel on Security, January 2002, [5].

〔52〕 See, Kent Roach, “Canada's response to terrorism”, inVictor V. Ramraj, Michael Hor and Kent Roach (eds.), *Global Anti Terrorism Law and Policy* (Cambridge University Press, 2005); Helen Fenwick and Gavin Phillipson “Legislative over – breadth, democratic failure and the judicial response: fundamental rights and the UK's anti – terrorist legal policy”, in Ramraj, Hor and Roach, *Global Anti – Terrorism Law and Policy*; William C. Banks, “United States responses to September 11” in Ramraj, Hor and Roach, *Global Anti – Terrorism Law and Policy*.

〔53〕 Minutes of Joint Meeting, para 6 (b).

1. 根据第 2 款规定，是指实施下列行为或以此相威胁：

（1）行为（包括威胁行为）：

A. 采取针对个人的严重暴力；

B. 造成严重的破坏财产行为；

C. 实施了使他人生命陷入危险的行为；

D. 给公众或者部分公众的安全和健康造成严重危险；

E. 意图严重干扰或者严重扰乱电子系统，或者

F. 意图严重干扰或者严重扰乱必需的服务、基础设施或者系统，无论是公共的还是私人的；以及

（2）实施或威胁是：

A. 意图强迫政府或者胁迫公众或者部分公众；以及

B. 为了实现政治、宗教或者意识形态目的。

2. 至于第 1 款第 1 项中的 D、E、F 三目，不包括支持、抗议、异议或者劳工行动过程中实施行为或以此相威胁。”[54]

正如修正案所指出的，“恐怖主义行为”的原始概念使用了不严谨的语言，包括“涉及”、“决意”等，这和刑法的规定并不一样。立法议员也认为对于合法的抗议和异议的免责条款必须扩大到非直接暴力形式的恐怖主义。[55]
尽管对原始概念作出了一些改进，但是政府和立法议员仍然没能就一个问题 368
达成共识——作为一位法案和立法过程的主要批评者，吴霭仪委员认为恐怖主义行为的概念不应当包括威胁行为。[56]论者认为，该概念会不合理地扩大“恐怖主义行为”的范围，因为它会使仅仅具有恶作剧性质的行为也被包括在内。[57]事实上，威胁和其他刚开始实施的危害行为已经被包含在“恐怖主义”概念之内。例如，“行为人实施或者意图实施恐怖主义行为，或者参与、帮助实施恐怖主义行为”。[58]然而，保安局局长坚持应当规定“威胁”内容，

---

〔54〕 See Anti – Terrorism Measures Bill, cl. 2 (1); UNATMO, S. 2 (1).

〔55〕 LegCo Secretariat, “Report of the Bills Committee on [the Bill]”, LC Paper No. CB (2) 2537/01 – 02 for House Committee, 9 July 2002, [12] – [17] (UNATMO Report).

〔56〕 HK Hansard, 11 July 2002, 8916 – 18.

〔57〕 Ibid.

〔58〕 UNATMO, S. 2 (1).

主要是因为其他国家也作了类似的规定，并且以实施恐怖主义行为相威胁必然会导致公众恐慌。〔59〕

原始稿中建议的认定制度加剧了公众担忧，即它可能被滥用于针对特定团体。建议稿授予行政长官以特殊权力，可以在有正当理由的时候把特定人和财产认定为“恐怖分子”、“恐怖分子同伙”或者“恐怖主义资产”。〔60〕一旦某个人或者某项财产被认定并且在公报上公告，如果缺少相反证据，该人或者财产就会被推定为“恐怖分子”、“恐怖分子同伙”或者“恐怖主义资产”。被认定的对象只能在初审法院对认定结果提出质疑。在缺少司法授权前置的情况下，行政长官的上述认定权力很可能出现滥用的情况。

为了提高其公信力，政府接受了这些批评并引入一系列的保障措施对认定机制进行完善。〔61〕尽管香港保留了行政长官的认定权，但限制其只能对已被联合国制裁委员会认定的特定人和财产行使上述权力。〔62〕如果想要对其他人员或者财产进行认定，就必须由行政长官向初审法院提出申请。〔63〕通过审查和上诉的方式，还可以对第二种形式的认定进行更多的司法审查。〔64〕另外一项保障措施就是对被错误认定的人员进行赔偿。〔65〕但是，向法院请求获得赔偿的最低前提条件是，法院认为“任何人员在被认定的过程中存在严重
369 错误”〔66〕。对于批评这部法案的立法议员和评论者来说，这个入门条件太高以至于在实质上可以将其视为无效条款。〔67〕直到2004年中期，香港政府明确上述条款对于控制政府成本是合适的，并且它和香港《反洗钱法》规定的赔偿标准是一样的。〔68〕

这个法案还规定了冻结和没收恐怖主义资产，具体规定如下［后来《联合国（反恐怖主义措施）条例》接受了此规定］：

---

〔59〕 HK Hansard, 11 July 2002, 8912 - 14.

〔60〕 Anti - Terrorism Measures Bill, cl. 4.

〔61〕 See UNATMO Report, [29] - [38].

〔62〕 UNATMO, s. 4

〔63〕 Ibid., s. 5.

〔64〕 Ibid., ss. 2 (7), 17.

〔65〕 Ibid., s. 18.

〔66〕 Ibid., s. 18 (2) (c).

〔67〕 See criticisms in UNATMO Report, [83] - [91].

〔68〕 HK Hansard, 11 July 2002, 9045 - 6.

1. 恐怖分子或者与恐怖分子同伙的资产；或者是

2. 任何由以下资金组成的其他资产：(1) 意图用来资助或者用其他方式帮助实施恐怖主义行为；或者 (2) 意图资助或者用其他方式帮助实施恐怖主义行为。〔69〕

上述条款界定的“恐怖主义资产”概念非常宽泛。根据该规定可以推定性地“标签化”与恐怖分子、恐怖分子同伙相关的所有财产。换而言之，没有必要去证明这些财产用于实施犯罪。在法律草案中，原本建议香港保安局有权冻结恐怖分子财产，随后再接受司法审查。〔70〕但是，最后通过的法案和香港其他法律并不一致，不仅因为缺少司法审查，而且与香港《反洗钱法》的规定不一致，《反洗钱法》要求在获得法庭令状后对涉嫌犯罪的收益进行冻结。〔71〕最终，香港政府以执法控制需要紧急、快速的行动为由坚持保留这一条款。〔72〕同时，它也通过增设一些保障措施来缓和这一分歧，如规定保安局 370
和法院有权签发令状将被冻结的资金用于支付合理的生活和法律支出；将冻结的时间限制从 3 年减少到 2 年；如果申请重新冻结已经解冻的资金，需要证明“理由发生了实质性变化”〔73〕。

香港关于没收恐怖分子财产的规定多少有点独一无二，因为它属于民事没收程序。例如，它不需要基于刑事定罪；采用民事证据标准；允许采信传闻证据等。〔74〕在没收措施中，一个重要的保障措施是并非恐怖分子全部的财产都会被没收，只有表明与犯罪有关的部分才会被没收，对于“恐怖主义资产”概念第 2 款来说是真实的，但对于第 1 款来说并非如此。仅仅是恐怖分

〔69〕 See Anti - Terrorism Measures Bill, cl. 2 (1); UNATMO, s. 2 (1).

〔70〕 Anti - Terrorism Measures Bill, cl. 5.

〔71〕 See Drug Trafficking (Recovery of Proceeds) Ordinance (Cap 405), s. 10 (DTROPO) originally Ord. No. 35 of 1989; Organized and Serious Crimes Ordinance (Cap 455), s. 15 (OSCO) originally Ord. No. 82 of 1994. An exception is seen in pt. IVA of the DTROPO, which allows a limited warrantless power to seize money suspected to be proceeds of drug trafficking going across the border.

〔72〕 See Security Bureau, “Summary of written submissions and the administration's response”, Paper No. CB (2) 2424/01 - 02 (04) for Bills Committee on the Bill, 26 June 2002.

〔73〕 See HK Hansard, 11 July 2002, 8945 - 7.

〔74〕 Civil forfeiture exists on a limited basis in pt. IVA of the DTROPO. On the use of such powers in other countries, see generally Simon N. M. Young (ed.), *Civil Forfeiture of Criminal Property: Legal Measures for Targeting the Proceeds of Crime* (Cheltenham: Edward Elgar, 2009).

子或者恐怖分子同伙的财产，并不足以将之没收。没收的财产必须是：

> (1) 整体、部分财产直接或者间接地来自恐怖主义行为的收益；
>
> (2) 意图用这些资金资助或者帮助实施恐怖主义行为；
>
> (3) 这些资金已经被用于资助或者帮助实施恐怖主义行为。[75]
>
> 对没收权力加以限制可能造成的结果之一就是政府会更多地运用冻结权而不是没收权，因为前者可以适用于各种类型的恐怖主义资产。这也导致政府去控制不能没收的资产的合法性问题，最终仍然回到“恐怖主义资产”概念第1款是否过于宽泛的问题上来。

法案委员会中另一个极大的分歧就是新型犯罪的立法问题，[76]关于恐怖主义招募犯罪的立法惨败已经作过介绍。[77]还有另外5种新的犯罪行为。两
371 个新条款涉及资助恐怖主义行为，这两个条款实质上看起来会有所重合，引发公众质疑是否应留出更多时间去制定法律。第一项新罪名是指行为人明知或有合理理由相信对方是恐怖分子或者恐怖分子同伙，仍提供或者募集资金以支持对方或供其使用。[78]第二项新罪名是指行为人明知或有合理理由相信对方是恐怖分子或者恐怖分子同伙，仍为其提供资金、金融服务或为其利益行事。[79]第三项新罪名是指禁止向恐怖分子提供武器，该条款基本上不存在争议。[80]

上述三项犯罪共同涉及一个争议问题，即重复运用“合理理由相信”的犯罪意图标准，该标准在这三个条款中出现了5次。[81]由于香港法院已经将之解释为一个客观推定标准，从而引发了争议。这里并不要求事实上的确信，如果

---

[75] UNATMO, s. 13 (1) (a).

[76] For a discussion on the limits of the criminal law in preventing terrorism, see Kent Roach, "The criminal law and terrorism" in Ramraj, Hor and Roach, *Global Anti-terrorism Law and Policy*.

[77] See text accompanying note 44 above.

[78] UNATMO, s. 7.

[79] Ibid., s. 8.

[80] Ibid., s. 9.

[81] By comparison, see the discussion of *means rea* standards in the Canadian and United States offences in Kevin E. Davis, "The financial war on terrorism", in Ramraj, Hor and Roach, *Global Anti-terrorism Law and Policy*.

有充分的客观依据存在，并且行为人认识到这些客观事实，这就足够了。〔82〕政府拒绝采用纯粹的主观标准，首先是因为香港反洗钱犯罪中已经很好地建立起了这个标准。〔83〕在香港安全立法的这两个阶段，政府“软化”了关于该问题的立场，改变的迹象已经从公开的犯罪意图标准中得以体现。在立法过程中，有人建议规定任何人如果明知或者“有合理理由怀疑”任何财产是恐怖主义资产，就有义务向警方秘密报告。〔84〕这种犯罪对于一个普通人来说会产生极大的潜在影响，特别是对于金融或者商业机构的从业人员。在商业和职业团体表达了他们的极度担忧之后，政府用“明知或者怀疑”的主观标准代替了客观标准。〔85〕

对于新增加的犯罪的最大争议是禁止实施恐怖主义虚假威胁行为。〔86〕立法议员和新闻团体基于各种理由反对这一建议，包括对新闻自由的消极影响， 372
超出了第 1373 号决议和反洗钱金融行动特别工作组的建议，以及已经为《公共秩序条例》中的犯罪所涵盖等。〔87〕用吴霭仪议员的话说，保安局局长没有践行诺言采取“最低限度”的立法方式。〔88〕尽管香港政府承认这一规定超出了第 1373 号决议和反洗钱金融行动特别工作组的建议，但是仍然认为增加这个犯罪是非常必要的，因为“9·11”事件以后就出现了利用炭疽热病毒进行恐吓的虚假信息。〔89〕最后，在没有就这些分歧观点达成任何共识的情况下，该犯罪条款只进行了少许改变就获得通过，即明确了犯罪意图所要求的范围。〔90〕

---

〔82〕 See HKSAR v. Shing Siu Ming & Others [1999] 2 HKC 818 at 825 (CA), leave to appeal to CFA refused, [1999] 4 HKC 452 (CFA AC); HKSAR v. Ma Zhujiang [2007] 4 HKLRD 285 (CA).

〔83〕 HK Hansard, 11 July 2002, 8985 – 6.

〔84〕 Anti – Terrorism Measures Bill, cl. 11 (1).

〔85〕 UNATMO Report, [60] – [72]. This was the formula eventually used in UNATMO, s. 12.

〔86〕 Anti – Terrorism Measures Bill, cl. 10.

〔87〕 Public Order Ordinance (Cap 245) originally Ord. No. 64 of 1967. See UNATMO Report, [53] – [59].

〔88〕 HK Hansard, 11 July 2002, 8861.

〔89〕 Ibid., 9004 – 16.

〔90〕 最初的建议是规定一项犯罪，即行为人向他人传播已知或确信是错误的信息“意图使对方或他人产生错误信念，即恐怖主义行为已经、正在或即将实施”。最终通过的版本附加了额外的主观要素“通过恐怖主义行为已经、正在或即将实施的错误信息，在社会公众或部分公众中制造恐慌”。See UNATMO, s. 11.

从人权保障的角度来看，对法案最初版的另外两处主要修改也是很重要的。一处修改是删去了两个较长的条款，它们本来规定要授予新的警察权去执行法律的相关规定，而新的警察权本身充满争议。〔91〕另一处修改可以使各种法律和新闻团体心安，即为法律职业的表达权提供保障，包括反对自证其罪的特权以及按照《释义及通则条例》对新闻素材进行保护。〔92〕

所有的法律修正完成以后，法律的最终版与最初版相比发生了重大变化。〔93〕人们会有疑问，为什么这部法案的草稿在开始时会如此缺乏远见？用语又如此宽泛？可以确定这并非因为时间不够的问题，因为中央政府在2001年10月就已经下达了命令，在法案公告之前还有6个月的时间。如上文所提到的，这是因为政府只是在“法案修订阶段”而不是在“法案制定阶段”充
373 分咨询公众和专家的意见。这个问题在制定国家安全法案时再次出现了，制定政策和起草法案的关键任务在2001年10月至2002年4月进行，在很大程度上是由政府律师和官员在没有外部参与的情况下完成的。

香港政府不愿意作出让步，更多是因为2002年6月是最后期限的原因，而不是保障基本权利和自由的诚挚需求。政府不愿意改变法案建议稿，表明了一种立法倾向，即试图通过在香港法律中规定与其他国家法律的相同条款来证明自己的合法性。但是，这种寻求合法性的方法是狭隘的，因为在反恐怖主义的时代背景下，很难质疑香港的现行立法（尤其在警察权和犯罪意图标准方面）是否是非法的或者不合适的。至于其他国家的反恐怖主义法律，不能说对于A国、B国、C国来说是合适的，就推测对于香港来说也是合适的，尤其是在香港面临恐怖主义相关活动的风险较低的情况下。

3. 2002年《联合国制裁（阿富汗）（修订）条例》

在香港立法会通过《联合国（反恐怖主义措施）条例》的同一天，行政长官制定了《联合国制裁（阿富汗）（修订）条例》（UNSAAR），这是根据联合国安理会第1390号决议（2002年1月16日通过）对《联合国制裁（阿

〔91〕 Anti-Terrorism Measures Bill, schedules 2, 3.

〔92〕 Interpretation and General Clauses Ordinance; see UNATMO, [26]-[27].

〔93〕 For discussion of the legislative process see Young, “Hong Kong's anti-terrorism measures under fire”.

富汗）条例》进行的修改。[94]在外界看来，这个新的法案有些出人意料，因为它是突然冒出来的，事先并没有和公众甚至包括立法会民选议员们进行过任何磋商，对于经历了紧张的一个半月仔细审查《联合国（反恐怖主义措施）条例》的立法议员来说，这也是很惊讶的。《联合国（反恐怖主义措施）条例》和《联合国制裁（阿富汗）（修订）条例》这两部法律在立法理由、目标和内容方面具有很多共同性，但是，两者制定的方式并不相同。对于立法议员和立法会秘书处的顾问来说，很快就开始质疑《联合国制裁（阿富汗）（修订）条例》的立法基础和方式。

2002 年 10 月 4 日，立法议员讨论了由立法会法律事务部确定的关于《联
合国制裁（阿富汗）（修订）条例》的三个问题。[95]第一个问题是立法议员 374
们质疑第 1390 号决议是否像《联合国制裁条例》一样仅仅对特定地方进行制裁。[96]如果不是，那么需要存在一个不同于《联合国制裁条例》的法律基础，甚至需要修改《基本法》。虽然第 1390 号决议起因于发生在阿富汗的一些事件，但直到 2002 年 1 月，第 1390 号决议的真正焦点看起来是与本·拉登和“基地”组织有联系的某些个人和实体，其中有些人可能已经不在阿富汗了。香港政府的立场是：第 1390 号决议是针对特定地方的制裁，因此使用《联合国制裁条例》是合适的。[97]为支持上述观点，政府还引用了第 1390 号决议以及先前的第 1267 号决议、第 1333 号决议中涉及“阿富汗”的表述，以此表明该决议明显针对特定地方。[98]

法律事务部确定的第二个问题是《联合国（反恐怖主义措施）条例》中的提供武器犯罪和《联合国制裁（阿富汗）（修订）条例》中的三项犯罪有

---

〔94〕《联合国制裁（阿富汗）条例》于 2002 年 7 月 19 日刊登于政府公报，amending the United Nations Sanctions（Afghanistan）Regulation（Cap 537K）originally L. N. 229 of 2000.

〔95〕 LegCo Secretariat，“Minutes of the meeting held in the [LegCo] Chamber at 2：30 pm on Friday, 4 October 2002”, LC Paper No. CB（2）2886/01 -02 for House Committee, October 2002, [20]-[25].

〔96〕 LegCo Secretariat，“Legal Service Division Report on Subsidiary Legislation gazetted from 19 July 2002 to 27 September 2002”, KC Paper No. LS 131/01 - 02 for the House Committee Meeting on 4 October 2002, 2 October 2002, Annex I, [5]-[7]（“Report on Regulations”）.

〔97〕 Commerce, Industry and Technology Bureau，“1：Whether the [UNSAAR]（Amendment Regulation）is within the regulation making powers of the UN Sanctions Ordinance?（Raised by the Hon James TO）”, Paper No. CB（2）164/02 -03（01）for House Committee, October 2002.

〔98〕 Ibid.

重合。〔99〕问题是《联合国制裁（阿富汗）（修订）条例》中这三个犯罪实行的是严格责任，需要对被告人进行法定辩护；而《联合国（反恐怖主义措施）条例》中相同的犯罪则要求证明犯罪意图。在理论上，如果案件发生以后，检察官可能会选择依照《联合国制裁（阿富汗）（修订）条例》的规定来起诉犯罪，以回避对犯罪意图的证明。在 2002 年 11 月 26 日的回应中，香港政府承认存在上述重合现象，但是认为这是不可避免的，因为第 1373 号决议和第 1390 号决议两者之间就有一些重合的地方。〔100〕但是，在认识到《联合国（反恐怖主义措施）条例》中相关犯罪更宽泛的情况下，准备删去《联合国制裁（阿富汗）（修订）条例》中的严格责任规定。〔101〕随后，法律事务部质
375 疑香港政府是否会在没有得到中央人民政府新的命令以前，对《联合国制裁（阿富汗）（修订）条例》和《联合国（反恐怖主义措施）条例》的重合部分进行修订。〔102〕

关于第三个问题，法律事务部注意到《联合国制裁（阿富汗）（修订）条例》中有 6 个条款包含了“宽泛的搜查和调查权”〔103〕。第 1390 号决议并没有明确要求包含这些新的警察权力。政府的答复是这些权力对于执行《联合国制裁（阿富汗）（修订）条例》的新规定是非常必要的，在先前涉及利比里亚的《联合国制裁条例》也有规定。〔104〕

香港内务委员会的立法议员们对上述答复并不满意。〔105〕在内务委员会的

〔99〕 Report on Regulations, [9].

〔100〕 Anita Chan for Secretary for Commerce, Industry and Technology, “Letter to Clerk to Subcommittee on UNSAAR and United Nations Sanctions (Angola) (Suspension of Operation) Regulation 2002”, Paper No. CB (2) 477/02-03 (01), 26 November 2002.

〔101〕 Ibid.

〔102〕 LegCo Secretariat, “Report of the Committee on [UNSAAR] and United Nations Sanctions (Angola) (Suspension of Operation) Regulation 2002”, LC Paper No. CB (2) 3003/02-03 for the House Committee meeting on 3 October 2003, Appendix II, [6]-[10].

〔103〕 Report on Regulations, [10].

〔104〕 Ibid.

〔105〕 See LegCo Secretariat, “Minutes of meeting held on Monday, 31 March 2003 at 4: 30 pm in Conference Room A of the [LegCo] Building”, LC Paper No. CB (2) 2064/02-03 for the Panel on Administration of Justice and Legal Services, 13 May 2003, [45]-[51]; LegCo Secretariat, Minutes of meeting held in the LegCo Chamber at 2: 30 pm on Friday, 3 October 2003, [53]-[56].

两个小组委员会上，针对《联合国制裁条例》的担忧依然存在，[106]并且进一步提出了三个问题：一是香港政府所执行的中央人民政府命令是否应当向立法委员们公开，尽管香港政府准备通报上述命令的内容，但是却以这些内容只能内部使用，且无先例为由拒绝公开。[107]二是贯彻联合国制裁措施的方式问题，尤其是行政措施、决定或者法律措施应如何使用。[108]三是按照《联合国制裁条例》作出的决定是否应当接受司法审查，这也是非常基础的一个问题。

从 2004 年起的两个立法阶段内，香港立法会关于《联合国制裁条例》合 376
法性的争议并未停止。法律事务委员会继续发表和立法议员们的观点相一致的意见，特别是吴霭仪议员作为主要的批评者，继续和政府就这些问题进行沟通。[109]2008 年，为了应对《联合国制裁条例》逃避立法审查的企图，立法会事实上建立了一个常设委员会，对依据《联合国制裁条例》作出的所有决定进行审查。[110]

（三）第 23 条的插曲

随着香港反恐立法第一阶段的完成，保安局于 2002 年年末开始国家安全立法的规划是非常清晰的。在制定完《联合国（反恐怖主义措施）条例》2 个月之后，保安局提出了《履行〈基本法〉第 23 条的建议稿：咨询文件》。[111]《基本法》第 23 条规定："香港特别行政区应自行立法禁止任何叛国、分裂国家、煽动叛乱、颠覆中央人民政府及窃取国家机密的行为，禁止外国的政治性组织或团体在香港特别行政区进行政治活动，禁止香港特别行政区的政治

---

〔106〕 The Subcommittee on UNSAAR and United Nations Sanctions (Angola) (Suspension of Operation) Regulation 2002 held four meetings from 30 October 2002 to 25 February 2003. The Subcommittee on United Nations Sanctions (Liberia) Regulations 2003 held five meetings from 11 December 2003 to 21 June 2004.

〔107〕 Donald Tsang, Chief Secretary for Administration, "Letter to Hon Miriam Lau, Chairman of the House Committee" dated 13 November 2003.

〔108〕 国内法中多元的认定机制同样在加拿大受到诟病。See E. A. Dosman, "For the record: designating 'listed entities' for the purposes of terrorist financing offences at Canadian law" (2004) 62 *University of Toronto Faculty of Law Review* 1.

〔109〕 See Cheng Yan Ki Bonnie, "Implementing Security Council Resolutions in Hong Kong: an examination of the United Nations Sanctions Ordinance" (2008) 7 *Chinese Journal of International Law* 65.

〔110〕 See the House Committee's Subcommittee to Examine the Implementation in Hong Kong of Resolutions of the United Nations Security Council in relation to Sanctions.

〔111〕 Security Bureau, *Proposals to Implement Article 23 of the Basic Law: A Consultation Document* (Hong Kong: Hong Kong Government, 2002) was released on 24 September 2002.

性组织或团体与外国的政治性组织或团体建立联系。”[112]经过几个月的公共协商，《国家安全（法律规定）法》草案（以下简称《国家安全法》）于2003年2月26日被提交至立法会。[113]

377 即使没有发生“9·11”事件，香港也将推进贯彻第23条规定的立法工作。然而，在反恐立法的第一阶段之后，两部法案在许多方面具有密切联系。保安局局长叶刘淑仪女士是两部法案的负责人，这就可以解释为什么两部法案在草案拟定、磋商以及妥协等方面都会出现相同的策略，而且在法案的内容上还存在许多共通之处。罗奇指出这部国家安全法案“综合了原有的叛国立法和‘9·11’事件后的反恐立法”[114]。在诸多的共同点中发现的两点尤其值得注意：一是《国家安全法》中对“严重犯罪手段”的界定；二是认定并禁止本地的组织。

基于各种各样的原因，《国家安全法》的磋商和起草过程同样受到广泛的批评，这与反恐立法相类似。两项重要的批评是针对上述咨询文件的。[115]一方面，尽管该文件反映了大量国际研究的成果，但看起来仍然是既成事实的总结，而不是锐意进行改革。另一方面，这份共计62页的文件大量使用模糊和宽泛的语言来表述所提出的建议，其中为批评者当时广为传播的一句谚语是“魔鬼在细节之中”；除非这些细节被删除，要给这个建议稿作出最后的评价都很困难。在咨询文件公布后不久，批评者就要求政府向立法会提交“蓝皮书”一读之前印制“白皮书”。

香港政府最终婉拒了印制“白皮书”的要求，其认为当对“蓝皮书”仔

---

[112] See Fu Hualing, “The national security factor: putting article 23 of the Basic Law in perspective”, in Steve Tsang (ed.), *Judicial Independence and the Rule of Law in Hong Kong* (Hong Kong University Press, 2001), pp. 73 – 98.

[113] National Security (Legislative Provisions) Bill, gazetted on 14 February 2003 (National Security Bill). The events surrounding the National Security (Legislative Provisions) Bill are analysed in Fu Hualing, Carole J. Petersen and Simon N. M. Young (eds.), *National Security and Fundamental Freedoms: Hong Kong's Article 23 Under Scrutiny* (Hong Kong University Press, 2005)

[114] Kent Roach, “Old and new visions of security: article 23 compared to post – September 11 security laws”, in Hualing, Petersen and Young, *National Security and Fundamental Freedoms.*

[115] See generally, Carole Petersen, “Hong Kong's spring of discontent: the rise and fall of the national security bill” in Hualing, Petersen and Young, *National Security and Fundamental Freedoms*; Carole Petersen, “National security offences and civil liberties in Hong Kong: a critique of the government's ‘consultation’ on article 23 of the Basic Law” (2002) 32 *Hong Kong Law Journal* 457 – 70.

细审查时，上述修正方案是具有可行性的。[116]立法议员和公益团体意识到在没有政府的支持下修订“蓝皮书”是非常困难的，他们对此感到极度失望。 378
在这部法案于 2003 年 2 月被提交之前，因意见纲要未获得通过使政府的信誉受到了另一个打击。这引起一些立法议员斥责政府在拟定纲要时，“以草率、片面和不公平的态度，歪曲了公众和社团表达的主张。”[117]

《国家安全法》的内容确实受到法律现代化、合理化的积极影响。香港法律关于叛国和暴动的规定制定于第二次世界大战以前，迄今没有更新过。[118]如果一些犯罪和相关的警察权力今天仍然适用的话，肯定会面临宪法性权利的挑战，例如公民的表达自由。

与反恐立法不同的是，香港政府从来没有说以“最低限度”的方式来制定国家安全法律。这里至少有三项是第 23 条没有明确要求的主要建议：[119]第一项建议是增加非法获取受保护信息的新罪名，这些信息涉及“与香港特别行政区有关的国际关系或者国际事务，而根据《基本法》的规定，这是由中央政府负责的”[120]。这条建议与新闻记者存在密切关系。[121]第二项过于扩张的建议是授权保安局局长一项新权力，对危害国家安全的组织进行认定。[122]如果某组织是被大陆所认定组织的下属团体，那么保安局局长就可以行使上述权力去禁止它。根据该建议，在反恐立法中出现的担忧，即认定权力可能被滥用的情形以一种新的、现实的方式再次出现。[123]第三项建议是赋予警察无 379
令状进入和搜查的新权力，以便在紧急情况下搜集证据。[124]该建议的难点在

[116] Ravina Shamdasani and Jimmy Cheung, “Officials stand firm against white bill”, *South China Morning Post*, 24 December 2002, 2.

[117] Words taken from a condemnatory motion, introduced by legislator Sin Chung Kai, which did not pass. See debates in HK Hansard, 26 February 2003, 4182 – 257. See also Press Release, “Transcript of remarks by Secretary for Security”, 6 February 2003.

[118] See generally Crimes Ordinance (Cap 20) originally Ord. No. 60 of 1971, pts. I, II.

[119] See generally Benny Y. T. Tai, “The principle of minimum legislation for implementing article 23 of the Basic Law” (2002) 32 *Hong Kong Law Journal* 579 – 614.

[120] See National Security Bill, cll. 10, 11.

[121] See Doreen Weisenhaus, “Article 23 and freedom of the press: a journalistic perspective” in Hualing, Petersen and Young, *National Security and Fundamental Freedoms*.

[122] National Security Bill, cl. 15.

[123] See Lison Harris, Lily Ma and C. B. Fung, “A connecting door: the proscription of local organizations”, in Hualing, Petersen and Young, *National Security and Fundamental Freedoms*.

[124] National Security Bill, cl. 18B.

于上述授权是没有必要的，或者说现行的警察权力不足的理由是不充分的。[125]

尽管政府一直说在立法过程中可以对“蓝皮书”进行修改。但明显的是，从法案委员会的工作来看，政府只同意作小范围的改动，不会在主要内容上做出让步。[126]确实，保安局局长和其他职员、同事在这一问题上采取了顽固的态度，引发了立法议员和评论者的愤怒，从而引发了更多抵触。

这种抵触的沸点出现在2003年7月1日，这一天是庆祝香港回归中国的公共假日。香港有大约50万人参加游行示威，主要是针对《国家安全法》，同时也对香港政府表示抗议。[127]在游行时，国家安全法案委员会已经完成其工作，对法案进行二读的议程被安排在2003年7月9日继续进行。[128]游行结束4天以后，行政长官声称对这部法案作出了三项重要修改：①取消将“大陆组织的下属团体”作为认定权的启动条件；②对于非法披露受保护的信息，引入了“公共利益”的辩护事由；③取消无令状进入和搜查权。[129]虽然在最后时刻作出了上述重要妥协，行政长官仍然坚持按照既定程序在7月9日进行二读。[130]

人们很快发现这些妥协又引发了新的问题，特别是“公共利益”的范围
380 和界定。立法议员和公众表达了他们的关切，他们担心没有充分时间去审查新的修正案。这种担忧不断加剧，直到立法会议员兼自由党主席田北俊从香港行政会议辞职而达到高潮。[131]这一举动严重伤害了香港政府，因为自由党代表了大多数商业和公司利益，在立法会手握相当多的选票。

在田北俊辞职一天以后，2003年7月7日，行政长官公告法案的二读被推迟，并且说明会进一步努力向公众解释这部修正案。[132]9天以后，保安局

---

〔125〕 See Simon Young, “ ‘Knock, knock, who's there?’ Entry and search powers for article 23 offences”, in Hualing, Petersen and Young, *National Security and Fundamental Freedoms.*

〔126〕 LegCo Secretariat, “Report of the Bills Committee on [National Security Bill]”, LC Paper No. CB (2) 2646/02 - 03 for House Committee on 27 June 2003, 27 June 2003 (BC Art. 23 Report).

〔127〕 Ambrose Leung, Klaudia Lee and Ernest Kong, “Hopes for freedom float upon a sea of political discontent”, *South China Morning Post*, 2 July 2003, 3; Jimmy Cheung and Klaudia Lee, “Turnout piles the pressure on Tung administration”, *South China Morning Post*, 2 July 2003, 3

〔128〕 BC Art. 23 Report, [156].

〔129〕 Press Release, “Chief Executive's transcript on Basic Law article 23”, 5 July 2003.

〔130〕 Ibid.

〔131〕 Press Release, “Statement by CE”, 7 July 2003.

〔132〕 Ibid.

局长和另一位因卷入买车丑闻的主要官员宣布了他们的辞职决定。[133]没过多久，行政长官声称政府将会向整个社会公布法案并再次征求意见。[134]他承诺“与此前的方案相比会进行更多的磋商”，并且“赢得整个社会尽可能的理解和支持”。[135]法案通过期限将“取决于磋商的进展情况”。[136]然而，立法会在夏季休会以后，行政长官于 2003 年 9 月 5 日公告其正在撤回《国家安全法》，以便让公众有充分的时间去“研究立法问题”，并且让保安局建立一个特别工作小组重新审查立法工作。[137]2004 年 9 月，行政长官声称没有重新开始立法的近期计划。[138]在任期还剩 2 年的时候，行政长官于 2005 年 3 月声明因健康原因辞职。但是原因很可能是因为他不受公众欢迎以及一系列政府问题，第 23 条立法流产就是其中一个。[139]

中央政府在提出三个修正案以及撤回法案过程中所发挥的作用尚不得而
知。一般认为，行政长官在作出决定时会向中央政府请示。更清楚的是，香 381
港政府并没有完全控制立法活动，如田北俊辞职前不久前往北京，明确了中央政府没有为贯彻第 23 条设置最后期限。[140]

无论在香港还是大陆，不时有声音呼吁重启国家安全立法程序。2009 年 2 月，在没有较大争议的情况下，澳门的立法机关通过了《国家安全法》，以贯彻《中华人民共和国澳门特别行政区基本法》第 23 条。[141]尽管有人士强烈要求在 2010 年夏天重新开启立法程序，但是行政长官曾荫权在 2010 年 10 月所作的政策报告中明确指出，直到 2012 年任期内不会启动关于《基本法》

---

[133] Press Release, “Statement by Secretary for Security”, 16 July 2003.

[134] Press Release, “CE’s transcript”, 17 July 2003.

[135] Ibid.

[136] Ibid.

[137] Press Release, “CE’s opening remarks on Basic Law article 23”, 5 September 2003.

[138] Press Release, “Chief Executive comments on Basic Law article 23”, 16 September 2004.

[139] See Simon N. M. Young and Richard Cullen, *Electing Hong Kong’s Chief Executive* (Hong Kong University Press, 2010), p. 24. See also Joseph Y. S. Cheng (ed.), *The July 1 Protest Rally: Interpreting a Historic Event* (City University of Hong Kong Press, 2005); Christine Loh and Carine Lai, *Reflections on Leadership: Tung Chee Hwa and Donald Tsang* 1997 – 2007 (Hong Kong: Civic Exchange, 2007).

[140] See Albert Chen, “Hong Kong’s Political Crisis of July 2003” (2003) 33 *Hong Kong Law Journal* 265, 267; Petersen, “Hong Kong’s spring of discontent”.

[141] Suki Leong, “Lawmakers approve article 23 bill”, *Macau Post Daily*, 26 February 2009.

第23条之立法。[142]

（四）"9·11"事件的法律应对（第2部分）

香港立法会于2003年5月21日通过《联合国（反恐怖主义措施）（修正案）条例》，意味着香港开始启动第二阶段的反恐立法工作。[143]该修正案包括了一系列建议，如扩大冻结权限以贯彻另外三个国际反恐条约；[144]以新规定取代原有的招募犯罪；增加"有令状"的搜查和冻结恐怖主义资产权；增
382 加三项需要司法审查的新型调查权，并且允许将通过新权力获得的信息进行有限的国际共享。

在反恐立法的第二阶段，有许多信息表明，政府及其新任保安局局长李少光在明白了先前立法活动的错误和问题之后，已经改变了他们的方法。事实上，这种改变非常明显，以至于得到了吴霭仪议员的以下称赞，而不是原始草案中的坚定批评：

> 谢谢，香港政府最终改变了它的态度，以一种更加开放的心态和法律委员会一起工作。政府提交的许多修正案都是这一程序的结果。虽然它使我们付出了很多精力，但是我很高兴还是发生了变化。我对政府的合作表示诚挚的感谢。
>
> 我花了一些时间再次看了我去年提议的修正案，很高兴其中的许多条款获得通过现已正在发挥作用。我想指出一个最有意义的进步就是立法更加完善，人权得到更有效的保护。[145]

---

[142] Chief Executive, 2010 – 11 *Policy Address – Sharing Prosperity for a Caring Society*, 13 October 2010, [163], available at www. policyaddress. gov. hk. See also Gary Cheung, "Beijing eyed new article 23 push, research says", *South China Morning Post*, 15 October 2010.

[143] 《联合国（反恐怖主义措施）（修正案）法》于2003年5月9日刊登于政府公报。该修正案于2004年7月3日通过，于2004年7月8日由特别行政区行政长官签发。The United Nations (Anti – Terrorism Measures) (Amendment) Ordinance; Ord. No. 21 of 2004 (Amendment Ordinance) was only partly brought into operation on 7 January, see L. N. 173 of 2004.

[144] The International Convention for the Suppression of Terrorist Bombings (1997), Convention for the Suppression of Unlawful Acts against the Safety of Maritime Navigation (1988), and Protocol for the Suppression of Unlawful Acts against the Safety of Fixed Platforms Located on the Continental Shelf (1988). See LegCo Secretariat, "Legal Service Division Report on [Amendment Bill]", LC Paper No. LS 107/02 – 03 for House Committee Meeting on 23 May 2003, 21 May 2003 [2].

[145] HK Hansard, 3 July 2004, 470.

在这次反恐立法过程中，由于没有明确提出最后期限，从而给立法议员和公众更多的时间去研究法案。从 2003 年 10 月 10 日到 2004 年 6 月 18 日，在 8 个月的时间里共举行了 16 次会议。与反恐立法的第一阶段相比，那种匆忙、混乱的气氛没有再出现，利益相关团体有足够的机会去评论法案初稿和委员会阶段修正案。该法的截止期限是香港立法会 2003 年第 4 次会议，这是双方均可以接受的，因为它与香港回归后立法会第一个 4 年任期相符合。

此次向公众公开咨询有助于形成一份信息广泛、多方平衡以及可接受的法案。政府表示愿意重新审查《联合国（反恐怖主义措施）条例》，纠正和改善因仓促立法而造成的不足。随后，《联合国（反恐怖主义措施）（修订）（条例）》通过新的犯罪意图要件，对“恐怖主义行为”概念作出了限缩规定；[146]通过犯罪意图要件规定了外延更小的招募犯罪；[147]对现行犯罪删去了 383
部分推定犯罪意图之客观要件；[148]将获得赔偿的前提条件从“严重错误”改为“错误”。[149]此外，修正案还对原始法律草案引入的警察权进行了明确和限制。[150]

（五）长时间推迟生效

截至 2005 年 1 月，只有《联合国（反恐怖主义措施）条例》的若干条款和相关的修正案生效实施。法院对恐怖分子进行的认定以及恐怖主义资产的冻结、扣押和没收并没有实施，除非有适当的法定程序以供裁决。除了由保安局或法院签发令状之外，为恐怖分子提供资金或者金融服务均属犯罪行为，

[146] Under pt. (a) (i) of the definition, a terrorist act must now involve the use or threat of action where the action "is carried out with the intention of, or the threat is made with the intention of using action that would have the effect of" realising one of the harmful consequences enumerated in clauses (A) to (F). See s. 3 of the Amendment Ordinance.

[147] Section 10 of the UNATMO now makes it an offence to (1) recruit another person to become a member; or (2) become a member, of a specified terrorist body knowing that, or being reckless as to whether, it is a body so specified. See s. 9 of the Amendment Ordinance.

[148] The objective standard of 'having reasonable grounds to believe' in ss. 7 – 9 of the UNATMO have now been replaced with fault standards of recklessness, knowledge and intention. See ss. 6 – 8, 14 of the Amendment Ordinance.

[149] See s. 17 of the Amendment Ordinance.

[150] See ss. 3, 5 and 12 of the Amendment Ordinance, the significance of which is explained in LegCo Secretariat, "Report of the Bills Committee on [Amendment Bill]", LC Paper No. CB (2) 2915/03 – 04, 25 June 2004.

但也需要等待必要的司法审判。反恐法规定了强迫他人回答问题和提供材料的新调查权，但在付诸实践之前，还需要制定相关的实施细则。人们本来预计这些制度和规则会在《联合国（反恐怖主义措施）条例》通过后的相对较短的时间内制定，但是通过这些附属规定和上述条例完全生效共花费了 6 年时间。[151]

2008 年，由反洗钱金融行动特别工作组和亚太反洗钱组织对香港进行了一次联合评估。香港因其制定的反恐怖主义法案推迟生效而受到批评。[152] 反
384 洗钱金融行动特别工作组把这次迟延称为“异常”，并建议香港政府优先处理将剩余条款付诸实施的工作。[153] 评估发现，在反洗钱金融行动特别工作组的特别建议中有 9 项完全没有履行，有 1 项履行了绝大部分，有 5 项部分履行，有 1 项特别建议部分没有履行。[154]

香港政府对于反恐立法推迟 6 年生效这一状况没有作出过任何解释。吴霭仪在对实施细则进行质疑时指出，立法议员“习惯于通过努力推迟一项不满意法案的生效，把对原始法案的不满转移到附属规定上来”。但是，立法会记录并没有显示议员们因推迟而受到指责。[155]

三、新的实施战略的想法

香港安全立法和政策的不足更多是程序性而非实体性的，这并不是说法律的内容（无论是最终版还是建议版）没有问题。事实上，法律背后的政策并未引发太多争议，因为香港市民已经接受必须制定反恐和国家安全法律。相反，本章表明造成问题的直接原因是法律和政策如何制定、辩论、与公众协商以及再修订和最终实施。换句话说，上述立法的实施战略存在问题。在

---

〔151〕 See Rules of the High Court (Amendment) Rules 2009, L. N. 186 of 2009, which were made by the Rules Committee of the High Court on 28 September 2009 and entered into force on 1 January 2011; Code of Practice for Requiring Persons to Furnish Information or Produce Material under Section 12A of the United Nations (Anti - Terrorism Measures) Ordinance (Cap. 575), G. N. 4250, was approved by LegCo on 7 July 2010, see G. N. 4249.

〔152〕 FATF/OECD, *Third Mutual Evaluation Report: Anti - Money Laundering and Combating the Financing of Terrorism - Hong Kong, China*, 11 July 2008, available at www.fatf - gafi.org (FATF Report).

〔153〕 Ibid., [158].

〔154〕 Ibid., [220] - [222].

〔155〕 HK Hansard, 7 July 2010, 11034.

香港，《基本法》限定了行政机关、立法会和中央政府涉及国防和外交等重大事务中的角色，如果政府想要赢得公众对未来立法方案的信任和信心，就必须首先理解为什么公众抵制先前的立法尝试。这些原因主要包括三个方面：

（一）缺少内部需求的外部压力

就反恐怖主义和国家安全方面而言，新的法律对香港而言并不是现实需
要的，这并不像 2003 年“非典”危机期间所采取的必要措施。[156] 相反，公 385
众直观上认为香港推进上述立法来自于中央政府的外部压力，因此采用“最低限度”的立法方式似乎更符合逻辑。对于香港民众来说，这种压力触动了他们特别敏感的神经。《基本法》承诺香港实行高度自治，这意味着中国大陆的社会政治制度不适用于香港。很自然的是，中央政府采取的任何措施都可能被民众视为对香港高度自治权的干涉。[157]

根据《基本法》之规定，香港的上述安全事务均需要中央政府的授权。香港政府在中央政府和香港市民之间承担着协调的责任，这是一个颇具挑战性的任务。一方面要维护香港的高度自治；另一方面要执行中央政府的命令。[158] 从政府的运作和公众反应来看，香港政府未能处理好这种平衡性。事实上，从法案建议稿的提出，到最后在某些问题上的妥协，再到法案通过的最后期限，均能看出香港政府明显受到了外部的影响。

另外还有两个因素加深了误解：一是香港采取了不公开中央政府关于联合国制裁命令的内部政策的方式；二是根据《官方秘密条例》对涉及香港和中央政府的信息进行保护。[159] 由于中央政府在上述安全事务问题上给香港的命令不透明，这就会造成公众持续的怀疑，即立法过程中的艰苦谈判和最后期限均是中央政府干预的结果。

（二）错误的磋商程序 386

即使香港对于新的刑法和警察权没有现实需要，但是尽早与公众进行诚恳磋商是非常必要的。即使对于上述事宜存在现实需要，鉴于反恐怖主义和

---

〔156〕 On SARS Crisis, see Chritine Loh and Civic Exchange (eds.) *At the Epicentre: Hong Kong and the SARS Outbreak* (Hong Kong University Press, 2004).

〔157〕 全国人大常务委员会于 2004 年年初通过了《中华人民共和国香港特别行政区基本法》的解释，并通过了关于 2007、2008 年香港普选的决定。

〔158〕 在国家安全立法方面，中央政府是否会在第 23 条法令之上作出进一步指导尚未可知。

〔159〕 Official Secrets Ordinance (Cap 521).

国家安全事务涉及复杂的法律技术，也需要尽早进行磋商。此外，尽早磋商有助于消除对外部压力的偏见，如果公众能够在立法形成阶段尽早参与进来，那么对于最终的法律影响更大，这也是民主立法的体现。

遗憾的是，香港政府并没有采用这种策略。有人批评政府没有借助香港法律改革委员会来制定第23条法律建议稿。[160]借助香港法律改革委员会，可以在法律制定阶段让公众参与进来进行更广泛的协商。然而，对于香港安全立法而言，法律改革委员会并不是最好的工具。众所周知，香港政府已经完全忽略了一个独立法律改革机构的建议。[161]在上述情况下，立法将会返回到起草阶段，尽管好处是法律改革委员会可以承担上述工作。为了回避这个潜在的障碍，让一些负责任的政府官员和立法议员参与立法改革过程是非常必要的。通过让他们积极参与立法过程（不是承担任何领导角色），就会有更大的机会使法案获得通过。更重要的是，政府官员、立法议员可以和独立专家直接互动，从而有机会获得更广泛的信息。在当前的磋商体系中，法案委员会的氛围既拘谨又充满政治色彩，为重点讨论、理性讨论和交换意见留下了非常狭小的空间。正如我们在反恐法和《国家安全法》的原始稿中所看到的，在法律拟定过程中，为了避免制定缺乏远见或过于超前的法律，专家的多数意见也非常重要。

香港法律改革委员会的另一个缺陷就是它的下属委员会是非常设性的，
387 由委员会的志愿服务人员组成。典型的表现是，一旦特定法律的改革报告完成，下属委员会就会被解散。香港法律改革委员会没有常设委员会致力于特殊领域的法律研究。在安全法律领域，一个好的做法就是设置由专家组成的常设委员会，这样不仅可以提出新的法律建议，而且在需要的时候也可以对现行法律进行审查，将有助于避免香港政府已经历的迟延执行问题。常设委员会将能够制定政策和原则来应对香港的安全问题，其目标是构建一个基于“草根”而不是外部压力的对话平台。[162]

---

[160] See Petersen, “Hong Kong's spring of discontent”.

[161] 这也是对香港法律改革委员会的一个挑战。See, e. g. , Ludwig Ng, “Law for the times”, *South China Morning Post*, 29 September 2010.

[162] 尽管这在香港不是问题，但常务委员会认识到可以避免拉姆拉伊（Ramraj）指出的“因为对风险和公众恐慌的错误认识而引发的民粹主义过激民主”。See Victor V. Ramraj, Terrorism, “risk perception and judicial review”, in Ramraj, Hor and Roach, *Global Anti - Terrorism Law and Policy*.

香港政府的中央协调委员不是一个这里所说的常设委员会，它是作为对2008年反洗钱金融行动特别工作组报告的回应而成立的。[163]中央协调委员会由财政司司长领导，其成员只包括政府高级官员，而没有来自公众和立法会的任何成员。

（三）政策与实践的不足

香港的反恐怖主义实践暴露出其执行联合国安理会制裁的政策和实践存在一些严重问题。《联合国制裁条例》亟须全面审查。[164]执行制裁的启动条件“针对特定地方”需要重新考虑，至少是基于两方面的原因：一是错误地推断《联合国宪章》第7章的制裁决定总是针对一个特定的地方。第1373号决议证明这种推测是完全错误的；并且渐渐地出现了一种更明显的倾向，即超出主权边界针对特定人员或者事项实施“精确制裁”[165]。

关于条件和总体框架的另一困难是根据《联合国宪章》第7章的制裁措 388
施必须按照《联合国制裁条例》进行（假定收到了中央政府的指令）。换言之，在事态紧急的情况下，行政长官可以作出制裁决定而不受立法机关的审查，从而导致了行政权力膨胀和权力制衡的问题。[166]在实施制裁的过程中，可以看到包含了宽泛的警察权力和严格责任犯罪。从警察的视角就可以明白，为什么香港在《联合国制裁条例》的框架内执行第1390号决议，而在新的立法框架内执行第1373号决议。由于两部交叉的法律存在各自的恐怖分子认定机制，因此在实践中可能引发困惑。[167]当前，《联合国（反恐怖主义措施）条例》和《联合国制裁（阿富汗）条例》均要求在政府公报上公告恐怖分子名单，当某人同时出现于上述两份名单上时，可以看出《联合国（反恐怖主义措施）条例》的授权比《联合国制裁（阿富汗）条例》更为宽泛。随着联

---

〔163〕 FATF Report, p. 229.

〔164〕《联合国制裁条例》最初于香港回归后数周之内未受质疑或反对即获得通过，其便利是能够确保现行的联合国制裁措施能够在1997年7月1日香港回归之后继续施行。不幸的是，该条例由立法委员会——为了促进香港回归设立的非选举机构通过。

〔165〕 See Security Council Resolution 1540 (2004) (non – proliferation of weapons of mass destruction) and Peter L. Fitzgerald, “Managing ‘smart sanctions’ against terrorism wisely” (2002) 36 *New England Law Review* 957.

〔166〕 See further Cheng, “Implementing Security Council Resolutions in Hong Kong” for an elaboration of the separation of powers point.

〔167〕 See similar problems in Canada, E. A. Dosman, “For the record”.

合国安理会不断扩展其制裁名单，香港还需要将相应的个人和实体列于政府公报之上，如厄立特里亚、索马里、科特迪瓦、刚果民主共和国、利比亚和朝鲜等。

香港执行制裁的当务之急恐怕是需要解释为什么行政决定应当优位于立法机关，但这现在并非《联合国制裁条例》规定的启动条件。即使紧急状态下迫切需要作出行政决定，仍不能解释这些决定为什么不能作为附属立法接受立法会的审查。讽刺的是，即使是在《联合国制裁条例》设立的行政决定机制下，香港贯彻联合国安理会所要求的制裁措施仍然相当迟缓。[168]一些迟缓的情况可能是因为行政长官需要征求行政会议的意见。考虑到行政会议承担该项任务的能力，就可以解释为什么香港贯彻制裁措施需要如此漫长的过程。

389 香港在完善《联合国制裁条例》的过程中，能够从加拿大和新加坡的相关立法中学习经验，这些立法在名称和本质上都是非常相似的。[169]上述国家的立法均赋予行政机关以自由裁量权，在“必要或有效”的情况下执行《联合国宪章》第7章之制裁措施。[170]上述国家均未将《联合国宪章》第7章之制裁措施限定于“特定地方”。此外，上述国家建立了较为完备的立法审查机制，要求在行政制裁决定作出后不久，接受议会的审查。[171]

四、结论

2010年4月，为了证明新增100名反恐警力的经费开支是必要的，香港保安局局长声称香港已经面临中等程度的恐怖袭击威胁（3等级预警体系中的第2等级），并指出“随时维持高等警戒状态”是必要的。[172]矛盾之处在

---

〔168〕 See elaboration of this point in Cheng, “Implementing Security Council Resolutions in Hong Kong”.

〔169〕 See the United Nations Act, R. S. C. 1985, c. U – 2 (Can) originally enacted in 1945 (Canada UNA), and the United Nations Act, ch. 339, originally No. 44 of 2001, Republic of Singapore Government Gazette, which was enacted on 17 October 2001 (Singapore UNA).

〔170〕 See s. 2 of the Canada UNA and s. 2 (1) of the Singapore UNA. However, this formulation is not without its difficulties: see criticisms of the Singapore UNA in C. L. Lim, “Executive lawmaking in compliance of international treaty” [2002] *Singapore Journal of Legal Studies* 73 – 103. See also Cheng, “Implementing Security Council Resolutions in Hong Kong”.

〔171〕 See s. 4 of the Canada UNA and s. 2 (4) of the Singapore UNA.

〔172〕 HK Hansard, 21 April 2010, 7198.

于，保安局局长声称的香港反恐态势与反恐立法和实施的有效性并不匹配。在香港即将遭受恐怖袭击的情况下，公众的要求很可能导致政府采取仓促、粗疏的法律措施，这种立法的质量和效果堪忧。但是，如果在恐怖袭击之前，由官员、专家组成的专门机构能够对安全立法进行认真审查，便能够以理性、公开、平衡、合理的方式应对恐怖主义。

第16章

“9·11”事件后日本的反恐对策

马克·芬威克*

390 ## 一、前言

为了应对发生在美国的“9·11”恐怖袭击事件，许多国家都在实质上扩大了刑法的适用范围以及执法与情报机构的调查权。在一些情况下，公民的宪法权利甚至被限制或剥夺。然而在日本，“9·11”事件并没有使刑法或刑事诉讼法出现重大改变。虽然日本也制定了一些有关反恐融资的立法措施，以确保日本履行国际法义务，并且针对移民法进行了一些有争议的修订，但没有像其他许多国家那样制定全面的反恐法律。事实上，尽管在实践中存在许多不足，日本应对恐怖主义的首要法律武器，即《预防颠覆活动法》并没有被修订。至少与其他国家相比，日本对“9·11”事件的回应看起来十分谨慎。

相对而言，日本目前对“9·11”事件的回应尚没有引起争议，因为它涉及国内反恐立法和政策，但该事件确实给日本的法律和政治文化带来了巨大转变。在其他国家，反恐的争议问题通常聚焦于如何平衡公民自由和国家安全之间的关系，但日本的问题则完全不同，它的焦点在于主权国家如何在全球反恐斗争中作出适当的军事贡献。更实际地说，这意味着界定日本自卫队在海外反恐活动中的作用，特别是在阿富汗等国家或地区。

* 马克·芬威克（Mark Fenwick），九州大学法学院副教授。

上述讨论的法律背景是日本《宪法》第9条，初看之下该条似乎明确了
日本放弃战争且禁止拥有军事力量。然而，历届日本政府都认为这一条款与 391
日本的国家安全利益和国际义务，特别是日美安全框架的要求相矛盾，故而不认同《宪法》第9条的价值。

本章将揭示“9·11”事件如何在日本国内极大地改变了关于《宪法》第9条的认识分歧。发生上述事件之前，关于《宪法》第9条大致有以下两种观点：一方面，自民党认为《宪法》第9条并没有剥夺日本的自卫权，因此认为维持仅用于自卫目的的军事力量是符合《宪法》规定的。自民党从1955年到2009年8月（1993年至1994年间有11个月除外）一直执政，这一观点也是二战后很长时期内日本的官方主张，其推动了日本军事力量的扩张。另一方面，许多左翼反对党（特别是共产党和社会民主党）更倾向于按照字面含义解读《宪法》第9条，认为自卫队的存在不符合宪法规定。正如我们将要看到的，法院尽量避免处理这一敏感的政治问题，并倾向于执政当局的立场。

“9·11”事件对该问题的影响在于助长了一种对宪法争议的新解读，即在国际反恐活动的背景下允许向海外派遣自卫队。也就是说，“9·11”事件促使自民党放弃了原有的将严格限定自卫权作为自卫队合宪性的依据，转而采取了基于国际合作来根除恐怖主义这一更具扩张性和模糊性的标准。

这一新解释对2001年《反恐怖主义特别措施法》以及随后的2008年《补给支持特别措施法》产生了法律影响。正如我们将看到的，它们授权的所有立法和军事行动都被证实引起了强烈争议，这也是导致2009年自民党下台的重要因素。鸠山由纪夫领衔的新一届民主党政府并不试图恢复《补给支持特别措施法》，后者于2010年1月15日失效。然而，“9·11”事件之后试图在立法上寻求广大公众支持的尝试明显失败了，但这并不意味着对《宪法》第9条的态度回到了“9·11”事件之前。相反，本章将揭示“9·11”事件在日本的主要影响，即对围绕《宪法》第9条的争论进一步增加了不确定性，并再次表明限制日本军事部署的仍然是政治而非法律因素。

二、“9·11”事件后修订反恐法律的失败 392

“9·11”恐怖袭击后，时任日本首相的小泉纯一郎立刻表达了日本政府

对美国的强烈支持，[1]并于1周之内召开了有关反恐措施的部长级会议，并批准通过了一系列反恐措施，即“日本对在美国发生恐怖袭击的应对措施”[2]。当局指出，积极参与国际反恐斗争是日本的“基本政策”之一，这也被视为日本自身的安全问题，并且要求日本在军事和人道主义方面对最重要的美国盟友提供强烈支持。同时，列出了7项“紧急措施”[3]。

一般来说，上述紧急措施和日本应对“9·11”事件的一个显著特征，就是没有尝试着将“9·11”事件作为修订国内安全法律的依据，或像其他国家（地区）那样没有将“9·11”事件作为制定全面反恐法的正当理由一样。日本自1945年后，并不愿制定和实施类似综合性立法，这是其应对政治暴力较为普遍的特征，从而导致一些临时性法律的出现，这些法律就是人们所认为有待于合理并完善的法律。本节将对日本的反恐法律进行简单概括，并分析导致“9·11”事件后反恐法律修订失败可能存在的原因。

393 日本法律本身并没有禁止恐怖主义的明确条款，而是依靠刑法的各种规定。[4]此外，日本为应对特定的恐怖事件，于1945年后制定了许多与恐怖主义有关的特别法。经常为人所忽视的一点是，尽管日本近年来的街头犯罪率相对较低，但政治暴力已经成为日本现代史中日益严重的问题。表面上看，日本有一个和谐的、有良好秩序和“无犯罪社会”的国家形象，但这在某种

〔1〕小泉纯一郎在“9·11”事件后的作用尤为重要。易于出错的森喜朗首相2001年年初下台后，根据一项允许普通党员可以担任更高职务的新制度，小泉被选为执政的自民党主席。小泉作为民粹主义者和政治局外人享有盛名。国内政策方面，他支持结构改革，经常与自民党的保守派直接冲突。然而，外交政策方面，小泉重在加强同美国的关系和扩大自卫队的作用。此外，他连续参拜位于东京供奉有甲级战犯的靖国神社因而得罪了许多亚洲国家。虽然这招致了全球性批评，但使得小泉保有党内支持并执政到2006年9月，尽管党内有对他国内改革议程的反对之声。

〔2〕An English language version of this document is available at www. mofa. gov. jp/region/namerica/us/terro0109/measure. html.

〔3〕7项紧急措施是：①自卫队对美国恐怖袭击回应的支持；②自卫队协助保护美军在日境内的设施；③为情报目的（如监控）派遣自卫队船只；④与其他国家加强情报分享，特别是移民方面；⑤向受反恐战争影响的地区提供人道主义援助；⑥协助安置人员，包括可能来自自卫队的人道主义援助；⑦防止国际和国内经济制度混乱的措施。

〔4〕在日本，与恐怖主义相关的许多行为，如叛乱（第77～78条）、杀人（第199～203条）、绑架（第224～229条）、破坏财产（第258～263条）和暴乱（第106～107条）可以依据《刑法》作为普通犯罪起诉。此外，为遵守《反对劫持人质国际公约》，《刑法》的域外条款于1987年进行修订，也可用来处理在日本法院管辖范围内在域外发生的恐怖主义（日本人或非日本人）[第4（2）条]。

程度上与其 1945 年后具有政治和宗教性动机的暴力活动史并不相称。[5]

1945 年后，日本共产党和朝鲜人联合起来，一起反对日本的亲美政策以及不断增加的反共产主义活动，并对之进行激烈的抗议。1948 年到 1952 年间发生了一系列与警方的暴力冲突并导致数千人被捕。[6]类似示威活动在 1959 年到 1960 年间突然再次爆发，470 万示威者遇到了一支被动员起来的约 90 万人的警察部队。在 1967 年到 1970 年间，约 1870 万示威者与 670 万安全部队发生冲突。[7]20 世纪 60 年代末，极端左翼团体的活动变得更加暴力，其中最著名的日本“赤军”在国内外制造了一系列的袭击活动；[8]从 1969 年到 1989 年，日本发生 200 多起爆炸事件；在 1978 年到 1989 年间共有 570 次游击袭击记录。右翼极端分子也加入到暴力运动中，包括一系列政治暗杀和政变（包括 1970 年 11 月作家三岛由纪夫在劝说自卫队加入其预谋革命的行动失败后按仪式而自杀的事件）。最近以来，又发生了多起宗教诱发的暴力活
动，特别是邪教“奥姆真理教”[9]。“奥姆真理教”因 1995 年 3 月东京地铁 394
站的恐怖袭击而出名，该次袭击造成 17 人死亡、超过 5000 人受伤。在此之前，“奥姆真理教”成员已参与多达 80 起谋杀和一系列生化袭击案件。[10]事实上，“奥姆真理教”从 1990 年开始研制大规模杀伤性武器，除沙林毒气外，还成功研制出炭疽病菌和肉毒杆菌。[11]

日本所遭遇的从“赤军”到“奥姆真理教”的经历，反映出恐怖主义发展变迁的过程。现在我们已经逐渐认识到，[12]在冷战和欧洲帝国没落的时代

---

〔5〕 See P. J. Katzenstein, *Cultural Norms and National Security: Police and Military in Post War Japan* (New York: Cornell University Press, 1996).

〔6〕 以下数据来自 P. J. Katzenstein, Y. Tsujinaka, *Defending the Japanese State: Structures, Norms and the Political Responses to Terrorism in Post war Japan* (New York: Cornell University Press, 1991), Appendix.

〔7〕 Ibid., pp. 8 – 9.

〔8〕 对“赤军”的全面介绍，参见 A. Gallagher, *The Japanese Red Army* (New York: Rosen, 2003).

〔9〕 对奥姆真理教的全面介绍，参见 D. A. Metraux, *Aum Shrinrikyo and Japanese Youth* (New York: University Press of America, 1999); I. Reader, *Religious Violence in Contemporary Japan: The Case of Aum Shinrikyo* (New York: Curzon, 1999)

〔10〕 R. J. Lifton, *Destroying the World to Save It: Aum Shinrikyo, Apocalyptic Violence and the New Global Terrorism* (New York: Metropolitan, 1999), pp. 37 – 9.

〔11〕 Ibid., p. 39.

〔12〕 关于这一区别，参见 W. Lacquer, *The New Terrorism: Fanaticism and the Arms of Mass Destruction* (Oxford University Press, 1999).

背景下，恐怖主义在很大程度上以自身的方式存在，它与民族解放运动或马克思主义革命相关联。所谓老式恐怖主义是指带有明显政治目标的，由可清楚识别且有政府资助的恐怖团体实施，他们通过有组织、有预谋和针对“合法”目标有限使用武力，迫使政府坐到谈判桌前。相比之下，新型恐怖主义没有清晰的边界，没有明确的意识形态，没有国家或政府参与，没有等级森严的结构和“世界末日”般的目标。新型的恐怖组织不但对枪支和爆炸物感兴趣，对化学、生物甚至核武器也感兴趣。今天，恐怖分子实施的恐怖袭击更类似于“9·11”事件或“奥姆真理教”的作为，而不是针对国家发动可控制的武装袭击。尽管评论家通常过分强调这两种恐怖主义形式之间的差别，但其仍然反映出日本国内恐怖主义的重要变迁。

日本应对政治暴力的立法框架包括许多特别法律，大部分都是为应对特定恐怖事件而制定的。例如，在一系列关于“莫洛托夫鸡尾酒”的炸弹袭击案件之后，日本于1972年制定了惩罚使用玻璃瓶手榴弹的法律。该法将使
395 用、拥有和制造汽油炸弹视为犯罪。最近以来，为应对“奥姆真理教”实施的东京地铁袭击，1999年制定了有关禁止使用沙林毒气危害人体的法律，使用沙林毒气或其他致命性化学武器者将面临最高终身监禁刑，生产或拥有上述物品者也将面临长达7年的监禁刑。

在与恐怖主义有关的特别法中最重要也最具争议的问题，或许当属1952年《预防颠覆活动法》，日本在1995年东京地铁恐怖袭击案后，试图利用这部法律来对付“奥姆真理教”。上述做法值得人们思考，因为它反映出日本在安全法律方面还存在诸多不足。《预防颠覆活动法》的立法背景是朝鲜战争和不断升级的美苏紧张局势，最初用来镇压日本共产党和其他左翼团体。然而，该法原则上可以用来针对任何颠覆组织或隶属于该组织的个人。《预防颠覆活动法》的目的在于“为了维护公共安全，针对实施恐怖主义活动的组织建立行动监管程序，并且在刑法典中完善相应的刑罚”[13]。正常情况下，根据刑法起诉的特定犯罪（包括暴乱、纵火、使用爆炸物、危害公共交通、谋杀、抢劫、妨碍执行公务），如果上述行为由个人或其所在的颠覆组织实施并具有“政治目的”，也可以依照《预防颠覆活动法》进行起诉。[14]与刑法相比，这

〔13〕 SAPL, art. 1.

〔14〕 Ibid., art. 4.

些依照《预防颠覆活动法》起诉的犯罪要面临更严厉的惩罚。在20世纪50、60年代和70年代早期，共有不到15人依照《预防颠覆活动法》被起诉，并且都与极端左翼团体成员实施的轻微犯罪有关。[15]每一个案件的法律程序都被过度延长。例如，几名左翼团体成员早在1969年到1971年间就被逮捕，但直到20年之后的1990年，这些成员才获得最高法院的有罪判决。[16]

《预防颠覆活动法》还包括禁止或限制某一组织从事特定活动的条款。[17]日本成立了一个情报机构——“公安调查厅”，该机构可将某一组织认定为“危险且值得监控和调查”的组织，并据此适用禁止这一组织的程序。[18]这 396
一程序始于公安调查厅主任提出解散某组织的申请，一个有关安全事务的政府委员会将审核这一申请，提出申请的根据都会载明于政府公告，所针对的组织代表人可以在公众听证会上陈述意见。最终，一个不同和独立的行政主体即公共安全委员会将决定是否对该组织适用该法律。决定禁止某一组织的法律标准包括三个因素：①从事破坏活动；②有政治目的；③构成持续威胁。即便如此，该法律也将在“确保公共安全的最低限度内”使用。[19]

尽管许多团体（包括在日朝鲜人团体、极端左翼团体和民族主义者团体）已经或持续被公安调查厅依照《预防颠覆活动法》监控，但并没有一个团体根据该法被解散。最近，在“奥姆真理教”制造了东京地铁沙林毒气袭击案之后，有关部门开始针对该组织启动解散程序。但是，1997年1月31日，公共安全委员会拒绝了公安调查厅的申请解散命令的请求。虽然公安调查厅宣称“奥姆真理教”在实施恐怖袭击时带有政治动机，但他们得出结论认为“奥姆真理教”不再构成持续威胁：由于1995年后警方的打击，“奥姆真理教”在将来并不能持续、再次实施颠覆活动。因此，上述解散命令的请求被

---

[15] See P. J. Katzenstein and Y. Tsujinaka, *Defending the Japanese State*, pp. 70 – 5.

[16] See Mainichi Shimbun, 29 September 1990, pp. 1 – 2. This judgment was important because the Supreme Court confirmed the constitutionality of the SAPL.

[17] SAPL, arts. 5 – 9.

[18] 公共安全调查厅是司法部的外部分支机构，专门对国内颠覆组织进行调查和监控，前身是成立于1949年的司法部特别调查局，在占领美军的直接监管下，该局调查军国主义者和共产主义者并将他们清除出政府。对后者第二次世界大战后活动的历史介绍，参见 J. Dower, *Embracing Defeat: Japan in the Aftermath of World War* Ⅱ (London: Penguin, 1999), ch. 14.

[19] SAPL, art. 2. 此外，第3（1）条规定：禁止对思想和结社自由的不合理限制；第3（2）条规定：禁止滥用《预防颠覆活动法》（SAPL）对任何组织的合法活动进行限制和干预。

拒绝。然而，公安调查厅注意到，“很自然，公安调查厅将来对‘奥姆真理教’的调查将同这一决定严格区分开，并应单独执行”。因此，公安调查厅继
397 续监视“奥姆真理教”的活动，该情报搜集工作似乎是《预防颠覆活动法》唯一正在实践的工作，主要是因为它有必要存在而且存在于公众视线之外。

1995 年东京地铁袭击案后，社会公众对“奥姆真理教”的所作所为极为愤怒。可以预想到，公共安全委员会拒绝禁止“奥姆真理教”的决定会遭受批评。但是，这一决定却得到了社会舆论的谨慎赞同，至少主流新闻媒体如此。例如，《每日新闻》称这一决定是“合理”的，〔20〕左翼的《朝日新闻》赞扬了委员会对“事实的冷静评估”〔21〕。《朝日新闻》的社评甚至对《预防颠覆活动法》和公安调查厅的存在表示怀疑，认为该法律过于严酷并可能侵犯基本人权。〔22〕有人还将这种情况与二战前日本的镇压活动相比，并将《预防颠覆活动法》与 1925 年的《和平维持法》相比，根据后者许多宗教团体和其他团体曾被镇压。最后，最具争议的《读卖新闻》指出“该决定显示《预防颠覆活动法》在遏制有组织犯罪的上升势头上几乎没有丝毫作用。……日本没有能够有效防止或制止有组织犯罪或恐怖主义的法律”〔23〕。

日本公民自由联盟和国家律师协会也对《预防颠覆活动法》进行了批评。他们认为《预防颠覆活动法》违反了宪法规定的正当程序，因为公共安全委员会作出的任何有关解散某一组织的决定都是由行政主体而非法院作出的，它仅仅适用《行政程序法》和《行政上诉法》规定的上诉制度。此外，该法律允许解散某一组织的事实也侵害了《宪法》中有关集会自由、表达自由和精神自由的规定。

然而，日本政府感到有必要对《预防颠覆活动法》进行完善，并在 1999
398 年作出了一些修订。〔24〕修正案规定，如果某个团体成员过去曾实施“大屠

---

〔20〕 *Mainichi Shimbun*, 1 February 1999, p. 2.

〔21〕 *Asahi Shimbun*, 1 February 1999, p. 5.

〔22〕 Ibid.

〔23〕 *Yomiuri Shimbun*, 1 February 1999, p. 4.

〔24〕 为应对“奥姆真理教”的活动，日本制定了包括《犯罪侦查监听法》（Wiretapping in Criminal Investigations Law）等许多其他法律，首次在侦查程序中许可合法使用窃听。日本还对《宗教组织法》（Religious Corporation Law）进行修订（加强对符合条件组织的复核和调查程序，因为“奥姆真理教”也曾是宗教组织）。关于这些变化，参见 S. M. Lenhart，“Hammering down nails：the freedom of religious groups in Japan and the United States：Aum Shinrikyo and the Branch Davidians”（2001）29 *Georgia Journal of International and Comparative Law* 491. 值得注意的是，包括教主麻原札幌在内的超过 10 位邪教领导人，最终都因为他们在 1995 年袭击中的作用被判处死刑。

杀”，该团体将受到多种特别限制，包括无令状搜查、驱逐出所在地，以及没收团体财产以赔偿受害人。另外，任何被发现违反《预防颠覆活动法》的团体将失去宗教团体的资格。很明显，这些改革是特别针对“奥姆真理教”的，同时也是日本在该领域更倾向于采取反应性和有限性立法的典型事例。

在缺乏特定威胁或实际袭击的情况下，日本当局在制定反恐法律时一直比较慎重，这种方式导致特别立法的出现，人们很难判断这些法律能够发挥多大效用。在实践中，特别立法很少或很难实施，它们似乎只是为了在不确定时期被用来安抚公众的焦虑，而非作为连贯性反恐战略的组成部分。但这些法律也很少或难以被废除，它们仍保留在法律框架内以备将来必要或应急时使用。当然，有关部门禁止“奥姆真理教”的尝试表明，在冷战环境下制定的法律对现代形式的恐怖主义可能毫无效果。

我们必须在这种环境下考虑日本对“9·11”事件的回应。或许更令人惊奇的是，日本不仅没有制定全面的反恐法，而且现有的《预防颠覆活动法》等特别法也没有被修订。[25]在解释这一疏忽时，需要考虑许多因素：首先，与其他许多国家不同，日本公众在“9·11”事件发生后对反恐立法没有强烈要求，这似乎反映了一个普遍感觉，即伊斯兰恐怖主义不是日本人的问题，或至少在日本国内不成问题。另外，美国或其他国家很少对日本政府制定更
全面的国内安全法施加外部压力，而这样的外部压力经常成为日本制定法律 399
的重要因素。正如我们将要在下一节所看到的，日本历届政府所面临的压力主要来自向海外派遣自卫队，而不是更严格的国内安全立法。

日本政府也许同样感觉到没有必要制定更加全面的反恐法，因为现有法律已经为当局提供了足够的权力。最明显地就是，《刑事诉讼法》允许起诉前将犯罪嫌疑人扣留最长达23天。[26]在此期间，侦查人员可随时审讯犯罪嫌疑

---

〔25〕 这并不是说日本国内没有进行改革。事实上，许多业务活动和组织性改革在“9·11”事件后实施，最重要的组织性改革是设立了外交政策局，该局是日本外务省下属的国际反恐合作部门，首要任务是促进与恐怖主义相关的政府部门间以及和国际社会的紧密合作。从业务上说，关键活动包括加强移民控制和主动追缉非法移民。更重要的是，政府可以远离大众媒体的聚焦进行这样的业务改革。关于这些问题，参见H. Mizukoshi，“*Terrorists, terrorism and Japan's counter-terrorism policy*”（2003）53 *Gaiko Forum* 53.

〔26〕 更多日本刑事审判，参见D. Foote，“The benevolent paternalism of Japanese criminal justice”（1992）80 *California Law Review* 317；D. T. Johnson，*The Japanese Way of Justice: Prosecuting Crime in Japan*（Oxford University Press，2002）；S. Miyazawa，*Policing in Japan: A Study on Making Crime*（State University of New York Press，1992）.

人，律师辩护权将被限制，讯问过程也不会被记录。虽然《宪法》赋予犯罪嫌疑人和被告人一系列的权利，但法院特别是最高法院更倾向于维护侦查机关的权力，有这样广泛的权力可供支配，制定更进一步的反恐法好像没有必要。

然而，在办理“奥姆真理教”案件的过程中，尽管有大量证据表明该团体实施了大量犯罪活动，包括生产大规模杀伤性武器，但警方却不愿运用这些广泛的权力。这就指出了日本未能制定全面反恐法的最终因素之一。1945年之前，日本有着国家权力滥用的历史，这使国内一直存在担忧，即担心国家机构可能侵害个人权利，至少在涉及政治和宗教自由的问题上如此。〔27〕国家恐怖主义的痛苦历史，意味着日本如果要制定并实行反恐法律，在政治上就必须受到大众传媒的批评。有关部门未能取缔“奥姆真理教”的原因之一，就是其在1989年被认定为宗教组织，该认定也许很好地帮助“奥姆真理教”避开了警方的注视，如果警方强势打击“奥姆真理教”，他们就会被批评妨害
400 宗教自由。由此可见，由于长期没有恐怖袭击发生，日本似乎缺乏制定反恐法的政治意愿。

这并不是说日本在“9·11”事件后没有对国内法进行完善，实际上，关于资助恐怖主义和移民方面的立法都得到了修订。

与资助恐怖主义相关的措施十分有趣，因为它们凸显了日本反恐政策的另一特征，即日本政府希望被视为国际社会中负责任和乐于合作的成员，因此当国际社会达成了有关国际反恐公约，或存在明确的国际共识的时候，政府就会采取必要的国内措施。〔28〕

“9·11”事件发生时，日本已经签署但尚未批准《制止资助恐怖主义国际公约》。由于该事件的发生，日本加快了批准进程，将国际条约转化为国内法律的过程也于2002年6月11日完成。为贯彻该《公约》以及多项联合国

---

〔27〕对1945年以前镇压活动的全面介绍，参见R. Tipton, *The Japanese Police State*: *The Tokko in Inter-war Japan*（Honolulu: University of Hawaii Press, 1991）；R. M. Mitchell, *Janus Faced Justice*: *Political Criminals in Imperial Japan*（Honolulu: University of Hawaii Press, 1992）；P. Steinhoff, *Tenko*: *Ideology and Social Integration in Pre-War Japan*（New York: Garland, 1999）.

〔28〕例如，为签署1970年《关于制止非法劫持航空器公约》和1971年《关于制止危害民用航空安全的非法行为公约》，日本制定了关于惩治非法劫持航空器和类似犯罪的法律，以及关于惩治危害航空器的法律，日本也签署了1973年《关于防止和惩处侵害应受国际保护人员包括外交代表的罪行公约》和1979年《反对劫持人质国际公约》，并制定了关于惩治劫持人质的法律。1988年，为签署《国际保护核原料公约》，日本修订了关于核原料、燃料和反应堆控制的法律。

安理会决议，日本随即出台了一系列改革措施，在很大程度上加强了对涉恐资金流动和恐怖主义融资的监控。最重要的是，为更有效地控制犯罪财产，日本还通过了一系列有关外汇和对外贸易法律的修正案。根据修订后的法律，金融机构被要求识别外汇交易中的客户，包括资本交易，识别个人客户的姓名、地址、出生日期，以及法人客户的姓名和主要营业地。[29]此外，金融机构需要记录客户身份信息并将其保存 7 年。[30]这些法律还要求相关政府机构 401
之间紧密合作（如快速交换情报），认定需要被冻结资产的恐怖组织。[31]这些权力已被用以冻结联合国安理会认定的恐怖组织，如“塔利班”和“基地”组织等。通过积极开展反恐融资工作，日本政府在“9 · 11”事件后一直追随着国际社会的潮流。

“9 · 11”事件后，日本法律修订的另一领域是移民法，特别是针对外国移民程序。同样，该措施的正当性也是基于国际社会特别是美国的实践和反恐战争。2006 年 5 月，日本国会通过了一项修改移民控制和难民认定的法律。新的法案要求每年进入日本的六七百万外国人留下指纹和照片，并提供其他个人身份信息。这些搜集到的信息将被电子录入，并与载有包括恐怖分子在内的国际通缉要犯的名单交叉检索，符合相关条件的人员将被驱逐。这一措施不适用于 16 岁以下的个人、朝鲜族和其他特殊的永久居民，以及因外交或公务原因受政府和个人邀请来日本的人员。新法案于 2007 年 11 月 20 日实施。

人们很容易从上述内容中得出这样的结论，即日本对“9 · 11”事件的回应是有限的且相对无争议的。当然，如果仅就国内反恐措施而言可以这么说，特别是将日本的情况与其他国家的立法情况相比。对于那些习惯于“9 · 11”事件后像美国、加拿大或英国政府那样采取“进攻性”反恐措施的人来说，日本的反应有些异常。毫不掩饰地说，日本政府明显不愿动员全国力量打击恐怖主义，而是采取了一种更加审慎、至少模糊的态度。就这一点而言，日本政府在“9 · 11”事件前后的反应具有持续性。当然，长期没有发生过由本 · 拉登资助的针对日本或日本人利益的恐怖袭击，也是一个重要考虑。若据以往经验，人们预测将发生这样的袭击，那么情况可能会很快改变。

---

〔29〕 The Foreign Exchange and Foreign Trade Law, as amended 2002, arts. 18 and 22.

〔30〕 Ibid., art. 22.

〔31〕 Ibid., art. 69 (4).

402 通过对国内情况的简单回顾就得出“9·11”事件并没有对日本法律和政治产生影响是错误的。恰恰相反，“9·11”事件引发了日本在自卫队问题上官方政策的重要转变，以及关于自卫队角色的政策辩论，同时推动了日本官方对《宪法》第9条的态度发生重大转变。

三、《反恐特别措施法》和《宪法》第9条

2001年9月25日，时任日本首相的小泉纯一郎在会见美国总统布什时表示，为支持美国应对恐怖袭击，日本政府决定向海外派遣自卫队。事实上，“9·11”事件数天后召开的针对恐怖主义措施的部长级会议采取的7项“紧急措施”中，有4项与自卫队的活动直接相关，其中包括日本政府将立法允许自卫队在海外向美军提供援助的声明。[32]10月5日，日本政府同意了有助于这一部署的3项法案并提交国会，上述法案经参议院和众议院审议于10月29日通过，其中最主要的是2001年11月2日实施的《反恐特别措施法》。

本部分描述了《反恐特别措施法》的主要特征，探讨了它引起争议的原因，特别是可能引发的对《宪法》第9条的新解读。此外，为了允许自卫队继续在印度洋向美军提供援助，福田内阁在2007年修订了《反恐特别措施法》，并在2008年制定了更具限制性的新法律，本部分也对这一行为所存在的政治问题进行了分析。

就《反恐特别措施法》的通过而言，仅花费了3周的立法审议时间，特别是该立法与自卫队密切相关。这主要是由于反对党的态度转变，特别是反对自卫队扩张的传统反对党，即共产党和社会民主党，他们考虑到“9·11”
403 事件的国际环境，认为不能采取以往的拖延战术。[33]该法律迅速获得通过表明，日本政府利用“9·11”事件来制定通常情况下不可能或极难通过的法律。有批评指出，国会曾经于1992年花了9个月制定《维护和平法》，自1999年花了1年多时间才通过，允许依据修订后的防卫条例向美军提供后勤补给，更不必说该领域内更早的一些立法努力因为政治力量和公众反对而被

〔32〕 See above note 3.

〔33〕 日本的和平主义政策是复杂的，甚至打破了政党的界限。比如，前内阁官房长官野中广务，自民党内较有影响力的保守派人物之一，就以强烈反对日本设想更大的安全角色而著称。此外，三个联合执政党之一——公明党（宗教组织创价学会的政治派别），对小泉的安全政策也有较大保留意见。

迫放弃。[34]

与其他国家不同，日本在“9 · 11”事件后的立法速度不应被视为民粹主义的一种表现。《反恐特别措施法》并不是在公众充满对恐怖袭击的愤怒情绪中制定的，而似乎是直接源于美国的压力和小泉纯一郎扩大自卫队角色的思想信念。据信，至少部分有关该自卫队的决定受到了美国国务卿理查德 · 阿米蒂奇（Richard Armitage）在华盛顿对日本驻美大使建议的影响，很显然，理查德 · 阿米蒂奇建议日本应在未来任何的军事行动中展露旗帜。[35]考虑到小泉纯一郎经常以牺牲与周边国家的关系来换取加强与美国之间联系的外交政策，他或许很乐意接受这一要求。然而，这个事件也清楚展示了日本安全政策在何种程度上受到美国影响。日本政府既要维持美日之间的安全关系，又要努力成为国际社会中负责任的一员，这就成为其在“9 · 11”事件后面临的困境。

但是，即便在 10 年之后单独来看《反恐特别措施法》，它也是一部不具有争议性的法律。这部法律的目的被限定为“规定某些‘应对措施’，使日本能够积极有效地帮助国际社会阻止和消除国际恐怖主义，并以此确保包括日
本在内的整个国际社会的和平与安全”[36]。具体包括：①日本会采取措施支 404
持美国和其他国家消除对“9 · 11”事件负有责任的恐怖分子的威胁，包括基于实现《联合国宪章》的目的而采取的武装军事行动；②基于联合国相关决议的人道主义精神，日本会采取相应的措施。[37]

应对措施包含三大类活动，即合作与支持行动，搜寻与救援行动以及向受灾人群提供援助。[38]上述活动又被分别界定：合作与支持行动包括向外国军队提供物质和服务以及其他援助措施；[39]搜寻与救援活动是指日本对外国军事行动的战斗中遭遇困难的士兵进行搜寻和救援。[40]向受灾人群提供援助

---

〔34〕 有关自卫队立法失败的详细回顾已超出本章探讨的范围，参见 Katzenstein，*Cultural Norms and National Security*，Chapter 5.

〔35〕 See G. MacCormack，“Japan's Afghan expedition”，*Japan World*，5 November 2001，available at www. iwanai. co. jp/jpworld/text/Afghanexpedition01. html.

〔36〕 ATSML，art. 1.

〔37〕 Ibid.，art. 1.

〔38〕 Ibid.，arts. 2 – 3.

〔39〕 Ibid.，art. 3 （1）.

〔40〕 Ibid.，art. 3 （2）.

是指日本对遭受恐怖袭击的地区运输必要物资，包括食物、服装和药品，医疗服务和其他人道主义活动。[41]

以上所有措施可由包括自卫队在内的各类政府机构实施，[42]但关键是他们不能涉及“威胁或使用武力”[43]。执行上述措施过程中，自卫队成员只有当不可避免以及存在合理理由时，为保护自卫队成员和处于自卫队控制下人员的生命安全，才能使用武器。[44]

在以下领域内也可以实施这些应对措施：①日本领土内；②公海及其上空；③外国领土（仅限于该国同意日本军队出现的情况）。[45]很明显，在②和③的情形下，这些措施仅限于没有发生战斗或预计不会发生战斗的区域。[46]《反恐特别措施法》要求首相在所有措施实施3周内征得国会同意。如果国会不同意，任何应对措施必须马上终止。[47]最后，这一法律会定期更新。

405 从军事角度看，“9·11”事件后日本依据《反恐特别措施法》迅速采取的一些措施都是小规模的。2001年11月9日，日本的两艘驱逐舰和一艘补给舰被部署在印度洋以支援美国海军行动。11月25日，日本再次部署了一艘驱逐舰、一艘补给舰和一艘扫雷舰。更富有争议的是，2002年12月16日，日本派遣一艘“宙斯盾”级驱逐舰到印度洋海域。其他行动与上述行动的性质类似，绝大多数涉及对美国和英国舰船的再补给和情报搜集。在印度洋海域给北约舰船提供再补给和情报工作是《反恐特别措施法》允许的唯一可以持续进行的活动。自卫队在反恐怖战争中的谦抑表现所体现的危险并不是日本军国主义的复苏，而是日本《宪法》的解释。[48]

使《反恐特别措施法》的讨论复杂化的是《宪法》第9条和它颁布之前

---

〔41〕 Ibid., art. 3（3）.

〔42〕 Ibid., art. 3（4）.

〔43〕 Ibid., art. 2（2）.

〔44〕 Ibid., art. 12.

〔45〕 Ibid., art. 2（3）.

〔46〕 Ibid., art. 2（3）.

〔47〕 Ibid., art. 5.

〔48〕 关于日本军国主义为何不可能复燃有两种主要观点：一是因为日本在安全上对美军的严重依赖，二是在日本绝大多数人都持反战文化。关于后者，参见 I. Buruma, *The Wages of Guilt*: *Memorise of War in Germany and Japan*（London: Phoenix 1994）; N. Field, *In the Realm of a Dying Emperor*: *Japan at Century's End*（New York: Vintage, 1992）.

的日本侵略史。放弃战争以及与之相伴的不维持战争力量构成了1945年美国占领军强加给日本政府的一项根本性原则。[49]这一原则体现在《宪法》第3章第9条：

> （1）日本国民衷心谋求基于正义与秩序的国际和平，永远放弃作为国家主权发动的战争、武力威胁或使用武力作为解决国际争端的手段。
>
> （2）为达到前项目的，不保持陆海空军及其他战争力量，不承认国家的交战权。

宪法和法律的其他条款亦体现了上述原则。比如，《宪法》第66（2）条规定内阁总理大臣及其他国务大臣必须是文职人员。第18条规定的“禁止奴役性拘束”被宪法学者解释为包括军事征兵。日本《宪法》没有任何条款涉 406
及军事法或宣战、媾和等战争事宜。与《刑事诉讼法》相比，战前《刑法》在美军占领期间并未被完全修订，仅仅是做了小幅度完善，特别是删除了关于战时犯罪的条款。

众所周知，日本《宪法》第9条自1947年11月3日实施以来就一直处于争议的焦点。从字面含义理解，第9条似乎表明自卫队的存在是违宪的，因为第9（2）条包括了对任何军事力量或其他战争威胁的明确禁止。当然，这是绝大多数主流日本宪法学者和左翼政党的观点。他们认为日本接受1945年9月2日《波茨坦公告》规定是至关重要的。依照《波茨坦公告》之规定，日本将被完全解除武装，欺骗及错误领导日本人民使其妄欲征服世界者之威权及势力必须永久剔除。[50]正如知名的二战后日本历史学家约翰·道尔（Denver）所说，《波茨坦公告》清楚地表明解除武装和非军事化不仅仅是彻底的，还是永久的。[51]

20世纪50年代，美国对苏联在远东地区的扩张给予高度关注，为表明对

---

〔49〕其他原则是国民主权（与君主主权对照）和尊重基本人权。

〔50〕Quoted in Dower, *Embracing Defeat*, p. 74.

〔51〕Ibid, p. 75. See also K. Inoue, *MacArthur's Japanese Constitution: A Linguistic and Cultural Study of its Making* (University of Chicago Press, 1991); S. Koseki, *The Birth of Japan's Postwar Constitution* (Denver, CO: Westview Press, 1998).

美国的支持，日本开始了重整军备计划并持续至今。[52]在日本，《宪法》修
407 订的制度障碍和关于第 9 条的政治敏感性，意味着修订《宪法》是不可能的，[53]事实上日本也从未制定宪法修正案。取而代之的是，日本政府对《宪法》第 9 条进行扩大解释，认为自卫队并不属于第 9（2）条所禁止的“军队”或“其他战争威胁”。这一观点的逻辑源于所有主权国家包括日本都享有国际法中规定的固有自卫权。[54]上述原则不仅可以在传统国际法中找到依据，也为《联合国宪章》第 51 条所载明。[55]因为《宪法》并未明确禁止维持必要的武装力量实施自卫权，据此，日本基于自卫目的设立自卫队是符合《宪法》规定的。

为理解日本政府的上述观点（自 1955 年到 2009 年自民党的观点），区分个体自卫权和集体自卫权十分重要：个体自卫权指的是当某一国家（如日本）遭受直接攻击时进行抵抗的权利；集体自卫权指的是当日本并未遭受直接攻击，但其盟友（如美国）遭受攻击时，将此视为对自身攻击并实施反击的权利。在过去的五十多年间，日本政府和防卫省一直持这种观点，即为行使个体自卫权维持必要军事力量符合《宪法》第 9 条之规定，行使集体自卫权则不被允许。以下是上述政府观点的参考性声明：

408 为了秉持和平主义，《宪法》第 9 条宣布放弃战争、不保持军事威胁
和不承认国家的交战权。毫无疑问，只要日本还是一个主权国家，这一

---

〔52〕 关于这一解释的详情，参见 P. J. Katzenstein, *Cultural Norms and National Security*, chapters 5 – 6. 出于对共产主义革命的恐惧，20 世纪 40 年代末，占领美军授权组建了一支 75 000 人的国家警察预备队维持国内治安。随着 1952 年美军占领结束和日美安全协定的签署，国家警察预备队转为自卫队。取名自卫队似乎是为了突出其自卫的性质。经常有人说日本的军费预算世界第二，参见 D. Hayes, *Japan: The Toothless Tiger* (Tokyo: Tuttle, 2003), p. 131. 尽管这些说法难以得到核实。自卫队目前包括 150 000人的地面部队，43 000 人和160 艘舰艇组成的海上自卫队和由45 000 人和51 000 架飞机组成的空中力量。

〔53〕 有关日本《宪法》的修订，参见《宪法》第 96 条：①本宪法的修订，必须经各议院全体议员 2/3 以上的赞成，由国会提议，向国民提出，并得其承认。此种承认，必须在特别国民投票或国会规定的选举时进行投票，必须获得半数以上的赞成。②宪法的修订在经过前项承认后，天皇立即以国民的名义，作为本宪法的一个组成部分公布之。

〔54〕 See generally I. Brownlie, *International Law and the Use of Force by States* (Oxford University Press, 1963), pp. 231 – 80; I. Brownlie, “The Nicaragua case”. 1986 *ICJ Reports* 14.

〔55〕《联合国宪章》第 51 条规定：联合国任何会员国受武力攻击时，在理事会采取必要办法，以维持国际和平及安全以前，本宪章不得认为禁止行使单独或集体自卫之自然权利。

> 条款的规定并未否认日本作为主权国家固有的自卫权。
>
> 既然这一权利未被否认，政府坚信《宪法》并未禁止维持必要的最低限度的武装力量以实施个体自卫权。在此理解上，政府采取了专门防御政策作为国家防卫的基础性政策并维持自卫武装力量，逐步提升防卫能力以确保有效实施。这些措施并未构成任何宪法性问题。[56]

虽然这样的官方解释并未明确涉及个体自卫权，但政府和批评者也一直是在这个层面上理解“专门防御政策”的。日本政府对《宪法》第9条的解读，即认为基于个体自卫权而维持最低必要限度的武装力量是符合《宪法》的，源于国际法中日本如果遭受直接攻击的自卫权。

可以从《宪法》第9条的立法进程中找到一些对政府主张的进一步支持。应当注意的是，讨论中至关重要的一点是在国会审议的最后阶段，在美军占领当局的同意下，《宪法》第9条的原稿被修改了。[57]由占领军起草并提交给国会的《宪法》第9条的表述如下：

> （1）永远放弃作为国家主权发动的战争、武力威胁或使用武力作为解决国际争端的手段。
>
> （2）不允许保持陆海空军及其他战争力量，国家的交战权也将永不被承认。

修订过程的讨论十分复杂且涉及相当精妙的语言问题，但日本政府的观
点认为所谓芦田修正案与原稿相比明确了个体自卫权。根据这一论断，《宪
法》第9条修订稿的第1款将世界和平作为目标。修订后加入第2款的部分， 409
即“为达到前项目的”表明与原稿相比，并非放弃保持军事力量本身，而是
放弃保持可能破坏世界和平的侵略战争的能力。因此，根据日本政府的观点，
保留了为自卫保持必要军事力量的合宪可能性。

尽管历史学家和宪法律师持续批评政府对《宪法》第9条的态度，法院

---

〔56〕 Japanese Defense Agency, *Annual Report* (Tokyo: Japan Times, 1993), pp. 63 – 7, 127 – 8 (emphasis added).

〔57〕 1947年宪法是作为1889年明治宪法的修订版而正式制定的，因此受到有限的立法审查。围绕《宪法》第9条的立法争议详情，参见Dower, *Embracing Defeat*, pp. 75 – 90.

采取了更为审慎的态度。[58]有关这一问题的主要案件都普遍接受了政府的观点，即《宪法》第9条并未剥夺国家的个体自卫权。在关于保持军事力量的权利是否源自个体自卫权这一问题上，曾数次拒绝政府观点的一审法院和以“这是政治问题”为由一直拒绝进行处理的上诉法院之间存在区别。

将《宪法》第9条解读为“专守防卫”政策，为日本在冷战时期采取的防卫政策提供了依据，这既可以理解为《宪法》第9条的启动性解释，也可以理解为《宪法》第9条的禁用性解释。一方面，“最低限度保有必要武装力量以行使个体自卫权”的标准过于模糊，甚至允许防卫省不受任何规模或构成上的限制组建一支军事力量。另一方面，尽管证明自卫队存在合理性的解释
410 不足以限制日本重整军备，但它仍然确立了对自卫队部署区域和情形的限制。这是因为，个体自卫权是自卫队存在的正当化依据，这意味着政府在使用自卫队问题上已经受到了限制。最明显的是，这意味着自卫队的任何海外派遣活动，包括政府利用自卫队给正在遭受攻击的盟友提供援助都会被视为违宪行为。

然而，在20世纪90年代，面对不断变化的地缘政治形势，自卫的理由越来越成为日本的束缚。在这方面特别重要的是国际上对日本1990年至1991年第一次海湾战争中所起作用的批评。因为与专守防卫的政策取向不相容，虽然日本作出了巨大的经济贡献，但并没有给予联军任何军事援助。受美国对这种所谓“支票簿外交”批评的刺激，政府先后通过一些新的措施，其中最重要的是1992年的《联合国维和行动协作法》（PKO）和1999年的《周边事态法》（SASJL）。

《联合国维和行动协作法》的目的是为联合国维和行动和人道主义救援活动提供适当和及时的协助。根据该法的规定，在满足五个条件的情况下，向

---

〔58〕 The leading Supreme Court judgments relating to art. 9 can all be found in translation in L. W. Beer and H. Itoh (eds), *The Constitutional Case Law of Japan 1970 through 1990* (Seattle, WA: University of Washington Press, 1996). On the topic of judicial independence in Japan more generally, see J. Haley, “Judicial independence in Japan revisited” (1995) 25 *Law in Japan*; M. J. Ramseyer and E. Rasmussen, Measuring Judicial Independence: the Political Economy of Judges in Japan (University of Chicago Press, 2003). Japan has a career judiciary in which judges are allocated new posts every three to five years. Ramseyer and Rasmussen argue that those judges who make decisions that are deemed to be politically controversial find themselves suffering in their subsequent career postings. The fifteen Supreme Court justice, however, come from a variety of backgrounds, including the judiciary, the legal profession, bureaucracies and academia. In spite of this diversity in intake, the Supreme Court has a reputation for political conservatism, particularly in cases involving central government.

海外部署自卫队首次具有合法的可能，这些条件包括安理会决议授权的维和行动和停火协议。此外，武器的使用被限制在保护自卫队成员生命所需的最低限度内。根据这一法律，日本自卫队参加了柬埔寨（1992 年 9 月 ~1993 年 9 月）、莫桑比克（1993 年 5 月 ~1995 年 1 月）、戈兰高地（1996 年 2 月至今）和东帝汶（2002 年 3 月至今）的维和行动。[59]《周边事态法》于 1999 年制定，使日本自卫队提供所谓的“大后方支持”成为可能，该法规定，日本得在“日本周边”与美军的协作中提供后勤支持，如果日本不提供协助，411
则可能导致本土受到攻击。[60]

然而，根据《联合国维和行动协作法》和《周边事态法》，日本政府不可能在日本本土或周边领域外采取措施支援美军。《联合国维和行动协作法》对日本向海外派遣自卫队有明确限制，特别是要有具体的联合国决议和停火协定。《周边事态法》将自卫队行动限定在日本周边地区。虽然这些改革使得自卫队的海外部署更为便利，但从专守防卫政策导向的角度来看，向海外派遣自卫队本身就充满争议，授权的情形仍然受到严格限制。《反恐特别措施法》则扫除了这些限制，使得政府有全新的理由派遣自卫队，而不是基于协助联合国或仅仅保卫日本及周边安全。关键问题不仅是该法律是否与《宪法》第 9 条的含义相一致，更重要的是该法是否与政府先前对第 9 条的解读相一致。

在谈到《反恐特别措施法》如何突破早期政策时，这部法律的批评者指出了一系列问题。[61]其中最显著的就是《反恐特别措施法》第 2 条把可扩充的“外国领土”和“公海及其上空”作为自卫队合法行动的区域。这超出了《联合国维和行动协作法》和《周边事态法》的规定，使政府可以国际反恐合作的名义，在没有地域限制和联合国明确授权的情况下向海外派遣自卫队。虽然日本自卫队的部署仅限于旨在根除国际恐怖主义的活动，为贯彻落实

---

〔59〕 值得注意的是，由于这些行动，公众态度有很大改变。根据官方调查，1991 年只有 26.5% 的人同意日本参与联合国维和行动，2000 年这一数字是 40.5%。而反对比例则从 1999 年的 18.8% 降低到 2000 年的 2.7%。参见 National Institute for Defense Studies Japan, *East Asian Strategic Review* 2003 (Tokyo: Japan Times, 2003), p. 311.

〔60〕 该法对 1997 年根据《日美安全协定》进行的协商指南具有法律效力。

〔61〕 下列讨论围绕 2001 年 10 月 9 日超过 50 位日本宪法学者反对《反恐特别措施法》(ATSML) 的公开信。The Japanese language version is available at www. jca. apc. org/ ~ kenpoweb/appeal. html. It also uses arguments found in a special issue of the Japanese language law journal, which discusses art. 9 post -9/11: (2004) 1260 *Jurist*.

《联合国宪章》的宗旨作出贡献，但这是一个开放的、不明确的标准，特别是当人们考虑到上述规定仅仅是依据《联合国宪章》而不是具体的安理会决议，这意味着国际恐怖主义尚没有得到明确的界定。

看起来《反恐特别措施法》并不符合政府先前对《宪法》第9条的解读，
412 因为如果是以根除恐怖主义为目标，它似乎也承认支持集体自卫权的“应对措施”甚至是“先发制人”的攻击。这将会延伸并突破早期的自卫概念（考虑到《宪法》第9条的明确含义，这已经是一个有争议的问题）。该法还规定了行动应限制在非战斗地区。但是往往很难区别战斗地区和非战斗地区，尤其是在面临恐怖主义活动时。[62]

此外，《反恐特别措施法》强调第2（2）条所规定的“应对措施”并没有构成《宪法》第9条所禁止的“使用武力”，因为这些措施不可能构成“威胁或使用武力”，这里涉及被归类为合作与支援行动中的一些活动。如上所述，这些活动包括供应、运输、维修、保养、医疗服务和通讯等后勤活动。但是，如果没有后勤保障，使用武力是不可能的，也就是说，后勤保障是军事行动的一个必要先决条件，因此，这部法律对“应对措施”和“使用武力”之间所做的区分广受质疑。关于该观点所做的一个颇为形象的比喻被刊登在一份报纸的社论中，它怀疑日本船只是否会被允许为向巴基斯坦西北部恐怖分子训练基地发射巡航导弹的美国驱逐舰提供燃料。[63]

最后，与《联合国维和行动协作法》和《周边事态法》中向海外派遣自卫队都需要国会提前批准相比，根据《反恐特别措施法》，自卫队采取的应对措施可以不经议会提前批准，并允许国会事后追认即为有效。有观点指出，在这一点上文官政体对自卫队的控制被削弱。鉴于日本军队的历史，这是一个极端敏感的问题，其在这部法律初审时成为被质疑的原因之一也就不足为奇了。

日本政府清醒地意识到，通过颁布《反恐特别措施法》可以获得自卫的
413 正当性，他们也承认需要一个论证日本自卫队的合宪性的不同理由。日本政府提出一个新论点，重点表明《宪法》序言和对《宪法》第9条的早期理解之间有差距。日本政府诉诸《宪法》序言的现象非常有趣，不仅是因为序言

〔62〕同样的限制也存在于日本关于伊拉克的特别立法中。根据法律规定，自卫队只能部署在停战区域。尽管伊拉克安全形势不断恶化，但日本政府辩称自卫队部署的区域没有战争发生，因此派遣自卫队是合法的。

〔63〕*Nihon Keizai Shimbun*, 11 November 2001.

经常被用来支持这样的论点，即《宪法》第 9 条等同于绝对禁止自卫队以及自卫队违反《宪法》的论断。然而，日本政府的新观点表明《宪法》序言的根本原则在于国际合作。[64]其辩称在序言的背景下阅读时，第 9 条可以合理证明不仅在个体自卫的情况下，而且在国际合作追求和平与安全的更广泛的情况下使用武力是正当的（如集体自卫）。现在，为根除恐怖主义向海外派遣自卫队被日本政府视为是符合《宪法》的。

大多数宪法学者对这个表述持怀疑态度，认为日本政府这一新观点意味着《宪法》第 9 条毫无意义，因为几乎任何自卫队的联合部署都可以建立在国际合作的基础上。批评者认为《宪法》序言和第 9 条之间不存在“差距”。恰恰相反，序言的原则即和平主义和绝对排斥武力体现在《宪法》的每一个条款中，包括第 9 条。根据这种观点，所谓“和平宪法”的独特特征在于采取了建立在国际合作基础上的和平主义原则。例如，批评家质疑日本政府立场的合法性以及相信武力能根除恐怖主义（即便是合作性的）的论点。

该讨论更进一步涉及国际法、《宪法》第 9 条和《反恐特别措施法》之间的关系。正如上面提到的，历届日本政府依据国家法中“固有自卫权”辩称
自卫队是符合《宪法》的，因为它采取了“专守防卫”政策。比如，对日本 414
政府关于《宪法》第 9 条的理解比《联合国宪章》第 51 条提出了更为苛刻的标准，因为只有行使个体自卫权的行为才能被允许。考虑到第 51 条明确提到了集体自卫权，日本政府能否将国际法作为《反恐特别措施法》的法律依据？

第 10 章（《宪法》第 97 ~ 99 条）构建了日本法律规范的等级体系，其中最重要的是第 98 条：

> （1）本宪法为国家的最高法规，与本宪法条款相违反的法律、命令、诏敕以及有关国家事务其他行为的全部或一部，一律无效。
>
> （2）日本国缔结的条约及已确立的国际法规，必须诚实遵守。

一般认为这一规定的效果使《宪法》效力高于国际法。[65]内阁签订条约

---

〔64〕这些都可以在日本《宪法》序言部分清楚看到，如“我们希望在努力维护和平，从地球上永远消灭专制与隶属、压迫与偏见的国际社会中，占有光荣的地位。我们确认，全世界人民都同等具有免于恐怖和贫困并在和平中生存的权利”；“我们相信，任何国家都不得只顾本国而不顾他国，政治道德的法则是普遍的法则，遵守这一法则是维持本国主权并欲同他国建立对等关系的各国的责任”。

〔65〕H. Oda, *Japanese Law* (Oxford University Press, 2001), p. 50.

和国会的批准都源自《宪法》，因此逻辑上不可能证实条约的优先权。[66]从这一观点来看，如果《宪法》第9条被理解为（就像曾经被政府理解的那样）排除类似行为的话，《联合国宪章》第51条则不能为集体自卫提供合法依据。

另一种可供选择的少数派认为，《宪法》第98（2）条构成对第98（1）条的限制。[67]也就是说，条约和已确立的国际法规（国际惯例）比《宪法》享有优先权。这一观点得出结论，即《联合国宪章》第51条比《宪法》第9条享有优先权，如果日本签署宪章，集体自卫将会被允许。有趣的是日本政府并没有采纳这一观点，而更倾向于对《宪法》第9条进行重新解读。

尽管国际法能为集体自卫提供法律依据，但问题在于它是否能为日本政府根据《反恐特别措施法》对他国采取的“先发制人”的攻击措施提供帮
415 助，比如自卫队为主动攻击第三国境内恐怖组织的美军飞机补给燃料。有据可查的是，布什政府一直在寻求扩大自卫权范围的途径，包括针对任何自愿庇护恐怖分子的国家。[68]从《联合国宪章》第51条和国际惯例来看，这些行为都是有问题的。[69]如果日本政府将国际法作为《反恐特别措施法》的依据，他们必须坚持国际法允许“先发制人”攻击的观点。考虑到国际社会中这一问题的敏感性，各届日本政府都不愿采取这样的行动。如此一来，重新解读《宪法》第9条的适用范围似乎是更便利的途径。

因此，《反恐特别措施法》导致了对《宪法》第9条的重新解读，这样很难与法律的文字含义相一致，或许更重要的是，很难与政府之前所持的将自卫队活动仅限于遭受直接攻击的观点相一致。上述更独断的态度至少部分反映了小泉纯一郎当时的思想倾向和“9·11”事件后日美安全关系的需要。通过将自卫队作为应对恐怖主义合法有效的手段，小泉纯一郎政府看似同意美国当时的主流思想，即将恐怖分子当作“准”军事分子，而不是将恐怖主义活动视为犯罪，将恐怖分子当作罪犯。《反恐特别措施法》传递给日本公众的

---

〔66〕 支持该观点更进一步的理由是，修订《宪法》的程序要比修订签署条约的程序更加困难。

〔67〕 See, e. g., K. Sorimachi, “Internationalization and globalization demand changes in judicial interpretation”, *21 st Century shape of Japan*, No. 3 (2003), available on – line at www. lec – jp. com/speaks/info_003. htm.

〔68〕 See, e. g., M. Byers, “Terrorism, the use of force and international law after 9/11” (2002) 51 *International and Comparative Law Quarterly* 401.

〔69〕 Ibid., 413 – 14.

信息是，当前恐怖主义威胁的本质和最有效的应对措施被用以强化一种担忧，即导致公众质疑《宪法》第 9 条的价值。

对美军打击恐怖分子和其支持者的强力支持政策一直延续到 2003 年 7 月《关于伊拉克人道主义和重建援助特殊措施法》的实施。[70]根据这一法律，
自卫队被允许在非交战区承担人道主义和“重建”救援，以支持以美国为首 416
的占领方。[71]这一真正部署军队的决定持续受阻，很大程度上是公众反对的结果。但是，在 2003 年 11 月 29 日两名日本外交官在伊拉克境内一次恐怖袭击中遇害后，日本政府决定推进这一部署，强调维持美日同盟关系及与国际社会的合作。2004 年 3 月，日本派遣 550 名地面武装人员到达伊拉克东南部城市塞马沃参与“重建”行动，主要涉及重新连接水源补给。这些部署持续到 2006 年 6 月，直到日本政府认为“重建”已进入新阶段，不再需要日本武装力量参与。所有日本地面武装力量都于 2006 年 9 月离开了伊拉克，但支援多国部队的空中行动一直持续到 2008 年 12 月。

日本自卫队在伊拉克的任务极具争议，因质疑这一行动的合宪性以及对因派遣军队而引起的心理创伤要求赔偿，至少有 11 件公民团体提起的诉讼，除了下面这个不寻常的情况之外，所有这些诉讼都被驳回了。2008 年 4 月，名古屋高等法院认为，将空中支援作战空域扩大到伊拉克北部的巴格达和埃尔比勒上空违反了伊拉克特别法，因为这两个地区被视为“战区”，这里仍然发生着屠杀和镇压行为。法院解释说，自卫队将多国部队的武装士兵运送到“战区”巴格达的行为是其他国家使用武力所必需的，因此也可视为是自卫队使用武力。它得出的结论是，自卫队执行的运输任务违反了特别法禁止使用
武力和在交战区活动的条款，以及《宪法》第 9（1）条。这项裁决摧毁了小 417
泉政府一贯宣称自卫队从未在战区行动的声明。

---

〔70〕日本立刻对美国领导的打击伊拉克的行动表示了支持。2003 年 2 月，当许多安理会成员不愿通过授权进行袭击的决议时，日本清楚地表达了对此行动的支持。2003 年 5 月，当小泉纯一郎会见美国总统布什时，他承诺日本将协助参与战后重建，明确表明包含派遣自卫队。这一政策的负面影响显现在 2004 年 3 月 11 日马德里火车爆炸案后，“基地”组织宣布对此事件负责并声称日本将是下一个目标。参见《日本时报》2004 年 3 月 13 日，第 2 页。“日本公民在伊拉克被绑架，日本记者被谋杀，以及最近公开的一个被怀疑与‘基地’组织有关的名叫 Lionel Dumont 的法国人试图在日本建立恐怖基地。” See *Time*, 7 June 2004, 37.

〔71〕The Law Concerning Special Measures on Humanitarian and Reconstruction Assistance in Iraq, 2003, art. 2.

政府对安全问题更为积极的姿态最终体现在 2003 年 7 月，此时通过了《武装袭击应对法》（所谓的《紧急事态法》）等一系列措施。如上所述，日本《宪法》不包含战时或其他国家紧急情况下暂停法律实施的条款，自 1977 年以来，自民党政府曾试图通过法律明确指出日本遭受武装袭击时首相的权力和自卫队的作用，而日本与朝鲜的紧张关系升级也需要一些应急计划。继 2002 年立法会议上失败后，2003 年小泉政府成功通过了一系列措施来界定紧急情况下政府权力和自卫队的作用。〔72〕

正如其他措施所揭示的，《反恐特别措施法》是小泉政府把新的全球安全形势作为一项理由来扩大自卫队作用之系列措施的一部分。然而，当 2006 年 9 月小泉卸任首相后，连续三届日本自民党首相都努力保持对该问题的立场，特别是对《反恐特别措施法》的政治支持。

《反恐特别措施法》最显著的特点在于它包含了落日条款，即延长该法需要征得国会同意。2003 年 10 月 10 日，日本国会批准政府请求，将该法有效期延长 2 年。〔73〕类似延长也在 2005 年得到批准。但是，当 2007 年该法再次需要延长时（小泉卸任后），作为反对党的民主党时任领袖小泽一郎决定反对再次延长，当时民主党在国会上院占有多数席位，所以上述反对成为可能。民主党声称，应当停止根据该法律实施的行动，即向印度洋上的美军提供补
418 给，因为这构成集体自卫行动并缺少国际法依据。

这是否是小泽一郎和其他民主党资深成员（其中许多人，包括小泽，都曾是自民党成员，有过支持自民党在《宪法》第 9 条上立场的记录）的政治投机仍是一个开放的话题。随着受欢迎的小泉离开舞台，福田康夫取代其成为自民党领袖并担任首相职务，此时，民意调查显示公众强烈反对根据《反恐特别措施法》进行的活动，民主党明显感觉到有机会在这一问题上给政府致命一击。尽管民主党的反对立场存在许多不一致的地方，尤其是声称在阿富汗的行动缺少联合国支持。〔74〕这场争论持续了数月，直到人们清楚地认识

---

〔72〕 See Mark Fenwick, "Emergency powers and the limits of constitutionalism in Japan", in Victor V. Ramraj and A. K. Thiruvengadam (eds.), *Emergency Powers in Asia*: *Exploring the Limits of Legality* (Cambridge University Press, 2010).

〔73〕 *Japan Times*, 11 October 2003, 2.

〔74〕 关于民主党立场混乱这一有趣的讨论，参见 Craig Martin, "Japan's Anti – Terrorism Measures Law and confusion over UN authority": *Japan Times*, 8 March 2007, 8.

到无法将该法延长。

因此，《反恐特别措施法》于 2007 年 11 月正式失效，所有在印度洋上的支援行动都停止了。源于美国要求重启这些行动的压力，福田康夫政府于 2008 年 1 月制定了一项新法律，即《补充支援特别措施法》。该法是对《反恐特别措施法》限制后的版本，用以重启曾经《反恐特别措施法》授权的印度洋支援行动。

这一法律的目的与《反恐特别措施法》近似，即“为国际社会禁止和根除国际恐怖主义的努力作出积极主动的贡献，从而确保包括日本在内的国际社会的和平与安全”[75]。该法律将授权活动严格限于补给活动，活动区域明确限于日本周边，关键是印度洋。

福田康夫内阁批准了向印度洋上的舰船补给的实施计划，但是规模得到了明显缩减。在任务的第一阶段（按照《反恐特别措施法》的规定）即 2001 年 12 月至 2007 年 11 月，海上自卫队向印度洋上的军舰补给了 49 000 万升油料。在任务的第二阶段即 2008 年 2 月至 2010 年 1 月（按照《补充支援特别措施法》的规定），自卫队只提供了 2700 万升油料。

然而，该法仍是国内政治争议的根源，也是 2009 年 8 月自民党选举败给
民主党的一个因素。鸠山新政府决定不再寻求延展《补充支援特别措施 419
法》，该法于 2010 年 1 月 15 日失效，所有支援全球反恐战争的补给活动最终被终止。[76]失效当天，政府宣布已选择增加对阿富汗的直接援助并许诺 5 年内提供 50 亿美元用于民用援助。

四、结论

制定适当的应对恐怖主义的措施给所有政府带来了一个严峻的政治困境。一方面，如果不能有效应对恐怖主义，政府将面临恐怖分子发动下一步更具毁灭性袭击的危险。另一方面，也会存在针对恐怖主义过度反应的危险。毕竟，恐怖主义主要目标之一是迫使国家将宪政置于肤浅的、虚伪的和可依情况而定的承诺之下。恐怖分子的设想就是引起“以暴制暴”，即暴力袭击会使

---

〔75〕 RSSML, art. 1.

〔76〕 See *Japan Times*, 19 January 2010, 2.

政府违背主要宪法原则，这样规范的暂时失效就暴露了法律的不足，并且破坏了国家的道德权威。可以说，在应对恐怖主义的现实需要和过度反应的危险之间寻求适当平衡，已成为“9·11”事件后世界秩序所面临的主要政治挑战之一。

本章表明，尽管日本应对“9·11”事件时并未像其他国家那样采取更为积极的国内反恐政策，却引发了与《宪法》第9条字面含义甚至与早前“专守防卫”政策不一致的新观点。尽管日本对《宪法》第9条的全新解读和相应的军事活动被证明存在争议，但再次凸显了日本军事部署的关键仍然是政治而非法律。目前，围绕日本《宪法》关键条款的适用范围的争议仍然没有得到解决，并陷入一种不确定状态之中。

第 17 章

印度的反恐法律体系

乌吉瓦·库玛·辛格*

一、引言 420

迄今为止，印度议会已经通过了三部反恐怖主义法律：1985 年和 1987 年的《预防恐怖主义和破坏活动法》（英文简称“TADA”）、2002 年的《反恐怖主义法》（英文简称“POTA”）和 1967 年制定但在 2004 年和 2008 年修改的《预防非法活动法》（英文简称“UAPA”）。《预防恐怖主义和破坏活动法》于 1995 年失效，《反恐怖主义法》于 2004 年被废止。在废止《反恐怖主义法》的同时，印度修订了正在实施的《预防非法活动法》，该法涵盖了《反恐怖主义法》中关于惩罚恐怖主义活动和恐怖组织以及截听电话和电子通信的条款。2008 年 12 月，《预防非法活动法》再次获得修订，引入了《反恐怖主义法》规定但 2004 年修正案没有涉及的保释和还押。因此，《预防非法活动法》以及 2004 年和 2008 年的两次修订，完全可以被看作是印度第三部反恐怖主义法。〔1〕

本章认为，《预防恐怖主义和破坏活动法》、《反恐怖主义法》以及《预防非法活动法》这三部法律可以被视为印度在处理恐怖主义问题上循序渐进的法律和政治制度。虽然这三部法律彼此之间相互关联衔接，展示了连续性，

---

* 乌吉瓦·库玛·辛格（Ujjwal Kumar Singh），德里大学政治科学院教授。

〔1〕 关于印度反恐怖主义法的精辟分析，参见 Ujjwal Kumar Singh，*The State*，*Democracy and Anti-Terror Laws in India*（New Delhi：Sage，2007）。本章包括了印度反恐法律体系的最新发展。

但是每部法律也都展现出了创新性，并有其独特的地方。本章所坚持的这种认识的关键是与每部法律所构建的“制度”相联系，我们不仅要根据表面的条款来理解法律，还要通过审视内在的政治和意识形态，以及围绕着司法实践来解读法律。因此，识别不同法律之间的特殊性是很重要的，这也是我们根据法律内容的上下文关系以及法律影响来了解法律意义之关键所在。因此，本章会把每部反恐法作为一个法律制度，关注点不仅是法律的语言，包括法律规则的本质、原则、程序以及司法解释，而且还关注法律的实
421 效和影响，包括正义观、人民生活、社会管理以及对国家法律和刑罚结构的影响。

有人认为，《预防恐怖主义和破坏活动法》见证了一个阶段。在这个阶段，印度以打击旁遮普省和相关的分裂主义运动为特定目标，制定了单一的联邦法或者中央法。在美国“9·11”事件以后，印度议会于同年 12 月 13 日紧接着就遭受了恐怖袭击，使印度的反恐立法与布什政府提出的“为民主营造世界安全”达成了国际共识。值得关注的是，印度《反恐怖主义法》宣布了过渡期的结束。在此期间，随着 1995 年《预防恐怖主义和破坏活动法》的失效，《反恐怖主义法》结束了在缺少“国家法”的情况下应对恐怖主义时出现的空白期，与已经失效的《预防恐怖主义和破坏活动法》不同，《反恐怖主义法》在 2004 年被印度议会宣布废止。

在下文中我们也许会看到，21 世纪的头十年里在建构国际共识机制的背景下，反恐法的合法性和政治性都在退步。《反恐怖主义法》的废止，虽然只是一种有限的方式，但代表着民主力量的胜利。然而，废止这部法律之后出现了两个相互关联的现象：一是印度同时修订了 1967 年制定的《预防非法活动法》，将已经废止的《反恐怖主义法》中的一些特别规定增加进来；二是与宣布废止《反恐怖主义法》相一致，为了打击公开的恐怖主义，印度建立了地方分权的法律制度，如恰蒂斯加尔邦和中央邦以及其他地方均执行着自己的反恐法；贾坎德邦则依据《刑法修正案》（1908）（英文简称“CLA”）第 17 章来应对；《马哈拉施特拉邦控制有组织犯罪法》（英文简称“MCOCA”）也很有影响，这部法律自 1999 年 2 月和 2002 年 1 月分别在马哈拉施特邦和德里实施。《马哈拉施特拉邦控制有组织犯罪法》被看作是《反恐怖主义法》的先驱，它为一部高效的法律提供了模板，也比《反恐怖主义法》存在的时

间更长。〔2〕

本章由四部分组成。前三部分围绕《预防恐怖主义和破坏活动法》、《反 422
恐怖主义法》和《预防非法活动法》来探讨这些法律制度的特殊性。虽然每部法律在反恐立法上都有特殊的制度，但是他们被紧密编织成对印度特别法的一种累积性描述。最后一部分会展现这种描述，并且认为，除了每部法律的特别之处，我们也追踪到了反恐法的整合之路，那就是朝着特别法律正常化的方向持续不断地发展。有人认为，印度特别法的正常化是通过循序渐进的过程实现的，在这个过程中，不断出现一系列的特别法，不仅会产生积累的效应，而且在这些法规失效以后还会有一个"死亡后的世界"，正是因为普通法和特别法互相联系，从而使这些特别措施具有永久性。综观印度反恐立法的踪迹，可以看出其强化了《预防非法活动法》，并使《预防非法活动法》成为《反恐怖主义法》的替代品，这就证实了一种危险的趋势，特别法已经变成了重新调整普通刑事司法制度的模板。

二、1985 年和 1987 年的《预防恐怖主义和破坏活动法》：保卫国家

印度从基于打击恐怖主义和破坏活动的特殊目的而首次制定联邦法和中央法开始，《预防恐怖主义和破坏活动法》见证了印度反恐法的产生阶段。在卡里斯坦分裂运动的背景下，1985 年 5 月，印度制定了《预防恐怖主义和破坏活动法》，这部法律最初只是为期 2 年的临时性措施，仅适用于旁遮普省和其临近的地区。〔3〕然而，印度于 1987 年经过审查后通过一项条例，将其延长

〔2〕 在 2002 年 3 月 26 日的印度议会两院联席会议上，《反恐怖主义法》（Prevention of Terrorism Bill 2002）在被印度议会上院（Rajya Sabha）否决后正在接受审议，而被孟买警察用来惩治有组织犯罪的《马哈拉施特拉邦控制有组织犯罪法》（MCOCA）则被设计为反恐立法的模板。虽然《预防恐怖主义和破坏活动法》（TADA）因其在认定犯罪问题上的低效率而被认为是低效法律的范本，但就这一点而言，《马哈拉施特拉邦控制有组织犯罪法》成功的一个理由就是模仿这部法律。《反恐怖主义法》第 36 ~ 48 条参照了《马哈拉施特拉邦控制有组织犯罪法》第 13 ~ 16 条的规定，授权无线通信拦截、电子通信拦截或者通话监听。《马哈拉施特拉邦控制有组织犯罪法》和《反恐怖主义法》，像《预防恐怖主义和破坏活动法》一样，都特别规定了关于认罪供述的条款。

〔3〕 在制定《预防恐怖主义和破坏活动法》之前，1984 年《恐怖主义活动影响区域（特别法庭）法》[Terrorist Affected Areas（special Courts）Act 1984] 已于 1984 年 7 月 14 日公布实施。该法律授权中央政府宣布某一个区域是受恐怖主义活动影响区域，并且可以组成特别法庭从快审讯恐怖分子嫌疑人。

2年，这样就重新制定了这部法律。1987年的《预防恐怖主义和破坏活动法》不仅变得更加严厉，而且在适用范围上也更加广泛。到1993年它的适用范围几乎涵盖了印度的大部分地区，以至于它所覆盖的人口超过印度总人口的95%。[4]

423 《预防恐怖主义和破坏活动法》具有反恐法的典型特征。《预防恐怖主义和破坏活动法》给行政机关提供了巨大而且超越一切的权力；为了实施法律并建立特别法庭审理违反《预防恐怖主义和破坏活动法》的案件，法律赋予中央政府制定相关规则的特殊权力。与反恐法的特点相一致的是，《预防恐怖主义和破坏活动法》设置了一些适用于某些情形的特殊条款，如恐怖主义的概念、逮捕、保释、还押、调查、审判，并且通过在1973年《刑事诉讼法》和1972年《证据法》中列明特别例外情形，要求对被告人依该法加强处罚。

《预防恐怖主义和破坏活动法》针对普通法规定了例外情形，允许无证据逮捕进而延长羁押期限，延长警察和法庭羁押的期限和拟制起诉书的时间。[5]一般来说，根据印度《宪法》第22（2）条的规定，被逮捕、羁押的人，应当在被捕后24小时内移至最近的治安法庭，从逮捕地移转至治安法庭的时间不包括在内。根据《刑事诉讼法》第167条的规定，治安法官有权将羁押期限延长至15天，此后被控告人必须出庭受审，如果有进一步延长司法羁押的充分理由，治安法官可以将拘留时间再延长15天。然而，不管针对犯罪嫌疑人的调查是否完成，羁押的总天数不得超过60天。[6]《预防恐怖主义和破坏活动法》第20（4）（b）条修改了《刑事诉讼法》第167条的规定，规定可以

〔4〕1985年，印度政府在立法目标和理由的声明中将2个联邦直辖区和4个邦列入该法的适用范围之中。2年后，又增加了2个邦。到1991年，适用的地区数量已经达到了17个邦。到1993年，《预防恐怖主义和破坏活动法》已经在全印度的25个邦中的22个邦以及7个联邦直辖区中的2个联邦直辖区生效实施。尚未适用的地方是喀拉拉邦、奥里萨邦、锡金邦、安达曼和尼科巴、达德拉和纳加尔哈维利、达曼和第乌、拉克沙和本地治里。

〔5〕正如最高法院在桑贾伊·杜特诉印度中央调查局案［Sanjay Dutt v. State through the CBI Bombay（Ⅱ）（1994）］中所确认的，曾经因为调查期限已经届满，起诉书也已经失效，被告人当庭被释放。然而，就其本身而言，法庭并没有义务在法庭上当庭释放被告人。根据《预防恐怖主义和破坏活动法》第20（4）条和《刑事诉讼法》第167条的规定，被告人必须提出保释申请。公诉检察官通过提交调查进度报告并且提出进一步延长期限理由，可以反对释放被告人，并且将羁押期限延长至180天，最长可以达到1年。参见Sanjay Dutt v. State through the CBI Bombay（Ⅱ）（1994）SCC 410.

〔6〕治安法庭可以对一些案件延长羁押期限至90天，在这些案件中所进行的调查所涉及的被告人可能被判处死刑、终身监禁刑或者不少于10年的监禁刑。

将审判前羁押期限的总时间延长至 1 年，这样一来，大多数犯罪嫌疑人在没 424
有遭受具体指控的情况下，所遭受的羁押期限却被延长了。[7]

与之类似，《预防恐怖主义和破坏活动法》在《刑事诉讼法》第 33 章第 436 ~ 450 条关于允许保释的法律规定之外提出了例外条款。该法规定的保释条件很严厉，依法服刑的犯罪人在全国各地的监狱里需要继续羁押。《预防恐怖主义和破坏活动法》第 8 条规定的允许保释要面临检察官的监督，后者有权反对适用保释［第 8（a）条］，同时只有使法官认同有合理的理由相信申请人是无罪的，不可能实施这样的犯罪，被羁押者才会依照［第 8（b）条］获得保释。[8]

《预防恐怖主义和破坏活动法》中最严厉的条款，也许就是作出了关于刑事证据的例外规定，同时规定了在警察面前作有罪供述之证据的地位。印度《宪法》针对自认其罪规定了特别担保和保障措施。[9]《刑事诉讼法》第 161 条和《证据法》第 25 ~ 30 条规定，一般来说不允许把在警察面前所作的认罪
供述作为证据使用，[10]因为这些供述一般是被排除掉的，法庭不要求去质询 425

〔7〕《预防恐怖主义和破坏活动法》第 20（4）（b）条对《刑事诉讼法》第 167（2）条作出了一个例外规定，其参照 15 天、90 天和 60 天的规定，无论犯罪嫌疑人在何处出现，相应的期限都分别改为 60 天、1 年、1 年。

〔8〕沙辛（Shaheen）福利协会代表因触犯《预防恐怖主义和破坏活动法》被指控的处于受审中的被告人而提起公益诉讼。审视这个案件即沙辛福利协会诉印度和其他国家 1995 年的联盟案（Shaheen Welfare Association v. Union of India and Others 1995），最高法院以一些地方邦和中央政府提交的证词以及全国人权委员会提交的声明，审查了关于各邦待审的触犯《预防恐怖主义和破坏活动法》的案件数量以及受委托审讯这些案件的特设法庭的数量。特别提到了保释权的问题，法院强调了以下内容的重要性：①把保释外出具体化是满足《宪法》第 21 条之规定进行快速审判的一项权利；②受害人与被告人之间的权利平衡，以及社会的集体利益和国家安全之间的平衡，正如最高法院在卡拉特・辛格诉旁遮普省案［Karta Singh v. State of Punjab（1994）］中重点指出的，其认为，《预防恐怖主义和破坏活动法》所规定的严厉的保释条款，使得保释变得极为困难。因此，审讯在规定的时间内进行是十分必要的。同时，在这些事实上并没有正确援引法律规定的案件中，《预防恐怖主义和破坏活动法》的规定只是被警察纯粹的误用和滥用。

〔9〕印度《宪法》第 20（3）条规定，被指控犯罪的任何人都不得强迫自证其罪，并具体化为反对自证其罪的一项保护原则。最高法院的许多判决都是对本条款的审查。如 M. P. Shara v. Satish Chandra, District Magistrate, Delhi（1954 SCR 1077; AIR 1954 SCC 300; 1954 Cri LJ 865）; Raja Narayanlal Bansilal v. Maneck Phiroz Mistry（1961 1 SCR 417; AIR 1961 SC 29; 1960 30 Comp Cas 644）; State of Bombay v. Kathi Kalu Oghad（1962 3SCR 10; AIR 1961 SC 180; 1961 2 Cri LJ 856）; Nandini Satpathy v. P. L. Dani（1978 2SCC 424; 1978 SCC Cri 236）.

〔10〕基于保护被告人免遭警察逼迫和酷刑的需要，不承认对警察的认罪供述是正当的，这一意图已经被最高法院在不同的裁判中进行了阐释和认可［如 Raja Ram Jaiswal v. State of Bihar（1964）2 SCR 752）］。

这些供述是否是在受到强迫的情况下得到。[11]与普通法律和宪法原则不同,《预防恐怖主义和破坏活动法》第 15 条"允许考虑把某些对警察所作的有罪供述作为证据"[12]。

在"卡塔尔·辛格(Katar Singh)诉旁遮普省"案[13]中,《预防恐怖主义和破坏活动法》的合宪性得到了最高法院的支持,基本理由是现行法并没有包括"必需"或者"当务之急",特别理由是立法权限。最高法院在"人民公民自由联盟诉印度联邦"案中就反恐法的立法权限进行了重新审查,这个案件对《反恐怖主义法》的合宪性提出了质疑。本案中,最高法院认为恐怖主义属于《宪法》尚未界定的剩余权力的整合,但是根据《宪法》第97 条目第 248 条的规定,这个权力被赋予议会。

根据所谓的立法归类原则和区别规则,最高法院的主要判决肯定了《预防恐怖主义和破坏活动法》中特别程序的合法性,这些特殊条款包括供认条款在内,遭到了一些请愿者的抗议,但是被最高法院批准。最高法院提出了这部法律的特殊背景和关注点是恐怖主义。在审理过程中,法院肯定了《预防恐怖主义和破坏活动法》中的犯罪人和普通犯罪人存在明显区别,前者是
426 恐怖分子和分裂分子,后者应当按照普通法律来审判,而且《预防恐怖主义和破坏活动法》的特别条款对恐怖分子的区别归类被证明是合法的。

《预防恐怖主义和破坏活动法》的目的就是把具有独特和严重危害形式的犯罪和这一类犯罪人作为目标,始于这样的前提,最高法院的主要判决承认该法第15 条的规定是非歧视性的,没有制造不公平或者压迫性的环境。[14]但是法院的承认忽略了被告人认罪通常来源于强迫的这样一种风险,在肯定该

---

〔11〕印度《证据法》第25 条规定对警察所作的所有供述都不能作为证据,第26 条规定只有在治安法庭作出的供述才能作为证据;第 27 条规定,虽然这些供述并不能被视为证据,但是与这些供述有关的所发现的任何物证都是可采的,一同被认可的还有与这些物证相关的供述。根据该法第 30 条的规定,依据第27 条所认可的供述可能被用来作为确认那些在相同的犯罪中共同犯罪人的证据。

〔12〕《预防恐怖主义和破坏活动法》第 15(1)条规定,尽管印度《刑事诉讼法》和 1872 年的印度《证据法》(The India Evidence Act 1872)对此已经作出了规定,但是仍然受本法所规定的约束。在普通警察面前所作的供述在效力上并不会低于警司级别的警察,普通警察通过书面记录或者其他机械设备诸如磁带、录音、音带等可以将声音和图片记载下来的方式记录的供述,应当在被告人因为实施了本法或者依据这些规则而被审判时得到认可。

〔13〕Kartar Singh v. State of Punjab, Writ petition no. 1833 of 1984 (decided on 11 March 1994), SCC 569, 569 – 791 (Kartar Singh).

〔14〕Ibid., [218].

条款作为当务之急是合法的情况下，警察获取的认罪供述被推定为与获得准许的合法方式得到的认罪供述是一致的，法院坚持这一立场。按照“毒树之果”理论，法律依然会继续提供相应的程序保障。有人认为，这种保障措施可以确保起诉前警察所提供的供述不被任何强迫力污染，这与我们公认的且已经被广为接受的良好原则以及程序公正完全一致。

特别指出的是，印度于 1993 年建立了国家人权委员会（英文简称“NHRC”），它的法律职能就是负责对人权保障领域提供审查保护。国家人权委员会开始在《预防恐怖主义和破坏活动法》问题上采取全面、清晰的立场，[15]把保护公民自由视为不可让渡的核心问题。[16]在这一立场上，国家人权委员会对《预防恐怖主义和破坏活动法》的各个方面进行了充分审查，尤其在委员会刚成立的几周里，关于这部法律专断和滥用的抱怨，几乎将其淹没。[17]

《预防恐怖主义和破坏活动法》的问题已经被列为人权委员会的常规议程，委员会和中央、地方政府官员举行定期会议，并与不同地方政府进行当面沟通和调查。早在 1994 年 6 月 6 日，委员会在斯利那加宣布已经充分了解了民众对这部法律地位和作用的严重质疑，开始考虑提出对最高法院关于《预防恐怖主义和破坏活动法》有效性的判决进行复核。此后，委员会采取了三管齐下的策略：第一，它继续监督这部法律的实施；第二，准备可能用于和最高法院进行协商的档案；第三，随着重新审查这部法律日期的临近，委员会通过给议员们写信的直接方式，建议在 1995 年 5 月 23 日期满以后不要再 427
继续实施这部法律。[18]这封信非常明确地指出这部法律已经出现了巨大的偏差，从本质和特征来看，它与印度的文化传统、法律历史和国际条约义务不相匹配。人权委员会通过考察得出的重要结论是，除非从法律体系中删除这部严厉的法律，否则很难保障人权（这也是受议会委托而得出的结论）。[19]

在实践中，印度实施《预防恐怖主义和破坏活动法》的方式表明，防范恐怖分子和分裂分子的法律已经变成了控制、压制少数族群的有效工具。更

[15] Protection of Human Rights Act 1993, s. 12.

[16] NHRC, Annual Report (1994 -5), p. 8.

[17] Ibid., p. 9.

[18] Ibid.

[19] Ibid., pp. 55 -6.

重要的是，人们普遍感觉这部法律已经成为一种公共、宗派性的工具，不仅用来针对旁遮普邦的锡克教徒和克什米尔地区的伊斯兰教徒之间的冲突，而且还用来针对与这些冲突无关的少数族群，可以依据这部法律轻率地将其逮捕，因为这些人是穆斯林或锡克教徒。为说明这一点，内政部长迪格维杰·辛格（Digvijay Singh）在拉贾斯坦邦议会上指出，在1991年有228人被逮捕，其中101人是穆斯林，96人是锡克教徒，3名是印度教徒，有178个案件的指控不能成立。1993年7月，政府撤回了针对72个人的指控。到1993年，从依照《预防恐怖主义和破坏活动法》而遭到羁押的人员总数来看，古吉拉特邦超过了旁遮普邦的14 457人，该邦在1992年14 094人的总数基础上又增加了3452人。在古吉拉特邦，违反《预防恐怖主义和破坏活动法》的案件中被逮捕的人往往和公共暴力有关，其中大多数是穆斯林。

《预防恐怖主义和破坏活动法》针对少数族群的选择性适用也可以从下面的事实中看出来，当孟买骚乱中针对穆斯林的大规模暴力活动发生时，《预防恐怖主义和破坏活动法》并没有得到有效实施。然而，在炸弹爆炸以后，穆斯林首先因违反《预防恐怖主义和破坏活动法》而受到处置。针对少数族群实施《预防恐怖主义和破坏活动法》，导致他们很可能被贴上"极端分子、恐怖分子、反国家"等标签，甚至成为恐怖袭击的嫌疑人，如维达尔巴、泰伦加纳、戈达瓦里河以及巴斯塔森林的部落运动都成为该法所适用的对象。在东北部的一些邦，宣扬种族特性被视为对国家安全、主权和领土完整的一种威胁。1991年10月，随着"全特里普拉部族部队"实施的暴力活动升级，《预防恐怖主义和破坏活动法》在特里普拉邦开始生效实施。在阿萨姆邦，波
428 多兰议会党的3名立法会议员因与高哈蒂和迪斯普尔的炸弹爆炸案有关而被逮捕。[20]

根据1993年联邦内政部的数据，依照《预防恐怖主义和破坏活动法》而被羁押的总人数是52 268人；自《预防恐怖主义和破坏活动法》实施以来依据本法在特设法庭审判后的定罪率是0.81%；旁遮普省被羁押的14 557人中

〔20〕 See People's Union for Democratic Rights, Lawless Roads (Delhi, September 1993). For details of the invocation of TADA in the Vidarbha region see Punya Prasun Vajpayee, "TADA": Vidarbha Mein (New Delhi, 1995). In the adivasi – dominated forest areas of Betul a long resistance has been waged over several years to the world Bank – funded Madhya Pradesh Forestry Project, which has prevented poor tribes from cultivating what are known as "newad" or untitled: "Draconian Shades", *The Hindu*, 21 January 2001.

的定罪率是 0.37%。1994 年 8 月 24 日，国家内政部长拉杰什·皮洛特（Rajesh Pilot）指出自这部法律实施以来大约有 67 000 人被拘捕，8000 人被审判，只有 752 人被确定有罪，仍有 59 509 人在没有因任何案件受到控诉的情况下一直被羁押。〔21〕《预防恐怖主义和破坏活动》审查委员会证实，该法除了在 5000 个案件中得到正确运用外，在许多案件中存在被错误适用的情形，即大约在 50 000 多个案件中被错误适用。

三、《反恐怖主义法》：国家安全体制以及对权利保障的全球共识

印度对于制定反恐法的努力准备了相当长一段时间，也不断考虑过各种法律草案，尤其是在 1995 年《预防恐怖主义和破坏活动法》失效以后，断断续续地进行着反恐立法尝试，直到法律委员会于 2001 年 4 月向政府提交了一份被称为《预防恐怖主义和破坏活动法》修订版的第 173 号报告。〔22〕2001 年 10 月 24 日，《反恐怖主义法》被编入印度法律体系之中，它是由印度人民党领导的国家民主联盟政府以一个条例的形式首先提出的。该法主要作为应对美国“9·11”恐怖袭击，以及随之而来的全球范围内打击恐怖主义之协商和共识的全球运动，同时也是为了回应美国主导下联合国安理会通过的第 1373 429
号决议。在印度的反恐立法中，反对恐怖主义的国际共识和安理会决议成为频繁引用的合法性依据。

与此同时，2001 年 12 月 13 日，印度新德里的议会大楼遭遇恐怖袭击，开展全球反恐战争的呼吁开始激烈起来。议会的工作由于炸弹袭击被推迟，原本提出的第一部条例没有获得批准，因此于 2001 年 12 月 30 日又提出了第二部条例。〔23〕在缺少政治共识的情况下，《反恐怖主义法》在预算会议期间

〔21〕 See A. G. Noorani, “Banality of Repression”, *Frontline*, 23 September 1994, p. 12; South Asia Human Rights Documentation Centre, *Prevention of Terrorism Ordinance 2001*; *Government Decides to Play Judge and Jury* (New Delhi: South Asia Human Rights Documentation Centre, November 2001), p. 31.

〔22〕 在此期间，基于反对《预防恐怖主义和破坏活动法》的一贯立场，国家人权委员会拒绝了法律委员会提交的法律草案。

〔23〕 条例（基本上是行政命令或者总统命令）只具有临时性效力，需要在议会审议后才能成为按期颁行的法律。印度《宪法》第 123 条授权总统在议会休会期间可以制定条例，规定每一部条例都应呈报给议会，并且在议会重新开会时暂停执行满 6 周。由于由议会制定的代替条例的法律在议会休会期间不能获得通过，因此，需要颁布另外的条例。这部法案最终在经历激烈反对之后在预算会议上获得通过。

被提交议会，但由于国大党以及左翼政党的反对，加上一些地方政府持保留意见，使这部法律在印度联邦上议院中遭到抵制。最后，替代此前那部条例的法案在2002年3月26日的议会特别联席会议中获得通过，从而结束了这一间歇期，而在此间缺少有效应对恐怖主义的“国家法”。

印度《反恐怖主义法》在逮捕、调查和审讯方面采取了严厉的措施，包括继续承认由《预防恐怖主义和破坏活动法》开创的允许将对警察所作的供述作为证据使用。然而，在嫌疑人获得保释以后，调查的最大期限从《预防恐怖主义和破坏活动法》中的1年减少到该法规定的180天。但是，上述期限的减少被该法规定的保释条件抵消，因为其和《预防恐怖主义和破坏活动法》中的保释条件很相似。也就是说，保释不仅需要检察官的同意，而且需要满足《反恐怖主义法》规定的特设法庭认为被告人无辜的条件。因此，对于大多数违反《反恐怖主义法》的案件，保释都会被拒绝。

而且，该法第20～22条主要涉及控制恐怖主义活动，对恐怖主义的界定采纳了一个宽泛的概念，将成为恐怖组织成员、提供资金帮助或支持都涵盖在内。因此，采用模糊概念导致这部法律的适用范围非常宽泛。例如，该法
430 第21（2）条规定，如果会议的演讲者是被禁止组织成员，行为人在会议筹备、管理中提供安排、管理或者帮助的，成立犯罪，该行为人将被认定为支持恐怖主义活动，最长被判处10年监禁刑。讽刺性的是，该法律所规定的这种会议由三四人即可构成，而不管是否面向公众，可见该法非常有可能会被滥用。

《反恐怖主义法》的创新之处是增设了拦截电子通信并且允许将其在法庭上作为证据使用，以及取缔恐怖组织的条款。《预防恐怖主义和破坏活动法》中没有关于电话窃听的规定。[24]更重要的是，在因议会袭击案而广为人知的“政府诉穆罕默德·阿夫扎尔（Mnhammad Afzal）”案中[25]，除了3名被告

---

〔24〕借用《马哈拉施特拉邦控制有组织犯罪法》中的已经作出的规定，《反恐怖主义法》允许电子拦截作为证据可以提交给特别法庭用来指控被告人，本来是不允许作为证据的。《反恐怖主义法》第5章（第36～48条）规定了“特定案件中的通信拦截”的条款：概念（第36条）、主管当局的批准（第37条），拦截的申请程序和授权（第38～39条），保障包括审查程序（第40条和第46条）以及提交年度拦截报告（第48条）。

〔25〕2001年12月13日，5名武装分子闯入印度议会大楼内，杀死了9名议员、看守和工作人员，并导致16人受伤，之后被安全人员击毙。这起袭击因作为对印度民主制度的攻击而广为报道。

人所作的供述以外，证明 4 名被告有罪的证据大多数来源于电子通信。

在《反恐怖主义法》规定取缔恐怖组织（第 3 章第 18 ~ 22 条）之前，1967 年《预防非法活动法》中也有关于取缔非法组织的规定。根据《预防非法活动法》，一旦认定非法组织，要求在中央政府作出的官方公报中予以公告，通常情况下公告还要提供作出取缔决定的理由，并且进行显著、充分的宣传。然而，《反恐怖主义法》改变了依照《预防非法活动法》在取缔组织时的法定处置方式。根据《反恐怖主义法》第 18（1）条的规定，如果一个组织出现在《预防非法活动法》的名单中，或者以名单中所列举组织的相同名义进行活动，那么该组织就是恐怖组织。根据第 18（3）条的规定，如果中央政府相信某一组织是恐怖组织，那么它就会被宣布为恐怖组织。因此，政府不再被要求去解释作出某一禁令的理由，而是仅仅增加了列入《预防非法活动法》名单的一个入口，《反恐怖主义法》规定以公报来取缔名单就够了。此外，与《预防非法活动法》不同，《反恐怖主义法》没有规定司法赔 431
偿。虽然《预防非法活动法》第 6 条规定取缔组织的期限只有 2 年，但是《反恐怖主义法》没有对禁令失效以后的期限作出同样的规定。

在第 1 份反恐怖主义条例于 2001 年 10 月 24 日提出以后，印度政府发布了 1 份包含 23 个组织的取缔名单，所涉组织来自于查谟、克什米尔[26]、东北地区[27]以及其他像“泰米尔猛虎解放组织”、“印度伊斯兰学生运动”、“迪达尔·安居曼”、“国际巴巴拉卡尔萨”、“卡里斯坦突击队”、“卡利斯坦金德巴德军”、“国际锡克教青年联合会”。2001 年 12 月 5 日，印度共产党（马克思主义）、“人民战争组织”、“毛主义”以及各种附属组织及其前身都被添加到名单之中，此后在 2002 年 7 月 21 日又增加了其他一些组织，取缔组织的数量已经达到了 32 个。[28]这些取缔组织中有一部分和政治运动有联系，而且具有鲜明的选择性执法色彩，如“印度伊斯兰学生运动”组织被取缔，

---

〔26〕 这些组织包括“穆罕默德军”、“虔诚军”、“哈尔卡特穆斯林游击队”、“圣战者党”、“奥马尔圣战者”、“查谟－克什米尔解放阵线”等。

〔27〕 这些组织包括“阿萨姆联合解放阵线”、“波多民族民主阵线”、“人民解放军”、“联合解放阵线”、“曼尼普尔人民解放党”、“曼尼普尔共产党”、“曼尼普尔拯救革命运动组织”、“曼尼普尔人民解放阵线”、“全特里普拉猛虎部队”和“特里普拉民族解放阵线”。

〔28〕 另外增加的组织包括“巴德尔圣战者组织”、“圣战者促进会”、“基地”组织、“伊斯兰激进妇女团体”、“泰米尔纳德解放阵线”、“泰米尔民族拯救部队”、“阿希尔印度尼泊尔妇女协会”。

而相应的印度教权利组织被赋予自主权，尽管他们在1992年毁坏了阿约提亚的巴布里清真寺，并在2002年2月在古吉拉特邦杀害了穆斯林教徒。[29]

432 《预防恐怖主义和破坏活动法》和《反恐怖主义法》之间的重要区别，是后者吸收了全球恐怖主义和国家安全机制的意识形态话语，展现了颁布《反恐怖主义法》的政治环境。有争论认为，在追求保障民族国家的过程中忽略了程序缺陷，而在涉及《反恐怖主义法》的案件中作出的各种评判，则是这一系列争议的继续。

2003年7月21日，在对违反《反恐怖主义法》的"政府诉穆罕默德·亚辛·帕特尔·阿里亚斯·法拉希（Mohd. Yasin Patel alias Falahi）和穆罕默德·阿什拉夫·贾夫里（Mohd. Ashraf Jaffary）"案所作判决中，特别法庭依据《反恐怖主义法》第20条（恐怖组织的成员）和印度《刑法典》第124A条分别判处被告人美国公民法拉希、印度公民阿什拉夫5年监禁刑和7年监禁刑。在2002年5月，两名被告人在新德里国立伊斯兰大学图书馆附近的一条小河上被逮捕，他们是"印度伊斯兰学生运动"的成员，依据1967年的《预防非法活动法》，这个组织在2001年9月被取缔，这两个人张贴写有如下标语的海报："摧毁民族主义，建立哈里发国家"，并附有握紧拳头的照片，在拳头的下面和"印度伊斯兰学生运动"这个名字上面，是举起手的几个青年。

根据印度《刑法典》第124A条，《反恐怖主义法》特设法院认定被告人有罪的规定具有重要意义，这个条款是专门针对骚乱的指控。根据法律条款，法官认为根据"印度伊斯兰学生运动"章程所载明的该组织的目的是实现伊斯兰秩序，摧毁印度和其他国家的民族主义。[30]因为第124A条从本条款中明确删除了"批评政府"的内容，判决书继续写道，人们可以通过张贴海报来批评政府，甚至可以自由、不受拘束地这样做，但是这种

---

〔29〕2002年2月27日，萨巴尔马提捷运公司的一辆长途汽车在古吉拉特邦的戈特拉被点燃，极为恐怖地造成59人死亡。其中有些人是从阿约提亚返回的印度教徒志愿者。接下来就在古吉拉特邦的几个地区发了公共袭击穆斯林信徒事件。戈特拉萨巴尔马蒂长途汽车燃烧事件中125名穆斯林信徒被登记在案并依照《反恐怖主义法》接受调查和审判。《反恐怖主义法》审查会员会是在该法失效以后成立的，结论认为这起案件不应该使用《反恐怖主义法》，而应当按照普通法来进行审讯。

〔30〕State v. Mohd. Yasin Patel alias Fulahi and (2) Mohd. Ashraf Jaffary, Judgment dated 21 July 2003, 36.

行为不能给公众带来破坏或毁灭国家的恐慌，如果当一个人攻击民族主义，他的行为会被视为是原教旨主义者，他的目的不是批评政府而是破坏社会。〔31〕

与国际恐怖主义给印度造成的威胁相类似的另一个幽灵正在出现。这在“政府诉穆罕默德·阿夫扎尔”案的判决书的公开部分中曾经提到过，判决用
宗教狂热分子来描述恐怖主义，而不是宗教信仰，开篇提到：“恐怖主义是所 433
有人类的灾难。宗教狂热分子一直坚持并宣扬恐怖主义，用于禁锢追随者的心灵，促使雇佣军和恐怖分子去杀害无辜的人。”〔32〕这里还提到，可以从判决书特别提到的 3 起恐怖袭击中清晰地发现原教旨主义者的身影，即世界贸易中心袭击案、俄罗斯宾馆袭击案和阿克萨达姆神庙袭击案，这表明了印度议会袭击案是全球恐怖组织网络的一部分，其和全球地下犯罪组织有着千丝万缕的联系。〔33〕

更具有意义的也许是印度最高法院在根据《预防恐怖主义和破坏活动法》审判的“狄文德·巴·辛格（Devender Pal Singh）诉德里及其他首都地区政府”案〔34〕中所提到的全球恐怖主义新背景下的行为方式。判决书提到恐怖主义的新背景，并以此证明了对采信被告人供述和判处被告人死刑等法律条款的合法性。〔35〕判决书写道，恐怖主义威胁不限于我们的国家，它已经成为国际共同关注的问题，2001 年 9 月 11 日对美国世界贸易中心和其他地方的袭击已经充分表明了这一点。2001 年 12 月 13 日对印度议会的袭击表明现实依

---

〔31〕 Ibid., p. 37.

〔32〕 State v. Mohd. Afzal and others, Judgment of the Special POTA Court, dated 18 December 2002, 1.

〔33〕 Ibid., p. 3, [4].

〔34〕 2002 年 3 月 22 日，汽车炸弹爆炸案的判决公布：1993 年 9 月 11 日，在接近印度青年大会时任主席所乘坐的汽车所通过的地方，汽车炸弹导致 9 人死亡和多人受伤。本案调查牵涉 5 个人，他们都是卡里斯坦解放阵线的成员，他们共谋暗杀这位青年大会领导人。2001 年 8 月 24 日，《预防恐怖主义和破坏行为法》特设法庭判处狄文德·巴·辛格（Devender Pal Singh）死刑，并在最高法院以2∶1的支持率得到了同意。关于上述判决，参见：Supreme Court Cases (Criminal), Part 7, July 2002, pp. 978 – 1014.

〔35〕 像《反恐怖主义法》第32 条一样，《预防恐怖主义和破坏活动法》第 15 条也规定应当考虑对警察所作的某些供述。但是，与《反恐怖主义法》不同的是，《预防恐怖主义和破坏活动法》第 21 (c) 条规定，如果共同被告人作出了供述供认被告人实施了犯罪行为，“除非有相反证据，否则特设法庭应当推定被告人已经实施了犯罪行为”。

然很残酷。〔36〕恐怖主义这个困扰国家的幽灵，以及国际共识下对全球风险预测的评估，共同形成了司法判决的现实背景。在传统法律框架下，该案中的
434 恐怖主义活动原本就属于犯罪，应当被送上法庭审判，而今已经暂时脱离了传统环境，全球恐怖主义这个压倒性的话语形成了独特的历史光泽。

值得注意的是，最高法院在“人民公民自由联盟诉印度联邦”案中支持了《反恐怖主义法》的合宪性，不仅强调中央政府在涉及国家安全事务上的立法权限（重申了在卡塔尔·辛格案中的判决，该案支持《预防恐怖主义和破坏活动法》），而且确保中央政府对将来发生的此类案件进行有效控制。印度人民公民自由联盟对《反恐怖主义法》的合宪性提出了质疑，认为议会对于这部法律没有立法权限，因为这部法律的条款涉及公共秩序。事实上，印度最高法院曾经肯定议会具有相应的立法权限，原因是法院认为打击恐怖主义是非常规的刑事司法活动，或者说是关涉公共秩序或者安全的问题，甚至涉及紧急状态。恐怖组织的严密性和丰富的资源促使恐怖主义的秉性就是不宣而战，考虑到这一本性，恐怖主义对于印度的主权和完整是一个极大的挑战；对它所珍视的宪法原则是一大挑战；对于这个民主选举的政府也是一大挑战；对于它的世俗社会也是一个挑战，因此印度议会有权制定《反恐怖主义法》。〔37〕令人关注的是，反恐法是否对人权和公正审判原则给予了充分的尊重，而这个问题则由支持“过度需要”法律的法院来解决，反过来也证明了中央政府的强力角色。〔38〕

435 和《预防恐怖主义和破坏活动法》的立场相一致，国家人权委员会指出两个问题：一是是否需要制定《反恐怖主义法》这部法案；二是如果需要制定，又应当如何制定？国家人权委员会在 2001 年第 2 号年度报告中阐述了意

〔36〕 Devender Pal Singh v. State of NCT of Delhi, p. 978.

〔37〕 People's Union for Civil Liberties and Another v. Union of India, Judgment dated 16 December 2003, in W. P. No. 389 of 2002.

〔38〕 当审视“9·11”事件之后对政府反恐活动的司法审查时，罗奇认为对《反恐怖主义法》的司法审查，承认人权保障的意义和权力进行限制的必要性，有助于确保有罪的人受到惩罚，最高法院一般来说认同印度恐怖主义问题的严重性和阻止恐怖主义的重要性。然而，在这个过程中，印度最高法院并没有沿着英国议会上院和加拿大联邦最高法院的思路去进行合理的分析。这种分析思路要求深入调查法律在应对恐怖主义问题时是否是适当的，尤其是在以较少的侵犯人权方式实现充分的效果。参见 Kent Roach, “Judicial review of the State's anti - terrorism activities: the post 9/11 experience and normative justifications for judicial review” (2009) 3 *Indian Journal of Constutitational Law* 152.

见，认为制定《反恐怖主义法》是没有必要的。因为这部法案指出的问题在本质上依照现行的法律也可以处理的。〔39〕当前，印度刑事司法体制所面临的问题是：①犯罪的适当调查；②刑事诉讼的高效起诉；③法庭审判与惩罚的延迟。然而，这些问题均需通过法律保障来解决，设计这些法律保障就是为了保证无辜的人免受起诉和惩罚的危险，而不是在起诉某种犯罪时设置不同甚至更加严厉的程序。〔40〕国家人权委员会也认为这部法律妨碍而不是增强了国际人权法的执行效率，尤其是相关条款和印度作为缔约国的《公民权利和政治权利国际公约》的许多条款并不一致。〔41〕

有意思的是，在《反恐怖主义法》生效期间和废止以后，关于该法争议的焦点不是它会被滥用而是它的低效。这些争议主要是由大量因违反反恐法而被捕的人员推动的，这部法律使他们的羁押期限被延长，但是并没有被最终确定有罪。当议会进行辩论的时候，支持这部法律的人认为《反恐怖主义法》是一部比《预防恐怖主义和破坏活动法》更加高效的法律，可以提供有效的保障。然而，《反恐怖主义法》的实施方式为它的诋毁者提供了有力证据，这些诋毁者包括国大党和左派政党。对该法在特别状态下的实施方式的考察发现了其制度性的侵蚀模式，这是由不宽容、不值得信任的政策所造成的。例如，在泰米尔纳德邦和北方邦，有一些公开承认滥用《反恐怖主义法》 436
的案件，在泰米尔纳德邦逮捕了马鲁马拉奇党的领导人和全印安纳德拉维达进步联盟政府的瓦伊克议会成员；在北方邦逮捕了社会主义党的领导人拉库拉·普拉塔普·辛格（Raghuraj Pratap Singh），这些都表明《反恐怖主义法》被用于地方政府之间以及中央与地方政府之间的政治竞选和消耗。在古吉拉特邦和马哈拉施特拉邦，《反恐怖主义法》的实施表明，虽然官方辩称这些特

---

〔39〕 对于《反恐怖主义法》（Prevention of Terrorism Bill）中的规定，国家人权委员会认为任何威胁印度团结、领土完整、安全和主权的行为都可以依照《刑法典》第153B 条来有效处理，反对政府的犯罪在《刑法典》第6 章也作出了规定，尤其是第121A 条（以暴力的方式和暴力展示相威慑的阴谋），第122 条（以发动战争对抗印度政府为目的，收集武器和弹药），和第122A 条（煽动叛乱）。而且，第16 章也可以有效应对侵害人身的犯罪。除了《刑法典》以外，《1959 年武器法》（The Arms Act 1959）、《1884 年爆炸法》（Explosive Act 1884）、《1908 年爆炸物法》（Explosive Substance Act 1908）、《1958 年武装部队特别权力法》［the Armed Forces（Special Powers） Act 1958］以及其他现行的法律规范都可以用来处理特别情况（Annual Report 2001 –2，pp. 322 –3）。

〔40〕 Ibid.，pp. 323 –4.

〔41〕 NHRC，Annual Report 2000，Annexure 4.

别法和紧急权力是打击恐怖分子的必需措施，但是实施方式却在各个党派之间埋下了冲突的种子。在古吉拉特邦，由纳伦德拉·莫迪（Narendra Modi）领导的印度人民党政府在戈特拉（火车燃烧）案中使用了《反恐怖主义法》，59 个穆斯林因实施恐怖主义犯罪被逮捕。很偶然地，这些人的保释请求都被拒绝了，即便在审查委员会认定《反恐怖主义法》在本案中适用错误以后，他们却根据印度《刑法典》的各种指控被继续羁押。

2004 年 5 月，国大党领导下的团结进步联盟代替人民党主导的国家民主联盟执政以后，在政府的最低施政纲领中着重提出了废止《反恐怖主义法》的问题。2004 年 9 月，《反恐怖主义法》这部特别法被正式废止。不过，在该法失效的同时，《预防非法活动法》（修正案）于 2004 年实施，这部法律援引了 1967 年《预防非法活动法》的规定，它是一部普通但长久存在的法律，也体现了已经失效的《反恐怖主义法》的个别特征。

四、《预防非法活动法》（1967、2004、2008 年）：正常化与扩张

《预防非法活动法》和分散于各地方政府的反恐法构成了当代印度反恐法律体系，这也表明了印度反恐斗争得到支持的途径非常复杂。由于政治和民主压力等因素，随着特别法正常化进程的开始，《预防非法活动法》已经变成了那些被迫停止使用的法律的一个“仓库”。2008 年 11 月 26 日，孟买发生恐怖袭击之后，《预防非法活动法》在 2008 年 12 月被再次修订，增加了和《反恐怖主义法》相类似的条款。印度于 2008 年实施《国家调查局法》，规定建立国家调查机构，要求其可以为了在特别法庭上进行审判恐怖主义犯罪而展
437 开调查。[42] 在《预防恐怖主义和破坏活动法》和《反恐怖主义法》中都规定了特别法庭，但是在 2004 年《预防非法活动法》的修正案中并没有提到特别法庭问题。

与此同时，通过反恐立法中的地方分权，人们认为反恐法律制度扩张的进程开始出现。许多邦、省的特别法已经开始被用来处理各邦的特定涉恐事

〔42〕 国家调查机构组建于 2008 年 12 月的议会运作期间，同时通过了 2008 年《预防非法活动法》修正案。国家调查机构被授权代表中央政府的利益，调查全国范围内与恐怖主义相关的案件。为实现上述目标，该法授权国家调查机构调查、起诉危害印度主权和领土安全的犯罪案件，特别强调保持与外国的友好关系，贯彻国际条约、协议、公约和联合国及其机构的决议。

务，这样一来就导致了许多邦政府根据《预防非法活动法》和各邦的特别法逮捕恐怖主义犯罪嫌疑人。

尽管《预防非法活动法》已经变成了反恐和安全法律中特别措施的“仓库”，但如果没有与《预防恐怖主义和破坏活动法》和《反恐怖主义法》相配套的法律审查和时间限制之保障，这些措施不会获得实施。值得注意的是，虽然《预防恐怖主义和破坏活动法》和《反恐怖主义法》引发了一场关于这两部法律设置异常措施的大辩论，但是，《预防非法活动法》能够避开一场大的辩论和政治争议，从而逃脱上述两部法律都遭受过的公共审查。另一方面，不像《反恐怖主义法》，《预防非法活动法》在一些方面受到了严格约束，它没有足够强硬、高效地打击恐怖主义。

《预防非法活动法》在 2004 年之前的历史是非常有趣的。该法颁布于 1967 年，当时印度正发生娜迦族叛乱，一些社会团体的成员对维持基于宗教、种族、出生地、居住地以及语言等形成的不同族群之间的和谐相处持有偏见，因此需要去制定一部高效的法律去应对这一状况。[43]值得注意的是，国家统一委员会提出了建议稿。1963 年《宪法》第 6 修正案授权议会可以通过法律保障言论和表达自由与和平集会的基本权利，以及为了印度的主权、完整可对建立协会和团体的权利进行合理限制。虽然 1967 年《预防非法活动法》适用于全印度，但是根据《宪法》第 370 条，查谟和克什米尔地区只能根据 438
1969 年 9 月 1 日由中央政府签署的 1969 年的《宪法》修正案命令（适用于上述地区）施行。1967 年的《预防非法活动法》明确了非法活动和组织的概念，并规定了禁止非法组织的程序。

在 1992 年 12 月阿约提亚巴布里清真寺被毁的社会环境下，克什米尔的民族分裂运动愈发激烈，根据 20 世纪 90 年代法律规定，多个组织被宣布为非法组织，其中包括“伊斯兰大会党”、“伊斯兰赛瓦克联合会”、“世界印度教徒大会”、“国民志愿服务团”、“印度青年民兵”以及“查谟和克什米尔自由阵线”等。“伊斯兰大会党”因主张必须将克什米尔从印度分离出去以及质疑印度主权和领土完整而被禁止；“伊斯兰赛瓦克联合会”被宣布为非法组织是因为他的领导人进行煽动性演讲，加剧了不同社会群体之间基于宗教而造成的憎恨、敌意、厌恶或者不和谐；“世界印度教徒大会”被禁止是因其呼吁

〔43〕 The Unlawful Activities Prevention Act 1967, Objects and Reasons.

拆除巴布里清真寺然后建立罗摩庙，它的领导人在公开演讲中告诫说如果穆斯林人不能理解他们的规劝语言，那么他们将会遭到强硬回应。〔44〕

正如所讨论过的，随着2002年《反恐怖主义法》的实施，根据该法第18条的规定，禁止恐怖组织的条款将适用于《预防非法活动法》中所列举的组织。根据2004年《预防非法活动法》修正案有关条款的规定，这些组织在《反恐怖主义法》失效以后将会继续被列在被禁止的名单之上。2007年《联合国预防和打击恐怖主义命令》（执行联合国安理会决议）名单中有超过100个组织被增加进《预防非法活动法》的禁止组织名单中，而后者原有33个组织。2010年6月4日，印度政府发布命令增加了“印度圣战军”，包括该组织的所有形式和它的附属组织。2004年《预防非法活动法》修正案在法律中引入了一个特别条款，根据该法规定，禁止恐怖组织比禁止普通非法组织的程序更为容易，这是更引人关注的一点。

439 随着《反恐怖主义法》的失效和2004年《预防非法活动法》的实施，《预防非法活动法》变成了印度最主要的反恐法。2004年《预防非法活动法》修正案增加了第4～7章的新内容，取代了旧法中的第4章，将范围扩大至将恐怖主义活动和非法活动并存，并且确定了处理每一类非法行为的程序。该修正案也引入了《反恐怖主义法》的特别条款，即关于恐怖主义的概念、加重处罚，禁止恐怖组织的特别程序，以及监听电话和拦截电子通信。但是，2004年《预防非法活动法》修正案不仅仅复制了《反恐怖主义法》关于恐怖主义的宽泛概念，它还通过引入特别要素对其做了扩充，通过将可能致死或者伤害包括在范围内而扩大了恐怖主义的范围。2008年修正案则进一步降低了这个标准，将2004年规定中的“可能引起死亡”修改为“可能引起恐惧”。而且，尽管2008年的修正案仍然保留了承认监听的电话和拦截的电子通信可以作为证据使用的条款，但是，通过废除《反恐怖主义法》提高了相应的法律保障措施。

在《反恐怖主义法》失效以后，该法关于认罪、保释、还押等规定并没有被2004年修正的《预防非法活动法》所继承，该法在一定程度上恢复了公平审判原则。但是在2008年，新的修正案在《预防非法活动法》中重新规定

〔44〕 Declared unlawful through notification numbers, S. O. 898 (E), S. O. 899 (E) and S. O. 900 (E), all dated 10 December 1992, and published in the Gazette of India, Extraordinary, Pt. Ⅱ, s. 3 (ii).

了上述条款。2008 年《预防非法活动法》修正案第 7 章的标题是混杂的，以第 43A ~47F 条的形式插入了一个最长的列表，对《刑事诉讼法》关于逮捕、保释、诉前羁押以及犯罪推定的普通程序进行了例外规定。[45]事实上，2008 年《预防非法活动法》确信警察会在有充分理由的情况下实施逮捕，将指控之前羁押的期限从 90 天增加到 180 天，规定了和《反恐怖主义法》一样严厉的保释条款。这些 2008 年修正案所作出的改变对于政府来说可能会轻易地逮捕嫌疑人，同时也可能更容易地否决他们的保释申请。

而且，一些地方政府采取的“钓鱼”策略也使他们可以“撒宽网捕 440
鱼”，包括那些与现在被宣布为非法或者恐怖组织在过去曾经有过联系的人。这也被用来威胁同情“毛主义”事业的学者和活动分子。[46]例如，在古吉拉特邦，为了逮捕这些鼓动穷人、“贱民”*和印度原住民的活动分子，根据《预防非法活动法》和印度《刑法典》的规定，在没有具体细节的情况下针对活动分子提出了一些未经证实的指控，指控他们在部落、森林居民以及其他像基督徒、穆斯林一样的少数族群中进行错误宣传，鼓动他们从这个国家的主流群体中分离出去，制造内战，鼓动反抗依照《宪法》建立的政府。[47]

2008 年《预防非法活动法》的另一个创新之处就是第 51A 条关于预防和应对恐怖主义活动的条款。根据该条款，对于政府制定的名录上列出来的个人或者企业或者受其委托而提供的资金、其他金融资产或者经济资源，或者是实施、被怀疑实施了恐怖主义的人的资金、其他金融资产或者经济资源，中央政府有权冻结、扣押、划拨，禁止任何人或者企业去赚取资金、金融资产或者经济资源，或者提供相关的服务，并用于帮助在名单上列出来的个人

〔45〕 根据 2008 年《预防非法活动法》（UAPA）第 43E 条的规定，在诉讼期间，如果有证据证明在被告人持有的物品中发现了武器、爆炸物或者其他物品，如果专家证人（例如指纹专家）提供了明确的证据证明在犯罪现场发现的物品和被告人有关联，法庭应当推定被告人实施了犯罪，除非有相反证据可以推翻这一推定。

〔46〕 第一资讯报告是指由警察准备的书面文件，其内容是关于一种可审理的犯罪所进行的委托，这些信息都是来自于受害人。第一资讯报告已经变成了案件启动调查程序的不可或缺的步骤。

* “贱民”是印度种姓制度中地位最低的一个等级。——译者注

〔47〕 FIR no. 1 – 37/2010, dated 26 February 2010, in a letter by PUCL to the NHRC, New Delhi, dated 3 June 2010.

或者企业。[48]该法第 51 条的规定限制、管控恐怖组织的资金来源，使其和
441 世界上其他国家的反恐法律相一致。但是，印度储备银行实施 2002 年《反洗钱法》的一些规则主要是应对经济犯罪的，当履行《预防非法活动法》关于应对恐怖主义活动的规定时，它就难以应对恐怖主义犯罪模糊不清的经济状况。

覆盖印度全国的反恐法律网络包括《预防非法活动法》和《国家调查局法》以及其他继续在印度部分地区实施的一些法律（比如《马哈拉施特拉邦控制有组织犯罪法》、《扰乱地区法》和《武装力量特别权力法》），[49]还包括一些省、邦的法律，如 2006 年《恰蒂斯加尔邦公共安全特别法》。《武装力量特别权力法》作为一部永久性法律的例子具有特别的意义，它证明了将在查谟和克什米尔地区以及东北地区把普通警察权转变为军事权的合法性。《马哈拉施特拉邦控制有组织犯罪法》被视为是《反恐怖主义法》的先驱，它提出了一些非常有效的措施，比如拦截有线通信、电子通信和监听电话，此外，将《预防恐怖主义和破坏活动法》中关于供罪的条款保留了下来。《反恐怖主义法》不承认将同案被告的供罪陈述作为证据使用，但《马哈拉施特拉邦控制有组织犯罪法》和《预防恐怖主义和破坏活动法》则与此不同，它们允许特别法庭（依据前一部法律设置）和指定法庭（依据后一部法律设置）将同案被告涉及被告人的认罪口供作为被告人有罪的证据使用。

2006 年《恰蒂斯加尔邦公共安全特别法》也被视为一张与之相类似的宽

---

〔48〕 根据 2009 年 11 月 16 日印度储备银行发布的命令，指示各类银行严格按照 2009 年 8 月 27 日《预防非法活动法》所规定的程序，保证严格细致的合规审查。这些命令被视为是对安全委员会第 1373 号令的执行落实：RBI/2009-10/222，Circular no. 21/12. 05. 001/2009 - 10，访问网址 www. rbi. org. in. 顺便提及的是，后续印度储备银行发布了一个相似的命令，要求所有银行根据“了解顾客”原则和 2002 年《预防洗钱法》规定的反洗钱原则遵循印度储备银行发布的命令，参见 RBI circular dated 2 July 2008（RBI/2008 - 2009/86，NO. 1/12/05. 001/2008 - 09）.

〔49〕 1958 年的《武装力量（特别权力）条例》［the Armed Forces（Special Powers） Regulation 1958］颁行于 1958 年 4 月，其目的是镇压纳加运动。本条例对纳加丘陵的科希马和莫科克琼格两县被破坏的地方武装部队的军官们授予特别权力，从 1957 年 12 月 23 日起，这些军官们可以免于控告、起诉或者其他任何法庭上受到法律追诉的可能，无论他们在上述区域内实施任何行为都不具有溯及力。1958 年 9 月 11 日，与上述条例相似的法案即阿萨姆和曼尼普尔《1958 年武装部队特别权力法》［The Armed Forces（Assam and Manipur）Special Powers Act 1958］（1958 年第 28 号）被颁布实施。在 1983 年，旁遮普省通过了一项受干扰区立法即 1983 年《旁遮普省受干扰区法》［The Punjab Disturbed Areas Act 1983（1989 年修订）］，以镇压该地区的分裂运动。

阔法律网。〔50〕虽然在 2005 年 9 月毛派分子袭击案发生以后邦内政部长宣布需要这样一部法律，但根据 2004 年《预防非法活动法》修正案，所有的纳萨尔派团体都被禁止并且被宣布为非法组织。《恰蒂斯加尔邦公共安全特别法》拓宽了《预防非法活动法》中关于非法行为和恐怖主义行为的概念，包括了行为人在职权范围内的任何交流，不管是由代表人还是组织做出的口头、书面
表示，从而放宽了认定非法性的要素范围。〔51〕而且，通过将做出某种行为的 442
倾向〔52〕包括在内，使用模糊、不精确的词语来界定非法性，这部法律专断地拓展了地方政府的权力。〔53〕根据这部法律的规定，几个组织已经被宣布为非法组织，在过去几年里，它也被用来针对恰蒂斯加尔邦的原住民（据说是毛派分子或者帮助过他们）和其他异议分子，如恰蒂斯加尔邦公民自由人民联盟总书记以及全国公民自由人民联盟的副主席比纳亚克·森（Binayak Sen）博士于 2007 年 5 月 14 日被拘留，因为他和印度毛派共产党有联系。〔54〕

另一方面，像恰蒂斯加尔邦类似的贾坎德邦有富庶的矿产和森林资源，这个区域有大量的原住民，并且被官方归为“红色走廊”区域，毛派组织在此有一定的社会基础。贾坎德邦根据 1908 年《刑法修正案》第 17 条的规定对非法协会进行管控。第 17 条规定，依据《刑法修正案》，任何人如果被认定为非法协会的成员，或者参加他们组织的会议，为这个协会进行捐献或者募捐，以任何方式帮助他们的行动，就构成了不能保释的犯罪，行为人应当被判处 3 年监禁刑。

---

〔50〕 The Chhattisgarh Vishesh Jan Suraksha Vidheyak 2005 was introduced by the ruling BJP in the state and passed by the State Assembly in December 2005. It received Presidential assent in March 2006.

〔51〕 CSPSA 2006，s. 2（e）.

〔52〕 CSPSA 2006，sub – ss. 2（e）（ⅱ）and（ⅲ）.

〔53〕 关于本法的详细讨论，See People's Union for Democratic Rights，*Casting the net wider*！*The Chhattisgarh Special Public Security Act* 2006（Delhi，April 2006）.

〔54〕 森（Binayak Sen）在赖布尔中央监狱被关押的大约两年里失去了活力，直到印度最高法院允许他保释。具体细节，参见 See People's Union for Democratic Rights，*Through the lens of National Security*：*A Case Against Dr. Binayak Sen and the Attack on Civil Liberties*（Delhi，January 2008）. 2010 年 12 月 24 日，根据《刑法典》第 120B、124A 条，《恰蒂斯加尔邦公共安全特别法》（CSPSA）第 1、2、3、5 条以及《预防非法活动法》第 39（2）条，赖布尔地方法庭判处森博士终身监禁刑。

五、特别法：例外还是正常?

通过特别法的正常化和扩张，印度的反恐法呈现出对特别法深深依赖的特征，在每一个法律的特别制度之外都展示出了反恐法日益累积的痕迹。像1985 年《预防恐怖主义和破坏活动法》和 2002 年《反恐怖主义法》等反恐法律都扮演着问题解决者的角色，在其周围充斥着它们不可或缺的声音。这是因为，上述反恐法是对特殊情况的回应，并不打算永远存在，反恐法的这
443 种发展历程表明了印度国内对残暴敌人有着持续的悲愤，以及对法律制度不能有效应对恐怖主义的担忧，所有这些都造就了特别法正常化的时代背景。

在不断重复地修订和扩张的背景下，这些特别法已经变得和刑事法律体系相一致。自 1950 年针对泰伦加纳的共产党开始实施《预防性羁押法》起，到 1962 年中印战争中重新实施的《印度国防法》，以及 1971 年《维护国内安全法》，这些特别法律授权政府可以拘留范围更广的人。1975 年，印度政府宣布进入国家紧急状态，暂停了公众通过法院来保障其基本自由权的权利。1975 年《宪法》第 39 修正案将《维护国内安全法》放在了《宪法》第 9 项附件中，并未接受合法性审查。1976 年《宪法》第 42 修正案进一步强化了中央政府的权力，规定因防范反国家行为的需要，没有法律会因违背《宪法》第 3 部分的基本人权而被宣布无效。

1977 年印度人民党政府宣布废止《维护国内安全法》，但是其他特别法包括 1958 年《武装力量特别权力法》和 1967 年《预防非法活动法》，中央邦、查谟和克什米尔地区以及比哈尔及奥里萨邦《预防性羁押法》继续有效。人民党政府尝试着以刑事诉讼修正案作为小型《预防性羁押法》来使用，但最终证明这一尝试失败了。随着国会恢复权力，1980 年《国家安全法》被编入法律汇编之中。《国家安全法》之后是 1985 年和 1987 年的《预防恐怖主义和破坏活动法》以及 2002 年的《反恐怖主义法》。如前文所讨论的，《反恐怖主义法》失效后就是修订《预防非法活动法》和制定 2008 年《国家调查局法》。

值得注意的是，虽然从表面上看这些反恐法律都是在有限的时间内实施的，但它们也有能使其可以长久适用的条款。例如，1950 年《预防性羁押法》起初只有 1 年有效期，只能到 1951 年的 4 月 1 日。但实际上，即使根据

这部法律逮捕的人数有所下降，但其却最终延长到 1969 年，这也表现出印度政治生活的正常特征。与此相似，《预防恐怖主义和破坏活动法》规定了每两年可以延长一次，这样直到 1995 年该法才从法律汇编中删除。1993 年，当《预防恐怖主义和破坏活动法》因到最后期限准备更新时，多年来延长效力的过程已经变得太过规律性，使之已经成为一场普通的讨论事项，只有 8 名议员（不包括呈送这部法案的部长）参与了这场持续了 1 小时 10 分钟的讨论。在《反恐怖主义法》的制定过程中，第一部条例寻求延期以后被延长了 5 年，这一点具有重要意义；第二部条例虽然饱受批评，但是在 2002 年 12 月公开 444
以后将延长期限减少到 3 年。对于这样一部没有受到法律审查而被收入法律汇编的法律来说，这个期限预示着一种担忧，即在应对恐怖主义过程中可能出现法律真空。最近来自马里马斯（Malimath）委员会的评论证明了这一点，认为 1860 年印度《刑法典》中对恐怖主义活动、破坏活动和有组织犯罪作出了一个具有全面性和包容性的界定，在特别法律被宣布失效以后，就不会在打击恐怖主义、黑社会犯罪过程中出现法律真空，亦如 1987 年《预防恐怖主义和破坏活动法》这个案例一样。[55] 随着《预防非法活动法》以修正案的形式出现，这种期待将特别法永久化的希望变成了现实。

确实，即便特别法从表面上看被废止或者可能失效了，但是其仍然可以通过一些条款继续发挥效力，就像没有被废止一样。[56]《预防恐怖主义和破坏活动法》和《反恐怖主义法》的历程已经表明在废止法律之后可以继续实施其条款，从而延长这部法律在废止之后的生命。在这些法律被废除几年之后，违反《预防恐怖主义和破坏活动法》和《反恐怖主义法》的案件仍然在各种特别法院或者指定法庭以及最高法院中继续审理。

如巴希（Baxi）所指出的，自 1950 年《预防性羁押法》实施以来，印度的法律体系不得不接受《宪法》授权建立的预防性羁押制度和刑事司法制度共管的局面，即两者相并列的法律制度。[57] 由于像《预防恐怖主义和破坏活动法》和《反恐怖主义法》这样的法律都不属于预防性羁押法，尽管它们也可以延长羁押的期限，但是这种并存的局面很容易获得改变。

---

〔55〕 Government of India, Ministry of Home Affairs, *Report of the Committee on the Reform of the Criminal Justice System* (March 2003), vol. I, p. 294 (emphasis added).

〔56〕 See POTA, s. 1 (6) and TADA, s. 1 (4).

〔57〕 See Upendra Baxi, *The Crisis of the Indian Legal System* (New Delhi: Vikas, 1982), p. 30.

然而，在特别法实施过程中也出现了特殊情况，即规定普通犯罪的法律和应对特殊犯罪的法律共存共生，在反恐的特殊社会背景下相互交织、相互关联。这不仅在法律的文本中和法律判决中有所表现，而且更重要的是，它也对普通法产生了影响：更多的特别规定在思想上和程序上被接受，在普通的刑事司法体系中，也开始将这些特别条款正常化。

445 上述相互关联性有多种多样的形式。反恐法可能会修改普通法律中的特别规定，或者在普通法和特别法中设置内容相同的条款。当被告人因违反普通法而受到拥有广泛权力的特别司法机关的指控和审判时，可能适用特别条款在普通审判程序中办理这个案件，并且根据上述规定，可以因此采信在普通法律中被视为无证明力的证据，也会在此基础上加重处罚。[58]换句话说，如果将《反恐怖主义法》和《预防恐怖主义和破坏活动法》作为指控被告人的依据，那么违反普通法的被告人就会得到不同的对待。

如希利亚德（Hillyard）所言，普通刑事法律和紧急立法之间的共生关系所导致的结果就是，总体上使成文法的规定更加严厉。[59]法律的标准呈现出一种严酷的循环往复症，在这个过程中，严厉的法律因进一步的措施“软化”了我们，使之变成了与需要的标准相似的法律。[60]

六、结论

印度的反恐法律制度宣称其应对的是特殊形式的、有组织的暴力犯罪，或者是被称为恐怖主义活动的犯罪，包括在印度东北地区、查谟和克什米尔地区、旁遮普省早期的一些形形色色的自治运动或者分裂运动，以及在印度一些地方邦包括安德拉邦、恰蒂斯加尔邦、贾坎德邦、西孟加拉邦和马哈拉施特拉邦的部分地区，被政府称为极左派的早期的“纳萨尔巴里运动”和当前的“毛主义运动”。此外，穆斯林宗教极端主义群体，以及最近出现的、牵涉爆炸案的越来越多的印度教徒，已经成为恐怖分子的重要来源。值得注意

〔58〕 Section 26 of POTA pertained to the power of Special Court with respect to other offences.

〔59〕 Paddy Hillyard, *Suspect Community: People's Experience of Terrorism Acts in Britain* (London: Pluto Press, 1993), p. 263.

〔60〕 See J. Sim and P. A. Thomson, "The Prevention of Terrorism Act: normalizing the politics of repression" (1983) 10 *Journal of Law and Society* 75.

的是，印度政府在这些恐怖分子身上来证明特别措施的正当性，甚至运用这些法律去控制政治反对派和限制民众运动。

在 11 月 26 日孟买恐怖袭击的背景下，2008 年 12 月，不同党派（印度国 446
大党领导的团结进步联盟和印度人民党领导的国家民主联盟）在需要强化反恐立法这一政治共识的情况下通过了《预防非法活动法》修正案，这和以前反恐立法的情况明显不同。当时，由于担心反恐法会被滥用，因此有政治上的反对力量，正如团结进步联盟施政最低纲领里提到的，《反恐怖主义法》因滥用而被废止；《预防恐怖主义和破坏活动法》也被宣布失效，这在很大程度上也被视为确保较高定罪率目的之失败。

现在人们已经开始到处为高效、强势的反恐法连续不断地唱起赞歌，因为印度政府和新的恐怖袭击之间的斗争变得越来越多。尽管政府继续利用强化法律的策略，但他们也同时通过使用武装警察、准军事部队（中央后备警察部队和边境安全部队）和特种警察部队应对克什米尔和东北地区的民族主义运动，以及印度大多数地区尤其是恰蒂斯加尔邦的中印度地区的“毛主义”暴力活动。因此，依靠像《武装力量特别权力法》这些特别法的支持，军队占领了克什米尔和东北地区的大部分地方，通过专门进行丛林战的特种警察部队像“格雷伊猎犬”和“眼镜蛇”部队来打击“毛主义”暴力分子，甚至从恰蒂斯加尔邦当地的原住民中抽调人员组成民兵。〔61〕

在这种类似于战争的状况中，政府武装和叛乱团体的武装已经超越了普通暴力的程度，不管是特别法还是普通的刑事法律制度，都无法解决他们所造成的这种状况，“法律应当是什么”的辩论已经与此毫不相干。最后，印度反恐法律制度只能发挥临时性的作用，虽然通过对话可以逐步促进经济、社会、文化之发展，但只有找到政治解决方式才能根治上述问题。

---

〔61〕 在当地的冈德语中，原住民也被称为“Salwa Judum”，字面翻译过来就是“纯粹的狩猎”。他们的先驱者零散地分布在 jan jagaran abhiyans，然后被政府强制行动。参见 *Nandini Sundar*，*Subalterns and Sovereigns*：*An Anthropological of History of Bastar*（1854 – 2006）（Delhi：Oxford University Press，2nd edn，2007）

第四部分

西方国家的反恐立法和政策

第18章

“9·11”事件后的美国十年

威廉·C. 班克斯*

一、引言 449

距离“9·11”事件已经过去了10年，但在美国政府看来，这个世界仍然充满威胁。事实上，“9·11”事件与其说是一场重塑了美国全球战略的地震，倒不如说是一道闪电，照亮了美国自此之后的全球战略。[1]在20世纪的最后10年，美国投入了巨大精力与恐怖主义和其他全球性威胁进行斗争，但“9·11”事件表明，美国政府在接下来的时间里，还要面对许多可能随时爆发的威胁与挑战。其后，“基地”组织以及其他恐怖组织所造成的威胁程度虽然无法与“9·11”事件相比，但其威胁的复杂程度与以往相比明显提高，并且也更加难以预料。其中一个重要的表现在于：更多的美国公民成为“基地”组织和其他相关组织的成员，并且在策划和实施恐怖主义活动上发挥着越来越重要的作用。同时，各种各样的本土恐怖组织也在增长。[2]

在20世纪最后10年，美国所惯常采用的策略，即运用压倒性的军事优势打击传统意义上的敌人，已经不符合新的时代要求。相反，在面对恐怖组织威胁时，美国的国家力量投入与产出出现了不匹配的问题。在这种情况下，

---

* 威廉·C. 班克斯（Williams C. Banks），锡拉库扎大学国家安全与反恐学院主任。

〔1〕 Josef Joffe, “Hubs, spokes and public goods”, *The National Interest*, 30 October 2002, available at nationalinterest. org/article/hubs – spokes – and – public – goods – 2159.

〔2〕 Peter Bergen and Bruce Hoffman, *Assessing the Terrorist Threat: A Report of the Bipartisan Policy Center's National Security Preparedness Group*, Bipartisan Policy Center, 10 September 2010.

美国在“9·11”事件之后通过了许多新的法律和政策来对抗恐怖主义威胁，而这些法律和政策都显示出美国反恐战略的根本转变。在调整战略的过程中，很多新的做法引起了国内外的广泛关注，并引发了一系列争议。在“9·11”事件的10年之后，应当对美国反恐战略做一个阶段性的总结。恐怖袭击发生后，布什政府采用视恐怖主义威胁为战争的策略方针，国会在“9·11”事件之后也很快地认可了这种定位。就当时的情况来看，将对恐怖分子的作战定
450 性为“战争”的做法在多数人看来是可行的，也为布什政府发动对阿富汗的军事打击赢得了不少支持。自“9·11”事件之后，美国政府又在阿富汗和伊朗发动了多次军事打击，同时在巴基斯坦、索马里和也门等地区，进行了多次小规模的军事打击，通过这些军事活动，美国一直谋求能够有效打击那些隐藏起来的恐怖分子，并将难以预料的恐怖袭击扼杀在摇篮里。

然而，这种定位从一开始可能就存在一些潜在问题。事实上，将反恐行动贴上“新型战争”的标签，〔3〕方便了布什政府单边实施许多新的羁押和讯问措施，更迅速地移送和审判恐怖主义犯罪嫌疑人；方便了布什政府针对伊拉克“先发制人”地发动战争，并且可以针对境外恐怖分子实施军事打击；可以实施大规模的电子监听，从而挫败恐怖分子的密谋。过去10年间，反恐已经成为美国立法活动关注的重点。目前，绝大部分的新政策和新法律对美国产生持续性的影响，同时，美国也要建立起更加长期的机制制度来保障、控制反恐投入，这意味着在接下来的时间内，在关于国家安全的问题上，政府需要推动一个更加长期的战略改组计划。

在“9·11”事件后不久，布什政府一直谋求扩张权力，但这种扩张的趋势还是受到了司法权的限制（在监听、羁押和特别军事法庭的问题上）。同时，国会在一定程度上也发挥着限制作用（比如在强迫讯问的问题上），最终这种消极的态度在选民身上表现了出来。尽管在布什任职期间，一些反恐法律机制被建立起来并且日益成熟，但法院和国会也在通过司法判决和议案的形式对政府权力进行制约。从整体上看，美国在反恐机制上依然呈现三权分立且相互制约之传统态势。

---

〔3〕 Telephone Interview with Rudolph Giuliani (Mayor of New York City) and George Pataki (Governor of New York), 13 September 2001, available at www. whitehouse. gov/news/releases/2001/09/20010913 - 4. html.

奥巴马政府开始对布什时期的一些策略进行了改革，主要集中在以下三个方面：特别引渡程序；运用“国家机密原则”对抗有关的司法审查；不再宣称“全球范围内开展反恐战争”。但值得注意的是，奥巴马政府依然依靠军事力量对恐怖分子进行打击，在无人机攻击的使用数量上远超布什政府时期， 451
攻击对象甚至还包括了至少一名美国公民。另外，奥巴马政府所承诺的关闭关塔那摩监狱的计划已经被搁置；其修改了送交军事羁押的主体标准；对身处阿富汗地区的未决囚犯如何在美国提起诉讼的问题上表现消极；在特别军事法庭审判的推进上表现积极；支持大规模地运用监控手段。在美国，针对恐怖分子的打击机制已经愈加成熟，基本上是由战争手段（如无人机攻击）和法律手段（如通过法庭审判追究刑事责任）组成。比如，长期羁押和特别军事法庭的决定会提交司法审查，并且部分还会受到国际人权法框架的约束。同时，美国国会和法院也在对政府权力进行系统的监督。从当前的情况来看，一种新的反恐模式正在美国孕育，并且已经萌芽。

本章将着重考察“9·11”事件之后美国的反恐斗争状况，并且也将评价其法律运行的效果。在本章的结束部分，将会简单论述随着美国反恐机制的成熟，其可能会遇到的挑战。

二、对“基地”组织的持续作战

在“9·11”事件发生后，美国国会迅速通过了《武力使用授权决议》(AUMF)，[4]该决议授权美国总统可以不受时间或者空间的限制，“使用所有必要的和合适的力量”来打击应当对“9·11”恐怖袭击负责的势力，以此来打击“任何可能在未来针对美国实施国际恐怖主义活动的组织或个人”。这种表述是比较抽象和模糊的——什么是“可能在未来实施恐怖主义活动”？这就意味着，美国政府可能在将来的任何时候，在任何地方针对未明确身份的敌人发动袭击。追溯美国历史，国会赋予总统如此大的权力是极为罕见的。

总体而言，《武力使用授权决议》将战争策略作为应对“9·11”事件后恐怖袭击的主要方案。同时，该决议授予布什总统一系列的权力，如通过单 452
边决定将恐怖主义犯罪嫌疑人关押在关塔那摩监狱或者其他地方（包括美国

〔4〕 Authorization for the Use of Force, Pub. L. No. 107 -40, 115 Stat. 224 (2001).

本土），设立特别军事审判法庭，实行强迫讯问措施，在第三国的领土上对犯罪嫌疑人实施强迫讯问，大规模地适用未经批准的监控措施等。然而，该决议中所体现出来的反恐战略并非是一个突然的转向。事实上，这种将反恐行动视为一种战争的策略早在克林顿政府时期就已经作为一种主导政策出现，并且一直贯穿于克林顿整个执政期间，在某些具体的措施上甚至更早。〔5〕例如，早在20世纪80年代末，美国就针对恐怖分子实行军事打击。同时，特别引渡程序等很多的单边措施在“9·11”事件之前已经出现并推行。然而，国会所通过的这一决议所赋予的如此大的权力，至少表明了国会的态度，即支持布什政府在全球范围内开展反恐战争，并且可以使用任何必要的手段。

通过该决议赋予总统巨大的权力，在当时看来是可以理解和接受的。然而10年过去了，决议中确立起来的一系列机制正面临着许多问题。政府在执行反恐时的权力定位不明，权力的运行也缺少有效监督，而反恐法律在很多表述上较为抽象。尽管国会最近针对强迫讯问措施规定了一些限制条件，但还有许多机制需要进一步的立法明确，如特别军事法庭、电子监听、军事力量的使用和针对恐怖主义犯罪嫌疑人的长期羁押措施等。

早先时候，奥巴马政府重新解释了《武力使用授权决议》中规定的标准，将适用对象限制在“塔利班”、“基地”组织或其同盟的成员以及为其提供资助的人或者组织。〔6〕然而，“同盟”和“资助”的含义依然比较宽泛，同时，想要将其精确化和具体化又是一件非常复杂和困难的事情。这种复杂性源于以下几个方面：首先，想要将恐怖分子与平民识别开是比较困难的。其次，恐怖分子内部的层次结构并非那么严格。最后，法案中规定了多元化的打击措施，比如对恐怖分子可以实施致命打击和军事羁押，这虽然增加了选择空间，但也增加了选择的复杂性。尽管将抽象的立法规定具体化是一件复杂的事情，但对当前立法规定的授权进行一定的限制还是有可能的，比如说可以
453 通过明确“基地”组织或其同盟的组织结构特征，或者将恐怖分子与武装冲

〔5〕 Benjamin Wittes, *Law and the Long War: the Future of Justice in the Age of Terror* (New York: Penguin, 2008), pp. 25 – 6.

〔6〕 In Re: Guantanamo Bay Detainee Litigation, Respondent's Memorandum Regarding the Government's Detention Authority Relative to Detainees Held at Guantanamo Bay, No. 08 – 442 (TFH) (US Dist Ct for the DC 2009), available at www. scotusblog. com/wp/wpcontent/upholds/2009/03/doj – detain – authority – 3 – 13 – 09. pdf.

突人员区分开来，或者借助国际人权法律中确定的标准。[7]但是截至目前，还是没有看到奥巴马政府在这个方面有何作为，也没有迹象表明国会正在谋求何种改革措施。

三、针对恐怖分子的羁押和军事审判（包括特别军事法庭审判）

"9·11"事件之后，布什政府很快起草了一系列法律文件，其中就有针对在反恐行动中抓获的"基地"组织和"塔利班"成员如何进行羁押通过军事审判的问题。布什政府认识到，如果在海外建立一些军事区域用于羁押和军事审判被界定为"敌对势力"的人或者组织，在羁押、讯问方面就可以享有更多的便利，掌握更大的主动权。因此，布什政府颁布了军事法令，只要美国总统有理由相信某人是"基地"组织成员，或者参与国际恐怖主义活动，窝藏、包庇上述组织成员或者恐怖分子的，执法人员有权对非美国公民进行无限期羁押。[8]同时，该军事法令授权建立一个独立于传统国内司法机制或军事司法机制的特别军事法庭，用于审判被指控有违反战争法或者其他相关法令的非本国犯罪嫌疑人。截至2002年上半年，美国军方已经将几百人从阿富汗转移到位于古巴的关塔那摩监狱。

在此期间，美国政府在没有经过起诉和听证的情况下对3个被贴上了"敌对分子"标签的美国公民实施了羁押。相关军事法令没有授权政府可以针对美国公民实行这一措施，布什政府据以羁押这3个公民的根据是《武力使用授权决议》和美国总统的权力。在这3个美国公民中，亚瑟·哈姆迪（Yaser Hamdi）在阿富汗被逮捕，而后被转移到关塔那摩监狱，在他的美国公民身份被确定后，又被转移到位于南加利福尼亚的一处军事基地。帕迪利亚（Jose Padilla）在从芝加哥出差归来的飞机上被羁押，最初，帕迪利亚作
为"9·11"恐怖袭击的重要证人，被留置在纽约的羁押场所，但后来其被认 454
为是"敌对分子"，于是被转移到了与亚瑟·哈姆迪所在的同一羁押地点。阿

〔7〕 Jack Goldsmith, "Long – term terrorist detention and our national security court" in Benjamin Wittes (ed.), *Legislating the War on Terror: An Agenda for Reform* (Washington, DC: Brookings Institution Press, 2009), p. 84.

〔8〕 Military Order: Detention, Treatment, and Trial of Certain Non – Citizens in the War Against Terrorism, 66 Fed. Reg. 57, 833, 13 November 2001.

尔马里·阿里·谢·卡拉汉（Ali Saleh Kahlah al－Marri）是卡塔尔人，于20世纪90年代从布拉德利大学获得了学士学位，在2001年9月10日带家人回美国领取博士学位，但随后于2001年12月12日被逮捕。作为策划“9·11”恐怖袭击的重要证人，阿尔马里·阿里·谢·卡拉汉在被布什政府认定为“敌对分子”之前就被控告犯伪造国籍和信用卡罪，并在2003年6月遭到起诉。但起诉随后被驳回，而阿尔马里·阿里·谢·卡拉汉则被转移到南加利福尼亚军事基地。

这种非常规的羁押逐渐开始引起人们的关注和批判，国内外也掀起了多次针对这种措施的批判。在第一轮的批判中，不少组织和个人要求对其进行司法审查。许多被关押在关塔那摩监狱的非本土羁押者，以及他们的诉讼代理人都请求美国法院对其签发人身保护令，要求法院宣布羁押措施违宪。同时，他们要求释放被羁押人员、保证其获得法律援助，在强迫讯问中享有人权保障。法院也通过一系列的判例表明了自己的态度。在拉苏尔（Rasul）诉布什（Bush）案〔9〕中，联邦法院认为其对关塔那摩囚犯有管辖权，因此被关押人员可以依据人身保护法条款申请保护。同时，最高法院就亚瑟·哈姆迪和何塞·帕迪利亚的诉求进行了回应，法院在哈姆迪案〔10〕中认为，国会已经授权针对在战斗中被抓获的恐怖分子实施《武力使用授权决议》所规定的羁押，不管其是否具有美国国籍。但是，问题的关键并不在于这是否是美国总统的权力，而在于对美国公民的羁押有没有经过司法审判，因此可能违反了美国《宪法》第5修正案中的规定：“任何人的生命、自由、财产，除非经法定程序，否则一律不能被剥夺。”在权衡了哈姆迪的诉求和美国政府的利益之后，奥康纳·桑德拉（O'Connor）法官认为被羁押者必须收到关于其身份认定根据的说明；并且享有在一个中立的裁判者面前反驳政府认定的同等权利。在这种情况下，美国政府与哈姆迪不再继续诉讼的进程，而是达成协议：哈姆迪被驱逐出境，转移到沙特阿拉伯，而哈姆迪则放弃他的美国公民身份并且承诺再也不返回美国。〔11〕

然而，相对于上述案件，帕迪利亚案就显得更为复杂，因为帕迪利亚并

---

〔9〕 Rasul v. Bush，542 US 466（2004）.

〔10〕 Hamdi v. Rumsfeld，542 US 507（2004）.

〔11〕 Hamdi v. Rumsfeld，Case No. 2：02CV439 Motion to Stay Proceedings.

非是在战场上被俘获的，也没有显示出其对美国的国家安全造成威胁。显然，美国政府更难证明自己的决定是适当的，而法庭在本案中也更难作出裁决。帕迪利亚先是被作为一个重要证人羁押在纽约的普通羁押场所中，之后被转移到南加利福尼亚的军事羁押场所。在被转移后，他的律师向纽约联邦法院 455
提交了人身保护申请。然而，联邦最高法院却认为帕迪利亚的律师针对了错误的诉讼主体，并在错误的法庭进行了诉讼。[12]之后，帕迪利亚的案件在南加利福尼亚州接受审判，当此案再次被提交到联邦最高法院时（这一次法院似乎不得不考虑他的诉求），政府宣称帕迪利亚的罪行不如那些被军事羁押的人员严重，故而美国政府又将其转移回普通的羁押场所。最后，帕迪利亚以支持恐怖主义活动为由被判处监禁刑。[13]

在第二轮的批判中，人们依然着眼于如何限制羁押决定权和特别军事法庭的审判权。卡拉汉提出，一般的羁押措施已经足以挫败任何恐怖主义活动，没有必要再实行军事羁押，因此对其实施军事羁押无疑是过分的。当本案被移送审判之后，下级法院认为美国政府提供了足够的证据证明卡拉汉为“敌对分子”，但上诉法院却认为卡拉汉有权在进一步的诉讼程序中对政府的认定提出抗辩。[14]然而，当案件还在联邦最高法院时，政府就将其从军事羁押场所转移到了司法部的普通监狱中，以此规避了联邦最高法院可能作出的不利判决。[15]最终，卡拉汉以资助恐怖主义为由被判处有罪。[16]

赛利姆·哈姆丹（Selim Hamdan）是也门人，于2001年11月在阿富汗被俘，之后被美国军方羁押，并于2002年6月被转移到关塔那摩监狱。2003年，布什总统签发命令，将哈姆丹和其他5名被羁押人员提交特别军事法庭审判。在审判中，哈姆丹被指控为本·拉登的保镖和私人司机。在审判开始之前，哈姆丹就对特别军事法庭的程序合法性提出异议。2006年，联邦最高
法院在哈姆丹诉拉姆斯菲尔德案[17]中认为布什总统签发命令所设立的特别 456

---

[12] Rumsfeld v. Padilla, 542 US 426 (2004).

[13] Robert M. Chesney, “Optimizing criminal prosecution as a counterterrorism tool”, in Wittes, *Legislating the War on Terror*, pp. 108 – 9.

[14] Al – Marri v. Pucciarelli, 534 F 3d 213 (4th Cir. 2008).

[15] Al – Marri v. Spagone, 129 S Ct 1545 (2009).

[16] United States v. Al – Marri, Plea Agreement and Stipulation of Facts, US District Court (CD Ⅲ 2010), available at www. dlideshare. net/legalDocs/findlaw – almarri – plea.

[17] Hamdan v. Rumsfeld, 126 S Ct 2749 (2006).

军事法庭违反了《军事司法统一法》和《日内瓦公约》的规定。基于这种情况，总统和国会又通过了《军事委员会法》，将原来由总统行政命令设立的军事委员会改为由国会立法设立。同时，联邦最高法院于2008年在布迈尔诉布什案〔18〕的判决中指出，关塔那摩监狱中的被羁押人员有权在联邦法庭申请人身保护令。由此，从2004年拉苏尔案件之后所谋求的对人身保护令的限制条款就无法得到强化。当然，联邦最高法院并没有解释下级法院签发人身保护令时要遵循的标准，在布迈尔案中也没有说明被美国政府关押在其他地区的人员是否也有权申请人身保护令。

除了上述问题以外，还有一些问题也是需要明确的。例如，关塔那摩监狱中被羁押的人员是否享有正当程序的权利？是否享有要求会见的权利？关押在阿富汗或者其他国家的人员是否有权利申请人身保护令？如果没有，是什么程序决定其将会受到持续性关押？〔19〕在关塔那摩监狱被关闭之后，被继续关押并且没有出庭的人们将适用何种规定？面对这些问题，下级法院中的法官只能在摸索中前行。虽然关塔那摩监狱中被羁押的人员很多都已经成功享有人身保护法规定的权利，但被关押在阿富汗的犯人还不享有这一权利。〔20〕鉴于奥巴马政府在关闭关塔那摩监狱的问题上表现出徘徊不前的态度，位于哥伦比亚特区的法院不可避免地演变为一个名副其实的美国“国家安全法院”。然而，无论如何，在军事羁押的问题上，国会和总统都应当通过成文规范来阐明司法权的界限、羁押标准以及适用程序，从而对羁押的适用作出实质性的限制。〔21〕

目前，美国正在制定的反恐策略中充满了政治分歧，尤其是在应对国内恐怖主义活动时羁押手段的应用和讯问嫌疑人的手段方面。正如2009年和2010年圣诞节爆炸案和时代广场爆炸案所显示的，如果执法机关对恐怖主义犯罪嫌疑人适用普通程序，大量有效力的裁判先例将会为其提供保护，甚至造成讯问中断。但一旦中断，关于同案犯的有价值的线索或者其他线索就有
457 可能丢失。与之相反，如果政府将嫌疑人当作“敌对分子”，由此将其留置并

〔18〕 Boumediene v. Bush, 128 S Ct 2229 (2008).

〔19〕 See, e. g., Boumediene v. Bush, 579 F Supp 2d 191 (DDC 2008); Goldsmith, “Long – term terrorist detention”, pp. 75 – 94.

〔20〕 Al Maqaleh v. Gates, 605 F 3d 84 (DC Cir. 2010).

〔21〕 Goldsmith, “Long – term terrorist detention”, pp. 75 – 94, note 19.

进行长时间没有律师在场的讯问，或者脱离普通司法程序的讯问，当局就可能面临一定的风险，比如法院可能认为其行为不当并要求释放嫌疑人。司法部长已经向国会提交一个议案，要求当局在处理此类危机时能够享有更大的灵活性，不仅有时间去延长讯问时间，而且便于决定对犯罪嫌疑人适用普通司法程序还是特别军事程序。由此可见，在反恐羁押和讯问的问题上，需要建立起一个有效的机制，这将有益于新的反恐策略的开展，同时至少在部分程度上缓和政治矛盾。

四、强迫审讯

早在 2002 年 12 月，美国军方和政府的讯问人员就被报道虐待反恐行动中的俘虏或者被羁押的人员，比如实施殴打、持续麻醉性催眠、感官剥夺甚至是性虐待。这些虐待开始于阿富汗，并逐渐发展到了关塔那摩监狱和其他一些美国在海外建立的讯问中心，最终扩展到了伊拉克。据相关报道透露，被羁押人员因虐待发生了许多严重伤害和死亡的情况。〔22〕无论如何，这些虐待丑闻都对美国的国家形象造成了重大损失。

1949 年关于战俘待遇的《日内瓦公约》的第 3 条规定“一切放下武器的武装部队人员和失去战斗力的人员，在一切情况下不得因种族、肤色、宗教或信仰而受到歧视”，“无论何时何地，不得对他们的生命与人身施加暴力，如谋杀、肢体伤残、虐待及酷刑”，“不得损害他们的个人尊严，特别是侮辱、贬损身份等”〔23〕。在“9 · 11”恐怖袭击发生后的几年中，这些要求适用于所有的强迫讯问措施。但为了获得更大的反恐成果，布什总统一直想要突破《日内瓦公约》的规定。于是，布什政府于 2002 年 2 月决定“塔利班”和“基地”组织成员不享有《日内瓦公约》所规定的权利。〔24〕布什总统在研究 458
了其智囊团的咨询意见之后，向司法部长阿尔贝托发出通知，指出“新的框

〔22〕 See Senate Armed Services Committee Inquiry into the Treatment of Detainees in US Custody, 11 December 2009, available at levin. senate. gov/newsroom/supporting/2008/Detainees. 121108. pdf.

〔23〕 Geneva Convention Relative to the Treatment of Prisoners of War, Geneva, 12 August 1949, in force 21 October 1950, 75 UNTS 135, art. 3 (common to all four conventions).

〔24〕 George W. Bush, “Re: the humane treatment of Al Qaeda and Taliban detainees” (Memorandum dated 7 February 2002), in Karen Greenberg and Joshua Dratel (eds.), *The Torture Papers: The Road to Abu Ghraib* (New York: Cambridge University Press, 2005), pp. 134 – 5.

架（针对恐怖主义活动的战争）在讯问恐怖分子嫌疑人上突破了《日内瓦公约》的严格限制，并且也可以让条款更加完善”〔25〕。值得注意的是，除了《日内瓦公约》，《反酷刑公约》也补充了美国立法中关于“酷刑”的定义，认为“是指为了向某人或第三方取得情报或供状，为了他或第三方所作或涉嫌的行为对他加以处罚，或为了恐吓或威胁他或第三方，或为了基于任何一种歧视的任何理由，蓄意使某人在肉体或精神上遭受剧烈疼痛或痛苦的任何行为”。该公约也禁止任何“残忍、不人道或有辱人格的待遇”〔26〕。然而，直到虐囚丑闻被曝光，相关的反恐条款被修订，《日内瓦公约》和《反酷刑公约》中所禁止的虐待一直都没有被美国法律禁止。

最初的阶段，强迫讯问主要针对“基地”组织领导人，也是为了制止他们的反抗，但后来适用的对象逐渐扩大，一直扩大到“塔利班”成员和“基地”组织成员，由此导致了在数百名被羁押的普通嫌疑人身上实施残酷的讯问手段。同时，还有一些法律意见书也对此起到了推波助澜的作用。比如2002年的一份法律意见书竟然指出，在认定什么是《反酷刑公约》中的“酷刑”时，被羁押者必须遭受到了足够程度的“肉体上的伤害，比如器官上的伤害、身体机能上的损伤甚至是死亡”〔27〕。意见认为，讯问可能是“残忍、不人道或者有辱人格的，但是并没有产生痛苦，也没有达到必要的程度”，〔28〕以此来规避法律。

2004年春天，在阿布格莱布监狱虐囚的照片曝光后，美国当局中止了虐
459 囚行为。2005年和2006年，国会在《囚犯待遇法》和《军事委员会法》中对讯问进行了规定。同时，美国军方也出版了修订版的战地作战手册，严格禁止非法强迫讯问。然而，根据2007年总统颁布的命令，美国中央情报局依然被允许在秘密场所羁押犯罪嫌疑人，并且可以在不超越法律规定的限制下，

〔25〕 Alberto R. Gonzales, “Re: Decision re application of the Geneva Convention on Prisoners of War to the conflict with al Qaeda and the Taliban”, Memorandum dated 25 January 2002, in Greenberg and Dratel, *The Torture Papers*, p. 119.

〔26〕 Convention Against Torture and Other Cruel, Inhuman or Degrading Treatment or Punishment, New York, 10 December 1984, in force 26 June 1987, 1465 UNTS 85, art. 1.

〔27〕 Memorandum from Alberto R. Gonzales to the President, “Re: Standards of conduct for interrogation under 18 USC §§2340 – 2340A” (1 August 2002), available at www. justice. gov/olc/docs/memo – gonzales – aug 2002. pdf.

〔28〕 Ibid.

对他们采取一定强度的强迫讯问措施。[29]

在这样的情况下，为了避免法律适用上的混乱，也避免日益激烈的争议，最好的办法是通过立法禁止残忍、不人道或者有辱人格的待遇，以此来遏制酷刑。否则，还会有更大的问题困扰着奥巴马政府、国会以及其他机构或者军方领导。特别是将来讯问到底要遵循什么标准呢？当前，《反酷刑公约》和美国的一系列补充条款过于抽象，缺乏具体的指导标准。那么在什么情况下、什么强度的强迫讯问是可能被允许呢？什么样的手段可能被适用？谁可以决定上述问题？谁能批准强迫讯问，又应当受到谁的监督？奥巴马总统在他的就职演说中提到，他可以“毫不犹豫地说美国没有酷刑”，[30]也就是暗示了他将以美国总统的行政命令的形式来推行他的新政策，[31]但这样的一种行政命令并不是非常稳定的，它可以在总统任职期间被修改，也可以被下一任总统修改，只要需要，也可以针对行政命令设置一些单边或者秘密的例外性条款。因此，不能仅仅通过上述方案规制强迫讯问措施，也不能通过美军作战手册中所规定的“被允许的讯问”来达致此目的。在这个问题上，国会必须通过立法来明确以下事宜：中央情报局是否在规制范围之内；军事讯问和普通程序讯问的讯问人员是否要受到同样的限制；无论是谁，一旦违反都应当被认定为犯罪。[32]

不管如何，奥巴马政府所做的努力，都是为了重塑美国的道德地位，但毕竟法律体系在任何情况下都不会是完美的。奥巴马政府通过行政命令来彰显自己的决心，但正如上文提到的，行政命令的形式并不那么稳定。同时，
针对那些布什政府期间应对虐囚负责的政府官员，奥巴马政府并没有支持对 460
他们的诉讼，甚至没有进行公开谴责。此外，奥巴马政府一直努力的并非是废除强迫讯问条款，而是去探索什么才是有效的讯问技巧，采用强迫讯问是

〔29〕 Exec Order No. 13, 340, 72 Fed Reg 40, 707 (20 July 2007) (interpreting Common Article 3 and the MCA to permit coercive interrogation so long as the purpose is to gain intelligence and not humiliate or degrade the detainee). See Stuart Taylor and Benjamin Wittes, "Refining US interrogation law", in Wittes, *Legislating the War on Terror*, pp. 307 – 8.

〔30〕 Barack Obama, President of the United States, Inaugural Address, 20 January 2009; Barack Obama, President of the United States, Address to Joint Session of Congress, 24 February 2009.

〔31〕 Exec Order No. 13, 491, 74 Fed Reg 4893 (22 January 2009).

〔32〕 Taylor and Wittes, "Refining US interrogation law", pp. 329 – 30.

否会收到更好的效果。〔33〕长远观之，美国反恐法律在针对强迫讯问的问题上，依然需要更具体的标准。同时，也不得不允许在极端的情况下，可以在有效监督之下对强迫讯问手段有一些弹性的规定。

五、非常规引渡

引渡是指国家根据条约或基于其他理由把在其境内而被别国指控或判定犯罪的人，应该国的请求，移交该国审判或处罚的行为。然而，自20世纪90年代开始，美国就开始在没有经过被转移国家请求的情况下，将被羁押人员转移到国外去羁押或者讯问，有时候甚至有可能会使被引渡人员遭受到虐待或者残忍、不人道或者有辱人格的待遇。相对于普通引渡程序而言，非常规引渡之所以特殊，是因为其不需要条约或者协议，也没有经过司法程序。从当前来看，自“9·11”事件开始，无论是奉总统的秘密直接命令授权，还是由没有被经过授权的政府官员实施，非常规引渡作为一个强迫讯问的必备附属制度，已经被充分利用起来了。

根据媒体报道，从2004年开始，中央情报局就开始转移一些恐怖主义犯罪嫌疑人到一些公众不知道或者美国法庭管辖范围之外的地区进行强迫讯问。根据一些媒体的披露，在巴基斯坦、印度尼西亚和约旦的军事航空区都有美国政府使用湾流喷气式飞机的记录。同时，媒体也披露了犯罪嫌疑人在被转移到境外之前带着头罩和戒具的照片。中央情报局的这种做法受到了人权组织的批判，在人权组织看来，这种做法的目的是为了转移被羁押人员到境外，从而规避美国法律或者联合国相关反酷刑公约中禁止采用的审讯手段。〔34〕一
461 名未透露姓名的曾参与过行动的官员称，“我们不会殴打他们，也不会辱骂他们，我们只是将他们送到其他国家，在那里有人会这么做。”〔35〕仔细观察那些接受特别引渡的国家，包括叙利亚、埃及、沙特阿拉伯和约旦，都是被相

〔33〕 See Intelligence Science Board, Educing Information - Interrogation: Science and Art - Foundations for the Future (Phase 1 Report), December 2006, available at www. fas. org/irp/dni/educing. pdf; Intelligence Science Board, *Intelligence interviewing: Teaching Papers and Case Studies - A Report from the Study on Educing Information*, April 2009, available at www. fas. org/irp/dni/isp/interview. pdf.

〔34〕 Dana Priest, “Jet is an open secret in terror war”, *Washington Post*, 27 December 2004.

〔35〕 Dana Priest and Barton Gellman, “U. S. decries abuse but defends interrogations ‘stress and duress’ tactics used on terrorism suspects held in secret overseas facilities”, *Washington Post*, 26 December 2002.

关反酷刑机构录入“黑名单”的国家。

布什政府的官员对中央情报局的上述项目持一种暧昧的态度，但总统本人一直坚称美国没有转移恐怖主义犯罪嫌疑人到国外，从而致使其遭受酷刑。[36]美国政府也坚持中央情报局的做法遵守了法律的规定，同时接受引渡国家也保证会人道地对待被羁押人员。然而，曾经经历过特别引渡程序的人却宣称他们曾经遭受过酷刑和不同方式的羞辱，甚至是电刑。[37]

欧洲人权组织的一些报告揭露了更为明显的事实，并且引起了广泛的关注。欧洲政府以及相关组织开始针对上述问题开展调查，所有的这些都促使国务卿康多莉扎·赖斯（Condoleezza Rice）于2005年12月发表声明，称“美国政府不会为了通过酷刑讯问而将被羁押人员从一个国家转移到另一个国家，也从来没有过这样的事情”[38]。然而，她的声明中明显有很多的保留。

在哈姆丹诉拉姆斯菲尔德案中，联邦最高法院认为被羁押人员也必须受到《日内瓦公约》的保护，包括该公约第3条禁止任何“残忍、不人道或有辱人格的待遇”。之后，布什政府决定关闭中央情报局的海外监狱，但转移了14个被称为“具有很高价值的被羁押人员”到关塔那摩监狱，在监狱中将遵照美军的条例对他们进行讯问。[39]同时，一份2006年11月份的欧洲议会报告确定了许多政府与美国中央情报局的合作，并且知道有人被劫持或者转移 462
到该国家，在那里遭受到了酷刑对待。[40]

媒体曝光了两个例子，但在与美国政府的诉讼中都败诉了。哈立德·艾尔·马斯里（Khalid el－Masri）起诉称，中央情报局以及对其提供协助的私人公司和个人在非常规引渡程序中对其进行羁押、讯问和使用酷刑。马斯里是一个德国人，据他所言，他是在马其顿度假时遭到绑架，随后被带到中央

[36] Jennifer K. Elsea and Julie Kim, “Undisclosed US detention sites overseas: background and legal issues” (CRS Report for Congress, 12 September 2006), available at www. law. umaryland. edu/marshall/crsreports/crsdocuments/RL33643－09122006. pdf.

[37] See US Department of State, “Egypt: country reports on human rights practices” (2003), available at www. state. gov/g/drl/rls/hrrpt/2003/27926. htm.

[38] Secretary Condoleeza Rice, “Remarks upon her departure for Europe”, 5 December 2005, available at merln. ndu. edu/archivepdf/terrorism/state/57602. pdf, p. 3.

[39] Elsea and Kim, “Undisclosed US detention sites overseas”.

[40] Brian Knowlton, “Report rejects European denial of CIA prisons”, *New York Times*, 29 November 2006.

情报局机构中，之后便被羁押在位于阿富汗的一个秘密羁押中心，并在那里遭到了羁押和酷刑。后来，美国政府发现马斯里只是与被追捕的嫌疑人重名，马斯里因此被释放。但马斯里的诉讼被法院驳回，理由是政府宣称其享有国家机密特权〔41〕(国家机密特权允许政府要求法院驳回起诉，或者阻止适用相关的证据，或两者兼有，因为基于这样一种考虑：事关国家安全的信息可能会在诉讼过程中遭到泄露〔42〕)。

马希尔·阿拉尔（Maher Arar）同时拥有叙利亚和加拿大双重国籍，其在与妻儿度假后返回加拿大的途中被羁押。阿拉尔在纽约肯尼迪机场转机到蒙特利尔时，被发现他的名字在黑名单上，随后他就被送到移民局，在那里被提取指纹、拍照并留置。阿拉尔被单独监禁了 3 天，随后被转移到了叙利亚(众所周知的发生过虐囚事件的国家)，在那里被叙利亚官方人员反复实施酷刑。为了停止被折磨，阿拉尔被迫承认其接受了阿富汗的军事训练，随后被送回加拿大。加拿大政府之后组成了调查委员会对此进行调查，但并未发现有任何证据证明阿拉尔参与过犯罪或者从事过任何有威胁加拿大安全的行动。调查委员会发现加方的调查员错误地将阿拉尔和他妻子的名字列入恐怖分子黑名单中，而这就导致了皇家骑警队将其列入数据库（以提醒美国政府在海
463 外发现了嫌疑人)。〔43〕在阿拉尔被羁押于纽约期间，加拿大政府联系美国政府表示他们并没有发现阿拉尔与“基地”组织有任何联系，所以如果他回到加拿大，可能会受到调查或者监视，但不会被逮捕。但加方并不知道，当时美国政府正在计划将阿拉尔转移到叙利亚。〔44〕虽然加拿大政府对阿拉尔所遭受的酷刑进行了补偿，但他的律师还是在美国联邦法庭上起诉了美国政府。然而，这一诉讼也被驳回，随之而来的上诉亦被驳回。理由有三：一是保护犯罪嫌疑人不受酷刑的条款和条约在法庭中没有效力；二是“三权分立”的理念阻止司法权过分介入国家安全事务；三是外交政策上的考虑。〔45〕

奥巴马政府并没有宣布不再使用非常规引渡程序。事实上，奥巴马执政时期的司法机构依然沿袭着布什政府时期的法律观点，并且在一个对私有公

---

〔41〕 El – Masri v. United States, 479 F 3d 296 (4th Cir. 2007).

〔42〕 Mohamed v. Jeppesen Dataplan, No. 08 – 15693, 2010 WL 3489913 (9th Cir. 2010).

〔43〕 Lan Austen, “Canadians fault US for its role in torture case”, *New York Wimes*, 19 September 2006.

〔44〕 Scott Shane, “Canadian to remain on US terrorist watch list”, *New York Times*, 23 January 2007.

〔45〕 Arar v. Ashcroft, 585 F 3d 559 (2d Cir. 2009).

司牵扯到中央情报局的特别引渡案件中，成功地以国家安全的理由促使法院驳回起诉。[46]由此可见，中央情报局还是有可能继续使用特别引渡程序，以帮助他们通过第三国的途径规避法律，从而为他们的行动提供方便。[47]截至目前，没有太多人知道美国政府是否依然在转移恐怖主义犯罪嫌疑人到第三国去进行讯问，而布什政府的谎言侵蚀了美国在世界的形象，同时也导致了政府在本国国民心中信誉的损失。总之，酷刑无论如何是不合法的，在道德上也是站不住脚的，而特别引渡程序只是一个对违法犯罪的规避措施，所以当然应当被美国政府否认。为了使法律更加完备，国会应当通过立法对特别引渡程序加以禁止。

六、“定点清除”

2001 年 10 月，美国政府在与“基地”组织和“塔利班”的作战中险些取得了一场巨大的胜利。当时，美国政府官员相信他们通过无人机巡逻成功定位了“塔利班”的高级领导人穆拉 · 穆罕默德 · 奥马尔（Mullah Mohammed
Omar）的位置，他当时正在一辆从首都逃离的车队中。但由于相关法律的规 464
定，中央情报局没有权力对目标发动攻击。同样，位于巴林的美国第五舰队司令也没有类似授权。按照规定，他们向位于美国塔帕的中央司令部申请从这架无人机上发射“地狱火”导弹，从而对奥马尔进行打击。

“掠食者”无人机随车队到达了一个建筑附近，在这里奥马尔和大约 100 名保镖隐蔽了起来。然而，汤米 · R. 弗兰克斯（Tommy R. Franks）将军基于当时的法律咨询结论，并没有批准这次攻击，[48]还有一份报告声称这个重量级的目标敦促了弗兰克斯将军按照白宫指示行事，[49]最后布什总统个人批准了这场攻击。然而，由于耽误了最佳时机，攻击最终落空了。[50]虽然 F18 战机随后锁定了目标并破坏了那栋建筑，但奥马尔成功逃脱。[51]后来有人推

---

〔46〕 Mohamed v. Jeppesen Dataplan, No. 08 – 15693, 2010 WL 3489913 (9th Cir. 2010).

〔47〕 Taylor and Wittes, “Refining US interrogation law”, p. 310.

〔48〕 See Seymour Hersh, “King's ransom”, *The New Yorker*, 10 October 2001.

〔49〕 Michael R. Gordon and Tim Weiner, “A nation challenged: the strategy”, *New York Times*, 16 October 2001.

〔50〕 Eric Schmitt, “US would use drones to attack Iraqi targets”, *New York Times*, 6 November 2002.

〔51〕 Gordon and Weiner, “A nation challenged”.

测，“掠食者”的攻击之所以被放弃是因为可能会误伤到建筑物内的其他人员。

“9·11”事件之后，通过远距离的武器进行“定点清除”已经不是一件值得惊奇的事情。从历史上来看，美国曾经在合适的场合使用过“定点清除”措施——至少可以追溯到1916年美国与墨西哥的边境战争。〔52〕在战争年代，远距离的“定点清除”是合法的战争手段。

“9·11”事件之后，“定点清除”的政策很快引发了公众的关注。在错失奥马尔之后，2001年11月3日，一架携带导弹的“掠食者”无人机杀死了“基地”组织军事头目穆罕默德·阿提夫（Mohammed Atef）。〔53〕2002年5月
465 上旬，中央情报局再次去刺杀阿富汗“伊斯兰党”主席海克梅迪亚（Gulbuddin Hekmatyar），却失败了。〔54〕

2002年11月3日，“定点清除”行动的性质发生了巨大的改变，在这一天，一架无人机在也门的沙漠腹地发射了一枚“地狱火”导弹，杀死了“基地”组织一名高级成员和低级别成员。〔55〕这是首次在阿富汗境外使用导弹攻击，准确地说，是第一次在阿富汗境外对恐怖分子开展军事打击行动，在这次行动中，加伊德·萨利姆·司南·哈尔蒂（Qaed Salim Sinan al－Harethi）被击毙。哈尔蒂是也门“基地”组织高级官员，是该组织在全球范围内的重要领导人，也是制造2000年10月科尔号驱逐舰袭击案的嫌疑人之一，在那场爆炸案中17名美国海军士兵被害。在发动对哈尔蒂的袭击之前，美国相关部门已经跟踪了他数个月。和哈尔蒂一起被杀死的是5名“基地”组织其他成员，其中包括1名也门血统的美国公民——卡麦勒·戴尔维（Kamal Derwish），他在布法罗郊区长大。根据联邦调查局的调查，戴尔维曾经招募在美国的穆斯林参加“基地”组织的军事训练。

如今，经过几年的伊拉克战争与阿富汗战争，“定点清除”的重点已经转

---

〔52〕 See William C. Banks and Peter Raven－Hansen，“Targeted killing and assassination：the US legal framework”（2003） 37 *University of Richmond Law Review* 688.

〔53〕 James Risen，“A nation challenged：the terror network”，*New York Times*，13 December 2001.

〔54〕 Thom Shanker and Carlotta Gall，“U. S. attack on warlord aims to help interim leader”，*New York Times*，9 May 2002.

〔55〕 John J. Lumpkin，“Al－Qaida suspects die in US missile strike”，*Associated Press*，5 November 2002.

移到其他地区，尤其是巴基斯坦，包括瓦齐里斯坦和周边地区。贝图拉·马哈苏德（Baitallah Mehsud）作为巴基斯坦“塔利班”组织的领导人，已经对巴基斯坦政府实施了很多年的恐怖主义活动，如绑架巴基斯坦的士兵；在巴基斯坦街道策划自杀性炸弹袭击；策划暗杀首相贝·布托（Benazir Bhutto）；被怀疑袭击位于阿富汗的美军力量。2009年8月5日，一架中央情报局控制的无人机发射了两枚“地狱火”导弹杀死了马哈苏德。当时马哈苏德正在其岳父的屋顶接受静脉滴注，他的妻子、伯父、岳父以及其他人，包括他的保镖在这次袭击中丧生。值得注意的是，这次行动时马哈苏德并不在阿富汗，而是在巴基斯坦境内。那么就产生这样一些问题：马哈苏德是否卷入了在巴
基斯坦的对美军事冲突？或者说，他是一名在军事冲突中的“敌对分子”吗？ 466
如果马哈苏德被“定点清除”时在巴基斯坦地区并未实施针对美军的袭击，那么美国是否依然可以依照授权或者依照国际法去对马哈苏德实施远程“定点清除”呢？

奥巴马上台之后，增加了无人机的使用频率。仅仅在2009年一年，奥巴马发动的无人机袭击次数就比布什总统两届任期还要多得多。2010年第1个月更是加快了进程，随着进程加快，奥巴马政府仅在6周之内就实施了超过12起的攻击，造成了大概90名恐怖主义犯罪嫌疑人死亡。据美国国务院法律顾问哈罗德·科（Harold Koh）在2010年3月的一个演讲中透露，奥巴马政府正在草拟一系列相关的法律文件。哈罗德支持对恐怖分子实施军事打击，包括清除那些“正在计划发动恐怖袭击的‘基地’组织高层领导”〔56〕。哈罗德指出，每一次打击都经过认真的分析，基于“认真的考虑，包括威胁的程度，相关国家的主权，以及相关国家的意愿和那些国家去制止目标分子实施恐怖主义活动的能力”〔57〕。哈罗德称这些行动都是在有效力的法律框架内进行的，〔58〕并且遵循了区别对待和比例原则。

发动“定点清除”行动并非不可思议。在“9·11”事件之前，总统就有权在宪法框架下，于战争期间通过“定点清除”来保卫美国。作为三军总

〔56〕 Harold Hongju Koh, “The Obama Administration and international law”, Keynote Speech delivered at the Annual Meeting of the American Society of International Law, 24 March 2010, available at www. state. gov/s/l/releases/remarks/139119. htm.

〔57〕 Ibid.

〔58〕 Ibid.

司令的美国总统，其发动袭击的权力，〔59〕从传统上看是一种即时性的权力，或者是基于紧迫的需要，是国际法中自卫理念的演化。然而，从现代恐怖袭击的情况来看，当手段表现为自杀式恐怖袭击时，往往是在针对其进行打击之前危害行为就已经结束。国内法为了有效规制这种不断出现的情况，就出现了预先自卫的规定，即针对那些已经明确地确定为恐怖分子的人，如果穷尽了其他手段去执行逮捕，就允许总统发动致命打击。〔60〕国会有权通过立法对这种打击行动进行规制，并且从历史上看国会也曾这么做过。

467 《1947 年军事安全法》授权中央情报局在事关国家安全的调查中可以采用与总统和国家安全委员会相同的措施，履行相同的职责。〔61〕最初在这一授权中并没有认真考虑“定点清除”措施，随着时间的演变，“定点清除”措施逐渐出现于人们的视野，到 20 世纪 70 年代，“定点清除”开始在中央情报局采取的措施中占据一定的地位。在教会委员会（Church Committee）〔62〕听取并批准了中央情报局的暗杀计划之后（或者说暗杀机构），在 20 世纪 70 年代中期，福特（Gerald Ford）总统签署了一系列的总统法令禁止中央情报局实施暗杀（但很显然，没有限制“定点清除”），同时国会通过一系列的监督性立法，要求负责人在执行相关措施时向议会通报。

在“9·11”事件后的几个星期内，布什总统发布了一个调查决议，就打击全球范围内的恐怖分子授权中央情报局更大的权力。〔63〕2006 年这一决议被布什总统进一步修改，扩大了潜在的打击目标，除了本·拉登和他的亲信以外，在打击范围上扩大到了阿富汗以外的地方。〔64〕该决议明确规定，在有重要的调查活动时，相关的行动方案和资料必须经过总统的批准。按照相关规定，在使用包括“定点清除”行动在内的秘密手段时，必须有总统的授权。〔65〕然

---

〔59〕 Max Farrand (ed.), *The Records of the Federal Convention of* 1787 (New Haven, CT: Yale University Press, first published 1911, 1937 edn.) vol. Ⅱ, p. 318.

〔60〕 Banks and Raven - Hansen, “Targeted killing and assassination”, 677 - 81.

〔61〕 Pub. L. No. 80 - 253, § 102 (d) (5), codified as amended at 50 USC § 403 - 4a (d) (4).

〔62〕 Select Committee to Study Governmental Operations (known as the Church Committee after its Chair, Senator Frank Church), S. Rep. No. 94 - 755, Book I (1976).

〔63〕 James Risen and David Johnston, “Bush has widened authority of CIA to kill terrorists”, *New York Times*, 15 December 2002.

〔64〕 David Johnston and David E. Sanger, “Fatal strike in Yemen was based on rules set out by Bush”, *New York Times*, 6 November 2002.

〔65〕 50 USC § 413 et seq.

而，在一些机密的决议案中，总统将批准定位和打击的权力授予政府和军队的高级官员。奥巴马政府正在推动决议的修订，而"定点清除"行动的批准机制依然属于高度机密。从决议的精神来看，目的就是在中央情报局设立之后，在较高层面、较大程度上推动中央情报局与特别机构以及军事力量的合作。

有观点指出，福特总统早就签署过政治暗杀禁令，并且从 1981 年的里根 468
（Reagan）总统时代之后也没有改变过，上述决议似乎与这一禁令是相矛盾的。值得注意的是，政治暗杀禁令否定了政治暗杀行动，但并没有界定什么是政治暗杀。[66]那究竟应当如何区分"定点清除"与非法的政治暗杀行动呢？答案的关键在于适用哪一套法律。在战争期间，无论是基于国会授权还是总统权力，针对敌人的"定点清除"活动都是合法的，即便是奸诈的手段——比如说通过欺骗等伎俩——也是合法的。而在和平时期，政府只有在为了自卫或者保护他人的时候，实施超越法律的攻击才是合法的。那么在反恐行动中，究竟应当适用什么法律？究竟是针对恐怖分子的非传统战争，还是对"基地"组织的战争？在反恐的时代背景下，随着规范中央情报局的情报立法和预先防卫的习惯法不断演进，很难解释无人机攻击的合法性问题。

当前，总统除了享有《宪法》赋予的三军总司令的权力和立法授予的调查活动决定权之外，还享有《武力使用授权决议》赋予的权力。正如上文提到的，国会应当重新审查该决议，在针对恐怖分子进行军事打击问题上提供一个更为细致的授权标准，其中包括在使用武力进行自卫（包括"定点清除"）上应当适用什么标准，是在传统战场之内还是之外？在确定是否要对恐怖主义犯罪嫌疑人进行"定点清除"时，也有以下问题需要进一步明确：是否与"基地"组织或者相关组织有亲密关系就足够了？目标是否必须直接参与到敌对行动中？为恐怖分子提供资助或者后勤保障的是否也可以被允许实施"定点清除"？主权国家的批准与否是否应当考虑，又如何考虑？如果恐怖分子在某国家寻求政治避难，又应当如何应对？

即便是针对极度危险的"基地"组织领导人，实施自卫性的军事打击也

---

〔66〕 Barton Gellman, "CIA weighs 'targeted killing' missions", *Washington Post*, 28 October 2002.

有可能与国际法发生冲突。[67]国际法和美国国内法都允许在某些地区（如阿富汗）对“基地”组织的反抗力量适用自卫性打击，由此在这些地方作出打击决定就不会有那么多争议。但是，如果在一个被视为恐怖分子庇护所（如
469 巴基斯坦或者也门）的地区实施打击，就有可能产生国际法上的争端。

由于恐怖分子是一个非常抽象和模糊的概念，所以很难界定出其与平民之间的区别，也就很难区分什么是合适的打击目标。在反恐行动中，谁才是合适的“定点清除”目标很难确定。从目前来看，只要明确了一个人确实是“基地”组织成员就可以认为其是“敌对分子”，也就可以实施远距离的“定点清除”。

按照国际人权法的规定，在武装冲突期间，如果目标是某国的“敌对分子”，或者说游击队，或者是恐怖分子以及其他组织，只要可能会威胁到美国的国家安全，就可以实施“定点清除”。从目前的情况来看，美国确实介入了阿富汗的军事冲突，但在也门并没有发生持续性的武装冲突，那还可以称得上是发生了武装冲突吗？巴基斯坦就更接近这种情况，根据战争法的规定，一直到2009年，在其边境地区的战斗都没有达到武装冲突的程度。然而，到2010年，巴基斯坦的情况就发生了很大的变化，以至于开始适用《武装冲突法》，于是美国开始在关系其国家安全的问题上对“塔利班”和“基地”组织叛军使用武力。

在“9·11”事件后的10年间，针对恐怖分子的军事打击已经进化得愈加成熟。美国于2001年对阿富汗的军事介入在某种程度上是一种持续性、长期性、占据绝对优势的军事活动。即便在这种情况下，发生在阿富汗地区的伤亡人数很高，并且军队也一直没有完全适应与非传统敌人的作战。随着在阿富汗之外的地区开始使用无人机和“定点清除”，美国的战斗成果伴随着日益广泛的批判，其中许多批判都只考虑到法律的边界问题。同时，也有观点指出，传统战场以外的“定点清除”可能会导致暴力进一步升级和不可控制。上个10年间，在阿富汗和伊拉克地区打击暴乱成为受欢迎的策略，“定点清除”在这个过程中逐渐成为重要的机制。在奥巴马执政期间，由于无人机打击的潜在精确性，且可以减少平民伤亡，同时与以“心灵与智慧”方式预防

〔67〕 W. Hays Parks, *Memorandum of Law*: *Executive Order* 12333 *and Assassination*, Dept. of the Army Pamphlet 27 – 50 – 204, from *Army Law*. 4 (December 1989).

恐怖主义的策略相契合，采取该种方式的“定点清除”开始逐渐升级。从美国国内法来看，无论是发生在什么地区，只要是美国参加的自卫战争，“定点
清除”行动都会得到支持。然而，关于战场的范围与强度，以及如何符合国 470
际法和战争法的相关规定一直都是问题。就最近的情况而言，美国于 2010 年针对隐藏在也门的美国公民安瓦尔·奥拉基（Anwar al – Aulaqi）实施了无人机袭击，但最终奥巴马政府赢得了诉讼。[68]

七、《爱国者法》

“9·11”事件之后，美国国会几乎没有经过辩论就很快通过了《爱国者法》。[69] 比起以往的法案，《爱国者法》要求司法机关向布什政府的反恐行动提供前所未有的支持和保障。然而，阅读这本厚厚的法案之后，我们必须冷静地认识到，在实际的反恐立法活动中，一蹴而就永远是不可取的，渐进式和适度的改革才是合理的。《爱国者法》也是如此，它很难说是一个专门针对恐怖主义活动进行规制的法案，也很难说是一个能够将美国本土从恐怖袭击中解救出来的法案。相反，它是一个由许多不相关的常设性授权规定组成的混合物，很多条款是对现行法律的简单修正，更多的是对授权规定的细微补充。

当然，这并不是说《爱国者法》就不重要。可能是由于“3 年失效期条款”的规定，在调查权和刑事法律中，《爱国者法》确实几乎没有什么修正。并且按照总检察长所言，[70] 在该法草案中本有专章授权对外来移民进行长期羁押，但却没有适用，之所以出现这样的情况，是因为现行的移民法条款已经提供了相同程度的授权。

总的来看，《爱国者法》中有三个变化：档案的查询、外国人调查情报的搜集和将资助恐怖主义视为犯罪。第一个大的变化是《爱国者法》授权联邦调查局在无须说明调查目标是否牵扯到了间谍或者恐怖主义活动的情况下，去秘密强迫网络服务提供者、图书馆、银行和信用卡公司提交关于他们客户
的敏感信息。同时，根据联邦调查局的命令，如果是牵扯到国际恐怖主义活 471

〔68〕 Al – Aulaqi v. Obama, 727 F. Supp. 2d 1 (US D Ct, DC 30 August 2010).

〔69〕 Uniting and Strengthening America by Providing Appropriate Tools Required to Intercept and Obstruct Terrorism (USA PATRIOT) Act, Pub. L. No. 107 – 56, 115 Stat. 272 (2001).

〔70〕 Ibid., §§411 – 418, 8 USC §1226a, ff.

动或者秘密情报活动，就不需要出具证明来说明目标与恐怖主义活动有什么联系，更不用说明目标是隶属于外国的机构，就可以要求商品供应商去提供所要求的记录。由此，针对商业记录的检查需要经过司法批准的程序就被废除了。此外，国会于2003年再次修改了立法，允许司法部部长在没有法院参与的情况下，通过签发行政令状去获取商业记录，并且扩大了其适用范围，将证券商、外汇商、汽车经销商、旅行社、邮局、赌场、典当商和其他行业的主体都囊括了进来。〔71〕

在《爱国者法》的推动下，这种行政令状——为人们所知的“国家安全信件”（National Security Letter）数量增长非常迅速。从2004年开始，美国公民自由联盟向法院起诉，认为采用这种方式从电子服务商处获取人们的个人信息是违宪的。美国公民自由联盟称联邦调查局可以从传统的网络服务供应商处获取信息，也可以从大学、公司、公益组织和图书馆获取信息。美国公民自由联盟称如此扩大调查权使得公民的人权受到了侵犯，因为它们侵犯了个人隐私。同时呼吁根据美国《宪法》第4修正案的要求，需要增加合理的依据和适当的授权程序来决定是否签发行政令状。

在一系列的司法判决中，法院认为这种行政令状要求接受者不能向外界公开的条款损害了《宪法》第1修正案，同时，网络信息提供商的用户确实享有第1修正案的权利。但法院并不否认《爱国者法》所授予的权力，而是认为在“国家安全信件”发生效力之前必须要提交司法审查。〔72〕据目前政府报告指出，美国每年都要签发超过14 000份的行政令状。〔73〕

第二个大的变化就是《爱国者法》修改了《外国情报监听法》（Foreign Intelligence Surveillance Act）（以下简称《监听法》）的条款。〔74〕该条款从
472 1978年开始授权情报人员不用通过普通法律程序去获得电子调查授权，或者从特别法庭（自1994年开始）获得授权去搜查他人身体。调查人员不需要向地方

〔71〕 Intelligence Authorization Act for FY 2004, Pub. L. No. 108 - 177, x 374, 117 Stat. 2599, 2628 (2003).

〔72〕 Doe v. Ashcroft, 334 F Supp. 2d 471, vacated and remanded; Doe v. Gonzales, 449 F 3d 415 (2d Cir. 2006); Doe v. Holder, 2010 WL 1253522, SDNY (2010).

〔73〕 US Department of Justice, Office of Legislative Affairs, Letter to Congress, 30 April 2010, available at www. fas. org/irp/agency/doj/disa/2009rept. pdf.

〔74〕 Foreign Intelligence Surveillance Act of 1978, Pub. L. No. 95 - 511, 92 Stat/1783 (codified in scattered sections of the United States Code).

法官提供线索证明犯罪已经发生或正在发生，只要向特别法庭的法官提供相关线索，能够说明监视活动可以从外国机构组织中获取情报就够了。换句话说，只要能找到一个合理理由说服法官相信调查的目标是关于国际恐怖组织即可。

当然，执法机关和情报机构之间的权力经常发生重叠，有时会使用同样的方法，甚至会指向相同的目标。为了保证《宪法》第 4 修正案所保护的个人权利，针对应当被认定为犯罪行为的合理根据和授权必须由被中立的法官签发。历史上执法机关和情报机构一直小心翼翼：如果行动的目的是获取外国情报，执法机关可以在一定程度上规避《宪法》第 4 修正案，但是如果执法机关坚持对目标提出犯罪指控，那就必须要遵守合理根据和适当授权了。在《爱国者法》出台以前，为了避免陷入刑事诉讼中，执法机关必须去证明自己的行动是为了去获取外国情报，而一旦法庭认可了行动，就可以使用证明嫌疑人的犯罪事实的证据，而不会被认为损害了他的权利。

所以说，在执法机关和情报机构之间存在着一定的差异。这种差异允许平行的执法权和情报调查权并存，并且从宪法权利层面保护了潜在被指控的人。但政府声称，执法机关和情报机构之间存在差异是为了更好地维护权力完整，所以是为了两个机关之间更好地进行合作和信息交流。在这样的背景下，《爱国者法》修正了《监听法》，允许当外国情报涉及重大利益时通过秘密手段进行监听，并且减少了程序上的限制。〔75〕由此，在针对恐怖主义活动的调查上，也就跨越了搜集情报和指控犯罪的界限，并在一开始就有可能超越普通法律授权程序，也有可能违背《宪法》第 4 修正案中关于个人权利保护条
款〔76〕的精神。〔77〕如此一来，两个相互平行的权力之间就开始出现交叉，并 473
且执法机关和外国情报调查机关之间的职责也开始混同了。

第三个大的变化是《爱国者法》修改了较早的刑事法律，从而将资助恐怖主义视为犯罪，并且扩大了犯罪的范围，包括为恐怖分子提供专业意见或者帮助。〔78〕当下级法院的司法审查认为《爱国者法》的修订条款在一定程度

---

〔75〕 Patriot Act，§218，115 Stat. 291.

〔76〕 美国《宪法》第 4 修正案规定：“任何人的人身、住宅、文件和财产不受无理搜查和查封，没有合理事实依据，不得签发搜查令和逮捕令，搜查令必须具体描述清楚要搜查的地点、需要搜查和查封的具体文件和物品，逮捕令必须具体描述清楚要逮捕的人。”

〔77〕 See In re：Sealed Case，310 F 3d 717（*Foreign Intelligence Surveillance Court of Review* 2002）.

〔78〕 Patriot Act，§805（a）（2）（B），18 USC §2339A.

上违宪之后，〔79〕国会出面澄清，所谓的专业建议或者协助是指这样一种建议或协助：采用了科学、技术以及其他的专业知识进行帮助。〔80〕这一修正是为了平息联邦法官和其他人表现出的担忧——《爱国者法》中的表述是否会被理解为包括公众演讲和辩护？而这些权利又都是为《宪法》第 1 修正案所保护的。最终，联邦最高法院于 2010 年支持了将资助恐怖主义规定为犯罪，同时也不再认为该条款在一定程度上违反了第 1 修正案。〔81〕

总之，几乎所有被《爱国者法》修正后的条文都演变成了美国的成文法。如上文提到的，该法授权对资料的搜集，外国情报的监视和将资助恐怖主义入罪，所有的这些也都为美国建立反恐机制提供了支持。

八、数字化时代的调查

正如上文所提到的，从 1978 年开始，《监听法》授权情报机构以国家利益的名义和多种方式通过电子窃听来搜集外国情报，这种做法的基本理念非常简单：即便是没有合理理由怀疑某人实施了犯罪，政府也可以合法
474 地侵入美国公民或者其他在美国的人员或者组织的电子信息，前提是能够向特别法庭提供一定的证据证明其怀疑这些组织或人员是代表外国势力在实施活动。〔82〕随着时间的流逝，《监听法》屡经修改，其适用范围逐渐扩大到人身搜查〔83〕、监视“独狼”恐怖主义犯罪嫌疑人〔84〕和进行窝藏、包庇的人员上。〔85〕

---

〔79〕 Humanitarian Law Project v. United States Department of Justice, 352 F 3d 382 (9th Cir. 2003).

〔80〕 Intelligence Reform and Terrorism Prevention Act of 2004, Pub. L. No. 108 –458, §6603 (c) –(f), 118 Stat. 3638, 3763 (2004)

〔81〕 Holder v. Humanitarian Law Project, 130 S. Ct. 2705 (2010).

〔82〕 Foreign Intelligence Surveillance Act, Pub. L. No. 95 – 511, §105 (a), 92 Stat. 1783, 1790 [codified at 50 USC §1805 (a)].

〔83〕 Intelligence Authorization Act for Fiscal Year 1995, Pub. L. No. 103 – 359, sec. 807, §§301 – 309, 108 Stat. 3423, 3443 –53 (codified as amended at 50 USC §§1821 –1829)

〔84〕 Intelligence Reform and Terrorism Prevention Act of 2004, Pub. L. No. 108 –458, sec. 6001 (a), 118 Stat. 3638, 3742 [codified as amended at 50 USC §1801 (b) (1) (C)].

〔85〕 See FISA, Pub. L. No. 95 –511, §105 (b) (2) (B), 92 Stat. 1783, 1791 [codified at 50 USC 1805 (c) (2) (B)] (roving wiretaps); FISA, Pub. L. No. 95 –511, §105 (b) (1) (B), 92 Stat. 1783, 1790 [codified at 50 USC §1805 (c) (1) (B)] (requiring an application to identify the facilities where surveillance will be sought "if known").

自“9·11”事件以来，《监听法》所确立的复杂混乱的机制已经引起了不少的批评，很多人认为这种机制开始变得僵化、复杂，从而难以有效地搜集情报应对危机。[86]在现实生活中，数码技术的发展在提高人们交流能力的同时也提高了犯罪能力。由于美国通讯技术的发展，很多危险分子都能够通过一定的技术手段来规避《监听法》中的监听措施。[87]美国本土情报搜集工作中一个最有效的手段就是搜集外国人之间的通讯，但在《监听法》中却没有规定相关的措施。[88]同时，日益发展的电脑技术和数据处理技术也允许情报机构能从大量数据中筛选出来要追踪的目标，如通过计算机程序搜集成千上万甚至数以百万计的电子邮件信息、记录，以此来搜集嫌疑人行动的线索。[89]
但《监听法》中的手段是直接针对个体的监听措施，这明显不合时宜。[90] 475

同时，越来越多的美国人开始跨国通讯，很多有价值的情报信息都发生在这些通讯中。[91]所有的这些背景都使美国政府开始倾向于拦截美国平民的通讯。但越来越多的批评也指向《监听法》中所确立的安保机制，并且政府机构和公众都开始质疑这个安保机制是否有能力维护美国安全。

在“9·11”事件之后，布什总统跨越《监听法》中设立的安保机制，

---

〔86〕 See, e. g. Richard A. Posner, “A new surveillance act”, *Wall Street Journal*, 15 February 2006 (arguing that FISA is “dangerously obsolete”); K. A. Taipale and James J. Carafano, “Fixing Surveillance”, *Washington Times*, 24 January 2006; Richard A. Posner, “Privacy, surveillance, and law” (2008) 75 *University of Chicago Law Review* 245, 252 (claiming that FISA “remains usable for regulating the monitoring of communications of known terrorists, but it is useless for finding out who is a terrorist…”).

〔87〕 See William C. Banks, “The death of FISA” (2007) 91 *Minnesota Law Review* 1209, 1275 - 6 (observing that, in the world of technological surveillance, evasion and logistical difficulties force the government to continually play “catch - up”).

〔88〕 See David S. Kris, “Modernizing the foreign intelligence surveillance Act: progress to data and work still to come”, in Wittes, *Legislating the War on Terror*, p. 217.

〔89〕 See, e. g. James Bamford, *The Shadow Factory: The Ultra Secret NSA from 9/11 to the Eavesdropping on America* (New York: Anchor, 2008), pp. 12 - 14 (describing the vast data - collection capabilities of the NSA).

〔90〕 See Shane Harris, “FISA's failings”, *National Journal*, 8 April 2006, p. 59 (“The NSA's warrantless eavesdropping program also involves looking for suspicious patterns in a sea of communications”).

〔91〕 See Leslie Cauley, “NSA has massive database of Americans' phone calls”, *USA Today*, 11 May 2006, available at www. usatoday. com/news/washington/20061051101nsa - x. htm. （国家安全机构已经秘密收集了数千万美国人的电话记录……情报机构正在对这些数据进行类型分析，以侦测恐怖主义活动。）

赋予国家安全局更大的权力，从而扩大了电子监听的范围。〔92〕2005 年 12 月，纽约《时代周刊》的报道中提到，布什总统在没有取得《监听法》中特别法庭授权的情况下，授权国家安全局窃听美国人和其他在美国境内的人的通讯，以此来寻找恐怖主义活动的线索。〔93〕虽然关于恐怖分子调查项目的详细内容并没有公布，但国家安全局明显监听了许多身在美国的人的电话和通讯。监听的对象包括了通讯终端在美国境外的人的通讯，还有那些有充足理由相信通讯一方是隶属于“基地”组织或者相关组织的人的通讯。

根据布什政府随后发布的数据和内容显示，恐怖分子监听计划是确实存在的。政府通过与通信公司合作，监听计划最初针对所有往来于美国的交通
476 工具上，后来，这些交易信息——包括地址、主体甚至是内容——都被搜集起来由电脑进行处理，以寻找恐怖主义活动的线索。当发现线索之后，国家安全局的情报机构官员就会奉局长之命去检查搜集到的信息并找出潜在的威胁。最后，那些具有潜在威胁的目标会被筛选出来，并提交给联邦调查局根据《监听法》进一步地开展跟踪调查，以挖掘更多的线索。

在 2006 年的大多数时间里，布什政府在为恐怖分子监听计划的合法性进行辩护，但辩护并不容易。面对日益激烈的批判和司法监督，布什政府说服了《监听法》下的特别法庭采用该法所设置的框架监督该项目。在特别法庭接管该项目的执行权之后，2007 年 1 月，总检察长阿尔贝托（Alberto Gonzales）就建议该法庭的法官“只要有理由怀疑其中一个通讯与‘基地’组织成员或者相关恐怖分子相关，就可以发布命令授权政府去监听出入美国的国际通讯”〔94〕。换句话说，所有发生在恐怖分子监听项目框架下的行动，都应当获得法庭的批准。

2007 年 4 月，一个特别法庭的法官决定该法庭不再受理恐怖分子监听计

---

〔92〕 Except where otherwise noted, this section relies on Offices of Inspectors General of the Department of Defence, Department of Justice, Central Intelligence Agency, National Security Agency and Office of the Director of National Intelligence, *Unclassified Report on the President's Surveillance Program* (10 July 2009), available at www. fas. org/irp/eprint/psp/pdf.

〔93〕 James Risen and Eric Lichtblau, "Bush lets US spy on callers without courts", *New York Times*, 16 December 2005.

〔94〕 Letter from Alberto R. Gonzales, Attorney General, to Senator Patrick Leahy and Senator Arlen Specter (17 January 2007), available at www. fas. org/irp/congress/2007 - cr/fisa011707. html (implicitly conceding that TSP did fall within the scope of FISA).

划的案件，并且明确表示至少有一部分美国政府正在监听的案件是通过《监听法》的程序进行的。[95]随着案件的大量积压，布什政府最终说服国会通过了授权条款为恐怖分子监听计划设置了独立于《监听法》的专门程序。

2007 年 8 月《保护美国法》[96]施行之后，《监听法》中的“电子监听”措施就不再适用于美国本土之外的人。相反，《爱国者法》规定，国家情报局
局长和司法部长可以在没有获得《监听法》中特别法庭的授权时，也有权去 477
搜集那些身处美国之外的人的通讯信息，只要其中一方是美国公民。鉴于《监听法》中的人可以被理解为包括了外国机构或者组织，针对“基地”组织的监控可以不经过批准而直接开展。

虽然《保护美国法》只是一个暂时性的立法，但其影响到了国会于 2008 年通过的《外国情报监听法修正案》。[97]修正案将相关程序编纂成法典，以便针对行动类型去开展更为广泛和系统性的监听。同时，监听不再针对具体的个人或者特定的内容，也就是说，之前条款中特定指向性的要求被废除了。[98]并且，修正案也确认，一直到 2012 年 12 月 31 日，潜在的电子窃听并不配置保护个人隐私和自由交流的安全机制。由此可见，修正案倾向于将抽象性的条款和长期性的搜集信息的做法机制化。从当前的情况来看，奥巴马政府依然承认《监听法》中所确立的安保机制，并且还在继续为恐怖分子监听项目辩护。

一开始，《监听法》所面临的首要问题就是在运用电子监听搜集外国情报时，应当如何平衡公民权利保障和社会保护。现代通讯和监听技术不仅是一个技术问题，也是一个政治问题，围绕这个问题的争论如此激烈，以至于在政策的执行上，很多有价值的讨论都被淹没在无解的海洋中。同时，《监听法》的机制在修改以后也变得日益复杂，引发了关于该机制合法性和有效性的讨论。一个快速发展的电子社会可能真的需要快速反应的政府去监听恐怖

---

〔95〕 See J. Michael McConnell, Director of National Intelligence, evidence given to Senate Committee on the Judiciary, *Hearing on the Foreign Intelligence Surveillance Act and Implementation of the Protect America Act* (25 September 2007), p. 11, available at www. dni. gov/testimonies/20070925 – testimony. pdf.

〔96〕 Pub. L. No. 110 –55, 121 Stat. 552.

〔97〕 Pub. L. No. 110 –261, 122 Stat. 2436, 50 USC §§1881a et. seq.

〔98〕 See FISA Amendments Act, Pub. L. No. 110 –261. §702 (a) – (e), 122 Stat. 2436, 2438 – 40 (to be codified at 50 USC §1881a).

分子的通讯。但是，我们也应当看到，无论是国会还是奥巴马政府，他们均
478 未对《监听法》进行修改，或者设置一个安全和监督机制去确保行政自由裁量权不会侵犯到无辜公众的个人隐私或者是自由表达的权利。

九、结语

美国现在发现他们所发动的反恐战争是一场不对称的、跨越国界的战争，这并非世界大战之后确立的战争谈判机制所能解决的。通过前文已经证明，即便是美国的反恐立法政策日趋成熟，但立法的节奏远远跟不上军事冲突的演变步伐。就当前的立法来看，在很多领域是存在交叉和重叠的，比如美国的国内法（宪法、成文法、行政法和习惯法）、国际法（国际条约和国际惯例）以及国际人道主义法（适用于武装冲突时期的国际法分支）。在反恐斗争中，不同法律之间的关系应当如何处理，当出现相互之间的冲突时又应当如何解决，这些都是需要解决的问题。某种程度上而言，缺乏对于法律的共识正体现了这一不对称战争的复杂性，而这种新时期的反恐态势也将推动着法律进一步的修改完善。

2010 年 5 月，奥巴马政府在第一届任期就宣布他的国家安全策略不同于前任。奥巴马强调称，打击极端暴力恐怖主义活动（不再使用布什政府的所谓“伊斯兰恐怖主义”的说法）并非是反恐战略的唯一重点。并且强调，虽然美国国会保留必要时采取单边行动的权力，但也将着眼于为自己的行动寻求更为广泛的国际支持。[99]该策略明确承诺将建构“现代化和国际化的机构和框架”[100]，并且承诺将建立“制衡机制和问责机制”来规制权力。[101]这些承诺是否有效，又是否能够满足反恐行动的演变，我们不妨拭目以待。

“9·11”事件后的数年内，美国开始形成了一系列脱离普通程序的特别反恐机制，比如未经司法授权的监听行动、军事委员会、关塔那摩监狱、强迫讯问、特别引渡和对美国公民的羁押措施，这些机制一定程度上都游离于
479 美国法律和宪法之外，主要针对那些在美国政府看来不值得享有相关权利的

[99] Barack Obama, *National Security Strategy* (May 2010) available at www. whitehouse. gov/sites/default/ree – viewer/national – security – strategy. pdf.

[100] Ibid., at 12.

[101] Ibid., at 21.

人。从现实来看，虽然并不完全，但其中大部分都是参与到恐怖主义活动中的非美国公民。

“9·11”事件已经过去了 10 年，我们也看到美国法院通过司法审查在一定程度上将反恐战略纳入到法治的轨道之内。然而，毋庸置疑，大部分时候法院的行动并不那么坚决。事实上，比起法院来说，国会在应对行政权力的扩张和国家政策的挑战时表现得更为沉默。诚然，国会在伊拉克阿布格莱布监狱的问题上通过立法对讯问手段进行了强有力的规制，并且在政策层面上对军事委员会进行了规定，同时就恐怖分子监听计划的适用进行了规定。然而，从《监听法》的修正情况来看，未来因此造成的法律与政治问题可能会更多。同时，军事委员会的功能是否能够发挥，还取决于如何建立一个完善的机制，而羁押措施、特别引渡和“定点清除”行动也都还需要立法的进一步明确。

更重要的是，从美国军方、中央情报局和其他的情报人员权力的演变趋势来看，他们更加强调相互之间的角色与任务的互补，同时模糊相互之间业务职责的界限。从“9·11”事件之后的“影子战争”中，我们发现美国政府已经至少参与了 12 个国家的军事行动。而中央情报局在执行准军事行动时只需要提供一个广泛的调查结果，而不用提供具体的细节。这种做法蕴涵着上述机构的一种倾向，即试图脱离国会与法院的监督。[102]

同时，美国国家安全与执法领域合二为一的理念已经被广泛地灌输给美国公民。如此一来，“9·11”事件之后，动辄就可以紧急情况、国家安全的名义，使人们认为针对恐怖主义的特殊执法措施是合法的。本章的目的是推动美国反恐机制沿着一个新的模式发展，反恐既不是执法领域所能解决的，也不是传统意义上的战争措施所能涵盖的。从某种程度上来说，反恐机制应当是包含着程序正义、防止权力滥用、政府有序执法等理念，这样的机制才 480
能称得上是一种进步。

最后还需要指出，美国政府所采用的针对境外恐怖分子所实施的非对称打击策略，以及越来越倾向于采用通过后勤和技术支持来扶持第三国发动战争

[102] Scott Shane，Mark Mazetti and Robert F. Weurth，“Secret assault on terrorism widens on two continents”，*New York Times*，15 August 2010.

的做法，预示着美国在面对极端暴力威胁时国家控制力的降低。[103]“9·11”事件之后，面对两次大规模的战争和全球威胁，美国政府与雇佣兵公司之间缔结了许多安全协议，也就是购买安全服务。2007年在巴格达地区爆发的“黑水”公司针对平民的暴行引发了国务院、国防部以及国会议员的关注——美国政府是否能够有效控制这些承包商的行动？虽然立法和执法机关已经进行了不少改革，但承包商分布在美国位于世界各地的战场上，并在反恐作战中发挥着重要作用。通常而言，承包商的行动与美国军队的行动适用的是两套法律，因此，他们也就没有义务去遵守联合国的一系列法律。

从目前来看，在美国分布于全球的战场上已经有越来越多这样的承包商，这些承包商在全球范围内维护美国国家安全的同时却缺乏有效的监管，而这正表明美国等国家在需要宣告自身存在时，不得不面对自身主权控制能力减弱的事实。无论当前究竟是什么组织或者人员在冲突地区占据控制权，美国政府都应当采取一定措施重申其在军事冲突地区的控制地位。[104]

---

〔103〕 Dana Priest, “National Security Inc.”, *Washington Post*, 20 July 2010.

〔104〕 James Cockayne et al., Beyond Market Forces: Regulating the Global Security Industry (International Peace Institute, 2009), available at www.ipinst.org/media.pdf/publications/beyond - market/forces/final.pdf.

第19章

“9·11”事件后的英国反恐立法：最初采取非常措施到部分回归人权框架

海伦·芬威克* 凯文·菲利普森**

一、引言 481

在恐怖主义面前，政府主要有三种应对措施：〔1〕一是军事措施，即以战争方式对抗恐怖主义；二是警事措施，即将恐怖主义视为犯罪行为，通过现存的或修改后的刑事司法措施对其进行侦测和打击；三是政治措施，即将恐怖主义视为武装叛乱，并通过谈判和政治程序化解问题。与解决北爱尔兰冲突问题的最终措施不同，尽管英国政府已在阿富汗动用了军事措施，但至今未在伊斯兰恐怖主义带来的威胁问题上尝试过政治措施。在国内，英国对抗恐怖主义的主要方法还是警事措施，随之而来的是刑法所规定的国家强制性权力的大幅扩张、警察权力的提升和非常规“超前预防”（Pre－emptive）措施的兴起。〔2〕由此，“9·11”事件后，英国仍然继续保持着国家反恐特殊措

---

* 海伦·芬威克（Helen Fenwick），达拉谟大学法学教授。

** 凯文·菲利普森（Gavin Phillipson），杜伦大学法学教授。

〔1〕 Noel Whitty, Therese Murphy and Stephen Livingstone, *Civil Liberties Law*: *The Human Rights Act Era* (London: Butterworths, 2001), pp. 128－9.

〔2〕 我们倾向于使用“超前预防”（pre－emptive）而不是“预防”（preventive），原因在于：“这一概念关注的是立法背后的在事前侦测威胁的策略。相比之下‘预防’一词坚持的是一种结果，且这种结果没有经验支持，需要面临历史和一系列学术研究的挑战。” Jude McCulloch and Sharon Pickering, “Counter－terrorism: the law and policing of pre－emption” in Nicola McGarrity, Andrew Lynch and George Williams (eds.), *Counter－Terrorism and Beyond*: *the Culture of Law and Justice after* 9/11 (Oxford: Routledge, 2010), pp. 13－17.

施的形式合法性，亦追求其反恐措施表面上不违反《欧洲人权公约》（以下简
482 称《公约》）之重要规范。[3]英国的特殊反恐措施主要由三部分组成：一是为对抗恐怖主义而规定的大量的实质性犯罪；二是游走在《公约》规范边缘甚至超越其规范的刑事司法措施；三是在刑事司法措施持续运行的同时，创建的与之并行的“超前预防”系统，克莱夫·沃克尔（Clive Walker）将其称为“行政措施”（Executive Measures）模型。[4]

以上三部分措施组成了露西亚·齐德纳（Zedner）界定的“新兴的预防性司法（Preventive Justice）流派”的一部分。[5]该表述指的是位于常规刑法和刑事司法体系之外的措施，上述三部分措施本质上是“超前预防”措施或调查措施，而并非惩罚性措施。它们的共同特点是“从事件或犯罪发生之后作出反应，转变为以预防恐怖袭击为主要目标并基于有效情报采取前瞻性行动”[6]。本书第10章还讨论了英国反恐政策的第四部分“防治”策略，通过对穆斯林社区的激进化趋势进行抑制以便较早地遏制恐怖主义。

我们首先要讨论最为特殊的控制令制度。控制令同样属于最为明显的例外措施，英国还设置了旨在规制恐怖主义活动的早期预备行为的相关犯罪，因

---

〔3〕 例外在于英国参与了美国实施的所谓“特殊引渡”措施，但其参与程度仍不得而知。亦有指控称英国参与了他国对公民的刑讯活动，相关事项仍处于由彼得·吉布森爵士（Peter Gibson）所主导的司法调查过程中。

〔4〕 Clive Walker，“The treatment of foreign terrorist suspects”（2007）70（3）*Modern Law Review* 427，430. 除此之外还有另一部分措施，仅适用于被视为恐怖分子嫌疑人的外国国民，篇幅所限在此不予详述。这部分措施被沃克（Walker）称为“退出策略”（Exit Strategy），即驱逐出境和以此为目的的羁押，此种羁押属于《欧洲人权公约》第5（1）（f）条（见下注15）所规定的自由权的例外情形。这项策略已在一些恐怖分子嫌疑人的相关问题上有所应用。一些被关押在贝尔马什监狱的嫌疑人后来被转至“移民羁押”或被颁以限制令等待驱逐出境。在嫌疑人被驱逐出境后有遭受刑讯的风险（《欧洲人权公约》第3条，见下注19）或者其接受公正审判的权利可能遭到严重侵害（Chahal v. UK App no 22414/93，1996 – V）的情形中，嫌疑人的接受国作出外交承诺，保证其不会受到上述对待（见 RB（Algeria）v. SSHD；OO（Jordan）v. SSHD［2009］UKHL 10）。然而，以此为基础对嫌疑人进行羁押是值得商榷的，因为似乎并非在所有嫌疑人被驱逐出境后可能受到不公正对待的情形中都有相应的外交承诺，且该承诺并非在羁押开始之前就已获得。见 Walker，“The treatment of foreign terror suspects”，433 – 57.

〔5〕 Lucia Zedner，“Preventive justice or pre – punishment? The case of control orders”（2007）60 *Current Legal Problems* 174.

〔6〕 Whitty，Murphy and Livingstone，*Civil Liberties Law*，p. 143. See also Clive Walker，“Terrorism and criminal justice：past，present and future”［2004］*Criminal Law Review* 311，314；R. V. Ericson and K. D. Haggerty，*Policing the Risk Society*（Oxford：Clarendon Press，1997）；McGarrity，Lynch and Williams，*Counter – Terrorism and Beyond*.

此该制度可以归属于“超前预防”的范围。下文将讨论到的刑事司法措施实 483
际上是为了对特定种族或宗教进行非公开的特征描画，以最大限度地扩张情报搜集的范围，而不仅仅是对犯罪行为进行调查。这些情报搜集的目标非常具有争议性，但却通过行政自由裁量并被立法承认。这种不受控制的行政裁量权与《公约》规范之间产生了无法从根本上消解的冲突：我们认为，英国之前的工党政府施行的措施仅仅在表面上符合国际人权规范，其实现方式是通过对特定《公约》权利进行尽可能的限缩解释，使其失去大部分应有的内涵；在极端情况下，就形成了一种对人权的非公开的秘密克减。本章将要探讨工党政府如何利用恐怖主义带来的威胁说服议会及司法机关在这个过程中进行合作，也将考察立法和司法在此情形中对行政机关施加了多少阻力。特别需要考察的是，行政机关在国家安全问题上持续要求司法机关进行退让以及司法机关对此的回应。我们的结论是，在这个问题上英国的立法和司法机关所发挥的作用均不如位于斯特拉斯堡的欧洲人权法院。面对行政权的扩张、立法权的退让和司法权的摇摆，欧洲人权法院在保障人权、维护法治方面起到了决定性的作用。

现任自由民主党与保守党的联合政府有望推动反恐立法的改革，这是英国在反恐领域面对欧洲人权法院批评所应有的恰当姿态。因此，此时正是思考相关争议措施与《欧洲人权公约》之冲突，并重新评估诸如控制令和大规模随机截听、搜查等明显失败的措施的好时机。诚然，英国于 2000 年至 2008
年间通过的 5 部反恐法案，[7]规定了针对恐怖主义犯罪嫌疑人的诸多措 484
施，[8]也规定了相关的犯罪。出于篇幅的限制，本章内容无法涉及上述全部措施，仅选择在人权问题上有重要意义的措施进行讨论。

---

〔7〕 David McKeever, “The Human Rights Act and anti - terrorism in the UK” (2010) *Public Law* 110, 113 - 22. 英国在 2000 年到 2008 年间，新创设的恐怖主义犯罪有 46 种。See Clive Walker, The Anti - Terrorism Legislation (Oxford University Press, 2nd edn, 2009).

〔8〕 这里我们没有考虑一种重要措施：冻结恐怖主义犯罪嫌疑人的资产，该项措施已经成功受到了挑战，但挑战仅限于权限层面，即不得以附属法规的方式规定这一措施：Ahmed et al. v. HM Treasury [2010] 2 WLR 378；又见 Angus Johnston and Eva Nanopoulos, “The new UK Supreme Court, the separation of powers and anti - terrorism measures” (2020) 69 (2) *Cambridge Law Journal* 217. 2010 年 12 月，英国议会通过法案将资产冻结权作了法律保留。

二、恐怖主义概念和人权法案的关键条款

在展开论述前，有必要列举本章将要提到的一些基本概念。本章讨论到的反恐力量和犯罪都使用了《2000年反恐怖主义法》第1（1）条的恐怖主义概念，即“恐怖主义”是指“为促成一定政治、宗教或意识形态目的的实现”而实行或威胁称将要实行“影响政府或威吓公众或部分公众”的行为，包括针对人身的严重暴力行为、针对财产的严重损害行为、对生命产生威胁的行为、“对公众或部分公众的健康或安全产生威胁”的行为，以及“严重干扰或破坏电力系统”的行为。第1（4）条更是规定这些行为无论在世界任何地方发生，都被本法涵盖，使得恐怖主义概念的范围异常宽泛。而且，因为上述概念涵盖了对财产的侵害，所以抗议团体的一些直接破坏行为，如对导弹部队（GM corps）或空军基地等对外军事力量造成损害的行为，也包含在构成犯罪的行为范围之内。本书的其他章节将会谈到，澳大利亚和南非在借鉴英国反恐立法的恐怖主义概念时，明确排除了抗议团体的上述行为。[9]

在英国，《公约》对相关权利的保障是通过1998年《人权法》予以实现的。然而，在其他法律规定对《公约》所保障的基本权利产生侵害时，《人权法》并没有授予法院任何使这些法律规定无效的权力。法院只能通过司法解释“尽可能”使法律与人权保护的目的相适应。[10]在无法做到这一点的情况下，法院可以宣告相关法律规定与《公约》的规定不相符，[11]但是这种宣告
485 并不影响相关法律的有效性和可执行力。[12]根据《人权法》第6（1）条规定，违反《公约》权利的行政行为是不合法的，除非上述行政行为系英国基本法律所要求或来源于法律的明确授权，即使无法通过解释与《公约》权利相适应，亦不影响其合法性。[13]

---

〔9〕见本书第21章乔治·威廉姆斯文、本书第22章克里斯·奥克斯托比、C. H. 鲍威尔文。

〔10〕Human Rights Act 1998, s. 3（1）.

〔11〕Ibid., s. 4（2）.

〔12〕Ibid., ss. 3（2）and 4（6）.

〔13〕Ibid., s. 6（2）.

三、直接的"超前预防"措施：控制令

起初，英国反恐法律的直接"超前预防"措施中包含了一种行政羁押措施，[14]这一措施是对《公约》第5条[15]所规定的自由权的克减。在受到了国内外的广泛批评，且规定该项措施的法律条款在A等人（A and others）案[16]中被上议院宣告违背《公约》第5条和第14条之后，英国政府放弃了这一方案，停止了上述措施对《公约》第5条所保障之权利的损害，并在2005年通过《预防恐怖主义法》设置了控制令措施。这一措施对英国公民和非英国公民同等适用，且因为其同样不以有犯罪行为的证据为适用条件，所以要在普通刑事法庭之外进行操作。《预防恐怖主义法》规定了两种控制令：一种是有克减效果的控制令，允许对恐怖主义犯罪嫌疑人进行全面住所监控，因而会对《公约》第5条所保障的恐怖分子的权利有克减作用，这种控制令虽有法律规定但迄今未曾被议会批准使用；另一种是没有克减效果的控制令，经内政大臣裁决不违反《公约》第5条对恐怖主义犯罪嫌疑人权利的规定，由内政大臣决定对恐怖主义犯罪嫌疑人施行并需要接受司法审查，[17]但根据《预防恐怖主义法》第2（1）条的规定，其证明标准相对较低：只需要有合理理由怀疑嫌疑人有参与或已经参与"恐怖主义相关活动"的可能性即可。另外，国务大臣必须考虑控制令所施加的义务是否是保护公众免受恐怖主义威胁所必需。国务大臣认为有必要施加此项义务以预防或限制恐怖主义活动之参与 486
的，才可以施加控制令，[18]但其所施加的义务不得违反《公约》第5条（或

〔14〕 Under Anti-terrorism, Crime and Security Act 2001, pt. Ⅳ.

〔15〕 第5（1）条规定："人人享有自由和人身安全的权利，任何人的自由都不得被剥夺，除非有下列情况并依法律程序"，然后其在第（a）至第（f）项规定了自由权不得被剥夺的一系列具体的例外情况。第5（3）条规定了嫌疑人在被拘捕后有及时被送交司法机关处理以及在合理期限内得到司法审理的权利；第5（4）条规定了人身保护令（Habeas Corpus）。

〔16〕 [2005] 2 AC 68（the Belmarsh case）。

〔17〕 根据《预防恐怖主义法》第3条第（10）款和第（11）款的规定，法庭在对控制令进行全面听证后应当根据司法审查的原则，包括控制令是否损害《欧洲人权公约》所保障的权利，判断国务大臣施加控制令的决定是否"有瑕疵"。

〔18〕《预防恐怖主义法》第1条第（3）款和第（4）款不完全地列举了一系列可适用情形。

第3条，即禁止刑讯）的规定。[19]下文将简要分析司法机关对这一措施的回应。[20]

（一）法院对《公约》第5条的适用

在控制令措施实行之初，其内容包括：长达18小时的宵禁（软禁）、电子监听、随时的居所搜查、强制更换居所、严格的地区限制、禁止会见未经允许的人员以及禁止一切电子通讯。被限制人的代理律师们向议会的人权联合委员会（JCHR）提出证据，称控制令“几乎就相当于实质的住所羁押……被限制人的住所已变成了‘家庭监狱’”[21]。如果这些义务的施加仍然可以看作未产生“对自由的剥夺”，那么其背后隐含的做法必然是将自由的概念进行了极度的限缩解释。[22]我们的核心观点是行政机关实际上利用《预防恐怖主义法》的关键条款所赋予的自由裁量权，重新界定并且尽可能缩小了《公约》第5条的适用范围。英国法院对这种做法给予了一定阻力，但是也部分接受了这种做法。

上议院对于控制令给出何种程度的限制会损害对《公约》第5条所规定的自由权的态度可以从三个案例中探寻。在JJ案[23]中，上诉人受到了18小时的住所软禁，来访者需要向内政部提供详细的身份信息；上诉人的住所要随时接受搜查，并且上诉人不得离开城市的特定区域。国务大臣认为在当前的治安环境下，应当对《公约》第5条所保障的自由权做特别的限缩解释。[24]
487 上议院的多数议员反对这一立场，因为在之前欧洲人权法院审理的古扎迪（Guzzardi）诉意大利案[25]中，法院认为，除了典型的人身羁押措施如监禁之外，限制人身自由的措施与剥夺人身自由的措施只有程度上的差别，并无性

---

〔19〕《公约》第3条规定：“不得对任何人施以刑讯或使其受到非人道的或侮辱性的待遇或惩罚。”对此没有例外规定。

〔20〕本章在此只能就复杂的判例法进行简单的概括，完整的论述请见 Helen Fenwick and Gavin Phillipson, “Covert derogations and judicial deference: redefining liberty and due process rights in counter - terrorism and beyond” (2011) 56 (4) *McGill Law Journal*, 865. 对此本章接下来的部分也有部分引证。

〔21〕Keith Ewing and Joo - Cheong Tham, “The continuing futility of the Human Rights Act” (2008) *Public Law* 668, 675.

〔22〕显然，《公约》第5条的例外情况均不能适用于非克减性的控制令，见前注15。

〔23〕Secretary of State for the Home Department v. JJ [2007] UKHL 45; [2007] 3 WLR 642.

〔24〕见 JUSTICE, *Written Submission on behalf of Justice* (intervening in *MB* and *AF* before the House of Lords), available at www. justice. org. uk, A22.

〔25〕[1980] 3 EHRR 333, especially [92] - [93].

质上的不同。要判断这种程度上的差别就要引入多重标准，从类型、持续时间、效果以及实施方式等方面考察，对比被执行人若未被执行该措施时的生活状态，来评估该措施产生的累积性影响，从而得出结论。结合上述判断标准，上议院多数意见认为JJ案中的限制违反了《公约》第5条的规定。然而，布朗爵士认为如果软禁时间为16小时的话便可以接受。〔26〕上议院少数意见认为JJ案中的限制并不构成对人身自由的剥夺：霍夫曼爵士认为应当将对人身自由的剥夺认定为如监禁一般的“实在的身体拘束”〔27〕，以免“在对公民生命产生严重威胁的恐怖主义问题的处理上为国家权力行使设立过多限制”〔28〕。卡斯韦尔（Carswell）勋爵也同意这一点。还有意见与行政机关一样者，认为国家安全问题应当对《公约》第5条的适用范围有一定影响。上议院最终以3比2的多数决定撤销了JJ案中的控制令。

英国之后又发生了两起案件：一起案件是E案〔29〕，此案中恐怖主义犯罪嫌疑人受到了12小时的住所软禁，其他限制内容不如JJ案那么严苛；另一起是MB和AF案，〔30〕此案中的限制内容包括14小时的住所羁押、电子监听、场所搜查、严格的来访限制以及约9平方英里的活动范围限制。在这两个案例中，上议院一致认为上述限制不违反《公约》第5条的规定。特别是从MB和AF案的裁决与JJ案中对18小时软禁的否决对此中可以看出，尽管有点勉强且有所保留，上议院议员还是对布朗爵士在JJ案中16小时是住所软禁可接受之上限的观点给予了一定程度的支持。上述三个案例的处理结论被政府在多个公开声明中援引，政府认为其说明了上议院对控制令措施持支持态度，控制令措施相对来说仍然没有被撼动，只是控制令所施加的住所软禁时间不
得超过16小时。〔31〕因此，至少有4项控制令对限制内容进行了修改，将住所 488
软禁时间的上限从12小时提高到了16小时。〔32〕

既然承认了布朗爵士在JJ案中所提出的16小时住所软禁是可接受的极

〔26〕 *JJ* [2007] 3 WLR 642, [105]. 布朗议员认为12小时或14小时的羁押于人身自由无碍。

〔27〕 Ibid., [36] (Lord Hoffmann).

〔28〕 Ibid., [44].

〔29〕 [2007] UKHL 47, [2007] 3 WLR 720.

〔30〕 Secretary of State for the Home Department v. MB and AF [2007] UKHL 46; [2007] 3 WLR 681.

〔31〕 See Government Reply to Joint Committee on Human Rights, *Tenth Report of Session* 2007－8, HL paper 57, HC 356, Cm 7368, p. 4.

〔32〕 See JCHR, *Tenth Report of* 2007－8.

限，那么同时对被限制对象实施使其远离亲友，形同国内流放〔33〕的强制性居所变更就可能被认为超越了这一极限，而构成对自由权的剥夺，因为这一措施对被限制对象的影响是极大的。然而，上诉法院在美联社诉内政大臣案〔34〕中却认定这样的限制措施并不违反《公约》第5条的规定，原因包括：一是被限制对象的家人可以偶尔探视被限制对象，从而减轻其与亲友隔离的程度；二是影响家庭生活的问题是且仅是《公约》第8条的规定内容。〔35〕但是英国最高法院在2010年否决了这一裁判，并撤销了相应的控制令。〔36〕布朗大法官及其他大法官认为，不超过16小时居所软禁内容的控制令只有在以下情况下可以依据《公约》第5条被否决，即该控制令所施加的其他限制“过度破坏了被限制对象在不被限制的情形下本可以拥有的生活状态”〔37〕。然而，最高法院进一步认为，对AP实施强制居所变更之所以导致了社会隔离，是因为其家人进行探望的困难程度较高，且随之而来的孤立状态对其造成了极大的负面影响。这一关注点狭窄的裁判实际上对控制令制度的核心内容表示支持，同时要求对控制令所带来的负面影响进行更全面的评估，这一点具体到AP案中，是通过将对家庭生活和友谊的破坏性影响纳入考虑范围来实现的。

由此可见，国内法对《公约》第5条规定的理解似乎是：不超过16小时的住所软禁不违反《公约》第5条的规定，而且即使附加了其他对自由和身体行动的限制，只要这些限制没有对被限制对象造成AP案中所称的严重影响，也不会违反《公约》第5条的规定。我们认为，以上结论实际上是重新定义并尽可能缩减了《公约》第5条的适用范围，通过将“对自由的剥夺”
489 的概念进行限缩解释，进而达到避免控制令所施加的义务被认定为剥夺自由之目的。〔38〕特别是人身自由受限制的程度应与逮捕羁押相似的观点吸引了过多的注意力，而控制令干涉人身自由的时间长短却没有得到足够的重视，一些控制令实施时间长达3年到4年，并且还是在被限制对象在贝尔马什监狱

〔33〕类似的情况有，在古扎迪（Guzzardi）案中（见前注25），申请人被流放至一座小岛长达16个月。

〔34〕［2009］EWCA Civ 731.

〔35〕《欧洲人权公约》第8条规定了对私人生活和家庭生活的尊重，只有出于保护包括国家安全和公共安全在内的一系列社会利益中的一项或多项之迫切需要，才可以对其进行合法且适当的限制。

〔36〕Secretary of State for the Home Dept v. AP［2010］UKSC 24.

〔37〕Ibid.，［4］.

〔38〕斯特拉斯堡欧洲人权法院对这一概念的解释有其他学者著文加以分析，见前注20。

接受了 3 年以上监禁刑之后开始实施的。[39]综上所述，行政机关最初所设想的非克减性的控制令显然是建立在弱化《公约》第 5 条适用范围的基础上的，司法机关对此并未表示明确支持；然而，我们认为即便如此，司法机关仍然受到了一定影响并接受了行政机关对自由权剥夺的限缩解释。

（二）正当程序和《公约》第 6 条

接下来我们要讨论控制令制度所带来的第二个重要的人权问题，即正当程序和对秘密、“不公开”证据和处理不公开证据的“特殊支持”（Special Advocates）。在此我们仅仅在英国控制令制度的层面讨论这一问题，但是这一问题的意义远不止于此。首先，这只是如何在刑事程序或准刑事程序中使用政府认为敏感信息问题的一个方面。上述问题会出现在反恐工作的多个环节，例如调查程序、决定驱逐出境程序和保释程序[40]等。其次，以“特殊支持”进行秘密证据披露的情形在其他国家也存在。[41]这种做法起源于加拿大，其于加拿大最高法院查卡维（Charkaoui）案[42]中对旧程序的否决后暂时失效，但在新的挑战——驱逐出境和羁押决定的程序[43]中被再次使用，该做法在新西兰亦存在。[44]因此上述问题的重要性早已超越了国界——对这一点的详 490
细论述请参考本书尼古拉·麦克加里蒂和爱德华·桑托所著之章节。最后，与刑事程序的其他领域一样，这种在英国国家安全受到紧迫威胁的情形中所适用的特殊措施，已经迅速扩展到至少 22 项不同的法律程序中，[45]包括假释委员会听证程序、资产冻结程序以及一些就业听证和移民听证程序。这种渗入和污染现象——一些本来只在反恐情形中适用的特殊规定渐渐越过了其适用边界，从而对普通的刑事司法准则造成破坏——目前在英国和其他国家频繁出现。[46]

---

〔39〕 见 JCHR, *Fifth Report of Session* 2008 - 9, HL Paper 37; HC282, p. 10 [31].

〔40〕 See R (on the application of Cart) v. Upper Tribunal [2009] EWHC 3052 (QB)，本案中法院判定在对被驱逐出境人的保释程序中使用不公开证据违反《欧洲人权公约》第 5（4）条的规定。

〔41〕 See generally, John Ip, “The rise and spread of the special advocate” (2008) *Public Law* 717.

〔42〕 一项对《移民和难民保护法》（证书和专门律师）进行修改继而对另一项法案（SC 2008, c. 3）进行修改的法案。

〔43〕 Charkaoui v. Canada (Citizenship and Immigration) [2007] 1 SCR 350, [64].

〔44〕 JUSTICE, *Secret Evidence* (2009), [365], [366]; Ip, “The rise and spread of the special advocate”, 728 - 31.

〔45〕 *Hansard*, HC, vol. 506, col. 739, 1 March 2010 (Andrew Dismore).

〔46〕 见 McCulloch and Pickering, “Counter - terrorism”, pp. 13 - 17.

此类特殊程序在控制令案件中的适用受到了《公约》第6（1）条的挑战，其要求有“由法定的独立公正的裁判机关所进行的公平、公开的审讯”〔47〕，且未对公民享受公平审判的基本权利规定任何例外情形；〔48〕然而，欧洲人权法院方面却在某种程度上对这一条进行了折中的理解，并认定对公平审讯某些组成部分（如证据的充分披露、控辩平等〔49〕）的有限度偏离是可以接受的，前提是这种偏离是保护其他重要利益（如证人安全或国家安全〔50〕）之必要手段且不影响刑事程序总体的公平性。控制令制度在正当程序方面引起了四大问题：

第一，立法规定法庭在认为可能损害公共利益时不得允许对相关证据（包括经过加密处理的总结性材料）进行公开披露。〔51〕然而立法却未规定对嫌疑人不可克减的最低披露限度，从而无法保障嫌疑人对证据进行直接质询的权利。

第二，在控制令制度最初的实践操作中，恐怖主义犯罪嫌疑人成为被怀疑对象的具体理由和细节通常都包含在“不公开材料”中，嫌疑人无从得知。而上述问题正是在这一因素的作用下加剧恶化。在包括AF和MB案在内的许
491 多案例中，正如一位法官所说：“国家安全部门对恐怖主义相关活动的怀疑根据全都包含在不公开的材料中……就嫌疑人所能了解的案件情况来看，其所受到的指控仅仅是一个没有根据的断言。”〔52〕在同一案件中，宾咸爵士也认为在此类案件中，嫌疑人“面对的仅仅是空洞的无根据的指控，其所能做的也仅仅是否认”〔53〕。

第三，为了给恐怖主义犯罪嫌疑人的权利以一定程度的保护，嫌疑人可以对这些不公开的案件提出质疑，但必须由通过安全审查的特别的辩护律师

〔47〕第2款规定了程序中恐怖主义犯罪嫌疑人所享有的具体的最低限度的权利（在限制令案件的听证中已被认定不能适用）。

〔48〕在特定情形下，也允许审判过程不对公众开放。

〔49〕简要说明见 Kress v. France no. 39594/98, 7 June 2001, [72].

〔50〕Rowe v. United Kingdom (2000) 30 EHRR 1, [61]; Botmeh and Alami v. United Kingdom, no. 15187/03, (2007) at [37]; Van Mechelen v. The Netherlands (1997) 25 EHRR 647, [58].

〔51〕Prevention of Terrorism Act 2005, sch. 1, cl. 4 (3) (d) – (f) and Civil Procedure Rules 76.2 (2) and 76.29 (8).

〔52〕*Re MB*, [2006] EWHC 1000 (Admin), [67] (Sullivan J).

〔53〕[2007] UKHL 46; [2008] 1 AC 440, [41].

（被称为“专门律师”）来代理。[54]专门律师的职责在于为嫌疑人争取更大程度的案件信息的披露以及对仍然不公开的证据进行质疑，找出案件中据以怀疑嫌疑人之证据的漏洞和缺陷。然而，由于无法从嫌疑人处获取关于不公开证据的信息且不能与嫌疑人进行此方面的实际交流，[55]专门律师在上述事项上的能力发挥受到了严格的限制。[56]第二点与第三点相结合，使得控制令制度的实施违反了欧洲人权法院所确立的公平审判原则。公平审判原则认为，如果可能遭受不利裁判的人缺乏对作出该裁判所依据的材料进行质疑和反驳的足够机会，审判就是不公平的。[57]

第四，反恐法中作为不对恐怖主义犯罪嫌疑人披露相关证据之理由的“公共利益”概念的解释，早已超越了以保卫国家安全不受实际威胁为目的的范围：不披露相关证据只能是因为披露可能会损害公共利益，但对损害公共利益的界定已经相当宽泛，可以包括对英国的对外关系的破坏、对犯罪的侦查的妨害、对预防犯罪的妨害或者“披露相关材料可能损害公共利益的其他任何情形”[58]。可以说，这些规定已经完全抛开了将对正当程序的侵害控制在保卫国家安全所需要的范围内这一宗旨。[59]所以，与欧洲人权法院的判例所确
立的非十分必要不得违反证据的充分披露规定这一原则[60]相比，控制令制 492
度从表面上看确实显得适用范围过于宽泛，且不符合比例原则。

尽管如此，在MB案[61]中，上诉法院却判定，“专门律师”程序目前已经足以保护被限制对象的《公约》第6（1）条所规定的权利。在MB和AF案中，上议院以4:1的多数意见推翻了上诉法院的这一裁判。[62]上议院的裁决认为该规则隐含了一个限制条件，即诉讼程序总体上必须能确保嫌疑人依据《公约》第6条获得公平的审判。然而在这一表面上清楚明了的结果背后

---

[54] Civil Procedure Rules 76.23, 76.24.

[55] CPR 76.25, 76.28（2）.

[56] JCHR, *9th Report of* 2009–10, HL Paper 64, HC 395, [60]–[65]; Constitutional Affairs Select Committee, *Ev* 38: *Evidence submitted by a number of special advocates*（7 February 2005）, [9].

[57] 见 Edwards and Lewis v. UK（2005）40 EHRR 593; Doorson v. the Netherlands（1996）22 EHRR 330.

[58] Civil Procedure Rules, 76.1（4）.

[59] 关于澳大利亚控制令或其他司法程序的相应法规可以参考本书第21章乔治·威廉姆斯文。

[60] See above note 50.

[61] [2007] QB 415

[62] Secretary of State for the Home Department v. MB and AF [2007] UKHL 46; [2007] 3 WLR 681.

仍然存在重大的意见分歧：宾咸爵士认为该制度从本质上就不公平，且违反《公约》第 6 条的规定，〔63〕霍夫曼爵士持相反意见，其同意政府的立场，认为对公共利益的保护应当优先于对正当程序权利的保护，即《公约》第 6 条的适用应当有所限制。〔64〕哈勒（Baroness Hale）男爵、布朗爵士和卡斯韦尔勋爵则表现出模糊的折中态度，认为程序的公平性是具体、特定的，并不总是取决于证据披露的程度，同时就现有情况而言，证据披露的范围可以且应当扩大，“专门律师”也可以对不予披露的材料提出更多的质疑。但是这些意见也透露出令人不安的让步倾向，比如，卡斯韦尔勋爵似乎认为恐怖主义犯罪嫌疑人有责任说明为什么其权利优先于公共利益，而不是由控方说明为什么公共利益应当优先于嫌疑人的权利。〔65〕另外，最具危险气息的当属布朗爵士的意见，即在一些案件中证据披露与否不足以影响审判的公平性，因为证据如此确实、充分，以至于法庭审阅了证据后就可以得出结论，无论恐怖主义犯罪嫌疑人如何辩解都不足以推翻该证据。〔66〕

下级法院无法确定 MB 案到底得出了一个什么结论。贝茨（Bates）指出，〔67〕法官们不确定上议院的议员们是否为保证诉讼程序的公正性设定了一
493 个不可弱化的证据披露最低限度。上诉法院对此〔68〕得出的结论认为，上议院没有设定相应的最低限度，因为布朗爵士认为在一些案件中证据披露的程度对程序公正性“没有影响”。但上诉法院内部也存在意见分歧，对上述结论持异议的塞德利（Sedly）法官强烈批判了布朗爵士的观点，称其是“错误且危险的”〔69〕。然而，在该上诉到达上议院之前，欧洲人权法院在 A 诉英国案〔70〕中，就 2001 年施行的不经审判羁押制度进行了具有重大意义的裁决。该裁决关于《2001 年反恐怖主义法》程序公正的部分与控制令程序有明显的直接联系，因为两者在很大程度上是相同的。与英国上议院不同，欧洲人权法院大

〔63〕 Ibid., [34]-[35].

〔64〕 Ibid., [50]-[54], especially [54].

〔65〕 Ibid., [85].

〔66〕 Ibid., [90].

〔67〕 Ed Bates, “Anti - terrorism control orders: liberty and security still in the balance” (2009) 29 *Legal Studies* 99, 114.

〔68〕 Secretary of State for the Home Department v. AF and Others [2008] EWCA Civ 1148.

〔69〕 Ibid., [113].

〔70〕 (2009) 49 EHRR.

法庭一致明确认为：如果在一个案件中，公开的证据是定案的主要依据，或者虽然主要的定案依据不是公开的证据，但是公开的材料中的指控足够明确，那么该案的程序就可能是公正的，因为这两种情况下嫌疑人都有合理的机会对案件提出质疑。〔71〕但如果公开的材料只能提供空泛的主张，且支持羁押的裁决仅仅基于或者基本上是基于不公开证据作出的话，该案的程序就不会是公正的。在这种情况下，"专门律师"不能从不公开证据中获取信息，所以也就无法有效施展其专业技能，因此以这种方式操作的制度不符合《公约》的规定。〔72〕

上议院在AF上诉案〔73〕的一致裁决中，将欧洲人权法院的上述裁决在控制令程序问题上进行了适用。议员们承认，为了能让"专门律师"从恐怖主义犯罪嫌疑人处得到更有效的信息，《公约》第6条要求必须保证嫌疑人了解针对他的案件的核心信息，"无论依据不公开证据所作出的定案结论有多么令人信服"。〔74〕因此可以认为，《公约》第6条就针对恐怖主义犯罪嫌疑人的案件规定了不可克减的证据披露最低限度，而且对控制令的程序规则也应当依据《人权法》第3（1）条做同样的解读。然而，英国的最高司法机关需要国际法院指导的事实，恰恰有说服力且发人深省地展现了司法过度让步所带来的危险。上述裁决加上控制令在安全问题上并没有发挥令人满意的作用导致了控制令制度的终止，至少是在《2005年反恐怖主义法》中终止，这一问题将在本章的结论部分谈到。

四、警察在刑事司法中的特殊权力 494

（一）拦截和搜查

在拦截和搜查的问题上，英国法院未对议会授予行政机关的宽泛自由裁量权进行任何审查，使拯救法治的重任又一次落在了欧洲人权法院的肩上。上述行政权力与控制令制度有明显的相似性，即两者都是预防性措施；在上述两种情形中，议会都授予了行政机关极大的权力，压缩了《公约》第5条

〔71〕 Ibid., [120].

〔72〕 Ibid.

〔73〕 Secretary of State for the Home Department v. AF (No 3) [2009] 3 WLR 74.

〔74〕 Ibid., [59] (Lord Phillips).

的适用范围；在上述两种情形中，行政机关在获得授权后都用一种“扩张”的方式行使其自由裁量权，以至于最终侵害了《公约》所规定的基本权利。

《2000年反恐怖主义法》第44～47条中规定将不以合理怀疑为必要条件的拦截和搜查权力运用到反恐领域。尽管存在明显争议，当拦截和搜查权的问题被提交议会讨论时，议会认为其并不属于《公约》第5（1）条的约束范围，或者即使属于其约束范围，也会成为例外情况之一。对于《公约》第8条来说情况亦然。因此，英国依据《人权法》第19条作出了反恐法符合《公约》之规定的决定。之所以做出上述决定，部分是因为这些权力的行使需要得到特别授权，即只能由高级警官作出并经国务大臣批准，[75]期限最长不得超过28天但可以不限次数续期。[76]上述规定所描绘出的图景似乎是，特殊权力的行使是“保守的，只有在普通警察权不足以解决问题的情况下才被允许”[77]，只能在有限的期间内，在确实受恐怖袭击威胁的特定地区行使。然而，从2001年年初开始，无合理怀疑的拦截和搜查便通过毫不间断的连续授权持续适用于整个大伦敦地区，[78]并在全国其他地区开始广泛实施。上述
495 授权一旦下达，就可根据《2005年反恐怖主义法》第44条的规定在指定区域对个人[79]或车辆在无合理怀疑的情况下进行拦截和搜查，作出授权的理由是，其能“方便”地预防恐怖主义活动。[80]“方便”这一表述显然是经过慎重选择的，目的在于最大限度地提升高级警官在作出授权时的自由裁量权：不需要证明恐怖主义活动极有可能发生，也不需要证明与其他区域相比授权所覆盖的区域发生恐怖主义活动的可能性更大。而且如此一来，授权的标准要比必要性标准宽松得多，这再次显示了行政机关在反恐权力运用方面享有较大的自由裁量权。《2005年反恐怖主义法》第45（1）（a）条规定，第44条所规定的权力“只能基于搜寻与恐怖主义活动相关之物品的目的而行使”，

---

[75] 授权做出后48小时内必须获得批准，否则授权失效。

[76] Terrorism Act 2000, s. 46（7）.

[77] 吉伦（Gillan）案中申请人如是辩解，note 87 below, 311.

[78] 见 Lord Carlile of Berriew, *Report on the Operation in* 2005 *of the Terrorism Act* 2000（May 2006）, p. 27. 在2009年其适用范围曾缩小到了伦敦中心的几个区域，这样做似乎是为了避免在随后的欧洲人权法院对吉伦案的审判中得到不利的裁判。

[79] 在搜查中警官只能要求个人脱去鞋帽、外穿大衣、夹克或手套（Code A, para. 4A）。

[80] 第44（3）条规定：“只有在授权者认为作出授权对预防恐怖主义活动有便利时”才可作出授权。

但为了使该规定不至于被理解为特殊权力行使的限制条件，第45（1）(b）条又规定，"无论警官是否有理由怀疑有此类物品的存在，都可以行使"这些权力。而且，公民不配合搜查的行为本身将构成犯罪，可被判监禁刑。[81]

一旦警察取得授权，由于不需要存在合理怀疑，在授权覆盖区域内在搜查对象的问题上便拥有几乎不受限制的自由裁量权。有证据显示，第44条已经被用作种族和宗教歧视的工具，尤其是针对非裔和亚裔群体，[82]这说明非正式的人物特征取向已被警察运用到了执法现场。英国内政部甚至在2004年承认穆斯林群体受到过多搜查是不可避免的。[83]由于法律未明确警察在行使特殊权力时应该考虑哪些因素，因此权力的行使便不透明，且没有客观合理 496
的标准，从而造成了相关问责机制的缺失。上述权力还被用于对抗议者进行干扰，这一做法在2009年遭到了人权联合委员会的批评。[84]人权联合委员会发现有相当数量的证人对针对抗议者适用第44条表示了严重的担忧，[85]且认为该权力的行使幅度已经超越了欧洲安全与合作组织和民主机制与人权办公室的指导准则。[86]

在后"9·11"事件时期，最令人失望的英国司法裁判当属R（基于吉伦等人的申请）诉伦敦警察局长案[87]的裁决：上议院认定特殊权力本身、对特殊权力的无限制行使以及遭到投诉的具体行为都不违反《公约》第5条、

---

〔81〕 Terrorism Act 2000, s. 47.

〔82〕 据2009年4月出版的《2007－2008年种族和刑事司法体系统计》记载，权力的行使增加了215%，搜查的实施数量对所有族群都有上升，但对非裔（322%）和亚裔（277%）上升得最多，相比之下对白人只上升了185%。又见平等及人权委员会的报告，www. equalityhumanrights. com/uploaded_files/raceinbritain/ehrc_ stop_ and_ search_ report. pdf. 对截停和搜查权行使的相关证据、效用和负面影响的分析可见 B. Bowling and C. Phillips，"Disproportionate and discriminatory：reviewing the evidence on police stop and search"（2007）70（6）*Modern Law Review* 936.

〔83〕 Home Affairs Select Committee, *Sixth Report of Session* 2004－5, HC165－I, 46.

〔84〕 JCHR, *Demonstrating Respect for Rights? A Human Rights Approach to Policing Protest* (March 2009), [86]-[87].

〔85〕 全国记者工会称警察曾依据《2000年反恐怖主义法》（Terrorism Act 2000）阻止记者离开游行队伍，Ibid., [87].

〔86〕 指导准则规定："用于对抗恐怖主义或'极端主义'的国内法应当对这两个概念进行严格的定义，不能将下列情形包含在其中：非暴力不合作或抗议，对特定政治、宗教或意识形态目标的追求，对社会其他阶层、政府或国际舆论施加影响的尝试"，见 www. osce. org/odihr/item_ 11_ 23835. html.

〔87〕 [2006] UKHL 12; [2006] 2 AC 307 (Gillan).

第8条或第10条〔88〕的规定，亦不违反普通法准则。该案中的搜查发生在一次针对军事展会的抗议活动附近，被搜查者一位是抗议者，另一位是报道抗议活动的记者。依据第44条的规定，二人都可以被警察拦截和搜查，因为存在有效的授权，且授权所覆盖的区域范围包含了抗议活动发生的地点（抗议活动发生在伦敦码头区，而授权覆盖了整个伦敦）。没有任何迹象显示被搜查的二人与恐怖主义活动有任何联系。在上述案件中，作出主导裁决意见的宾咸爵士对英国法律是否符合《公约》规定进行了最低限度的审查，并限缩了《公约》第5条的适用范围。宾咸爵士需要考虑拦截和搜查是否形成了对自由权的剥夺，在这一问题上欧洲人权法院并没有明确的判例。与对待控制令案件相同，宾咸爵士依据古扎迪诉意大利案〔89〕判决中所阐明的原则认为，拦
497 截和搜查确实有部分剥夺自由的特征，但是其过程"通常相对短暂"，且被拦截者"不会受到抓捕、被戴上手铐、被禁闭或被转移到另一地点"。"除特殊情况外"，被拦截者并未受到真正意义的羁押，只是被要求"停留或等待"，因此这个过程不构成对自由权的剥夺。〔90〕从某种程度来说，宾咸爵士仅仅是利用了欧洲人权法院判决的空白。但是也有人指出，将当街被警察强制截留与一般诸如在人行横道等待过马路之类的短暂停留等同看待恐怕缺乏足够的说服力。〔91〕宾咸爵士继而认为即使上述权力构成对自由的剥夺，拦截和搜查也应当属于《公约》第5（1）（b）条规定的例外——"为了保证法律所规定的义务得到履行"而羁押。〔92〕因为他认为法定的制度和授权本身都是"法律所规定"的，"公众有明确的义务"应对警察的合法搜查行为予以配合。〔93〕

考虑到对《公约》第8条规定的私人生活受尊重权利的侵害问题，宾咸爵士再次采取了最低限度主义者的立场，认为"只有对相关权利的干涉达到一定严重程度，《公约》才得以适用"，且其"倾向于支持对个人的普通搜查

---

〔88〕 第10条规定："每个人都享有表达的自由"。第2款则规定了和第8条大致相同的例外情形，见前注35。

〔89〕 (1980) 3 EHRR 333. 见前注25及相应正文内容。宾咸爵士依据的判例还有 HL v. United Kingdom (2004) 40 EHRR 761, [89].

〔90〕 Gillan [2006] 2 AC 307, 343.

〔91〕 Case Comment: [2006] *Criminal Law Review* 751, 755.

〔92〕 第5（1）（b）条："根据法院依法作出的命令或为了保证法律所规定的义务得到履行而对不遵守法律法规的人进行抓捕或羁押。"

〔93〕 Gillan [2006] 2 AC 307, 344.

很难说达到了这一严重程度的观点”。[94]然而这一观点很难站得住脚。欧洲人权法院曾判定在日常状况下当街对他人拍照的行为违反《公约》第8条的规定，[95]那么与此相比，对个人权利妨碍程度更高的拦截、搜查怎么能不违反呢？宾咸爵士继而认为即使可以动用《公约》第8（1）条，但第8（2）条的例外规定也将适用。他对这一问题的处理简单而轻蔑，认为拦截与搜查有第8（2）条规定的合法目的，并论述道：

> 搜查仍然需要有其在民主社会中的必要性，因此要符合比例原则。
> 但如果该权力的行使得到了恰当的授权和批准，且其目的完全足以使其 498
> 被批准行使［例如，搜寻可能与恐怖主义相关的物品：第45（1）（a）条］，我认为依据A规则（搜查执行规则）所进行的权力适当行使在对抗恐怖主义的巨大威胁的情形中便不可能被认为违反比例原则。[96]

显然，这样的论述未提供任何真正的比例原则审查，特别是没有对许多专业观察员都给予质疑[97]的该权力的有效性进行任何检讨。但是，除了论理的明显肤浅性之外，还存在两个更严重问题。第一，该法律条款的规定本身使得其为权力行使所施加的限制条件——搜查必须以寻找可能与恐怖主义相关的物品为目的——无法有效实施，因为其施行完全是基于对警察机关公正心的信任：第45（1）（b）条规定“无论警官是否有怀疑此类物品存在的理由都可以行使”该权力。因此，宾咸爵士关于比例原则的散漫论述中的关键论据经检验根本站不住脚。第二，宾咸爵士在这一问题上的观点似乎与其之前作出的关于授权条件的裁决完全不一致，其之前的裁决是：

> 原告认为第44（3）条应当解读为，在任何情况下，只有当有权作出授权的人有合理理由认为该权力的行使对于预防恐怖主义适当且必要时，才可作出授权。我认为……这种观点不应得到支持。[98]

---

[94] Ibid.

[95] Von Hannover v. Germany (2004) 40 EHRR 1.

[96] Gillan [2006] 2 AC 307, 344.

[97] 见卡莱尔议员的观点，*Report on the Operation in* 2006 *of the Terrorism Act* 2000 (2007), [114].

[98] Gillan [2006] 2 AC 307, [13]-[14].

在上述裁决中宾咸爵士认为法律并未要求这些权力的行使要遵循比例原则，只需要“方便”就好，而且一般认为在伦敦所进行的通用授权仅仅是基于预防的目的，由此似乎只能得出以下结论：在通常授权下的拦截和搜查的实施并不符合《公约》第8（2）条的例外情形。[99]

因为该案中的拦截和搜查针对的是参加军事展会抗议活动的人和报道该抗议活动的人，所以还需注意《公约》第10条和第11条的规定。[100]然而在宾咸爵士的论述中这两项重要权利遭到了更为草率的对待，只占用了短短的
499 一段文字。在此情况下，宾咸爵士强烈怀疑这两项权利与案件的相关性，以至于完全没有在其论述中就对其施加限制是否符合比例原则做出分析，他对该问题的唯一意见是“认为对这两项权利的限制能够通过《公约》第10（2）条和第11（2）条的规定予以正当化”[101]。

除此之外还存在一个关于法治的问题，《公约》要求对公民权利的妨害行为合法的前提是该行为是法律规定的行为，且相关法律必须达到一定要求。宾咸爵士称这一要求“阐明了法治极其重要的特征”[102]，其内涵为：

> 相关法律必须简明易懂且符合国民的合理预期……必须充分说明权力可行使的情形……授予行政机关的自由裁量权的范围……必须准确量定，且与其所指事项相适应，以明确权力的行使条件，而且……还必须为防止权力滥用设置法律保障。[103]

基于此，宾咸爵士认为，涉及拦截和搜查的法律条款和A规则的结合为上述权力设置了详尽的规则和程序。他对随机和恣意拦截、搜查问题的论述十分简短：

> 警官在行使权力时不能恣意妄为，否则将面临民事诉讼。其在决定对社会公众进行拦截搜查前确实不需要认为被拦截搜查对象有任何嫌疑，但这一点不能被解释为其可以对明显没有恐怖主义活动嫌疑的人进行毫

---

[99] 欧洲人权法院后来也作出了同样的裁决，见后注115~117与相应正文内容。

[100] 集会结社的自由权，也有类似《公约》第10条的例外情况，见前注88。

[101] Gillan [2006] 2 AC 307, 344-5 (emphasis added).

[102] Ibid., 346.

[103] Ibid., 345.

> 无意义且浪费时间的拦截搜查。这一点只是为了确保警官在确实怀疑某人是恐怖分子的情况下，不会因为担心无法提出合理的怀疑理由而放弃对其进行拦截搜查。这并不意味着警官行使权力时带着歧视的眼光（这一事实无须争辩），我不会对关于歧视的问题发表任何意见。[104]

论述中关于要求合理怀疑可能会阻止警官对其怀疑为恐怖分子的对象进行搜查的观点特别有启示作用。这种阻止效力通常被认为是法律的正面价值：要求展示合理的怀疑理由可以用于检验各个警官所持怀疑（有的怀疑理由可 500
能十分站不住脚，或是仅仅基于直觉，或是带有偏见）的正当性，从而确保只有在具备客观正当理由的情况下才可以对公民自由权进行干涉。换言之，这种限制通常被认为是法治的优点——在国家权力行使的过程中形成对抗偏见和恣意的壁垒，确保法治而非人治的施行。宾咸爵士曾经对这种优点有过令人信服的论述。[105]但是现在他却想当然地认为这样的限制不符合需要。当然，人们可以主张在发生恐怖袭击的巨大风险或紧迫威胁，并可能导致大规模伤亡的情况下，警察可以依直觉进行搜查，因为对比可能面临的伤害，这样的代价是必要的。但放弃法治的核心规则，在不进行任何论证的情况下就将这种覆盖整个大伦敦区且期限不确定的恣意搜查轻易正当化，就公然违反了司法机关应当首要坚持的基本原则。[106]宾咸爵士经过考虑后认为从2001年开始在伦敦地区对权力行使期限的不断延长没有超越法定权限，不构成对自由裁量权的误用，也没有违反议会的本意。即使在警察部门承认了这种做法是出于“防患于未然”的目的，权力的持续延期是为了“以防万一”[107]之后，宾咸爵士依旧这样认为。他认为现在的情况符合法律的规定。[108]

审查标准的无力（审查仅仅是为限制权力的观点提供支持）为议员们在对上述权力进行结构化《公约》的符合性审查时，向行政机关的决定做出妥

---

〔104〕 Ibid., 346－7.

〔105〕 Lord Bingham of Cornhill, “The rule of law” (2007) 66 (1) *Cambridge Law Journal* 67.

〔106〕 宾咸爵士还认为（Gillan［2006］2 AC 307, 339），普通法的“合法性”原则已经得到了满足：合法性原则要求对基本权利的限制必须有基本法律的明确授权（见 R v. Secretary of State for the Home Department ex parte Simms［2000］2 AC 115, 130－1）。《2000年反恐怖主义法》的规定已经满足了这一要求。

〔107〕 Gillan［2006］2 AC 307, 312.

〔108〕 Ibid., 430－41.

协提供了巨大的空间。从这个意义上来说，《公约》第 8 条、第 10 条和第 11
条的部分内容实际上被架空了：国家权力对公民权利的侵犯能如此容易地正
当化，使得权力行使所要接受的比例原则审查变得没有意义。我们有理由期
501 待议员们质问：《2000 年反恐怖主义法》第 44 条是否做到了在满足打击恐怖
主义需要的情况下最小限度地损害公民权利，对权利的损害程度是否已经超
越了其目的，行政机关对其权力行使的有效性是否提出了足够的证明？〔109〕但
是，宾威爵士在吉伦案中的做法却显示了比例审查可被轻易空洞化，其在各
个阶段的论证中都展现了司法在面对行政决定时常见的严重妥协倾向，尤其
是在反恐问题中。〔110〕在吉伦案中虽没有赤裸裸的妥协，但法定权力本身对《公
约》权利所采取的最低限度主义解释却被默许了。可以说霍普（Hoop）爵士
对于权力恣意行使和歧视行使的可能性更显担忧，〔111〕布朗爵士亦如此。〔112〕但
最后，基于缺乏足够的反证，二人都满足于认为法律为上述两种可能性提供
了充分的防范机制。至此，可以说议会和司法机关都没能对《2000 年反恐怖
主义法》第 44 条所造成的行政自由裁量权的过度扩张进行有效审查，随之而
来的是接受对《公约》第 5 条的最低限度主义的解释；议会和司法机关几乎
预先假定——至少没有对其进行任何有效审查——违背了《公约》第 8、10
条和第 11 条之权利规定的行政授权是必要且符合比例原则的。

跟控制令问题一样，欧洲人权法院再次拯救了《公约》规定的权利。欧洲人权法院在吉伦和昆顿（Gillan and Quinton）诉英国案〔113〕的最终裁决中所表现出的态度跟上议院的态度形成了鲜明的对比。欧洲人权法院不需要为拦截、搜查是否可以适用《公约》第 5（1）条给出结论，因为其找到了其他拦截、搜查违反《公约》规定的理由。然而，欧洲人权法院似乎更倾向于认为《2000 年反恐怖主义法》第 44 条的规定更接近于典型的自由权剥夺——即与

---

〔109〕这是欧洲人权法院在进行比例原则审查时所运用的标准，见 Sunday Times v. UK（1979）2 EHRR 245；加拿大最高法院也采用了类似的审查标准，见 R v. Oakes [1986] 1 SCR 103, 137, 138.

〔110〕详见 J. Jowell，"Judicial deference: servility, civility or institutional capacity?"（2004）*Public Law* 592, 600.

〔111〕*Gillan* [2006] 2 AC 307, 347 – 52. 本案中没有申请人提出种族歧视或宗教歧视的控诉。

〔112〕Ibid., 355 – 62. 对霍普（Hoop）爵士、布朗（Brown）爵士和斯科特（Scott）爵士关于歧视问题论述的评论，见 D. Moeckli，"Stop and search under the Terrorism Act 2000"（2007）70（4）*Modern Law Review* 659, especially 663 – 9.

〔113〕Application no. 4158/05, 12 January 2010.

抓捕和羁押一样是完全剥夺自由权而不是如古扎迪案般的非典型情况。人权 502
法院重点关注了拦截与搜查中的强制性要素，而不是古扎迪案中的一系列标准：

> 被搜查对象必须停留在原地并接受搜查，如果拒绝搜查将有可能被逮捕、羁押于警察局或面临刑事追诉。这种强制因素使得拦截、搜查构成了《公约》第5（1）条所规定的对自由的剥夺。〔114〕

然而在本案中，人权法院不需要在其裁决中对《公约》第8条的相关问题给出答案，其拒绝在解决现有问题的限度外作出任何结论。

人权法院继而认为拦截和搜查违反了《公约》第8条；但其给出的原因不同寻常，即认为《2000年反恐怖主义法》第44~47条不符合"依照法律规定"这一要求，该要求是指对公民权利的妨碍必须首先符合国内法律的规定，才有可能正当化。〔115〕这是在涉及现代英国法律问题上的前所未见的情况，也是英国与《欧洲人权公约》打交道以来首次发生这样的情况。〔116〕首先，欧洲人权法院认为《2000年反恐怖主义法》第44条引发了《公约》第8条的适用：第44条所规定的搜查"显然妨碍了私生活受到尊重的权利"，并不是宾咸爵士所认为的似乎有可能妨碍该权利。然后，人权法院考虑的是《公约》第8（2）条的问题，即这种妨碍是不是有法律依据，对于民主社会来说是否必要？法院最终支持了原告的主张，认为《2000年反恐怖主义法》第44~47条授予警察的权力不能被看作"有法律依据"，原因恰恰在于围绕该权力的关键性争议因素——权力的行使不需要有合理的怀疑理由。人权法院认为"第44条和第45条所规定的授权、批准以及拦截、搜查的权力既没有法律具体指明可以行使的情形，也没有防止其滥用的保障机制"。人权法院特别指出了授予警察的关于自由裁量权之宽度的问题，认为拦截决定可能"完全基于警察
的'预感'或'职业直觉'"，因此"对警察授予如此宽泛的自由裁量权存在 503

〔114〕 为支撑这一裁决，欧洲人权法院援引了判例：*Foka v. Turkey*, no. 28940/09，§§ 74-9，24 June 2008.

〔115〕 Sunday Times v. UK（1979）2 EHRR 245.

〔116〕 之前的情形有：Malone v. UK（1985）7 EHRR 14（当时没有关于授权的法律）；Hashman v. Harraup（2000）EHRR 24（用清晰程度不足的14世纪的法律进行了检验）。

明显的恣意性风险”。〔117〕

此裁决一出，《2000年反恐怖主义法》第44条明显要进行重大修改，要更加强调相对人涉嫌携带与恐怖主义活动相关物品这一因素，从而限制警察在现场执法中的自由裁量权。2010年7月，英国内政大臣宣布〔118〕将修改第44条，规定拦截、搜查权只有在基于预防恐怖主义的目的且确有“必要”而不是“方便”的情况下才得以行使。她进而决定，警察将不再基于第44条的规定对个人行使拦截、搜查权，只能对车辆行使，这样的方式对个人权利的侵犯程度更小。她还宣布，警察若要依据反恐法对个人进行拦截搜查，只能依据第43条。〔119〕与第44条不同，第43条规定拦截、搜查的前提是警察必须有合理理由怀疑被搜查者是恐怖分子。因此目前依据第44条在特定区域对于拦截搜查的授权将被限制为只能针对车辆进行搜查。

本章所提到的欧洲人权法院坚持了比英国司法机构更高的人权标准且承认相关权利完整内容的两个重要情形，而吉伦案是其中之一。在这两个情形中，英国法院对争议权力的司法审查显然是失败了，这说明无论是授予这种宽泛权力的议会还是无法对其进行限制的司法机关，都没能为对侵犯民众基本权利的行政自由裁量权的审查作出贡献。

（二）长期羁押而不进行指控——力图对《公约》第5条进行尽可能的限缩解释

接下来我们简单地讨论英国政府所坚持的在提出指控前延长对恐怖主义犯罪嫌疑人的羁押期限，该尝试已经取得了部分成功。依据《2000年反恐怖主义法》的规定，对实施恐怖主义犯罪、准备实施恐怖主义犯罪或煽动实施恐怖主义犯罪的嫌疑人进行羁押的最长期限起初是7天。为了保障人权且遵
504 守《公约》第5（3）条〔120〕的规定，在嫌疑人羁押了48小时后，延长羁押期限必须得到治安法官的批准，相比之下普通刑事案件中的最长羁押期限是4天。对恐怖主义犯罪嫌疑人的羁押期限在3年后的《2003年刑事审判法》中翻了一倍，增加至14天；又过了3年，《2006年反恐怖主义法》中这一期限

---

〔117〕引文见［83］，［85］，［87］。

〔118〕Hansard, HC, vol. 513, col. 540, 8 July 2010.

〔119〕《2000年反恐怖主义法》第43条规定了进一步的拦截、搜查权，限制条件是对被搜查人必须要有怀疑其与恐怖主义活动相关的合理理由。

〔120〕See note 15 above.

再次翻倍，增加至28天。这样的期限增长已经足够惊人，然而关键是2006年法案中将羁押最高期限延长至28天还仅仅是政府被迫向议会妥协的结果，政府原本要求的最长羁押期限是90天。政府对提出控告前羁押期限90天（后来缩减到42天）的要求实际上再次说明了其试图对《公约》第5条规定的权利在国内法领域进行削弱。尽管在这种情况下，欧洲人权法院对《公约》第5条的适用也有很大弹性，[121]但持续时间如此之长的诉前羁押也只有在尽可能削弱第5条规定的权利并扩大其例外的情况下才有可能符合其规定，而这种削弱和扩大的方式并没有得到欧洲人权法院的支持。人权法院并没有对羁押4天后取得司法批准的情况下的控告前羁押期限做出明确限制，[122]但是也认为，到一定程度之后即使有司法批准，羁押也会因其期限与其所追求的目的不成比例而违反《公约》第5（1）条以及第5（2）条的规定。

对羁押期限限制的缺位可能是因为没有可以适用于所有《公约》缔约国的对“指控”的定义。尽管如此，人权保护团体一致认为对羁押期限提前计划好的延长不符合《公约》第5条的规定。[123]显然，对《公约》的符合性并不是唯一值得讨论的问题，下议院的讨论已经转向了传统的公民自由、人身保护权和法治等问题。尽管如此，英国政府实际上已经根据《1998年人权法》第19条做出公告，宣布其符合《公约》第5条之规定，由此可以看出政府对《公约》第5条进行最低限度主义解释的立场。这一立场没有得到人权联合委员会的支持[124]且被下议院否决。立法机关在2006年11月9日进行的对反恐法草案90天羁押期限的投票中，布莱尔首相经历了其上任以来的首次立法问题上的失利。议员们以322票反对291票赞成的结果否决了这一提案， 505
其中有49票反对票来自工党议员。

布朗首相在任期间将诉前羁押期限延长至42天的提议也遭到了人权联合委员会[125]以及欧洲理事会报告[126]的批评，两组织都认为42天的期限极有

[121] 见JCHR, *Twenty - Fourth Report of Session* 05 - 6, HL Paper 240, HC 1576, [22].

[122] Brogan v. United Kingdom (1988) 11 EHRR 117.

[123] See the Law Society's *Parliamentary Briefing HC 2nd Reading* (26 October 2005) and JUSTICE, *Preliminary Briefing* (September 2005), [60].

[124] JCHR, *Twenty - Fourth Report of Session* 2005 - 6, HL Paper 240, HC 1576.

[125] JCHR, *Twentieth Report of Session* 2007 - 8, HL 108 HC 554.

[126] "Proposed 42 - day pre - charge detention in the United Kingdom", 30 September 2008. See assembly. coe. int debate on 2 October 2008 (35th Sitting Doc 11725).

可能违反《公约》第5条的规定。尽管如此，《2008年反恐主义法》草案被提交下议院讨论，称其符合《欧洲人权公约》的规定。该草案同样引起了强烈的反对：政府努力使其在6月得到了下议院的通过，却又在同年10月被不通过选举产生的议员所组成的国会第二道关卡——上议院最终否决。因此，布朗政府最终只将对恐怖主义犯罪嫌疑人的控告前羁押期限成功延长到了将近1个月，这与对非恐怖主义主义犯罪嫌疑人甚至其中最严重犯罪的犯罪嫌疑人的羁押期限（最长96小时）相比仍然十分惊人。但是，这只是本章所举出的议会拒绝接受对《公约》第5条做最小限度解释（只有对其做最小限度的解释才可能实现将诉前羁押期限延长至90天或42天而不构成对《公约》权利的克减）的一个例子。在结论部分还将提到卡梅伦首相领导的联合政府又削弱了反恐法对自由权的限制，将羁押期限减少到了之前的14天。

五、实质性犯罪

（一）与禁令有关和拒绝提供信息的犯罪

在《2006年反恐怖主义法》规定了饱受争议、范围宽泛的新型犯罪之前，人权联合委员会就已经认定“英国的反恐法律被广泛认为是欧洲最严苛的”[127]。乔治·威廉姆斯认为英国对恐怖主义的打击不如澳大利亚严苛，可能部分是因为英国人权保护意识的迅速成长。这种成长则是英国长期坚持遵守欧洲人权法院判例、人权法案，以及人权联合委员会对立法机关在起草或议会讨论
506 阶段进行审查的结果。尽管如此，法案中一些对犯罪的规定的宽泛性和“预防”属性也是非常突出的。接下来我们将对大量相关法律规定[128]做一个简单的描述，《2000年反恐怖主义法》继承了之前立法中的对世界任何地方“涉及恐怖主义”的组织发布禁令的权力[129]以及其他与禁令有关的犯罪[130]，并大幅增加了打击力度。有观点指出，这些对犯罪的规定“目的在于通过破坏

[127] JCHR, *Second Report of Session* 2001 - 2, HC 37, HL 372, [35].

[128] See note 8 above.

[129] 由国务大臣行使，但必须经议会批准：第3（3）条和第123条。

[130] 包括属于某一组织（有例外情形）（第11条），为其征求支持［第12（1）条］，安排或管理为支持该组织或推进该组织的活动而进行的聚会或在该聚会上发言［第12（2）条和第12（3）条］，穿着表示支持的统一服装或佩戴相应标志（第13条）。

支持和推进恐怖主义活动的网络来对恐怖主义活动进行预先防范”[131]。关于其他犯罪的规定也有“超前预防”属性。这些犯罪包括未将个人在交易或工作中注意到的可能有助于预防恐怖主义活动或抓捕实施恐怖主义活动的人的信息向警察报告。[132]《2001 年反恐怖主义、犯罪和安全法》在《2000 年反恐怖主义法》第 38 条之后增加了第 38B 条，将上述犯罪的主体扩大到了一般主体，尽管其规定有合理理由的可以免除报告义务，但对什么是合理理由没有给出解释，这样一来家庭成员亦不能免除报告义务。该法第 58（1）条规定了搜集可能用于恐怖主义信息的相关犯罪，由此又有一部分人将可能遭受刑罚制裁。[133]第 57（1）条进行了举证责任倒置的规定，使上述条款更显严格。其规定，行为人持有某项物品，且有合理理由怀疑其持有该物品的目的与恐怖主义有关联，在这种情况下其持有该物品的行为构成犯罪。第 57（2）条规定，被指控涉嫌前款犯罪的人可以通过证明其持有该物品不是出于恐怖主义目的而推翻该有罪推定。[134]该法中规定的行为与行为人实际参与恐怖主义
活动之间还有很远的距离。但是，下面将要说到，《2006 年反恐怖主义法》 507
新规定的两类犯罪在这条道路上走得更远。

（二）恐怖主义预备行为以及煽动、颂扬恐怖主义活动

英国《2006 年反恐怖主义法》第 5 条规定了一种新的犯罪——“恐怖主义预备行为”，用以在恐怖主义活动最早期阶段抓获潜在的恐怖分子。这一犯罪要求行为人有主观意图，但是其对客观行为则规定得十分宽泛。第 5（1）条规定：“如果行为人在下列主观意图的情况下参与任何有助于其实现该意图的准备行为，其行为构成犯罪：（a）实施恐怖主义活动；（b）帮助他人实施此类活动。”准备行为既可以是针对特定活动的准备，也可以是笼统的对恐怖主义活动的准备［第 5（3）条］。第 5 条明显是被设计成了一个口袋条款，意图在最初阶段，对在实际的恐怖主义活动发生之前的潜在恐怖分子进行打

---

[131] McCulloch and Pickering, “Counter - terrorism”, p. 19.

[132] 第 19（5）条规定了法律顾问所掌握的信息的例外。

[133] 第 58（1）条规定：“行为人的下列行为构成犯罪：（a）搜集或记录可能对实施或准备实施恐怖主义活动的人有用的信息；（b）持有包含上述信息的文件或记录。”虽然有“合理理由”的例外，但上述规定中并没有要求行为人知晓相关信息的性质或者意图使用相关信息以推动恐怖主义目的的实现，见 R v. K［2008］QB 82；R v. G［2010］1 AC 43.

[134] 第 57（4）条亦有不利推定的规定。在 R v. Malik（Samina Hussain）［2008］EWCA Crim 1450 的裁决中，持有犯罪的范围被稍稍缩小了。

击。〔135〕卡莱尔勋爵作为政府指定的反恐立法审查员支持对这一犯罪的规定，认为其可以代替控制令制度处理至少部分有潜在犯罪嫌疑的人。〔136〕这在原则上是值得赞赏的，但是作为目前反恐制度体系中最为宽泛的提前介入制度，该规定的实施再次严重依赖自由裁量权。截止到本章撰写时，尚未发生关于上述宽泛性规定之挑战的上诉法院裁决，这意味着此规定的适用尚未触及临界行为。这可能是因为在涉及恐怖主义预备行为的案件中，需要出示的证据大多是情报机构获取的情报，而公诉机关不愿意在公开的审判中将其暴露。〔137〕因此，这一规定现在是否能使本可适用控制令制度的对象受到起诉仍存在疑问，至少目前还没有发生这种情况。〔138〕

508 《2000 年反恐怖主义法》在第 59 条和第 60 条中已经规定了煽动国外恐怖主义的犯罪，其针对的是对具体的严重暴力行为之煽动行为。〔139〕但是《2006 年反恐怖主义法》走得更远，其规定了间接鼓励恐怖主义活动的犯罪，其中包括对恐怖主义的“颂扬”。这一新的犯罪不要求行为人有实际的煽动行为，因为其包含了在恐怖主义活动发生之后，对其进行纵容和赞扬的行为；该规定的目的在于将煽动犯罪之外的行为规定为犯罪，而煽动犯罪被认为在既存法律中已有规定。〔140〕依据第 1（1）条的规定，该罪可适用于表达了“很可能被部分或所有公众理解为鼓励或诱导其参加恐怖主义活动的实施、准备或煽动”〔141〕的言论的行为。其中“公众”包括世界上任何地方的人，由此极大地扩展了这一条款的适用范围。成立该犯罪要求表达该言论的人有进行相应鼓励的意图或者对相应结果有轻率的主观态度，〔142〕但是不需要确实发生有人被该言论“鼓励或引诱”而导致实施相应犯罪的实际结果［第 1（5）条］。网

〔135〕 见威利 · J.（Whealy J.）在 R 诉艾洛玛尔（Elomar）案中所作的评论，本书第 21 章乔治 · 威廉姆斯文。

〔136〕 Above note 78，[33].

〔137〕 证明材料也有可能依法不能作为证据使用：《2000 年侦查权法规则》（the Regulation of Investigatory Powers Act 2000）第 17 条规定，通过监听电话所取得的证明材料在英国的所有刑事司法程序中都不得作为证据使用。

〔138〕 See below，note 161.

〔139〕 一般刑法中的教唆杀人的规定在极端主义颂扬者的身上也有过适用：见 R v. El - Faisal [2004] EWCA Crim 456.

〔140〕 见 JCHR，*Third Report of Session* 2005 - 6，HL Paper 75 - 1，HC 561 - 1，[21].

〔141〕 第 2 条规定了类似的传播恐怖主义出版物的犯罪。

〔142〕 第 1（2）条［还有规定传播犯罪的第 2（1）条］。

络管理员和媒体仅仅报道了别人的言论时，可以援引无恶意公布的例外规定［第 1（6）条］。[143] 如果行为人被起诉后罪名成立，将面临法定最高刑为 7 年监禁刑的严厉刑罚。

政府不顾上议院的强烈反对坚持要将“颂扬”恐怖主义的行为纳入间接鼓励的范围。根据第 1（3）条的规定，该罪的成立范围延伸至了符合以下条件的所有言论：[144]

> （a）该言论表达了对相关行为或犯罪（无论是已发生的还是将发生的还是笼统的）之实施或准备活动的颂扬；且
>
> （b）公众从该言论中可以合理地推断出该言论所颂扬的行为是其认为公众在目前状况下应当效仿的行为。

上述规定的后一部分内容将对单纯历史事件（如爱尔兰的复活节起义） 509
的赞扬排除出犯罪圈，这一规定具有重要意义。尽管如此，对颂扬的界定仍然十分宽泛，该法第 20 条规定，颂扬“包括任何形式的赞美和庆祝”[145]。人权联合委员会通过权衡认为应当“对间接煽动恐怖主义活动的犯罪进行相对狭义的理解”[146]，其对该犯罪适用范围的潜在宽泛性和模糊性[147]以及其与《公约》第 10 条所规定的表达自由权的潜在冲突[148]深表担忧。因此，人权联合委员会反对使用“颂扬”的表述，因为该表述会带来“巨大的不确定性”[149]，其认为参与合法的关于反抗组织武装行动（例如巴勒斯坦地区）的政治辩论[150]或者反对专制政权的人员都有可能因此规定而被定罪。

接下来要讨论的可能是该犯罪最特别的一方面。因为使用了《2000 年反恐怖主义法》的“恐怖主义”概念，政府在议会面前做出了让步，认为“设置该罪的目的是将表达支持通过暴力（包括对财产的暴力）在世界任何地方

---

[143] 但在警察对网络管理者发出相关违法行为的警告后，网络管理者仍不移除该涉罪言论内容的不受此条款保护（第 3 条）。

[144] 该法其他相关条款也有类似的规定。

[145] Terrorism Act 2006, s. 20（2）(emphasis added).

[146] JCHR, *Third Report of Session* 2005 – 6.

[147] Ibid., [25].

[148] Ibid., at [20].

[149] Hansard, HL, vol. 680, col. 248, 22 March 2006.

[150] Ibid.

实现政治变革之观点的行为定罪”。但是政府又主张，“世界上没有任何地方可以通过暴力，包括对财产的暴力实现政治变革正当化”。[151]这里的奇怪之处不在于政府在此表现了和平反战主义的世界观，而在于政府促使国会通过了可以对任何不认可这一世界观且表达了支持暴力反抗（包括财产破坏）和军事独裁（例如缅甸军政府）观点的人进行刑事归罪的规定。这样的规定对言论自由产生了严重冲击，因此必定会出现对其是否符合《公约》第10条的疑问。[152]

510 六、结论

在非常规的“超前预防”措施以控制令的形式持续在英国得以适用的同时，我们也看到了司法机关最终还是从严格限制适用对象以及正当程序（程序问题可能成为挑战该制度的重要依据）两方面完成了对该制度的重要改良，当然其中有欧洲人权法院的有力帮助。这反过来迫使英国政府放弃了其在后贝尔马什时代所青睐的对《公约》权利进行“隐性”克减的策略。贝尔马什计划所要求的对《公约》权利的克减是公开的，这也招致了国内外的诸多责难。2010年英国国内司法机构和欧洲人权法院共同提出了更加严格的《公约》适用标准，这使得控制令制度的地位岌岌可危。[153]虽然之后新政府在就任后依然维持并使用着控制令制度，[154]但其明显也在寻找替代措施。2011年1月，英国政府宣布了其用“恐怖主义预防及调查措施”（TPIMS）取代控制

---

〔151〕 JCHR, *Third Report of Session* 2005-6, [29].

〔152〕 目前这一规定尚未经历《公约》第10条的检验。许多评论者当时认为其不符合《公约》第10条；但是2009年4月6日作出的备受批评的 Leroy v. France（App. No. 36109/03）案的裁决使得这一评判产生了不确定性：见 S. Sottiaux, “Leroy v France: apology of terrorism and the malaise of the European Court of Human Rights' free speech jurisprudence” (2009) *European Human Rights Law Review* 415.

〔153〕 一小部分控制令已被撤销；在另一些案件中，政府被迫披露了更多证据或减轻了限制以期这种新的“温和式”的限制令不会被认为违反《公约》第6条。这一策略在面对挑战时没有得到法庭的支持。Re BC; Re BB (11 November 2009, unreported).

〔154〕 Nasseer and Khan v. SSHD (18 May 2010), appeal no. C/77/80/81/82/83/09 案中的两名巴基斯坦学生制造了威胁，但因为有遭遇刑讯的风险而无法被送回巴基斯坦，所以对他们适用了控制令。见 news. bbc. co. uk/1/hi/8688501. stm. 但现在只有8例控制令依旧在实施过程中。

令制度的意图；这一套新措施将以“居所留宿要求”取代居所软禁；[155]出行控制令和其他监控措施也将为新措施的提案所保留。[156]显然，恐怖主义预防和调查措施与“温和式”的控制令制度没有明显区别：依据前者施加的限制措施依据后者也可施加。但是“恐怖主义预防及调查措施”似乎将不再适用强制居所转移措施或者超过11小时的每天居所软禁措施。由此，控制令制度中最为严酷的因素将被放弃。同时，法院是否会接受恐怖主义预防和调查措 511
施的适用程序不受AF案中所确定的披露原则之限制的观点还有待观察。

我们已经了解到，英国上届政府同样大幅扩张了国家拦截、搜查和诉前羁押的权力，借严格的法律工具来破坏恐怖分子的阴谋，但权力的行使方式也对正常的个人自由权利造成了严重侵害。虽然其成功地使对恐怖主义犯罪嫌疑人的诉前羁押期限大大长于普通犯罪嫌疑人，但关于将羁押期限延长至3个月的提议受到了议会的终局性否定，在审查中，多数人认为延长羁押期限的提议没有必要。截至本书完成之时，将羁押期限延长至28天的规定已经失效，[157]诉前羁押的最长期限回到了14天；同时，期待已久的英国《2011年保护自由法》若得到通过，将使得羁押28天的期限无法得到恢复，而是需要有新法律的认可。[158]此外，前文讨论过的拦截、搜查的特殊权力在英国特别是伦敦警察的手里得到了广泛且恣意的适用，虽然国内法院没能成功对其进行抑制，或对搜查施以任何形式的审查，但欧洲人权法院在吉伦案中对法治原则的拯救得到了足够的政治支持，最终随着政府的换届，这一有损声誉且不受欢迎的权力被废止。

最后，虽然法律新规定了大量适用范围极其宽泛的刑事犯罪，但其中最严格的规定目前似乎还未充分发挥其潜力，延续了本书第1版指出的具有讽

〔155〕 见Counter Terror Review, published on 26 January 2011 www.homeoffice.gov.uk/publications/counter－terrorism/review－of－ct－security－powers/。英国联合政府于2011年3月请求议会最后一次延长《预防恐怖主义法》的期限，延长不超过1年，当时意在取代该制度的“恐怖主义预防及调查措施”TPIMS制度的相关立法正在准备过程中。

〔156〕 Ibid；又见6th Report of the Independent Reviewer pursuant to s 14（3）of the PTA 2006, Lord Carlile of Berriew, 6 February 2011.

〔157〕 其受到了期限届满规定的限制：羁押28天的权力在2011年1月25日失效。如新议案的附注所述，第57（1）条修改了2000年反恐法附件8第36（3）（b）（ii）条的规定，将目前（从2011年1月25日起）控告前羁押的最长期限固定为了14天。

〔158〕 英国政府已经准备好了相关基本法律的草案，以备发生紧急情况，需要暂时将这一期限重新提高到28天时向议会呈交。

刺意味的趋势，即“政府认为对恐怖主义犯罪的特别规定在造成最严重安全威胁的人面前作用不大”[159]。控制令制度的存续事实上代表了刑事法律在应
512 对这类安全威胁问题上的失败。到目前为止，英国政府尚未尝试对刑事审判本身进行调整[160]——例如允许将侦听得到的材料作为证据使用——以使现在被适用控制令的人接受审判。[161]要想做到这一点就需要大胆的新想法——这是立场过于谨慎的奇尔科特报告[162]所未能展现的，以及有几分荒诞意味的观点，即唯独英国无法做到在不对其国家安全和公共安全产生严重妨害的前提下将这种证据用于审判。[163]这一观点为克莱夫·沃克尔所称的“安全统治阶层”（Securitocracy）[164]中的很多人所坚持。在去除侦听障碍方面的持续失败，已经严重妨碍了英国政府之前宣称的要优先对恐怖主义犯罪嫌疑人在任何可能的地方提起公诉的主张。现任皇家检察署署长凯伊尔在就职前称，政府依赖未经审判的羁押和控制令等措施的真正原因不是迫切的安保需要，而是国家安全部门对提供可作为证据用于审判的监听材料之请求的无理抗拒。[165]就如罗伊德（Lloyd）勋爵于1996年审查英国的反恐权力时所说：“我们知道谁是恐怖分子，但是我们却把唯一能将其定罪的证据排除在审判之外；我们是世界上唯一一个这么做的国家。”[166]正如麦克加里蒂、林奇和威廉姆斯所指出的，还有一点值得思考的是，当国家可以从一系列措施中选择一种来处置某个嫌疑人时，其“在所能得到的结果大致相当的前提下，可能会故意选择在程序正当和自由权利尊重方面要求较少的措施”[167]。

---

[159] Helen Fenwick and Gavin Phillipson, “Legislative over - breadth, democratic failure and the judicial response: the UK’s anti - terrorism law and human rights” in Kent Roach, Michael Hor and Victor Ramraj (eds.) *Global Anti - Terrorism Law and Policy* (Cambridge University Press, 2005), p. 488.

[160] 在某些场合进行举证责任的倒置除外，其在英国《2000年反恐怖主义法》第57条中有规定，见前注133及相应正文。

[161] 现有的控制令适用对象除了违反控制令之规定的情形外均未被以某项罪名起诉。

[162] 关于侦听所获取的证据：Cm 7324, 30 January 2010。

[163] “The threat of terrorism and the fate of control orders” (2010) (Winter) *Public Law* 4, 6.

[164] 见 JUSTICE, *Secret Evidence* (2009), [94].

[165] K. Starmer, “Setting the record straight: human rights in an era of international terrorism” (2007) 2 *European Human Rights Law Review* 123, especially 128 - 32.

[166] Quoted in Starmer, “Setting the record straight”, 129 - 30. 又见 Fenwick and Phillipson, “Legislative over - breadth”, pp. 483 - 5.

[167] McGarrity, Lynch and Williams (eds.,), *Counter Terror and Beyond*, p. 6.

因此，司法裁判的反对，加上人权联合委员会的不断施压以及在诉前羁
押问题上议会的公开否决，使得英国政府承受了累积性的压力，并造成了反
恐措施向人权和法治规则让步的明显现象。如前所述，新政府通过对反恐权 513
力的审查和《2011年保护自由法》将天平主动倾斜回公民自由这一端。至撰
文时这一政治和司法的大趋势是否会加速并巩固仍不明确；但是比起本书第1
版得出的悲观结论，以乐观的态度结束本章似乎是合理的选择。

第20章

加拿大的恐怖主义应对措施

肯特·罗奇*

514 ## 一、引言

加拿大的恐怖主义应对措施深受"9·11"事件的影响，许多加拿大人在这次袭击中丧生，同时丧生的还有许多其他国家的公民。加拿大应对措施的独特之处在于其地理位置——由于加拿大与美国接壤，因此其受到美国直接、深刻、迅速反应策略的影响。在遭受"9·11"恐怖袭击的当天，美国宣布关闭领空，而加拿大接收了200余架被美国拒绝降落的飞机。同时，加拿大曾受到美国一些错误言论的影响，如美国曾发表声明称一些恐怖分子通过加拿大边境进入美国，理由是这样的事实确实发生过，鉴于数百万人每天越过边境，这种情况可能会再次发生。〔1〕美国《爱国者法》〔2〕包含一个章节，标题就是"通过增加边境警卫和审查进入美国的人以保护北部边境"。

为了应对"9·11"事件的影响，也因为美国施加的一些压力（加拿大可能为恐怖分子提供安全的避风港），加拿大积极着手起草新的反恐法，并组建了一些新的公共安全部门。加拿大的许多反恐措施以及移民政策的基础都建立在2001年年底与美国签署的边界协议之上，根据这一协议，如果某人先到

---

* 肯特·罗奇（Kent Roach），多伦多大学法学院教授，"普理查德威尔逊"法律与公共政策主席。

〔1〕 See Kent Roach, *September 11: Consequences for Canada* (Montreal: McGill – Queen's University Press, 2003)，一份更完整的加拿大"9·11"恐怖袭击直接后果的清单。

〔2〕 Uniting and Strengthening America by Providing Appropriate Tools to Intercept and Obstruct Terrorism (USA PATRIOT) Act of 2001, HR 3162, Title 4, sub – s. A, "Protecting the Northern Border".

了美国，后在加拿大申请难民庇护，加拿大在批准与否的问题上就享有比以前更大的自由裁量权。为了应对正在减少的边境贸易和对来自恐怖主义威胁的持续担忧，加拿大和美国于 2011 年 2 月同意共同维护周边安全并提高经济竞争力，具体措施包括增加情报共享、整合跨境执法、联合应急反应、保护 515
关键基础设施、网络安全和贸易便利化等。[3]

尽管加拿大最高法院已经作出两项裁判，认为加拿大官员在关塔那摩湾对恐怖主义犯罪嫌疑人进行讯问时侵犯其权利，但加拿大仍然拒绝向美国发出遣返关押在关塔那摩湾的加拿大公民之请求。在第 2 起案件中，加拿大最高法院推翻了下级法院要求遣返奥马尔·卡赫尔（Omar Khadr）的裁决，因为担心这样的补救措施将影响加拿大与美国微妙的外交关系。[4]最后，美国军事委员会称奥马尔·卡赫尔认罪，承认在他 15 岁时曾在阿富汗谋杀一名美军士兵。截至目前，奥马尔·卡赫尔是唯一一个仍关押在关塔那摩湾的西方国家公民，但应美国的要求，加拿大已表示可能在 2011 年晚些时候将奥马尔·卡赫尔转移回国。[5]

在"9·11"事件之前，加拿大就已经受到了恐怖主义的影响。早在 20 世纪 70 年代，为了应对"魁北克解放阵线"中两个武装组织的绑架活动，加拿大政府曾行使紧急权力宣布该组织为非法，并在普通司法程序框架外对该组织的支持者和组织成员予以羁押。1985 年，来自加拿大温哥华的锡克教徒在两架印度航空公司的飞机上发动爆炸袭击，造成 331 人死亡，这是截止到"9·11"事件之前最严重的航空恐怖袭击。但在本案中，只有 1 个人被以爆炸罪定罪，还有 2 个人在经过了加拿大历史上最长时间的审判后，于 2005 年被判无罪。一份 2010 年的公开调查结论称，爆炸罪的认定牵涉到情报分享、情报的证据转化、证人保护和航空安全等问题，而这些问题在某种程度上一直延续到今天还没有完全解决。[6]

---

〔3〕 Beyond the Border：A Shared Vision for Perimeter Security and Economic Competitiveness：A Declaration by the Prime Minister of Canada and the President of the United States，4 February，2011 available at www. pm. gc. ca/eng/media. asp? id = 3938.

〔4〕 Canada v. Khadr［2008］2 SCR 125；Khadr v. Canada［2010］I SCR 44.

〔5〕 一个类似的过程被用来让大卫·希克斯（David Hicks）回到澳大利亚，见本书第 21 章乔治·威廉姆斯文。

〔6〕 调查委员会的调查印度航空 182 航班爆炸案（印度航空委员会），*Air India Flight* 182：*A Canadian Tragedy*（2010），5 volumes.

本章的第一部分将阐释加拿大于“9·11”事件之后的几个月里迅速颁布《反恐怖主义法》(ATA),同时还会将此法案与加拿大之前应对恐怖主义的措
516 施进行比较。本章关注的是新法案中恐怖主义的宽泛概念,对恐怖组织的人员行政认定的依赖,以及新的调查权力和作为永久立法的地位。本章也将分析“9·11”事件以来反恐法的适用情况,包括如何导致有罪判决和嫌疑人认罪,以及在加拿大办理恐怖主义犯罪案件时面临的持续挑战。

加拿大2001年《反恐怖主义法》通过之后,直到2008年才出现了第一起有罪判决,原因之一就是加拿大当局利用移民法作为拘留国际恐怖主义犯罪嫌疑人的手段。虽然《反恐怖主义法》违背了一些传统的刑法基本原则,但在定罪问题上依然要采用排除合理怀疑的标准,并禁止秘密证据的使用。相比之下,《移民和难民保护法》(IRPA)[7]则允许在基于秘密证据的基础上,可以在没有披露给相对人的情况下对其实施驱逐。本章的第二部分将分析加拿大移民法是如何被作为反恐法使用的,通过对一个成功的修法运动进行分析,来具体阐释该运动如何从法律角度对秘密证据规则进行批判。本章也会分析加拿大法院是如何应对酷刑的风险,以及加拿大与国外一些国家的信息分享行动又是如何导致了嫌疑人面临遭受酷刑的风险。

本章的最后部分将考察加拿大反恐立法和政策的有效性。2004年,加拿大制定了《公共安全法》,[8]通过行政法对易遭恐怖袭击的设施和场所加以保护。该法还创建了一个新的公共安全部,并设计了一项新的国家安全政策,这种“一切险”反恐方法有可能允许针对多个安全风险实施更合理、有效的措施,这些风险不仅包括恐怖主义,也包括灾难和疾病。相对于移民法甚至刑法而言,它对正当程序和平等原则的威胁要更少一些。

二、刑法反应:加拿大的反恐法

为了回应“9·11”事件的影响和联合国安理会第1373号决议的精神,加拿大通过立法的方式首次在刑法中创建恐怖主义犯罪,并对恐怖主义概念进行界定。恐怖主义概念灵感来源于英国《2000年反恐怖主义法》,该法中

---

[7] SC 2011 c. 27.

[8] SC 2004 c. 15.

的概念要求只要证明有宗教、意识形态或政治动机，并且实施了范围广泛的危害行为，危害程度要远远超出针对平民的暴力，该行为就属于恐怖主义。许多民间社会团体对此表示担忧，该法可能将许多非法抗议和罢工也定性为 517
恐怖主义。〔9〕这种担心导致了立法机关在法律生效之前就对该法案进行了修正，将抗议和罢工的情况从恐怖主义概念中删除。同时也有意见指出，人们表达宗教、政治或意识形态上的想法或意见通常不应当被视为恐怖主义。〔10〕在根据加拿大反恐法起诉的第一起案件中，审判法官驳回了认为需要政治或宗教动机的意见，在其看来，这样的做法造成了对言论自由和宗教自由的不成比例和不必要的负担。〔11〕在其他许多英联邦国家中，这个决定是独一无二的，因为这些国家都采用英国《2000年反恐怖主义法》的要求，规定恐怖主义需要具有政治和宗教动机的主观要件。当然，这起案件现在已经进入上诉阶段。

加拿大当前采用的恐怖主义概念比1970年10月危机期间使用的功能性概念更加广泛。根据1970年确定的概念，凡是倡导“在加拿大境内使用武力或采用犯罪作为一种方法，或者帮助实施上述行为，以颠覆政府管理的”组织都会依据紧急法的规定被定性为非法组织。〔12〕加拿大反恐法的颁布是为了作为一项永久的立法措施以应对1970年的危机。然而，反恐法草案关于预防性羁押和调查性监听的争议性规定，在经过5年后被重新提交议会废止。这些条款于2007年到期废止，但其废止与党派政治而非法律原则有关，加拿大政府中的少数保守党多次试图重新引入这些权力，但一直未能实现。〔13〕

---

〔9〕关于反恐法和相关方面尤其是恐怖主义概念，见 Ronald J. Daniels, Patrick Macklem and Kent Roach (eds.), *The Security of Freedom: Essays on Canada's Anti - Terrorism Bill* (University of Toronto Press, 2001)。同时见“Special Issue”（2003）14 *National Journal of Constitutional Law*, 1*et seq.* 一个账户的各种团体，包括工会、教堂、慈善机构和土著居民，批评该法案和这些立法过程的批评的影响见于 Roach, *September 11: Consequences for Canada*, chapter 3.

〔10〕Criminal Code, s. 83.01 (1.1).

〔11〕R v. Khawaja（2006）214 CCC（3d）399（ONSC）rev'd 2010 ONCA 862 [64ff.]，该案被允许上诉到加拿大最高法院，时间是2011年6月30日。

〔12〕Public Order Regulations 1970 SOR/70 - 444, s. 3. 关于“十月危机”的检验，见 Dominique Clement “The October Crisis: Human rights abuses under the War Measures Act”（2008）42 *Journal of Canadian Studies* 160.

译者注：“十月危机”是指加拿大激进组织魁北克解放阵线在1970年10月于加拿大魁北克省制造的一系列事件。

〔13〕Kent Roach, “The role and capacities of courts and legislatures in reviewing Canada's antiterrorism law”（2008）24 *Windsor Review of Legal and Social Issues* 5. 见本书第7章安德鲁·林奇文。

反恐法被称为阻止恐怖主义的必要手段，它将许多行为犯罪化，甚至不
518 要求行为人实际实施了恐怖主义活动。因此，可能被认定为犯罪的行为就包括以下情况：提供财产、物品和以其他形式对恐怖组织进行帮助，参与恐怖组织活动和为恐怖组织活动的开展提供指导，而不需要实际实施恐怖主义活动或实施特定恐怖主义活动。加拿大反恐法中的一些打击融资犯罪的规定是为了履行其加入的1999年《制止资助恐怖主义国际公约》之义务，但实施相关犯罪者并不一定会被逮捕和惩罚，比如在印度民航爆炸案或“9·11”事件中在逃的恐怖分子，这两起案件的教训更多的在于情报收集和刑事司法协助条款的不足。〔14〕

反恐法的空间效力包括了许多发生于加拿大境内外的危险行为，这样做是为了明确表示加拿大履行各种国际公约的义务，规定了特定形式的恐怖主义，唯一的例外是习惯法或传统国际法所谓的武装冲突，以及一个国家军事力量的官方活动，“这些活动一定程度上都是由国际法的其他规则进行管辖”。〔15〕可以看出，这将导致反恐法不一定适用于所有致力于反抗专制政权的活动，当某人在加拿大被控向位于国外的反抗专制政权的势力提供资助或提供其他形式的支持时，就会出现疑难问题。2010年，一个加拿大籍的泰米尔人承认其向位于斯里兰卡的“泰米尔猛虎组织”提供了3000美元资助，但该人在法院却声称：在他看来，斯里兰卡政府才是真正的恐怖分子，最终他被判处了仅6个月的监禁刑。这一判决就表明，在针对向“泰米尔猛虎组织”提供资助的定罪问题上，还存在一些模棱两可之处。〔16〕

在加拿大根据反恐法起诉的一起案件中，武装冲突的例外条款曾被作为抗辩理由提出，但最终被拒绝了。理由是根据战争法的相关规定，对位于阿

---

〔14〕 Kent Roach. “Trading rights for security” (2006) 27 *Cardozo Law Review* 2151, 2203ff. 关于新罪行是否能够应对各种形态的恐怖主义的争议，见 Richard Mosley, “Preventing terrorism: Bill C – 36, the Anti – terrorism Act” in D. Daubney and Canadian Institute for the Administration of Justice (eds.), *Terrorism, Law and Democracy: How is Canada Changing After September* 11 (Montreal: Les Editions Themis, 2002).

〔15〕 Anti – Terrorism Act 2001, s. 83. 01 (1) (b).

〔16〕 检方对这一判决提出上诉，并在上诉中被支持。见 R v. Thambaithurai 2011 BCCA 137. 在澳大利亚，那些向“泰米尔猛虎组织”提供资金支持的组织也受到了较轻的惩罚。见 Kent Roach, *The 9/11 Effect: Comparative Counter – Terrorism* (Cambridge University Press, 2011), pp. 320 – 2.

富汗的“基地”组织进行支持的行为并不符合武装冲突的例外条款。[17]最初 519
的指控发生于2004 年，对象是穆罕默德·莫敏·赫瓦贾（Mohammad Momin Khawaja)。2008 年，他最终被认定参加了一个恐怖组织的活动，并向在加拿大、英国和巴基斯坦的恐怖主义活动提供帮助。[18]赫瓦贾的审判之所以被推迟，很大程度上源于并不那么成功的辩护，其称根据《加拿大权利自由宪章》，反恐法确定的新罪行存在合宪性的问题。该案经历了独立的行政法院和联邦法院两次审判，但法院认为在审判中对于没有用到的秘密情报控方没有义务透露给赫瓦贾。在加拿大，这种基于公共利益豁免的申请程序是独立于审判法庭的，但这种做法却削弱了加拿大政府对恐怖主义活动提起诉讼的能力。在随后的多伦多恐怖袭击案中，法官认为，阻止被告人看到应该披露的机密信息以判断是否侵犯了其诉讼权利，违背了法律关于被告人诉讼权利的相关规定，同时也对高等法院的裁判权造成了损害。然而，这一决定最终被最高法院推翻。根据最高法院的意见，即使法官认为不公开的程序可能会导致审判瑕疵，依然可以继续诉讼进程，即便是审判法官，也不必然去获取那些没有公开给嫌疑人的秘密资料。最高法院显然意识到没有什么国家在恐怖主义面前会恪守传统程序，相反，其认为这是一个政策性的立法问题。[19]

2006 年多伦多阴谋爆炸案中有 18 人被捕，其中包括 4 个年轻人。理由是他们参与密谋袭击议会和刺杀政治人物的活动，并密谋在多伦多使用 3 颗卡车炸弹，以迫使加拿大从阿富汗撤军。该案的大部分嫌疑人都是在国外出生，但在加拿大长大。本案在侦查过程中利用了大规模的窃听手段，在穆斯林社区内也安插了 2 个线人，同时卧底特工对 25 包硝酸铵物质实施了控制下交付。最后，18 个人中的 7 名嫌疑人认罪，7 名被撤回起诉，其中 2 人被独任 520
法官认定构成不同的恐怖主义犯罪，2 人被陪审团认定参加恐怖组织。该案件代表着对加拿大反恐法的一个很大的挑战，也意味着加拿大皇家骑警（RC-

〔17〕 R v. Khawaja (2008) 238 CCC (3d) 114, [132] (ONSC) aff'd 2010 ONCA 862 [152 – 69].

〔18〕 除了5 年的审前羁押之外，赫瓦贾（Khawaja）被判处有期徒刑10 年又6 个月的监禁，但是该判决被上诉至终身监禁刑。英国的类似案例是 Khyam v. The Queen [2008] EWCA 1612，罪犯也被判处终身监禁刑。

〔19〕 R v. Ahmad 2011 SCC6. 印度航空委员会还建议，允许审判法官作出公众利益豁免披露的决定；Air India Commission, *Air India Flight* 182, vol. 3, recommendation 19. 它还强调了恐怖主义的挑战与多个指控起诉、长篇大论的披露和更多专业化的推荐，提高法官审判管理权力和使用陪审员更多的选择。

MP）和安全情报机构（CSIS）之间相互合作的开展。在印度航空公司案中，加拿大皇家骑警和安全情报机构在获取信息和其他情报时往往产生冲突，但在本案中，2 名证人被加拿大安全情报机构成功转移到皇家骑警，并且为其中 1 人花费了 400 万美元以实施证人保护计划。[20]考虑到英国和澳大利亚在相似情况下的刑期，以及打击恐怖主义犯罪的需要，安大略上诉法院在本案中加重了对几个已经认罪的被告人的刑期。同时法院强调，在恐怖主义犯罪案件中，哪怕被告是年轻人并且表示懊悔，恢复性司法的适用也是有边界的。[21]

加拿大在采用所谓的“艾尔·卡彭”策略（艾尔·卡彭是美国芝加哥一个臭名昭著的黑帮老大，1931 年，他被检方以较轻但更易被定罪的逃税罪名起诉）上没有太多经验，因此新的情况下在如何对犯罪嫌疑人提起诉讼上表现得相对不成熟。曾经有一起典型的例子，在该案中，加拿大对被告人提起儿童色情犯罪的指控失败了。原因是法官认为，加拿大安全情报机构确实侵犯了恐怖主义犯罪嫌疑人的权利——在没有搜查证的情况下要求嫌疑人交出他的电脑，以证明他不是一个恐怖分子。尽管没有执法权力，但加拿大安全情报机构随后在电脑上搜索时发现了电脑中带有儿童色情内容的文件。[22]而最近的一份报告也引发了人们对加拿大安全情报机构在阻止恐怖主义活动中缺乏指导和执行标准的担忧。[23]

正如在 1970 年“十月危机”中通过的紧急法案，反恐法的核心功能是如何分辨恐怖组织的组织者、领导者，甚至是暴力恐怖分子。[24]到目前为止，已经有 42 个组织被列入恐怖组织名单。如果一个组织执行了被认为是恐怖组
521 织的指令，也将在刑事诉讼程序中被认为有充分证据证明其事实上是恐怖组织。[25]然而，在最近的诉讼中，针对本土成长起来且缺乏与“基地”组织有

〔20〕 See generally, “The Toronto 18”, available at www3. thestar. com/sUtic/toroiitol8/indcx. html.

〔21〕 R v. Amara 2010 ONCA 858（对一名 20 岁的卡车炸弹阴谋策划者判处终身监禁刑，其认罪并表示忏悔）；R v. Khalid 2010 ONCA 861（对一名 19 岁的初犯判处 20 年监禁刑，其对没有完全意识到的卡车炸弹阴谋的细节视而不见，曾宣布放弃暴力）；R v. Gaya 2010 ONCA 860（对一名 18 岁的初犯判处 18 年监禁刑，其对没有完全意识到的卡车炸弹阴谋的细节视而不见，真心悔悟）. 关于恐怖主义案件的刑罚裁量，见本书第 5 章肯特·罗奇文。

〔22〕 R v. Mejid 2010 ONSC 5532.

〔23〕 Security Intelligence Review Committee, *Annual Report 2009 –2010* (2010).

〔24〕 Criminal Code, s. 83. 05.

〔25〕 但对于此论点，这将违反无罪推定原则。See David Paciocco, “Constitutional casualties of September 11” (2002) 16 *Supreme Court Law Review* (2d) 199.

正式联系的组织，有关部门可以不依赖上述名单提起诉讼。

由于安理会第 1267 号决议（用于实施资产冻结和旅行禁令）的规定，除了上面的名单外，还有超过 450 个团体和个人被列入名单。〔26〕这些名单被分发给金融机构和政府内部执行机构。以实施恐怖主义活动为目的的组织和个人也被纳入第 1267 号决议的管辖范围，却被批评为在恐怖分子身份的认定问题上挑战了司法权力。“9·11” 事件后不久，利班·胡赛因（Liban Hussein）被美国错误地列为恐怖分子，但他的名字最终被排除在美国、加拿大和联合国第 1267 号决议的名单之外。同时，最终放弃了试图从加拿大引渡他到美国。〔27〕在另一起案件中，加拿大某法院发现一个加拿大公民的名字被置于联合国第 1267 号决议的名单中，加拿大由此拒绝他提出的从苏丹返回加拿大的申请。但法院认为，即便是这一情况，也不足以论证加拿大拒绝申请行为的正当性。法官在解释为何作出这个决定时，表示第 1267 号决议 “对于一个列入名单的人来说，其身处的情况与卡夫卡的小说《审判》没有什么不同。某天早晨他一早醒来，在没有告知他或读者任何原因的情况下，就因为涉嫌一个尚未明确的犯罪而被逮捕和起诉”〔28〕。

反恐法的另一个重要功能是警察权力的扩张，其中一个条款就规定了预防性羁押的内容。根据该条款的规定，当警察有合理理由相信会发生恐怖主义活动或认为羁押对于防止恐怖主义活动是有必要的，就可以进行预防性羁押。预防性羁押的期限仅限于 72 小时，但是被羁押者可以被法院要求在长达 1 年的时间里提交保释书或保释金。如果违反保释要求，可以被处以 2 年监禁；而拒绝和平保释的，可以被处以 1 年的监禁。〔29〕上述条款规定的措施与英国相比较轻，英国在一段时间内规定了长达 7 天的预防性羁押期限，随后 522
提高到 28 天。从实践来看，还没有发生过预防性羁押的情况，而 2007 年反恐法也废除了这一授权。但是，即便现实中还没有发生，根据反恐法的相关

---

〔26〕 United Nations Suppression of Terrorism Regulations, SOR 2001 – 360, 2 October 2001. On the Resolution 1267 process，见 本书第 2 章 C. H. 鲍威尔文。

〔27〕 E. Alexandra Dosman, “For the record: designating ‘listed entities’ for the purposes of terrorist financing offences at Canadian law” (2004) 62 *University of Toronto Faculty Law Review* 1, 15 – 19.

〔28〕 Abdelrazik v. Canada 2009 FC 580, [53]. 类似的联合国列表过程，见 Kadi v. Council of Europe [2009] AC 1225; Treasury v. Ahmed 2010 UKSC 2.

〔29〕 Anti – Terrorism Act 2001, s. 83. 3.

规定，在某些恐怖主义犯罪案件中，依然有适用保释条款的空间。〔30〕

另一项新的调查权力是强迫他人回答有关过去发生或者将来可能发生的恐怖主义活动，调查对象不能援引“不得强迫自证其罪”原则来进行抗辩。但通过强迫陈述得到的言词证据和其他证据不能用于针对调查对象的后续诉讼。2004 年，最高法院支持了这种调查听证的合法性，但明确强调通过强迫得到的证据不应当被应用于针对调查对象的诉讼活动，包括移民和引渡程序。〔31〕然而，3 名法官提出了反对意见，理由是这种调查听证方式侵犯了司法独立制度，因为其甚至要求法官主持警方调查。〔32〕法院还认为，推定条款有利于法庭的开放，并有利于针对行为的调查听证。但也有 2 位法官表示反对，理由是这样的推定“将其作为调查工具，故而不符合刑事诉讼的目的”〔33〕。

支持调查听证手段的意见认为，这种调查方式是合宪的，并且相关的约束手段也比美国大陪审团的规定和澳大利亚安全情报机构的调查方式更为严格。〔34〕但在传统刑事司法模式看来，调查听证会仍然代表着对传统原则的一种侵蚀，这种侵蚀显然是不受欢迎的。传统法律认为，一个拒绝合作的人如果突然说出真相，无非就是因为他们受到蔑视法庭罪的威胁或因为拒绝在调查中进行合作而被起诉的威胁，唯一试图使用调查听证的案件是发生在 2005
523 年的印度航空公司案中，被告人却最终被宣布无罪。〔35〕在印度航空公司案的调查中，调查听证采用了简单强制的快捷方式，在冗长的调查阶段，调查听证主要围绕证人证言的搜集和证人保护来进行。相关部门并没有建议恢复于 2007 年已被废止的调查听证手段，而是专注于改进证人保护计划，并且建议

〔30〕 Criminal Code, s. 810. 01. 这种和平约定的根据将有合理理由担心一个人犯下恐怖主义罪行。类似和平约定条款中有关性冒犯内容一直在宪章中被支持。R v. Budreo (2000) 142 CCC (3d) 225 (ONCA).

〔31〕 *Re Application under Section* 83. 28 *of the Criminal Code* 2004 2 *SCR* 248.

〔32〕 Ibid., [180].

〔33〕 *Re Vancouver Sun* [2004] 2 SCR 332, [60].

〔34〕 Kent Roach, “The consequences of compelled self - incrimination” (2008) 30 *Cardozo Law Review* 1089; George Williams, Chapter 21, this volume.

〔35〕 R v. Malik and Bagri 2005 BCSC 350. 雷亚特（Reyat）被判犯有为成田（Narita）机场的爆炸制造炸弹，随后被认定为与印度航空爆炸案相关的蓄意谋杀罪。他也因在 2005 年的审判中做虚假陈述构成伪证罪而判处 9 年监禁刑。雷亚特被认定为伪证罪也体现出一种风险，即在调查听证中采取强迫手段未必能获得真相。

国家安全顾问能够解决皇家骑警和加拿大安全情报机构之间的不协调，包括在证人的配套措施方面。[36]然而，政府中的少数保守派依然试图重新引入调查听证和预防性羁押制度，皇家骑警也表示希望在印度航空公司案件的调查过程中使用调查听证。

加拿大反恐法中还包括一些规定，使得在恐怖主义犯罪调查中能够更加容易地使用窃听手段，这种发展势头不仅没有受到遏制，还在多伦多案件中得到认可。在多伦多案件中，一共有超过 80 000 起通话遭到窃听。[37]警方基于存在犯罪相关性的理由就展开窃听，同时，加拿大安全情报机构所截获的信息也可能被作为证据使用。[38]

就如同刑法一样，反恐法在加拿大也是由警察执行的。麦克唐纳委员会在 1981 年通过对 1970 年 10 月危机的情况进行总结后得出结论，认为皇家骑警可能已经从事了违法活动，并且很难有效区分以激进的方式表达异议和恐怖主义之间的差异。[39] 2006 年，阿拉尔委员会发现，皇家骑警没有接受足够的国家安全培训，把关于阿拉尔的不准确信息与美国进行交换，这样的一种做法可能导致了阿拉尔于 2002 年在叙利亚被美国逮捕，并在第三国遭受酷
刑。[40]阿拉尔委员会在 2006 年建议应当关注对皇家骑警的批评意见，尤其是 524
关注在国家安全调查和秘密信息搜集方面被赋予的过大权力。[41]加拿大政府在 2010 年提出了一项议案，试图加强对皇家骑警的监管，但与阿拉尔委员会的建议相反，该法仍然允许皇家骑警拒绝监督者接触所谓的秘密资料。[42]阿

---

[36] Air India Commission, *Air India Flight* 182, vol. 3, Chapter 8.

[37] R v. NY, 2008 CanLII 15908 (ONSC).

[38] R v. Atwal (1986) 36 CCC (3d) 161 (FCA). 讨论使用情报作为证据见 Kent Roach, *The Unique Challenges of Terrorism Prosecutions* (Ottawa: Public Works, 2010).

[39] Commission of Inquiry Concerning Certain Activities of the Royal Canadian Mounted Police, *Second and Third Reports* (Ottawa: Queen's Printer, 1981).

[40] Commission of Inquiry into the Activities of Canadian Officials in Relation to Maher Arar, *Analysis and Recommendations* (Ottawa: Public Works, 2006). See also *Internal Inquiry into the Actions of Canadian Officials in Relation to Abdullah Almalki, Ahmad About - Elmaati and Muyayyed Nureddin* (Ottawa: Public Works, 2008)，由于埃及、叙利亚羁押了涉嫌从事恐怖主义活动的加拿大公民，皇家骑警在信息共享和进行查询的过程中均被发现存在错误。加拿大安全情报机构和外交官员同样可能出现类似错误。

[41] 涉及马希尔·阿拉尔（Maher Arar）的加拿大方调查委员会，一个有关皇家骑警的国家安全活动新的审查机制。(Ottawa: Public Works, 2006).

[42] Bill C - 38,《皇家骑警法》（RCMO Act）的修正案（2010 年 6 月 14 日一读）。

拉尔委员会和印度航空案件调查委员会都曾批评皇家骑警的保密声明内容过于宽泛，并认为这样是为了避免审查和尴尬。自“9·11”事件以来，对国家安全活动的规范和有效性的审查手段远远跟不上强化国家安全措施的速度。[43]

三、将移民法作为反恐措施使用和加拿大的境外反恐行动

与美国最初依赖移民法和军事羁押措施，[44]以及英国使用的未经审判的无限期移民羁押措施相似，[45]“9·11”事件对加拿大的直接影响就是其将移民法作为反恐措施来使用。

目前，反恐法规定只能有72小时的预防性羁押期限，但《移民和难民保护法》却授权，只要当局基于合理的怀疑，就可以进行无限期的调查羁押，并采取必要的措施对那些以安全为由而禁止入境的人进行调查。[46]2003年8月，加拿大当局利用这一广泛授权拘留了22个来自巴基斯坦的移民，并在一个媒体发布会上声称这些人与“基地”组织存在间接关联，其中1人还参加过飞行课程，以帮助他去往位于多伦多外的核电站。[47]这样的新闻不出意料
525 地登上了头条，但针对这一行为的恐怖主义犯罪指控没有被支持，最终这些人也因为不具有安全威胁被释放，但其中很多人却基于其他理由被驱逐出境。在被驱逐的过程中，其中很多人都向加拿大申请难民保护，理由是加拿大当局针对他们作出的这样高调而错误的指控将很有可能使他们在被驱逐回巴基斯坦后遭到酷刑。

（一）安全证书：广泛的义务条款、秘密证据规则和因驱逐造成的酷刑

根据《移民和难民保护法》中安全证书的规定，加拿大执法当局可以适用比反恐法更低的证明标准，也可以适用更加广泛的义务条款。根据移民法，

---

[43] Kent Roach, “Review and oversight of national security activities” (2007) 29 *Cardozo Law Review* 53; Reg Whitaker and Stuart Parson “Accountability in and for national security” (2009) 15 (9) *Institute for Research on Public Policy Choices* 1.

[44] David Cole, *Enemy Aliens* (New York: New Press, 2003).

[45] 英国《2001年反恐怖主义、犯罪和安全法》（Anti - Terrorism Crime and Security Act 2001）第4部分，后在它被认为不符合《欧洲人权公约》后被废除，A v. Secretary of State [2004] UKHL56.

[46] Immigration and Refugee Protection Act, s. 55 (3) (b).

[47] Project Thread Backgrounder: Reasons for Detention Pursuant to 58 (1) (c) (undated).

当局的举证责任远远低于刑法规定的证明标准，即排除合理怀疑。〔48〕此外，不向非本国公民公开的秘密证据即便不能应用于刑事诉讼，也可以在移民法中适用。正因为这样，加拿大这种随意地将移民法作为反恐法使用的做法一直在法律上和政治上备受争议。

安全证书允许移民和公共安全部长基于安全的理由对永久居民或外国公民实施禁止入境。这些理由包括从事恐怖主义活动〔49〕或为某组织的成员（如果有充分的理由相信这个组织正在或将要实施恐怖主义活动，〔50〕即使加入该组织在加拿大不是犯罪）。安全证书被提交给联邦法院进行司法审查，以确定其是否合理，但这种审查又关系到其他程序，包括申请难民身份程序。

因为涉及秘密证据的使用，所以对安全证书进行审查的程序是特别的。2002 年，联邦法院的休格森（Hugessen）法官认为在他所在法院的法官：

> 不喜欢这样的一个程序：法官不得不独自坐着听一个只有单方当事人参与和只有单方提交的材料的庭审，必须通过自己的努力尝试找到存
> 有什么瑕疵，同时也必须通过自己的努力尝试着判断证人是否应当出庭 526
> 接受询问。〔51〕

他以这样的一句特别的自白来总结这种特殊的审查程序：“我有时感觉有点像一块遮羞布。”〔52〕

休格森法官呼吁完善秘密证据规则的意见在最高法院 2007 年的裁决中得到体现。最高法院在这份裁决中指出，没有经过质证就直接提交给法官的秘密证据规则确实违反了宪法。法院强调法官按照上述规则是不能依照案件事实和法案进行裁决的，这样的一种做法让法官承担了“不能承受之重”。此外，法院强调，有更多并不违反比例原则的方式能够协调公平与保密之间的

---

〔48〕 Chiau v. Canada [2001] 2 FC 207 (CA); Almeri v. Canada [2009] FC 1263.

〔49〕 法院根据国际辐射防护协会（IRPA）界定恐怖主义比在国际翻译协会（ATA）下更严格，还发现，一个人可能成为国家安全威胁，因为他或她间接威胁到加拿大的安全。此外，法院在决定部长们宣布非公民的安全威胁是否错误时，通常采用妥协的态度：Suresh v. Canada [2002] 1 SCR 3.

〔50〕 Immigration and Refugee Protection Act, s. 34.

〔51〕 James Hugessen, “Watching the watchers: democratic oversight” in Daubney et al., *Terrorism, Law and Democracy*, p. 384.

〔52〕 Ibid., 386.

关系。〔53〕法院决定推迟1年时间宣告条款无效，以给当局留下时间去制定一个新的计划。

加拿大当局修改了《移民和难民保护法》，允许某些特殊且没有安全威胁的人或者组织（本章称之为“特别支持者”）可以接触秘密证据，这些人或者组织可以代表被羁押者的利益，但他们一旦接触到秘密证据，只有在获得司法许可的情况下才可以告知被羁押者。〔54〕不过，人们对此已经比较满意了，因为他们推动了法律修改，挑战了政府所宣称的保密条款的意义，也质疑了政府当下秘密证据标准的精确程度和意义。例如，他们已成功地将某些情报以不可靠的原因排除在外，因为它是来自使用酷刑的国家——这就意味着口供和证人证言的来源是不可靠的。2008年，最高法院还裁定加拿大安全情报机构应该保留有关原始情报，以作出更精确的决策来应对敌对势力的挑战。这一裁决可能会增加程序的公正，但由于需要增加保留下来的情报，而
527 造成了成本的提高。〔55〕截至目前，加拿大法院还没有遭受到与英国法院同样的问题，即关于披露情报要点的批评意见。〔56〕因为在加拿大的司法系统下，有更加健全的信息披露体系。

虽然针对秘密证据的缺陷作出的修正越来越多，但加拿大将移民法当作反恐法来使用仍然还存在很多问题。因为在这种情况下，被羁押者在被驱逐回本国之后，将会面临很大的遭受酷刑的风险。在苏雷什（Suresh）诉加拿大案〔57〕中，最高法院认为，根据宪法的规定，通常会禁止由于驱逐导致的

---

〔53〕 Charkaoui v. Canada [2007] 1 SCR 350. See generally the collection of essays in (2008) 42 *Supreme Court Law Review* (2d) 251 – 440.

〔54〕 Immigration and Refugee Protection Act, s. 85.4 (2). 在先前的法案中，情报审查委员会的安全顾问通过安全证书向秘密证据提出挑战，并且建议即便他人看到了秘密证据，也应当在安全程序下进行。见 Murray Rankin, “The Security Intelligence Review Committee: reconciling national security with procedural fairness” (1990) 3 *Canadian Journal of Administrative Law and Practice* 173. 欧洲人权法院在查哈尔（Chahal）案中，错误地认为加拿大联邦法院使用了特别支持系统，目前该系统存在于在任何情况下。Chahal v. United Kingdom (1996) 23 EHHR 413

〔55〕 Charkaoui v. Canada [2008] 2 SCR 326: CSIS 的主管已经预言“在几年后，有人会指责我们像斯塔西（Stasi）（译者注：前东德情报机构），因为我们现在必须保持的信息” Richard Fadden “Remarks”, 29 October 2009, available at www. ciii – icrc. gc. ca/nwtrm/ipcht/spch29102009 – eng. atp. 这一裁决的影响见 Kent Roach, “When secret intelligence becomes evidence” (2009) 47 *Supreme Court Law Review* (2d) 147.

〔56〕 本书第19章海伦·芬威克、凯文·菲利普森文。

〔57〕 [2002] 1 SCR 3.

酷刑，但遗憾的是，法院也认为，在根据宪法中所规定的未定义的“特殊例外情形”〔58〕下，尽管会违反加拿大的国际义务，但因驱逐而导致的酷刑也可能是合理的。〔59〕当局在这种情况下，经常依靠这种“例外情形”为借口继续拘留，并试图将恐怖主义犯罪嫌疑人驱逐至埃及和叙利亚等国。

针对恐怖主义犯罪嫌疑人的安全证书一共发出了 6 次：①在苏雷什案中的决定并没有导致将苏雷什驱逐至斯里兰卡。②埃及人穆罕默德·马哈约布（Mohamad Mahjoub）于 2000 年 6 月 26 日被羁押，他被控为本·拉登工作。但在 2007 年，法官发现他在合理时间内都不会回到埃及，并且附条件释放也不会威胁到加拿大的安全之后，法官对其判处了附严格条件的释放。他的释放条件包括接受电子监控、软禁、不能随意使用电话或互联网（只有在批准条件下访问）。〔60〕一些抗议者主张在马哈约布案中不能采信埃及诉讼程序中 528
的证据，因为其可能是通过酷刑手段得来的，所以并不可靠。〔61〕相对上议院要求的一个人主张其证据是通过刑讯逼供手段得来的证明标准而言，政府对秘密证据可靠性的证明标准要更高。〔62〕③穆罕默德·贾巴拉（Mohamad Jaballah）由于被认为涉嫌埃及“圣战”组织的恐怖主义犯罪，于 2001 年 8 月被羁押。政府认为即便将其驱逐回埃及或其他地区，他也不会受到酷刑，这就可能符合上文提到的由于驱逐而导致酷刑中的“特殊例外情况”。幸运的是，法院并未支持所有的起诉。〔63〕2007 年，他在附加条件的情况下被释放。〔64〕④穆罕默德·哈卡特（Mohamad Harkat）于 2002 年 12 月 10 日被羁押，理由是他与“基地”组织有联系。在附加了严格的条件、并考虑到其 2010 年年底

---

〔58〕 加拿大法院也拒绝保持驱逐出境，否则将会听到联合国委员会如人权委员会和禁止酷刑委员会抱怨：非公民如果被加拿大驱逐将会受到折磨。Ahani v. Canada（2002）58 OR（3d）107. 联合国人权委员会随后表示，依据《公民权利和政治权利国际公约》的规定，在决定投诉违反了加拿大的义务之前，Ahani 就已经被决定驱逐出境，并重申依据国际法绝对禁止酷刑。Ahani v. Canada, Communication No. 1051/2002, UN Doc. CCPR/C/80/D/1051/2002（15 June 2004）.

〔59〕 尽管一个难民资格申请人因部长的驱逐决定将面临酷刑的风险，但部长关于申请人是否会受到酷刑的实质危险或构成对加拿大安全的威胁，只有在明显不合理的情况下才会被法院推翻。

〔60〕 Mahjoub v. Canada［2007］FC 171.

〔61〕 Re Mahjoub［2010］FC 787［48］; Re Mahjoub［2010］FC 937.

〔62〕 A v. Secretary of State［2005］UKHL 71.

〔63〕 Jaballali v. Canada［2006］FC 1230,［83］.

〔64〕 Jaballali v. Canada［2006］FC 379.

之前的安全保释是可靠的之后，哈卡特于2006年被释放。[65]但在是否将其驱逐到阿尔及利亚的问题上，还有待观察政府的态度。[66]

截止到现在，已经有两个基于安全证书的案件被推翻：⑤来自摩洛哥的查考伊斯（Charkaouis）于2003年5月被羁押，理由是怀疑他与“基地”组织有联系，在经过了4次羁押必要性审查后，其于2005年被附加了严格条件后释放。2008年，政府发现安全情报部门错误地理解了法律的适用，并且破坏了原始证据（这些证据能够证明查考伊斯存在安全威胁），因此侵犯了查考伊斯的合法权利。[67]2009年，政府放弃了对查考伊斯提起诉讼，但其并未遵循法官的裁决，向查考伊斯公布本案的情报。[68]⑥来自叙利亚的哈桑·阿姆雷（Hassan Almrei）于2001年10月19日被羁押。2005年，他进行了超过60天的绝食活动来抗议他在羁押待审期间的监禁遭遇。2009年年底，一名法官认为该安全证书是不合理的，因此予以撤销。其认为没有证据表明哈桑·阿姆雷从事恐怖主义活动或是某个恐怖组织的成员或威胁加拿大的安全。[69]在
529 哈桑·阿姆雷案中，法官允许那些“特别支持者”可以与被羁押者进行交流，指出政府并不依赖在关塔那摩监狱或中央情报局“黑屋”中取得的情报，并且也允许这些“特别支持者”可以在不同案件中就某些普遍问题相互之间进行交流。[70]

这些针对安全证书案件[71]的旷日持久的诉讼程序，揭示了因适用不定期羁押、秘密情报证据和试图驱逐恐怖主义犯罪嫌疑人到可能遭到酷刑的国

---

〔65〕 Harkat v. Canada [2010] FC 1241.

〔66〕 见 RB (Algeria) v. Secretary of State [2009] UKHL 10 应用中的一个司法审查标准认为恐怖主义犯罪嫌疑人可能被驱逐出境到阿尔及利亚以保证他们不会受到酷刑。

〔67〕 Charkaoui v. Canada [2008] 2 SCR 326, On the implications of this ruling, see Roach, “When secret intelligence becomes evidence”, 147.

〔68〕 Charkaoui v. Canada [2009] FC 1030.

〔69〕 Almeri v. Canada [2009] FC 1263. 法官认为证书在2001年被签发时是合理的。

〔70〕 Ibid., (41). See also Re Harkat [2010] FC 1242. 该案认为，特别支持系统属于宪法权利，部分是因为特别支持者需要经过法庭许可，才能够联系羁押者以核实证据并提供专业帮助，该决定目前处于上诉中。Re Harkat [2011] FC 75.

〔71〕 查考伊斯（Charkaoui）案在安全证书被废止之前，导致了联邦法院的38个决定和最高法院的2个独立的决定。阿尔梅里（Almeri）案在安全证书撤销之前产生了14个裁决。哈卡特（Harkat）案迄今已导致34个判决，并且对更多的判决提出上诉；贾巴拉（Jaballah）案导致了32个判决；马哈约布（Mahjoub）案导致了24个判决。

家等措施所带来的疑难问题。安全证书在加拿大并没有作为反恐政策，其已经演变成一个事实上的严格控制权，引发了更多的政治争议。自 2003 年之后，加拿大没有在恐怖主义犯罪中使用过新的安全证书，而剩下的安全证书最终也可能会撤销。然而，加拿大政府坚持这样一种官方立场：对于基于安全证书而被羁押的人不能被复权。这与新加坡的措施是不一样的，新加坡针对恐怖主义犯罪嫌疑人也采用了不定期羁押措施，但已经释放了许多人，并且没有附加很严格的条件。[72]通过对恐怖分子的刑罚和安全证书的适用，加拿大和其他西方国家一样，没有表现出任何试图恢复恐怖主义犯罪嫌疑人权利的迹象。

（二）难民政策的变化和多元文化主义

2001 年 12 月，加拿大和美国同意实施“安全第三国协议”作为边界协
议的一部分，以提高边境安全性和减轻货物与人员给边境流动带来的压力。 530
协议回应了加拿大难民政策过于自由和慷慨的问题，由此导致加拿大难民资格申请人数的大幅下滑。最近，虽然难民申请人数有所回升，但依然没有回升到“9·11”事件之前的水平。[73]

难民申请的减少证明将移民法作为反恐措施来使用可以起到直接且超出预期的作用。相反，使用安全证书则突显出将移民法当作反恐措施来使用所暴露出的局限，正如在 1985 年的印度航空公司爆炸案中暴露的问题，即加拿大公民也可以成为恐怖分子。法院并不认为加拿大移民法（包括安全证书和第三国的安全协议条款）侵害了非本国公民的平等权利，因此拒绝修改。他们强调，非本国公民并不享有与本国公民相同的宪法权利，因为他们没有真正参与讨论（正如上议院在贝尔马什案中的意见[74]）在应对恐怖主义威胁

〔72〕 Angel Rabasa, Stacie L. Pettyjohn, Jerejuy J. Ghez and Christopher Baucek *Deradicalizing Islamic Extremists* (Santa Monica: Rand Corporation, 2010), pp. 100 – 2; Zachary Abuza “The rehabilitation of Jemaah lslamiyah Detainees in South East Asia” in Tore Bjorgo and John Horgan (eds.), *Leaving Terrorism Behind* (London: Routledge, 2009). 见本书第 11 章迈克尔·荷尔文。

〔73〕 在 2001 年，超过 44 457 名难民申请进入加拿大，但这一数字在 2005 年下降到 19 691，然后再次在 2008 年上升到 36 851。见 Total Entry of Refugee Claimants 2008, available at www. cic. gcxa/eogl-ish/resources/statistics/facts2008/temporary/21. asp.

〔74〕 A v. Secretary of State ［2004］ UKHL 56，以及本书第 19 章海伦·芬威克、凯文·菲利普森文。

中，将移民法作为反恐措施的使用是否合理和适当。〔75〕

在多元文化主义和国家的安全政策之间，人们发现了一些细微的联系。加拿大《2001 年反恐怖主义法》设置了一个新的罪名，即基于仇恨动机而损坏宗教财产罪。为了方便从互联网上删除带有仇恨性内容的文字，政府的权力有所扩大。基于种族、宗教仇恨与恐怖主义之间的联系，这些规定被认为是合理的。然而，加拿大还没有回应联合国安理会第 1624 号决议关于煽动恐怖主义的条款，因为其认为现行法律对于煽动的规制已经足够了。2004 年，政府组织了一个跨文化的圆桌会议，就国家安全问题交换了看法。圆桌会议虽然没有发挥足够积极的作用，〔76〕但它确实认为国家安全问题与多元文化主义和激进主义之间是存在联系的。

在加拿大，人们越来越担忧关于种族和宗教的问题，但加拿大政府拒绝
531 在反恐法中引入反歧视条款。〔77〕这样的条款也许能够给那些与恐怖分子拥有同样宗教信仰的人提供一些象征性的保障，让他们不用过分担心可能会受到严格审查。同时要注意的是，与多元文化社区保持良好关系的重要性也在于这样一个事实，例如在针对多伦多恐怖袭击阴谋的起诉中，加拿大穆斯林社区中的线人发挥了重要的作用。

（三）加拿大的国际反恐活动

加拿大的反恐行动已经跨越国境，扩展到了境外，其仍然继续参与关于阿富汗的军事行动，但没有参与伊拉克的军事行动。加拿大法院对宪法在领土之外的适用规定了严格的限制，联邦上诉法院也认为，即使加拿大军队将囚犯转移到阿富汗的情报机构，产生了具有实质性遭受酷刑的风险，宪章的相关条款也不适用于阿富汗。〔78〕议会委员会在获取有关加拿大在阿富汗的拘留政策上的详细资料时也遇到困难，因为难以获取机密文件，政府拒绝授权对

---

〔75〕 Charkaoui v. Canada [2007] 1 SCR 350; Canada v. Council for Refugees [2008] FCA 229.

〔76〕 Kent Roach, "Multiculturalism, Muslim minorities and security policy" [2006] *Singapore Journal of Legal Studies* 405.

〔77〕 那些提倡这样的条款的人包括艾文·科特尔（Irwin Cotler）这位著名的人权律师，他随后被任命为加拿大的司法部长。见 Irwin Cotler, "Thinking outside the box: foundational principles for a counter-terrorism law and policy" in Daniels, Macklem and Roach, *The Security of Freedom* (2001).

〔78〕 Amnesty International v. Canada [2008] FC 336 (affd [2008] FCA 401; leave denied SCC). 更深入的讨论见 Kent Roach "'The Supreme Court at the bar of politics': the Afghan Detainee and Omar Khadr cases" (2011) 28 *National Journal of Constitutional Law* 115.

这一问题进行公开调查。

目前，有 2 个公开调查被批准，其背景是加拿大公民因涉嫌恐怖主义活动而在叙利亚遭受到羁押和酷刑，而调查目的是确定加拿大官员与此事之间的联系。阿拉尔调查委员会得出的结论是，加拿大官员在阿拉尔案中传递了不准确的情报，也没有充分意识到阿拉尔在叙利亚遭受的酷刑，并在是否希望阿拉尔回到加拿大的问题上没有给出明确的意见。[79]后续调查发现，加拿大官员间接导致了其他 3 名被羁押在国外的加拿大公民遭受酷刑：加拿大方面提出问题，而由叙利亚和埃及官员进行讯问。[80]这些调查以及随后美国申请引渡的案件（理由是美国参与对巴基斯坦逃亡者的酷刑），[81]都是加拿大 532
参与国际反恐行动过程中的表现。以上行为还揭露了当加拿大与人权状况糟糕的国家合作时，发生的酷刑、虐待和不准确情报的危害。就秘密国家安全活动的合法性来看，调查本身是一个非凡的举动，[82]然而值得注意的是，对于调查的批准与否仍然基于政府的自由裁量权。

另一个被批准的调查是针对奥马尔・卡赫尔案件的调查。奥马尔是一名自 2002 年以来就被关押在关塔那摩湾监狱的加拿大公民，并于 2010 年承认犯有谋杀、谋杀未遂、支持恐怖主义、背叛国家和间谍罪。然而，本案也存在很多政治和法律上的争议。2005 年，一位法官发布临时禁令，阻止加拿大情报官员继续前往关塔那摩湾监狱讯问奥马尔。[83]加拿大最高法院两次都指出，加拿大方面于 2003 年和 2004 年在关塔那摩监狱对奥马尔的讯问违反加拿大宪法和国际法。2008 年，法院要求当局披露加拿大对奥马尔讯问的结果，以作为对政府以国家机密的理由拒绝公开行为的修正。[84]2010 年，法院认为，上述违法活动所产生的影响还在延续，但其修改了下级法院的命令，要

---

〔79〕 Commission of Inquiry into the Actions of Canadian Officials in Relation to Maher Arar, *Report of the Events Relating to Maher Arar* (Ottawa: Public Works, 2006).

〔80〕 International inquiry into the Actions of Canadian Officials in Relation to Abdullah Almalki, *Ahmad About – Elmaati and Muayyed Nureddin* (Ottawa: Public Works, 2008). 同时见 Kerry Pither, *Dark Days* (Toronto: Viking, 2008).

〔81〕 AG of Canada v. Abdullah Khadr [2010] ONSC 4338, aff'd [2011] ONCA 358.

〔82〕 上述调查被一些高级安全官员谴责为“法律圣战”或“司法恐怖主义”。*Pither Dark Days*, p. 400. 高级安全官员对外部独立审查存在一种根深蒂固的厌恶情绪，这种态度可能有助于解释为什么政府一直拒绝对安全活动进行调查。

〔83〕 Khadr v. Canada [2005] FC 1076.

〔84〕 Khadr v. Canada [2008] 2 SCR 125.

求加拿大请求将奥马尔遣返回加拿大，并以此作为对先前行为的修正，理由是先前的行为妨碍了政府外交特权。[85]政府以外交文书的方式回应了法院的决定，在文书中，加拿大要求美国不要使用加拿大官员所获得的证据，但这一请求被美国官员拒绝。在随后的诉讼中，下级法院的结论是，奥马尔案件本身就没有得到有效的救济，同时政府还中止了这个决定。[86]

尽管怀疑他是否受到了公平对待，以及军事委员会对其犯有谋杀、叛国或支持恐怖主义犯罪裁决的合法性，[87]奥马尔·卡赫尔的有罪供述多少能够
533 反映他迫切回到加拿大的愿望。同时，军事委员会也认可了他的有罪供述，虽然这一供述是在被强迫的情况下得到的（奥马尔·卡赫尔被威胁如果不合作就可能在美国监狱遭到强奸），这也暴露了这一案件的瑕疵。[88]奥马尔·卡赫尔在关塔那摩监狱被羁押1年后再转移回到加拿大，度过剩余的8年刑期，这一刑期远远低于最初所谓的40年（由关塔那摩军事人员组成的陪审团作出的最初判决），然而，上述判决所基于的材料是受害人受到影响的证言和有争议的专家证据，并基于此认定奥马尔·卡赫尔是危险的。[89]奥马尔·卡赫尔将获得认罪从宽处罚，但他仍然是唯一还被关押在关塔那摩监狱的西方国家公民。

（四）总结

大多数学者和国内社会都非常关注“9·11”事件对加拿大产生的直接影响，这些关注尤其集中在反恐法领域，甚至是《移民和难民保护法》的相关规定以及加拿大的境外反恐活动。人们普遍关注这些措施是否对正当程序与平等价值产生了更大威胁。正如我的同事麦克林指出的那样：“当移民法的某些条款适用时，就引发了对公民自由权利被侵犯的担忧。”[90]加拿大将移民法作为反恐法律广泛使用，以此方便对涉嫌恐怖主义犯罪的非加拿大公民实行长期、不确定的羁押。虽然部分法律的修正也导致了一定的改革，如对秘

---

〔85〕 Khadr v. Canada [2010] SCC 3.

〔86〕 Khadr v. Canada [2010] FC 715; Canada v. Khadr [2010] FCA 199. 这一上诉现在由于卡赫尔(Khadr)的辩诉交易尚未作出裁决。Canada v. Khadr [2011] FCA 92.

〔87〕 见本书第18章威廉·C. 班克斯文。

〔88〕 United States v. Khadr, Ruling on Suppression Motion, 17 August 2010, available at www. defense. gov/news/D94 - 0111. pdf.

〔89〕 “Plea nets 8 years for Khadr”, *Toronto Star*, 1 November 2010.

〔90〕 Audrey Macklin, “Borderline security” in Daniels, Macklem and Roach, *The Security of Freedom*, p. 393. 见本书第9章科林·哈维文。

密证据的使用和增加保留原始情报的条款，但驱逐出境所导致的酷刑威胁仍然笼罩着其余的案例。安全证书并未成为有效的挫败恐怖分子和反恐的政策，自 2003 年以来，也没有签发针对恐怖主义犯罪嫌疑人的新的安全证书。

令人关注的是，公开的调查活动已经针对加拿大在叙利亚酷刑事件中所起的作用进行了问责。这些调查揭示了这样一个道理：政府需要为其针对国际反恐活动中的政府行为负责，因为其享有不同寻常的权力，政府可以看到所有的机密信息，也能审查所有官员的行为。同时，人们还关注政府对大量被关押在阿富汗的人员做了什么，以及奥马尔·卡赫尔本人的情况——他从 534
15 岁以来就一直被关押在关塔那摩监狱。

四、加拿大的反恐政策：聚焦公共安全和社会保护

有许多理由怀疑反恐法是否真的是一个遏制恐怖主义的有效工具，即便是在其颁布之前，大多数的恐怖主义活动已经是严重的罪行。反恐法可能会稍微增加惩罚的严厉程度和惩罚的确定性，但坚定的恐怖分子并非是理性行为者，他们不易为惩罚所威慑。反恐法在针对第三方适用时可能会是最有效的，如为恐怖分子提供服务的金融机构，这些规定可能会促使其拒绝为恐怖主义犯罪嫌疑人提供服务。同时，过分强调威慑可能会造成一定的危害，甚至会伤害到无辜公民。例如，为恐怖主义活动融资的名单上可能包含那些无辜的人，因为他们的名字与恐怖分子相似。同时，也可能阻止合法的慈善机构向穆斯林慈善机构和那些工作地点位于恐怖主义泛滥国家的慈善机构捐款。

将移民法作为反恐措施使用的影响是两面的：一些政策（比如第三国的安全协议）会导致将恐怖分子排斥在外，但同时也将更多合法的难民申请者拒绝在外。移民法所允许的长期羁押制度可能会打击恐怖主义犯罪嫌疑人，但还没有哪个嫌疑人是确定无疑地被认定为有罪。加拿大安全情报机构的负责人批评非政府组织负责人、记者和律师同情恐怖主义犯罪嫌疑人。[91] 不幸

〔91〕 理查德·菲登（Richard Fadden）宣称疑似恐怖分子“被给予同情，以及当人们指责加拿大安全情报机构或其他政府机构滥用其权力时，或多或少引用了恐怖分子说的话……有时似乎在加拿大被指控与恐怖分子联系已经成为一种身份的象征，一种与真正的敌人抗争的勇气的象征，至少有时候成为市民社会成员拥有的一种浪漫。非政府组织、记者和律师们在一定程度上，为任何被指控恐怖主义犯罪嫌疑人建立积极的公众形象发挥了作用”：“Remarks”，29 October 2009.

的是，该机构未能认识到许多批评都反映了其所在机构在安全保障程序中使用外国和国内情报作为秘密证据所体现出的不公正。同时，当局也曾试图将某些人驱逐至埃及和叙利亚，而在这些国家存在很高的酷刑风险。相比之下，对于那些利用公开证据超出了合理怀疑标准而被确定有罪的情况，民众并没
535 有产生如此多的同情。事实上，即使囚犯可能被驱逐到一个安全的国家，也不清楚这些驱逐行为是否确实能够产生保护国家安全的实际效果，它可能只是应对全球恐怖主义问题的替代品而已。最后，移民法不能用来对付具备加拿大公民身份的恐怖主义犯罪嫌疑人，而这可能也导致加拿大在进行恐怖主义犯罪诉讼时面对困难而无所适从。

在反恐怖斗争中依赖军事力量的方式，如加拿大参与在阿富汗对“塔利班”政权的战争，可能会发挥一些作用，比如打击恐怖分子的力量和支持恐怖主义的国家。然而，这场战争并没有有效打击恐怖主义，甚至是“塔利班”。对于战争的依赖也导致了侵害无辜生命并提高了人权方面的成本。加拿大军队曾利用“法律上存在漏洞”的时机在阿富汗参与转移囚犯到关塔那摩监狱的行动，〔92〕即便有人担心位于阿富汗的囚犯可能会遭受酷刑，加拿大军队仍然继续转移囚犯至阿富汗。

那么，面对恐怖主义的现实危险，加拿大和其他国家到底应该如何应对？显然，什么也不做是绝对不可取的，因为即使是一次成功的生物、化学或核武器的恐怖袭击，或向食物与水中投放危险物质的恐怖袭击，都有可能造成极其严重的后果。加拿大于2004年颁布了《公共安全法》，〔93〕增加对危险材料的控制措施，如对爆炸物和有毒物品的管制，以及提高航空安全水平的措施。确保可以用于实施恐怖袭击的场地和物品安全的行政措施和情景预防措施是应对恐怖袭击的有效措施，同时，相对移民法和刑法而言，这种措施对诉讼程序和平等的价值观念的冲击也比较小。〔94〕不幸的是，许多恐怖主义犯罪

---

〔92〕 Johan Steyn, “Guantanamo Bay: The Legal Black Hole” (2004) 53 *International and Comparative Law Quarterly* I. 加拿大最高法院的认可 Khadr v. Canada [2008] 2 SCR 125 在关塔那摩没有适用人身保护令的不定期羁押违反了国际法。它同时很大程度上依赖于 Hamdan v. Rumsfeld 126 S Ct. 2749 (2006). For a discussion of *Hamdan*，见本书第18章威廉·C. 班克斯文。

〔93〕 SC 2004 c. 15.

〔94〕 例如，加拿大警方对可以用来制造炸弹的大量肥料交易进行监控：“How a terror plot turned into a ‘gardening incident’”, *Globe and Mail*, 10 June 2010.

在“9·11”事件之前已经被定性为非法，在这种情况下可以由政府优先考虑
采用行政措施来减少恐怖分子所造成的损害，但政府却没有这么做。同时，
反恐法所规定的附属刑法条款，以及随后对移民法中某些条款的依赖（部分
受到联合国安理会第1373号决议的鼓励），都致力于将为恐怖主义融资和参 536
与恐怖主义定性为犯罪，更好地进行边境控制以及关注恐怖分子冒充难民身
份的风险。[95]

行政措施和情景预防措施都是为了避免恐怖分子获得爆炸物、化学或核材料等犯罪工具，或者保护航空器和核电站等容易遭受恐怖袭击的目标。这样的策略并不依赖刑法或者移民法中所要求的同等程度的惩罚和拘留，所以并不显得那么强硬，但却十分明智。这样的策略帮助我们执行联合国安理会第1540号决议的要求，以采取措施确保恐怖分子不会获得核武器、化学或生物材料。它们也像一个防止故障的装置一样，多少证明了我们确实无法阻止所有的恐怖主义活动（但可以努力避免），也没有能力识别所有的恐怖分子。更有效的安检也可能会限制恐怖主义活动，或者至少能够平衡权力对于自由、隐私与平等的损害。

在实践中，可以采用一定的技术用于对旅客和货主进行监控，而不仅仅是只针对那些有可能是但却被错误标记的恐怖分子。可以肯定的是，许多技术（如使用生物识别技术）都有可能对个人隐私造成负面影响。当适用于大规模人群时，它也会产生相当程度的双面效果。在大型的公共交通枢纽中，往往不可能对所有乘客都予以监控，但它却可以针对炸药和其他材料（可以组装成爆炸物）进行更好的管制，而恐怖分子通常根据目标的难易程度来调整自己的行动。例如，对于飞机上的乘客进行更好的管理，就降低了对运送货物的飞机包括航空公司进行监控的迫切需求。[96]

有的情景预防措施往往回馈给我们重要的附加利益，例如对公共卫生、食品和水的安全进行更好的监控，就可以保护人们不受疾病、意外污染以及恐怖主义的威胁。对于计算机系统进行更加严密的保护，不仅能使人们免受

---

〔95〕 For a critique of these UN initiatives see Kent Roach, “Sources and trends in post－9/11 anti－terrorism law” in Liora Lazurus and Benjamin J. Goold (eds.), *Human Rights and Security* (Oxford: Hart, 2007).

〔96〕 印度航空委员会强调，航空安全的威胁是未经检测的乘客行李造成的：Air India Commission, *Air India Flight* 182, vol. 4.

网络恐怖袭击，也能保证他们不会受到黑客的攻击。更好的应急设备也能够应对许多风险，因为它能使社会更好地应对各种自然和人为灾害，比如地震
537 和停电。《公共安全法》[97]包含这样的条款：允许交通部长、环境部长、健康部长和国防部长在各种突发事件中（不仅是恐怖主义活动）采取临时措施。美国国家研究委员会在之前的一份报告中得出结论，认为我们应该在应对风险的策略上投入更大的精力，以帮助我们免受恐怖袭击的威胁，同时免受灾难、疾病和事故的威胁。[98]这些策略在目标的确定，对社会，以及在错误标记目标的问题上都存有相对较低的风险。加拿大和美国在2011年的边界宣言中建立了一套基于共同利益来共同应对公共安全风险的常态措施，不仅包括阻止恐怖分子进入共同的边界，也包括对各种人为的和自然的紧急情况的应对和对“生命健康安全”的保护。[99]

《公共安全法》[100]的许多条款都涉及信息收集措施的加强和政府部门内部和部门之间信息的共享。这也引发了一些担心，即安全信息不适当地在政府部门内部交流，而信息共享的规定也引发了人们对隐私和信息透明度的担忧，同时担心实际决策者可能被太多的信息淹没。庞大的数据库在搜集潜在恐怖分子信息的时候（也有可能并不准确或有帮助），确实有可能损害公民隐私。由于缺乏联邦监察员，政府又基于保护秘密的考虑将许多信息都保护起来，从而很难对信息在部门内和部门间的交流到底增加了多少价值作出很好的评估。政府所面临的挑战是利用最优化的资源配置来保护加拿大安全，并审查确保相关的投入能够和国家安全保障的需要保持同步，以减少对重要的民主价值观念（比如平等、公平和表达宗教与政治异议的权利）的侵犯。

538 为了应对“9·11”事件的威胁，也为了应对像“非典”一样的危机，

---

〔97〕 第1部分允许必要时处理有关安全的紧急风险的紧急指示，是指安全、健康和有关航空环境的风险；第3部分关于环境保护；第6部分涉及健康；第9部分涉及食品和药品；第10部分涉及危险产品；第15部分涉及通航水域；第18部分涉及害虫防治产品；第20部分涉及隔离；第21部分涉及辐射发射装置；第22部分涉及航运。在随后的几年里，议会已经颁布有关应急管理和隔离的新法律。见 Craig Forcese *National Security Law*（Toronto：Irwin Law，2008），Chapter 9.

〔98〕 National Research Council，Making the Nation Safer：The Role of Science and Technology in Countering Terrorism（Washington，DC：National Academy Press，2002）.

〔99〕 Beyond the Border：A Shared Vision for Perimeter Security and Economic Competitiveness.

〔100〕 SC 2004 c. 15. 例如，第5部分的法案修正《美国公民与移民法》，允许与其他政府和外国组织共享信息，第11部分允许在国际辐射防护协会（IRPA）出于国家安全的目的收集和披露信息。第17部分扩展了能够查询涉及恐怖主义融资活动的政府数据库和机构。

以及停电、食物污染和水污染的风险，2003 年年底，加拿大组建了一个新的公共安全部门，部长负责一个新的加拿大边境服务署、关键基础设施的维护和应急储备的办公室。新部门的成立一方面是为了更好地与美国新的国土安全部门进行交流，〔101〕另一方面在很大程度上是为了授权其进行新的应急准备，这也大幅增加了部门的预算。公共安全部门有可能寻求一个更全面和理性的方法，来解决加拿大人面临的各种风险，保护他们的生命健康安全。它可以采用更有经济性的分配资源战略措施，以保护加拿大人免受恐怖主义以及其他风险的侵袭。采用这种策略与方法的政策体现在 2004 年 4 月发布的国家安全政策中，包括承诺更好的应急准备、更好的公共卫生、更好的交通安全和更好的维和行动，以及采用更好的情报搜集手段来应对传统恐怖主义威胁和确保边境安全。〔102〕这一国家安全政策得到了加拿大保守党政府的认可，并于 2006 年开始施行。这一政策可以与“9・11”事件之后“先发制人”攻击敌方（布什主义）进行相互对比。同时，它也符合美国从卡特里娜飓风中恢复过来时所需要应急措施的特征。

然而，上述的发展并不能保证加拿大的安全策略将一直是有效的。从“9・11”事件之后，加拿大一直都在增加安全情报的支出，但问题依然存在，主要体现在多个情报机构的协调，他们在某些时候与警方关系也比较紧张。在 2010 年印度航空公司案件调查中，就暴露了情报交流和协调政府内部安全活动的问题，从而建议增强总理作为国家安全顾问的权力，以更加有效地协调各个政府部门来应对恐怖主义。〔103〕这个角色的任务不仅是确定情报应该何时 539
交给警察，还要确定多少个部门参与应对恐怖主义的威胁才是有效的。这些审查建议与阿拉尔委员会提出的建议一起，都强调了对政府应对恐怖主义的正当性进行审查之必要。就当下来看，对反恐措施正当性和有效性的审查远

---

〔101〕 见本书第 18 章威廉・C. 班克斯文。

〔102〕 “这个系统有能力应对故意和无意的威胁。如同应对恐怖袭击的风险一样，它也能够确保加拿大抵抗 SARS 爆发带来的风险。” Canadian Government, *Securing an Open Society: Canada's National Security Policy* (April 2004), p. 10. Also see Kent Roach, “Canada's responses to terrorism: human security at home?” in Nike Hynek and David Bosold, *Canada's Foreign and Security Policy* (Oxford University Press, 2010).

〔103〕 Air India Commission, *Air India Flight* 182, vol. 3, pp. 26 – 47. 加拿大政府对委员会的反应不包括增强国家安全顾问的作用。加拿大政府于 2010 年 12 月组建了调查委员会来调查印度航空飞机爆炸案（Ottawa: Her Majesty the Queen in Right of Canada, 2010）.

远没有赶上反恐措施的强度和广度。与大多数西方国家不同，加拿大没有规定立法委员会定期审查秘密信息的制度。[104]就确保维护国家安全活动的正当性和有效性而言，因其有利于增强公众对此类活动的信心，所以有效的审查应该是一种受到欢迎的手段。然而，审查常常被视为对负责安全的机关既得利益的威胁，加拿大政府就曾经拒绝了阿拉尔委员会和印度航空案件调查委员会对如何增强国家安全的建议。

五、结论

就研究西方国家如何应对恐怖主义威胁这一问题而言，加拿大是一个有趣的范例。在“9·11”事件之后，加拿大没有像1970年10月那样宣布进入紧急状态，而是颁布了一项内容范围广泛的新反恐法。针对这项立法中的一些对公民自由有侵犯的条款，以及对一些争议条款的修订和废除，都在公众中内引发了相当广泛而激烈的争议。其中，预防性羁押和调查听证条款在2007年已经过期，而加拿大政府中的少数派虽然试图恢复这些权力，但并未成功。

在“9·11”事件之后的最初几年，加拿大依靠移民法来作为反恐措施，但在新的反恐法框架下此做法与刑事诉讼的一些基本原则发生冲突。对于安全证书的适用被成功地限制，而“特别支持者”制度现在也可以对秘密证据规则加以补救。到现在，人们已经越来越关注刑事诉讼程序的运行，包括对一起跨国密谋袭击案件和多伦多案件的成功起诉。加拿大的境外反恐活动也备受争议，两个公开调查都发现加拿大官员的做法导致那些被羁押在国外的加拿大恐怖主义犯罪嫌疑人遭受酷刑。

540 最后，加拿大采用了一种风险应对型的国家安全政策，并且重新认识到引导安全机关对紧急事件加以预防不仅能够应对恐怖主义，而且是应对其他威胁、保障国家安全的明智举措。需要注意的是，需要建立更加有效的审查机制作为配套措施，以对政府在执行安全保障行动时进行正当性和有效性的审查。

---

[104] 只有在接受法官组成的特别委员会的监督下，少数国会议员才有机会了解有关加拿大籍被羁押者在阿富汗待遇的机密信息。

第21章

澳大利亚和新西兰的反恐立法*

乔治·威廉姆斯**

一、引言 541

从世界地理位置来看，澳大利亚和新西兰地处偏僻，它们似乎不太可能成为恐怖袭击的目标，所以他们在全球应对恐怖主义活动中扮演着次要角色。因此，新西兰安全情报局（NZSIS）将其可能遭受的恐怖威胁级别评价为“低级”[1]，澳大利亚国家反恐预警系统自从2003年以来将其可能遭受袭击的水平定位于“中级”[2]（可能发生恐怖袭击）。尽管如此，两国政府也一直在强调“全球暴力圣战运动”所带来的威胁。[3]新西兰安全情报局在其2008年的年度报告中指出，长久以来，该国都受到来自间谍、破坏、颠覆、恐怖主义等破坏性活动的威胁。[4]2010年，澳大利亚政府重申：“恐怖主义对澳大利亚的威胁是真正和持久的，它已成为澳大利亚安全防卫工作中一个持续

---

* 感谢尼古拉·麦克加里蒂（Nicola McGarrity）对早期初稿提出的意见，和基兰·哈迪（Keiran Hardy）与杰西·戈尔斯顿（Jesse Galdston）的研究为本文提供的支持。

** 乔治·威廉姆斯（George Williams），新南威尔士大学法学院“安东尼·梅森”教授。

〔1〕 New Zealand Security Intelligence Service, *Our Work*: *Protecting New Zealand from Terrorist Attacks* (2010), available at www. nzsis. nz/work/terrorism. html.

〔2〕 Australian National Security, National *Counter - Terrorism Alert System* (2010) www. nationalsecurity. gov. au.

〔3〕 See Australian Government, *Counter - Terrorism White Paper*: Securing Australia - Protecting Our Community (2010).

〔4〕 New Zealand Security Intelligence Service, *Annual Report* (2008), p. 5.

性和永久性的组成部分。”〔5〕

542 这些评论看起来可能有些夸张，毕竟这20多年来无论是在澳大利亚还是在新西兰本土都没有发生过恐怖袭击。然而，过去的10年中，许多澳大利亚和新西兰人死于发生在国外的恐怖袭击中。在“9·11”恐怖袭击中，共有10名澳大利亚人和2名新西兰人丧生。1年后，2002年10月12日，在印度尼西亚巴厘岛萨利（Sari）俱乐部和派迪（Paddy）酒吧的爆炸袭击中共有202人丧生，其中有88名澳大利亚人和3名新西兰人。2005年7月，1名澳大利亚人和1名新西兰人死于伦敦爆炸案。最近，也就是2009年7月，3名澳大利亚人和1名新西兰人在雅加达爆炸案中丧生。这些数字与其他国家的伤亡人数相比看起来很小，但它却对两国的政治产生了重要的影响。

本章将会对澳大利亚和新西兰政府在“9·11”事件后通过的新法律进行探讨。探讨的重点在于澳大利亚政府反恐立法的三个原因：一是和新西兰政府相比，澳大利亚政府通过的反恐法在数量上要远远领先：“9·11”恐怖袭击后短短6年中通过了44部新的立法。二是也许是因为大规模的立法，澳大利亚在制裁恐怖主义活动方面积累了丰富的经验。至今，在澳大利亚已有37人被控告犯有预备、有组织实施恐怖主义犯罪，且2人在人身自由方面受到控制令的管制。相比之下，在新西兰还没有人受到恐怖主义犯罪指控。三是澳大利亚给我们呈现了一个矛盾的场景：它是一个没有国家层面人权审查机制的西方国家，这与英国〔6〕、加拿大〔7〕这些拥有人权审查机制的国家形成了鲜明的对比，而它们的人权审查机制与新西兰《1990年权利法案》相似。

二、澳大利亚的人权立法

恐怖主义是对最基本人权的攻击，它危及我们的生存和安定生活权利，因此对恐怖主义的回应和人权问题息息相关。的确，我们的回应提出了这个
543 时代关于反恐立法和政策的重要问题。为应对恐怖袭击，澳大利亚和新西兰

〔5〕 Australian Government, *Counter – Terrorism White Paper*: *Securing Australia – Protecting our Community* (2010), p. ii.

〔6〕 关于欧洲公约规定的基本人权和其通过英国《1998年人权法》（Human Rights Act）对英国控制令制度的影响，见本书第19章海伦·芬威克、凯文·菲利普森文。

〔7〕 见本书第20章肯特·罗奇文。

应该重新采用死刑吗？亚伦·德萧维奇提出，[8]法律是否应该提供“酷刑逮捕令”，允许对恐怖主义犯罪嫌疑人刑讯以获得对国家安全造成重大威胁的相关情报？警察能否在提起诉讼前几周内羁押恐怖主义犯罪嫌疑人？政府是否有权在未告知相关个人的情况下监控其邮件以搜寻恐怖袭击的信息？相关的问题还有许多。

不幸的是，和其他西方民主国家不同，澳大利亚必须在没有诸如《权利法案》的国家性人权立法的背景下回答这些问题。[9]在“9·11”事件后，新立法的仓促通过更是加剧了这个问题的复杂性。[10]公众在经历了恐怖袭击的灾难后难免紧张，这时，一部《权利法案》也许可以扮演重要的角色。[11]当然，《权利法案》也不是没有缺陷的，且《权利法案》在关键时刻所发挥的作用也一度受到质疑。[12]但是，这样的法律可以提醒政府和人们关于社会 544
的基本价值观和原则，否则在悲痛和恐惧面前，人们可能会在这些重要问题上做出让步。在新的立法通过之后，《权利法案》也可以为法庭提供人权的相

---

〔8〕 Alan Dershowitz, *Why Terrorism Works* (New Haven, CT: Yale University Press, 2002).

〔9〕 可以参考 George Williams, *Human Rights under the Australian Constitution* (Oxford University Press, 1999); George Williams, *A Charter of Rights for Australia* (University of New South Wales Press, 2007)。国家人权事务委员会由联邦政府于2008年12月份设立，并于2009年10月发布了国家人权调查报告，建议在国家层面执行常态性的人权法案。这一建议并没有被联邦政府采纳。相反，政府的目的是：①建立一个关于人权的议会联合委员会，可以致力于监督立法中联合国人权宣言中规定的违背人权的现象。②要求所有新的法案和非正式立法机构向联邦议会报告，报告中要附属对人权事务影响的评估报告。见 Human Rights (Parliamentary Scrutiny) Bill 2010 and Human Rights (Parliamentary Scrutiny) (Consequential Provisions) Bill 2010.

〔10〕 针对自“9·11”事件之后“紧急”模式对反恐法条文的影响问题进行的探讨，见本书第7章安德鲁·林奇文。也可见 Andrew Lynch, “Legislating with urgency - the enactment of the Anti - terrorism Act [No. 1] 2005 (Cth)” (2006) 30 *Melbourne University Law Review* 747; Anthony Reilly, “The processes and consequences of counter - terrorism law in Australia: 2001 - 2005” (2007) 10 *Flinders Journal of Law Reform* 81; Greg Carne, “Hasten slowly: urgency, discretion and review - a counter - terrorism legislative agenda and legacy” (2008) 13 *Deakin Law Review* 49.

〔11〕 见本书第7章安德鲁·林奇文，以及 Kent Roach, “The dangers of a charter - proof and crime - based response to terrorism” in Ronald J. Daniels, Patrick Macklem and Kent Roach (eds), *The Security of Freedom: Essays on Canada's Anti - Terrorism Bill* (University of Toranto Press 2001), pp. 131 - 50, 主要探讨了《权利法案》(Charters of Rights) 对于反恐立法的预备生效审查环节中产生的消极影响。

〔12〕 See Tam Campbell, “Emergency strategies for prescriptive in legal positivists: anti - terrorist law and legal theory” in Victor V. Ramraj, (ed.), *Emergencies and the Limits of Legality* (Cambridge University Press, 2008), pp. 201, 220 - 2.

关原则并对其进行评估，[13]这就为立法提供了一个最终的审核标准，尤其是那些事后看来不应该通过的立法。这一最终审核标准的缺失正是“9·11”事件后澳大利亚的一些立法相对于其他国家而言过于“张扬”，从而影响到个人权利的原因。新西兰则不同，部分原因在于新西兰《1990 年权利法案》制定了在这一领域以及其他领域中立法、执法和司法的基本框架。

在澳大利亚，《权利法案》的缺失造成法官们在审核新的反恐立法时往往缺乏依据，且法官们的角色也徘徊在备受争议的边缘。涉及宪法限制时，法官们通常只是将宪法的结构生搬硬套——比如说，对立法权的限制是从联邦制或者说“三权分立”的制度演化来的。在大多数情况下，宪法对于侵犯人权的案件无法提供任何解决方案。一旦碰到宪法中包含的人权问题，如宗教自由，澳大利亚的最终上诉法院——高级法院，往往会狭隘地对其进行解读，以致毫无用处。[14]

法院所扮演的重要角色在于其对法律的解释。在澳大利亚的可可（CoCo）诉女王案[15]中，高等法院的首席大法官梅森·安东尼（Mason）和法官布里南（Brennan）、玛丽·甘顿（Gaudron）、麦克休（McHugh）认为：“针对因法律解释对公民基本权利造成干涉的情况，法院不应该归责于立法机关。对法律的解读必须要用精准、无误的语言进行表述。”因为“对那些会给诸如人身自由等权利造成影响的法律法规或是具有法律效力的解释，如果可能，应当以维护该项权利为目的”[16]。

545 整体而言，没有任何机制可以供法院参考用以判断对某些人权的克减是否必要、合理。和其他的西方国家不同，澳大利亚《权利法案》的缺失意味着上述问题会成为一个纯粹的政治问题。在立法时，对于人权问题的考虑取决于立法者。就像“9·11”事件后议会通过的立法所显示的那样，主要的焦点与来自澳大利亚政坛多数党派所施加的压力相关，而非公平、自由等原则和价值观。这就意味着对于政府克减人权的监管来自政治辩论和政党领导人

---

〔13〕 见本书第 19 章海伦·芬威克、凯文·菲利普森文，主要探讨了 2010 年吉伦诉昆顿案件，在本案中，斯特拉斯堡法庭认为根据英国《2000 年反恐怖主义法》（Terrorism Act）中第 44 条和第 45 条的拦截和搜查权力与《欧洲人权公约》（European Convention on Human Rights）第 8 条的精神是相违背的。

〔14〕 See generally Williams, *Human Rights under the Australian Constitution.*

〔15〕（1994）179 CLR 427, 437.

〔16〕 Re Bolton; Ex parte Beane（1987）162 CLR 514, 523 per Justice Brennan.

的意愿，这种监管在其他西方国家是不能够被接受的，或者说是不够充分的。

重大恐怖袭击事件发生后，像澳大利亚这样的国家迅速地通过紧急权力进行立法。看起来，清晰、奏效的立法也许可以减缓国家对于新立法的迫切需求，[17]但真正的效果却值得怀疑。在澳大利亚，恐怖袭击发生后，政治力量关于立即采取行动的命令过于强硬，且不受人权保护的政治、法律环境之限制。当然，大量反恐立法也并没有阻碍政府在之后的恐怖袭击发生后继续增加新的权力。

在澳大利亚，基本权利保障参照系的缺失使得人们很难判断在国家安全和反恐名义下，人权和法治原则应该做出怎样的让步。就像其他国家一样，尽管澳大利亚没有自己的《权利法案》，但可以借助于国际法。联合国在国际反恐活动中一直是讨论的中心，并通过了一系列重要的国际立法，如联合国安理会于 2001 年 9 月 28 日通过的第 1373 号决议，它规定国家应该“阻止、抑制恐怖主义活动的经济来源”并“采取必要措施阻止恐怖主义活动的发生”。澳大利亚还需要遵循一些其他的国际法——如《公民权利和政治权利国际公约》——它指出政府必须保护其公民不受恐怖主义危害，但是采取的相关措施必须符合国际承认的人权原则。

尽管这些国际法为解决人权问题和国家安全提供了帮助，却没有能够融
入澳大利亚的法律体系，因此缺乏法律效力和政治合法性，这样的例子在澳 546
大利亚有很多。[18]例如，2000 年，只要联合国人权委员会一批评澳大利亚对轻微侵犯财产罪的强制判决，北领地的最高部长丹尼斯·伯克（Denis Burke）就会发表声明：“这是为了让澳大利亚难堪，是羞辱澳大利亚人，我觉得这是我们澳大利亚人告诉他们滚开的好机会。”[19]联邦政府当时的反应没有那么直接，但表达的意思是一致的。霍华德（Howard）总理拒绝任何来自国际社会的压力，在玻斯（Perth）广播上声明说：“我们具有足够成熟的机制来独立解决这些问题，对此不容置疑。”[20]对比之下，霍华德政府承认确实是为

---

〔17〕 See, generally, Campbell, “Emergency strategies for prescriptive legal positivists”, p. 201.

〔18〕 See Devika Hovell, “The sovereignty stratagem: Australia's response to UN human rights treaty bodies” (2003) 28 *Alternative Law Journal* 6.

〔19〕 “NT under fire again for mandatory sentencing”, Australian Broadcasting Corporation Radio, *PM Program*, available at www. abc. net. au/pm/stories/s154694. htm.

〔20〕 Interview on Perth Radio 6PR, available at www. abc. net. au/wordtoday/stories/s103292. htm.

了需要迅速回应联合国安理会第1373号协议所带来的“国际压力”，故而将恐怖主义活动犯罪化。目前由总理吉拉德（Gillard）领导的工党则更加热心与国际人权机构合作，但是事实表明这些机构和国际人权原则并未对澳大利亚的反恐立法和政策产生太多的影响。

三、澳大利亚的反恐立法

澳大利亚颁布针对恐怖主义的法律历史很短。[21]实际上，在“9·11”事件之前，只有澳大利亚的北部地区存在这样的法律，[22]在其他司法管辖区内，则以普通刑事法处理带有政治动机的暴力活动。澳大利亚政府对于“9·11”事件的反应跟其他国家是相似的，由于传统法律的重点在于事后惩罚，如果要“超前预防”地应对恐怖主义，就需要将其从普通刑事法中剥离出来。

547 在保守党霍华德联合政府执政期间，议会从2002年至2007年颁布了48项单独的反恐法律，平均每7周出台一部新法律。在陆克文（Kevin Rudd）领导的澳大利亚工党于2007年11月的选举中获胜之后，由陆克文担任澳大利亚总理，并于2010年中期由党内的朱莉亚·吉拉德继任。

从2007年开始，陆克文和吉拉德政府只通过了6部反恐法律。根据《2010年独立国家安全立法监督法》的要求，创立了一个新的办公室来报告澳大利亚的反恐立法工作和成效（虽然这个办公室还没有正式建立）。最近，澳大利亚的两个议院都通过了《2010年国家安全法修正案（恐怖主义）》，它反映了反恐法律的显著变化，其中很多都是技术性修订和一些较之以前有提高的有关人权的条款：例如，该法授权法官在反恐调查的“最终期限”决定新的7天时效，[23]并且提高了恐怖主义犯罪的入罪标准。[24]然而，最受争议的是，该法赋予澳大利亚联邦警察（AFP）有权在没有令状时进入处所，只要执法人员有理由怀疑“对个人的生命、健康和安全有严重的危险”，并且“为了防止该处所被用来跟恐怖势力联系”是很有必要的，人们依然对上述规

〔21〕 For a history of terrorism laws in Australia, see Jenny Hocking, *Terror Laws: ASIO, Counter – Terrorism and the Threat to Democracy* (University of New South Wales Press, 2003).

〔22〕 Criminal Code Act (NT), Pt. III Div. 2. 这一条款是英联邦《1974年临时反恐法案》的翻版。

〔23〕 See below note 49.

〔24〕 See below note 38.

定存有疑虑。[25]同时，警方如果有理由怀疑因为环境“严重且紧迫”[26]确有必要时，将有权没收在令状中没有列出的任何物品。执法人员如果遇到紧急情况，即便在没有令状的情况下，也可以在稍后的时间重新进入他人住所。[27]

（一）恐怖主义的概念

作为对联合国安理会第1373号决议的回应，[28]澳大利亚霍华德政府拟定 548
了前两项国家反恐立法，于2002年3月提交联邦议会。在首个一揽子立法方案中，最具意义的是《2002年国家安全法修正案（恐怖主义）》。[29]其中第100.1节将恐怖主义概念引入了《1995年刑法》。这个概念包含主客观因素，主观因素包括以下意图：①主张政治、宗教或意识形态的因素；②通过强迫或胁迫影响一个澳大利亚公民或外国政府或恐吓公众或部分公众。其中第一个要素引起了较大争议。加拿大安大略省高等法院的法官卢瑟福特（Rutherford）在R诉卡瓦加（Khawaja）案中对这一因素表示了忧虑。他总结到：

> 对于政治、宗教或意识形态动机的重要组成部分的关注，将导致对言论自由、宗教、思想、信仰、结社自由的侵犯，因此也将波及公民生活。而这将加重政治团体或宗教团体的恐惧感和顾虑，在许多方面，将会由政府导致民族或种族的分离和对立。[30]

然而，安全立法审查委员会在审查了澳大利亚《2006年反恐怖主义法》之后，建议保留这个要素。委员会认为在界定恐怖主义概念时，这是一个特定的和限缩性的条款，从而确保它对《公民权利和政治权利国际公约》规定

---

〔25〕 National Security Legislation Amendment Act 2010 (Cth) sch. 4, cl. 3UEA (1).

〔26〕 Ibid., sch. 4, cl. 3UEA (5).

〔27〕 Ibid., sch. 5.

〔28〕 本书第2章C. H. 鲍威尔文。

〔29〕 另外的是《2002年打击资助恐怖主义法草案》；《2002年刑法修正草案（恐怖主义爆炸）》；《2002年扩大保护范围法修正草案》；《2002年通讯监听法修正草案》。

〔30〕 [2006] OJ 4245, [73]. 对于辩论的双方而言，关于动机的争议，可以参见 Ben Saul, “The curious element of motive in definitions of terrorism: essential ingredient or criminalizing thought” and Kent Roach, “The case for defining terrorism with restraint and without reference to political or religious motive” in Andrew Lynch, Edwina MacDonald and George Williams (eds), *Law and Liberty in the War on Terror* (Sydney: Federation Press, 2007).

的权利限制和克减是适当的。[31]

549 从恐怖主义概念的客观方面来看，必须满足以下构成要件：

(a) 包含对于一个人的严重的客观威胁；

(b) 包含对于财产的威胁；

(c) 导致一个人的死亡；

(d) 威胁一个人的生命，除非行为人本人为之；

(e) 给公众或者一部分公众的健康和生命造成了威胁；

(f) 对于基础设施的冲击、干扰和破坏非常严重；

此外，支持、抗议、异议或劳工行动（无论合法与否），以及在其他情况下，只要欠缺造成他人严重身体伤害或严重威胁公众的健康或其安全的主观意图，就会被排除在外。[32]

恐怖主义概念为《刑法》第101条中恐怖主义犯罪的认定奠定了基础。第101条将实施恐怖主义活动规定为犯罪，也将预备实施恐怖主义活动规定为犯罪。上述活动包括制定计划、持有与准备实施恐怖主义活动相关的物品，或者为实施恐怖主义活动的任何预备行为。将预备行为规定为犯罪反映了澳大利亚国会煞费苦心的立法政策——将反恐策略的重点从事后惩罚和威慑转移到事前预防上来。2005年《刑法修正案》又进一步强化了这一政策——将"即使恐怖主义行为尚未发生"的情况也认为是犯罪。[33]由此，《刑法》通过预备犯的规定，消除了证明被告打算实施特定恐怖主义活动的要求，在打击恐怖主义犯罪时比传统刑法中规定的意图犯、激情犯和阴谋犯具有更重要的意义。

---

〔31〕 Security Legislation Review Committee, *Report of the Security Legislation Review Committee* (2006), 第57页。至少存有一个典型的案例，关于恐怖主义概念的具体特征会影响到是否能够进行成功的起诉。在扎基·马拉尔（Zeky Mallah）案中，其中的一个争点就在于嫌疑人实施的相关行为并非是基于政治、宗教或者意识形态的目的，而是基于纯粹的个人原因。见 Nicola McGarrity, "'Testing' our counter-terrorism laws: the prosecution of individuals for terrorism offences in Australia" (2010) 34 *Criminal Law Journal* 92, 96.

〔32〕 自2002年《安全保卫立法（反恐怖主义）》[Security Legislation Amendment (Terrorism) Act 2002] 修正案开始生效，就没有针对"恐怖主义"的概念进行修正。然而，联邦政府已经宣告考虑对恐怖主义概念进行修正，将造成心理上的伤害（而非仅仅身体伤害）也纳入规制范围。见 House of Representatives, Australian Parliament, 18 March 2010, 2922 (Robert McClelland).

〔33〕 Anti-Terrorism Act 2005 (Cth).

（二）认定恐怖组织 550

反恐法授权澳大利亚联邦总检察长可以认定恐怖组织。[34]截至目前，已经有 19 个组织被认定。[35]

根据澳大利亚原有的法律，总检察长没有单方面签发禁令的权力，只允许认定由联合国安理会认定的非法组织，之后这个限制被《2004 年刑法修正案（恐怖组织）》取消。[36]这就使得总检察长有权认定某组织为恐怖组织，只要“其有合理的理由相信该组织是直接或间接参与到准备、计划、协助或培养实施恐怖主义活动（不论恐怖主义活动是否发生或将要发生）”。同时，法院也有权认定某组织为“恐怖组织”。

《2005 年反恐怖主义法（第 2 号）》就认定恐怖组织的规定增加了一个附加标准，即如果“它支持实施恐怖主义活动（不论该活动是否已发生或将要发生）”。所谓“支持”（Advocates），是指某组织为恐怖主义活动提供直接或间接的敦促、顾问或指导，甚至是仅仅直接赞扬了某种恐怖主义活动——如果这样的赞扬会导致他人有实施恐怖主义活动的风险（无论他/她的年龄或其可能遭受的精神创伤）。[37]《2010 年国家安全法修正案（恐怖主义）》中限制了后者的条件，要求对接下来的恐怖主义活动产生“实质的”风险。[38]然
而，这一定义的范围仍然非常抽象，并且存有很多问题。例如，如果组织中 551
的某个成员声称支持在东帝汶的自由主义运动，或者声称支持反抗殖民大国统治的行动，这个组织就可能被当作是恐怖组织而被认定，这显然是值得商榷的。

就组织本身而言，认定并不会产生什么自动的附加后果。比如，该组织

---

〔34〕关于权力机构的具体内容请参见 Andrew Lynch，Nicola McGarrity and George Williams，“The proscription of terrorist organisations in Australia”（2009）37 *Federal Law Review* 1.

〔35〕Australian Government National Security website www. nationalsecurity. gov. au/agd/www/nationalsecurity. nsf/AllDocs/95FB057CA3DECF30CA256FAB001F7FBD? OpenDocument.

〔36〕关于根据联合国安理会第 1267 号决议的联合国认定机制，见本书第 2 章 C. H. 鲍威尔文。See also Christopher Michaelsen，“The Security Council's Al Qaeda and Taliban sanctions regime：essential tool or increasing liability for the UN's counterterrorism efforts?”（2010）33 *Studies in conflict Terrorism* 448 – 63.

〔37〕Criminal Code，s. 102. 1（1A）. 2007 年《恐怖主义物质法》（Terrorist Marterial Act）也针对 1995 年的分级（出版物、电影和电脑游戏）法案引入了新的条文，即第 9A 条。根据规定，凡是鼓吹实施恐怖主义活动的出版物、电影或者电脑游戏都不允许参与分级（因为是被禁止的）。其中的“支持”的定义与《刑法典》（Criminal Code）第 120. 1（1A）条的规定一致。

〔38〕National Security Legislation Amendment Act 2010（Cth）sch. 2，pt. 1，cl. 2.

并不会被定性为非法组织，其财产也不会被联邦没收。但是，刑法将参加恐怖组织确定为犯罪。例如，行为人凡是实施了下列行为的，就会被认为是犯罪：①领导恐怖组织的活动；②为恐怖组织提供培训，或接受其培训；③为恐怖组织提供资金，或者从中获得资助的；④为恐怖组织提供支持或资源的。虽然这些罪行中的某些罪状显然是必要的，但将有的情形认定为与恐怖主义威胁有关仍有待商榷。[39]例如，该罪包括培训和资助的行为，但没有明确区分培训或资助的目的或者方式，如果是为恐怖组织成员使用爆炸物或枪械提供培训，那么当然应当被视为犯罪；但如果是为了办公设备的使用而提供培训，则显然不应当被视为犯罪。

有争议的是，澳大利亚刑法不仅将个人参与恐怖组织的活动规定为犯罪，而且增设了2个身份犯。首先，如果某人是恐怖组织成员，那么就构成犯罪。然而，成员的范围是非常广泛的，既包括非正式成员，也包括计划成为恐怖组织成员的人。其次，根据《2004年刑法修正（恐怖组织）案》的规定，对于有意协助恐怖组织成员活动2次及以上的，也构成犯罪。

（三）情报机构与执法机关调查权的扩张

2002年3月，引入联邦议会的第二批反恐立法只包括《1979年澳大利亚安全情报组织法（ASIO）修正案》，它力图授予澳大利亚安全情报组织前所
552 未有的权力。在提交至议会的法案初稿中，授权澳大利亚安全情报组织对不具备恐怖主义犯罪嫌疑人身份，但拥有与恐怖主义活动有关信息的成员甚至儿童进行搜查、羁押，羁押期限为2天左右，并且可以无限期延长。尽管该法规定，“被羁押者的人权和尊严必须受到尊重”，但对于残忍对待被拘留者或者不尊重其人权的澳大利亚安全情报组织人员，该法案并没有作出处罚的规定。该法案被描述为“腐烂透顶”，并被认为是提交至联邦议会的最差法案之一。[40]同样，澳大利亚安全情报组织联合议会委员会、澳大利亚秘密情报服务组织和防御信息理事会一致认为，《1979年澳大利亚安全情报组织法修正案》“将破坏核心的法律权利并腐蚀公民自由，而正是这些权利和自由使

〔39〕 Andrew Lynch and Nicola McGarrity, “Australia's counter－terrorism laws: how neutral laws create fear and anxiety in Muslim communities” (2008) 33 (4) *Alternative Law Journal* 225, 226.

〔40〕 George Williams, “Why the ASIO Bill is rotten to the core”, The Age (Melbourne), 27 August 2002, 15.

澳大利亚拥有了领先的民主体制”〔41〕。

澳大利亚《1979 年安全情报组织法修正案》经过了议会历史上最长（15 个月）、最激烈的辩论之后得以通过。最终的法案依然有针对非恐怖主义犯罪嫌疑人的规定，但在很多方面都不同于法案初稿。该法规定羁押制度只适用于 16 岁及以上的人，并且被羁押者拥有选择委托律师的权利；但如果律师可能造成安全风险，则澳大利亚安全情报组织可以阻止该权利的行使，并且赋予安全情报组织监听被羁押者和其律师之间交谈内容的权力。澳大利亚安全情报组织可以进行不超过 24 小时的审问，且澳大利亚公民最长羁押期限为 1 个星期，期满必须释放被羁押者，但是如果出现新证据，则可以再次对其进行审问。该法规定，只有在法官作出决定后，才可对公民进行讯问，并且讯问也必须在 1 名法官在场的情况下进行。讯问必须进行录像，全过程必须接受情报及安全检查专员不间断的详细审查。

以上给予公民权利的额外保护减轻了该法初稿中一些规定的危害。但就恐怖主义对国家安全造成的威胁而言，澳大利亚《1979 年安全情报组织法修正案》也只能被证明是一种暂时性的对策，这反映在法案的持续时间 3 年之落日条款中。然而，废除反恐法的困难也是显而易见的。2006 年，法案被重 553
新赋予了 10 年有效期，〔42〕尽管根据议会委员会的建议，该法不应被重新赋予超过 5 年的效力。〔43〕

澳大利亚没有选择将《1979 年安全情报组织法修正案》的部分条款废除，而是自 2003 年起就开始进行一系列的修法活动，这使得被羁押者受到讯问的时间延长至48 小时，并且新增了两项关于披露令状信息的罪名：〔44〕一是在令状的有效期间内，披露令状签发或某人被讯问或羁押的事实；二是在令状失效后的 2 年内，披露与令状签发有关的可用信息。

通过上述立法，澳大利亚联邦警察的权力发生了重要变化。以《2004 年

---

〔41〕 ASIO、ASIS、DSD 议会委员会，澳大利亚议会，参阅 *An Advisory Report on the Australia Security Intelligence Organization Legislation Amendment* (*Terrorism*) *Bill 2002*（2002）p. vii.

〔42〕 关于落日条款的有害影响以及反恐立法在国内管辖范围内的标准化趋势的讨论，可见本书第 7 章安德鲁·林奇文。

〔43〕 ASIO、ASIA、DSD 议会委员会，*Review of Division 3. Part Ⅲ of the ASIO Act 1979 –ASIO's Questioning and Detention Powers*（2005）Recommendation 19.

〔44〕 ASIO Legislation Amendment Act 2003（Cth）.

反恐怖主义法》为例，恐怖主义犯罪嫌疑人的羁押时间被延长至24小时，[45]为了符合这项时限规定，任何羁押期间的“无效时间”都不计算在内。[46]所谓“无效时间”，包括因被羁押者与法律职业者交流、接受医疗救治、睡眠而使审问延迟的时间。然而，这就给予了执法人员极大的权力来断言某段时间是因被羁押者而合理推迟或延迟的“无效时间”。正如穆罕默德·哈尼夫（Mohamed Haneef）案所展示的那样，这项规定已经将恐怖主义犯罪嫌疑人的羁押期限变为实际上的不确定期限。

哈尼夫于2007年7月2日在布里斯班机场被逮捕，因澳大利亚当局获悉其曾将一枚使用过的SIM卡转交给在英国的远方表亲，而后者随后卷入了一起在格拉斯哥机场的汽车爆炸未遂案件。在哈尼夫被拘留期间，联邦警察先后4次向法院申请认定“无效时间”。结果，直到2007年7月14日（距其首
554 次被羁押之日起12天后），对哈尼夫才以支持恐怖组织罪向法院提起诉讼。2007年7月27日，对哈尼夫的控告被驳回。2008年11月，一项对哈尼夫案的独立调查报道称：

> 没有证据可以证明哈尼夫知道他在向恐怖组织提供其SIM卡，或者知道他的行为将证明他曾过失将其SIM卡给予萨贝尔（Sabeel）。一言以蔽之，该案证据在最重要的方面存在缺失。[47]

这项调查同时指出“《刑法》第1部分C章中最严重的缺陷在于没有对‘无效时间’认定的次数作出限制性规定”，之所以称为缺陷，是因为“一个不受限制的羁押时间是绝大多数公民所不能接受的，并且已构成对一切公民或非公民自由权利的侵害”[48]。作为对此的回应，联邦政府在《2010年国家安全法修正案（恐怖主义）》中对能够获得司法授权的“无效时间”作出了7天的时限规定，[49]尽管其所规定的时间限制远远长于人权组织和学界的建议

---

〔45〕 被羁押者最初可被羁押4小时，其后经司法裁决可以再延长额外的20小时，See Crimes Act 1914 （Cth） ss. 23CA，23DA.

〔46〕 Ibid. s. 23CA.

〔47〕 The Hon John Clarke, *Clarke Inquiry into the Case of Dr Mohamed Haneef* （2008） p. x.

〔48〕 Ibid.，249.

〔49〕 See National Security Legislation Amendment Act 2010 （Cth），sch. 3，cl. 16，inserting ss. 23 DB （9）（m），（11），23DD into the Crimes Act 1914 （Cth）.

（大部分建议在 1 天到 3 天之间），它还是反映出联邦政府在限制不确定期限羁押方面的重大进步。该法同时明确，“无效时间”的计算只有在多项推迟叠加出现时才可适用，并且，对于嫌疑人在因行政原因导致的推迟受审，其时间不计算在“无效时间”内（比如，嫌疑人在工作人员向地方法官寻求延长调查时间的期间内受讯问），[50]后者旨在确保警察无法利用任何因程序性推迟而产生的“自由”讯问时间。

（四）控制令与预防性羁押令

2005 年 10 月的反恐行动引入了控制令与预防性羁押令制度，使澳大利亚联邦警察的权力发生了重大变化。《刑法》第 104 条允许经联邦总检察长的同意后澳大利亚联邦警察可以执行法院的控制令。但在批准一个控制令之前， 555
法院必须审查是否满足下列要求：控制令必须在实质上预防恐怖主义活动，或者针对是服从于恐怖组织指令的人，以及提供或接受恐怖组织训练的人。要想将其置于控制令之下，法院必须满足一切职责、禁令、约束的要求，必须是合理的、必要的并且适当的，必须满足从恐怖主义活动中保护公众的目的。

从 2005 年开始，澳大利亚只签发了两份控制令。第一份控制令是在 2006 年 8 月发布的，对象是约瑟夫·托马斯（Joseph Thomas）。托马斯由于接受“基地”组织的资金而被上诉法庭定罪，之后法院签发了针对该人的控制令。托马斯的控制令包含了一个禁令，即禁止其同恐怖组织的成员进行交流，以及同 50 个包括本·拉登在内的特定人员的交流。控制令在某些情况下的应用会遭到批评，比如“当政府被证明除了正常的讯问程序外更愿意用控制令，甚至在对一个未定罪的人适用除拘留外其他方法时应用控制令”时，都会遭到批评。[51]一个相似的批评是针对大卫·希克斯（David Hicks）发布的控制令，希克斯从 2001 年 12 月被羁押在关塔那摩监狱，2007 年 3 月，他被美国的特别军事法庭指控向恐怖分子提供物质支持，2007 年 12 月，他被转移到阿德莱德度过剩下的 9 个月的羁押期限。至此，他成为澳大利亚第二个受制于控制令的人。而托马斯和希克斯的控制令期满后，澳大利亚再也没有签发过控制

〔50〕 See National Security Legislation Amendment Act 2010（Cth），sch. 3，cl. 16，inserting ss. 23 DB（9），（10）into the Crimes Act 1914（Cth）.

〔51〕 Edwina MacDonald and George Williams，“Combating terrorism：Australia's Criminal Code since September 11，2001”（2007）16 *Griffith Law Review* 27，50.

令。[52]

相比之下，预防性羁押令规定在《刑法》第105条中，但从来没有被使用过。基于下列情况联邦警察将被允许执行预防性羁押：如果羁押可以阻止在接下来的14天内可能发生的恐怖主义活动，或者可以保存过去28天之内
556 的恐怖主义活动证据。预防性羁押令在羁押时间上有严格的时间限制，一个最初的令状（由联邦高级警官发布）只能持续24小时，一个延续性的令状（由退休法官，裁判庭成员或联邦法官发布）可以从第一次羁押起延长，但羁押时间不能超过48小时。这种机制以这种方式制定是为了防止基于联邦宪法中分权主义的责难。[53]然而，在澳大利亚一些地区，如果不受到上述条款的拘束，就允许经申请由法官对一个人作出超过14天的羁押。澳大利亚的控制令与预防性羁押令被认为还存有一些问题，因为它们表现出：

> 将法律作为预防性工具所体现出的紧张态势，它们挑战了法律规制的传统目的。无论是哪一个指令，都不需要确认一个人有罪或者有犯罪嫌疑。同时，每一个指令都允许对个人自由有极大的限制。这比破坏"无罪推定原则"要更为严重：它忽视了犯罪的概念。[54]

（五）国家安全信息

2004年，联邦议会颁布了一项新法案，规定的内容是关于在司法程序中如何披露国家安全信息的问题。《2004年国家安全信息法（刑事和民事程序）》（NSIA）对联邦总检察长授权，如果其认为信息披露可能会损害国家安全，就可以签发命令禁止信息公开。这会导致需要法院举行一个封闭听证会来决定什么信息该披露。这些令状可能包括：只能在修订过的文档里披露总结或声明的事实，或者要求证人不予提供证据。

---

〔52〕 Compare with the approach of the United Kingdom, which has used substantially larger numbers of control orders as an alternative to prosecution and imprisonment: see Helen Fenwick and Gavin Phillipson, Chapter 19, this volume.

〔53〕 This doctrine mandates a strict separation of judicial power from the legislative and executive arms of government. In particular, it means that only federal courts can be conferred with judicial power, and that federal courts cannot be conferred with power other than judicial power. See R v. Kirby; Ex pare Boilermakers' Society of Australia (1956) 94 CLR 254.

〔54〕 Andrew Lynch and George Williams, *What Price Security? Taking Stock of Australia's Anti – Terror Laws* (University of New South Wales Press 2006) 42.

这项制度有两点特别值得重视：首先，在决定哪一令状会被签发时，《国家安全信息法》第31（8）条要求法院更多考虑的是对国家安全风险的影响，557
而较少考虑到被告人享有公平审判的权利。其次，如果法院认为被告人的存在影响到国家安全，或者其诉讼代理人没有达到安全等级（司法部门认为的适当水平），被告人甚至其代理人可能排除在封闭听证会之外。这意味着，即便被告人没有经过有效的质证，也可能被判有罪。《国家安全信息法》允许被告人基于抽象或者转化的国家安全情报被定罪，但这样很难为被告人提供质证的可能性。

（六）煽动叛乱罪

澳大利亚在《2005年反恐怖主义法（第2号）》中升级了煽动叛乱罪，将其规制范围扩展到宣扬暴力的行为或者协助澳大利亚敌人的行为。最初的煽动叛乱罪规定在《1914年犯罪法》中的第24A条中，将实施煽动反抗政府的言行作为犯罪。然而在20世纪整个下半段，这个罪名都没有被适用。但根据《刑法》第80.2条，要求他人以武力或暴力方式推翻澳大利亚政府或联邦政府的合法统治，将是一种犯罪行为。同时，煽动他人干涉议会选举，使用暴力或向联邦敌对势力提供协助，也是一种犯罪行为。但在特定情况下，基于"善意"的行为将不被认为是一种犯罪：比如指出立法中的错误，或者基于公共利益促使他人试图修改法律以及出版报告。而根据《2005年反恐怖主义法（第2号）》，煽动行为可能被处以最高7年的监禁刑。

目前，针对这些罪名的设置已经有很多的批评意见。其中有人指出，这种做法的一个风险就是影响了政治意见的表达。2006年，澳大利亚法律改革委员会（ALRC）报道指出，这样一种广泛而模糊的犯罪设置方式有违《公民权利和政治权利国际公约》第19条的规定。[55]还有人表示担心，这些条款可能被用来打击"涉嫌"的少数族裔（主张反对澳大利亚盎格鲁·撒克逊人 558
的暴力和歧视）。[56]

出于对这些批判意见的回应，煽动叛乱罪的条款在更大程度上被《2010年国家安全法修正案（恐怖主义）》修改。该修正案在煽动叛乱的成立上要求

---

〔55〕 See Australian Law Reform Commission, *Fighting Words: A Review of Sedition Laws in Australia* (2006) pp. 115 – 17.

〔56〕 Simon Bronitt and James Stellios, "Sedition, security and human rights: 'unbalanced' law reform in the 'war on terror'" (2006) 30 *Melbourne University Law Review* 949 – 50, 959 – 60.

犯罪主体“有意”促使他人去使用暴力或者强力，或这样做的目的是“追求”这些暴力或强力能够发生。同时，该修正案也将促使对其他民族团体和种族团体使用暴力的行为规定为犯罪，将使用暴力但不会威胁到联邦和平、秩序和良好统治的最高刑降低到5年监禁刑。[57]

四、澳大利亚的反恐怖主义法律实践

（一）指控

在澳大利亚，已经有37个人被指控实施恐怖主义犯罪。[58]另有40多名澳大利亚人因为涉嫌恐怖主义犯罪等原因，导致其护照被撤销或入籍申请被拒绝。在许多情况下，执法机构已经证明，对于针对澳大利亚恐怖袭击的搜查或逮捕“迫在眉睫”[59]，但正如上面所讨论的，这种说法并不必然能够使得对恐怖主义的指控成立。在澳大利亚的许多恐怖主义犯罪审判中，法律的目的是事前阻止恐怖主义活动，而这一目的已经得到承认。例如，在2010年2月对5名悉尼人的恐怖主义犯罪的审判中，法官威利（Whealy）说：

> 将这种行为纳入刑法规制，并处以刑罚处罚，其最主要的目的在于防止紧急情况的出现，而且这种紧急状况将极有可能会导致严重的恐怖主义活动。这项立法的目的是早期预防，在预备行为转化为成熟的、对
> 559 社会致命的或危险后果之前对其加以规制。[60]

在本案中，恐怖主义犯罪概念的广度和不确定性体现得尤为明显。在本案中，一共有5人被指控预备实施恐怖主义犯罪，也就是说，预备实施有关恐怖主义活动的犯罪，有证据表明罪犯购买了大量的弹药、化学品和实验室设备，并且每个罪犯也持有宣传极端主义和军事训练的手册。

---

[57] See National Security Legislation Amendment Act 2010 (Cth), sch. 1.

[58] See McGarrity, “‘Testing’ our counter-terrorism laws”, 125.

[59] “Pre-Dawn Raids Net Terrorism Suspects” Australian Broadcasting Corporation Television, The 7:30 Report, 8 November 2005 (Carl Scully) available at www.abc.net.au/7.30/content/2005/s1500743.htm; “Sydney terrorist attack was ‘imminent’” Australian Broadcasting Corporation News, 4 August 2009, available at www.abc.net.au/news/stories/2009/08/04/2645794.htm.

[60] R v. Elomar [2010] NSWSC 10, [79].

在对 5 名被告人定罪量刑的问题上，威利法官指出，在这 5 人打算实施恐怖袭击的意图，以及是否有意杀害无辜平民的问题上，并没有达成任何确定的结论。尽管如此，威利法官认为他们 5 个人行动的危险性仅低于最严重的犯罪，因为“他们对澳大利亚政府共同的蔑视和他们对社会公众无法克制的敌意”使他们剥夺他人生命的行为“不可避免”。[61]正是这种推定的方法，在确定“预备实施恐怖主义活动”时发挥了证明作用，这也是澳大利亚反恐法律的触角触及刑事责任的最早阶段。

（二）宪法挑战

如上所述，澳大利亚法律体系中缺少《权利法案》，这也就意味着由法院来评估或推翻反恐立法的机会有限。尽管在这个方面有许多新颖并且意义深远的法律，但截至目前，以合宪性的角度进行的质疑只发生过两次。

在托马斯（Thomas）诉莫布雷（Mowbray）案[62]中，高等法院驳回了针对《刑法》第 104 条之控制令的抗辩。显然，高等法院在认为该制度侵犯个人权利的问题上，并没有就此案表示赞同意见。相反，有人认为，该立法并不符合澳大利亚宪法关于联邦立法权的主体要求，它也违反了严格的司法、立法和行政权的“三权分立”制度。大多数法官并不认可上述论点，并在确 560
定恐怖主义威胁程度和应采取的行动上具有相当大的自由裁量权。

在 R 诉罗迪（Lodhi）案[63]中，被告人试图质疑《2004 年国家安全信息法（刑事和民事程序）》，理由是，根据该法的规定，那些被控犯有恐怖主义犯罪的被告人所经历的诉讼过程并不符合司法权运行的逻辑（并因此违反了澳大利亚宪法的“三权分立”精神）。在这个问题上，新南威尔士州最高法院的威利法官认为，立法活动与行使司法权并非是不一致的，因为它主要在业已确定的程序中认定审前披露的证据，而不是在审判中排除证据。[64]在对新南威尔士法院判决提出上诉之后，大法官斯皮尔曼（Spigelman）支持了法官威利的决定，指出《国家安全信息法》只是“倾斜平衡”以有利于国家安全，但这并不能致使法律无效。[65]2008 年，通过特殊程序上诉到高等法院的

〔61〕 Ibid.，[60]，[69].

〔62〕 (2007) 233 CLR 307.

〔63〕 [2006] NSWSC 571.

〔64〕 Ibid.，[82]－[85].

〔65〕 Lodhi v. R [2007] NSWCCA 360，[66]－[67].

申请被拒绝。[66]

（三）“柔性”措施

在西方国家回应“9·11”事件的措施和方法中，很多的研究和分析都集中在成文法的内容上，但澳大利亚政府却采取了“柔性”方法来应对极端恐怖主义发生。2005 年 7 月伦敦爆炸案之后，澳大利亚政府理事会在反恐问题上举行特别会议，通过建立国家行动计划来打击澳大利亚穆斯林社区内的冲突和暴力问题。[67]该计划发布于2006 年7 月，其主要目标是以“通过解决极端主义、日益增加的暴力和冲突，增强社会凝聚力，提高社会和谐水平，满足澳大利亚保卫国家安全的需要；以应对日益增加的全球宗教和政治威胁恐怖主义”[68]。目前看来，尽管这一举措的结果尚不得而知，但类似的举措已经在工党政府的“社会参与进程”框架下持续开展并进行着。2008 年 5 月，
561 澳大利亚社会参与董事会成立，其主要目标之一就是“消除来自本国社会中敌对势力对安全与和谐所产生的威胁”[69]。

五、新西兰的反恐立法情况

与澳大利亚不同，新西兰在“9·11”事件之前已经存在反恐怖主义法律[70]，[71]其中包括《1987 年国际恐怖主义法（紧急权力)》，该法的颁布部分是为了回应1985 年新西兰彩虹战士爆炸案。该法在宣布出现“国际恐怖

---

〔66〕 Lodhi v. The Queen [2008] HCATrans 225.

〔67〕 See Council of Australian Governments Communiqué, “Special Meeting on Counter – Terrorism”, 27 September 2005, 3.

〔68〕 Ministerial Council on Immigration and Multicultural Affairs, *A National Action Plan to Build on Social Cohesion, Harmony and Security* (2006), p. 6.

〔69〕 Australian Social Inclusion Board, Social Inclusion in Australia: How Australia is Faring (2010), p. 1.

〔70〕 事实上，一项研究表明，“尽管新西兰没有遭遇真正的恐怖主义威胁，其仍然构建了一套综合和实体的反恐怖主义框架”。这是因为新西兰希望对恐怖主义保持高度的警惕，以及具有加入由其他类似国家组成的反恐怖主义联盟的愿望。B. K. Greener – Barcham, “Before September 11: a history of counter – terrorism in New Zealand” (2002) 37 *Australian Journal of Political Science* 509, 514.

〔71〕 关于新西兰反恐立法的演进，see Greener – Barcham, “Before September 11” . For an overview of New Zealand law on terrorism before and after September 11, see J. E. Smith, *New Zealand's Anti – Terrorism Campaign: Balancing Civil Liberties, National Security, and International Responsibilities* (December 2003), available at www. fulbright. orz. nz/voices/ axford/ docs/ smithj. pdf.

紧急事件”后，赋予警察和军队“紧急权力”，其中第 2 条规定，这样的紧急情况只能出现在关于“为促进新西兰任何政治目的之外的目的”进行的恐怖主义活动。一个有争议的方面是，根据该法第 14 条，首相可以禁止发布有关国际恐怖主义活动的紧急事项或广播，然而这一权力从未被使用，因为国际恐怖主义紧急情况的声明并未根据该法作出。

“9 · 11”事件之前，新西兰已经通过立法来履行 8 项重要的国际反恐公约。[72]《2001 年反恐怖主义法（爆炸和资助）》于“9 · 11”事件时提交给新西兰议会，这个新的法案试图贯彻两个或两个以上的国际公约。恐怖袭击发生后，它成为回应联合国安理会第 1373 号决议打击恐怖主义所要求的“便 562
车”[73]。事实上，反恐立法的争议焦点变成了将如何重新草拟法律草案，以遵守联合国安理会决议（该决议被新增为法律草案附件）。法律草案的名字也被修改，并最终像反恐怖主义法一样[74]获得了压倒性的跨党派支持，[75]并于 2002 年 10 月生效。[76]在该法生效之前，法律草案由政府的皇家法律事务办公室审核，以确保其遵守新西兰《权利法案》。《2002 年反恐怖主义法》第 70 条还要求该法案在 2005 年 12 月之前由议会审查。2005 年 11 月，新西兰外交国防和贸易委员会向议会提交了报告，并建议进一步关注某些方面的防御权和禁止制度。该法第 70 条随后被废除，之后并没有出现持续不断的审查该法案的要求。

新西兰《2002 年反恐怖主义法》第 5 条用 3 种不同的方法界定了“恐怖主义”。[77]第一，根据第 5（1）（a）条，如果行为满足三个标准即构成“恐怖主义”：①它必须具有推行意识形态、政治或宗教事业的目的；②必须为了在平民中产生恐怖气氛，强迫或迫使一国政府或国际组织采取或不采取某种

〔72〕 Alex Conte, “A clash of wills: counter – terrorism and human rights” (2003) 20 *New Zealand Universities Law Review* 338, 340, fn 7.

〔73〕 M. Palmer, “Counter – terrorism law” (2002) *New Zealand Law Journal* 456.

〔74〕 在新西兰，通过反恐法成为比界定恐怖主义、明确认定恐怖组织的范围和效果更为重要的任务。Treasa Dunworth, “Public International Law” [2002] *New Zealand Law Review* 255, 270.

〔75〕 The Bill was passed with a margin of 106 to 9 votes, with only the Greens voting against it: Smith, *New Zealand's Anti – Terrorism Campaign*, p. 30.

〔76〕 As amended by the Terrorism Suppression Amendment Act 2003 (NZ).

〔77〕 Under s. 25 (I), “planning or other preparations to carry out the act, whether it is actually carried out or not”, a “credible threat to carry out the act” or an “attempt to carry out the act” also constitute a terrorist act.

行为；③必然导致5种可能的危害（第3款）：

(a) 造成1人或1人以上死亡或者其他严重身体伤害（除了一个人实施的行为除外）；

(b) 严重危害人群的健康或安全；

(c) 破坏或严重损坏具有极大的价值或重要性，或重大经济损失，或重大环境、财产破坏，如果可能导致前段所指明（a），（b）及（d）中一个或多个结果；

(d) 严重干扰或严重破坏基础设施，有可能危及他人的生命；

563 (e) 引进或释放带有病菌的有机生物体，以此有可能摧毁一个国家的国民经济。

就列出的危害后果上，新西兰和澳大利亚在概念上存在显著的不同。新西兰反恐法规定的概念并不仅仅指“危害”某个人生命的行为。新西兰还规定，任何由恐怖主义活动引起严重损害的属性必须是“具有极大的价值或重要性”，而在澳大利亚，对任何财产造成严重损害就足够了。新西兰的恐怖主义概念还必须导致了包含第（a）、（b）或（d）项中的任一条的结果。新西兰还规定，严重干扰或中断基础设施必须是“可能会危及他人的生命”，而在澳大利亚，对电子系统的攻击没有任何额外要求。新西兰还包括第（e）项的“生物恐怖主义”条款。这些因素往往表明，新西兰所规定的恐怖主义危害程度比澳大利亚要高。但是，两个国家都规定了“严重威胁居民健康或安全”的最低标准，这意味着两个国家的概念在实践中没有显著的区别。

在恐怖主义概念中，该法第1（4）条规定的是在武装冲突情况下发生的根据适用的国际法的行为豁免条款。第1（5）条规定了对抗议、宣传、异议或其他劳工活动的行为豁免。

第二，根据《2002年反恐怖主义法》第5（1）（b）条，如果一个行为违反“指定的反恐公约”，那么它就是恐怖主义活动。[78]第4（1）条定义了在附表3中所列的9项条约里“指定的反恐公约”的行为，如关于制止非法劫持航空器或危及海上航行安全的非法行为。

---

[78] The use of “against” in this context is certainly awkward: see M. Palmer, “Counter - terrorism law” [2002] *New Zealand Law Journal* 456, 457.

第三，根据第 5（1）（c）条，如果一个行为是“武装冲突中的恐怖主义”，那么就属于“恐怖主义”。第 4（1）条界定了“武装冲突中的恐怖主义”，即一个行为发生在武装冲突情况下，目的是恐吓民众，或迫使一国政府以特定方式行事，并有意造成死亡或重伤。该法还包括在 1999 年《制止资助恐怖主义国际公约》第 3 条对遏制恐怖主义融资的内容。

令人吃惊的是，在 2007 年之前，实施“恐怖主义活动”本身并不触犯刑 564
法，这个疏忽通过《2007 年反恐怖主义法修正案》而得以弥补。[79]“恐怖主义活动”概念同样是犯罪行为的中心，譬如资助恐怖分子（第 8 条），窝藏恐怖分子或隐瞒不报（第 13A 条）。

《2007 年反恐怖主义法修正案》明确了恐怖组织或恐怖分子的各种类型。它包含了自 2007 年以来，新西兰总理或联合国安理会决议（特别是第 1267 号决议）认定的恐怖组织。[80]在最初的形式下，新西兰总理有权根据《2002 年反恐怖主义法》第 20～22 条认定恐怖组织。这意味着新西兰总理既可以因其行为的目的而认定联合国已经指定的实体，也可以在之后将其撤销。高等法院也有权撤销、否决或延长总理根据《2002 年反恐怖主义法》认定的恐怖组织。《2007 年反恐怖主义法修正案》是基于 2005 年的一个关于外交事务和国防贸易委员会的报告而形成的。委员会已经表示，担心总理和高等法院会推翻联合国安理会认定的恐怖组织名单，致使新西兰与其应尽的国际义务相背离。[81]《2007 年反恐怖主义法修正案》通过之后，通过该法第 20～22 条，仍然保留总理和高等法院关于修订恐怖组织名单的权力，但是不能影响联合国认定的恐怖组织及其制裁效果。

通过《2007 年反恐怖主义法修正案》，新西兰总理除了联合国所认定的

---

〔79〕 Terrorism Suppression Act 2002 (NZ), s. 6A.

〔80〕 See the definition of "designated terrorist entity" in s. 4 of the Terrorism Suppression Act 2002 (NZ), inserted by s. 5 of the Terrorism Suppression Amendment Act 2007 (NZ). See also the United Nations Sanctions (Afghanistan) Regulations 2001, as amended by the United Nations Sanctions (Afghanistan) Amendment Regulations 2002, and replaced by the United Nations Sanctions (Al－Qaida and Taliban) Regulations 2007, which have provided a range of other restrictions on designated terrorist entities since 2001. 关于联合国安理会第 1267 号决议的研讨，也见本书第 2 章 C. H. 鲍威尔文。

〔81〕 See House of Representatives Foreign Affairs, Defence and Trade Committee, Parliament of New Zealand, *Review of the Terrorism Suppression Act 2002* (2005), pp. 5－6; New Zealand, *Parliamentary Debates*, House of Representatives, 24 October 2007, 12668 (Mark Burton).

恐怖组织之外，还有权认定其他恐怖组织，条件是其有合理的理由确信该组
565 织故意实施、参与实施恐怖主义活动。为了进行认定，可能会考虑到任何相
关信息，包括机密的国家安全信息。根据反恐法，既可以对恐怖组织进行
“最终认定”，其受到的司法审查将在3年后过期；也可以进行“临时认定”，
认定结果如果未转换为“最终认定”即在30天后失效，包括没收其财产并取
消关于金融和相关方面的服务等。〔82〕到目前为止，新西兰根据第22条作出了
4项金融制裁措施。〔83〕

反恐立法的第二个主要部分是《2002年反恐怖主义法》，该法覆盖的范围广泛，并致力于寻求填补传统法律体系的空白。它包含了对原有法律的重要修改，如搜查和跟踪设备方面。〔84〕它还试图通过反恐立法的方式来履行一些国际条约。经过近1年的辩论和委员会的调查，该法案被分成6个单独的部分，〔85〕而后于2003年10月在议会以压倒性优势通过。

就在最近——2009年10月，《2009年反洗钱和资助恐怖主义法》被新西
兰议会批准，该法主要针对监督和遏制洗钱与恐怖主义融资，规定商业机构
566 负有对客户和其他人进行尽职调查评估、报告可疑交易、记录、存储相关信
息和销毁记录的义务。

六、澳大利亚和新西兰的比较

新西兰应对恐怖主义的一个主要目的是要使其法律符合联合国公约的标准，并与国际上其他的反恐措施保持同步。新西兰的反恐立法往往重视发挥其在国际社会中的作用，而并非对国内恐怖威胁做出直接的和必要的应对。

〔82〕 For a more detailed discussion of the New Zealand proscription regime, see Alex Conte, *Counter – Terrorism and Human Rights in New Zealand* (New Zealand Law Foundation, 2007) pp. 300 – 9. For a discussion of UN designations, see pp. 309 – 15.

〔83〕 For a current list of New Zealand Proscriptions, see New Zealand Police website, available at www. police. govt. nz/service/counterterrorism/designated – terrorists. html.

〔84〕 See Alex Conte, "Tracking devices, search warrants and self – incrimination" (July 2003) *New Zealand Law Journal* 235.

〔85〕 Namely, the Crimes Amendment Act 2003 (NZ), Misuse of Drugs Amendment Act (No 2) 2003 (NZ), New Zealand Security Intelligence Service Amendment Act 2003 (NZ), Sentencing Amendment Act 2003 (NZ) and Summary Proceedings Amendment Act 2003 (NZ), Terrorism Suppression Amendment Act 2003 (NZ).

例如，在众议院讨论反恐法时，来自朗伊蒂基（Rangitikei）地区的议员西蒙·鲍尔（Simon Power）认为：

> 这项法案实际上是新西兰在做它分内的事，这是关于认识到新西兰要成为国际社会一部分的义务之一，因此必须在严肃和困难的问题上保持立场。这都需要国家的承诺。[86]

类似的压力已经在澳大利亚反恐立法中发挥了作用。[87]然而，澳大利亚看起来已更接近美国式的（而不仅仅是美国和其他多边机构）领导，已经到了“先发制人”地（而且可能是非法的[88]）在伊拉克采取军事行动的程度。新西兰最终在伊拉克向联军投入了一小支军队工程部队，但在2004年9月又撤回了这支部队。正是这种方法上存在的差异，部分解释了新西兰为什么没有试图复制一些澳大利亚国内出现的更有争议的建议，如由安全情报机构羁押非犯罪嫌疑人。事实上，对修订新西兰《1969年安全情报机构法》的关注一直相对较少，[89]焦点反而一直在对恐怖组织执法过程的禁止上。在其中一起案件中，新西兰对位于鲁阿托基山谷（Ruatoki Valley）和乌维拉山脉（Uruwera Ranges）的营地进行突袭后发现大量弹药，政府原本可以依据《2002年反恐怖主义法》的规定起诉，却选择使用《1983年武器法》对犯罪分子进行定罪。[90] 567

从这两个国家对待恐怖主义威胁的反应来看，最近的一个相似之处是反恐措施和出入境监管之间的关系。[91]在澳大利亚政府2010年发表的《反恐白皮书》认为，识别、防止那些试图进入或过境澳洲以实施恐怖主义相关活动的人，对于澳大利亚的安全十分重要。[92]因此，政府承诺对来自高风险国

---

[86] New Zealand, *Parliamentary Debates*, House of Representatives, 1 April 2003, 9158 (Simon Power).

[87] See, e. g. , Commonwealth, *Parliamentary Debates*, House of Representatives, 12 March 2002, 1041 (Daryl Williams).

[88] See Devika Hovell and George Williams, “Advice on the use of force against Iraq” (2003) 4 *Melbourne Journal of International Law* 183.

[89] See New Zealand Security Intelligence Service Amendment Act 2003 (NZ).

[90] See Paraha and Ors v. New Zealand Police HC AK CRI 2007 – 092 – 5673 [2008] NZHC 582.

[91] 关于移民法在反恐怖斗争中作为刑法替代措施的研讨，见本书第20章肯特·罗奇文。

[92] Australian Government, Counter – Terrorism White Paper: Securing Australia – Protecting our Community (2010) 35.

家的非公民引入基于生物特征的签证制度（包括指纹和面部图像的集合）。一个特别引发批判的事件展示了澳大利亚应对恐怖主义和移民法规之间的密切联系，这就是在上面讨论的哈尼夫案的过程中发生的。哈尼夫由布里斯班治安法庭判决保释；然而，移民国籍部部长凯文·安德鲁斯（Kevin Andrews）仍着手去取消哈尼夫的签证，理由是根据《1958 年移民法》第 501 条，他没有通过“性格测试”。这一决定之后被澳大利亚联邦法院推翻，但是哈尼夫却因此被驱逐出澳大利亚。[93]

新西兰也有类似失误发生。来自阿尔及利亚的寻求庇护者艾哈迈德·扎维（Ahmed Zaoui），从 2002 年 12 月起被羁押了 2 年，而这一羁押就是新西兰安全部首长根据《1987 年移民法》规定的“安全风险认证”基础上作出的。[94]这一争论揭示了 1987 年立法中存在的一些问题，特别是缺乏对引用此类证书进行司法审查的人的人权保护。扎维被指定了一名安全检查律师去查看新西兰安全情报机构以前没有公布的机密信息，但该制度在 2007 年 9 月被废止时尚未被实践检验是否有效。[95]

568 这些问题促使新西兰国会创建了移民和保护法庭，并在《2009 年移民法》的影响下引进了一个“特殊主张”制度。后者反映在英国和加拿大的反恐活动中，其允许安全检查律师质疑在审查、上诉或羁押方面适用保密制度的合理性。[96]当该制度似乎是要帮助个人去质疑机密信息合理性的时候，就引发了对新西兰《权利法案》中自然正义要求的关注。尤其是议会中的一个毛利人代表批评政府隐瞒真相，指出该法案实际上是打算“为打击恐怖主义正当性辩护的典型实例”[97]。

---

[93] Haneef v. Minister for Immigration and Citizenship (2007) 161 FCR 40 (Federal Court); Minister for Immigration and Citizenship v. Haneef (2007) 163 FCR 414.

[94] See Conte, *Counter-Terrorism and Human Rights in New Zealand*, pp. 343-5.

[95] See, generally, Lani Inverarity, "Immigration Bill 2007: special advocates and the right to be heard" (2009) 40 *Victoria University of Wellington Law Review* 471.

[96] 关于加拿大和英国的特别支持系统的研讨，见本书第 6 章尼古拉·麦克加里蒂、爱德华·桑托文。

[97] New Zealand, *Parliamentary Debates*, House of Representatives, 16 August 2007, 11245 (Tariana Turia).

七、结论

为了应对“9·11”事件，澳大利亚和新西兰通过了一些新的重要法律。这些法律挑战了关于公法和刑事法的角色与合理界限。特别是澳大利亚通过了一系列非同寻常的新规定，授予像安全情报组织等机构以特别权力，这在恐怖袭击发生之前是难以想象的。一些澳大利亚法律只能被这样的事实解释：澳大利亚没有一个国家人权框架体系，从而要求国会关注言论自由等基本人权。

澳大利亚长期持续的反恐立法进程终结于 2007 年下半年霍华德政府的选举失利。自此，新的反恐立法已经很少，这意味着必须通过新的法律来检查之前的情形并处理一些法律自身存在的问题。自 2007 年起，最有积极意义的标志是独立国家安全法律审查机构的组建，它能够有能力对法律状况加以鉴定，也为以后必要的变化提供了“催化剂”。

新西兰则走上了不同的道路。首席司法部长兼涉外事务贸易部长菲尔·高夫（Phil Goff）甚至于 2003 年认为“在当下的情况，就法律方面而言，我们已经基本涵盖了所有方面”[98]。正如随后新西兰的数据显示，这个论断虽然还没有被证明是正确的，但它仍然指出了两个国家之间在面对恐怖主义所采用方法的差异。与澳大利亚不同的是，新西兰的反恐立法是为了应对国际 569
社会的压力，并想成为一名负责任的国际社会成员而做出了相应的改变。尽管自身的问题不断被提及，如此的立法也同样证明了其与基本人权标准相互兼容的努力，这是新西兰《权利法案》的要求。

在澳大利亚和新西兰，法律在反恐怖斗争中发挥着先锋作用。所以两国都有一个普遍现象，即两国政党领导、国会议员和立法者在“9·11”事件和更多近期发生的恐怖袭击后，都转向通过新的立法来加以应对，这些法律在他们的掌控下也会发生象征和潜在的实际作用。但是，需要重点指出的是，新的法律并不能提供一个长期的解决方案。反恐立法并不能够消除恐怖主义发生的根源，也不能阻止恐怖分子事先预谋的袭击，立法只是能够将人们的注意从对其他反应的争论中转移到恐怖主义本身上来。更糟糕的是，通过严

〔98〕 Smith, *New Zealand's Anti – Terrorism Campaign*, p. 35.

格的反恐立法可能会导致公众的自满情绪，并加剧社会中不同族群之间矛盾的激化，从而使法律本身所保护的民主、自由价值做出让步。在澳大利亚，缺乏国家性的《权利法案》是一个值得注意的问题，而这是在对抗恐怖主义和指导反恐行动时不可或缺的，同时也能够维护公民的基本权利。

并不是说国家在对待恐怖主义上应该过分谨慎。确实，所有国家都有义务保护他们的人民免受恐怖袭击。但是，当法律被用来作为抗击恐怖主义的主要工具时，特别是当法律不被基本人权原则限制时，法律本身坚持的原则就会受到相应的威胁，而法律的匆忙通过和快速更替甚至可能削弱历经几个世纪才形成的价值与观念。

第五部分

中东和非洲国家的反恐立法和政策

第22章

南非、东非的恐怖主义和管控*

克里斯·奥克斯托比** C. H. 鲍威尔***

一、引言 573

鉴于恐怖主义犯罪的社会危害性极大，在处理这种犯罪时事前预防的效果要远远超过事后惩罚，因此许多国家针对恐怖主义犯罪都采用了一些不同于普通程序的特殊手段。许多反恐立法都限制犯罪嫌疑人的个人权利，并且允许在定罪之前针对嫌疑人采取某些行动；也有一些立法放宽了对恐怖主义犯罪的证明标准。这些做法的支持者认为，这种严厉的手段是社会为了保护无辜公众所付出的必然代价。

在这里我们发现了一个围绕反恐行动悖论的争议。因为还有一种观点认为，在同样的反恐立法中，也存在对犯罪嫌疑人的保护措施。这种观点认为，为了有效地打击恐怖主义犯罪，可以允许一些突破刑事实体法和程序法基本原则的手段。然而，紧跟着的问题就是要求相关部门明确这种突破何时是被

---

* 本章的写作还要感谢安托·度·普莱西斯（Anton du Plessis）、安内特·胡布舒勒（Annette Hubschle）、利文斯通·塞万亚那（Livingstone Sewanyana）、卡洛琳·安多尔（Caroline Adoch）、莱布塔·姆噶比（Laibuta Mugambi）、格特鲁德·瓦马拉（Gertrude Wmala）、和帕迪克·拉克（Paddy Clark），因为他们提供了非洲东部地区的反恐进展情况；乔撒·门德尔松（Joshua Mendelsohn）提供了稀缺的南非反恐案例；迪尔莎·布雷（Dishaad Brey）和开普敦大学图书馆政府出版物部门的工作人员为我们提供了乌干达和肯尼亚的公开档案和信息；感谢2010年8月在悉尼参加的反恐座谈会上对本书第1版内容的评论。

** 克里斯·奥克斯托比（Chris Oxtoby），开普敦大学民主管理及权利分配助理研究员。

*** C. H. 鲍威尔（C. H. Powell），开普敦大学公共法学高级讲师。

允许的，又在什么程度上被允许。按照这样一种说法，反恐立法必须明确恐怖主义的概念，并且建立对执法活动的限制，而不是在法律的框架外展开行动，并且权力的行使是受到监督的。

在本章中，我们将具体探讨这样的一个问题：通过分析南非、非洲东部
574 国家的肯尼亚、坦桑尼亚和乌干达 4 个非洲国家的反恐行动，以探究在一些没有反恐立法的国家（如肯尼亚）是如何展开反恐行动的，以及在某些有反恐立法的国家和地区（如南非），反恐程序是如何作为一种对普通刑事程序的替代性措施被应用的，以此来探讨这些国家的反恐立法是否满足了有效预防和打击恐怖主义犯罪的需要。我们还会考察反恐立法是否保护了嫌疑人的权利，通过对比立法中是否有系统的人权保障条款，以明确立法与现实之间的差距。这样的一个差距将证明，在反恐行动中，法律本身扮演着一个微不足道的角色，也不足以发挥其保障人权的作用。反恐立法只有尊重法治的相关原则，才能算是一种有效的尝试。

二、南非和东非的反恐立法背景

在本书的 2005 年版中，本章主要探讨了国际反恐机制的一些细节，以及南非、肯尼亚、乌干达和坦桑尼亚的反恐法律框架。在这一版中，国际反恐的内容将放到其他部分中探讨，[1]我们只是简要探讨相关国家的反恐立法内容，在接下来的专题讨论中将重点突出相关的修订和变化。[2]为了讨论反恐立法的执行情况，我们采用不同的主题分析上述国家的反恐怖主义实践，分别是：在全球“反恐战争”的背景下，国家的地理位置以及主权的重要性；反恐立法本身的合法性；人权问题，特别是对政治上反对派的镇压行动，安全部队的行动和恐怖分子嫌疑人的引渡问题；以及对反恐立法的司法审查。

本章所分析的 4 个国家在法律制度上虽然有很大差异，但在一定程度上具有相似之处，即都是普通法国家。然而，我们将在本章看到，这 4 个国家在应对当代恐怖主义犯罪时的法律制度具有很大的不同。2005 年，乌干达和坦桑尼亚通过了反恐立法，但肯尼亚于 2003 年讨论的《反恐怖主义法》草案

---

〔1〕 本书第 2 章 C. H. 鲍威尔文。

〔2〕 相关内容参见本书第 1 版。

却遇到了政治力量和民众的阻力，直到现在也没有通过。〔3〕南非的反恐立法 575
于2005年生效，但却经历了一个相当艰难和漫长的历程，〔4〕其受到的阻力主要来源于两个方面：一是违背了宪政与人权的相关原则；二是主要来自于受害人一方的担忧，特别源于穆斯林社区和工会，〔5〕这与非洲东部一些国家的情况比较相似。

从当前的情况来看，反恐立法的现状在很大程度上依然保持不变。南非的法案没有被修改，肯尼亚仍然缺乏专门的反恐立法。在2006年5月，肯尼亚政府起草了一份加强打击恐怖主义的法案，但并没有被提交给国会，〔6〕在接下来可预见的一段时间内，重新提交的希望也不大。〔7〕因此，对肯尼亚的反恐活动的研究将主要参考2003年的法案。坦桑尼亚也一直在促进新的反恐立法，〔8〕但在本章写作时情况还未发生变化。就乌干达而言，虽然有一些监听规定被其他法律法规加以补充，〔9〕但提交的反恐立法并没有作任何修改。〔10〕

三、南非和东非的反恐机制

本部分的主题是南非和非洲东部地区的反恐立法。首先分析反恐立法授权遏制恐怖主义的条款；其次分析涉及恐怖主义犯罪起诉与审判的条款；最
后还有一个部分讨论南非反恐立法的合宪性问题，并对南非的反恐立法进行比 576
较研究。为了便于讨论，3个非洲东部国家的立法是被放在一起进行分析的。

---

〔3〕 C. H. Powell, "Terrorism and governance in South Africa and Eastern Africa", in Victor V. Ramraj, Michael Hor and Kent Roach (eds.), *Global Anti - Terrorism Law and Policy* (Cambridge University Press, 2005), p. 566.

〔4〕 相关立法于2004年11月12日由国民议会通过，并于2005年2月4日被总统批准，当年5月20日生效。

〔5〕 Powell, "Terrorism and governance in South Africa and Eastern Africa", pp. 566 - 7.

〔6〕 相关文件被公布在肯尼亚议会的官方网站：www. Kenyalaw. org；美国相关部门发布的报告：世界各国的反恐情况说明中的第二部分（非洲）中也有相关内容。在处理相关矛盾时，肯尼亚政府似乎欠缺相应的政治水平。

〔7〕 Anton du Plessis, Institute for Security Studies, Correspondence with the authors, 20 September 2010.

〔8〕 Du Plessis, Correspondence with authors, 20 September 2010.

〔9〕 Authors' search of Ugandan Government Gazettes.

〔10〕《通信截听法规则》（The Regulation of Interception of Communications Act）于2010年9月通过。

（一）南非的反恐立法

1. 预防

南非的反恐法律体系将反恐立法与预防有组织犯罪立法结合起来，从而使得预防有组织犯罪立法的效力及于恐怖主义犯罪。根据《预防有组织犯罪法》的规定，对于“与恐怖主义或者相关活动有关”的财产就可以执行民事没收措施。凡是在反恐立法中所规定的组织收购、收集使用、拥有，或者为其提供以及拥有的利益，或者被控制的财产，都有可能会被没收。对涉嫌参与相关团体的嫌疑人进行认定时并不必然要经过刑事程序，但民事没收则需要法院签发命令。〔11〕

《反恐怖主义法》第22条主要涉及了《国家公诉法》（NPA）第5章的内容如何落实的问题，〔12〕其赋予调查恐怖主义犯罪的机构与调查有组织犯罪的机构以相同的权力。特别行动指挥部（DSO）〔13〕有权进行特别调查和人员调配，也有权扩大搜索和扣押的范围。〔14〕虽然在对恐怖主义犯罪嫌疑人的财产进行搜查时需要法院签发命令，但调查人员并不需要具体描述他们希望搜查的对象。〔15〕

2008年时情况出现了一定的变化，由于其中的几个特别行动指挥部的任务被调查，该部门在争议中被解散了。取而代之的是代号为“鹰”的组织
577 （优先犯罪调查指挥部），并享有特别行动指挥部的权力。〔16〕从当前来看，虽然上述权力被掌握在不同的部门，但其内容在实质上没有发生变化。

2. 审判

本书的第1版指出，南非法律中的恐怖主义犯罪嫌疑人概念是广泛和模糊的，〔17〕该法对一系列国际公约中的犯罪进行了编纂，并且引入了两个新的罪行：恐怖主义活动罪以及与恐怖主义活动相关的犯罪。〔18〕恐怖主义活动罪

---

〔11〕 Powell, “Terrorism and governance in South Africa and Eastern Africa”, pp. 569 – 70.

〔12〕 Act No. 32 of 1998.

〔13〕 俗称“蝎子”，特别行动指挥部主任在调查有组织犯罪中享有特殊的权力。J. Redpath, The DSO: Analysing the Scorpions (Pretoria: Institute for Security Studies Monograph no. 93, 2004).

〔14〕 NPA Act, s. 28.

〔15〕 Ibid., s. 29.

〔16〕 See the National Prosecuting Authority Amendment Act 56 of 2008.

〔17〕 Powell, “Terrorism and governance in South Africa and Eastern Africa”, pp. 572 – 6.

〔18〕 Sections 1, 2 and 3.

由三个广义上的要素组成：客观行为、意图和动机。该法案包含了许多叙明罪状，但在某些问题上的界定仍然是模糊和广泛的。比如，“系统、重复和任意地使用暴力”构成恐怖主义活动罪。大多数形式的暴力行为会带有这三个形容词中的一个，这就意味着只有意图和动机的要素能够区别恐怖主义犯罪与其他严重的暴力犯罪，而立法上列明的行为一般都会导致非常严重的损害。[19]

恐怖主义活动罪的意图一般有三个：威胁国家的统一和领土的完整，恐吓公众或者造成公众不安全感，强迫或者诱使某人、政府或者公众放弃行动。这些意图的内容是广泛的，并且不需要较高的证明标准。国家可以通过某种客观行为进行合理的推断，以证明被告具有特定的意图；法院可以依靠某种基础知识以及普遍联系来进行推断，即推定行为人知道案件事实。[20]一个行为如果符合了法条中规定的客观要件，也就会被认为具有了犯罪意图，如果又出于个人或者集体的政治、宗教、意识形态或者哲学思想的原因，一般就可以认为是具有了恐怖主义要求的意图，从而构成恐怖主义活动罪。[21]该法的涵盖范围很广，加上国际公约规定的广泛罪行[22]，就使得恐怖主义活动
罪和共谋的刑罚在原有犯罪的基础上至少提高了 4 倍。[23] 578

根据该法的规定，行为人一旦被确定为恐怖主义活动罪，其刑罚是非常严厉的。[24]与《预防有组织犯罪法》一致，反恐法提高了法院在量刑活动中的上限。虽然这样做的出发点尚不清楚，但这种改变是明智的。[25]根据反恐法的规定，行为人一经定罪就要被强制没收与恐怖主义活动有关的资产，[26]而第三方有 3 年时间可以请求恢复原状或者赔偿其财产权益，[27]但必须要证明其是善意取得财产。[28]同时，第三方还必须证明其当时的情况并不会在社

---

〔19〕 Powell, “Terrorism and governance in South Africa and Eastern Africa”, pp. 573 – 4.

〔20〕 根据第 1（6）条的规定，行为人在认识到客观危险存在的可能性，又没有搜集信息以确认危险的存在，或者有合理理由去相信危险现实存在的，都可能会被推定为明知。

〔21〕 Powell, “Terrorism and governance in South Africa and Eastern Africa”, p. 574.

〔22〕 Ibid., pp. 574 – 6.

〔23〕 Ibid., pp. 575 – 6.

〔24〕 Ibid., pp. 576 – 7.

〔25〕 See further Ibid., pp. 576 – 7.

〔26〕 See further Ibid., p. 578.

〔27〕 Section 20.

〔28〕 这一规定与第 17（6）条的规定是冲突的。根据该条款，对于依照本法第 4 条被指控为资助恐怖主义活动的嫌疑人可以通过证明其对有问题的财产的处理只是为了保持其价值来进行抗辩。

会一般人心中产生恐怖分子利用该财产的合理怀疑，或者其无法阻止这种使用。

3. 合宪性

在本书的第1版中，有观点认为，《反恐怖主义法》可能面临着与《预防有组织犯罪法》一样的合宪性问题。有人提出，《预防有组织犯罪法》在很多方面存在有违宪之处，尤其是沉默权、无罪推定、个人的合法财产不被随意剥夺、隐私权和个人尊严等问题。[29]截止到2005年，虽然发生了很多针对《预防有组织犯罪法》违宪性的诉讼，并且这些诉讼都有明确的范围，但还没有一个针对《预防有组织犯罪法》违宪的诉讼胜诉。有人指出，就恐怖主义犯罪而言，法院可能更倾向于对有组织犯罪实行有效的法律控制，理由是恐怖主义犯罪被认为对南非社会的稳定具有更大的危害。也有人指出，南非的《预防有组织犯罪法》的实践已经表明其承认有组织犯罪对国际社会构成的威胁，而如果国际社会对恐怖主义犯罪的威胁越来越重视的话，南非的法院也
579 会承认恐怖主义犯罪的严重性要超过有组织犯罪。鉴于与《预防有组织犯罪法》存在某些共同之处，反恐法可能通过合宪性审查。[30]还有人认为，法院在这个问题上更倾向于进行限制解释，以此来维护《预防有组织犯罪法》的合宪性。[31]

截至目前，南非的宪法法院已经受理过几起涉及《预防有组织犯罪法》合宪性问题的案件。[32]尽管几乎没有什么案件直接攻击这部法律本身，但有一些主张认为该法中的财产没收条款具有违宪倾向。主张其违宪的人指出，在这个法案中，人格尊严、隐私权、接受公正审判的权利、沉默权，无罪推定和个人合法财产不被任意剥夺的权利都被破坏了。然而，这些主张却因为程序法上的原因而被驳回。[33]宪法法院似乎认为，《预防有组织犯罪法》在原则上是合宪的，但同时法院也认识到了这一法案潜在的恶劣影响。比如，

---

〔29〕 Sections 35 (1), 35 (3) (h), 25, 14 and 10 of the Constitution of the Republic of South Africa Act 108 of 1996. See Powell, "Terrorism and governance in South Africa and Eastern Africa", pp. 578 -9.

〔30〕 Ibid., pp. 578 -81.

〔31〕 Ibid., pp. 580 -1.

〔32〕 Mohunram and Another v. National Director of Public Prosecutions and Another (*Law Review Project as Amicus Curiae*) 2007 (4) SA 222 (CC) (Mohunram); Prophet v. National Director of Public Prosecutions 2007 (6) SA 169 (CC) (Prophet); see also S v. Shaik and Others 2008 (5) SA 354 (CC) (Shaik).

〔33〕 Prophet, [49]-[53].

民事没收程序的目标被认为是遏制严重的犯罪，这一措施也被描述为“值得并且是有意义的”〔34〕。但从实践中来看，法官的做法却增强了这一措施的严厉程度，尤其是在规定了较低的举证责任时。事实上，在实践中甚至没有必要去证明嫌疑人犯罪就可以签发财产没收令。〔35〕根据宪法规定的原则，如果个人财产被随意剥夺属于违宪。〔36〕在沙伊克（Shaik）案中，法院对《预防犯罪所得法》中涉及财产没收的条款作出了限制性解释，法院指出，该法之所以规定了财产没收条款，其目的是为了确定没有人可以从其违法行为中获利，同时也有对犯罪的一般威慑和预防作用，因此该法的财产没收条款符合南非的宪法精神。〔37〕

然而，法院对于一些特定的剥夺权利条款会进行仔细审查。法院通常首先要考虑比例原则，即通过衡量犯罪的社会危害性程度与个人权利受影响的程度，来判断在打击犯罪时对个人权利进行的剥夺是否成正比。〔38〕对于那些
与犯罪密切相关的嫌疑人及其财产，法院往往倾向于剥夺其权利，反之则不 580
会。法院需要权衡《预防有组织犯罪法》的一般预防目的，以及是否对公民产生不成比例的影响，和对公民个人权利的剥夺是否违反了宪法尊严的原则。〔39〕这种分析的过程很复杂，〔40〕并且需要结合法律与事实进行裁决。〔41〕在国家公诉人诉劳腾巴赫（Rautenbach）案〔42〕的上诉中，最高法院的多数意见认为，没收财产的要求明显超出了打击犯罪的必要程度，故而法院需要对没收财产的范围加以限制；在穆汉姆（Mohunram）案中，宪法法院的多数意见认为，由于没有证据证明行为人的行为违反了《预防有组织犯罪法》规定的目的，故而正在审查中的对行为人的权利剥夺不成比例，应予否定。〔43〕

这些裁决都表明，法院从内心深处承认《预防有组织犯罪法》的合宪性，

---

〔34〕 Mohunram, [118] (Moseneke DCJ).

〔35〕 See ibid.

〔36〕 Ibid., [141] (Sachs J).

〔37〕 Shaik, [51]-[52] and [57].

〔38〕 See Prophet, [55], [57]-[58].

〔39〕 *Mohunram*, [145]-[146] (Sachs J).

〔40〕 正如穆汉姆（Mohunram）指出的，在没收财产令状是否合乎比例原则的问题上，宪法法院曾经分为 6 比 5 两派，相对多数派也是由两种不同的司法意见结合而成的。

〔41〕 See Sachs J's distinguishing of Prophet in Mohunram, [147]-[149].

〔42〕 2005 (4) SA 603 (SCA).

〔43〕 Mohunram, [129] (Moseneke DCJ).

因此对于该法合宪性的质疑从近期来看不一定会成功。但这些裁决同时也表明，法院可以在某些时候对反恐法做出严格的限制解释，以在法律的适用过程中减少潜在的违宪倾向。对于《预防有组织犯罪法》的一系列判例的考察表明，反恐立法确定的目的可能是法院可以接受的，但法院也会审慎地审查法律的适用，以确保权力不被随意滥用。〔44〕

至于反恐立法的实质正义问题，本书第1版就已经指出，恐怖主义概念模糊的问题可以通过严格的解释原则和解释方法的适用来克服。也有人认为，反恐立法中的财产没收制度借鉴了联合国安理会制定的恐怖组织名单，可以认为是将立法权授予一个国际主体，而这是违宪的。〔45〕随着这样的问题出现，我们将会发现这样一个问题变得越来越有意思：南非法院在未来的一段
581 时间是否还会有底气采用这种如同欧洲法院在卡迪案中的行为方式。〔46〕在这个案件中，欧洲法院推翻了针对沙特国家的相关决定，理由是欧洲联盟的措施违反了适用于欧洲联盟成员国的欧洲联盟宪法和人权公约。

（二）东非的反恐立法和法律草案

1. 预防

在肯尼亚、坦桑尼亚和乌干达，政府在确定何谓恐怖主义犯罪嫌疑人，以及如何处理合理怀疑的问题上都享有更大的自由裁量权。这三个国家都允许其内政部长认定某一组织属于恐怖组织，或者将某一个自然人认定为恐怖分子。其中，乌干达赋予立法机关撤销和变更恐怖组织名单的权力；坦桑尼亚法律规定，立法机关可以对此进行监督，但要以执法机关的意见作为参考标准；肯尼亚法律则授予其国家安全部部长以认定某一组织是否属于恐怖组织的权力，虽然这一权力将受到司法的审查。〔47〕

某组织一旦被认定为恐怖组织，其财产将被冻结，资产也将被没收。肯尼亚的法律对执法机构的限制比较严格，赋予其较小的自由裁量权，没收财

---

〔44〕 See the discussion of Minister of Safety and Security and Others v. Mohamed, below.

〔45〕 Powell, "Terrorism and governance in South Africa and Eastern Africa", pp. 581 – 2. See also C. Powell, "Terrorism and the separation of powers at the national and international level" (2005) *South African Journal on Criminal Justice* 151.

〔46〕 Judgment of the European Court of Justice in Joined Cases C – 402/05 P and C – 415/05 P, Yassin Abdullah Kadi and Al Barakaat International Foundation v. Council of the European Union and Commission of the European Communities (3 September 2008).

〔47〕 Powell, "Terrorism and governance in South and Eastern Africa", pp. 583 – 4.

产的决定只能通过法院的预审程序进行。[48]在对可疑人员和物品的搜查和调查的问题上，乌干达没有赋予执法机关任何特权。坦桑尼亚的法律则规定，申请搜查令会导致偏见性的延迟，所以允许在没有搜查令的情况下，基于合理怀疑去进行搜查和扣押。[49]

这3个国家在处理涉恐财产的冻结和搜查问题上都允许基于合理怀疑的
理由，但在裁量的自由程度上则有不同。乌干达法律要求法院必须基于合理 582
的理由；坦桑尼亚则规定，对车辆和飞机的扣押可以由警方作出决定，但命令可由司法部部长撤回，警方可以扣押所谓的与恐怖主义犯罪相关的资产，但必须向法庭申请授权以继续扣押财产；肯尼亚则允许在特别规定的情况下，由法庭决定搜查、扣押，但当该命令会导致损害公众安全和社会秩序时除外。[50]

与南非立法不同，这3个非洲东部国家都对恐怖主义犯罪嫌疑人的监控程序作了规定。乌干达由司法部部长作出决定；坦桑尼亚则由司法部部长或者法庭来作出；而肯尼亚则是由法院作出。其中，乌干达的法律明确规定，司法部部长在授权执法机关或人员进行监控时要考虑公共利益和国家经济利益；而根据坦桑尼亚的法律，私人机构的信息很有可能被监听。[51]

除了刑事侦查手段的规定之外，这3个国家的立法还规定了限制入境的措施。坦桑尼亚授权司法部部长拒绝某人入境，并有权确定拒绝入境的恐怖主义犯罪嫌疑人名单，并且在实践中，坦桑尼亚已经有恐怖分子被驱逐出境；坦桑尼亚的法律还授权司法部部长可以拒绝恐怖主义犯罪嫌疑人的难民资格申请。肯尼亚授权司法部部长对于无国籍的恐怖主义犯罪嫌疑人签发拒绝入境的命令，即便是针对具有肯尼亚国籍的双重国籍人员，也可以签发这种命令。上述规定将导致这些国家可以拒绝恐怖分子嫌疑人入境，并且可以将嫌疑人驱逐出境。[52]最后，还有一些特别有争议的条款，这些条款规定反恐机构成员在进行反恐活动时，即便造成财产损失和人身伤害，甚至死亡时，也

〔48〕 Ibid., p. 584.

〔49〕 Ibid., pp. 584 -5.

〔50〕 Ibid., pp. 585 -6.

〔51〕 Ibid., p. 586.

〔52〕 Ibid., pp. 586 -7. 这是肯尼亚出入境法律中的一个重要权力。下面第3部分中会进一步讲到这个问题。

可以享有豁免权。[53]

2. 审判

位于非洲东部的3个国家在立法上都规定了恐怖主义活动及相关犯罪，以及国际恐怖主义犯罪的情形。在恐怖主义活动罪的成立上，通常包括行为、
583 目的和动机三个构成要素，但这些国家的立法规定得并不系统，有时也并不明确这三个要素是否都是必需的。总之，在审判和认定问题上，这三个国家的反恐立法在某种程度上存在不同。[54]

在这三个国家中，关于恐怖主义犯罪成立的证明标准都被降低了，尤其是引进了许多举证责任倒置的条款。[55]而在刑罚问题上，乌干达和坦桑尼亚对恐怖主义的惩罚都非常严厉。在乌干达，对于恐怖主义犯罪造成他人死亡的，甚至其他危害性较轻的恐怖主义犯罪，都有可能被判处死刑。[56]然而，在苏珊·卡古拉（Susan Kigula）等人诉总检察长案中，[57]乌干达的宪法法院以3比2的票数裁定反恐法中的死刑条款与宪法精神是不一致的。[58]而在坦桑尼亚，几乎所有罪名的最低刑都为15年以上监禁刑，唯一的例外是安排与恐怖分子会面的犯罪，[59]其刑期为10年至15年的监禁刑。

肯尼亚的反恐立法草案似乎更加严苛。根据肯尼亚的规定，某些为恐怖主义犯罪提供机会和帮助的犯罪也将受到严厉的处罚（最高刑为10年的监禁刑）。具体的行为包括武装训练、持有以实施恐怖主义犯罪为目的的资料、收集或转发恐怖主义信息以及包庇恐怖组织成员等。[60]但在该法案中有一个很有意思的异常现象，即其没有规定恐怖主义犯罪的处罚，[61]因为该法案中并没有明确规定什么是恐怖主义犯罪——这是特别奇怪的，因为该法案确实规

〔53〕 Powell, "Terrorism and governance in South Africa and Eastern Africa", p. 587.

〔54〕 Ibid., pp. 587 – 90.

〔55〕 See Ibid., pp. 590 – 2.

〔56〕 Sections 7 (1) (a) and (b) of the Ugandan Act.

〔57〕 Constitutional Petition No. 6 of 2003, available at www. ulii. org//cgi//cgi – bin/uganda_ disp. pl? file = ug/cases/UGCC/2005/8. htm&query = terrorism.

〔58〕 See p. 45. The judgment expressly identified s. 7 (1) (a) of the Anti – Terrorism Act as one of the impugned pieces of legislation.

〔59〕 Tanzanian Act, s. 26.

〔60〕 Kenyan Bill, cll. 4, 6 and 10.

〔61〕 Powell, "Terrorism and governance in South Africa and Eastern Africa", pp. 592 – 3.

定了对于恐怖组织的领导者判处终身监禁刑，[62]但是没有将实施恐怖主义活动本身明确规定为犯罪。

在肯尼亚和乌干达，对于确定属于恐怖分子的财产或者与恐怖分子有关的财产，法院都有权直接决定没收财产。就法院应当如何行使自由裁量权的问题而言，肯尼亚的反恐立法草案没有明确规定一个指导标准。但乌干达的
法律指出，在法院认为该财产将进一步用于恐怖主义犯罪时，即有权没收财 584
产，除非被告人可以举证证明该财产并不会用于恐怖主义犯罪。[63]同时，肯尼亚和乌干达的法律还允许第三方对财产提出主张的权利。[64]

四、2005 年以来的非洲政治局势和恐怖主义

在阐述了非洲几个国家的反恐立法之后，我们将分析上述地区于 2005 年之后反恐行动发展的四个主题：国家所处地理位置的重要性、公众认识和反恐立法的合法性、反恐行动对人权的影响以及反恐立法在司法中的适用。

在本书的第 1 版中曾经指出，虽然非洲大陆曾经经历过了一段漫长而艰难的暴力和战争史，但并未在“和平时期”经历过基于某种意识形态、并以造成恐怖气氛为目的、针对平民发动袭击的恐怖主义犯罪。[65]恐怖袭击一般表现为有组织的团体从事的犯罪活动，或者是违反武装冲突法的相关规定，恐吓、抢劫和强迫平民协助军事活动的行为。[66]事实上，在南非和非洲东部曾经发生过以平民为目标的恐怖袭击，[67]其中最为臭名昭著的要数 1998 年发生于内罗毕和达累斯萨拉姆的美国大使馆爆炸案。当然也有其他的著名事件，比如 2002 年在肯尼亚蒙巴萨发生的以色列宾馆袭击案。就南非而言，在 1994 年至 2002 年曾经经历了一系列的爆炸，虽然这些爆炸被认为是基于某种犯罪

[62] Clause 3.

[63] Section 16（5）of the Ugandan Act.

[64] 乌干达立法倾向于要求第三方立即申请，见第 16（6）条；而肯尼亚立法则允许有 6 个月的期限。见 cl. 22 and sch. 3.

[65] C. H. Powell, “Defining terrorism: how and why”, in N. LaViolette and C. Forcese（eds.）, *The Human Rights of Anti – Terrorism*（Toronto: Irwin Law 2008）.

[66] Powell, “Terrorism and governance in South Africa and Eastern Africa”, p. 563.

[67] See A. Oloo, “Domestic terrorism in Kenya”, in W. Okumu and A. botha（eds.）, *Domestic Terrorism in Africa: Defining, Adressing and Understanding its Impact on Human Security*（Pretoria: Institute for Security Studies, 2007）, pp. 85 – 94.

585 动机而并非是某种意识形态，〔68〕该趋势一直持续到2005年之后。就最近而言，最引人注目的恐怖袭击发生在乌干达首都坎帕拉，发生于2010年世界杯决赛期间的爆炸案最终造成了76人死亡。〔69〕

（一）地理位置

在全球反恐的大背景下，坦桑尼亚、乌干达和肯尼亚这3个非洲东部国家由于其特殊的地理位置而对反恐行动有特别的意义。这些国家在地理位置上都接近“非洲之角”，在地理上连接苏丹、埃塞俄比亚、厄立特里亚、吉布提和肯尼亚本身，上述地区通常被认定为“基地”组织下属团体招募成员的主要来源，反过来又对周边地区的非洲国家构成威胁。〔70〕造成这种不稳定的原因很大一部分在于索马里。从20世纪90年代初开始，索马里一直没有一个有效的中央政府，随着局势的恶化，索马里被视为是该地区不断增长的宗教极端主义的源头，而索马里移民在该地区的很多其他国家存在的现实又加剧了问题的复杂程度。〔71〕由于肯尼亚的边境守卫不是很严密，故而很容易受到恐怖组织的渗透和影响。〔72〕坦桑尼亚也比较容易受到恐怖主义活动的危害，还有一个宣称对1998年使馆爆炸案负责的组织目前在该地区依然保持活跃。〔73〕

---

〔68〕 Powell, “Terrorism and governance in South Africa and Eastern Africa”, pp. 563 – 4. A. Botha, “Domestic terrorism in South Africa”, in Okumu and Botha, *Domestic Terrorism in Africa*, pp. 65 – 76.

〔69〕 BBC news, “‘Somalia link’ as 74 World Cup fans die in Uganda blasts”, 12 July 2010, available at news. bbc. co. uk/2/hi/Africa/105937710. stm; Ben Simon, “Uganda charges 32 over World Cup bombings”, 18 August 2010, available at www. mg. co. za/article/2010 – 08 – 18 – uganda – charges – 32 – over – world – cup – bombings.

〔70〕 US State Department, *Annual Terrorism Report*, cited in VOA news. com, “US Anti – Terror Report cites potential Al – Qaida link to African insurgencies”, 1 May 2008.

〔71〕 See “Horn of Africa could become major front for anti – terrorism efforts”, *USA Today* 21 October 2006; Institue for Security Studies, Africa Terrorism Bulletin, December 2008 (quoting Ugandan military officials warning the Somali community in the Kisenyi region not to become involved in terrorist activities).

〔72〕 US Department of State, *Country Reports on Terrorism*, Chapter 2 – Country Reports: Africa Overview (2007).

〔73〕 US Department of State, *Country Reports on Terrorism*, Chapter 2 – Country Reports: Africa Overview (2008).

因为乌干达暴露在总部设立在索马里的极端恐怖组织的威胁中，[74]所以它的情况非常复杂，由此也具有比较丰富的应对武装冲突的经验。在乌干达，“圣主抵抗军”（LRA）和“民主同盟军”（ADF）[75]这两个组织由于发动武 586
装袭击，已经被政府认定为恐怖组织。[76]尽管国际刑事法院对“圣主抵抗军”的几个领导人发布了逮捕令，并且也尝试着进行一些和平谈判，但这些组织的武装袭击仍然在进行。[77]如肯尼亚一样，乌干达的边境力量也被认为是脆弱的，再加上该地区的不稳定因素，也就导致这一地区比较容易受到恐怖主义的影响。相关报告显示，乌干达已经被极端分子用来作为从“非洲之角”向南非和欧洲转移的中转站。[78]

无论真实与否，源于非洲东部的越来越严重的恐怖主义威胁都表明，这一地区将成为全球反恐行动的一个重要舞台。

（二）公众认知与反恐立法的合法性

本书的第 1 版提出了一个假说，指出上述 4 个国家中恐怖主义活动的威胁将引发其对反恐立法的迫切需要，而反恐立法也会赢得许多支持。不过，对于非洲东部国家的新反恐机制而言，一直都有很多反对的声音，有的反对意见认为政府引入反恐机制是基于外国的压力，尤其是美国的压力。[79]

从 2005 年开始，这些国家除了发生传统的恐怖主义活动以外，也爆发了一些新型的暴力活动，虽然可能不会被认为是典型意义上的恐怖主义，但从公众意见上看似乎也应当纳入反恐机制的调整范围。例如，2007 年肯尼亚的 587

---

〔74〕 乌干达的地理位置接近索马里，并且其向索马里脆弱的临时政府提供支持，所以就使得其很容易受到恐怖主义的威胁。乌干达的维和部队驻扎在摩加迪沙，与“基地”组织有联系的“索马里伊斯兰激进组织青年党”（al – Shabaab）对坎帕拉威胁尤其大，也被认为是最有可能发动世界杯爆炸案的组织。See BBC news，“ ‘Somalia link’ as 74 World Cup fans die in Uganda blasts” . Al – Shabaab has claimed responsibility for the attack；Simon “Uganda charges 32 over World Cup bombing”.

〔75〕 “民主同盟军”是一个基地位于刚果的政治反对派组织，被认为于 1997 年至 1999 年实施了一系列发生在酒店、集市、出租车站和其他公共场所的炸弹袭击。Privacy International，“Terrorism Profile – Uganda”，19 December 2004，available at www. privacyinternational. org/article. shtml? cmd%5b347%5d = x – 347 – 359656.

〔76〕 See Powell，“Terrorism and governance in South Africa and Eastern Africa”，p. 564.

〔77〕 W. Okumu，“Domestic terrorism in Uganda”，in Okumu and Botha，*Domestic Terrorism in Africa*，pp. 77 – 84；K. Apuuli，“The ICC arrest warrants for the Lord's Resistance Army leaders and peace prospects for Northern Uganda”（2006）4 *Journal of International Criminal Justice* 179.

〔78〕 US Department of State，*Country Reports*（2007），（2008）.

〔79〕 Powell，“Terrorism and governance in South Africa and Eastern Africa”，pp. 564 – 5.

选举暴力、在南非抗议活动中爆发的暴力冲突以及2008年在南非爆发的排外暴力冲突等。耐人寻味的是，公众并没有很明显地要求进行相关的立法改革以应对相关局势的演变。国际恐怖主义依然被看作是一个西方问题，并且被认为与一些内政问题（比如艾滋病毒和暴力犯罪的威胁）相比没有那么迫切。〔80〕这种态度体现在对肯尼亚反恐立法的反对意见中。贝丝·惠特克（Whitaker）对这一问题评论说：

> 肯尼亚人民仍然将恐怖主义视为并不存在（或者以色列）的问题。在其看来，肯尼亚人并没有参与这些国家与恐怖分子之间的冲突，而只是被波及了。肯尼亚人并不参与恐怖主义活动，也不是恐怖分子预期的目标，只是无辜的旁观者。由于本国政府并没有将恐怖主义活动视为该地区的问题，其对于相关的反恐措施也就没有强烈的需求。〔81〕

之所以产生这种怀疑主义，主要是由于当地的反恐部队在很大程度上受到西方国家的资助，尤其是美国。〔82〕即便是没有反恐立法，反恐部队开展的打击活动也在当地居民心中引发不满。〔83〕2007年，美国宣布将提供1400万美元用于装备和训练肯尼亚的反恐部队，以对抗在“非洲之角”的恐怖主义组织。〔84〕次年，肯尼亚反恐部队展开了突击搜查，以寻找在1998年美国大使馆爆炸案中的犯罪嫌疑人。然而，这次突击搜查并没有抓获犯罪嫌疑人，因

---

〔80〕 Center on Global Counter – Terrorism Cooperation and Institute of Security Studies, *Implementing the UN Global Counter – Terrorism Strategy in Southern Africa* (Discussion Paper, 2007), p. 3.

〔81〕 Beth E. Whitaker, "Reluctant partners: fighting terrorism and promoting democracy in Kenya" (2009) 9 *International Studies Perspectives* 266. There are exceptions, with some Members of Parliament supporting the anti – terrorism Bill: see, "Mps support anti – terrorism bill", *Kenyan Broadcasting Corporation* 11 November 2008, available at www. kbc. co. ke/story. asp? ID + 53746.

〔82〕 美国非洲司令部为非洲国家打击恐怖主义威胁提供资助。See "US anti – terror report cites potential al – Qaida link to African insurgencies", voa. news. com 1 May 2008.

〔83〕 Notably Kenyan Muslims: see Stephanie McCrummen, "Hunt for suspects in embassy bombings elicits anger in Kenya", *Washington post*, 15 August 2008.

〔84〕 BBC News, "Kenya gets US anti – terror funds", *BBC News* 4 May 2007. 美国对非洲东部1个亿的资助很大一部分被投向肯尼亚，同时美国还帮助肯尼亚进行反恐警察的训练。Beth E. Whitaker, "Exporting the Patriot Act? Democracy and the 'war on terror' in the Third World" (2007) 28 (5) *Third World Quarterly* 1024.

此被批评为只是为了获取美国政府资助而作秀。[85]来自于国外，尤其是美国 588
的援助和其他财政支持，越来越被认为是决定这些国家反恐立法的执行力度的主要因素。而外援的影响力也从来不容小觑，毕竟它往往弥补了非洲国家在预算中的巨大空缺。[86]

但这又导致了一种强烈的反对意见，其认为这些国家的反恐立法就是在美国的授意下进行的。[87]这种看法尤其反映在2006年的肯尼亚反恐法草案中。鉴于公众反映这一立法是美国推动的产物，肯尼亚的政客们承诺将该法案搁置。[88]在坦桑尼亚，法案表决时虽然遭到了极少数的反对，但有的条款在实践中却遭到了坦桑尼亚公民的抗议，比如在美国联邦调查局逮捕2名穆斯林领导人的行动中，法律允许肯尼亚政府与外国执法机关共享信息。[89]

（三）反恐行动与人权保障

本书的第1版曾经提到过一种担忧，即反恐法律不是用来保护这些国家的公民，却可能成为打击特定群体（如穆斯林）的工具。有人曾担心政府为了打击反对派而滥用反恐法，而从已经曝光的指控来看，坦桑尼亚政府曾被曝出折磨反对派成员，乌干达政府也曾被指控对政治上的反对派实行酷刑。[90]

这种对人权保障的担忧到目前仍然存在，比如2008年肯尼亚恐怖袭击中暴 589
露的问题，以及人们对肯尼亚法案中对穆斯林的限制措施提出批评意见。[91]肯尼亚与索马里的社会团体抗议他们成为反恐法的目标，并被相关立法扰乱了

---

〔85〕 McCrummen, "Hunt for suspects".

〔86〕 Donors are estimated to fund close to half of Uganda's budget : see W. Ross, "Museveni: Uganda's fallen angel", *BBC News*, 30 November 2005, available at news. bbc. co. uk/go/pr/fr/ – /2/hi/Africa/4482456. stm.

〔87〕 参见2005年3月3日的国际民主、恐怖主义和安全峰会，available at summit. clubmadrid. org/contribute/democracy – and – terrorism – the – impact – of – the – ant. html，会上称在签署反恐合作协议时，美国的援助起到了很大的作用。然而，美国表达过肯尼亚反恐立法草案可能对人权产生的影响，并且提供给肯尼亚、乌干达和坦桑尼亚军事援助。Whitaker, "Exporting the Patriot Act?" 1022, 1024.

〔88〕 Ibid., 1024.

〔89〕 Ibid., 1028 –9.

〔90〕 Powell, "Terrorism and governance in South Africa and Eastern Africa", pp. 565 –6.

〔91〕 US Department of State, Country Reports (2006), (2007).

生活。[92]分析指出，在肯尼亚东北部，自2007年以来，伴随着安全部队加强对逃离索马里的恐怖主义犯罪嫌疑人的追捕，侵犯人权的指控也逐渐增加。[93]

另一个严重侵犯人权的问题在于非法转移恐怖主义犯罪嫌疑人到其他国家或者地区。肯尼亚公民社会组织指出，肯尼亚政府曾逮捕过许多恐怖主义犯罪嫌疑人，但很少有人在本国受到审判。据相关人士声明，有相当多的人，甚至包括肯尼亚公民，都在没有被指控或者获得法律援助的情况下被转移到索马里或者埃塞俄比亚接受讯问，并且在肯尼亚和埃塞俄比亚还被发现有刑讯的记录。[94]据相关文件载明，从2006年12月至2007年2月期间，至少有150人（其中的许多人）在逃离了发生在索马里的冲突后，又在肯尼亚被随意拘留，并被超期羁押。[95]其中许多被羁押者在请求律师或者领事的援助时被拒绝，并且无法申请对非法羁押进行纠正，也无法申请难民身份。[96]据称，大量的被羁押者在没有经过合法程序的情况下被"引渡"到索马里，而剩下的则被转移到埃塞俄比亚。[97]

乌干达也面临着滥用反恐权力或权力使用不当的指控。2009年，人权观察组织指责乌干达的联合反恐任务小组（JATT）[98]存在系统的、严重的侵犯
590 人权的行为，其中包括在审讯中对犯罪嫌疑人滥用酷刑。[99]据档案的记载，在长达2年的时间里，联合反恐任务小组实施了106起非法羁押，并包括有

[92] William Church, "Somalia: CIA blowback weakens East Africa", 23 October 2006, available at www. sudantribune. com/spip. php? page = imprimable&id_ article = 18301.

[93] McCrummen, "Hunt for suspects"; Whitaker, "Reluctant Partners", 258, 264 – 5.

[94] McCrummen, "Hunt for suspects"; BBC News, "Kenya gets US anti – terror funds"; Redress and Reprieve, *Kenya and Counter – Terrorism*: A Time for Change (2009) (alleging mass arbitrary detentions, deportations and transfers).

[95] Redress and Reprieve, *Kenya and Counter – Terrorism*, p. 1. 国际人权组织也曾发表过类似言论：See *Why Am I Still Here? The 2007 Horn of Africa Renditions and the Fate of those still missing* (2008)，其中称在2007年就至少有90人曾经被肯尼亚经索马里非法转移至埃及，1年后，至少有10人依然被关押在埃及的监狱里，而更多人的情况则是未知的。

[96] Redress and Reprieve, *Kenya and Counter – Terrorism*, p. 1.

[97] Ibid., p. 1.

[98] 联合反恐任务小组被描述为一个准军事组织，虽然其缺乏合格的军事资格，但却行使军事情报局长赋予的权力。它从乌干达国防军、警察和乌干达的境内外组织中招募成员：US Department of State, 2009 *Human Rights Report*: *Uganda*, 11 March 2009.

[99] Human Rights Watch, *Open Secret*: *Illegal Detention and Torture by the Joint Anti – terrorism Task Force in Uganda* (2009).

超过25起的酷刑和其他形式的酷刑。[100]乌干达的人权委员会曾经试图对联合反恐任务小组的“安全屋”进行调查，但是失败了。[101]据人权观察组织指控，联合反恐任务小组往往“穿着没有明显标志的平民服装，利用没有标志的汽车，并在不告知理由的情况下对嫌疑人实施逮捕”[102]。

据人权观察组织的报道，被羁押者往往不知道他们的方位，并经常在被蒙上眼睛、戴上手铐的情况下遭人殴打。同时，这些被羁押者也不能接触律师和家属。人权观察组织所调查的羁押中心并不是一个合法的场所，但却没有引起乌干达《宪法》应有的关注。在这些羁押场所中存在许多违反乌干达《宪法》和《刑事诉讼法》的规定，超期羁押的问题非常严重，被羁押环境也远远达不到应有的标准，甚至曾经发生过在押人员死亡和失踪的现象。[103]值得注意的是，就反恐法授权执法人员进行监听和讯问的规定而言，相关国家的法律同时规定酷刑、不人道或者有辱人格的待遇或处罚、非法羁押以及故意毁坏财物属于犯罪行为。[104]

人们普遍担忧，军队在乌干达当地的社会和政治中发挥着越来越大的影
响力。这种担心体现在2005年对卡萨·贝希杰（Kizza Besiege）的审判中。
贝希杰被视为政治上有名的反对派，并且可能对乌干达总统约韦里·穆塞维
尼（Yoweri Museveni）的执政地位发起冲击。贝希杰与他的追随者已经被保
释，但在一群身着平民服装的武装人员包围法院后选择了继续留在监狱。然
而，军方却声称这些人属于反恐组织的成员，[105]这些行动似乎已经超出了反 591
恐行动的正常理解范畴，[106]后来被乌干达宪法法院判定为违宪。[107]而乌干达

---

[100] Ibid., p. 3.

[101] G. Bareebe, “Uganda: rights body blocked from safe houses”, *The Monitor*, 23 February 2010.

[102] Human Rights Watch, *Open Secret*, p. 3.

[103] See Ibid., p. 3.

[104] Section 21 (e) read with s. 1. 值得注意的是，该法律没有将这些行为在更为一般的意义上犯罪化。

[105] Ross, “Museveni”; Uganda Law Society v. Attorney General of the Republic of Uganda - Constitutional Petition No. 18 of 2005 [2006] UGCC 11 (31 January 2006) (*Uganda Law Society*).

[106] 需要指出的是，乌干达军方在其他一些问题上也存在有侵犯人权的现象。见“Uganda army accused of Karamoja torture abuses”, *BBC News* 17 August 2010, available at www.bbc.co.uk/news/world-africa-10996764; International Press Institute, *In wake of deadly Uganda Riots: Journalist Beaten and Detained*; Four Radio Stations Closed, available at www.freemedia.at/site-services/singleview-master/4546/.

[107] *Uganda Law Society* [2006] UGCC 11 23.

当局也被批评使用反恐法来威胁记者，或是对不同政见者进行打压。[108]批评人士指责乌干达总统穆塞维尼以恐怖主义威胁为借口，实现拖延政治改革的目的和对反对势力进行压制。[109]

这些国家发生的实践都表明，反恐立法如果将高压作为常态，就可能会将很多传统上不被认为是恐怖主义犯罪的行为视为犯罪，权力的扩张将会使无辜公民的权利受到侵犯。在上述许多发生于乌干达的案例中，反恐法既没有发挥保障人权的作用，也没有很好地遏制恐怖主义犯罪。然而，这一问题显然比反恐立法本身要复杂得多。肯尼亚尽管没有针对恐怖主义的立法，但已经开展过多次反恐行动。[110]这些行动固然打击了恐怖主义犯罪，但也有可能侵犯个人权利。在肯尼亚，存在很多任意逮捕和引渡的行为，这也可以被视为是肯尼亚反恐行动的显著特征。[111]

即便是在南非，这个经常被称作是非洲大陆上立宪主义与法治精神光辉
592 典范的国家，也面临着在反恐行动与人权保障之间如何协调的问题。一个典型的例子是巴基斯坦公民哈立德·拉希德（Khalid Rashid）的遭遇，其于2005年11月在南非失踪，至今下落不明。民政事务总署宣称，根据南非的法律，拉希德由于非法出现在南非，故而被驱逐出境。然而，民政事务总署自己承认拉希德与国际恐怖组织有联系，但其认为没有足够的理由将拉希德引渡到国外。[112]

这个说法引发了许多质疑。有人指出，如果拉希德确实是恐怖主义犯罪嫌疑人，为什么没有被逮捕，并根据反恐法处理？有人指控，南非当局曾经要求警方为拉希德的逮捕“提供合法的掩护”，并且移交给巴基斯坦当局。由此推测，拉希德可能已经通过非常规引渡程序被转移出境。[113]2009年，南非

---

〔108〕 International Federation of Journalists, “IFJ condemns spying allegations against journalists in Uganda”, 25 January 2004, availableat www. ifj. org/en/articles/ifj – condemns – spying – allegations – against – journalists – in – uganda.

〔109〕 Whitaker, “Exporting the Patriot Act”, 1027.

〔110〕 US Department of State, *Country Reports on Terrorism*, Chapter 5 – Country Reports: Africa Overview (2005); US Department of State, *Country Reports on Terrorism*, Chapter 2 – Country Reports: Africa Overview (2006); US Department of State, Country Reports (2007)

〔111〕 Redress and Reprieve, *Kenya and Counter – Terrorism*, p. 2.

〔112〕 Institute of Security Studies, *African Terrorism Bulletin*, June 2006, Issue 006.

〔113〕 D. Strumpf and N. Dawes, “Khalid Rashid: Govt's cover is blown”, *Mail Guardian*, 9 June 2006, available at www. mg. co. za/article/2006 – 06 – 09 – khalid – govts – cover – is – blown; Institute of Security Studies, *African Terrorism Bulletin*.

最高上诉法院认为，虽然对拉希德的逮捕是合法的，但随后的拘留和驱逐出境措施因为未能遵守南非的移民法，因此都是非法的（本案并未提到反恐法）。[114]上诉方同时指出，由于拉希德与恐怖组织有联系的指控就对其进行“伪装性的”引渡，这种做法也是非法的，但法院并没有支持这一观点。[115]

拉希德案引发了社会的关注和担忧，有人认为，如同非洲东部国家做的那样，南非政府可能也会在反恐法的框架外展开行动，因此使立法上对个人权利的保障成为空谈。事实上，肯尼亚与南非的某些流行观点似乎使这些担忧变成了现实：“同美国政府开展公开性的反恐合作难以走上前台，但秘密性的合作却经常在幕后进行。”[116]

（四）反恐立法在司法中的适用 593

在这样的背景下，这些国家的法院逐渐开始抵制反恐部门的某些做法也就不足为怪了。乌干达宪法法院的判决指出，在个人已经以恐怖主义犯罪被起诉到军事法庭进行审判的情况下，又基于同一犯罪事实以叛国罪而被起诉至高等法院的做法是违宪的。这一判决的关键地方在于对《反恐怖主义法》第 6 条的解释，通过上述判决，高等法院对恐怖主义犯罪享有专属管辖权。[117]

虽然南非还没有根据反恐法作出过公开判决，[118]但有证据证明法院会倾向于对反恐行动进行严格的司法审查，比如在前面提到的吉布海案中的情况。

---

〔114〕 Jeebhai v. Minister of Home Affairs 2009（5）SA 54（SCA），esp. ［37］，［53］（Jeebhai）.

〔115〕 Jeebhai，［40］-［45］，［64］-［66］.

〔116〕 Whitaker，“Reluctant partners”，256.

〔117〕 *Uganda Law Society*［2006］，UGCC 11，20 -1，74.

〔118〕 最为有名的是右翼组织“伯尔曼（Boeremag）”，但其在南非治安法院并没有受到惩罚。如果案件没有提交高等法院审理，往往很难获得判决结果。“伯尔曼”是一个白人右翼组织，其中的 21 名成员于 2001 年发动多起爆炸案后，因严重叛国、谋杀和恐怖主义犯罪接受审判。See Institute for Security Studies，*Assessing South Africa's Commitment to Prevent and Combat Terrorism*，21 July 2008. 南非可能发生的更高级别的起诉是对尼日尔三角洲解放运动（MEND）组织的领导人——亨利·欧卡（Henry Okah）提起的诉讼，其由于 2010 年 10 月的阿布贾汽车爆炸案被南非依照反恐法逮捕，见 Nigeria：Ola Awoniyi，“Nigerian police name suspects in deadly blasts”，*Mail Guardian*，4 October 2010，available at www. mg. co. za/article/2010 - 10 - 04 - nigerian - police - name - suspects - in - deadly - blast. 就在本章写作之时，亨利·欧卡以下列罪行被起诉：实施恐怖主义活动，共谋实施恐怖主义活动，运输、储存和引发爆炸装置。其保释申请亦被驳回。“Okah case postponed for decision”，*Independent Online*，5 November 2010，available at www. iol. co. za/news/crimecourts/okah - case - postponed - for - decision - 1. 722306；L. Faull，“Terror - accused Henry Okah dined bail”，19 November 2010，available at www. mg. co. za/artical/2010 - 11 - 19 - okah - denid - bail.

在安全部长和其他人诉穆罕默德（Mohamed）等人案〔119〕中，法庭的多数意见没有同意对恐怖主义犯罪嫌疑人的居所签发搜查令。在该案中，警方怀疑这些人已经组建了一个恐怖组织，但法院却认为，警方申请的令状涵盖范围太广，并且在申请过程中没有合理行使调查权力。法庭强烈反对有关部门在
594 未将完整的证词提供给法院进行审查的情况下就申请令状，并指出，这种做法带有强烈的行政干预倾向。〔120〕法院还强调，在签发搜查令时，法官务必要确定公民的宪法权利得到保障。〔121〕

穆罕默德案的另一个重要特征是，反恐活动中的令状签发也必须遵循普通刑事诉讼程序的相关原则。〔122〕在曾经公布的大多数的实例中，搜查令在表述搜查对象的时候都显得过于笼统和宽泛，从目前的立法来看，《国家公诉法》对检查和搜查的权力进行了规定，〔123〕但令人费解的是，反恐法并没有进一步扩大相关的权力。〔124〕

五、结论

本节将回到这些地区反恐怖斗争中的矛盾，从而告诉我们法律在预防恐怖主义和保护人权上的作用。

如上所述，一些评论家支持将反恐法作为打击恐怖主义必不可少的工具，他们认为，对恐怖主义犯罪嫌疑人的权利加以限制是保护整个社会的必然代价。其他人支持反恐立法，则是因为它可以用法律确定的方式限制行政行为，当其超越权限时，允许嫌疑人向法律寻求保护。〔125〕

---

〔119〕 Unreported judgment, Case No. A 228/09, 30 April 2010 (Mohamed).

〔120〕 Ibid., [12], [15]-[17].

〔121〕 Ibid., [18], [45].

〔122〕 如1977年《刑事诉讼法》（Criminal Procedure Act）第51条的规定。See the judgement of Louw J in Mohamed, unreported judgment, [2]-[3].

〔123〕 Ibid., [38], [41] and [42] (moosa J).

〔124〕 上文提到的第15条。《国家公诉法》（NPA）第29（1）（d）条规定，调查人员可以"检查……建筑物之内或之上的任何东西，只要是与调查有关，或可能与调查有关的"。

〔125〕 See D. Dyzenhaus, "Accountability and the concept of (global) administrative law", in H. Corder (ed.), *Global Adiministrative Law: Development and Innovation* (Cape Town: Juta, 2009), pp. 22-3. 说明了南非的实践情况，即便是在种族隔离时代，政府执行法律也要依法条的规定行事。这一救济条款将会为被种族隔离法影响到的人们提供帮助，无论其权利受到怎样的限制。

如果我们在国家的经验以外衡量这些争论，就会发现两者均存在不足之处。首先，肯尼亚的经验表明，反恐立法甚至可能不是反恐程序的一部分。南非通过吉布海案和穆罕默德案中可能出现的争议表明反恐立法是不必要的， 595
因为这两种情况都可以在“正常”移民和刑事程序的法律条款中进行处理。接下来可能就会面临这样的一个问题：如果各国并不打算运用它，那什么才是专门反恐立法的目的呢？

另一方面，肯尼亚的行动在违反人权的道路上似乎走得更远。这表明，制定反恐法是必要的，这倒不是因为这样的法律对打击恐怖主义十分重要，而是因为它们能够为特别行政权力设定界限。

然而，当我们转向乌干达时，就可以发现对传统批判意见的支持，即反恐法确实增加了侵犯人权的可能性，针对反恐部队侵犯人权的指控似乎表明了反恐法未能对个人权利提供保护，并且允许执法机关加强对公众的控制。

也许解决方案存在于这样的事实：在许多这样的例子中，“普通法律”偶尔也会被反恐法破坏。换句话说，在法律文本与政府的实际行为之间有一条鸿沟——无论是否涉及恐怖主义，上述鸿沟越大，反恐立法的价值也就更加存在疑问。我们承认，在法治不被尊重的体系中，政府对自己制定法律的服从都将是零散的。换言之，政府可能只是依赖反恐法所授予的额外的权力，而忽略了这些权力的法律制约。在这种情况下，反恐立法更有可能成为权力滥用的借口，而不是在一个明确的法律框架下成为预防恐怖主义的工具。

我们不是说由于这样的现实，反恐立法就应该被废弃。我们只是认为它必须与法治的强化同时进行。在这方面，任何反恐程序的首要目标都是对这一问题的阐明。我们认为，无论是通过专门的反恐法或者其他方式，都需要一个清晰的法律框架，都要有作为基础的对恐怖主义的明确界定。对恐怖主义过于宽泛和不明确的界定都可能会成为行政机关滥用反恐权力的基础，它也可能被作为打压反对者和异见者的手段。[126]如果那些超越了普通刑法、刑 596
事诉讼法的额外权力确实出于打击恐怖主义的需要，那么可以通过要求政府明确什么是恐怖主义，他们将运用何种权力打击恐怖主义，并且明确对这些权力的限制来提供保障。法律框架应该允许对行政行为进行某种司法审查，即使这种审查只能发生在事后。有时，由于恐怖主义威胁具有紧迫性，可能

〔126〕 Whitaker, “Exporting the Patriot Act”, 1028.

对行政行为进行事前司法监督变得不可能和不可取。然而，没有它就等同于抛弃了政府行使权力时所要求遵守的“法治”本质，同时也违背了司法的定位。

最后，应当坚决支持反恐立法框架要与人权标准明确地保持一致。任何试图将两个法律制度相排斥的尝试都应该被拒绝，因为在这二者之间并非没有共同点。毕竟，对人权的保护是——或者至少应该是——在将预防恐怖主义作为首要任务后的激励因素之一。〔127〕

〔127〕 See *The Ottowa Principles on Anti – Terrorism and Human Rights* (2006), available at aixl. uottawa. ca/ ~ cforese/hrat/principles. pdf; Powell, “Defining terrorism: why and how”.

第23章

以色列的反恐法：过去、现在和未来*

达芙妮·巴拉克－埃雷兹**

一、引言 597

以色列自1948年建国以来就面临日渐增多的恐怖主义与其他严峻的安全威胁。在改变安全状况的同时，议员们也逐渐修正相关法律来适应形势的变化。本章回顾了以色列法律体系面临的主要问题，评估了政府各机构的权力分配，分析了反恐法对人权保护的影响，指出了其面临的困境与挑战，目的在于讨论以色列反恐法的形成与发展。

以色列反恐法的形成与发展可以很好地反映出该国面临的紧张形势。〔1〕一方面，反恐法的形成是以色列应对恐怖主义威胁的结果。另一方面，反恐法是以色列实施反恐政策的总体表现。在以色列，从立法层面制定反恐法是

* 感谢格申·高通尼克（Gershon Gontovnik）、列夫·奥格莱德（Liav Orgad）和肯特·罗奇（Kent Roach）为本章较早版本提出的建议，以及娜奥米·许乃曼（Naomi Scheinerman）的帮助。

** 达芙妮·巴拉克－埃雷兹（Daphne Barak－Erez），特拉维夫大学“斯图尔特与朱迪·科尔顿”法律与安全学会主席、法学教授。

〔1〕 要想从文件众多的以色列反恐法中来检验该地区的立法进程，其技术性缺陷是以色列的官方语言和法律语言是希伯来语。本章所参阅的法律材料最初都是由希伯来语出版（除了英国托管巴勒斯坦时期的法律材料，那时所有法律和司法裁决都是由英语出版）。以色列的所有立法也曾用英文出版过，这些英文版本将在本章中的脚注中标示为LSI（Laws of the State of Israel，以色列法律），但目前不再用英文出版。然而本章提到的一些法律的英文翻译仍然可以在以色列议会（www. knesset. gov. il），司法部（www. justice. gov. il）或外交部（www. mfo. gov. il）网站中查询。若要浏览以色列最高法院的重要决议的英文版本，请登录以色列最高法院的网站（www. court. gov. il）。本章在脚注中也提及相关翻译的参考文献。

最重要的任务，因为在这个国家立法权的地位高于行政权，而且行政措施受
598 到司法监督。反恐法的框架由不同历史时期形成的法律规范组成，通常情况下，反恐法的基础是《刑法》（针对保护生命和财产的普通犯罪和有关恐怖主义活动的特殊犯罪）和赋予政府行政预防权力的特殊法律（如对恐怖主义犯罪嫌疑人的羁押）。其中，一些法律在制定时只适用于紧急情况，但由于旷日持久的紧急情况一直未消除，所以这些法律也就成了常规法的一部分。目前，以色列反恐法律的制定也源于国际法标准和国内法中宪法标准的影响。

二、特殊立法机制的历史背景及进程

以色列的反恐立法渊源可以追溯到当年英国管辖巴勒斯坦时期。[2]当时，面对抵抗运动，英国政府颁布了一部内容详细的反恐法——《1945 年国防（紧急）条例》[3]，这部法律包含了诸多严厉条款，如政府有权羁押或者驱逐嫌疑人，在军事法庭而非普通法庭上审判犯罪嫌疑人等。

1948 年以色列建国后，其面临的安全威胁不减反增。首先，它面临着周围阿拉伯国家以及当地巴勒斯坦人的武力威胁，因为他们坚决反对以色列建国。其次，政府还需预防犹太极端组织的威胁，这些极端组织用当年反抗英国统治的方法对抗以色列政府。1948 年 9 月，一些来自利希（也被人们称之为斯特恩集团）的犹太活跃分子就谋杀了联合国派往该地区的代表勃纳多特
599 爵士（Bernadotte）。当时，他前往该地区调解以色列与巴勒斯坦之间的冲突，但因为当时以色列主张以战争方式赢取独立，所以这些极端组织认为他的调解对以色列来说是一种威胁。后来，以色列政府也意识到这些极端组织的危害，新的政府开始制定反恐措施，其第一步就是在法律上赋予军队反恐职能，军队可以在紧急情况下采取最长 3 个月的军事执法措施[4]。不久以后，政府就颁布了《1948 年预防恐怖主义条例》[5]，该条例授权政府认定恐怖组织，规定无论是参与该组织或者是支持该组织都是犯罪行为。多年来，该条例一

---

〔2〕 更多细节，See：Claude Klein，“On the three floors of legislative building：Israel's legal arsenal in its struggle against terrorism”，（2006） 27 *Cardozo Law Review*，2223.

〔3〕 Defence （Emergency） Regulations 1945，Palestine Gazette no. 1442，Supp. No. 2，1055 （Defence Regulations）. 尽管其标题有误导性，但这部法律是以色列第一部反恐立法，而不仅仅是一部行政法规。

〔4〕 See below note 9.

〔5〕 1 LSI 76 （Prevention of Terrorism Ordinance）.

直被用来打击以色列认定的巴勒斯坦恐怖组织，包括“巴勒斯坦解放组织”与“哈马斯”，以及其他犹太极端组织。虽前后历经 7 次修改，该条例至今还依然有效，但从目前来看，有望被最新的修订版替换。

面临持续不断的安全威胁，以色列不是废弃古老的且广为人诟病的《防卫（紧急）法案》，而是对其作了有针对性的修改。《防卫（紧急）法案》出台 30 年后，以色列摒弃了“驱逐出境”这一曾被认为是原法案中最引人关注的内容，转而改为“行政羁押”，并颁布《1979 年紧急权力（拘留）法》[6]。新的法案授权国防部长（不是军事指挥官）有权下令将嫌疑人移交行政羁押。[7]

以色列反恐法的出台是复杂立法机制的产物，这种立法机制在以色列建国后的几十年间逐步成形。总的来说，以色列坚持反恐立法的应对模式，这就意味着必须由立法而不是行政权力来制定反恐标准。[8]

除了制定特定的反恐立法，以色列政府也有权根据紧急情况的时间长短来颁布特别紧急法规（紧急情况不得超过 3 个月，如需延长必须得到立法机 600
关批准）。[9]由于以色列面临的安全形势较为严峻，国家时刻处于紧急状态中，事实上，这种紧急状态的界定还在根据标准不断调整。同时，在实践中，政府越来越诉诸现有立法中已制定的反恐标准（不管是只在紧急情况下才实施的法案，还是其他形式的法律），而不是制定新的紧急法规。[10]

---

[6] 33 LSI 89（Detentions Law）. 其英语版本可以参考：1990（21）*Columbia Human Rights Law Review* 510. 如同作者在本章第 3 部分讲述的那样，这些改变只适用于严格意义上的以色列控制的领土，而不适用于其占领的领土。

[7] 想要了解更多关于以色列行政羁押立法，See Baruch Bracha. “Judicial review of security powers in Israel: a new policy of the courts”，（1991）28 *Stanford Journal of International Law*39，50 – 5. 更多信息，请看本章第 3 部分。

[8] See Daphne Barak – Erez，“Terrorism law between the executive and legislative models”，（2009）57 *American Journal of Comparative Law* 877.

[9] 是否是紧急情况只能由立法机关（也就是以色列的议会）来宣布。行政执行部门在议会不能举行时也可宣布为期不超过 1 周的紧急状况。请参阅《基本法》（Basic Law）第 38 条：政府（其英语版本可以登录以色列议会的官网查看）。这一条款是早期版本的升级版本（也更周全）。其早期版本就规定了紧急状况的宣布条框（s. 9 of the Law and Administration Ordinance，1948，不过 1 LSI 7 这一条款现已废除）。

[10] 请注意：以色列建国后颁布的几部反恐法律，如《预防恐怖主义条例》（the Prevention of Terrorism Ordinance）、《羁押法》（Detention Law）等，会根据宣布紧急状态的实际情况而适用。但是，看起来好像是因为恐怖主义的持续威胁，以及宣布紧急状态的不可持久性，新的反恐立法通常是作为永久性立法制定的，并非仅仅适用于宣告的紧急状态。例如，《非法战斗人员法》（Unlawful Combatants Law 2002）规定的羁押措施将在下注 25 予以讨论（其英语版本可以登录以色列司法部官网查询）。

另外一个影响以色列反恐法制定的要素就是立法体系的宪法化。传统上，以色列的政治制度依循英国的议会主权制。它没有正式的书面宪法文本，也没有允许对立法机制的司法审查（与之相对的是允许对行政行为的司法审查）。事实上，以色列已颁布了一系列的《基本法》，旨在制定未来的国家宪法，但是这些《基本法》在许多年以后也没有一个特殊的规范地位。此外，首批《基本法》解决的是结构及制度上的问题，但没有解决保护人权与侵权立法的问题。转折点来自1992年两部关于人权的基本法的颁布——《基本法：职业自由》和《基本法：人的尊严及自由》，[11]这些规定已经被以色列
601 高等法院解释为保护他们认可的人权法律。[12]与本章讨论联系更近的是《基本法：人的尊严及自由》[13]。事实上，这些基本法在运用中常受制于随后颁布的新法。相应地，包括那些特别复杂的反恐立法机制在内的立法，并不接受司法审查。[14]但是，反恐领域的每一部新的法律都必须接受司法审查。考虑到为应对当前恐怖主义威胁而需不断更新的立法机制，这些基本法也有望起到应有的作用。

目前，随着恐怖主义威胁范围的不断扩大，以及“9·11”事件后反恐法的新发展，以色列的立法机关正在起草文件，以期颁布一部融合百家之长的新反恐法，其提案目前正在审议中。[15]当然，上述提案也同样需要满足宪法标准。

三、刑事司法与反恐行政法

为了明确以色列反恐法律结构的关键所在，必须厘清预防与惩罚的界限。

---

〔11〕要了解以色列宪法的背景，See Daphne Barak - Erez，“From an unwritten to a written Constitution：the Israeli challenge in American perspective”，1995（26）*Columbia Human Rights Law Review*. 309.

〔12〕参考 CA 6821/93 United Mizrahi Bank v. Midgal Cooperative Village 49（4）PD 221.

〔13〕《基本法》：使宪法保护人的尊严与自由的权利，包括：保留、保护人的生命、躯体和尊严；保护人的财产；保护人的尊严；自由离开（或者进入）国家的权利；保护个人隐私的权利。根据《基本法》第8条：“不得侵犯《基本法》赋予个人的这些权利，除非符合国家利益且为了适当目的，新的法律不得剥夺这些权利。”

〔14〕According to s. 10 of Basic Law：Human Dignity and Liberty：“This Basic Law shall not affect the validity of any law（din）in force prior to the commencement of the Basic Law”.

〔15〕For more details see below Section 7.

以色列法律把恐怖主义活动以及任何支持恐怖主义的行为都界定为犯罪，因此，其法律强调的是对恐怖主义的预防，从而采取预防性的行政措施。

（一）预防及行政羁押

采取预防手段的一个明显例证就是行政羁押。如前文所述，以色列反恐法源自英国统治巴勒斯坦地区时采用的法律体系，其法律允许政府由于安全原因考虑而采取行政羁押。其当时制定的《1945年国防（紧急）条 602
例》[16]中就有明确表述，虽然此法案被《1979年羁押法》替换，但新法也保留了采取预防性行政羁押的条款，因此具有更好的安保程序。如《1979年羁押法》有如下表述："一旦国防部部长有理由认为某人对国家安全或者社会安全会造成危害，那么他有权命令羁押此人，但时长最多不超过6个月。"[17]当然，此命令会随时延长。[18]被羁押人在羁押后48小时内[19]（48小时之后，每3个月[20]）有权要求当地法院院长重新审议。总体而言，被羁押人的审查程序有助于避免国家安全在秘密证据[21]完全暴露之后遭受威胁。但是，以色列最高法院采取了一种积极的审查方法来审查未被披露的证据。[22]关于这种做法，以色列最高法院法官、法律学者伊扎克（Itzhak）是这样描述的：

> 考虑到事情的严重性，最高法院制定了以前法律从未有过的一种审查程序。办理案件的法庭可以向申请复查的申请人建议，可以由保存证据的行政机关在申请人不在场的不公开场合向法官呈交证据。如果申请人同意，法院将审查这些秘密证据。[23]

---

[16] See above note 3.

[17] Detentions Law, s. 2 (a).

[18] Ibid., s. 2 (b).

[19] Ibid., s. 4.

[20] Ibid., s. 5.

[21] 根据《羁押法》（Detentions Law）第6（c）条："在根据第4条或第5条进行司法审查时，地区法院院长应当在被羁押人或者被羁押人的诉讼代表在场时采信证据，然而，如果院长在研究证据之后或者在听取各方意见后认为证据会对国家或社会安全造成危害，也可以在被羁押人或其代表不在场时采信证据。"

[22] 要想了解以色列最高法院在反恐领域里的角色及作用，请参阅本章第6部分。

[23] Itzhak Zamir, "Human rights and national security" 1989 (23) *Israel Law Review* 375, 399.

需要指出的是，以色列最高法院承担的积极角色并不能取代向被羁押人公布对他的指控的责任。在最近的一些判决中，最高法院已经明确规定国家
603 应该向被羁押人公开对他的指控，同时向法院公开完整的证据。〔24〕

除了《1979年羁押法》之外，以色列还颁布了一部《非法战斗人员羁押法》。这部法律适用于那些居住在以色列领土之外但在与以色列军队冲突中被捕的外国人。〔25〕该法包含了与司法审查类似的机制，但根据需要作了调整。该法是根据不同的场合而做出的1个综合版本，比如，它规定第1次司法审查应在14天以内进行，〔26〕又规定第1次审查后的每次重新审查需在至少6个月后才能进行。〔27〕该法还明确了只向法院公开的秘密证据的可能性：

> 在该法下，与正常证据处理程序不一致的做法是被许可的，但理由应该记录在案。法院可以在嫌疑人或者嫌疑人的法律代表不在场时审查证据，或者，在审查证据之后或者在听取各方意见后认为证据会对国家或社会安全造成危害，法院也可以不向该犯人或者其代表公开证据。〔28〕

相应地，根据军事命令，类似的司法审查原则以及规定的向嫌疑人公开证据的种种限制适用于以色列已占领土地的行政羁押。如同拜尼斯克（Beinisch）大法官所说的那样，2002年以后颁布的法律：

> 鉴于提交秘密证据的片面性，对行政羁押进行司法审查的法院在审查所提交的材料时不应该采用眼见为实的态度，而应该小心翼翼、精益

〔24〕 See HCJ 2595/09 Soft v. State of Israel (not published 2009). 对于此种情况，罗宾斯泰（Rubinstein）法官强调，披露信息的范围应该最小化。Ibid. See also HCJ 1510/09 Atamana v. State of Israel (not published 2009)。在阿塔玛纳（Atamana）案中，豪特（Hayut）法官强调所有相关指控证据最终都应向被羁押人公开。从上述决定来看，很显然，有权机关很可能会隐藏指控中的关键证据，但最终迫于法院的压力会向被羁押人公开。

〔25〕 关于这两部《羁押法》的区别，参见 Crim. A. 6659/06 A v. Israel (not published, 2008) (*The Unlawful Combatants* decision)（英文版本可以登录以色列最高法院的官方网站查询）。颁布这部法律尤其特殊的历史原因将在下文阐述，主要是基于最高法院关于"谈判筹码"事件的决定，即根据普通羁押法的规定，以色列不能基于除预防目的之外的其他目的羁押公民。

〔26〕 Unlawful Combatants Law, s. 5 (a).

〔27〕 Ibid., s. 5 (c).

〔28〕 Ibid., s. 5 (e).

求精。在此情况下，法院有责任小心谨慎，应以嫌疑人的角度来审查所 604
提交的秘密材料。[29]

《非法战斗人员羁押法》是在《基本法：人的尊严及自由》颁布后才制定的，由以色列最高法院经司法审查以适应宪法标准，[30]了解到这点是非常有用的。

（二）《刑法》

行政性预防措施的适用并不意味着放弃刑法的实施。一旦犯罪证据确凿可靠，恐怖分子所受到的惩罚将取决于他们参与犯罪活动的危害程度大小。

实施刑法的最典型案例就是审判那些直接参与恐怖袭击的恐怖分子。在这种情况下，与之相关的犯罪行为就可以适用暴力犯罪的法律条款，比如谋杀或者试图谋杀[31]。巴尔古蒂（Bargouti）案就是典型的运用刑法惩罚恐怖组织头目的范例。恐怖组织头目指使他人实施恐怖袭击，尽管其不是直接行为人，但也应该为此接受惩罚。[32]马尔万·巴尔古蒂是约旦河西岸巴勒斯坦解放组织的一位领导人，他被指控参与5次谋杀、1次试图谋杀以及其他犯罪行为。[33]

除了《刑法》里规定的最主要犯罪行为外，那些支持或者帮助恐怖组织的行为也将接受司法审判，其罪名可能是帮助运输恐怖分子（非常接近
自杀式炸弹袭击的犯罪）[34]、参与恐怖组织[35]以及藏匿枪支弹药[36]罪。 605

---

〔29〕 *The Unlawful Combatants decision* [43]. 如需进一步分析以色列对羁押的司法审查，参见：Daphne Barak - Erez and Matthew C. Waxman, "Secret evidence and the due process of terrorist detentions" (2009) 48 *Columbia Journal of Transportational Law* 3.

〔30〕 *The Unlawful Combatants* decision.

〔31〕 Penal Law 1977, 8 LSI 133, s. 300 (Penal Law).

〔32〕 Cr C (TA) 1158/02 State of Israel v. Bargouti (not published, 2004).

〔33〕 Ibid.

〔34〕 根据1952年《以色列入境法》(Entrance to Israel Law) 第12条之规定，运送在以色列没有正式身份的人员是一种独立犯罪。运送携带自杀式炸弹的恐怖分子的司机也会被指控犯过失杀人罪。See: CA 263/07 Rajbi v. State of Israel (not published, 2007).

〔35〕 Prevention of Terrorism Ordiance, s. 3.

〔36〕 Penal Law, s. 144.

《2005年禁止资助恐怖主义法》[37]界定了一种新的刑事犯罪行为——资助恐怖主义罪。

在刑事法律中，将口头宣传或者支持恐怖主义界定为刑事犯罪被认为是一种兜底条款，因为这种界定容易限制政治演讲。以色列的法律虽然已经界定口头宣传或者支持恐怖主义是一种犯罪，但在实践中，立法进程却并不顺利，而仅在法院范围内由法官解释。其实，把煽动恐怖主义纳入刑事犯罪早已在英国统治巴勒斯坦时期就有先例。“煽动叛乱罪”被界定为参与宣传那些与国家和平背道而驰的行为。[38]随后，《预防恐怖主义条例》第4（1）条[39]明确将煽动恐怖主义作为刑事犯罪，这一条款最引人注意的地方在于把“公开以口头形式对造成人员伤亡或对人身安全构成威胁的恐怖主义暴力行为进行表扬、表示同情或者给予鼓励”的行为界定为犯罪。但是，这些犯罪在提交法庭审判时，司法机关在执行惩罚煽动条款时采用了一个较为限缩的、更为平衡的做法。在以色列总理伊扎克·拉宾（Itzhak Rabin）1995年11月4日遇刺身亡后不久，以色列最高法院不得不在两个
606 轰动一时的案例——贾巴仁（Jabareen）案[40]及本杰明·卡汗（Benjamin

〔37〕《2005年禁止资助恐怖主义法》（Prohibition on Terror Financing Law）（其英文版本登陆以色列司法部的官方网站查阅）。

〔38〕事实上，这种犯罪行为的界定早在英国统治巴勒斯坦时就已颁布。ss. 59－60 of the Criminal Code Ordinance 1936, Palestine Gazette no. 652, Supp no. 1, 399. 目前，这一条款可以在以色列《刑法》第133～134条里找到。有关“煽动”这一条款并没有明确与“恐怖主义”一词挂钩，但其适用范围广泛，任何旨在影响政府或者国家安全的行为都可以被界定为“煽动”。根据《刑法》第136（4）条：“这款规定旨在说明‘煽动’是指鼓动不同种族之间的仇恨。”

〔39〕第4条是这样表述的：①公开以口头或书面形式对造成人员伤亡或对人身安全构成威胁的恐怖暴力行为进行赞扬、表示同情或给予鼓励者；②公开以口头或书面形式对请求支持或资助恐怖组织的行为表示赞扬或同情者；……⑦任何在公开场合对恐怖组织表示支持或同情的活动，或公众可在公众场合看到、听到此类活动，不管是打旗号、高举标语还是发表赞美的言论，以及任何其他对恐怖组织公然表示支持和同情的行动。上述条款规定的行为均属于支持恐怖组织的犯罪行为，均应被定罪处罚。可以判处3年以下监禁刑或1000英镑以下的罚款，或两者并罚。

〔40〕CFH 8613/96 Jabareen v. State of Israel（5）54, PD 193. 贾巴仁（Jabareen）案涉及一个报纸专栏节目，该专栏赞扬了在以色列占领领土上针对以色列士兵的攻击行为。在法院的判决中，法院就《预防恐怖主义条例》（Prevention of Terrorism Ordiance）第4（1）条的内容作了狭义界定，也就是未把“口头赞扬恐怖组织的暴力行为”界定为犯罪行为。这种限定至关重要，因此，被告人被判无罪释放。《预防恐怖主义条例》并未明确在何种情况下界定此种行为为犯罪行为，以色列最高法院对此进行限制解释以保证公民的言论自由。

Kahana）案[41]——上灵活地运用此条款（尽管此案早已起诉）。最终，《刑法》第 144D2 条规定，上述条款同样适用于那些与未被以色列政府宣布为恐怖组织有联系的恐怖主义活动。[42]

关于刑事审判，我们应该把注意力放在刑事诉讼程序上。对恐怖主义犯罪嫌疑人的审判应该在正式的普通法庭而非军事法庭上进行。[43]但是，在恐 607
怖主义案件调查的前期，如涉及安全原因，则可以延迟犯罪嫌疑人与其律师的会面（假设调查不应该被干扰）。[44]但是，最高法院在这一问题上对于适用不同程序的意向设置了明确的限制条件，甚至撤销了某个法律条款——此条款规定可于恐怖主义犯罪嫌疑人不在场的情况下延长其羁押期限[45]（这一条款经司法审查，写进了新颁布的《基本法：人的尊严与自由》中）。最高法院称这一条款侵犯了嫌疑人的基本权利，而根据以色列宪法，这些基本权利源于人的尊严。[46]

---

〔41〕 CFH 1789/98 State of Israel v. Benjamin Kahana, 54（5）PD 145. 最高法院在宣判贾巴仁案的同一天宣判了本杰明·卡汗（Benjamin Kahana）案。以前，判决并没有以“煽动（Sedition）”而是以“鼓惑（Incitement）”一罪进行宣判。但实质上，判决通常宣判的是口头鼓动针对平民的暴力行为。特别是宣判那些犹太右翼极端分子的出版物。本杰明·卡汗号召用炸弹袭击以色列境内的阿拉伯村庄，以报复针对犹太以色列人的恐怖袭击。卡汗被指控“煽动”恐怖主义，法院不得不从宽泛的角度来解释“煽动”罪这个在英国管辖时期规定的犯罪行为。问题是，界定这种犯罪是否能保证政府和社会的稳定。经商议，大部分法官判决卡汗有罪（尽管贾巴仁已经无罪释放）。法庭对这两种截然不同的判决的依据在于“煽动”可以适当地避免误用或者过度适用。因此，从狭义上解释该词就没那么紧迫，而根据《预防恐怖主义条例》规定的“鼓惑”一罪（贾巴仁案）就合情合法。更多解读，参见 Mordechai Kremnitzer, Liat Levanon - Morag, “Limiting freedom of speech for the prevention of violence”（2004）7 *Law and Government* 305（Hebrew）.

〔42〕《刑法》第 144D2 条规定：“出版任何号召执行恐怖犯罪，或赞扬、支持或鼓励恐怖犯罪行为（也就是煽动恐怖行为的出版物）的出版物，根据其内容以及其内容造成的实际危害等级，将会被处以 5 年监禁刑。”要从比较的角度来评估以色列的此种规定（同时考虑联合国安理会第 1624 号决议）。See：Daphne Barak - Erez and David Scharia. “Freedom of speech and support for terrorism：a case study of global constitutional law”（2011）2 *Havard National security Journal* 1.

〔43〕 总体而言，根据英国管辖时期颁布的《紧急条例》（Emergency Regulations），违反上述条例的人可能会在特别军事法庭上受到审判。但是，目前以色列当局的政策是恐怖分子在普通法庭上受审。相反的是，在以色列所占领土上的刑事审判则由军事法庭执行。See also Section 4.

〔44〕 Criminal Procedure（Arrested Individuals Suspected of a Security Offence）（Temporary Provisions）2006.

〔45〕 特别是，法律规定恐怖主义犯罪嫌疑人的羁押期在 20 天以内的（包括随后的嫌疑人在场的听证会）应该提交法院审判，从而能延长羁押期，但最长不能多于 20 天。

〔46〕 Crim R A 8823/07. A v. State of Israel（not published, 2010）.

四、占领地及其他边界领土所面临的挑战

从反恐的角度来看，以色列独有的地理位置决定了大部分潜在的针对平民的恐怖袭击不是来自以色列管辖的国内领土，而是来自其周边的领土。要么来自以色列在1967年6月战争夺来的占领地（比如西岸地区），要么来自一些以色列认定恐怖组织控制的其他地区［比如黎巴嫩南部，由（黎巴嫩）真主党控制，加沙地带也曾被以色列占领，但目前则由“哈马斯”组织管
608 辖］。当以色列在反击来自各方的恐怖袭击时，相关法律并不是以色列自己确立，而是沿用国际法——比如只适用于占领地（特别是约旦河西海岸）的国际法以及适用于武装冲突的国际法。以色列面临的情况与其他国家的反恐形势不大一样（比如伊拉克、阿富汗，其反恐战争远离平民区）。具体来说，以色列民众面临的威胁主要表现为针对平民的自杀式炸弹袭击，以及最近开始的朝平民区发射导弹（但并不正式宣战）。

尽管以色列的法律并不适用于以色列管辖以外的领土，〔47〕但以色列最高法院规定，基于保护政府法治的理念，法院可以受理来自以色列领土以外的以色列军队以及其他政府官员的申诉。需要指出的是，最高法院秉承这样的理念是相对容易理解的，特别是当以色列军队事实上有效控制1967年以来所占领的领土，这时，这些军事行动更像是普通的刑事执法行动。

那些以色列在其占领地采用并经以色列最高法院审查过的反恐措施包括：

（1）指定新的居住地〔48〕——为寻找新的阻止恐怖分子的方法，约旦河西岸的军事指挥官可以指定那些帮助过恐怖分子的居民搬迁到新的居住地。那时候，以色列仍然还控制着加沙地带，曾计划让那些帮助过恐怖分子的人迁往加沙。以色列之所以有此计划，是因为其他防止恐怖分子的方法效果不好或者其做法不合法。但很显然，根据《日内瓦第四公约》，让居民搬离占领地前往黎巴嫩等其他国家，也是不合法的。新的修正案是一个在国家安全需
609 求与国际法约束之间的妥协版本，以色列最高法院认可《日内瓦第四公约》

〔47〕相应地，占领地的行政羁押只能根据当地的立法实施，这与本章第2、3部分讨论的以色列立法是不一样的。

〔48〕HCJ 7015/02 Ajuri v. IDF Commander 56（6）PD 352（英文版本可以登录以色列最高法院官网查询）.

第 78 条的观点，即允许军事指挥官发布命令指定新的居住地；同时根据《日内瓦第四公约》第 49 条，军事指挥官不能把居民驱逐出境。但是，最高法院决定，只有在待安置的居民具有实质威胁以及指定新的居住地有助于避免危险时，指挥官才能行使此权力。为没有任何威胁的无辜平民或者那些不再从事恐怖主义活动的人指定居住地是不被允许的，即使这种措施可以防止其他人从事恐怖主义活动或者防止他们与活跃的恐怖分子合作。〔49〕

（2）“邻里程序”或“早期预警”——最高法院另一项重要的反恐措施。该措施禁止以色列军队利用平民来劝说恐怖分子投降。〔50〕军方官方宣布，执行“邻里程序”时，需满足两个条件：一是平民愿意去向恐怖分子传递信息；二是平民能得到安全保证。使用“邻里程序”不得使用平民当作“人体盾牌”——这也明显与国际法相违背。但是，以色列的最高法院摒弃了这一原则，它们质疑在实际过程中是否有必要尊重或者保证上述两个条件，只是强调区分平民与战斗人员的重要性。

五、越来越重要的国际法

以色列反恐法的另一个显著特点在于国际法对本土法律的形成、发展与实施施加了越来越大的影响。〔51〕原因诸多：一是如前文所述，以色列面临的主要恐怖主义威胁来自占领地以及周边邻国，因此国际法的适用就顺理成章； 610
二是以色列最高法院特别喜欢以国际法的标准来解释或实施本国的反恐法。以色列最高法院对国际法的解释已引起众多关注，其原因在于最高法院所判决案例的新颖性、判决的质量、出台一些具有争议性的反恐法以及以巴冲突在国际领域的特殊性。前文讨论的一些发生在占领地的案例的判决明显具有这种特征。〔52〕现列举一些以色列最高法院颁布的反恐措施：

〔49〕 更多信息，See：Daphne Barak - Erez. “Assigned residence in Israel's administered territories：the judicial review of security measures”（2003）33 *Israel Yearbook on Human Rights* 303.

〔50〕 HCJ 3799/02 Adala：The Legal Center for the Rights of the Arab Minority in Israel v. Commander of the central region 60（3）PD 67（英文版本可以登录色列最高法院官网查询）.

〔51〕 See also：Daphne Barak - Erez，“The international law of human rights and constitutional law：a case study of an expanding dialogue”（2004）2 *ICON* 611.

〔52〕 See above Section 4.

（1）“定点清除”。〔53〕此措施允许在采取其他杀伤性的反恐措施不能有效遏制恐怖主义活动时，可以对恐怖组织头目（因为这些恐怖组织头目不在以色列领土）执行“定点清除”——这是一种预防性措施（可以阻止这些恐怖组织头目煽动其他恐怖分子发动针对以色列领土或者平民的恐怖袭击）。刚开始，这项措施还只限于那些不在以色列直接控制的领土上（也就是说，既不在以色列也不在巴勒斯坦的领土上，但这些领土仍受以色列管辖）的恐怖组织头目。但最高法院确认了对在以色列领土以外的恐怖组织头目进行“定点清除”行动的合法性，其依据就是根据国际法中有关“恐怖分子是直接参与了恐怖主义活动的人群”这一界定〔54〕。另外，为了规范“定点清除”的打击范围，最高法院又细化了实施“定点清除”的四大必要条件：一是必须有翔实的令人信服的证据证明某人是可以被“定点清除”的恐怖组织头目，实施“定点清除”时不能伤害无辜平民，在指控该人具备敌意和仇恨时，需要全面核实相关信息，并确认该人身份。当然，军方要确认这些信息，负担颇重。但对于一些具有争议性的清除任务，在实施前还是必须细心核实。二是如果能采用其他伤害性更小的措施时，对于那些被指控为有敌意的人不能采
611 用“定点清除”。有敌意的人不是“暴徒”（被剥夺法律保护者）。因此，可以采取逮捕、盘问、审讯等反恐措施，但是，上述手段并不是每次都得到使用，因为有时没有必要这样做，有时会对以色列士兵的生命安全造成危害。三是“定点清除”目标确定后，需开展行动精确性调查、攻击造成的附带影响调查（追溯性），其调查必须全面、独立。在一起案例中，有时也须对无辜平民造成的伤害进行赔偿。〔55〕四是要尽全力避免伤害无辜平民（附带伤害）。除非“定点清除”行动取得的效果远远高于由于不行动对无辜平民造成伤害的预期影响，否则不能实施“定点清除”行动。例如，如果一个恐怖分子狙击手正在门廊里射杀以色列士兵或者平民，此时刚好有一个无辜的平民路过这儿，这时哪怕可能会伤害这位路人，也要清除这个恐怖分子，这种危害度符合比例原则。但是，如果为了清除某人而致使房屋炸毁，伤害众多平民，那么这种“定点清除”则是不允许的。上述两种案例当然是极端案例，但介

---

〔53〕 See: HCJ 769/02 The Public Committee against Torture in Israel v. The Government of Israel (not published, 2006) (Targeted Killings decision)（英文版本可以登录以色列最高法院官网查阅）.

〔54〕 Article 51 (3) of the 1977 Additional Protocol Ⅰ to the Geneva Conventions.

〔55〕 需要指出的是，实施“定点清除”行动的效果评估应首先由军方内部人士进行。

于二者之间的案例则复杂得多。因此，“定点清除”实施前有必要仔细研究每一个细节。

（2）隔离墙。从隔离墙的角度来研究国际法对以色列本土法律的影响是非常有趣的。隔离墙是以色列为防止恐怖分子袭击平民而在占领地修建的所谓安全墙。修建隔离墙不仅基于以色列最高法院对此作出的决议，而且也得到了国际法院的一系列建议指导。以色列在隔离墙上所作的其他决定基于最高法院关于贝特苏里克（Beit sourik）案修建隔离墙作出的判决〔56〕。当时，国际法院质疑修建隔离墙的合法性，但以色列法院坚持独立审议每一道隔离墙的修建，并评估隔离墙对当地安全的作用。回到在贝特苏里克案修建隔离墙的决议上来，请愿者都是当地受影响的土地所有人以及村民议会成员。他们认为，通过颁布没收令来侵犯他们的土地所有权是非法的。以色列最高法 612
院依据交战国占有期间的法律和以色列行政法来判定这起事件的性质。实质上，最高法院在考虑这两个问题：第一，军事指挥官是否有权在占领地建立安全屏障；第二，如果可以的话，建立这个安全屏障在所在地是否合法。针对第一个问题，法院接受了请愿者的论点，即如果军事指挥官的理由是政治性的，也就是旨在吞并该地，那么他没有权力命令修建隔离墙。然而，法院裁定，该屏障的目的确实是为了保护以色列平民。在确定这一点后，法院进行了第二个问题的讨论，即处理该障碍的特殊途径。运用比例原则，法院根据国际人道主义法律，平衡了公共安全利益和当地居民的权利。在这种情况下，法院表示：安全屏障对当地居民的危害是不相称的，因此认为军事指挥官有责任考虑替代措施。

实际上，与这个决议中的内容相对，国际法院在仅仅 10 天后就以一种咨询意见的形式表达了对这个屏障的合法性的意见，并且采取了一种完全不同的途径：〔57〕首先，国际法院认为这个屏障是出于政治目的而建的，而不是军事目的（通过指出它的路线和以色列在占领区的殖民地之间的关联）。〔58〕其

---

〔56〕 HCJ 2056/04 Beit Sourik Village Council v. The Government of Israel, 58（5）PD 807（其英文版本可在以色列最高法院的官方网站上查阅）.

〔57〕 *Legal Consequences of the Construction of a Wall in the Occupied Palestinian Territory*, Advisory Opinion（2004）43 *International Legal Materials* 1999（July 9）（Advisory Opinion）.

〔58〕 具体来说，根据国际法院和可利用的相关材料，法院无法判定以色列出于安全目的为这个屏障选择的进程是必需的：Advisory Opinion，［137］.

次，它非常明确地指出，该屏障侵犯人道主义法和人权法，因为以色列方面并没有对这个屏障的每个部分进行细致的审查。

本章并不对这两种不同的观点进行细致比较，更值得看到的是，这一问题展示了相关国际法适用问题的一个例子——国际法的适用常常根据适用者的情况而定。值得注意的是，以色列拒绝参与咨询意见的进程，因为在这起
613 案件中，咨询意见质疑了以色列最高法院的权威，而这是一个可能对该意见的真实基础情况有影响的事实。最重要的是，国际法院未能严肃地处理隔离墙背后的安全动机（即使它的实现可能会招来批判）。[59]

从更广泛的视角来看，以色列在发展和挑战传统国际法律在对抗恐怖主义方面所扮演的核心角色方面十分有趣。一方面，以色列的司法判决被国际法规制；另一方面，以色列作为面临新的反恐挑战的重要地区，又成为应用国际法的实验基地。从这个意义上说，以色列最高法院的一些决定（像突袭决定）被认为是全球先例，开拓了一些还没有过类似司法判决的新领域（与法律学者和专家的意见相反）。这些尝试中的一些新的现实问题也反映了国际法律团体在术语和分类方面的辩论（比如“定点清除”是否属于司法框架外的消灭或刺杀）。

六、最高法院的角色

以色列最高法院通过在维护国家安全和扩宽反恐措施的政治压力之间塑造一个平衡，从而对反恐法进行规范。如果忽略了最高法院的这个核心作用，是不可能来讨论以色列的反恐法的。[60]

最著名的案例是总体安全局（GSS）对恐怖分子采用特殊审讯方法的决定。关于这种方法的讨论始于 20 世纪 80 年代，相关内容刚刚向大众公开。
614 基于对使用上述方法所引发的争议，以以色列最高法院前首席大法官朗道

---

〔59〕以色列最高法院因为在这一问题上作出了不同的决定，不久后解释了相关事实背景的不同，只拒绝关于建设线路的待定选择，而不拒绝国际法庭关于该屏障的负面观点。See：HCJ 7957/04 Mara'abe v. The Prime Minister of Israel 60（2）PD 477（英文版本可以在以色列最高法院网站查询），进一步分析，See：Daphne Barak - Erez，“The security barrier：between international law，constitutional law，and domestic judicial review”（2006）4 *ICON* 540.

〔60〕此项规则应用于反恐法所面临的挑战，See：Pnina Lahav，“A barrel without hoops：the impact of counterterrorism on Israel's legal culture”（1988）10 *Cardozo Law Review* 529.

（Moshe Landau）为首组成的特殊委员会对该问题展开了调查。调查得出的结论是，考虑到刑法中规定的所要使用防卫手段的必要性程度，总体安全局在审讯中有权使用“适度的身体上的伤害”[61]。朗道报告中的一些重要的批评意见导致了法律原则的变化。几年之后，以色列最高法院收到了禁止总体安全局在审讯中使用暴力的请愿书。法院认为，总体安全局不具备使用特殊审讯方法的权力，或者不具备使用不同于警察在破案中使用的一般方法的权力。法院补充道，总体安全局审讯权力的任何扩张都将需要有立法依据，唯一的例外可能是关于审讯者事后获得刑事辩护的申请，因为考虑到其使用暴力的目的是为了防止人类生命的损失。[62]

另一个典型案例是“谈判筹码”事件，即最高法院在公众压力和公共情感的冲击下，如何规范反恐法适用的重要实例。在此事件中，以色列最高法院面临一个问题：以色列是否可以独立地扣押黎巴嫩囚犯，以此作为交换恐怖分子手中的以色列士兵，并加以讨价还价的筹码。围绕此事件作出的第一个决定是最高法院维持了这一决策的合法性，首席大法官巴拉克（Barak）解释道，以色列的行政羁押法应该被解释为为此目的扣留犯人，并补充道，他不会详细说明国际法在此案例中的适用，因为以色列本土法律的效力要强于国际法。[63]然而很快，法院又由于其案件的疑难性和复杂性选择行使其特殊的职权重新审理该案。[64]法院依据一个与先前不同的、更加严厉的法律解释 615
结论展开了新的审查。并且在这起案件中，法院也引进了对国际法律的详细

〔61〕 *Report of the Commission of Inquiry in the Matters of Investigation Methods of the General Security Service Regarding Hostile Terrorist Activity* (1987) (Landau Commission Report). Excerpts from the Report were translated into English and published in (1989) 23 *Isreal Law Review*. 关于朗道（Moshe Landau）委员会报告的分析，See：Mordechai Kremnitzer，“the Landau Commission Report：was the Security Service subordinated to the law to the ‘needs’ of the security service?”（1989）23 *Israel Law Review* 216.

〔62〕 HCJ 5100/94 The Public Committee against Torture in Israel v. The Government of Israel 53 (4) PD 817 (Torture case)（英文版可以在以色列最高法院的网站查询）. 这一决策的分析，See：Mordechai Kremnitzer and Re'em Segev，“The legality of interrogational torture：a question of proper authorization or a substantive moral issue?”（2000）34 *Israel Law Review* 509.

〔63〕 Administrative Detentions App. 10/94 John Does v. Minister of Defense 53 (I) PD 97. 这一决策的评论，See：Orna Ben Naftali and Sharon Gliechgevitch，“Missing in legal action：Lebanese hostages in Israel”（2000）44 *Harvard International Law Journal* 185.

〔64〕 Crim. Further Hearing 7048/97 John does v. Minister of Defense，54 (I) PD 721（英文版本可在以色列最高法院网站查阅）.

解释，以此作为该判决的附加依据。首席法官巴拉克表示：国际法禁止扣押人质，这个禁止也适用于扣押人质作为讨价还价的筹码。比如，曾经的一个讨价还价的筹码与非战斗人员法相关的例子就是红十字会的决定。〔65〕在这起案件中，请愿者认为，根据《日内瓦第四公约》第143条，在处理两个黎巴嫩“筹码”囚犯的问题上应当满足红十字国际委员会的规定，而受访者的律师则质疑这一规定的习惯性特性。首席大法官巴拉克承认，拒绝交换可能可以契合红十字会代表基于安全原因的考虑，但考虑到对上述人员的长期羁押所带来的伤害，在这一阶段拒绝考虑他们的权利也是不合理的。最终的判决并未考虑某些公众认为这一事件中缺少互惠的意见，同时被羁押在黎巴嫩和其他一些未知地方的以色列士兵也被拒绝享有这样的权利。

这些具有里程碑意义的案例并不是孤立的。以色列最高法院作为有权力判断任何政府行为合法性的机构，经常受到关于如何开展反恐行动的请愿书，就像很多之前讨论过的案例（比如安全屏障，还有更多的“清除”命令）反映的那样。法院已经通过减小前期障碍，比如解决在其他国家的此类事件中作为法律障碍的问题，来为其参与铺平道路。〔66〕

以色列最高法院在反恐怖斗争中发挥了独特的作用，不仅因为它要求反恐措施服从于法治的意愿，而且还因为在这些问题上最高法院的深层次参与，甚至包括发生在地面的军事行动。举例来说，阿玛达尼决策〔67〕是提交给最高法院的关于打击西岸巴勒斯坦恐怖主义设施的请愿书。在此次行动中，以
616 色列国防军部队进入城市伯利恒，以搜查“恐怖分子目标”。然而在数百名恐怖分子闯入伯利恒教堂，劫持牧师和信徒作为人肉盾牌后，行动开始复杂起来。在包围了教堂之后，以色列国防军指挥官宣布，如果他们自首，将会在以色列受到公正审判或被驱逐出境。在谈判的关键时期，巴勒斯坦的伯利恒省领导人向最高法院提交了一份请愿书，要求以色列国防军在教堂的庭院提供水、食物、药品和医疗服务。最高法院并没有回避对事件的介入，批准了以色列国防军提供必要的人道主义援助。

---

〔65〕 HCJ 794/98 Oubeid v. Minister of Defense 55（5）P. D. 769.

〔66〕 关于以色列最高法院降低了前期障碍，See：Daphne Barak - Erez，“Broadening the scope of judicial review in Israel：between activism and restraint”（2009）3 *Indian Journal of Constitutional Law* 119.

〔67〕 HCJ 3451/02 Almadani v. Minister of Defence，56（3）PD 30（英文版本可在以色列最高法院网站查阅）.

另一个例子是医生促进人权协会[68]的决定。在本案中，以色列最高法院允许在开展另一军事行动（旨在于加沙地带破坏恐怖主义基础设施、逮捕被通缉的恐怖分子、找到隐藏的武器）的战斗过程中要求法庭介入和获得救济。请愿者请求法院命令以色列国防军允许拉菲亚的巴勒斯坦居民转移他们的死者并埋葬，并提供稳定的水、食物和医疗服务。在本案中，最高法院考虑到战斗的严峻性，专门举行了听证会，并表示：军事行动并不是在法律真空中进行，每一名以色列国防军人必须表现出公平、合理和适度的态度，在个人权利和民族利益之间保持平衡。[69]本次诉讼产生了一定的实际效果：军方又一次独自解决了请愿者指出的大部分问题。由此可见，尽管法院在该事件中并没有作正式的裁决，但这种请愿的效果还是很明显的。

这在一定程度上可能也能说明，以色列最高法院在适用反恐法律时，深入地参与到了对平衡国家安全和公民权利的塑造活动中。[70]

七、改革提议：始于2011年的新法案 617

恐怖主义威胁对于以色列的重要性，以及该地区现行法律的特征（分散和相对陈旧的）促使了以色列司法部起草一个新的反恐法草案，即《2011年反恐怖主义法》，旨在改革和更新现行立法。事实上，相对于大多数的其他国家，以色列没有在“9·11”事件[71]后对其反恐法进行全面改革，但毫无疑问的是，修改反恐法的时机已经成熟。

---

〔68〕 HCJ 4764/04, Physicians for Human Rights v. The Commander of the IDF Forces in the Gaza Strip, 58（5）PD 385（英文版本可以在以色列最高法院网站查询）.

〔69〕 Ibid., [10].

〔70〕 法院确实非常清楚自己在人权保障和国家安全之间确保适当平衡的责任，并且明确表示它正面临着判决的挑战。在作出禁止对恐怖分子讯问时使用身体惩罚的决定时，最高法院首席大法官巴拉克（Barak）说：“我们都知道，这个决定并不能使现实问题更容易地获得解决。这就是民主制度的命运，因为不是所有的手段都可以被接受，也不是我们敌人所使用的所有方法都是可行的。有时候，一个民主国家必须将一只手缚于背后战斗。尽管如此，它已占尽上风。坚守法治和保障个人自由构成了安全观的重要组成部分。当一天结束时，他们振作精神和加强力量去战胜困难。” See: Torture case, 845. For Barak's analysis of the role of the Court in an age of terrorism, see also: Aharon Barak, “Foreword: a judge on judging: the role of a Supreme Court in a democracy”（2002）116 *Harvard Law Review* 16, 148-60.

〔71〕 对比特定领域的立法改革，如禁止反恐融资的相关法律规定。

该法律草案显然只是和以色列反恐法规范相关，并且和在以色列占领区的任何反恐活动并无直接关系，同时主要受到国际法的约束。新法案旨在提供全面、创新的反恐怖主义机制，同时旨在废除很多（但不是全部）的现行反恐法律。它的目的是取代《1948 年预防恐怖主义条例》，但又并非仅在羁押方面进行立法。该法案中的下列改革措施特别值得我们注意：

（1）“恐怖组织”和“恐怖主义”有了新的统一概念——法案中包括这些概念。目前，这些概念在不同的法律文本里有不同的含义，如《1948 年预防恐怖主义条例》和《2005 年禁止资助恐怖主义法》。基本上，草案的概念内容建立在包括反恐融资等更现代立法的基础之上。比如在“恐怖组织”的认定上，直接采用了《反恐融资法》中的相关概念：“为实施恐怖主义活动做
618 准备或允许或促进为恐怖主义活动做准备的组织。”〔72〕这个概念旨在强调为恐怖主义活动提供民用设施保障（如给恐怖组织提供金融支持）也在法律规制的范围之内。

（2）对恐怖组织标识的新规定（替换《1948 年预防恐怖主义条例》的规定）。

（3）有关恐怖组织活动新的详细的罪行（包括为这类组织提供服务，并发挥其积极作用）。

（4）和恐怖主义有关的新罪行——包括煽动恐怖主义（替换普通刑法当前规定的犯罪），未能阻止恐怖主义行为，准备实施恐怖主义活动，为恐怖主义进行融资或其他犯罪。另一项规定加重了恐怖主义相关犯罪的惩罚。

（5）关于对恐怖主义审判程序的特别规定（包括审判前更长的羁押期限），替换了关于此问题的当前立法。〔73〕

（6）关于恐怖主义融资的新篇章将取代相对较新的《反恐融资法》中的禁令。

（7）草案建议扩大《1979 年羁押法》适用的范围，将授权采用限制令的方式（其等同于英国等国的控制令制度）。这样的命令将有可能采取相对较少的限制手段，如相对人有义务把计划的活动报告给警方或者限制进入特定的

〔72〕 接下来的概念接着指出，“它无形的目的是：①组织的成员是否不知道其他成员的身份；②组织成员的组成是固定的或是变化的；③该组织是否进行合法活动和是否具有合法的法律目的。”

〔73〕 See Above note 44.

区域。[74]

（8）该草案旨在成为以色列常规法律的一部分，其应用并不仅仅局限于基本法之前规定的紧急情况时期。这种选择反映了恐怖主义对以色列是一个长期威胁，因此很多措施也适用于“常规”时期。[75]

八、结论 619

想要更加清晰地阐明以色列的反恐政策，可以参考以下特征：

（1）时间——以色列的反恐法融合了英国占领巴勒斯坦地区时代的规定，以及以色列建国以后为应对和打击持续恐怖主义威胁而制定的法律。

（2）法律模式——以色列的反恐怖主义法包括了普通刑法和旨在预防的特殊行政法，这种可选择的替代模式的产生可以认为是源于紧张的局势。

（3）领土——应该注意到严格意义上的以色列法律和在其占领区域实行法律的区别。在占领区域，国际法扮演着重要角色，除了一些公共法律原则之外并不适用以色列法律。

（4）机构——以色列的反恐机构原则上是基于法律设立的，而不是基于广泛意义上的行政权力。相关法律明确授予以色列行政机关以极大的权力，但以色列最高法院对法律领域的事项具有重要的决定权，可以对国家安全问题和军事行动进行司法审查。

（5）国内法与国际法的关系——由于以色列的恐怖袭击既来自于外国领土，也来自于被以色列占领的领土，国际法在塑造其反恐法方面的作用已经十分显著。但求助于国际法依然面临严峻的挑战，这是因为国际法缺乏明确的规定，其仍在逐渐适应现代恐怖主义的挑战。

着眼未来，以色列在建构反恐法律体系上还面临着实质挑战，即制定一部全面的新反恐法，设计一种法律体系以取代该领域目前零散的法律规定。

---

〔74〕以色列最高法院在过去决定，现行的法律没有认清求助于这些限制性较弱措施的可能性，因为它只涉及扣留的权力。See e. g. ADA 8788/03 Federman v. Minister of Defence, 58（1）PD 176, 190 - 191; HCJ 4101/10 *Hacohen v. IDF Commander in Judea and Samaria* (not published, 2010).

〔75〕在这种情况下值得注意的是，在1948年以色列独立战争时期“紧急情况”已经被明确提及。在这个意义上，新草案在调节已经存在的“紧急情况”上将不会有实际的差别。在建议方案中的选择不包含这么一个条件，其表明：反恐立法方面的努力应是国家立法标准计划的一部分。事实上，该草案也计划取消在此声明上应用于羁押的条件。

620 然而，这一举措的出发点并非意在取代所有现行的反恐法，首要的原因在于任何未来的立法都只在以色列领土有限适用，并且还要考虑国际法的影响。但无论如何，任何新法律都将由以色列最高法院作出解释，也须面临相关的司法审查。在可预计的未来，最高法院仍将继续在此领域发挥着重要的作用。

第24章

“乱世用重典”与人权保障：阿拉伯国家的反恐立法和政策

林恩·维奇曼*

一、引言 621

本章旨在研究联合国安理会第1373号决议通过之后阿拉伯国家反恐立法的发展概况，重点关注“恐怖主义”和“恐怖主义犯罪”的概念问题。在对具体国家的反恐对策进行考察之前，我们先来讨论《阿拉伯国家联盟制止恐怖主义公约》。在阿拉伯国家，自21世纪初开始的政治改革运动和示威活动受到“反恐战争”紧迫性的影响。美国基于贯彻对该地区“民主化”政策的考虑，对于一些国家违反人权的特定做法，明显表示了容忍。由于反恐问题的“表里不一”导致全球反恐努力（尤其是美国和英国）一直面临着侵犯人权和破坏法治的指责，对当地和区域人权组织的工作提出了巨大挑战，也严重破坏了国际法在该地区的公信力。鉴于此，必须慎重考量“全球反恐战争”的效果。

二、区域协定

美国发布的2003年全球恐怖主义模式概述指出，“中东地区一直是全球

* 林恩·维奇曼（Lynn Welchman），伦敦大学亚非法学院教授。

反恐斗争中最令人关注的地区”。〔1〕同时，在“9·11”事件后美国的“全球反恐”政策之下，相对其他地区而言，阿拉伯国家人民的生命和自由受反恐
622 立法和政策的直接影响最大。在伊拉克，有成千上万的非战斗人员被美国领导的武装力量杀害，数百名不同国籍的阿拉伯人被羁押在关塔那摩监狱（有的至今仍关押于此）。并且，正如人们所广泛批评的那样，在美国境内，阿拉伯人已经成为各种“反恐”逮捕和拘留程序的主要对象。〔2〕在阿拉伯地区，多达数千人被政府逮捕，许多人在未经审判的情况下被超期羁押，还有人在未经正当程序审判的情况下被判处刑罚。

在“9·11”事件前后，该地区不同国家的民众均遭受“基地”等恐怖组织发动的恐怖袭击的荼毒。从2001年开始，已经有一些阿拉伯国家发生过大规模爆炸和其他致命武装袭击，如埃及、约旦、阿尔及利亚、突尼斯、沙特阿拉伯和摩洛哥，并且造成了重大人员伤亡。在过去的几十年里，这些国家也发生了很多的“国内”政治暴力袭击事件，造成了成千上万人丧生。阿拉伯国家强调其长期处于恐怖主义的威胁之中，并且试图探索一种国际社会可借鉴的方式去应对这种威胁。时任埃及总理的穆巴拉克曾经说过：“或许西方国家应该开始考虑将埃及的反恐行动作为其新的模型。”叙利亚总统巴沙尔（Bashar）也强调美国可以“参考叙利亚的成功经验”〔3〕。作为一个区域组织，“阿拉伯国家联盟是最早达成反恐协议的区域组织”。并且也是“第一个对恐怖主义威胁发出警告，并认识到在反恐行动中采用集体措施重要性”的区域组织。〔4〕阿拉伯联盟的全部成员国已经于1998年签订了《阿拉伯国家联盟制止恐怖主义公约》。

623 上述一些国家如今将自己视为全球反恐斗争的引领者，然而，隐藏其后

〔1〕 Office of the Coordinator of Counter – Terrorism, *Patterns of Global Terrorism – 2003*, Washington, DC, 29 April, 2004, p. 58, available at www. state, gov.

〔2〕 See, e. g. , Human Rights Watch, *United States*: *Abuses Plague September 11 Prosecutions*, (15 August 2002); *and United States*: *Ensure Protection for Foreign Detainee*, (1 December 2001); Neil Hicks, “The impact of the September 11 attacks on civil rights in the United States”, in Ashild Kjok (ed.), *Terrorism and Human Rights after September 11* (Cairo Institute for Human Rights Studies, 2002), pp. 55 – 64.

〔3〕 Joe Stork, “The human rights crisis in the Middle East in the aftermath of September 11”, in Kjok, *Terrorism and Human Rights*, pp. 43, 45.

〔4〕 Respectively, the Secretary – General of the League of Arab States Amr Mousa, in Kjok, *Terrorism and Human Rights*, p. 21 and the Saudi Arabian Interior Minister quoted after the May 2003 Riyadh bombings in the Kingdom of Saudi Arabia (Newsletter, London Embassy), 28 July 2003.

的是对这些国家以往做法的批评。叙利亚和埃及的一些极端做法（这些国家将之视为一种有效的“潜规则”）已经被批评为严重违反人权，也有人批评其在“9·11”事件之前并不是那么积极地应对恐怖主义威胁。阿尔及利亚在其向反恐怖主义委员会（CTC）提交的第一份报告中指出：

> 作为国际社会的一部分，阿尔及利亚曾长期遭受恐怖主义的侵害，但其遭遇却长期被国际社会忽视，只是偶然得到关注。阿尔及利亚欢迎联合国安理会的第 1373 号决议，因为它在国际层面上承认恐怖主义不仅会破坏某个国家的稳定，更会对整个国际社会的和平和安全产生潜在威胁，这是令人鼓舞的。“9·11”事件就是人们低估了恐怖主义威胁所付出的代价……作为恐怖主义的受害者，阿尔及利亚呼吁国际社会要坚定承诺，坚决放弃对恐怖主义现象的错误认识和姑息政策。[5]

阿尔及利亚的明确意见代表了该地区其他国家的想法。这些国家普遍关注反恐立法中的一项新内容，即将“在境外为恐怖主义提供帮助”的行为视为犯罪。[6]正如阿尔及利亚政府所指出的：“反恐工作有必要重点关注那些为恐怖组织提供包庇、被恐怖组织作为中转站的国家”。[7]例如，阿尔及利亚和埃及长期以来一直反对持不同政见者在英国开展活动，在英国《2000 年反恐怖主义法》通过之后，根据罗奇的说法，终于可以利用英联邦国家在“9·11”事件之后确定的“黄金规则”[8]敦促英国对这些人执行相关措施。然而，对此也产生了很多的质疑，如新的反恐法案是否确定了明晰的标准，将“恐怖主义”与“持不同政见的人”明确区分开来。在这里，单纯的文本分析可能不如实际做法（包括司法机关、行政机关和安全机关的做法）更为关键。自此之后，阿尔及利亚随即提出了关于全球反恐战略的“一系列具体建 624
议”[9]。

---

〔5〕 First Report of Algeria to the Counter - Terrorism Committee：UN Doc. S/2001/1280（27 December 2001）, p. 4.

〔6〕 Kent Roach，“The world wide expansion of anti - terrorism laws after September 11”，(2004) CXVI（III Serie. LIII）Fasc 3. *Studi Senesi* 492. 1 am grateful to Kent Roach for providing me with this text.

〔7〕 UN Doc. S/2001/1280, 27 December 2001, p. 4.

〔8〕 Roach,“World wide expansion”, 491.

〔9〕 UN Doc. S/2001/1280, Appendix 1：Aide - mémoire.

美国官员曾在不同场合表示他们重视其他国家的意见。早在2004年，美军欧洲司令部的副司令指出，“我们认为阿尔及利亚人有很多值得学习的地方”。〔10〕时任美国国务卿的鲍威尔也认为，埃及“在该问题上确实走在我们前面”，尽管人权观察员乔·斯托克（Joe Stork）批评埃及的反恐策略“曾经用来针对非暴力的批评”，但美国能从埃及的反恐策略中“学到很多”〔11〕。据报道，截止到2002年年底，在巴格拉姆和迪戈加西亚的中央情报局特工一直“将审讯外包给那些被广为人知经常采用酷刑的外国情报机构”。具体而言，相关报道指出“美国政府准备好需要讯问的相关问题……然后将威胁级别较低的犯罪嫌疑人转移到约旦、埃及和摩洛哥的机构中接受讯问”〔12〕。在过去的10年间，关于美国中央情报局“非常规引渡”和秘密羁押的消息屡见不鲜，并且当前已经与一些中东国家开展合作。2010年，一份来自于4个联合国专家的报告显示，“许多不同的被羁押者都有着相同的羁押理由，让人愈加怀疑”约旦、埃及、摩洛哥和叙利亚是“羁押中央情报局犯罪嫌疑人的代理
625 羁押场所”。〔13〕就英国政府而言，其已经与约旦、埃及、黎巴嫩和阿尔及利亚签订协议，确保可以在维护国家安全的情况下对相关人员进行驱逐。〔14〕这种做法面临着人权组织的批评，而外交和联邦事务办公室官员对此的回应是“英国不可避免地要与人权记录受到批评的国家进行谈判，以获得相应的保

〔10〕 Giles Tremlett, “US sends special forces into north Africa”, *The Guardian*, 15 March 2004. 特雷姆利特（Tremlett）认为“比如阿尔及利亚等先前被国际社会避而远之的国家，也正在为反恐提供武器和军事训练，并且有可能成为美国在这一地区军事利益的基石”。根据美国国防部长唐纳德·拉姆斯菲尔德（Donald Rumsfeld）的计划，“急需特别力量在反恐作战中扮演领导角色，去从事世界范围内的秘密行动”。See Jennifer D. Kibbe, “The rise of the shadow warriors”（2004）83（2）*Foreign Affairs* 102 – 15.

〔11〕 Stork, “The human rights crisis”, p. 45.

〔12〕 Suzanne Goldenberg, “CIA accused of torture at Bagram base: some captives handed to brutal foreign agencies”, *The Guardian*, 27 December 2002. Original Washington Post report “US denies abuse but defends interrogations”, 26 December 2002; see Human Rights Watch press release and intervention, “United States: reports of torture of al – Qaeda suspects”, 27 December 2002.

〔13〕 A/HRC/13/42 19 February 2010，“许多研究都提到了秘密羁押问题，比如特别报告员马丁·谢宁（Matin Scheinin）提到的在反恐行动中的人权保障和促进问题以及基本自由的维护问题；又如特别观察员曼弗雷德·诺瓦克（Manfred Nowak）提到的关于酷刑和其他残忍、不人道或者有辱人格的待遇或处罚问题；沙欣·萨达尔·阿里（Shaheen Sardar Ali）带领的工作组对任意羁押问题的研究；杰里米·萨尔肯（Jeremy Sarkin）带领的工作组对强迫讯问或者非自愿失踪问题的研究等”。

〔14〕 Kate Jones, “Deportations with assurances: addressing key criticisms”（2008）57（1）*International and Comparative Law Quarterly* 183 – 94, 184. See alto Colin Harvey, Chapter 9, this volume.

证”〔15〕。

这些都显示了在阿拉伯国家的反恐行动中，人权所面临的挑战和威胁。在阿拉伯国家提交到反恐怖主义委员会的报告背后，是国内人权组织和区域人权组织，以及联合国人权机构对其严厉的立法、执法的持续批评。当然，在反恐过程中可能侵犯人权的情况并不仅限于中东国家。大赦国际组织的秘书长艾琳·汉（Irene Khan）曾表示，“在从事所谓‘反恐战争’的国家看来，人权保障一直被视为取得胜利的障碍，而人权呼吁者也被视为是‘恐怖分子’的帮凶。”〔16〕2003年5月，卡萨布兰卡发生了爆炸恐怖袭击，随即出现了大规模的逮捕，摩洛哥官方指责那些曾经认为政府“过分重视安全保护”的人权活动家们“对恐怖分子过于软弱”。〔17〕在埃及，“9·11”事件之后，总理也对那些长期从事反对酷刑和不公正审判的人权运动团体提出批评，指责其“号召我们给这些恐怖分子所谓的‘人权’”〔18〕。而根据大赦国际组织的报告，“9·11”事件之后，由于担心受到美国的军事打击或者经济制裁，也门对国内异见者的打压所造成的恐怖气氛达到了前所未有的程度。〔19〕

最后一个例子说明了阿拉伯国家在全球反恐斗争中的特殊性，即担心成为反恐行动的“下一个”目标。而在这一地区中还存在一个长期和深远的问
题，即各主要西方国家对巴以冲突的处理。具体而言，以色列作为一个占领 626
国，并未遵守国际法规定的义务，比如以色列通过对巴勒斯坦领土的占领（包括东耶路撒冷地区），从而不断扩大自己的定居点（殖民地）。又比如最近发生于2008年9月针对加沙的袭击（以色列国防军“铸铅”行动），以及2010年对向加沙运送人道主义物资的国际民用船队的袭击。〔20〕开罗人权研究所主任哈桑（Bahey el－Din Hassan）指出了这种“累积的不公正感”可能产

〔15〕 Jones，“Deportations with assurances”，188.

〔16〕 Irene Khan，“‘9·11’事件之后人权保障迎来了许多挑战，而其影响已经扩展到世界范围内的人权运动。”in Kjok，*Terrorism and Human Rights*，p. 35.

〔17〕 Eileen Byrne，“Escaping from the chains of history”，*Financial Times*，16 April 2004.

〔18〕 Stork，“The human rights crisis”，p. 44.

〔19〕 Amnesty International，“Yemen：the rule of law sidelined in the name of security”，AI Index：MDE 31/006/2003（24 September 2003）.

〔20〕 See respectively，Human Rights Council，“United Nations fact finding mission on the Gaza conflict”，A/HRC/12/48（15 September 2009）；and “Report of the international fact－finding mission to investigate violations of international law，including international humanitarian and human rights law，resulting from the Israeli attacks on the flotilla of ships carrying humanitarian assistance”，A/HRC/15/21（27 September 2010）.

生的影响："这种做法可能会破坏国际人权法和国际人道主义法的公信力，并且使很多人觉得，那些所谓普适的人权原则和价值观念在阿拉伯和伊斯兰世界中都被保留适用了。"[21]伊拉克战争更使人们看到了这种保留的适用，尤其是美国军队对伊拉克囚犯的所作所为，以及被关押在关塔那摩监狱的囚犯的状况更加剧了人们的这种认识。然而，阿拉伯国家可能对于自己的过当反恐行为感受不到任何压力，而国内寻求社会政治变革的人员则面临着上述情况引起的限制。

三、立法主题

阿拉伯地区在反恐这个问题上呈现出不同的图景。因此，对于阿拉伯地区不同国家之间的差别进行考察和研究，以有意义地展示一个"全球化"的比较过程，并将阿拉伯国家的经验融入全球反恐立法的主流范式，对于这个新兴研究领域的发展非常重要。

基于上述前提，对于某些立法主题就要进行跨国比较分析。所有的阿拉伯国家都是《阿拉伯国家联盟制止恐怖主义公约》的成员国，并且有越来越多的国家加入到相关国际公约中。在阿拉伯地区，几乎所有的国家都加入了两个或者更多的联合国人权公约中，但也有一些尚未加入《公民权利和政治权利国际公约》和《经济社会文化权利国际公约》，[22]也有一些还未签署
627 《反酷刑公约》，[23]并且，大部分阿拉伯国家尚未批准《国际刑事法院罗马规约》。[24]许多阿拉伯国家都加入了《非洲人权和民族权宪章》。《阿拉伯人权宪章》作为区域性的人权公约，于1994年由阿拉伯国家联盟成员国通过，因为其中存在严重漏洞和版本过旧而被国际人权组织批评，而该宪章在接下来的几年内也没能获得批准。[25]在2003年的审查过程中，阿拉伯国家联盟发起了对其内容"现代化"的修正，并且搭配了一些关于人权保障"制度化"的政府举措。2004年，修改后的文本被公开供成员国签署，并于2008年生效。

[21] Bahey el-Din Hassan, "Opening remarks", in Kjok, *Terrorism and Human Rights*, p. 15.

[22] These include Oman, Qatar, Saudi Arabia and the United Arab Emirates.

[23] Oman and the United Arab Emirates.

[24] Those that have are currently Jordan, the Comoros and Djibouti. Tunisia also ratified in June 2011.

[25] See Mona Rishmawi, "The Arab Charter on Human Rights: a comment" (1996) 10 INTERIGHTS *Bulletin*.

玛沃特·里什马维（Mervat Rishmawi）认为此版本是“阿拉伯世界这10年间改革浪潮的遗产”〔26〕。

从这些国家的情况来看，个人很少能够直接引用国际人权法的条款作为法律渊源，从而在国内的法院得到人权保护。即便这些权利都规定在了国际法中，也被大多数国家写入宪法，但由于司法机关的软弱和本身动力不足，使得其无法维护自己相对于行政机关的独立性，也无法为人权保障提供较强的司法基础。立法机关与司法机关试图通过限制国家权力来维护个人权利和自由的做法，在遇到维护国家安全和涉及秩序的需求时，就会居于下风。此外，国家安全法院或者其他“特别法庭”（包括军事法庭）通常会对那些被控犯有危害国家安全罪行的嫌疑人实行专属管辖。而相对于普通法院而言，上述法院往往没有充分的程序性保护措施。在“9·11”事件之前，就有很多关于此类法庭进行不公正审判的记录。〔27〕而政治反对者或者非暴力批评者通常是受到审判的对象，其中包括涉嫌犯罪的伊斯兰主义者、共产党人、人权保护者、记者、报纸编辑和博主。有很多报道都曾经指出，阿拉伯国家的警察和安全部门对被羁押者施加酷刑，并且几乎所有的阿拉伯国家还保留着死刑（有的国家比较常用，而有的国家虽然立法上保留，但事实上已经废除）。一些国家有权宣布进入半永久性的“紧急状态”，还有很多国家面临着一些团 628
体的严重政治暴力威胁，这些团体被美国或欧洲联盟列入“被禁止”或恐怖组织名单中。回望政治与社会改革的进程，在21世纪早期，政府对辩论和不同政见者的容忍度比较高，而在随后的10年中，某些国家的容忍度逐渐降低——因此出现了里什马维所谓的“改革遗产”评论。而2011年年初在突尼斯和埃及发生的事件又揭开了改革的新篇章。

该地区的立法机关普遍决定要通过新法或者修订旧法来表明自己的决心，其中，民间团体发挥的作用也越来越大。有些国家已经制定了广泛而明确的反恐立法，比如埃及和阿尔及利亚，有的国家则提出要通过修订刑法典来解决恐怖主义问题，比如约旦就在2005年阿曼酒店爆炸案之后随即通过了一项单独的反恐法。突尼斯通过颁布关于打击恐怖主义和洗钱行为的刑法，来进

〔26〕 Mervat Rishmawi, “The Arab Charter on Human Rights”, *Arab Reform Bulletin*, 6 October 2009.

〔27〕 See Amnesty International, “State injustice: unfair trials in the Middle East and North Africa”, Al Index: MDE 01/002/1998 (16 April 1998).

行严格的控制。叙利亚先是认为其没有必要修正法律规定，因为在其看来刑法规定已经满足了联合国安理会第1373号决议，但随后也像埃及一样颁布了反洗钱法。

这种做法侧重于在立法条文中规定恐怖主义概念和相应的反恐措施，但这就可能大大限制那些非暴力不同政见者的活动空间。阿拉伯国家不可能在反恐立法中规定例外条款，正如哈丁所观察的：“只要是政治环境有利，政府就会利用任何机会扩大其法律管制的范围，这是符合政府利益的。”[28]

阿拉伯地区的反恐立法与罗奇研究的英美国家反恐体系[29]中的某些表现有异曲同工之处，比如：恐怖主义概念涵盖范围的扩大；扩大犯罪圈，特别是有关资助和恐怖主义融资活动，甚至涵盖“恐怖主义犯罪实施很久之前”
629 的阶段；将帮助犯入罪；扩大警察权力，尤其是延长审前羁押的期限，并且排除犯罪嫌疑人的法律援助。在这些立法中，有一个详细的潜在犯罪名单，经常伴随着“包罗万象”的表述，并且不断地将“普通犯罪”修正为“恐怖主义犯罪”，从而加重刑罚。恐怖主义犯罪的构成要素中并未限定“政治、宗教或者意识形态”的犯罪主观原因，事实上，“不管是什么动机”均可以被添加到立法中，以强调被告人可能具有的政治或者意识形态因素不再是犯罪构成要件。在某些情况下，恐怖主义概念甚至不要求一些“不那么具有争议”[30]的动机，比如说恐吓公众或者制造公众恐慌的目的，以及意图影响政府或者公共机构的行动。在有些案件中，被认定为恐怖主义犯罪的行为似乎并不需要产生特别严重的社会危害性。如果行为人将准备实施的恐怖主义活动报告当局的，可以在相当程度上减轻或者免除刑罚。在本章论述的立法中，没有像罗奇提到的对“宣扬、抗议、持不同政见或者罢工”行为的免责条款，这些条款包含在加拿大、澳大利亚等国的反恐立法中。[31]拉姆拉伊指出，“在那些政治反对派受到较少限制的国家，采用抽象的恐怖主义概念则可能产

---

〔28〕 Christopher Harding, “International terrorism: the British response”, [2002] *Singapore Journal of Legal Studies* 16-29, 18.

〔29〕 Roach, “The world wide expansion”, 492.

〔30〕 Ibid.

〔31〕 Ibid., 493-4.

生寒蝉效应”，[32]在阿拉伯地区，政治反对派原本就受到较大的限制，而采用上述概念的效果会比寒蝉效应更强。但另一方面，这样的效果也可能遭到非暴力异议者的持续反对，或者被批判为“乱世用重典”，这可能抵消为促进民主付出的努力。总之，反恐立法对于团体或个人的“效果”还是值得商榷的。[33]

四、《阿拉伯国家联盟制止恐怖主义公约》

《阿拉伯国家联盟制止恐怖主义公约》（以下简称《公约》）由阿拉伯国家联盟成员国于 1998 年通过，并于 1999 年生效。阿拉伯国家在向反恐怖主义委员会提交的报告中指出，该公约是阿拉伯国家在反恐领域具有前瞻性、负责任的体现。《公约》第 1（2）条将“恐怖主义”界定为：

> 为促进个人或集体犯罪计划而实施的任何暴力或以此相威胁的行为，630
> 无论其动机或目的如何，意图在人群中制造恐慌，通过伤害他们制造恐惧，或者危及他们的生命、自由或安全；或者意图损害、占据或夺取环境、公共或私人设施、财产；或者意图危及国家资源。

上述概念要求构成恐怖主义犯罪必须要有暴力或者威胁的要素，并且要求实施了刑法中认为是犯罪的行为，具有明文规定的行动目的。然而，在阿拉伯国家的反恐立法中，似乎并不需要将“在公众范围内散布恐惧”或者“制造恐慌”作为行为目的，这就留下一种潜在的可能性，使许多普通的犯罪被认为是恐怖主义犯罪。然而，如果犯罪动机事实上被解读为通过特定条件引起恐慌的必要要素，那么这种概念涵盖的范围仍然是非常广泛的。

在《公约》颁布之时，大赦国际组织的报告就认为，《公约》规定的恐怖主义概念过于广泛，不符合国际人权法中的相关规定，因此可能威胁公民的结社自由和表达自由。[34]根据这一概念，某些按照国际人权法（非国际武

---

〔32〕 Victor V, Ramraj, “Terrorism, security and rights: a new dialogue” [2002] *Singapore Journal of Legal Studies* 1 – 15, 4.

〔33〕 Ibid.

〔34〕 Amnesty International, “The Arab Convention for the Suppression of Terrorism; a serious threat to human rights”, AI Index: MDE 01/002/2002 (21 January 2002), 8.

装冲突领域）并不被禁止的危害行为也将被认定为是犯罪，并且，如果真的将这种行为认定为是“恐怖主义”，“武装性”的政治派别将失去一个重要的遵守国际人道法的理由。[35]根据联合国高级人权事务办公室的说法，恐怖主义的概念应当包括三个要素：“出于政治目的，故意或者意图在不特定的公众、特定的群体或者特定的人心目中制造恐怖气氛的行为。”[36]反观《阿拉伯国家联盟制止恐怖主义公约》中的内容，虽然增加了暴力和威胁方式的规定，但总体而言只有“犯罪行为”的要素是符合联合国相关规定的。

根据该《公约》第1（3）条的规定：

> 恐怖主义犯罪是在缔约国范围内的任何出于恐怖主义目的的犯罪或者预备行为，或者国内法中规定的，对国家、财产或利益造成危害的行
> 631 为。本条约中规定的犯罪行为都将被认为是恐怖主义犯罪，但缔约国有例外规定或者没有批准该公约的国家除外。

其中的“恐怖主义目的”（Terrorist Purpose）大概可以与前面的“恐怖主义”概念联系起来，有一些国际反恐条约中也都对此有所规定。[37]在第2（a）条中有一个澄清和附加说明：

> 无论使用任何手段，包括武装斗争，只要是在为了反抗外国占领和侵略，去追求解放和独立，并且遵循国际法原则进行斗争的情况下，不应当被认为是违法行为。但这种情况不包括任何损害阿拉伯国家领土完整的行为。

这一条款的规定考虑到了巴勒斯坦在追求独立过程中的斗争，并将此排

---

〔35〕 Ibid.

〔36〕 OHCHR, Digest of Jurisprudence of the UN and Regional Organizations on the Protection of Human Rights while Countering Terrorism, Geneva, undated, p. 3, citing the Declaration on Measures to Eliminate International Terrorism annexed to GA Res. 49/60.

〔37〕 对于相关内容的修改表述在埃及提交给反恐怖主义委员会的第6份报告中，其中提到，埃及立法机关已经批准了总统决定（2005年第235号决议），批准了对其反恐法第1（3）条的修改。新的条文内容是“与联合国安理会第1624号决议保持一致，根据决议要求，所有国家都要‘通过法律禁止实施或煽动实施恐怖主义活动’并且谴责‘试图将恐怖主义活动正当化或者为其美化的行为，以防止其可能引发进一步的恐怖主义活动’”。S/2006/351（31 May 2006），[2.1].

除在外。然而同时，对于那些反对任何现有阿拉伯国家的独立斗争却并不排除其犯罪性，即便是被认为“按照国际法的原则”也不行。如此一来，上述例外说明的精神可能就与民族自决原则的本意不相符了。

由于巴勒斯坦问题的复杂性和重要性，阿拉伯国家一直努力厘清恐怖主义袭击和反抗占领之间的界限，而这也是阿拉伯国家推动修正国际恐怖主义概念的基石。反恐怖主义委员会曾经向沙特阿拉伯提出下面这样一个问题：

> 反恐怖主义委员会很想知道，当沙特阿拉伯面临以下情况时会如何处理：当其收到一个非《阿拉伯国家联盟制止恐怖主义公约》成员国的引渡请求，而被请求引渡的人被指控犯有《制止恐怖主义爆炸公约》中的罪行，但却具有上文提到的例外条款（附加说明）之情形。〔38〕

沙特阿拉伯的回答是明确的，即否定该情形作为例外情况，因为反抗外
国占领的斗争符合被联合国反复确认的国际法基本原则，并且“争取民族独 632
立的武装斗争是人民固有的权利”〔39〕。在这个问题上，斯托克认为，在国际人权法的框架内，无论如何对文字进行解读，都可以确认，“任何形式的武装冲突……从政治角度上看，代表的仅仅是以色列所持观点的一个翻版，即所有形式的军事冲突，并且当然也有武装冲突，与恐怖主义都没有什么区别。”〔40〕

该公约紧接着对政治犯罪的概念进行了规定，这显然被排除在引渡条款之外（政治犯不引渡），其中调查委托书程序占据了很大的篇幅。任何已经被认定为“恐怖主义犯罪”的，都不会被视为是政治犯罪或其他特定罪行，并能因此认定为其具有第2（b）条的“即便是出于政治动机”。被排除在政治犯不引渡条款之外的，还包括对缔约国国王或者其首领、执政者、妻子（原文如此）、长辈或者后代、王储、国家元首或者政府总理，以及享受“国际保护”的大使或者外交官等人［第2（b）（i）-（iii）条］的犯罪。以下行为亦被排除：“蓄意谋杀，对个人、机构、交通和通信设施进行强力窃取”；“破坏

---

〔38〕 UN Doc. S/2003/583 (third report of Saudi Arabia to the CTC), p. 13.

〔39〕 Ibid. Compare Jordan's response to a similar question by the CTC, reproducing the government's statement on ratifying the International Convention for the Suppression of the Financing of Terrorism (s/2006/212, [1.14]).

〔40〕 Stork, "The human rights crisis", p. 49.

和摧毁用于公共服务的公共财产的行为，即便所有权归另一缔约国”，以及关于“可用于实施恐怖主义犯罪的武器、弹药或爆炸物以及其他物品”的犯罪。在前三款中，“攻击”一词的表述并不充分，也就是说，可能不一定限于物理攻击或者限于对人们的生命健康权和人身自由权的侵犯。一些缔约国通过立法将诽谤或者讽刺国家领导人视为“破坏”行为。

对于该《公约》中的规定还有许多值得讨论的地方，尤其是缺乏对于公正审判和被羁押者权利的保障措施，监听权力扩张对于公民隐私权的威胁，以及在多个方面缺乏与国际法律所规定标准的对应等。[41]尽管一些阿拉伯国
633 家已经提出要明确规定酷刑的概念，包括国家恐怖主义的概念，但《阿拉伯国家联盟制止恐怖主义公约》中并没有纳入相关的规定，也没有明确国家官员或者国家的其他代理人是否能够构成被定义为“恐怖主义犯罪”的情形。[42]然而，有的国家在国内立法中规定，如果国家工作人员、警察或者武装力量的特定人员实施恐怖主义犯罪的，将加重处罚。而这种规定的重点似乎还是针对此类人群实施的危害国家行为，而不是其作为国家代理人实施“国家恐怖主义行为”时应负的责任。

五、各国的反恐行动

（一）埃及

《阿拉伯国家联盟制止恐怖主义公约》关于恐怖主义的概念几乎是从埃及1992年的立法中照搬过来的。[43]埃及倾向于在该地区的立法事务中发挥领导作用，并且从政治上来看，埃及也是阿拉伯国家联盟的“三巨头”之一（还有沙特阿拉伯和叙利亚）。自1981年时任总统的阿瓦尔·萨达特（Anwar Sadat）遇刺，埃及官方就一直保留着国家紧急状态，并且此后一直遭受来自国内武装组织的袭击。联合国人权委员会日益关注旷日持久的国家紧急状态对

---

〔41〕 See above note 34.

〔42〕 阿拉伯国家联盟秘书长阿姆鲁·穆萨（Amr Mousa）曾在开罗会议上谈到恐怖主义与人权的问题，指出联合国应当起草一个公约，其中“包括恐怖主义的明确概念，区分恐怖主义与公民合法权利，以有效打击对个人权利的侵犯和国家恐怖主义”（in Kjok，*Terrorism and Human Rights*，p. 23）。See also Amnesty International，above note 34，p. 16.

〔43〕 Egypt's first report to the CTC：UN Doc. S/2001/1237（29 May 2002），p. 13.

“人权状况的影响”，以及配套的各种所谓“安全措施”。〔44〕埃及在 1992 年第 97 号立法明确规定对“恐怖主义紧急状态”的反应后，人权委员会表达了同样的担忧。〔45〕内容如下：

> 立法中规定的恐怖主义涵盖的范围太宽，包括了不同程度的行为。委员会认为，该定义面临的问题是埃及当局应当重新考虑的，尤其在可 634
> 能被判处死刑的罪行上。〔46〕

1992 年埃及第 97 号立法是对相关法律的修正。〔47〕其中就包括了埃及《刑法典》第 86 条关于“恐怖主义”的规定：

> 在适用该条款时，对恐怖主义的概念应当按如下理解：恐怖主义是指个人或者集体，为了扰乱〔48〕公共秩序或者威胁社会安全与稳定，而采用的任何形式的武力、暴力、威胁或者恐吓的行为。就恐怖主义的性质而言，这是一种伤害他人或者在公众范围内散布恐怖气氛，或者危及公众生命、自由或安全的行为；或是一种破坏环境，损坏、占用以及控制交通设施、通信设施、物业、建筑或者其他公共或个人财产的行为；或是阻碍或破坏公共机构履行职能以及宗教场所或教育机构秩序的行为；或是阻挠宪法和其他法律法规适用的行为。

就内容来看，《阿拉伯国家联盟制止恐怖主义公约》与埃及立法中的相似之处是显而易见的，但某些地方也做了修正。在《阿拉伯国家联盟制止恐怖主义公约》中，在公众心中引起恐惧或恐怖的心态并非是认定恐怖主义的必备要件，但在埃及的立法中，必须要具有扰乱公共秩序或者危害公共安全的

---

〔44〕 CCPR/IO/76/EGY 2002, [16]. See also UN Doc. CCPR/CI79/Add. 23 of 9 August 1993, [7], [9].

〔45〕 UN Doc. S/2001/1237 (29 May 2002), p. 3.

〔46〕 UN Doc. CCPR/C/79/Add. 23 (9 August 1992), [8].

〔47〕 Law no. 97 of 1992, Official Gazette No. 29bis of 18 July 1992. The legislation amended by the provisions of law no. 97 of 1992 included Penal Code and Code of Criminal Procedure, Law No. 105 of 1980 regarding the Establishment of State Security Courts, Law no. 205 of 1990 regarding the Confidentiality of Bank Accounts and Law no. 394 of 1954 regarding Weapons and Explosives.

〔48〕 或曰“破坏”：ikhlal bi.

目的。其中的第1项“危害公共秩序”是一个非常抽象和广泛的概念。同时，与《公约》中的规定相反，在埃及的立法中，“威胁”并不一定要使用武力和暴力。就两个文本的内容来看，被禁止的行为是类似的，但埃及立法规定的内容要更多一些，尤其是埃及立法中的后两个条款是《阿拉伯国家联盟制止恐怖主义公约》中没有的。在埃及提交给反恐怖主义委员会的第一份报告中，恐怖主义的概念并不是完整的内容，而只是一个对相关条文的总结。〔49〕

埃及1992年第97号立法规定，对于使用“恐怖主义”方法的危害行为将构成犯罪，并加重了刑事责任（包括死刑和终身监禁刑）。比如：

> 635 凡是创立、组织、指挥或者违反法律规定设立团体、机构、组织或者帮派，通过任何手段阻挠现行宪法和法律实施，阻碍政府机构或者公共机构行使职能，抨击宪法和法律规定，或危害国家统一、社会稳定，以及公民个人自由权利和宪法和法律赋予的其他权利和自由的，都将被判处刑罚。对于明知是恐怖主义活动，仍在恐怖组织中起到任何领导作用的人员，或者是为恐怖组织提供资助的人员，都将被判处有期徒刑。
>
> 对于明知是恐怖主义活动，参加恐怖协会、组织、机构，或者载于前款的团体或帮派之一，或者以任何方式参加的，处5年以下有期徒刑。〔50〕

根据这一条款，单纯的非法参与社会组织并不需要暴力要素，更不用说是恐怖主义组织了。这就在很大程度上威胁到了言论自由和结社自由。第86（a）条规定，对于构成前述第一段犯罪的，“如果在实现或实施该组织目的时使用了恐怖主义方法的”，将会被判处死刑或者终身监禁刑。对于构成上述第二段犯罪的，如果使用了恐怖主义方法的，也应处以监禁刑。〔51〕对于传播恐怖组织成立目的，无论使用什么方法或者媒介，甚至是持有相关物品的，将有可能被判处长达10年的监禁刑。〔52〕而在反恐立法中，“恐怖主义”的指控根据却是非常抽象和模糊的概念。联合国关于反恐行动中促进和保障人权与自由

〔49〕 UN Doc. S/2001/1237, pp. 3－4.

〔50〕 Article 86bis of the Penal Code as amended by art. 2 of Law no. 97 of 1992.

〔51〕 Article 86bis（a）as amended by art. 2 of Law no. 97 of 1992. Offenders under art. 86bis are also liable to hard labour for membership in such an association if they are members the police or armed forces.

〔52〕 Article 86bis para. 3 and Article 86bis（a）para. 3 as amended by Article 2 of Law no. 97 of 1992.

的特别报告员马丁·谢宁（Martin Scheinin）曾指出，恐怖主义的概念是如此抽象和宽泛，以至于在运行过程中“可能会将没有达到相当危害程度的行为也纳入恐怖主义犯罪中来”〔53〕。

2004 年，埃及通过修正立法的方式对再审程序中判处的监禁刑等刑罚条款进行了修改，以“避免在请求引渡恐怖分子时遇到障碍”〔54〕。新的立法也 636
包括有关洗钱犯罪的条款。〔55〕21 世纪初，埃及再次遭遇政治暴力事件，期间在西奈发生了多起针对旅馆的恐怖袭击。2010 年年末，发生于亚历山大的科普特教堂袭击案造成了超过 20 人死亡。2005 年，在总统选举期间，当局宣布打算制定预防恐怖主义法律，以取代紧急状态法。〔56〕2007 年的《宪法》修正案被认为是出台新法律的推动力量，但 2008 年国家又宣布进入紧急状态，这也遭到了马丁·谢宁和其他人的批评，〔57〕2010 年，埃及政府在大规模抗议面前，又一次宣布进入紧急状态。〔58〕2007 年《宪法》修正案的第 179 条明文规定：

> 国家应当设法保障公众安全和秩序以对抗恐怖主义威胁。对于第 41（1）条和第 44 条关于证据规则和调查程序的特殊规定，应当在司法机关的监督下适用。同时，《宪法》第 45（2）条规定的内容无论如何也不能以反恐行动为理由加以妨碍。
>
> 总统可以将任何恐怖主义犯罪提交给《宪法》或者法律规定的司法

---

〔53〕 Report of the Special Rapporteur, Martin Scheinin, on his Mission to Egypt: A/ HRC/13/37/Add. 2 (14 October 2009), [11].

〔54〕 S/2004/343 (23 April 2004) p. 9. The reference is to Law no. 95 of 2003; the English translation of the Penal Code supplied to UNODC shows no change to the penalties in art. 86bis.

〔55〕 Law to Combat Money Laundering, Law no. 80 of 2002 (Official Gazette no. 20 of 22 May 2002) and Law Amending Certain Provisions of the Law to Combat Money Laundering, Law no. 78 of 2003. See Sherif Sayyid Kamil, Mukafihat jara, im ghasal al – amwal fi al – tashri' al – misri (Cairo: Dar al – nahda al – 'arabiyya, 2002).

〔56〕 See Nathan J. Brown and Michele Dunne, "A textual analysis" in Nathan J. Browne, Michele Dunne and Amr Hamzawy, *Egypt's Controversial Constitutional Amendments* (Carnegie Endowment for International Peace, 23 March 2007), p. 2.

〔57〕 Report of the Special Rapporteur on his Mission to Egypt, [6].

〔58〕 Yolande Knell, "Egypt opposition to emergency law" (12 May 2010), available at news. bbc. co. uk/1/hi/world/middle_ east/8675301. stm.

机关来处理。〔59〕

上述条款主要是为了规制在逮捕、拘留、搜查中的擅断和对人权的侵犯。就第179条的内容而言，布朗（Brown）和杜恩（Dunne）指出：

> 一些埃及人抱怨，国家紧急状态原本是一个暂时性（如果还在运行）的机制，但《宪法》的修改却将此视为是政治结构的永久组成部分，并且《宪法》的监督保障机制也很难发生作用。而这种解释确实很难受到挑战。〔60〕

637 特别报告员马丁·谢宁也同意这种观点，“虽然冠以新的名称，但《宪法》第179条的规定使得紧急状态成为一种永久机制。”〔61〕2009年，开罗人权研究所的研究表明，紧急状态法“已经被用来对付一些政治活动者和博主”，而反恐立法“很可能针对那些没有被指控使用暴力的批评者和政治对手”。〔62〕

人权问题存在于2002年春天的开罗镇压反战示威活动中，以及对所谓“团伙头目”、博主、人权活动者以及政治对手的逮捕中，并且对上述人员进行持续和过度的暴力和折磨中。此外，埃及过去还面临着其他国家的指责，因为其限制或剥夺了危害埃及国家安全的犯罪嫌疑人的权利，这样的做法已经造成了一些后果，比如引发了公众对被引渡或者转移回开罗的嫌疑人安全的担忧，而这种担忧正逐渐增加。2001年12月，两个寻求庇护的埃及人被瑞典强制遣返——乘坐中央情报局提供的飞机——驳回庇护请求的根据是一些秘密证据，而后他们消失了3个多星期，家人和律师都没有进行会见。人权观察组织还报道过其他的一些强制遣返，比如来自约旦、加拿大、波斯尼亚和乌拉圭等国。〔63〕禁止酷刑委员会随后发现瑞典对艾哈迈德·阿基扎（Ahmad Agiza）的驱逐违反了其加入的《反酷刑公约》第3条的规定，因为瑞典

〔59〕 Translation from www. unodc. org/tldb/pdf/Egypt_ const_ 1971. pdf.

〔60〕 Brown and Dunne, “A textual analysis”, p. 2.

〔61〕 Report of the Special Rapporteur on his Mission to Egypt, [13].

〔62〕 Cairo Institute for Human Rights Studies, Bastion of Impunity, Mirage of Reform. Human Rights in the Arab Region, *Annual Report 2009* (Cairo Institute for Human Rights Studies), p. 112.

〔63〕 Stork, “The human rights crisis”, p. 46.

当局知道或者应当知道，艾哈迈德如果回到埃及的话，具有遭受酷刑的“现实风险”；在委员会看来，美国中央情报局的介入以及美国安全人员在瑞典境内（机场）对阿基扎的待遇足以证实这种风险。[64]

埃及人权组织指出，他们是首批将关注重点放在非国家行为代理人实施
的政治暴力的国际非政府组织。[65]在埃及境内活跃着多种非政府人权组织， 638
他们开展的反酷刑等活动，即使有也很少能被国内媒体报道。世纪之交后，埃及政府基于一定的考虑，也基于一系列该地区发生的“改革意识”的运动，于 2003 年成立了全国人权委员会。2004 年，该国发生了一场被认为是重大挑战的事件，一些观察家发现了委员会面临的潜在挫折，其法律委员会起草了一份备忘录，要求政府结束长期以来的国家紧急状态，但该备忘录在最后时刻被多数成员否决。[66]2011 年 1 月，数以千计的人们涌入开罗和埃及的其他城镇，来反对总统穆巴拉克（Mubarak）的统治，联合国高级人权专员纳威·皮莱（Navi Pillay）称其相信“对于紧急状态法的不满积攒已久，它是很多矛盾和愤怒的源头，而矛盾和愤怒的火焰已经烧到了街头”[67]。

（二）叙利亚

对于美国而言，鉴于叙利亚“持续地支持和庇护恐怖组织”[68]，故而仍然视其为 4 个认定的恐怖主义“资助国”之一，甚至有担心认为叙利亚将会步伊拉克的后尘，成为下一个“新保守主义”入侵和“制度演变”的目标。就叙利亚本身而言，已经实施了一系列的积极行动，以保证其不会被划为“全球反恐战争”的敌人。在美国发布的 2003 年报告中，美国政府在宣告被

---

[64] Agiza v. Sweden, Communication No. 233/2003, CATIC/34/D1233/2003 (20 May 2005), [13.2], [13.4]. See also A/HRC/13/42 (Joint Study on Global Practices, 2010), [222] - [225]. 考虑到在埃及发生的秘密羁押行为，也考虑到其于 2008 年在埃及被任意羁押之后，由外国安全官员进行讯问。The cases of Ahmed Agiza and Mohammed Alzery are also reported in Dick Marty's 2006 report to the Council of Europe (see further below) [150] - [161].

[65] Bahey el - din Hassan, "Opening Remarks" 18, p. 13.

[66] AI - Wafd, 6 May 2004, "Al - majlis al - qawmi li - huquq al - insan yataraji taht al - dughut al - hukumiyya". See further Arab Program for Human Rights Activists. Press Release of 25 May 2004, "Egypt: the National Council for Human Rights".

[67] 联合国人权事务高级办公室于 2011 年 1 月 28 日在日内瓦敦促埃及保持克制，并尊重和保障人权。2011 年 8 月埃及前总统穆巴拉克（Mubarak）表示其计划取消全国紧急状态和废除相关法律。

[68] US Department of State, *Country Reports on Terrorism 2009 - Background Note: Syria* (8 September 2010), available at www. state. gov/r/pa/ei/bgn/3580. htm.

制裁的国家名单之前，正式承认叙利亚是打击“基地”组织、“塔利班”和
639 其他恐怖组织和个人的合作者。[69]在所有的阿拉伯国家中，叙利亚的国家控制最为严格。2004 年 3 月份关于北部地区库尔德人的反抗，以及随后 4 月份大马士革的“神秘枪战”的报道，在该地区都是比较罕见的。[70]21 世纪最初 10 年的后 5 年间——尤其是随着叙利亚从黎巴嫩撤军——据观察者表示，原本就有限的公民社会倡导者（包括博主及人权活动者、政治反对派和库尔德人的人权活动家）的活动空间很快被坚决地关闭了。2009 年开罗人权研究所的研究报告指出，叙利亚已经成为“改革者和人权捍卫者的坟场”。叙利亚在 1963 年首次宣布国家紧急状态之后，还一直保留这种状态。[71]

1949 年叙利亚《刑法》[72]是以黎巴嫩《刑法》为蓝本的，同时又受法国《刑法》影响比较大。《刑法》中关于恐怖主义犯罪被规定在“危害国家安全”一章中，共有 3 个条款。[73]第 304 条的恐怖主义概念从法律颁布之初到现在几乎没有改变：

> 恐怖主义是指下面这些行为，其目的是为了在国家范围内造成恐慌状态，并通过借助爆炸、战争武器、易燃材料、有毒或易燃物品，或者带有传染性细菌或微生物的途径来破坏或者威胁公共安全。

叙利亚关于恐怖主义的概念包括了造成恐惧的要件，虽然并没有明确规

---

〔69〕 Patterns of Global Terrorism 2003, p. 85. 其他在 2010 年名单列表中的国家分别是古巴、伊朗和苏丹；叙利亚在列表中的时间最长，自 1979 年就一直在列表中。2003 年报告中（第 93 页）指出，“叙利亚官员曾公开谴责国际恐怖主义，但仍然认为黎巴嫩真主党和巴勒斯坦是属于合法抵抗，并不是恐怖主义问题。”

〔70〕 库尔德和阿拉伯的支持者在一场足球比赛中爆发冲突，据报告称安全部队造成了 20 余人的死亡。之后在 2004 年 3 月爆发了库尔德人与安全部队之间的冲突；据大赦国际组织引述的报道，共有数以百计的叙利亚库尔德人被捕。

〔71〕 UN Doc. CCPR/CO/71/SYR, [6]; see OHCHR Digest, pp. 18 – 19. The Committee referred to Legislative Decree no. 51 of 9 March 1963 declaring a state of emergency. See also Human Rights Watch, “Far from justice: Syria's Supreme State Security Court”, 2009, on the measures against suspected Islamists in Syria.

〔72〕 Promulgated by Legislative Decree no. I48 on 22 June 1949 (Official Gazette no. 37 of 18 July 1949 p. 2025); with fifteen laws amending it, the latest in 1979. Text annotated by Mamduh “Atari, Qanun al – ” uqubat: mu “addalan wa madubtan” ala “l – asl (Damascus: Mu” assasat an – nuri, 2003).

〔73〕 The phrase “weapons of war” was added by Law no. 36 of 26 March 1978, “Atari, Qanunal – ” uqubat, 118.

定在什么样的群体中造成恐慌。立法中也没有规定任何进一步的目的。同时，虽然立法中规定禁止采用的危险方法都倾向于比较严重的危险和损害程度，但并没有穷尽所有的情况（而是用了示例性的规定“比如”）。

叙利亚《刑法》第 305 条对实施任何恐怖主义活动（没有进一步明确） 640
的都处以 15 年到 20 年的监禁刑，而针对共谋者则处以 10 年至 20 年的监禁刑。如果恐怖主义活动“造成了以下财物的破坏（即便是部分破坏）——公共建筑、工业设施、船只或者其他装置，或造成通信设施、信息传播和交通中断的，或者致人死亡的”，就可能被判处死刑。

在叙利亚《刑法》中，关于恐怖主义的章节有 3 个法条，其中第 3 条是关于恐怖组织的规定，内容如下：“通过第 304 条规定的手段之一来实现其改变国家和社会的基本道德观念或者社会与经济发展的意图。”对于这样的情况，恐怖主义组织将被解散，而其成员中的组织者和领导者将可能被判处至少 7 年的监禁刑。这样的一个恐怖主义概念缺乏政治目的的构成要件。与埃及一样，即使组织的参与者没有策划、试图实施或者实施具体的恐怖主义活动，也会被认定为应受惩罚的罪行。

在反恐怖主义委员会的第二份报告中，叙利亚通过立法对“所有与恐怖主义相关的行为都规定了严厉的惩罚”〔74〕。其中第一项就是《刑法》第 278 条，被命名为“违反国际法的犯罪”，并将为了维持战争中立态势而实施暴力的行为犯罪化，并且惩罚“影视作品、书籍或者演出的创作者，只要是其创作行为没有得到政府许可，并且其行为可能会导致叙利亚遭受到敌对行为，或影响到叙利亚与外国关系，或导致叙利亚人的财产和人身安全受到报复”〔75〕。在《刑法》的注释副本中指出，这一条款与 1994 年的《出版法》第 65 条存有交叉之处。〔76〕该条款涉及传播或发布虚假消息或伪造证件，并对“具有恶意的，行为影响公共秩序，影响本国与其他国家关系，或影响国际形象的”行为，规定了法定最高刑为 1 年监禁刑并处罚金。上述条款加大了对政治异见和政府批评者的管制和约束。2010 年，叙利亚人权组织领导人——律师麦哈乃德·艾·哈萨尼（Muhannad al – Hasani）就由于在庭审之前报道即将进

〔74〕 Second report of Syria to the CTC：UN Doc. S/2002/1046（19 September 2002），p. 3.

〔75〕 相应的刑罚为监禁刑。

〔76〕 Law no. 53 of 8 October 1949；“Atari，Qanun al –” uqubat，111.

行的诉讼而被国家安全法院判处3年监禁刑。[77]

641 叙利亚最初认为，其现有法律符合联合国安理会第1373号决议的标准，随后在2005年颁布了《反洗钱法》。[78]此外，以下事实越来越清晰：美国所谓的“在反恐行动中与叙利亚的有限合作”[79]在“9·11”事件后已经扩展到了中央情报局的非常规引渡和代理羁押等合作项目中。[80]其中最为著名的案件也许是马希尔·阿拉尔（Maher Arar）案。根据欧洲理事会报告员迪克·马蒂（Dick Marty）的报告，“在该案中，将阿拉尔转移到叙利亚很大程度上证明了美国官方机构公开提到的做法，即将酷刑‘外包’出去。”[81]

（三）约旦

约旦在通过立法来回应联合国安理会第1373号决议的过程中，迎来了一个扩大自己政府控制能力的时机，只有等行政机关与主要的社会团体谈判后才能再次改变这种状况。约旦1960年《刑法》的很多条款源于叙利亚《刑法》。[82]因此在2001年被修改之前，约旦《刑法》中关于恐怖主义活动的规定也是3条，唯一的不同之处在于，约旦与叙利亚关于恐怖主义概念的认识
642 并不一致，其并没有将使用“战争武器”作为实施恐怖主义犯罪的一种方式；在第2条的量刑规定中，叙利亚针对其中一种情况用终身监禁刑取代了死刑，

〔77〕 Human Rights Watch, *World Report 2011*: Syria, available at www. hrw. org/middle - eastn - africa/syria.

〔78〕 Decree no. 33 of 1 May 2005.

〔79〕 US Department of State, Country Reports on Terrorism 2009.

〔80〕 A/HRC/13/42 (Joint Study on Global Practices, 2010), [143].

〔81〕 据迪克·马蒂（Dick Marty）称，“秘密羁押和对被羁押者的非法转移涉及欧洲联盟成员国”：根据2006年6月12日欧洲联盟峰会上法律和人权事务委员会（第10957号文件）发布的报告，马希尔·阿拉尔（Maher Arar）于2002年在肯尼迪机场被捕，随后被转移到（显然是途径意大利和约旦）叙利亚的军事情报机构中；一个叙利亚血统的加拿大公民，他的案件也成为加拿大调查委员会的目标。For further discussion of the Canadian response to this case see Kent Roach, Chapter 20, this volume. See also Amnesty International, “Below the radar: secret flights to torture and ‘disappearance’”, 5 April 2006, 17 - 19, on the case of Muhammad Zammar; and A/HRC/13/42 (Joint Study on Global Practices, 2010) at [127] on the case of Mustafa Setmariam Nassar.

〔82〕 Law no. 16 of 1960 as amended 1988, 1991, 2001, 2003; Official Gazette no. 1487 of 11 May 1960. This Code replaced an earlier Temporary Penal Code of 1951 (Temporary Law no. 85 of 1951, Official Gazette no. 1077 of 17 July 1951). 约旦在迎来独立时曾面对选择，其最终选择了周边国家法国的模式，而并非巴勒斯坦1936年刑法典中的英国模式（这种模式一直在巴勒斯坦约旦西岸适用，但战后并没有并入约旦领土）。see E. T. Mogannam, “Developments in the legal system of Jordan” (1952) 6 *Middle East Journa*l 196.

在其他情况中也规定了较轻的刑罚。〔83〕

在经过了漫长的议会讨论、发布了100多个“临时法律”之后，2001年10月，约旦政府根据内阁的决定，以皇家法令的方式迅速颁布了《刑法》修正案。〔84〕2001年的第54号临时法令〔85〕在结合了《阿拉伯国家联盟反恐怖主义公约》和埃及立法的基础上，规定了恐怖主义的新概念，其中“引起恐慌”不再作为认定恐怖主义的要件，同时，先前立法中源于叙利亚《刑法》第304条的恐怖主义“方式”也被修改，对于恐怖主义活动规定了从重处罚的量刑情节，甚至增加了死刑条款。〔86〕新的恐怖主义概念规定在第147条中，内容如下：

> 恐怖主义是指无论其动机如何，由个人或者集体实施的暴力或者威胁使用暴力，目的是扰乱社会秩序，或者危害公共安全或社会安全的行为。也即在公众心中传播恐怖或者威胁群众，或者危及其生活和安全，或者对环境造成破坏，或者破坏、侵占、占领公共设施、财产或者私人财产，或国际设施及外交使团的财产，破坏国家资源或者阻挠宪法和法律实施。

该概念在某些方面的规定比埃及更为抽象（比如“扰乱社会秩序”），但在其他方面更接近《阿拉伯国家联盟制止恐怖主义公约》的内容（比如“威胁使用暴力”）。奇怪的是，立法忽略了将“威胁使用暴力”的行为规定为“犯罪”。

第148条在原有刑罚的基础上增加了终身监禁刑，主要针对导致的“破
坏，哪怕是局部破坏私人或者公共设施”〔87〕，或者“破坏通信设施或者计算 643
机信息系统，或破坏互联网，或造成交通运输工具的全面或者部分损坏”的

---

〔83〕 Articles 147, 148, 149 of the Jordanian Penal Code 1960 before its amendment in 2001; paralleling arts. 304, 305 and 306 of the Syrian Code.

〔84〕 以这种方式作出的立法被称为“临时立法”，当议会重新召集时需要重新提交并接受议会的审议和决定。

〔85〕 Temporary Law no. 54 of 2001 amending the Penal Code of 2 October 2001, Official Gazette no. 4510 of 8 October 2001.

〔86〕 2001年第54号临时法案第3条修改了约旦《刑法》第148（4）（c）条。

〔87〕 叙利亚之前立法中的第305条明确规定为“公共”建筑，因此在这里又增加了“私人建筑”。

恐怖主义行为。对于行为导致死亡或者使用特定方式（如爆炸）实施上述规定行为的，将处以死刑。

约旦立法中3条反恐规定的第3条，也即第149条，也被修改：

> 对于破坏或者煽动破坏国家政治体制，或破坏国家经济发展、社会秩序或者社会基本道德观念的个人或者单位，将处以监禁刑。

第149条在修订之前的规定源于叙利亚立法，约旦在修改之后使得犯罪行为不仅可以由组织实施，也可以由个人实施或者共同实施。同时，不要求这种行为必须符合恐怖主义概念规定的方式，而且增加了对破坏或者煽动破坏政治体制的规定。[88]

在同一个临时法令里，约旦通过修改立法惩罚“任何文字、言论或者行为，其目的是或者确实导致了宗派主义、种族沙文主义，或者导致民族分裂”的行为，并规定对于这种行为将处以6个月至3年的监禁刑，并处罚金：

> 以文字、演讲或者任何形式的传播方式，或者新闻报道以及其他公开方式，实施了以下行为的：破坏国家统一或者煽动实施犯罪，在公众中散布仇恨或者冲突性的言论，挑起种族主义或者教派主义，伤害个人尊严、自由与名誉，通过散布虚假信息或者不道德的行为去鼓动群众，以此扰乱社会秩序，通过举行公开会议的方式破坏法律实施，以及破坏国家声誉、形象或者尊严的其他任何行为。对于上述行为，将处以监禁刑。先前法律与本法不一致的，适用本法。[89]

644 上述第150（2）条规定了对非法出版物的主编和经营者的处罚，增加了“依照判决”暂时或者永久性地关闭报纸或者出版物等条款。国际人权组织表示，这样的做法可能会影响到公民的表达自由，同时，修订后的条款表达得过于笼统。据大赦国际组织称，2002年1月，《政治周刊》的总编成为“已知的第150条修正案的第一个受害者”，其被指控“撰写和发布虚假信息和谣

---

〔88〕附属条款处理的是劫持人质以及非法越境问题。2001年第54号临时法案中的第4条修改了1960年《刑法典》第147（2）条和第147（3）条。

〔89〕2001年第54号临时法案第5条对约旦1960年《刑法典》第150条进行了修订。

言，可能导致国家形象受到损害，并诋毁民众的诚信和声誉”[90]。约旦记者协会等多家报纸的编辑和经营者质疑第 150 条的合宪性，但高等法院以欠缺利益相关性为由驳回起诉。[91]关于媒体的角色和对其控制力度的讨论和谈判还在继续，记者协会表示要捍卫自己“客观报道和言论自由的荣誉”，总理则允诺该条款将被废除。[92]在 2003 年 6 月发布的另一个临时法令里，除了加大刑罚力度之外，第 150 条又被修改回最初的内容。[93]

在提交给反恐怖主义委员会的第 1 份报告里，约旦列举了一些国家安全法院判定的构成恐怖主义犯罪的判例，然而，很多被判处死刑和终身监禁刑
的被告人却属于缺席审判。[94]自 1991 年重新成立国家安全法院后，该法院就 645
成为人权组织批评的焦点。[95]早在 2001 年 8 月，就有立法（以临时法律的方式）扩大了国家安全法院的管辖范围（例如，包括“任何经总理决定转移到法院的，破坏国家经济安全的犯罪”）。[96]修正案还允许警察在移送检控机关之前，可对犯罪嫌疑人进行长达 7 天的羁押，而普通的刑事诉讼法中的时限为 24 小时。[97]约旦律师协会表示要特别关注在国家安全法院中被判处“轻

---

〔90〕 The case of Fahd al – Rimawi, Editor – in – Chief of al – Majd weekly. See Amnesty International, “Security measures violate human rights”, AI Index MDE 16/001/2002, 5 February 2002. See also Stork, “The human rights crisis”, p. 43.

〔91〕 “High Court rejects JPA lawsuit contesting Penal Code provisions”, *Jordan Times*, 17 July 2002. See further AMAN News Center (the Arab Regional Resource Center on Violence Against Women), available at www. amah jordan. org.

〔92〕 “Government announces procedures to repeal Article 150”, *Jordan Times*, 9 April 2003.

〔93〕 2003 年的第 45 号临时法案修改了原有的刑法规定，对于可能判处 6 个月至 3 年监禁刑的规定仍然保留，但罚金最高额从 1960 年的 50 第纳尔增加到 500 第纳尔。另一个修改针对先前《刑法》第 195 条，涉及的是侮辱国王的条款。按照新法的规定，危害行为的种类增多了，并且规定，“凡是传播与国王有关的谣言，或者造谣生事，或通过广播等媒介在公众中散布谣言的”，都可能被处以 1 年至 3 年监禁刑。

〔94〕 First Report of Jordan to the CTC: UN Doc S/2002/127 (29 January 2002), pp. 9 – 12.

〔95〕 The State Security Court was first established in 1952, replaced by military martial courts from 1967 – 90, and re – introduced (replacing the military martial court system) in 1991.

〔96〕 Article 3 (a) (iii) of Temporary Law no. 44 of 2001 amending the Law establishing the State Security Court, Official Gazette no. 4503 of 28 August 2001. An examination is made in a “Working paper on law no. 16 of 2001 amending the Code of Criminal Procedure no. 9 of 1961” (Arabic text) by Advocate Abdel Ghaffar Freihat to a workshop of the Jordanian Banks Association in Amman, 15 October 2001.

〔97〕 Article 7 of the Law establishing State Security Courts as amended by art. 3 of Law no. 44 of 2001, Freihat, “working paper”, 10.

罪”的侵犯权利的现象。[98]

在约旦2006年颁布的《反恐怖主义法》中，国家安全法院是其中的一个关键组成部分。[99]2003年，约旦位于巴格达的使馆被爆炸袭击，而爆炸发生的几个星期前，还发生了针对联合国总部的袭击。2005年，位于阿曼的3家酒店受到来自伊拉克的自杀式炸弹袭击，后约旦籍的扎卡维（Abu Mus'ab al－Zarqawi）宣称对此次爆炸负责。回顾这两起恐怖袭击及产生的影响，国际危机组织（ICG）称其带来“两条重要信息”：

> 在缺乏安全设施的情况下，只有高效才能防止自杀式袭击者发动的每一起袭击。如果约旦想要在未来降低受到攻击和不稳定性所带来的风
> 646 险，对于安全的重视要求一个真正开放的政治体制，也要求更加公平的经济机会。[100]

2006年的反恐立法将资助“恐怖主义活动”和为其招募成员、动员的行为规定为犯罪，并且规定了一系列配套措施，包括监控、出行禁止令、对房屋的搜查，以及对涉嫌恐怖主义犯罪资产的扣押。[101]随后的2007年，约旦还通过了《反洗钱法》。[102]

不同于摩洛哥的是，约旦将其反恐路线定性为“适度的中间路线”[103]。2004年11月，阿卜杜拉（Abdullah）国王宣布了“来自阿曼的消息”，称阿

---

[98] The Bar Association took an “unprecedented decision” to call on all its members to refrain from appearing before the Court for a week in June 2002, to protest against the 2001 amendments: Saad Hattar, *Jordan Times*, 12 June 2002.

[99] Law no. 55 of 2006, Official Gazette no. 4264 of 1 November 2006, p. 4790. An English translation of the text of this law is available at the Terrorism Legislation Database of the United Nations Office on Drugs and Crime (www. uuodc. org/tldb). 本法中关于“恐怖主义”的概念是：“无论任何方法，只要是有意实施的，并且致人伤亡或者破坏公共和私人财产、运输设备、基础设施、国际组织或者外交使团的设施，或意图破坏社会秩序，危及公共安全和秩序，破坏宪法和法律实施的，影响国家政策或者政府决策，或强迫其实施或放弃某种行为，或以任何威胁、恐吓或者暴力行为来破坏国家安全。”

[100] International Crisis Group, “Jordan's 9/11: dealing with Jihadi Islamism”, 23 November 2005, p. 1.

[101] Articles 3 and 4 of Law no. 55 of 2006. In its fifth report to the CTC, Jordan had identified these provisions as fulfilling its obligations regarding measures to prohibit incitement to terrorist acts according to Resolution 1624 (S/2006/212, 4 April 2006, [2. 1]).

[102] Law no. 46 0f 2007, Official Gazette no. 4831 of 17 June 2007, p. 4130.

[103] Jordan's first report to the CFC: UN Doc. s/2002/127 (29 January 2002), p. 3.

曼“以宗教和道德的名义，谴责当代的恐怖主义概念”[104]。在此之前，约旦一直与美国中央情报局的特殊引渡项目保持着积极的秘密合作，对无国籍人士进行“代理羁押”，并将其他人转移到美国的秘密关押场所。从 2001 年到 2004 年，人权观察组织曾跟踪到至少 14 起由美国转移到约旦的非约旦公民，并有可能受到了“讯问甚至酷刑”。人权观察组织同时称，“近年来虽然其他一些国家也接受来自美国移交过来的嫌疑人（非正式法律程序的移交），但约旦人数最多。”[105] 2006 年，大赦国际组织公布了 3 个也门人的证词，而这也是所有被关押在美国“黑狱”中唯一被公开的证词，其中的两人后来被约旦逮捕，并被移交到美国关押。[106]

在 2005 年到 2010 年期间，约旦的人权机制发展迅速。2006 年，约旦成立了国家人权中心，[107] 同时将很多国际性人权规定纳入法律框架。然而，从实际情况来看，联合国酷刑问题中心的特别报告员于 2006 年访问了约旦，根 647
据其总结，在刑事调查总局和其他的情报总局这两个安全机构中，“酷刑的做法还是常态”，而这两个机构负责国家安全和打击恐怖主义。根据人权观察组织的描述，从 21 世纪初起，这两个机构就执行美国中央情报局的“代理羁押”的项目。[108] 2008 年，在人权高级办公室和联合国开发计划署于约旦举行反恐会议期间，约旦专门召开了关于维护人权的地区研讨会，这在该地区还是首次。[109]

（四）突尼斯

突尼斯于 2003 年颁布了关于国际反恐合作和反洗钱的第 75 号法律，[110]

---

[104] S/2006/212 (4 April 2006), [2.4].

[105] Human Rights Watch, “Double jeopardy: CIA rendition to Jordan”, 2008, 1 – 2.

[106] Amnesty International, “Below the radar”, 9.

[107] Law no. 51 of 2006 (Law of the National Centre for Human Rights), Official Gazette no. 4787 of 16 October 2006, p. 4026.

[108] Report of the Special Rapporteur on his Mission to Jordan: A/HRC/4133/Add. 4 (5 January 2007); Human Rights Watch, “Double jeopardy”, 1.

[109] OHCHR, “Middle East and North Africa region to discuss upholding human rights while countering terrorism”, 21 October 2008.

[110] Law no. 2003 – 75 of 10 December 2003, Journal Officiel de la Republique Tunisienne no. 99 (12 December 2003), pp. 3592 – 601 (French translation by the Tunisian government for purposes of information). The French text is also available at www. jurisitetunisie. com/tunisie/codes/terror (under the title Lutte contre le Terrorism et le Blanchiment d’Argent). I do not yet have the Arabic text.

2002年4月该法律就进入起草阶段，在此期间，杰尔巴的一个犹太教堂发生了爆炸袭击，并造成了21人死亡。突尼斯政府称，他们“长期生活在恐怖主义威胁的警报中”，但同时人权组织表示，突尼斯是利用安全为借口对政治异见和超越政治派别的批判意见进行压制。[111]因此，虽然官方目前宣称其现代化程度、社会稳定程度和人权（包括对妇女权利）都得到了很大程度的提高，但整个10年间，公众对总统或者政府的批评仍然受到严格的限制。大赦国际组织于2010年7月表示，“任何批评突尼斯当局或者讨论人权的人，在该国都处于危险之中”。[112]2011年1月，一场始料未及的抗议活动爆发，而这场运动最终导致总统本·阿里（Ben Ali）放弃总统权力离开突尼斯。

648 在2003年法律的开篇中，突尼斯已经说明了其立法目的：

> 该法为了保障社会生活的安全与和平，保障国家远离动乱，并打击一切形式的越轨行为、暴力、狂热、种族隔离和恐怖主义的威胁，以维护和平和社会稳定。此外，该法也将在突尼斯共和国宪法以及批准加入的国际、地区和双边条约的框架内，支持打击恐怖主义的国际合作，打击资助恐怖主义的行为和洗钱行为（第1条）。

这在相当程度上吸收了联合国安理会第1373号决议的精神，首要的直接影响就是突尼斯修订了《刑法》中原来的“恐怖主义犯罪”概念，内容如下：

> 个人或者集体犯以下罪行，不论其动机，都将被认定为恐怖分子：[113]恐吓个人或者公众；或在公众范围内散布恐惧，以影响国家政策或要求国家实施行为或放弃某种行为；破坏公共秩序或国际和平与安全；对人身或财产造成伤害；危害外国使领馆或国际组织；通过严重破坏环境资源威胁当地居民生存；破坏重要资源、基础设施、交通、通讯、信息系统或者公共设施安全（第4条）。

---

〔111〕 Amnesty International, “Tunisia: newdraft ‘anti – terrorism’ law will further undermine human rights”, briefing note to the European Union, AI Index MDE 30/021/2003.

〔112〕 Amnesty International, “Independent voices stifled in Tunisia”, AI Index: MDE 30/008/2010, July 2010, 2.

〔113〕 “Quels qu’en soient les mobiles” . This phrase is not included in the translation in Tunisia’s third report, which is otherwise used here from the phrase “to intimidate” onwards.

根据该法的规定，对于个人或者公众的潜在威胁或在人群中散布恐惧都是必要条件；[114]同时还需要一定的意图，然而，虽然在意图的规定中包括了影响国家政策，但也可能包括有“扰乱公共秩序”或者“造成财产损失”或“破坏公共设施”。并且，恐怖主义犯罪的成立并不需要有使用暴力的要求，也没有对损害要达到的程度进行规定。

在接下来的第 5 条中规定，现行法中的“恐怖主义犯罪”不仅包括了真实意义上的罪行，也包括在同一机制下实施的相关罪行。[115]第 6 条规定， 649
“无论采用什么方法，凡是煽动民族或者宗教仇恨的也应纳入恐怖主义犯罪的规制范围。”[116]这就将第 75 号法令颁行之前，原来《刑法》中第 52 条规定的内容纳入新法的规制范围了。

大赦国际组织曾表示，就对非暴力反对者的规制而言，相对于突尼斯《刑法》第 52 条而言，2003 年第 75 号法令中“恐怖主义犯罪”的涵盖范围有了进一步的扩大，这是令人担忧的。大赦国际组织指出，“突尼斯当局已经编制了一张‘恐怖主义犯罪’的大网，甚至涵盖了与此无关的囚犯。第 52 条就曾经被用于将和平示威等活动犯罪化。”自 1999 年以来，军事法庭恢复了对平民的审判，而这造成了“在经过不公正的审判之后，数十名平民都被认定犯有‘恐怖主义’犯罪，从而被处以严厉的刑罚”[117]。

立法还规定了许多共同犯罪，其中一些需要有犯罪意图，有的则不需要。对于任何“巧合甚至偶然地”[118]加入以恐怖主义作为实现自己目标手段的组织的，都会被认定为犯罪。另外，对于以其“能力或专业知识”为恐怖组织

---

〔114〕 在法国文本中这个要件并不是必要的，但阿拉伯语文本确认了提交给联合国的英文文本中的这一要件的含义。

〔115〕 在这里作者使用了突尼斯提交给反恐怖主义委员会的第二份报告的英文版本。

〔116〕 Article 52bis of the Penal Code was abrogated by art. 103 of Law no. 2003 – 75.

〔117〕 另见大赦国际组织：“突尼斯：不公正的循环”，Al Index MDE 30/001/2003, 9 June 2003. 对第 52 条应用的一个尤其臭名昭著的尝试是 1999 年对 Radhia Nasraoui 的起诉（虽然最终并没有以“恐怖主义犯罪”定罪）。Radhia Nasraou 是一个著名的人权律师，同时本案还有 20 个共同被告人，对于该案中被告们的指控和审判程序，可以参考下文：Amnesty International, Human Rights Watch, and the Observatory for the Protection of Human Rights Defenders, *The Administration of Justice in Tunisia: Torture, Trumped – up Charges and a Tainted Trial*, AI Index 30/04/00. March 2000 For a more recent analysis see report by Amnesty International, “Independent Voices Stifled in Tunisia”, AI Index MDE 30/008/2010 13 July 2010.

〔118〕 Wording from S/2003/1038, p. 11.

的发展提供帮助，以及出于“协助恐怖主义犯罪意图”提供或传播信息的，也会被认定为犯罪。[119] 对于实施了下列行为的人，可能会被处5年至12年的监禁刑：

> 向与恐怖主义犯罪有关的组织、团体或者个人提供集会场所的，隐藏或者包庇他们，或者帮助其逃脱，或帮助其避免法律追究，或从其犯罪所得中获利的。[120]

650 在这里明显不需要具备明知或者意图之要件。在先前《刑法》中规定了许多可以构成犯罪的行为，并规定对于“明知或者主动地”实施与犯罪团伙成员联系的犯罪，可以处以法定最高刑为6年的监禁刑。[121] 同时，根据突尼斯的立法，对于没有将恐怖主义信息立刻报告给相关部门的，也会被认定为犯罪，即便是其在业务上负有保密义务；但立法对父母、子女、兄弟姐妹和配偶规定了例外的免责条款。[122] 2003年第75号法第12条对以下行为规定了5年至12年的监禁刑：

> 任何人采用任何方式，只要是要求实施恐怖主义犯罪的，或加入实施恐怖主义犯罪的组织或团体的，或者使用与恐怖组织、成员或其活动[123]有关的名称、名词、符号及其他标志的。[124]

在加拿大，罗奇认为新的犯罪包括：“在明知是恐怖组织的情况下，参加该组织或帮助其活动”的，有证据证明其与恐怖组织成员有密切联系的，使用与恐怖主义有关的标志和符号的。[125] 在突尼斯，使用与恐怖主义有关的符

---

〔119〕 Articles 13 and 17. 对于第1项犯罪会处以5年至12年的监禁刑，对于第2项犯罪将处以5年至20年的监禁刑，同时，两种罪行均并处5000至50 000第纳尔的罚金。

〔120〕 Article 18 of Law no. 2003 – 75.

〔121〕 Article 133 of the Penal Code as amended by Law no. 89 – 23 of 27 February 1989. Article 28 of Law no. 2003 – 75 provides for the minimum penalty for the initial offence in the event that the perpetrators of a terrorist offence establish they were drawn into the act inter alia by abuse of their situation.

〔122〕 Article 22 of Law no. 2003 – 75.

〔123〕 法国文本的表述是“faire l'apologie de”.

〔124〕 The last part of this provision, from “or uses a name”, is not included in Tunisia's third report to the CTC.

〔125〕 Roach, “World wide expansion”, 502. See also Kent Roach, Chapter 20, this volume.

号本身就是犯罪。

在 2005 年提交给反恐怖主义委员会的最后一份公开报告中，突尼斯为其反恐立法的正当性进行辩护，认为其“基于精确且广泛的恐怖主义犯罪概念”，同时也将保证“尊重人权和普遍自由，尤其是受到公正审判和无罪推定的权利”。〔126〕然而，人权组织和国际组织却不以为然。2008 年，联合国人权委员会在对突尼斯的第五次定期报告的总结中表示了对可能存在的违反人权情况的担忧，比如酷刑、不排除通过刑讯获得的证据、超期羁押，以及其他的一些违反警察拘留规则的情况。〔127〕同时还指出其特别关注“如此宽泛的恐 651
怖主义活动概念的立法明确性问题”〔128〕。次年，突尼斯废除了 2003 年第 75 号立法的第 5 条和第 6 条，〔129〕这一做法受到了特别报告员马丁·谢宁的称赞，在其结束对该国进行正式访问时发表声明表达了对这种做法的支持。〔130〕然而，马丁·谢宁同时指出：

> 2003 年的反恐立法仍然存在缺陷，如同许多国家那样，都是在恐怖主义的概念上存在问题。……正如曾经系统性地强调那样，对普通公众或者特定成员造成致命或严重的伤害应当是任何国家在认定恐怖主义时的核心要素。然而，就突尼斯 2003 年以来的大多数情况来看，显然并非如此。在突尼斯，很多案件都是仅有意图就受到惩罚，采用的是以“计划实施”或者“组织成员”的名义。其中后者中所谓“组织”的定义还非常模糊。〔131〕

2011 年 1 月，在本·阿里总统放弃总统权力之后，大赦国际组织发布了一系列倡议，其中在首批发布的一份文件中，呼吁突尼斯的监狱执行机关对

---

〔126〕 Tunisia's Fourth Report to the CTC：S/2005/194（24 March 2005）, p. 4.

〔127〕 Concluding Observations of the Human Rights Committee – Tunisia：CCPR/C/TUN/ CO/5（23 April 2008）, [11]–[13].

〔128〕 Ibid., [15].

〔129〕 另一个参考是第 2 条中的“同一司法管辖权下的罪行”也被删除，These amendments were made by Law no. 2009 – 65 of I2 August 2009. Texts in French are available at www. jurisitetunisie. com.

〔130〕 OHCHR，“UN expert on human rights and counter – terrorism concludes visit to Tunisia” 26 January 2010.

〔131〕 Ibid. 谢宁（Scheinin）同时指出“法律规定与我所掌握的现实情况之间存在有严重不符”，选择公之于众是为了全面展示这一问题（与人权事务委员会 2008 年关注的问题一致）。

"根据备受争议和批判的2003年第75号法案被判处有罪的人，应重新审查"[132]。

六、结论

阿拉伯国家的改革和"民主化进程"在政治上有一个显著特征，即在该地区2003年和2004年的一系列"自发性"发展中往往伴随着美国的参与。[133]
652 人们普遍关注"全球反恐战争"中阿拉伯人权发展报告的成果，如高失业率和对社会政治发展缺乏参与等问题。在该地区，不同国家的政府（及其国际盟友）尚未着手去解决这些严重的挑战（而这一挑战已经被2011年1月的会议明确指出）。联合国的多个机构都认为这些国家在打击恐怖主义犯罪时超出了反恐怖主义委员会规定的限度，尤其是在"规范制定、人权保障和通信监控上"[134]。

在一些阿拉伯国家，尽管新制定了一些针对人权活动的限制条款，但也做出了许多要求社会、经济和政治"开放"（或"改革"）的努力。然而，阿拉伯国家在通过立法的方式引入或者将"反恐战争"合法化这一过程中，改革的努力与反恐立法对"民主"权利的威胁之间存在明显的冲突。芬威克（Fenwick）曾指出，"即便是民主政府，在面对暴行的威胁时也有权采取非常措施。"并探讨了这些措施与"民主价值观"之间必然存在的紧张关系，以保证非常措施能够符合"最严格比例原则的检验"[135]。对于那些寻求如何将国家面对国内外威胁时所实施的行为限制在比例原则之下的人们而言，缺乏公

[132] Amnesty International, "Release of political prisoners in Tunisia is a welcome first step", 20 January 2011.

[133] 虽然一些阿拉伯国家确实参与讨论了一个野心不那么大的"更广泛的中东自发改革问题"，但中东如何迎来更大的自发改革的问题并非像最初设想的，在2004年6月的G8峰会上宣布。批判意见认为，前一个讨论欠缺"真正伙伴关系的基础"。See Marina Ottaway and Thomas Carothers, "The greater Middle East initiative: off to a false start", Carnegie Endowment for International Peace, Policy Brief 29, March 2004.

[134] Report of the Policy Working Group on the United Nations and Terrorism, UN Doc. A/57/273 S/2002/875.

[135] Helen Fenwick, "Responding to 11 September: detention without trial under the Anti – Terrorism, Crime and Security Act 2001", in Lawrence Freedman, *Superterrorism: Policy Responses* (Oxford: Blackwell, 2002), pp. 100 – 1.

共言论与批评的自由空间（尤其是 2005 年至 2010 年间更是如此）将会成为其前进路上的重要障碍。

另外一个障碍是法律的“背书”和超越法律的做法，其中以美国的问题为甚。在也门，大赦国际组织的调查团发现，在“9·11”事件之后发生了大量的任意逮捕和拘留行为，据称都与美国联邦调查局的介入有关。其报告内容如下：

> 当局虽然承认他们违反了国际人权义务和本国法律，但也认为这是
> 由于其必须要“打击恐怖主义”，并且避免“9·11”事件之后美国可能 653
> 对其进行的军事行动。当局称，他们“别无选择”，只能是继续违反国际条约的义务和本国法律，对未经审判或者指控的人进行羁押，并且他们也没有计划向这些人提供律师或者司法援助的机会去挑战拘留的合法性。〔136〕

围绕 3 个被羁押也门人的问题（3 人被羁押在美国中央情报局的秘密场所，后被遣返回国），大赦国际组织于 2005 年也曾经发布过类似声明：“也门官员称，他们奉美国大使馆之命，在华盛顿将其资料转移回来之前持续羁押这 3 名也门人。然而却没有收到任何资料和证据。”〔137〕这种在压力下巧妙而坦率的承认也不能免除本案中的国家行为的责任。然而，相对于公众推动中东地区改革的呼吁而言，美国对于这种做法的支持（或压力）明显是不合适的，这种矛盾在将来美国参与中东事务时非常关键。据报道，2003 年中央情报局控制的一架无人机于 2003 年在也门发射了一枚导弹，炸死了一辆汽车中的 6 名男子，而这种做法并没有法律上的依据。虽然大赦国际组织关注的问题并没有得到回应，但后来也门政府部长也承认，政府是在“全球反恐战争”的框架内与美国开展这一合作的。〔138〕

---

〔136〕 Amnesty International, “Yemen: united against rights”, AI Index 31/011/2003, 24 September 2003. See also “200 held in Yemen to placate US”, The *Guardian*, 24 September 2003.

〔137〕 Amnesty international, “Below the radar”, 15 – 16. See also Amnesty International, “Yemen: cracking down under pressure”, Al Index: MDE 31/010/2010 13 July 2010.

〔138〕 Amnesty International, “Yemen: the rule of law sidelined in the name of security”, AI Index MDE 31/006/2003, 24 September 2003. 大赦国际组织称，美国认为其行为并不是非法处决，而是“针对敌方战斗人员的军事行动”。因此并不应当适用也门《警察程序法》，而是应当适用《国际武装冲突法》。关于美国在也门开展的反恐怖主义行动，参见 Amnesty International, “Cracking down under pressure”, 6.

该地区的人权活动家们指出，在这一地区，国际法和国际社会就人权问题上的评论都越来越伪善。原本这一地区就因为长期以来的偏袒性对待而非常复杂，而如今“国际”一词又被越来越多地解读为美国或者以美国为主导。人们都希望阿拉伯国家的国内改革能够顺利进行，而不受任何干扰或妨害。
654 并不需要多么特别的洞察力就能发现，在致力于维护国家和平与安全、打击恐怖主义方面，采用这样的一种发展模式，其效果究竟如何是存在疑问的。突尼斯爆发的推翻总统本·阿里的运动和 2011 年 1 月对总统穆巴拉克的抗议活动，也震动了该地区的其他国家。他们开始考虑，一方面，西方强权国家给该地区带来了什么；另一方面，阿拉伯国家的政府又应当如何应对抗议者带来的紧张态势。

索 引

A

ACLU (American Civil Liberties Union), 美国公民自由联盟, 471

Acts preparatory to terrorism in UK, 英国恐怖主义预备行为, 507

ADF (Allied Democratic Forces), Uganda, 乌干达民主同盟军, 586

Administrative detention, 行政性羁押

Administrative law, as less restrained alternative to criminal law, 行政法, 作为更少限制的刑法替代措施, 111 - 12

Afghanistan. See Iraq and Afghanistan, wars in, 阿富汗, 见伊拉克和阿富汗战争

Africa. See Middle East and North Africa; sub - Saharan Africa, 非洲, 见中东和北非; 撒哈拉以南非洲

African Charter on Human and People's Rights, 非洲人权宪章, 627

African National Congress, anti - terrorism laws used against, 非洲国民大会, 反恐法, 99

Air India bombing (1985), 1985 年印度客机爆炸案, 104, 114, 518, 520, 523, 530, 538

'Al Capone strategy', "艾尔·卡彭" 策略, 103, 116, 520

Al - Qaeda, "基地" 组织, 参见伊拉克和阿富汗, 战争资助, 205

in 'Horn of Africa', "非洲之角", 586

Algeria, 阿尔及利亚

'all - risk' approach to counter - terrorism, "一切险" 反恐方法, 14, 118, 516, 536 - 8

All Tripura Tribal Force (ATTF), India, 全特里普拉部族部队, 印度, 427

Allied Democratic Forces (ADF), Uganda, 乌干达民主同盟军, 586

Almadani decision (Israel), 阿玛达尼决策(以色列), 615

ALRC (Australian Law Reform Commission), 澳大利亚法律改革委员会, 140, 176, 557

American Civil Liberties Union (ACLU), 美国公民自由联盟, 471

American National Research Council, 美国国家研究委员会, 537

American Society for Microbiology (ASM), 美国微生物学会, 84 - 5

Amnesty International，大赦国际组织，625，630，644，647，649，651，652
Anthrax mailings（2001），2001 年炭疽邮件，83，84
anti – Islamicism perceptions，problem of，反伊斯兰主义，15，56，281，306
anti – terrorism law and policy，See also specific regions and Countries，反恐立法和政策，又见具体区域和国家，1 – 16
criminal Law and，刑法，91 – 121
See also criminal law，也见刑法
immigration law and，移民法，208 – 41
See also immigration law，也见移民法
interplay between international and domestic regimes，国际和国内的机制互动，3 – 5
transplantation of，移植，2，67 – 87
See also transplantation，也见移植
Arab Charter on Human Rights，阿拉伯人权宪章，627
Arab Convention for the Suppression of Terrorism，阿拉伯国家联盟制止恐怖主义公约，7，626，629 – 33，634，642
Arab Human Development Reports，阿拉伯人权发展报告，652
Arab Spring，阿拉伯之春
definition of terrorism and，恐怖主义概念，7
revolution in Tunisia beginning，突尼斯革命，647
permanent state of emergency and，永久性紧急状态，638
Ashida Amendment to Japanese Constitution，日本宪法“芦田修正案”，408
ASM（American Society for Microbiology），美国微生物学会，84 – 5
Asia/Pacific Group on Money Laundering，亚太洗钱集团，383
assigned residence in Israel，以色列的指定居所，608
association，freedom of，结社自由
asylum seekers，寻求庇护者
ATTF（All Tripura Tribal Force），India，全特里普拉部落部队，427
Aum Shinrikyo，奥姆真理教，82 n. 50，393 – 4，396 – 8，397 n. 24，399
Australian，澳大利亚，541 – 69
Anti – Terrorism Act 2004，《2004 年反恐怖主义法》，551，553
Anti – Terrorism Act 2005，《2005 年反恐怖主义法》，164，170 – 1，173，175 – 6，550，554，557
ASIO Act（Australian Security Intelligence Organisation Act 1979），澳大利亚《1979 年安全情报组织法》，139，172，179，551 – 3，568
Bill of Rights，lack of，权利法案，缺乏，543 – 5
Classification of information by courts in，涉密信息，138 – 40
Control orders in. See control orders，控制令，见控制令，554 – 5，559
Crimes Act 1914，《1914 年犯罪法》，557
Criminal anti – terrorism law in，《反恐刑事法》，99，548，549，551，557
Criminal Code Amendment（Terrorist Organisations）Act 2004，2004 年刑法修正（恐怖组织）案，550
Definition of terrorism in，恐怖主义概念，

484, 547 -9, 563
Detention in, 羁押, 553 -4, 555 -6
Evidence Act 1995,《1995 年证据法》, 131, 134
Expansion of criminal liability in, 刑事责任扩张, 101
Fair hearing, right to, 公平聆讯权, 556 -7
Immigration law in,《移民法》, 567 -8
Independent National Security Legislation Monitor Act 2010,《2010 年独立国家安全立法监督法》, 547
Level of terrorist threat in, 恐怖主义威胁的等级, 157
Migration Act 1958,《1958 年移民法》, 567
Minimum core of information, requirement to provide 最低限度的核心内容, 要求提供, 141 -3
Mousepox experiments 鼠痘实验, 83 -5
National Security Legislation Amendment Act 2010,《2010 年国家安全法修正案》, 176, 547, 550, 554, 558
NSIA [National Security Information (Criminal and Civil Proceedings) Act 2004],《2004 年国家安全情报(刑事和民事程序)法》, 131, 137, 138 -40, 142, 556 -7, 560
Preventive detention in, 预防性羁押, 555 -6
Procedural fairness in, 程序正义, 125
Proportionality principle in, 比例原则, 50, 129 -30
Proscription of organizations in, 认定恐怖组织, 505, 550
Prosecutions in, 公诉, 558 -9
Religious or political motives, requiring, 宗教或者政治动机, 要求, 99
Security Legislation Amendment (Terrorism) Act 2002,《2002 年安全法修正(恐怖主义)案》, 548
Sedition offences in, 煽动犯罪, 557
Sentencing of terrorists in, 恐怖分子判决, 116
SLAT package, 2002, 2002 年国家安全法修正案(恐怖主义)的一揽子立法计划, 167
'soft' approaches in, "柔性"方法, 560 -1
Trials of terrorists in, 对恐怖分子的审判, 104, 105
UN Resolution 1373 and, 联合国安理会第 1373 号决议, 545, 548
US influence on, 美国影响, 566
Australian Law Reform Commission (ALRC), 澳大利亚法律改革委员会, 140, 176, 557

B

balancing test, proportionality principle, 平衡测试, 比例原则, 128
Bali bombings (2002), 2002 年巴厘岛爆炸案, 8, 56, 98, 290, 291
Beit Sourik case (Israel), 贝特苏里克案(以色列), 611
Belmarsh case (UK), 贝尔马什案(英国), 170, 510
Bethlehem, occupation of Church of the Nativity in, 伯利恒, 占领基督诞生教堂, 616
biological weapons. See weapons of mass destruction 生物武器, 见大规模杀伤性武器
Birmingham bombings (1974), 1974 年伯明

翰爆炸案，162
Blackwater，黑水，480
Britain. See United Kingdom，不列颠，见英国
burial of terrorists and terrorist suspects，恐怖分子和恐怖主义犯罪嫌疑人的葬礼，301

C

Cairo Institute for Human Rights Studies，开罗人权研究院，637，639
Canada，加拿大，514 – 40
administrative law，use of，行政法，作用，112
Air India bombing（1985），1985 年印度客机爆炸案，104，114，518，520，523，530，538
'all – risk' approach to counter – terrorism in，"一切险" 反恐方法，14，118，516，536 – 8
ATA（Anti – terrorism Act 2001，Bill C – 36），《2001 年反恐怖主义法》（C – 36），140，159，161，166，515，516 – 24，530，5344
Charter of Rights and Freedoms 1982，权利和自由宪章，125，156，160，519
classification of information by courts in，法庭信息保密，138 – 9，140 – 1
compelled statements in，强迫讯问，522
co – ordination of intelligence agencies in，情报机构合作，538 – 9
Criminal anti – terrorism law in，《反恐刑事法》，99，100，101，114，516 – 24
CSIS（Canadian Security Intelligence Service），加拿大安全情报机构，520，523，526，528，534
definition of terrorism in，恐怖主义概念，516，517，525 n. 49
detention in under immigration law，移民法羁押，524
preventive arrests，预防性逮捕，521
torture，deportation leading to risk of，酷刑，驱逐导致风险，527 – 9
Evidence Act 1985，《1985 年证据法》，131，137，138 – 9，140 – 1，142
expansion of criminal liability in，刑事责任扩张，101
hate crimes in，仇恨犯罪，530
investigative hearings in，调查听证，522
IRPA（Immigration and Refugee Protection Act），《移民和难民保护法》，516，524，525，526
ministry of Public Safety，creation of，公共安全部，538
multiculturalism in，多元文化主义，530
October crisis（1970），1970 年十月危机，515，517
PII in，公共利益豁免，131，136，137
preventive arrest in，预防性羁押，521
procedural fairness in，程序正义，125
proportionality principle in，比例原则，50，126，128 – 9
Public Safety Act 2002，《2002 年公共安全法》，169，516，535，536
refugees and asylum seekers in，难民和寻求庇护者，529
security certificates in，安全证书，525 – 9，534
sentencing of terrorist in，恐怖分子宣判，116

Toronto bombing plot (2006), 2006 年多伦多爆炸阴谋, 519, 519, 523, 531
trials of terrorists in, 恐怖主义审判, 101, 104
United Nations Act, 联合国法, 521
Western liberalism, assumptions regarding, 西方自由主义, 假设, 16
Casablanca bombings (2003), 2003 年卡萨布兰卡爆炸案, 625
Case law, 判例法
CAT (Convention Against Torture), 反酷刑公约, 458, 459, 460, 626, 637
causes of terrorism, 恐怖主义根源, 14, 119, 242, 244 - 50, 308, 351 - 3, 355
Central Intelligence Agency (CIA), 中央情报局, 459, 460 - 70, 624, 637, 641, 646, 653
Charitable organizations and financial war on terrorism, 慈善组织和金融反恐斗争, 194, 198, 205, 206
Chemical weapons. See weapons of mass destruction, 化学武器, 见大规模杀伤性武器
Of terrorist suspects, 恐怖主义犯罪嫌疑人, 302 - 3
China, 中国
Emergency Responses Law (2007), 2007 年突发事件应对法, 338
individual terrorism in, 个体恐怖主义, 335, 351 - 5
Martial Law (1999), 1999 年戒严法, 339
SCO (Shanghai Cooperation Organisation) and, 上海合作组织, 345 - 7
Church Committee (US), 教会委员会, 467
Church of the Nativity in Bethlehem, occupation of, 基督诞生教堂, 占领, 616
CIA (Central Intelligence Agency), 中央情报局, 459, 460 - 70, 624, 637, 641, 646, 653
citizenship, 公民
civil law, 民法
civil liberties, 公民自由
civilian lives, 平民生命
classification of information by court, 法庭信息保密, 138 - 41
closed hearings, 不公开聆讯
coercive interrogation, 强迫审讯
USS Cole, attack on (2000), 2000 年科尔号驱逐舰袭击案, 465
collateral damage to innocent civilians, 对无辜平民的附带伤害
Common law public interest immunity, 普通法公共利益豁免
community - based policing practises, 基于社区的警务实践, 243, 261 - 4
community - based or social approaches to preventing terrorism, 基于社区或社会性的预防恐怖主义方法, 243, 250 - 61
comprehensive anti - terrorism strategy, 综合反恐战略, 117 - 21
confessions before police in India, 印度警察面前认罪, 424 - 6, 429
confiscation or forfeiture of property, 没收或剥夺财产
contractors used in combat situations, 战斗状况下的缔约者, 480
contributing factors to terrorism, 恐怖主义的成因, 119
control orders, 控制令, 485 - 93
ECHR art. 5,《欧洲人权公约》第 5 条,

485 - 9
Fair hearing, right to, 公平听证权利, 142
TPIMs (Terrorism Prevention and Investigation Measures), 预防和调查恐怖主义措施, 510
Convention against Enforced Disappearances, 反强迫失踪公约, 328
Convention against Torture (CAT), 反酷刑公约, 458, 459, 460, 626, 637
Convention relating to the Status of Refugees (1951), 1951 年关于难民地位公约, 209, 211, 217, 225, 235
conviction rates in terrorist charges, 恐怖主义犯罪案件的定罪率, 103, 104
Counter - Terrorism Committee (CTC), 反恐怖主义委员会, 4
criminal law, 刑法, 91 - 121
cross - border transfers in financial war on terrorism, 金融反恐斗争中的跨境转移, 198
crown privilege, 政府特权

D

Dar - es - Salaam, Tanzania, bombing of US embassy in (1998), 1998 年坦桑尼亚达累斯萨拉姆, 美国使馆爆炸案, 584
decentralisation of counter - terrorism regime in India, 印度反恐体制的分化, 421
defining terrorism, 界定恐怖主义, 3, 5 - 7
democracy in Indonesia, 印度尼西亚的民主, 297, 304 - 5
deportation 驱逐出境
after London bombings (2005), 2005 年伦敦爆炸案之后, 244
diplomatic assurances, securing, 获得外交保证, 234 - 6, 245
of refugees and asylum seekers, 难民和寻求庇护者, 220, 229 - 33
deprivation of property, 剥夺财产
detention, 羁押
digital communications, 数字通信
diplomatic assurances regarding deportation, 关于驱逐的外交保证, 234 - 6, 245
disaggregation of modern state, 现代国家的解体, 60, 63
disclosure of national security information in judicial proceedings, 司法程序中披露国家安全信息
domestic and international terrorism regimes, interplay between, 国内和国际恐怖主义机制, 3 - 5
due process, 正当程序

E

'early warning' of 'neighbour procedure' in Israel, 以色列"邻居程序"的"早期预警", 609
East Timor, emergency powers in, 东帝汶, 紧急权力, 62
East Turkistan Islamic Movement (ETIM), 东突厥斯坦伊斯兰运动, 347
Eastern Africa, 东非
ECHR (European Convention on Human Rights; European Court of Human Rights), 欧洲人权公约; 欧洲人权法院
ECJ (European Court of Justice), 欧洲法院, 22, 200, 581
Egypt, 埃及, 633 - 8
anti - government movement in. See Arab

Spring，反政府运动，见阿拉伯之春
definition of terrorism in，恐怖主义概念，7，633－4
development of anti－terrorist regime in，反恐体制的发展，7，9
emergency，in state of，突发事件，处于……状态，633，637，638
extraordinary rendition to，非常规引渡，624
human rights and civil liberties in，人权和公民自由，623，625，637－8
judiciary，role of，司法，作用，12
electronic communications，电子通信
emergency powers，紧急状态权力
emigration，出境
England. See United Kingdom，英格兰，英国
equal protection，Philippines HSA violating，平等保护，违反菲律宾人权安全法，320－2
ETIM（East Turkistan Islamic Movement），东突厥斯坦伊斯兰运动，347
European Court of Human Rights（ECHR），欧洲人权法院
European Court of Justice（ECJ），on listing，欧洲法院，22，200，581
European Union，欧洲联盟
Counter Terrorism Strategy of 2005，2005 年反恐战略，242
Europol，欧洲刑警组织，103
exclusion clauses for refugees and asylum seekers，难民和寻求庇护者的例外条款，221－5
executive powers，行政权
extradition，challenging，引渡，挑战，237
extraordinary rendition，非常规引渡，460－3，624，641，646，647
extremism and radicalism，concepts of，极端主义和激进主义，概念，247，250，265

F

Fahrenheit 9/11（film），华氏 911（电影），159
failing and failed states，as terrorism risks，正在失败和已经失败的国家，恐怖主义危险，14
fair hearing，right to，公平聆讯，权利，122－5
faith communities，‘prevent’responses to jihadi extremism in，信教社区，圣战极端主义的“预防”应对，254－5，263
families of terrorist suspects，恐怖主义犯罪嫌疑人的家庭，302－3
FATF（Financial Action Task Force），金融行动特别工作组，76，79，185，196，197，198，362，363，383
financial war on terrorism，金融反恐斗争，183－207
charitable organizations and，慈善组织，194，198，205，206
Hawala－type money transfer systems，“哈瓦拉”财产转移体系，56，198，206
International Convention for the Suppression of the Financing of Terrorism（1999），《1999 年制止资助恐怖主义公约》，27，92，94，114，185，186－8，195，196，400，518，563
Foreign Terrorist Organisations（FTOs），US designation of，外国恐怖组织，美国认定，78
forfeiture or confiscation of property，没收或剥夺财产
France，法国
Rainbow Warrior bombing，New Zealand

(1985), 1985 年新西兰彩虹战士爆炸案, 561
"freedom fighter" exceptions in Arab Convention for the Suppression of Terrorism, 阿拉伯反恐怖主义公约中的"自由战士"例外, 631－2
freedom of association, 结社自由
freedom of the press 出版自由
freedom of speech, 言论自由
freezing property and assets. See property, deprivation of, 冻结财产和资产, 见剥夺财产
Front de Liberation du Quebec, 魁北克解放阵线, 515
FTOs (Foreign Terrorist Organisations), US designation of, 外国恐怖组织, 美国认定, 78

G

G8 (Group of 8), G8 集团, 75
Gaza Strip, 加沙地带, 607－9
GCHQ case (UK), 政府通讯总部案（英国）, 126
General Assembly, UN, 联合国大会
Counter－Terrorism strategy (2006), 2006 年反恐战略, 4
Geneva Conventions (1949), 《1949 年日内瓦公约》, 311, 325, 330, 332, 457, 459, 461, 615
geographic transplantation, 地理移植, 73－7
Gerakan Acch Nerdeka (Free Acch Movement), Indonesia, 自由亚齐运动, 300
Germany, 德国
emergency powers and, 紧急权力, 51－2, 58, 60, 61－3
Gillan case (UK and ECHR), 吉兰案（英国和欧洲人权法院）, 503, 511
global anti－terrorism law and policy, 全球反恐立法和政策, 2, 44－66
rule of law and, 法治, 59, 60, 61－3
United Nations, and, 联合国, 2, 44
Global Opportunities Fund, 全球机遇基金, 260
Great Britain. See United Kingdom, 英国
Group of 8 (G8), 八国集团, 75
Guantanamo Bay, 关塔那摩湾
Gulf War of 1990－1 and Japan, 1990～1991 年海湾战争和日本, 410

H

habeas corpus, 人身保护令
In US Antiterrorism and Effective Death Penalty Act (1996), 美国《1996 年反恐怖主义和有效死刑法》, 71
Hamas, 哈马斯, 607
hate crimes in Canada against religious property, 加拿大反宗教财产的仇恨犯罪, 530
hawala－type money transfer systems, 哈瓦拉型财产转移系统, 56, 198, 206
'hearts and minds' approach to preventing terrorism, 以"心灵与智慧"方式预防恐怖主义, 14, 243, 469
Hezbollah, 真主党, 607
higher education communities, extremism in, 更高等教育社区, 极端主义, 257－60, 352
historical, social and political aspects of anti－terrorism law, 反恐法的历史社会和政治方面, 14－16, 58－61, 64－5, 351－3
HKLRC (Hong Kong Law Reform Commission), 香港法律改革委员会, 386－7

home – grown terrorist，本土恐怖分子
in UK，在英国，245 – 50，264
in US，在美国，449
Hong Kong，香港，357 – 89
Basic Law，基本法，358，376 – 81，385
CCC（Central Co – ordinating Committee），中央合作委员会，387
UNATMO [United Nations（Anti – Terrorism Measures）Ordinance]，《联合国（反恐怖主义措施）条例》
Mens rea standard in，犯罪意图标准，371
UNSAAR [United Nations Sanctions（Afghanistan）（Amendment）Regulation]，《联合国制裁（阿富汗）规定修正案》，373 – 6
UNSAR [United Nations Sanctions（Afghanistan）Regulation]，《联合国制裁（阿富汗）规定》，359 – 60，388
UNSO（United Nations Sanctions Ordinance），《联合国制裁条例》，359 – 60，361，374，375 – 6，387 n. 164，387 – 9
Hong Kong Law Reform Commission（HKLRC），香港法律改革委员会，386 – 7
human rights and civil liberties，人权和公民自由
Procedural requirements and standards of proof，程序要求和证据标准，114
religious or political motives，anti – terrorism laws requiring，宗教或政治动机，反恐法律要求，99 – 101
UN counter – terrorism measures and，联合国反恐措施，4，22，27 – 32
'Horn of Africa'，"非洲之角"，585
human rights and civil liberties，人权和公民自由
Anglo – American tradition，divergence in，英美传统，分歧，58 n. 62
Constitutionalism，diverse effects of anti – terrorism law on，宪政，反恐法的多种影响，61 – 3
Human Rights Watch，人权观察组织，589 – 90，624，637，646，647
human shields，人体盾牌，609
Hurricane Katrina，卡特里娜飓风，118，538

I

ICC（International Criminal Court）国际刑事法院，225，326，331，627
ICCPR（International Covenant on Civil and Political Rights），《公民权利和政治权利国际公约》，123，128，300，435，545，548，557，626
ICESCR（International Covenant on Economic，Social，and Cultural Rights），《经济、社会和文化权利国际公约》，626
ICRC（International Committee the Red Cross），国际红十字委员会，319，615
identity verification requirements in financial war on terrorism 在金融反恐斗争中的身份验证，197
IMF（International Monetary Fund），国际货币基金组织，80
immigration law，《移民法》，208 – 41
incitement of terrorism In Israel，在以色列煽动恐怖主义，605，606 n. 42
Indeterminate detention. See detention India，不定期羁押，见印度的羁押，420 – 46
AirIndia bombing（1985），1985 年印度民

航爆炸案，104，114，518，520，523，530，538

Indian Evidence Act，《印度证据法》，424

MCOCA（Maharashtra Control of Organised Crime Act），《马哈拉施特拉邦有组织犯罪控制法》，421，421 n. 2，441 – 2

MISA（Maintenance of Internal Security Act）1971，《1971 年维护内部安全法》，443

Mumbai terrorist attacks（2006 and 2008），2006 年和 2008 年孟买恐怖袭击，10，163，436，445

New Delhi，Indian Parliament bombing in（2001），2001 年印度新德里，国会爆炸案，428 –9，433

NHRC（National Indian Rights Commission），印度国家权利委员会，426 –7，435

NIA（National Investigating Agency）Act 2008，《2008 年国家调查局法》，436，437 n. 42，441，443

PDA（Preventive Detention Act）1950，《1950 年预防性拘留法》，443 – 4

POTA（Prevention of Terrorism Act）2002，《2002 年预防恐怖主义法》，163，428 – 36，438 –9，442 –5，446

Prevention of Money – Laundering Act 2002，《2002 年预防洗钱法》，440

Religious minorities in，427 – 8，宗教少数群体，431，438，445

TADA［Terrorist and Disruptive Activities（Prevention）Act］1985 and 1987，《1985 年和 1987 年预防恐怖主义和破坏活动法》，422 –8，432，442 –5，446

UAPA（Unlawful Activities Prevention Act）1967，as amended in 2004 and 2008，《1967 年预防非法活动法》，2004 年和 2008 年修订，163，430 – 1，436 – 42，445

individual self – defence，inherent right of，个体自卫，固有权利，407 – 10

Individualistic terrorism in China，中国个体恐怖主义，335，351 – 5

Indonesia，印尼，290 – 309

Anti – Terrorism Law（2002），《2002 年反恐怖主义法》

Bali bombings（2002），2002 年巴厘岛爆炸案，8，56，98，290，291

Human Rights Law of 1999，《1999 年人权法》，300

TNI（Tentera National Indonesia or Indonesian National Army）Law，《印度尼西亚国家军队法》，307

inflation，legislative，通货膨胀，立法，178 – 80

innocent lives，无辜生命

intelligence collecting in Australia，澳大利亚情报收集，551 – 4

International Commission of Jurists，国际法学家委员会，53

International Committee of the Red Cross（ICRC），国际红十字会（ICRC），319，615

International Covenant on Civil and Political Rights（ICCPR），《公民权利与政治权利国际公约》，123，128，300，435，545，548，557，626

International Covenant on Economic，Social and Cultural Rights（ICESCR），《经济、社会、文化和权利国际公约》，626

International Criminal Court，国际刑事法院（ICC），225，326，331，627

International Crisis Group，国际危机组织，645
International law，国际法
European Union and，欧洲联盟，28，68，64
Hong Kong's obligations under，香港的义务，358 - 60
Israel influenced by，以色列的影响，609 - 13，619
International Monetary Fund（IMF），国际货币基金组织（IMF），80
International organizations，coercive，role of，国际组织，强制，作用，75 - 7
investigation hearings in Canada，加拿大的调查听证，522
IRA and Irish terrorism in Britain，英国的爱尔兰共和军和爱尔兰恐怖主义，92，106，116，154，243，261，262
Iraq and Afghanistan，wars in Abu Ghraib，伊拉克和阿富汗，阿布格莱布战争，458，479
Gulf War of 1990 - 91，1990 ~ 1991 年海湾战争
Islam，伊斯兰
Islamic Media Unit，伊斯兰媒体单位，260 - 1
Islamic World Group，伊斯兰世界组织，260
Israel，以色列，597 - 620
Defence（Emergency）Regulations，《1945 年国防（紧急）条例》，598，599，602
Emergency Powers（Detention）Law，《1979 年紧急权力（羁押）法》，599，600 n. 10，602
GSS（General Security Service），总体安全机构，613
Incarceration of Unlawful Combatants Law，《非法战斗人员监禁法》，600 n. 10，603，615
Incitement of terrorism in，煽动恐怖主义，605，606 n. 42
Jewish extremism in，犹太极端主义，598
Mombasa，Kenya，attack on Israeli hotel in（2002），2002 年肯尼亚蒙巴萨，以色列宾馆袭击案，584
Prevention of Terrorism Ordinance，1948，《1948 年预防恐怖主义条例》，599，600 n. 10，605
Prohibition on Terror Financing Law，2005，《2005 年禁止资助恐怖主义法》，605

J

Japan，日本，390 - 419
Ashida Amendment to Constitution，芦田宪法修正案，408
ATSML（Anti - Terrorism Special Measures Law of 2001），《2001 年反恐怖主义特殊措施法》，390 - 1，402 - 19
Aum Shinrikyo in，奥姆真理教，82 n. 50，393 - 4，396 - 8，397 n. 24，399
Law concerning Special Measures on Humanitarian and Reconstruction Assistance in Iraq（2003），2003 年关于伊拉克人道主义和重建援助特殊措施立法，415 - 17
Law concerning the Prevention of Bodily Harm Caused by Sarin Gas（1999），《1999 年关于预防沙林毒气造成的身体伤害立法》，394
Law for the Punishment for the Use of Glass - Bottle Grenades（1972），《1972 年惩罚使用玻璃瓶手榴弹立法》，394
PKO Law（Law Concerning Co - operation with UN Peacekeeping Operations and Oth-

er Operations Law of 1992),《1992 年关于联合国维和行动与其他活动合作法》, 410 – 11
PSC (Public Security Commission), 公共安全委员会, 396 – 7
PSIA (Public Security Investigation Agency), 公共安全调查厅, 395 – 7, 396 n. 18
RSSML (Replenishment Support Special Measures Law),《补充支持特殊措施法》, 391, 418 – 19
SAPL (Subversive Activities Prevention Law),《预防颠覆活动法》, 390, 395 – 8
SASJL (Law Concerning Measures to Maintain the Peace and Security of Japan in Situations Surrounding Japan Law of 1999),《1999 年关于维护日本周边和平与安全措施立法》, 410 – 11
Japanese Civil Liberties Union, 日本公民自由联盟, 396 – 7
Japanese National Bar Association, 日本律师协会, 396 – 7
Japanese Red Army Faction, 日本赤军, 393
Jeebhai case (South Africa), 吉布海案(南非), 592 n. 114, 593, 594
Jemaah Islamiyah (JI), 伊斯兰祈祷团, 271, 273, 277 – 82
Jihad, 圣战
JJ case (UK), JJ 案(英国), 486, 487, 488
Jordan, 约旦, 641 – 7
Law on the Prevention of Terrorism 2006,《2006 年预防恐怖主义法》, 644
Legislation of anti – terrorism in, 反恐立法, 628
National Centre of Human Rights, 国家人权中心, 646
Torture, practice of, 酷刑, 实践, 647
JS case (UK), JS 案(英国), 224
Judicial proceedings, 司法程序
Judiciary, role of, 司法, 作用, 11
executive powers, checks on, 行政权, 检查, 151 – 6, 213, 226 – 8, 483
fair hearing, right to, 公平聆讯, 权利, 138 – 41
global anti – terrorism law and, 全球反恐法, 49
Immigration law and,《移民法》, 213, 226 – 8, 238 – 9
JUSTICE, 正义, 135

K

Kadi case (ECJ), 卡迪案(欧洲法院), 37 – 9, 64, 96, 200, 581
Kampala, Uganda, World Cup Final bomb blasts in (2010), 2010 年乌干达坎帕拉, 世界杯决赛爆炸事件, 585, 585 n. 74
Kashmir separatist movement, 克什米尔分离主义运动, 438, 446
Katrina (Hurricane), 卡特里娜(飓风), 118, 5 – 38
Kazakhstan, Republic of, 哈萨克斯坦共和国, 345 – 7
Kenya, 肯尼亚
election violence in 2007, 2007 年选举暴力, 586
terrorism incidents in, 恐怖事件, 584
trials of terrorists in, 恐怖分子的审判, 582 – 4
Komnas HAM (Indonesian Nation Commission

on Human Rights)，人权组织（印度尼西亚人权国家委员会)，300
KPMG International，毕马威国际，81
Kyrgyz Republic，吉尔吉斯共和国，345 –7

L

Lebanon 黎巴嫩
legality principle and immigration law，合法性原则和移民法，212 –17，240
legislation，anti – terrorism，立法，反恐，151 –82
Consequences of form and process，形式和过程的结果，177 –80
Dual preventive and protective purposes of，预防和保护的双重目的，573 –4
Duration and sunset clauses，存续期间和落日条款，175，324，417，443 –4，552
In Sub – Saharan Africa，撒哈拉沙漠以南的非洲，573 –84，594 –6
UN Special Rapporteur on，联合国特别报告员，332，635，636，736，651
lethal force rules for Singapore police，新加坡警察的致命武器规则，284
liberation theology，解放理论
Liberation Tigers of Tamil Eelam（LTTE)，泰米尔猛虎解放组织，224，225，431，518
Libya，利比亚
listing，认定，19 –22
Rule of law principles and，法治原则，38 –9，40 –2
UN Resolution 1267（on listing and individual sanctions)，联合国安理会第 1267 号决议，4，5，19，95，185，359 –60，374，521
UN Resolution 1390（on three – sanctions formula for listing)，联合国安理会第 1390 号决议，33，35，361，373 –6
UN Resolution 1452（on humanitarian exceptions to listing)，联合国安理会第 1452 号决议，34，190 n. 24
UN Resolution 1526（on state communication with listed persons）联合国安理会第 1526 号决议，35
UN Resolution 1617（clarifying listing criteria)，联合国安理会第 1617 号决议，37
UN Resolution 1730（establishing focal point for delisting requests)，联合国安理会第 1730 号决议，35
UN Resolution 1822（on state obligation to inform listed persons of their status)，联合国安理会第 1822 号决议，35，36，37，40
UN Resolution 1904（establishing delisting requests Ombudsperson)，联合国安理会第 1904 号决议，5，21，36 –8，40
London bombings（7/7/2005)，2005 年 7 月 7 日伦敦爆炸案，170，209，218，223，239，244 –6，263，542，560
Lord's Resistance Army（LRA)，Uganda，圣主抵抗军，586
LTTE（Liberation Tigers of Tamil Eelam)，泰米尔猛虎解放组织，224，225，431，518

M

Macau，national security legislation in，澳门，国家安全立法，381
Madrid train bombings（2004)，2004 年马德里铁路爆炸案，180，206，209，180，206，

209
Majelis Majahidin (MM)，伊斯兰教士理事会，301
Malaysisa，马来西亚
Material support to terrorists in US，为恐怖在美国的分子提供物质帮助，473
MB and AF (UK)，MB 和 AF 案（英国），138，142，143，487，490 – 3
McDonald Commission，Canada，麦克唐纳委员会，加拿大，523
MDMK，马鲁马拉奇党，436
Mens rea standard in Hong Kong UNATMO，香港联合国反恐怖主义措施条例的犯意标准，371
MI 5（UK），军情五处（英国），132，181 n. 121，246，262
Middle East and North Africa，中东与北非，621 – 54
  Arab Convention for the Suppression of Terrorism and，《阿拉伯制止恐怖主义公约》，629 – 33，634
  emergency powers in，紧急权力，628，633，637，638，639
  executive powes in，行政权，628
  extraordinary rendition to，非常规引渡至，624，646，641
  "freedom fighter" exception in，"自由斗士"的例外，631 – 2
  Guantanamo Bay and，关塔那摩湾，622，623
  Palestinian – Israeli conflict，巴以冲突，249，598，607 – 9，625，631
MILF (Moro Islamic Liberation Front)，摩罗伊斯兰自由阵线，273 n. 5，280
Monterey Institute for International Studies，蒙特雷国际研究院，83
military，军事
  Detention and trials by，羁押和审判，9，108 – 10，453 – 7
  Increased anti – terrorism roles and powers for，反恐作用和权力与日俱增，8，307 – 8
  Japan，art. 9 of Constitution of，《日本宪法》第 9 条，8，390 – 1，402 – 19
  Pre – emptive strikes，Bush doctrine of，先发制人打击，布什主义，412，414，538
Mombasa，Kenya，attack on Israeli hotel in (2002)，肯尼亚蒙巴萨 2002 年袭击以色列旅馆案，584
Money laundering，洗钱
Monitoring provisions，监控条款
Monterey Institute for International Studies，蒙特雷国际研究院，83
Moro Islamic Liberation Front (MILF)，莫洛伊斯兰解放阵线，273 n. 5，280
Morocco，摩洛哥
  Casablanca bombings (2003) in，2003 年卡萨布兰卡爆炸案，625
Mousepox experiments，鼠痘实验，83 – 5
Moussaoui case (US)，穆萨维案（美国），98
Multiculturalism，多元文化主义，60 n. 69，253，530
Mumbai terrorist attacks (2006 and 2008)，2006 年和 2008 年孟买恐怖袭击，10，163，436，445
Muslim Brotherhood，穆斯林兄弟会，119

N

Naga rebellion (1967), 1967 年那加叛乱, 437

Nairobi, Kenya, bombing of USEmbassy in (1998), 1998 年肯尼亚内罗毕, 美国使馆爆炸案, 584

Nanggroe Acch Darussalam (NAD) province, Indonesia, 印度尼西亚, 亚齐特别行政区, 299, 301, 303, 307

National Security Agency (NSA), US, 美国国家安全局, 475

National Security Letters (NSLs), US, 美国国家安全信件, 71, 471

natural justice, principle of, 自然正义, 原则, 125 -6

necessity defence in Singapore, 新加坡的必要性辩护, 284

necessity test, proportionality principle, 必要性审查, 比例原则, 128

'neighbour procedure' or 'early warning' in Israel, 以色列的"早期预警"和"邻里程序", 609

'neighbour' terrorists in UK, 英国"本土"恐怖分子, 245 -50, 264

neighbourhood policing practices, 社区警务实践, 243, 261 -4

New Delhi, Indian Parliament bombing in (2001), 2001 年印度新德里国会爆炸案, 428 -9, 433

New People's Army (NPA), Philippines, 菲律宾新人民军, 319 -20

New York Clearinghouse, 纽约票据交换所, 79

New Zealand, 新西兰, 561 -6

Anti - Money Laundering and Countering Financing of Terrorism Act 2009,《2009 年反洗钱和反资助恐怖主义法》, 565

Bill of Rights Act 1990,《1990 年人权法》, 157, 544, 562, 568, 569

Immigration Act 1987,《1987 年移民法》, 567

International Terrorism (Emergency Powers) Act, 1987,《1987 年反国际恐怖主义(紧急权力)法》, 561

Level of terrorist threat in, 恐怖主义威胁等级, 157, 541 -2

Rainbow Warrior bombing (1985), 1985 年彩虹战士爆炸案, 561

Terrorism (Bombings and Financing) Bill 2001,《2001 年反恐怖主义(爆炸和资助)法》, 561

Terrorism Suppression Act 2002,《2002 年制止恐怖主义法》, 161, 180, 562 -5, 566

Terrorism Suppression Amendment Act 2007,《2007 年制止恐怖主义修正法》, 564

UN Resolution 1373 and, 联合国安理会第 1373 号决议, 562

North Africa, Arab countries of, 北非, 阿拉伯国家

Northern Ireland, 北爱尔兰

NPA (New People's Army), Philippines, 新人民军, 菲律宾, 319 -20

nuclear weapons, 核武器

O

October Crisis (1970), Canada, 加拿大十月

危机（1970），515，517

Oklahoma City bombings，俄克拉荷马城爆炸案，97

Open justice，公开司法

Operation Coldstore（Singapore），冷藏行动（新加坡），273

Operation Pathway（UK），259 道路操作（英国）

Organizational approach to financial war on terroris，金融反恐斗争的有组织方法，188－91，196

organizational bans and restrictions，结社禁止和限制

P

Pakistan，巴基斯坦

'prevent' responses to jihadi extremism in，圣战极端主义的"预防"应对，260－1

Targeted killings in，定点清除，465，496，470

Palestinian－Israeli conflict，巴以冲突，249，598，607－9，625，631

Palestinian Liberation Organization（PLO），巴勒斯坦解放组织，604

Parole of convicted terrorists in Indonesia，印度尼西亚恐怖主义罪犯的假释，302

'People Power' movement，"人民力量"运动，274

Philippines，菲律宾，310－33

Declaration of groups and associations as terrorist organizations，宣告团体和协会为恐怖组织，323

Enforced disappearances，criminalization of，强制消失，犯罪化，328，331

HSA（Human Security Act of 2007），2007年《人类安全法》

defining terrorism under，界定恐怖主义，312

Due process concerns，正当程序，314，318－19，322

Freedom of speech and，言论自由，313，323－4

Freedom to associate and，结社自由，322－3

Privacy rights and，隐私权，314，324－5

UN Special Rapporteur on Anti－terror Legislation and Human Rights on，联合国反恐立法与人权问题特别报告员，332

Physicians for Human Rights decision（*Israel*），医生促进人权协会（以色列），616

PII，公共利益豁免

PLO（Palestinian Liberation Organisation），巴勒斯坦解放组织，604

police powers of stop and search in UK，英国的警察拦截、搜查权，494－503，511

policing practices as 'Prevent' responses to jihadi extremism，圣战极端主义"预防"应对的警务实践，243，261－4

political or religious motives，anti－terrorism laws requiring，政治或宗教动机，反恐法，99－101，516

political，social and historical aspects of anti－terrorism law，反恐法的政治，社会和历史方面，14－16，58－61，64－5，351－3

political suppression，as cause of terrorism，作为恐怖主义原因的政治压制，119，350，351

Potsdam Declaration，波茨坦公告，406

Poverty and unemployment，as causes of terror-

ism，作为恐怖主义原因的贫困和失业，119，308，355，652
Precautionary principle in criminal law，刑法预防原则，102
Pre – emptive strikes，Bush doctrine of，先发制人打击，布什主义，412，414，538
Press，freedom of，出版自由
democracy in Indonesia and，印尼的民主自由，297，304 – 5
Philippines HSA and，菲律宾人类安全法，313
Pretextual use of criminal anti – terrorist law，反恐刑事法的运用，103
'Prevent' responses to jihadi extremism，圣战极端主义的"预防"应对
citizenship education，公民教育，252
radicalism and extremism，concept of，激进主义和极端主义的概念，247，250，265
prison communities，'Prevent' responses to jihadi extremism，in，监狱社区，圣战极端主义的"预防"应对，256 – 7
privacy rights，隐私权
Procedural fairness，principle of，程序公正原则，125 – 6
Project Channel（UK），项目渠道（英国），263
property，deprivation of，剥夺财产，193 – 6
Prophet case（South Africa），先知案（南非），579
proportionality principle，比例原则，122，126 – 30
proscription. See organizational bans and restrictions，认定，结社禁止和限制
Public interest immunity（PII），公共利益豁免，131 – 7

R

racial/ethnic issues，种族/民族问题
radicalism and extremism，concepts of，激进主义和极端主义，概念，247，250，265
Rainbow Warrior bombing，New Zealand（1985），1985 年彩虹勇士爆炸案，新西兰，561
RCTS（Regional Counter – Terrorist Structure），SCO，地区反恐机构，上海合作组织，346
reactive legislation，problem of，反应性立法，问题，93，94，164
reasonable mistake defence in Singapore，新加坡的合理错误辩护，284
records searches in US，美国搜索记录，470 – 1
Red Cross，红十字会，319
Red Cross Visits decision（Israel），红十字会访问决定（以色列），615
refugees and asylum seekers，难民和寻求庇护者
Exclusion clauses，免责条款，221 – 5
UN Security Council on，联合国安理会，211
regime change threats in China，中国社会转型的挑战，334，348 – 53，
Regional Counter – Terrorist Structure（RCTS），SCO，上海合作组织地区反恐机构，346
Rehabilitation programmes，康复计划，303 – 4
religion，宗教
reporting requirements in financial war on terrorism，恐怖主义金融斗争的报告要求，196 – 7
responsive regulation，应对性规定，119
Restriction Orders in Singapore，新加坡限制令，280

rightful resistance theory in China，中国的合法抗争理论，338
Roman Catholic social activists in Singapore，新加坡的罗马天主教社会活动者，274，275
Rome Statute of the International Criminal Court，《国际刑事法院罗马规约》，225，326，331
rule of law，法治，39－41
Russia，俄罗斯

S

Sarin gas release by Aum Shinrikyo（1994－1995），奥姆真理教沙林毒气泄漏案（1994～1995年），82 n. 50，393－4
SCO（Shanghai Co－operation Organisation），formerly Shanghai Five，上海合作组织，先前的上海五国，345－7
SCRs（Security Council Resolutions），安理会决议
security certificates in Canada，加拿大安全认证，525－9，534
Security Council and Security Council Resolutions，安理会和安理会决议
security risk certificates in New Zealand，新西兰的安全风险认证，567
sedition，暴动
seizure of property，剥夺财产
self－defence，individual，inherent right of，自卫，个人，固有权利，407－10
self－injury/suicide，自伤/杀，353，393－4
self－radicalisation，自我极端主义，279
sentencing of terrorists，恐怖分子的判决
separatist and identity－based movements，分离主义者和基于身份的运动
September 11，2001，2001年“9·11”事件
Shanghai Co－operation Organisation（SCO），formerly Shanghai Five，上海合作组织，先前上海五国，345－7
SIMI，印度伊斯兰学生运动，431，432
Singapore，新加坡，271－89
  bomb hoaxes in，虚假炸弹威胁，285，286
  Corruption，Drug Trafficking and Other Serious Crimes（Confiscation of Benefits）Act，《反腐败、贩毒和其他严重犯罪（没收收益）法》，287
  detention without trial in，未经审讯羁押，109，109 n. 68，271－83
social or community－based approaches to preventing terrorism，防止恐怖分子的社会和社区化方法，243，250－61
social，political and historical aspects of anti－terrorism law，反恐法的社会、政治和历史方面，14－16，58－61，64－5，351－3
  ‘due process’ issues and 正当程序问题，282，282 n. 47，283 n. 50
  Explosive Substances Act，《爆炸物法》，285
  ISA（Internal Security Act），《国内安全法》，271，282
  religious rehabilitation programme，宗教康复计划，110 n. 69
  Telecommunications Act，《通信法》，285
  Terrorism（Suppression of Bombings）Act，《反恐怖主义（制止爆炸）法》，285
  UN（Anti－Terrorism Measures）Regulations 2001，2001年联合国条例（反恐怖主义措施），285
Somalia，索马里
South Africa，南非
  Criminal anti－terrorism law in，《反恐刑事

法》, 99, 574
Hawks (Directorate for Priority Crime Investigation), 鹰（优先犯罪调查指挥部）, 576
NPA (National Prosecuting Authority) Act, 《国家公诉机构法》, 576, 594
POCA (Prevention of Organised Crime Act), 《有组织犯罪预防法》, 576, 578 -80
Scorpions (Directorate of Special Operations or DSO), 蝎子（特别行动指挥部）, 576
Soviet Union, 苏联
Spain, 西班牙
Madrid train bombings (2004), 2004 年马德里列车爆炸案, 180, 206, 209
Special advocates, 特别支持, 143 - 9, 283 n. 50, 489, 492, 526, 529
Speech restrictions, 言论限制
In Philippines HSA, 《菲律宾人类安全法》, 313, 323 -4
UN Resolution 1624 (on prohibiting incitement of terrorism), 联合国安理会第 1624 号决议, 6, 91, 361 n. 17, 530
USA PATRIOT Act and, 《美国爱国者法》, 473
WMD and, 大规模杀伤性武器, 82 -5
State interest immunity, 国家利益豁免
State sovereignty objections to UN SC legislation, 国家主权反对联合国安理会立法, 30 -2
Stern Group, 斯特恩集团, 598
stop and search, UK police powers of, 英国警察拦截、搜查权力, 494 -503, 511
Strasbourg Court, 斯特拉斯堡法院
Sub - Saharan Africa (South Africa and Eastern Africa), 撒哈拉以南非洲（南非和东非）, 573 -96
Substantive transplantation, 实质移植, 69 -73
Suicide/self - injury, 自杀/伤, 353, 393 -4
sunset clauses, 日落条款, 165 - 6, 175, 324, 417, 443 -4, 552
Supreme Court, Israeli, rulings of, 以色列最高法院, 决定, 12, 49, 602, 610 - 16, 616 n. 70
Supreme Court, UK, on listing, 英国最高法院, 认定, 22
Surveillance, 监听
Sweden, 瑞典
Swift banking system, 快捷银行系统, 78
Syrian Arab Republic, 叙利亚阿拉伯共和国, 638 -41
General Publications Law 1949, 《1949 年一般出版物法》, 640
UN Resolution 1373, implementation of, 联合国安理会第 1373 号决议, 97 n. 18

T

Tajikistan, Republic of, and SCO, 塔吉克斯坦共和国, 上海合作组织, 345 -7
Taliban, 塔利班
Tamil Tigers, 泰米尔猛虎组织
Tanzania, 坦桑尼亚
Dar - es - Salaam, bombing of US embassy in (1998), 1998 年达累斯萨拉姆, 美国大使馆爆炸案, 584
targeted killing, 定点清除, 110 - 11, 463 - 70, 610 -11, 613
technology, role of, 技术, 作用, 13
Tel Aviv suicide bombings (2003), 2003 年特拉维夫市自杀性爆炸案, 246

Terrorism，恐怖主义
'Three Evils'，"三股势力"，344，347
Toronto bombing plot (2006)，2006 年多伦多爆炸阴谋，519，519，523，531
torture，酷刑
UN Special Rapporteur，联合国特别报告员，645
'torture memos'，"酷刑备忘录"，47，457
'torture warrant'，"酷刑令状"，543
transnational law，跨国法
transplantation，移植，2，67－87
trials of terrorist，恐怖分子审判
Tunisia，突尼斯，647－51

U

UDHR (Universal Declaration of Human rights)，《世界人权宣言》，123
Uganda，乌干达
JATT (Joint Anti－Terrorism Task Force)，联合反恐任务小组，589 n. 98，589－90
Kampala，World Cup Final bomb blasts in (2010)，2010 年坎帕拉，世界杯决赛爆炸案，585，585 n. 74
Uganda Law Society case (Uganda)，乌干达法律协会案（乌干达），593
UN Anti－Torture Convention，《联合国反酷刑公约》，301
UN General Assembly，联合国大会
UN Global Counter Terrorism Strategy，联合国全球反恐战略，242
UN High Commissioner for Refugees (UNHCR) guidelines，联合国难民事务高级专员指引，221，225
UN Resolution 1267 (on listing and individual sanctions)，联合国安理会第 1267 号决议（关于认定和个人制裁），4，5，19，95，185，359－60，374
UN Resolution 1333 (on situation Afghanistan)，联合国安理会第 1333 号决议（关于阿富汗局势），374
UN Resolution 1373 (on criminalization of terrorist acts) 联合国安理会第 1373 号决议（关于恐怖主义行为犯罪化）
UN Resolution 1390 (on tree－sanctions formula for listing)，联合国安理会第 1390 号决议（关于认定的三种制裁），33，35，361，373－6
UN Resolution 1452 (on humanitarian exceptions to listing)，联合国安理会第 1452 号决议（关于认定的人道主义例外），34，190 n. 24
UN Resolution 1526 (on state communication with listed persons)，联合国安理会第 1526 号决议（关于国家与被认定个人的联系），35
UN Resolution 1540 (on proliferation of WMD)，联合国安理会第 1540 号决议（关于大规模杀伤性武器）
UN Resolution 1566 (on defining terrorism)，联合国安理会第 1566 号决议（关于界定恐怖主义），5，98
UN Resolution 1617 (clarifying listing criteria)，联合国安理会第 1617 号决议（关于界定认定标准），37
UN Resolution 1624 (on prohibiting incitement of terrorism)，联合国安理会第 1624 号决议（关于禁止煽动恐怖主义），6，91，

361 n. 17, 530

UN Resolution 1730 (establishing focal point for delisting requests), 联合国安理会第1730号决议（关于移除请求的焦点事宜）, 35

UN Resolution 1822 (on state obligation to inform listed persons of their status), 联合国安理会第1822号决议（关于告知被认定人员情况的国家义务）, 35, 36, 37, 40

UN Resolution 1904 (establishing delisting requests Ombudsperson), 联合国安理会第1940号决议（关于设立移除申请的监察专员）, 5, 21, 36 - 8, 40

UN Security Council, 联合国安理会, 2, 19 - 43

UN Special Rapporteur on anti - terror legislation and human rights, 联合国反恐立法和人权特别报告员, 332, 635, 636, 637, 651

UN Special Rapporteur on torture, 联合国酷刑特别报告员, 645

unemployment and poverty, as causes of terrorism, 作为恐怖主义原因的失业和贫穷, 119, 308, 355, 652

United Kingdom, 英国, 481 - 513

- acts preparatory to terrorism, criminalization of, 恐怖主义预备行为, 犯罪化, 507
- all - risk approach to counter - terrorism in, 反恐"一切险"方法, 118
- ATCSA (Anti - terrorism Crime and Security Act 2001),《2001年反恐怖主义、犯罪和安全法》, 145, 158, 160, 167, 229, 244, 494 - 506
- Birmingham bombings (1974), 1974年伯明翰爆炸案, 162
- CONTEST (Countering International Terrorism) Strategy, 打击国际恐怖主义战略, 242, 250, 266
- Criminal Justice Act 2003,《2003年刑事审判法》, 504
- Criminal Justice and Immigration Act 2008,《2008年刑事审判和移民法》, 232
- ECHR and. See also European Convention on Human Rights; European Court of Human Rights,《欧洲人权公约》, 481, 483, 484 - 5, 505, 509
- HRA (Human Rights Act) 1998,《1998年人权法》
- Criminal law and,《刑法》, 111, 125, 153, 154, 157, 209, 219, 229, 239, 484 - 5, 504, 505
- Legality principle and, 合法性原则, 213 - 17
- Incitement of terrorism, 煽动恐怖主义, 508 - 9
- Level of terrorist threat in, 恐怖威胁等级, 157
- London bombings (7/7/2005), 2005年7月7日伦敦爆炸案, 170, 209, 218, 223, 239, 244 - 6, 263, 542, 560
- MI5, 军情5处, 132, 181 n. 121, 246, 262
- POTA (Prevention of Terrorism Act) 2002, repeal of,《2002年预防恐怖主义法》, 废除, 10
- POTA (Prevention of Terrorism Act) 2005,《2005年预防恐怖主义法》, 10, 170, 173, 174, 231, 244, 485, 486, 491

Procedural fairness in，程序公正，125
Proportionality principle in，比例原则，128，129
SIAC Act（Special Immigration Appeals Commission Act 1997）and SIAC Commission，1997 年特殊移民上诉委员会法、特殊移民上诉委员会，144，215，215 n.25，233，226－8，229－31，235
TA（Terrorism Act）2000，《2000 年反恐怖主义法》，6，48，74，98，177，244，484，503，506，507，508，509，516，623
TA（Terrorism Act）2006，《2006 年反恐怖主义法》，112，244，258，266，504，508
TPIMs（Terrorism Prevention and Investigation Measures），恐怖主义预防和调查措施，510
United Nations，联合国
United States，美国，449－80
9/11 Commission（under N）"9·11" 事件委员会
African embassy bombings（1998），1998 年美国大使馆爆炸案，584
Anthrax mailings（2001），2001 年炭疽邮件案，83，84
Atomic Energy Act of 1946，《1946 年原子能法》，82
CIA（Central Intelligence Agency），中央情报局，459，460－70，624，637，641，646，647，653
Detainee Treatment Act，《囚犯待遇法》，459
Extradition to，引渡，237
FAA（FISA Amendments Act）of 2008，《2008 年外国情报监视法修正案》，477
FISA（Foreign Intelligence Surveillance Act），《外国情报监视法》，471－8
FTOs（Foreign Terrorist Organizations），designation of，外国恐怖组织，认定，78
Hurricane Katrina，卡特里娜飓风，118，538
IEEPA（International Emergency Economic Powers Act），《国际紧急经济权力法》，193 n.28，195，201
Military Commissions Act，《军事委员会法》，456，459
Military Security Act of 1947，《1947 年军事安全法》，467
National Strategy for Combating Terrorism，打击恐怖主义国家战略，242
NSA（National Security Agency），国家安全局，475
NSL（national Security Letters），国家安全信函，71，471
PAA（Protect America Act）of 2007，《2007 年保护美国法》，476
Targeted killing and，定点清除，110，463－70
TSP（Terrorist Surveillance Programme），恐怖分子监控计划，475－7
USA PATRIOT Act，《美国爱国者法》，71，78，80，96，100，159，161，167，195，197，470－3
USS Cole，attack on（2000），2000 年科尔号驱逐舰袭击案，465
Universal Declaration of Human Rights（UDHR），《世界人权宣言》，123

universal jurisdiction asserted by anti – terrorism laws，反恐法要求的普遍管辖权，97
universities, extremism in，大学，极端主义，257 – 60
USSR，苏维埃社会主义共和国联盟
Uzbekistan, Republic of, and SCO，乌兹别克斯坦，共和国和上海合作组织，345 – 7

V

Vishwa Hindu Parishad，世界印度教徒会议，438

W

War on terrorism，恐怖主义战争，535
  Pre – emptive strikes, Bush doctrine of，先发制人打击，布什主义，412，414，538
Weapons of mass destruction (WMD)，大规模杀伤武器，118
  'all – risk' strategies and，“一切险”战略，536 – 8
  Mousepox experiments，鼠痘实验，83 – 5
  UN Resolution 1540 on. See UN Resolution 1540，联合国安理会第 1540 号决议
Wenchuan earthquake, China，中国汶川地震，34，334 n. 1
West Bank，约旦河西岸，607 – 9
Western liberalism，西方自由主义
Westminster doctrine，威斯敏斯特信条，156
whole of government approach to terrorism，政府应对恐怖主义整体措施，117
WMD. See weapons of mass destruction，大规模杀伤性武器
World Cup Final bomb blasts in, Kampala Uganda (2010)，2010 年乌干达坎帕拉，世界杯决赛爆炸事件，585，585 n. 74
World Trade Centre attack of 1993，1993 年世贸中心袭击案，97，107，118
Word Trade Centre attack of 2001. See 9/11 under N，2001 年“9·11”世贸中心袭击案
Wrongful conviction, dangers of，错判，风险，106
  Xinjiang region, separatist unrest in，新疆地区，分裂分子，339，343 – 8
Yusuf case (ECJ)，优素福案（欧洲法院），37